U0115455

《楞嚴經》傳譯

及其真偽辯證之研究

果濱 撰

而已哉正因行腳之士自不如是。

楞嚴房融所作

有見楞嚴不獨義深亦復文妙遂疑是丞相房融所
作夫譯經館番漢僧及詞臣居士等不下數十百人。
而後一部之經始成融不過潤色其文非專主其義
也設融自出己意創爲是經則融固天中天聖中聖
矣而考諸唐史融之才智尚非柳韓元白之比何其
作楞嚴也乃超孔孟老莊之先耶嗟乎千生百劫得
遇如是至精至微至玄至極之典不死心信受而生
此下劣乖僻之疑可悲也夫可悲也夫。

大佛頂如來密因修證了義諸菩薩萬行首
楞嚴經卷第一
我一名中印度那蘭陀大道場經於灌頂部錄出別行
大唐循州沙門懷迪共梵僧於廣州譯
如是我聞一時佛在室羅筏城祇桓精舍與
大比丘眾千二百五十人俱皆是無漏大阿
羅漢佛子住持善超諸有能於國土成就威
儀從佛轉輪妙堪遺囑嚴淨毗尼弘範三界
應身無量度脫眾生拔濟未來越諸塵累其
名曰大智舍利弗摩訶目乾連摩訶拘絺羅
富樓那彌多羅尼子須菩提優波尼沙陀等
而為上首復有無量辟支無學并其初心同
來佛所屬諸比丘休夏自恣十方菩薩諮決
心疑欽奉慈嚴將求密義即時如來數座宴
安為諸會中宣示深奧法筵清眾得未曾有
迦陵仙音遍十方界恒沙菩薩來聚道場文
殊師利而為上首
時波斯匿王為其父王諱日營齋請佛宮掖
自迎如來廣設珍羞無上妙味兼復親延諸
大菩薩城中復有長者居士同時飯僧佇佛
來應佛勑文殊分領菩薩及阿羅漢諸齋
主唯有阿難先受別請遠遊未還不遑僧次
既無上座及阿闍梨途中獨歸其日無供
時阿難執持應器於所遊城次第循乞心中
初求最後檀越以為齋主無問淨穢剎利尊
姓及旃陀羅方行等慈不擇微賤發意圓成
一切眾生無量功德阿難已知如來世尊訶須

房山石經本《楞嚴經》卷首（遼·通理 恆策大師刻於1093年）

淨公上人序

　　《楞嚴經》是一部教理行果次第分明，組織結構最嚴密完整的經典，因此從唐宋乃至中華民國，在所有的大部經之中，《楞嚴經》的註釋書最多，其中明朝研究註釋《楞嚴經》的風氣尤盛。雖然如此，《楞嚴經》的真偽，也成為佛教界、學術界常常探討的爭議問題。

　　我嘗說：「從《楞嚴經》深奧的教理來看，如果我們中國的祖師大德，或研究佛學的人，有辦法編造這部經典的話，實在是很了不起。」斌宗上人《楞嚴義燈》說：「據《宋高僧傳‧卷五》云：唐慧琳法師是疏勒國人，精通梵漢，聞名當世，遍讀三藏，目光如炬，善能分別真偽，而對於《楞嚴》絲毫沒有置疑，攝入其編著《一切經音義》之中。如果《楞嚴》是偽書，豈能逃過慧琳的眼光？」蓮池大師說：「有見《楞嚴》不獨義深，亦復文妙，遂疑是丞相房融所作。夫譯經館番漢僧及詞臣居士等，不下數十百人，而後一部之經始成。融不過潤色其文，非專主其義也。設融自出己意創為是經，則融固天中天聖中聖矣。」誠斯言也，若不是修證等同於佛，怎能發揮這麼究竟的妙理。

　　在十一年前（民國八十七年）果濱居士將其「《楞嚴經》疑偽之研究」碩士論文拿給我看，因為其內容主張《楞嚴經》是由梵文所翻譯，而不是中國人所偽造，我鼓勵他出版流通，公諸於世，以匡正謬說。今年七月八日，為了淨覺僧伽大學教務，請果濱居士來光德寺商議之時，提起此事，才知道果濱居士因為忙於教學，該大作還沒有出版。淨心認為該論文是扶持正法重要之佳作，所以要他趕快出書流通；果濱居士受我的鼓勵，於是開始將十一年前的舊作重新修訂，刪減增修，重新命名為「《楞嚴經》傳譯及其真偽辯證之研究」，而付梓流通。

　　果濱居士的「《楞嚴經》傳譯及其真偽辯證之研究」第二章「本經源流與傳譯」分為八節；第三章「經義真偽之釋疑」，分為九節，對於《楞嚴經》的疑義，作了詳細的解釋。從其論述的內容，以及參考書目，可以得知果濱居士查閱很多相關資料，才寫成這一本研究《楞嚴經》的大作。而果濱居士多年來已經利用PowerPoint，在數處佛教教育機構講解《楞嚴經》，使初學者也能夠容易了解《楞嚴經》深奧微妙的意義，是一位弘揚《楞嚴經》的後起之秀；弘揚楞嚴大法後繼

有人，真是佛門之慶！

　　此書的出版流通，對於《楞嚴經》持有疑義者，能夠斷疑生信，更能嘉惠許多愛好楞嚴大法者，乃樂為之序云爾！

　　　　　　　　　　　　　　九十八年桂月　淨心序於光德丈室

樂序

　　民國九十八年(2009)七月中旬，果濱居士驟臨精舍敘談，攜其巨著「《楞嚴經》傳譯及其真偽辯證之研究」稿書，囑之為序。遂展其著，洋洋大觀，不下數十萬字，實為現代學人著實了達修悟功夫，再得多方集閱，廣博諸文，加以前後諸番考證，旁徵曲引，始著圓成，對《楞嚴經》之真偽有所精辯論證。

　　緣自近代學者宣說此經，在史上無有考據，故而有所疑慮。佛法本在實修實證上顯發功能，真實妙義，契入體性，方能澈見；若只從學術上做活計，反覆究疑，謬之深矣。

　　今且舉佛經為證，以破疑偽之訛言。如《摩訶波羅蜜經‧行相品第十》曰：「須菩提言：諸菩薩摩訶薩有三昧名首楞嚴，行是三昧，令菩薩摩訶薩疾得阿耨多羅三藐三菩提。」又在「問乘品第十八」曰：「云何名首楞嚴三昧？知諸三昧行處，是名首楞嚴三昧。」另在《首楞嚴三昧經》有堅意菩薩問三昧之法，佛唱「首楞嚴」之名，廣說其字義，而現妙用。《大般涅槃經‧二十七》曰：「首楞嚴三昧者有五種名：一者首楞嚴三昧，二者般若波羅蜜，三者金剛三昧，四者獅子吼三昧，五者佛性，隨其所作，處處得名。」三昧即義為定，可攝一切善法，歸於一心，依此而論，即無二相，一相即是無相，成就圓覺性海，即佛性也。更在此經中，首曰「首楞嚴三昧」，此三昧(三摩地)即是《大佛頂首楞嚴經》全經也。果若如此，「首楞嚴三昧」之功德難以具宣，一切世間之見思二惑，百八煩惱，具皆滅盡無餘；世人不察，迷曠久而不覺，若逞強毀呰，顛倒是非，阻人信心，障人修行；若出此惡念，悲慘之甚，可憐至極！

　　復觀《楞嚴經》所示，其中與諸《華嚴》、《法華》、《般若》等大乘經典，指歸元妙真心，同出一轍，總令歸元毘盧性海、一真法界、如來法藏、法界體性；果如是群魔震懾，故種種阻障頻頻發生，令大乘行者中斷慧命，以遂魔道之爪牙，吞噬行者之慧業，實為悲嘆之甚！

　　今拈出佛法真實義，如前所敘，何偽之有？何造之有？執此異論之學者，只見其表依識盲知，未見其裏以智得悟，失之毫端，謬之無量，故未深入經藏，不

起觀行，以妄識之執別，實為可悲痛至極也。

　　近代高僧斌宗大師者，乃彰化鹿港人，十四歲禮閑雲禪師披剃出家，在大陸名山參學十餘年，曾親侍印光、虛雲、靜權、圓瑛諸師，緣受天台法卷，民國二十八年返台，勤修止觀，可謂一代法匠。民國四十二年二月，應請在屏東東山寺開講「關於楞嚴經真偽問題的商榷」，倡言近代如憨山、太虛、諦閑、圓瑛諸師等皆以《楞嚴》確為佛所宣說真實之語，更舉圓瑛大師為例，在其《楞嚴經講義》曰：「**若妙極一心，四義交徹，四相圓融，歷明三藏，不出一心，此兼齊一心本源，亦不違前兼屬圓教。斯經實與《華嚴》、《圓覺》，同條共貫，其為無上甚深之典。**」此語可為佐證，尤為珍貴。

　　佛言：正像二法各千載，末法萬年現起斯端；復倡言曰：末法《楞嚴經》先滅，魔業興起，今之學者就真偽之論，已見端倪，末法之尾盡，《阿彌陀經》也復隱沒，大地入闇，眾生如盲。今值末法之期，與聖日遙，故有魔眷蠢動，冤隙迭起！

　　本經首以「七處徵心」為始，復以「八還辨見」乃至多番「明誨」，復有聲聞、菩薩自陳宿因及圓通之章，直歸本覺之徑；末示五陰之魔境，破執假而顯真，滌瑕盪穢，拔眾迷於識海，令出火宅之樊籠；故楞嚴一會，有如麗日中天，映遍周圓，群魔競懼；恐因於行者妄執陰境，為陰魔乘機以惑修法之人。今末法之端有假披佛衣無的放矢，居家者潛入外道邪眾，執謗僧團，傳播本經之偽造，撓亂道心，實為陰魔潛伏偽語惑眾；若信為實，豈不落入魔網，求出者幾稀？末法之期，切莫自閉出離三界火宅之頂首也。

　　古德堅信本經無疑者，不乏其人，前端略舉一二，史載依楞嚴開悟者，斑斑可考，可參閱果濱居士所撰之《楞嚴經聖賢錄》一書，豈可疑中復疑哉？今以果濱居士窺入《楞嚴》之堂奧，睿智顯發而無瑕，以破眩惑行者之邪見，拈出真實的妙義，揭露魔子披衣而唱衰。嗚乎！今即辯證大白，復見《楞嚴》將隱之際，趁此法緣顯正良機，萬莫錯失交臂，日參《楞嚴》自有個得手入處。

　　末法之端開啟修慧的《楞嚴》，為眾等出纏之良機，果濱居士大聲疾呼，開眾慧眼，清洗耳目，乃願擔荷撥邪扶正之能事，故能堪敢堪斯護持正法久住，實

為四眾佛子大護法也，敢言而能為言，當之無愧。但願行者莫因蠱惑而退卻道心，為佛子之幸甚！忝勵為之作序。

民國九十八年己丑觀世音菩薩成道日
大乘精舍印經會樂崇輝序於常不退齋

自序

　　末學在十一年前(公元 1998 年)就以「《楞嚴經》疑偽之研究」作為碩士論文的研究題目，當時在佛學大師熊琬教授的指導下順利完成學業。畢業後，除了在台北土城德霖技術學院教學服務外，亦在佛學院講解《楞嚴經》，十年來講解《楞嚴經》已有五次多（註1），每當周遭的法師及眾師兄們問何時要將《楞嚴經》疑偽著作「問世」，總是以「教學繁忙」而帶過。直到今年七月至高雄光德寺拜見淨公上人，上人囑應該儘速出書，不宜再拖，要不《楞嚴》法脈可能會中斷。弟子被上人之語驚醒，遂開始將十一年前之舊作重新修訂，其中因刪減增修不少，內容已不再適用於舊題，故將之重新命名為「《楞嚴經》傳譯及其真偽辯證之研究」，篇幅約三十五萬字。為了方便讀者閱讀，已將原屬論文格式改成「條文標號」方式，也將人名或地名加上「底線標記」，如引用大量經藏時皆用❶或①或(1)標示之，至於引文的註解仍保留原論文格式，這是要凸顯佐證資料的重要性，其餘則將「行距」加大，方便閱讀。

　　《楞嚴經》的真偽問題是一千三百年來教界、學界諍議不休的題目，姑且不論真偽與否，《楞嚴經》也同時是這一千三百年來各宗各派暨歷代祖師大德所最重視的一部經（註2）。雖然如此，「疑偽」的傳聞一直不斷，尤其呂澂所寫的《楞嚴百偽》更是眾所周知的一部「楞嚴偽造論」。

　　從開始撰寫本書時末學就起了疑問：《楞嚴經》是中國佛教界的一樁大事，為何記載它的事蹟會這麼模糊？除了經藏的記載之外，難道就沒有其他的「外典」可徵？常聽質疑《楞嚴經》的人說：《楞嚴經》有很多「獨言」，是他經未聞的，所以是「偽經」。又想：《楞嚴經》這件大事一定有更多輔證的史料記載，其經義既是佛說，佛佛道同、法法相傳，「他經」也必應有此說，只是未為人發掘。於是期待與發願要找到更多的史料記載與經藏相同的經義內容，證明《楞嚴經》是佛說、非杜撰。因為這個發心，也許是佛菩薩加被吧，於是順利的找到不少「外典」

註 1 從 2002 年開始在台北永和世界宗教博物館連續三遍三年。2004 年台北樹林福慧寺講一遍。2007 年在台北華嚴蓮社講解一遍。

註 2 從《楞嚴經》於西元 705 翻譯以來至今，歷代祖師和各宗派對它的註疏及藉《楞嚴經》而得證悟者，堪為第一名。資料請參筆者另撰之《楞嚴經聖賢錄》（上、下冊）。台北萬卷樓發行。2007、8。

之說，如「地方寺志」一致的傳載及一些《楞嚴經》「敦煌本」的記錄，加上努力查閱大藏經，也找出與《楞嚴經》經義符合的「他經」之說，再加上歷代祖師大德對《楞嚴經》不斷的讚歎、宣揚、倡導，更為未學撰寫本書時的最大信心源頭。

最後，未學將對《楞嚴經》真偽的千年疑案做最大的努力，讓《楞嚴經》正法永住世間，破魔顯正，引導末劫眾生不復誤入魔道的最大精神導師。

公元 2009 年 7 月 19　果濱序於土城楞嚴齋

《楞嚴經》傳譯
及其真偽辯證之研究

果濱・撰

第一章　緒論

第一節　研究動機與目的

一、研究動機

　　佛門中常說：「開慧的《楞嚴》，成佛的《法華》」，又說「自讀《首楞嚴》，從此不嚐人間糟糠味；認識《華嚴經》，方知己是佛法富貴人」。這是佛教界對《楞嚴經》、《法華經》、《華嚴經》的讚歎！尤其是《楞嚴經》，它被歷代佛教大師讚為：「諸佛之慧命，眾生之達道，教觀之宏綱，禪門之要關（註3），也是：「誠一代時教之精髓，成佛作祖之祕要，無上圓頓之旨歸，三根普被之方便，超權小之殊勝法門，摧魔外之實相正印（註4）」的一部大乘經典。

　　《楞嚴經》比起多數大乘經來說是一部較為晚譯出的大乘經典（於公元705譯成），它的內容十分豐富且兼容並蓄各宗各派的思想特色，如有中觀「緣起性空」及「四句推撿」的理論；唯識學「根、塵、識」的討論（註5）；《般若經》中「諸法性空」及《法華經》「諸法實相」、「開權顯實」的思想（註6）；《華嚴經》所提出的「十方諸佛、三界唯心」，以及「十地」菩薩等修行的種種階位思想（註7）。尚有戒律、禪定、淨土、密咒壇場等大乘佛教關於修行方面的豐富內容等等（註8）。若以天台的判教方式來判《楞嚴經》應歸屬那宗？判為何教？這是一個難以清楚

註　3　語出元・惟則禪師（1284—1354）。《卍續藏》第二十一冊頁738上—下。

註　4　語出明・蕅益大師（1599—1655）。《楞嚴經玄義・卷上》，《卍續藏》第二十冊頁 390 下。

註　5　憨山大師《楞嚴經通議・卷一》云：「其辯妄見以顯真見，破見精以顯本覺，義與《深密》同」，參見《卍續藏》第十九冊頁88下。太虛大師以《楞嚴經》乃會通《解深密經》及《成唯識論》等瑜伽教之思想。見太虛大師《楞嚴經研究》頁111。台北文殊文化印。78、9再版。

註　6　憨山大師《楞嚴經通議・卷一》云：「五蘊三科會歸藏性，則同般若真空、法華實相」。參見《卍續藏》第十九冊頁88下。

註　7　如憨山大師《楞嚴經通議・卷一》云：「七大遍周性真圓融，實與《華嚴》理事無礙法界相等也。及至四卷中云：一為無量，無量為一，小中現大，大中現小，於一毛端現寶王剎，坐微塵裡轉大法輪，此乃略顯《華嚴》事事無礙法界，正是所歸妙莊嚴海，是謂究竟歸寧之地也」。參見《卍續藏》第十九冊頁88下—89上。

註　8　上述關於《楞嚴經》含攝各宗各派思想之文，將於第二章第二節之「楞嚴經解題」提出詳細解說。

說明的問題（註9），甚至有人就直接提倡「楞嚴專宗」，自己獨出一派、一宗（註10）。由於《楞嚴經》含攝五宗，囊括五時，思想博大精深，及擁有少部份諸經所未聞的義理等（註11）；加上《楞嚴經》的源流及傳譯作者始終撲朔迷離。所以《楞嚴經》就漸成為一部有爭議性的經典，甚至出現關於它是一部偽經長達千餘年的爭論。

　　《楞嚴經》被疑偽，在不同時代便有不同的評論出現（註12）。大抵在《楞嚴經》初譯成，只受到「傳譯作者及源流」的質疑（詳於本書第二章討論），一直到南宋的朱熹（據現有史料記載而言）才開始有「義理」上的質疑（註13）。不過朱熹並非佛門重要學者，算是佛教「外人」，他的質疑大致是因「理學」之故，他不只獨排《楞嚴經》，也排斥當時的《四十二章經》、《圓覺經》……等大乘經典，認為當時的釋氏之學大抵多是剽竊《老子》、《列子》之意。朱熹之舉，雖然沒有詳細的經論證據去支持其說，但也已為《楞嚴經》的「義理之偽」跨出第一步。近人如梁啟超、李翊灼、歐陽漸、何格恩、保賢師……等也相繼提出其他經論根據去評論《楞嚴經》之「偽」，乃至呂澂則撰《楞嚴百偽》一書去論證《楞嚴經》是偽經（註14）。呂氏之說可謂近代集《楞嚴經》偽說之大成者（註15），呂文雖提出不少經論支持其「偽說」，但也有不少附會、牽強、誤會之處（筆者將在書內詳論其說），並非公允之論。

註　9　此說詳於第二章第三節之「傳譯作者之疑」。

註　10　如大陸圓瑛大師所創辦的「圓明楞嚴專宗佛學院」。詳於圓瑛大師《楞嚴經講義》頁1700。台北大乘精舍。85、9。

註　11　如太虛大師《楞嚴經研究》頁188云：「有對於說七大加見大而疑者，謂其全異大小、顯密經論之名數也。有對於說緣起義而疑者，謂其有異乎《起信》、《唯識》也。有對於說世界、眾生、業果三種相續義而疑者，謂大乘教中不見有此也。有對於說世界相續義而疑者，謂其頗近五行生剋之論，而與佛法向來祇說四大者異……此皆封文滯見，執句隨情之過」。

註　12　因為一類學說、一派義理、一種著作，它必須考量其當時的時代背景；當時的政治情形；國家興衰與否；個人的名利得失（因有些私人論著是為了凸顯個人名利所為、或被遷謫失意之作、或迎合上級之下的作品，不能說就代表其著作的「真實性」）；學術的相較爭寵；迎合國人當時的社會風氣……等等。

註　13　在朱熹之前還有一位唐朝的法詳居士，及北宋的宋景文。但這二位的疑偽說詞，似乎是不傳於世。筆者將在第二章「本經源流與傳譯」第二節「歷代疑偽之說」作詳細的介紹。

註　14　呂澂之「楞嚴百偽」內容出自《呂澂佛學論著選集》第一冊頁370－395。山東齊魯書社。1991。

註　15　此語乃引呂氏之言，彼云：「至於《楞嚴》一經，集偽說之大成」。見《呂澂佛學論著選集》第一冊頁370。

前人對《楞嚴經》的傳譯源流及經義，雖作了不少「疑偽」的推測，但這些推測都不能得到令人滿意的答案，因為其中有不少是「斷經取義、斷章取義」及「附會」的說法。一部大藏經一百本（以《大正藏》為準）、《卍續藏》一百五十本、《敦煌寶藏》一百四十本，光這三藏，以現代人的生活方式，能一一遍覽確實有困難，就算遍覽，誰能一一記得？從浩瀚的藏經來說，這些「疑偽」之論並非絕對客觀之說，亦不能代表佛法教義的真實面目。因而筆者試圖想從更多的角度、更多的經論記載、經文上下前後的文義分析、譯經場的制度、小乘到大乘經論的說法……等，去做更客觀更詳細的理解與分析。以廣博經論的客觀說法，加上自己的研究判讀，釐清《楞嚴經》被誤為偽經的內容，這也是撰寫本論著的研究動機及思惟模式。

二、研究目的

撰寫此書有如下的目的和期許。

❶《楞嚴經》傳譯與源流的問題，透過「藏經傳載、寺志、外典史料、敦煌手抄經本」的一致記錄，希望能做出如理合法的結論。

❷ 透過本書廣引藏經佛典之說，「以經證經、以經解經」的方式印證《楞嚴》之經義是佛佛道同、法法相傳之正法。《楞嚴》不再是「獨說」，亦不再是「異說」。

❸ 利用「聲韻、訓詁、目錄、譯場、才力、時間、年代、考據」等諸多方法印證《楞嚴》非出於杜撰，《楞嚴經》確是──佛說（註16）。

❹ 經由歷代祖師大德對此經之「讚歎、印證、宣揚、護持」，《楞嚴經》確是──「**諸佛之祕藏，修行之妙門，迷悟之根源，真妄之大本**（註17）。

❺ 最大的期許是：曾對《楞嚴經》有質疑過的讀者，皆能因本論著之疏導解釋而獲得更正確的訊息、更如法的教義。並共期許此經永住世間，引導所有在修行路上的行者，不致遭魔難，不成魔眷；勤修戒定慧，息滅貪瞋癡，共成無上佛道。

註 16 筆者對「佛說」的定義是採用<u>印順</u>法師的觀點。指的是「**依經、依律、依法**」，與「**與修多羅相應、不越毘尼、不違法性**」，就是「佛說」。參閱<u>印順</u>法師《初期大乘佛教之起源與開展》頁 1323—1329 之「大乘是佛說」一文。台北正聞。83、7。

註 17 語出明・<u>憨山</u> <u>德清</u>大師之《首楞嚴經懸鏡序》。《卍續藏》第十九冊頁 58 下。

第二節　前人研究此經真偽之檢討

　　前人研究《楞嚴經》多達上百家，大多是以註經或解義為主。關於質疑《楞嚴經》的諸多論文，除了呂澂有專書著作外，其餘大多收在《大乘起信論與楞嚴經考辨》一書中（內容將在「歷代疑偽之說」一節中列舉）。針對其「偽說」部份提出專門研究及解釋的，以現有學術上來看，畢竟不多。下面僅節選重要幾家對「偽說」提出反證論辨，並分成「優越點之處」與「不完善之處」兩點說明。「優越點之處」是筆者所取法的部份；「不完善之處」是引以借鏡的地方，亦是本論著中努力要克服之處。

❶ 太虛大師《楞嚴經研究》：

　優越點之處

　　大師對經義提出十點要義之說：

(1)本經始終唯令了達如來藏圓理。
(2)本經始終唯令修證如來禪妙宗。
(3)本經始終唯令頓究眾生心二本。
(4)本經始終唯令直成首楞嚴三昧。
(5)本經始終唯令選入耳根圓通門。
(6)本經始終唯令得就佛乘方便行。
(7)本經始終唯令持心戒永斷婬愛業。
(8)本經始終唯令持頂咒永脫魔邪障。
(9)本經始終唯令確立因果常住性。
(10)本經始終唯令必入解行相應地。（註18）

　　又提出《楞嚴經》會校「四經」與「四論」之說。四經是《圓覺經》、《楞伽經》、《解深密經》、《維摩詰經》。四論是《中論》、《大乘起信論》、《成唯識論》、《摩

註　18 詳於太虛大師《楞嚴經研究》頁120—145。

訶止觀》（註*19*）。

　　大師的十點之說，相當精闢，筆者在撰寫過程也取法不少大師的觀點去印證
《楞嚴經》其義理之真。因為《楞嚴經》是一氣呵成，前後首尾經文皆始終「一
氣相貫」、「環環相扣」，可借以反證呂澂所疑──「楞嚴乃集偽說之大成」（這些論
證將在本書內文中詳細說明）。《楞嚴經》會通「四經四論」亦是大師之發明，既會通「四
經四論」，那我們也可以大師的觀點而推出：「若《楞嚴經》是『假』，則其餘四經
四論如何成『真』？四經四論既是『真』，則《楞嚴》亦必真」的「經經相證」之理。

不完善之處

　　(1)大師曾對古人及近人對《楞嚴經》四種之疑亦作出解釋，然而卻稍欠詳
細的經論與史實支持。如釋「本經翻譯之疑」時以「梵文原本及傳譯主多為人所未
窺」、「唐時廣陝修阻，往來動經年月，傳言易滋舛誤」、「傳抄抄經書之難」、「印刷
術之不良」導致「人或不察」而「誤為二譯」。最後大師直接以「傳說雖異，皆不足
疑（註*20*）」做結論，亦詳舉諸「目錄」記載以證之。缺點是沒有詳細的「經論出處」
可供參考。

　　(2)釋「本經流傳之疑」時以「當時通梵文者多，梵華兩土僧眾時有往來，豈
能欺偽（註*21*）」做解釋。意即若《楞嚴經》無梵本，是中國人偽造，在當時「梵、
華」僧人往來頻繁的時代，何能欺騙諸印度精通「梵、華」二語的高僧或中國精通
梵語的祖師？缺點是：亦未舉例論證。筆者則取法大師此觀點再做進一步開發，
借之輔證當時攜梵筴至中國的印度僧人非常多，豈必限於奘(玄奘)師、淨(義淨)師
所攜的經典才算數？故《楞嚴經》梵本不一定為奘師、淨師二師所見，二師所未
見的梵本何其之多（以上詳於本書之「梵本有無之疑」一節）。

　　(3)釋「本經文義之疑」時以「此皆封文滯見、執句隨情之過」、「未悟法本無言，
機宜有說，但符元理，不礙多方。佛為法王，自在而說，開會無定，遮表非一，
夫豈得以吾人所知文字名句拘之！若能隨順經文，通達其義，便成勝解，何須自

註　*19*　詳於太虛大師《楞嚴經研究》頁111—118。
註　*20*　太虛大師《楞嚴經攝論》頁186。
註　*21*　太虛大師《楞嚴經攝論》頁187。

障（註22）」等語為由。缺點亦是未舉經論詳證。筆者在本書中即舉不少經論支持《楞嚴經》的義理，故《楞嚴經》並非往往「獨言」，他經亦有此說，只是很多並未被人發現、或未被融會貫通罷了。

❷ 錢謙益《楞嚴經疏解蒙鈔》：

優越點之處

　　(1)根據太虛大師認為：錢氏對《楞嚴經》傳譯考證最詳贍，「稽考頗詳，堪資研究（註23）」。如錢氏考證此經有「二譯之嫌」時認為懷迪是先譯《楞嚴經》，後譯《大寶積經》，這是從時間上來考究的。蓋「先天」是唐 玄宗的年號，先天二年是指公元713年。二個時間比對之下，「神龍」應在先，「先天」是在後，而《開元釋教錄》中記懷迪參預《楞嚴經》（後）的翻譯是在譯訖《大寶積經》（前）南歸時才譯，很顯然的是「先後倒置」所致（註24）。「神龍」與「先天」的年號如果沒有錯，很可能就是前後文弄錯。所以懷迪應是先譯《楞嚴經》，再譯《寶積經》，而前後相差也正好八年，與《續古今圖記》之說是完全相符合的。故錢謙益定出結論說：「蒙謂此經翻度唯一，則並無二本之疑，壹以《圖記》楷定可也」。錢氏之說也是筆者進一步發揮的根據。

　　(2)錢氏考證《楞嚴經》譯本完成後，到底是「有因南使流經」、「房融抄寫」、「房融入奏」，亦是「神秀親遇奏經一事」才使得《楞嚴經》流行？錢氏舉《新校本新唐書》上載房融是貶死於高州？何能在705—707年間又重回京師「奏上」？且又何能在757年突然回京師與懿公的「宅請」飯局一事？這種經由「時間前後」的比對方式而論出《楞嚴經》是因「南使流經」而流傳，可謂是錢氏細心研究分析的結果，此亦為筆者所取法的對像。

　　(3)錢氏考證房融潤文於《楞嚴經》的四大筆法：「章法鋪舒之妙、文法映照之妙、句法攢簇之妙、字法點綴之妙（註25）」。筆者以為：錢氏應為研究《楞嚴

註　22　太虛大師《楞嚴經攝論》頁188。
註　23　太虛大師《楞嚴經攝論》頁186。
註　24　或參閱於馮承鈞編著之《歷代求法翻經錄》頁61。台北鼎文書局出版。
註　25　《卍續藏》第二十一冊頁745下—746上。

經》「筆法」之第一人。

(4)錢氏作「佛頂五錄」，計有：

「佛頂圖錄」（似《楞嚴經》之表解）、

「佛頂序錄」（集合所有《楞嚴經》之序文讚頌語）、

「佛頂枝錄」（分成一傳譯、二證本、三藏教、四弘法、五義解、六悟解、七隨喜）、

「佛頂通錄」（援舉諸家對《楞嚴經》釋義之要）、

「佛頂宗錄」（分為「垂示宗旨、參會公案、逐拈偈頌」）等五錄。

以上「佛頂五錄」皆發前人所未明，可謂詳盡相關《楞嚴經》及旁證《楞嚴經》的所有資料，亦可謂是歷代著《楞嚴經》最詳贍之第一人。錢氏這些作法亦為筆者取為編纂《楞嚴經聖賢錄》的方式。

(5)錢氏對經文的釋義方式，廣覽百家之註，博引經論之證，再加自己研究心得，可謂集《楞嚴經》「著疏」之一大集成，亦為「後勝於前」之大作。

不完善之處

(1)錢氏善於考證，亦廣舉經論之證。缺點亦有，如他反對智顗大師以《楞嚴》取證於《止觀》，應是取證於《法華》。如他說：「若言《止觀》，則《楞嚴》未嘗有《止觀》明文，智者大師所立《止觀》原本於《瓔珞》，契悟於龍樹，取宗於《華嚴》，亦無待乎此經（指《楞嚴》）之證成也。僧瑩，南宋人也，所記載殊非本分事，亦多失實，此義斷以《尊頂》為正（註26）。錢氏認為《楞嚴經》不是用來印證《止觀》，應是《楞嚴經》印證《法華經》才對；又說：「智者大師釋《法華經》，但言等莊嚴者眼根六千，乃至顯其能盈能縮，無盈無縮等，未悉《楞嚴》所說流變三疊，總括始終具明六根功德，媲法之數，故知大師閣筆，『梵僧』合符，正為六根功德，不為《止觀》也（註27）。

錢氏所反對的理由主要是他認為北宋・德洪（1071—1128）之《林間錄・卷下》所云之事並非事實（註28）。他認為「僧瑩，南宋人也，所記載殊非本分事，

註　26　以上錢氏之說均詳見《卍續藏》第二十一冊頁755上。
註　27　以上錢氏之說均詳見《卍續藏》第二十一冊頁755上。
註　28　《卍續藏》第一四八冊頁622下—623上。

亦多失實」。後來筆者詳加考察其年代，也發現錢氏之說亦與年代不合。如錢云「**僧瑩，南宋人也**」。然而德洪卻是北宋人，其著《林間錄》的時間是在 1107 年以前，且編集了十年才成（註29），既然德洪所著《林間錄》乃於北宋時代，怎可能會提前收入南宋人著作的《僧瑩清話》進來？

亦有某些著作引用錢氏之言，進而以為錢氏是反對智者遙拜《楞嚴經》十八年說（註30），並認為天台宗與《楞嚴經》的「因緣」是「**非實錄也**」。其實筆者要澄清的事：詳讀錢氏之文，錢氏不是反對智者拜《楞嚴經》十八年之說，而是反對以《楞嚴經》去印證《摩訶止觀》而已。

(2)錢氏著作集百家於一身，頗為繁瑣，令人閱讀稍感困難。

❸憨生法師《辨破楞嚴百偽》：

優越點之處

第一位對呂澂的《楞嚴百偽》作出辨解的人。法師是香港已圓寂高僧海仁老和尚的門人，先後講《楞嚴經》達十三次之多，對《楞嚴經》有深入的研究。此書撰於 1991 年，將呂澂的一百零一條疑偽內容一一駁斥。此書的優點是：

(1)亦舉經論反證偽說之偽。
(2)大致都能將每條問難找到解釋的理由及理論根據，確實令人讚歎。
(3)內容簡單扼要，令人一目瞭然，回答的乾淨利落，沒有冗長的文字敘說。

不完善之處

(1)法師護教心切，故難免有些個人宗教感情較重的偏激語氣及字詞。

註 29 見《卍續藏》第一四八冊頁 585 上。
註 30 如聖嚴法師之《明末中國佛教之研究》頁 434 中，直接引用錢氏之說而將天台宗與《楞嚴經》的因緣「幾乎」否定掉。《明末中國佛教之研究》書中並未清楚說明錢氏只是反對《楞嚴》印證《止觀》而已，並非指錢氏將天台宗和智者大師與《楞嚴經》的一段因緣全部否定掉。以上小小說明，盼讀者能注意分清楚。台北學生書局。77、11。

(2)所辨解的內容有突破，亦有略而帶過。

(3)舉證雖有，卻不夠詳贍、精細。甚至有些避開了呂氏的問難（即無作正面之答），僅給予批斥一番。

❹羅香林教授「唐相國房融在光孝寺筆受首楞嚴經翻譯問題」：

　優越點之處

(1)最常被佛門引用來辨解《楞嚴經》是偽經的文章。

(2)羅香林是廣州的有名歷史學家，一向在廣州做官，對於廣州所屬的《南海》和《番禺》兩縣的寺志，無不研究清楚，所以羅氏善用於寺志和史記的資料去求證房融筆授《楞嚴經》的史實。這點也是筆者所取法的對像。

(3)對李翊灼先生的疑偽內容亦提出反證理由。考究房融的家世與其子房琯的身世，進而印證房氏家族與佛門的深密因緣，所以《楞嚴經》為房融筆授不是沒有因緣的。

(4)以《大唐西域求法高僧傳・卷下》之文記一位名恭闍梨的法師，以文學筆法的比對方式，以梵文拼音的方式，進而考究出恭闍梨應就是般刺密帝，故還證般刺密帝其人的更多事蹟，可謂其苦心積慮的學術情懷，令人尊重。

(5)羅氏是一位虔誠的基督徒，卻如此極力的擁護《楞嚴經》，其無宗教對立的精神，以及對史實考察的客觀之作，確實令佛門人物再三讚歎。

(6)從《宋會要》中找到房融也有筆授《圓覺經》的記載，進而證明房融與譯經事的深切因緣，故《楞嚴經》為房融筆授的可能性也更加提高。

(7)以光孝寺歷代對房融筆授《楞嚴經》的詩詞歌詠去還證《楞嚴經》由房融筆授的史實。此亦是筆者取法的對像，像筆者亦找出更多記載光孝寺與房融筆授的事蹟，這無疑都是羅氏給後學的一個重大啟發。

　不完善之處

(1)所引的「經藏」資料及「寺志」記載均缺詳細頁碼，這是美中不足的。

(2)羅教授引用《大唐西域求法高僧傳・卷下》而說明般刺蜜諦可能就是恭

闍梨，其人是在「垂拱」年的人，亦即公元 685—688 年。其實諸史一致記載般剌密帝是中印度人，是匆匆越禁而來，譯《楞嚴經》畢亦匆匆回國受罰，不太可能提前來中國，且一待就是二十年？故般剌蜜諦可能就是恭闍梨，此與史實似有出入。

(3)所引的《蘇東坡後集·卷十九》之「書柳子厚大鑒禪師碑文」，不是《卷十九》，應為《卷九》，亦可能是打字筆誤所致。

❺ 近人研究現況：

近代對《楞嚴經》的學術論文有李治華之《楞嚴經哲學研究》（碩論）、胡健財之《楞嚴經耳根圓修之研究》（博論）、張成鈞《楞嚴經中身心關係之探究》（碩論）等，都是專題論文，但對《楞嚴經》的傳譯源流及經義真偽，皆承前人之說，或蜻蜓點水帶過，較少新創。除此外，還有網路流傳的資料，如藥師山紫虛居士恭述的——《楞嚴經》不是偽經，我對呂澂先生《楞嚴百偽》的異見（註31），裡面詳細將呂澂百條之作逐一駁斥，但也只是作者紫虛居士的「個人看法」，所以並沒有太多學術上的研究價值。

❻ 日人研究概況：

日本方面的論文資料有：望月信亨之「關於楞嚴經傳譯之研究」（收於《佛典研究(初編)》一書），對《楞嚴經》的傳譯與經義提出若干的疑偽理論，但大多數內容都是一些「武斷」與「猜測」之說，缺乏豐富的經論去支持其偽論。松本信道《大佛頂經の真偽爭と南部六宗的の動向》，主要是討論《楞嚴經》中的「真性有為空（卷五）」之偈與《掌珍論》雷同的問題。另外還有大松博典《首楞嚴經の研究》、《首楞嚴經註釋書考》、《宋代天台學と首楞嚴》、《楞嚴經要解について》、《楞嚴經義疏注經について》……等約二十多篇論文，大抵也以文獻考據、思想史為主，對哲理的闡發也是點到為止（註32）。關於日本論文的資料處理，基本上日人多持偽經的看法（註33），所以對此經「偽說」內容提出反證的相關文章似乎並

註 *31* 詳網址 http://220.228.1.32/raft/article/29/topic_4.htm。

註 *32* 以上乃據李治華《楞嚴經哲學之研究》對日本論文的分析結果。詳見其碩論頁 5。台北輔大。

註 *33* 詳於保賢之「三談楞嚴問題」一文頁 376。張曼濤編之《大乘起信論與楞嚴經考辨》一書。

不多，不過這方面也是日後筆者欲專題研究的對像，諸如<u>日</u>人疑偽的動機是什麼？疑偽的理論架構？疑偽的時代背景問題和個人因素……等問題。

❼檢討

前人研究的成果，不論是疑偽或辨真，這對本人撰寫本書有很大的幫助。俗云：「**前修未密，後出轉精**」、「**初創者難爲力，繼起者益有功**」，這是指研究的成果通常是「**後勝於前**」，所以就算前賢提出疑偽論，反而是一種助力，因為有「偽」就會有「真」；有「疑偽」，就代表它也有「真實」的一面（註34）。在《楞嚴經》的經義中，「真」與「妄」是互相對立的，如經云「**言妄顯諸真，妄真同二妄**（註35）」。因而欲論其「真」，乃是由「妄」而起，若無這些「疑偽」之論，何能顯出《楞嚴經》之「真」呢？

本人對《楞嚴經》所持的態度，完全確認它是──真的，不論是從「傳譯、源流、經義」等多方面的問難，它確為佛說，只是《楞嚴經》所提的少部份思想，於其餘諸經中多所未聞，甚至有些道理講的太逼真、太直接，較令初學者難以接受。無論如何，就連反對《楞嚴經》的人都說出──「**始終拿不出真實憑據**（註36）」來，個人也相信就算是出了第二個<u>歐陽竟無</u>、<u>呂澂</u>，再創造了第二部的《楞嚴千偽》書，也無法抵住《楞嚴經》其「正法」的價值，以及歷代祖師對它的肯定與讚歎，也無法將《楞嚴經》的義理予以否定掉。究竟「真理」還是「真理」，「正法」還是「正法」。「正法」無須強辯其真偽，它永遠是「正法」，「正法」不會因它的真偽而有任何的價值損減（你說它是真的、正的，它本來就是真的、正的，無須強調它；你說它是假的、邪的，它本來就是真的、正的，不可能會變假的、邪的），它永遠是「三世諸佛」親口宣說的真理、正法，是諸佛之心、諸佛之語、諸佛之口（以上純是個人對《楞嚴經》感受之言，並不作為學術的價值論說）。話雖如此，這是在作嚴肅的學術論文，所以仍舊要舉經論證《楞嚴經》之真偽，以符學術水準。

註　*34*　這句話是從《楞嚴經》的角度出發的，不代表任何一部偽經（如《血盆經》、《太陰經》類）
　　　　都有真實的一面。
註　*35*　《楞嚴經·卷五》。《大正藏》第十九冊頁124下。
註　*36*　這句話是反對《楞嚴經》自己說出的話，見<u>保賢</u>之「問題楞嚴」頁358。見<u>張曼濤</u>編之《大乘起信論與楞嚴經考辨》一書。

第三節　材料選擇與應用

這本論著的撰寫材料，述說如下：

❶ 本書所引的材料皆見於「參考書目」一欄，計分成「歷代有關楞嚴經注解及研究書目」、「楞嚴經研究論文目錄」、「書中兼論楞嚴經目錄」、「相關資料參考書目」、「現存國內外楞嚴經善本書目」、「楞嚴經錄音帶流通資訊」等項目。

❷ 經藏的部份，採用了四藏之說：《大正藏》、《卍續藏》、《佛教藏》及《敦煌寶藏》等。資料上的引用大致均以第一手的「原始經藏」為原則，關於現代人的著作也偶爾間接引用，只是比例上並不多，大部份的重心皆在「以經解經、以經證經」方式來印證《楞嚴經》之真偽。

❸ 工具書大致是《望月佛教大辭典》、《佛光大辭典》、《梵和大辭典》、《中華佛教百科全書》、《中國佛學人名辭典》、《大正藏索引》、《二十五種藏經目錄對照考釋》、《佛教經典總論》、《說文解字》、《廣韻》、《辭海》……等。此外亦利用最新佛學網路檢索去輔證相關資料來源。

❹ 有關《楞嚴經》「傳譯作者」問題部份，引用了大量的「寺志」資料，這是為了彌補「正史」之不足，根據清人章學誠於《文史通議》中提到：「志屬信史、志爲史裁（註37）。所以「寺志」之說便成為這本論著的一大輔證。

❺ 敦煌《楞嚴經》的「手寫本」是研究《楞嚴經》的一項新方式。據本人所知現有的學術狀況，尚未有以敦煌「手寫本」《楞嚴經》來考證其「真偽」的前例，所以本書作了這項新嘗試，期望後人能重視敦煌本《楞嚴經》，並對之做更多的開發。

❻ 文中所引的《楞嚴經》均出自《大正藏》第十九冊，故有些只註明其頁碼，省略其經藏之「冊數」。

註 37 詳於《文史通議》頁 525 之「修志十議」中云：「志雖小，體例無所不備，考核不厭精詳，折衷務祈盡善……永垂信史」。又頁 537 之「與石首王明府論志例」中云：「志爲史裁」。台北史學出版社。63、4。四版。

第四節　研究方法與步驟

一、研究方法

　　有關辨偽書的方法，歷代學者均提供詳細的方法論，諸如明・胡應麟之《四部正訛》所論之八法云：覈之七略，以觀其源……覈之「文」、「事」、「撰者」、「傳者」，以觀其「體」、「時」、「託」、「人」等。清初之姚際恒有《古今偽書考》、民國有梁啟超《古書真偽及其年代》、錢穆《古史辨》、張心澂《偽書通考》、鄭良樹《古籍辨偽學》、許華峰之《閻若璩尚書古文疏證的辨偽方法》（民83國立中央大學中國文學研究所碩論）……等。這些辨偽法均以「國學」或「古籍」資料為主，然而佛門典是不是也適用這些方法去辨偽？基本上是適用的。如梁啟超所提的「從傳授統緒」和「文義內容」上來辨別真偽的方法也可用來辨別真經與偽經。但佛典的辨偽方法並不簡單，它比起古籍還要困難的多，它涉及到譯者的筆法（是直譯或意譯）、梵本（梵本來源不同）、譯官制度（譯人多寡的不同）、流傳過程、專有名詞……等多種問題。佛典早期皆以「梵文」或「巴利文」來記錄，再從印度帶回中國，由印度沙門或與中國僧人共翻而成（註38），在展轉流傳的過程中，難免出真經與偽經互相雜夾，實在很難判斷那些是真經或偽經，因此在唐朝就有專業的「刊定真偽經僧」、「校經目僧」、「都維那」、「翻經大德」等名詞（註39），可知判別佛經真偽是件非常謹慎莊重的事，比起古籍的辨偽學更是複雜多了。

　　當代學者王文顏於《佛典疑偽經研究與考據》一書中曾提出判別佛典偽經的三大點：「從有無譯人以判定佛典之真偽」、「與真經比對以判定佛典之真偽」、「從內容、義理以判定疑偽經」（註40）。這三大點是判定疑偽經的基本方式。本人的研究方法皆以此三大點為重心，另廣採「考據學、義理學、聲韻法、訓詁法、敦煌本、二重證據法、語言翻譯學、目錄學、譯經制度法、文獻史料學……」等方法去撰寫，其中均以「佛教的經藏」記載為重心，再以其餘的「方法學」為藏經的輔證，最終達到印證《楞嚴經》之「真」，其方法學如下圖所繪：

註　38　以上只是從大略上來說，因佛教經典不盡是皆從印度來，亦有來自月支、安息、康居、龜茲、于闐……等地，其內容也不一定是印度梵語，以其他各國語言所記載的經典也相當多。

註　39　詳於《大周刊定眾經目錄・卷十五》。《大正藏》第五十五冊頁475上—下。

註　40　詳於王文顏《佛典疑偽經研究與考錄》上篇之三「疑偽經的判定」，從頁41起到頁63。台北文津出版。1997、4。

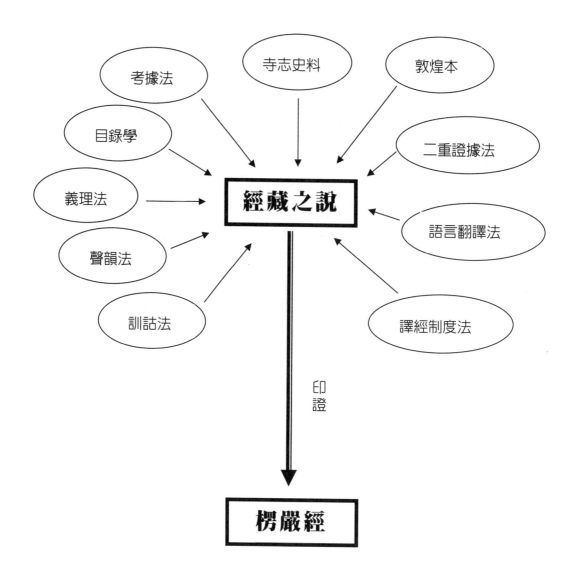

下面逐一例舉說明所用的方法：

❶聲韻法：

(1)試舉呂澂所疑的「慧迪」與「懷迪」究是同一人？亦是不同人？據《說文解
字》的分析：「戶」與「胡」皆同屬「匣」紐，兩者是雙聲也；而韻部亦同為
十五部，兩者是疊韻也。「慧」與「懷」兩字既是雙聲和疊韻的關係，所以
極可能徐鍇所說的「慧迪」就是「懷迪」。故呂澂之疑應可從文字的聲韻流
轉和諸經一再的記載得到更正確的解釋。（以上皆詳見於本書第二章第三節之
「傳譯作者之疑」）。

(2)《敦煌寶藏》中所載的《楞嚴經》「音義」部份，筆者以《廣韻》內容與之相對照，證明《楞嚴經》的「音義」是《韻書》成熟之作。（以上皆詳見於本書第二章第五節之「敦煌寫本之考」）。

❷訓詁法：

(1)《楞嚴經》的摩登伽女並非是「賣婬的女人」或「妓女」。經文雖稱摩登伽女為「婬女」，這是在唐時翻譯佛典時的慣用詞語。按「婬」字在眾多佛經中是指向「縱欲、貪欲、放逸、貪愛」之意，一個「婬」字廣義來說還包括了「過度、縱逸、惑亂、邪惡、貪色、長久、淹留……」眾多的意思（註41）。故「婬女」兩字是可以包括「貪欲深重（舉凡財色名食睡都是）、愛欲深重、婬念深重、感情執著深重、或賣婬的女人」等。而「妓」字也不一定等同於「婬」字，因「妓」字在唐宋古音時本非專指向「賣淫」的女人，而是指「歌舞女藝人（註42）。《楞嚴經》上指登伽女為「婬女」，乃指她「欲念深重、情執深重、婬念深重、貪欲著色相深重」，不是等於說她就是一位「賣淫的女人」。（以上皆詳見於本書第三章第一節之「摩登伽經故事之考察」）。

(2)舉從文疑「《楞嚴經》言阿難婬犯摩登女」之事。按「婬躬撫摩」四字。「躬」字古文做「躳」，從呂從身，是指「身體」的意思（註43），如《詩經・大雅・烝民》云：「王躬是保」、《史記・司馬相如傳・難蜀父老》云：「躬胝無胈，膚不生毛」。故「婬躬」二字是指摩登女通身淫態之意，非阿難將欲婬犯於登伽。（以上皆詳見於本書第三章第一節之「摩登伽經故事之考察」）。

❸敦煌本：

此以王國維於《古史新證》中所提的「二重證據法」去研究。敦煌的資料大多是北魏到北宋六百年間的遺物，經筆者整理統計約有一百二十六件《楞嚴經》敦煌手抄本資料。這些手抄《楞嚴經》大多為唐末的「手寫本」，距離《楞嚴經》譯成的時間較為接近，故考其經文以輔證《楞嚴經》傳譯作者之疑，

註 41 詳於《說文解字注》頁631。或見《辭海》頁990—991。台北遠流。79、1。
註 42 如《後漢書六四・梁統傳》云：「因行道路，發取妓女御者」，這是指歌舞的女藝人。且《說文解字注》頁627下亦云「妓者，婦人小物也」。後代才將「妓」字引申為「賣婬的女人」。
註 43 參見《說文解字注》頁347上。

是為「以古證今」之「二重證據法」。

(1)如校編號「斯二七六二號」。其在卷末時有一行字題為「**右大唐循州 懷迪共梵僧於廣州譯**」下面有小字為「**新編入錄**」。筆者分析的結果：這行字跟最早智昇做《開元釋教錄・卷十二》所載「**大唐 循州沙門懷迪共梵僧於廣州譯**（新編入錄）（註44）」之文完全一樣。

(2)如校編號「伯二三四九號」。在經卷一之首即書上「**神龍元年中天竺沙門般刺密帝於廣州 制止寺譯，房融執筆**」，證明其「寫本」是承襲《續古今譯經圖紀》和《貞元新定釋教目錄》兩錄來的，只是少了懷迪與彌伽釋迦的敘述。

(3)如校編號「北七四三三號（濳100）」。內容是《楞嚴咒》咒文的結尾部份，文末書上「《大佛頂陀羅尼經》有十卷，咒在第七卷內，弟子張球手自寫咒，終身頂戴，乞願　加儕中和五年五月十八日寫訖」。查「中和五年」為公元 885 年。由這項資料可知敦煌寫本的《楞嚴經》資料應都不出唐末左右的作品。（以上皆詳見於本書第二章第五節之「敦煌寫本之考」）。

❹目錄學法：

清・王鳴盛之《十七史商榷》中曾云：「**目錄之學，學中第一緊要**」，這是強調「目錄學」為研究學術的重要基礎，筆者要先說明：不一定目錄登記成「疑偽經」就真是「偽經」；也不一定是未登記成「疑偽經」就一定是「真佛經」。此說請參閱王文顏《佛典疑偽研究與考錄》頁 41 之「**參、疑偽經的判定**」內有詳細舉例。

(1)從一切「中、日、敦煌」三大目錄的記載，《楞嚴經》自始自終並未曾被歸於「偽經」或「疑偽經」內。

(2)舉《摩登伽經》的經藏目錄。筆者整理的結論是：自古以來所刊定的《大藏經》均收錄此四經（註45），除了《舍頭諫經》在《大藏經綱目指要錄》中沒有收錄外（註46），其餘皆全收錄。另外蕅益大師《閱藏知津・卷三十》亦述及此經（註47）。故從「目錄學」的整理來看，《摩登伽經》是佛

註 *44* 《大正藏》第五十五冊頁 603 上。
註 *45* 詳細請參閱小野玄妙著《佛教經典總論》頁 895。
註 *46* 見《法寶總目錄》第二冊頁 702 中。
註 *47* 見《法寶總目錄》第三冊頁 1192 上—中。

說，並非撰杜的事實應可確定的。（上述皆詳見於本書第三章第一節之二「摩登伽經解題」）。

❺ 語言翻譯法：

語言翻譯法的定義非常廣，筆者僅採「梵語」之譯音或「釋義」的方式（或謂「梵語學法」）來考證某些問題。

(1)試舉《摩登伽經》一例。《摩登伽經》的梵語是 Śārdūlakarṇāvadāna शार्दूलकर्णावदान。藏語是 Stag-rnahi rtog-pa-briod-pa སྟག་རྣའི་རྟོག་པ་བརྗོད་པ。其經的同本異名尚有《佛說摩鄧女經》、《摩耶女經》、《阿難為蠱道所說經》、《摩登伽經》、《舍頭諫太子二十八宿經》、《虎耳經》、《佛說摩登女解形中六事經》等。若根據梵文 Śārdūlakarṇ 是指「師子耳、舍頭諫、虎耳（太子名）」之意（註48）。avdāna 是因緣、譬喻、演說解悟經之意，通常翻成「阿波陀那」（註49），是原始經典之一種「體裁」，在十二部經中，位列在第七。所以《摩登伽經》亦名《舍頭諫太子二十八宿經》和《虎耳經》等都是可由「梵文」的音譯或釋義上去求證的。

(2)懷疑「《摩登伽經》本身並沒有獨立的梵本、或缺乏梵本」。然梵文本《Divyāvadāna दिव्यावदान》經（註50）之第三十三譚的內容來看，它與《摩登伽經》的內容是頗為相符的。因為 Divya 有「天上的、神聖的、上妙的、最上的、天界」之意（註51）。Avdāna 則是因緣、譬喻、演說解悟經之意。故 Divyāvadāna 整句的翻譯是：以通行於世間的淺顯譬喻、寓言的方式，用以詮釋神聖深遠的教理的種經。此類的經又名「阿波陀那」，如《大智度論‧卷三十三》所云：「與世間相似，柔輭淺語，如中阿含中『長阿波陀那經』，長阿含中『大阿波陀那經』（註52）。所以縱然《摩登伽

註　48　《梵和大辭典》頁 1324 左。

註　49　《梵和大辭典》頁 140 右。

註　50　此經係編於三世紀初之梵文譬喻故事集。書中引用巴利聖典中之《長部》（Dīgha-Nikāya）、《長老偈》（Theragāthā）、馬鳴之《大莊嚴論經》等。為研究大乘佛教成立過程的重要經典之一。現由英國 印度學學者喀畏爾（Cowell）與奈爾（Neil）共同整理出版。現存《雜阿含經》中之卷二十三、卷二十五兩卷中之『阿育王因緣經』、『法滅盡相經』、『阿育王施半阿摩勒果因緣經』等三經，即相當於梵文本《Divyāvadāna》經。上述詳於《中華佛教百科全書》第八冊頁 5273 左、第六冊頁 3160 右。

註　51　《梵和大辭典》頁 582 左。

註　52　《大正藏》第二十五冊頁 307 中。

經》尚未發現梵本，然其梵文本的《Divyāvadānaदिव्यावदान》經卻可輔證《摩登伽經》存在的事實。（上述二例皆詳見於本書第三章第一節之「摩登伽經故事之考察」）。

❻文獻史料法：

如從《廣東通志》、《高州府志》、《廣州府志》、《光孝寺志》、《元和郡縣志》、《南海山水人物古蹟記》(收於《四庫全書》)、《宋會要》、《南海百詠》(《四庫全書》未收入)、《文獻通考》、《宋史》、《高僧傳》、《宋高僧傳》……等文獻資抖中找尋更多房融筆授《楞嚴經》的記載。

❼義理考據法：

利用「以經解經」及「以經證經」之法來考察《楞嚴經》所說之理，並非疑偽家所認定的「獨言」或它經未聞等。此外尚採「比較法」、「歸納法」、「分析法」、「地理時間分析法」等去印證《楞嚴經》之義理。

(1)例如提婆的「五法」之說：以八部經論相同的記載去比對考校其說，此兼採「比較法」、「歸納法」和「分析法」，進而對從氏疑「《楞嚴》戒殺斷肉之說是外道提婆五法的主張」提出論證說明。結論是：佛陀沒有反對過這「五法」，只是若用此「五法」作為外相上的「苦行」方式而盡其形壽毫無變通，甚至取代「八聖道」之修行，這才是佛陀所反對的。（詳於本書第三章第八節「食肉殺生與因果之釋疑」）。

(2)《摩登伽經》的故事情節：據經藏記載，約有十二部經文共載此事，本人亦採「比較法」、「歸納法」和「分析法」法，將這些同類記載作一圖表的歸納、分析，進而與《楞嚴經》的摩登伽故事情節相校。結論是：《楞嚴經》摩登伽故事的「情節」並非杜撰，它與其餘「十二部經文」之說是吻合的。（詳於本書第三章第一節之三「本經摩登事故」）。

(3)阿難證果與文殊持咒往救的故事：採大乘經論之說，用「以經證經」的方式，結論出：阿難證「初果」與文殊持咒往救非《楞嚴》獨言，它經亦有諸多記載。（詳於本書第三章第一節之三「本經摩登事故」）。

(4)又如「寺志」之載，以同類的「寺志」去考校其對某些史實記載是否有出入。（詳見於本書第二章第三節之「傳譯作者之疑」）。

(5)據《元和郡縣志・卷三十四》頁567云：「廣州西北至東都取桂州路五千八十五里（註53）」。以當時房融平均每日七十里的行程來算，大約只要七十餘日即可到達。假如房融於二月初四日由東都啟程，則四月中旬最慢五月初或中即可到達廣州。那麼與《佛祖歷代通載・卷十二》載「夏四月融於廣州遇梵僧般剌蜜諦齎《楞嚴》梵夾至，剌史請就制止道場宣譯，融筆受，及譯經十卷畢，般剌復攜梵本歸于天竺（註54）」之說就完全相合。也有可能是五月才到廣州，那麼又與《宋高僧傳・卷一》和《續古今譯經圖紀》說的「五月二十三日」譯經期相似。所以不管是四月譯經、五月乃至說七月七日就已譯完成，這都已是房融其人已在廣州的事了。故呂澂所作「日數千里，計百數日，幾不達眈所」的觀點是私人推測，與客觀的分析是不合的。此種論證乃採用「地理時間法」去解釋其疑偽。（上述詳於本書第二章第三節「傳譯作者之疑」）。

(6)據《大唐西域記・卷六》載：祇陀林（Jetavana-anāthapiṇḍasyārāma）到舍衛國（Śrāvasti）少說也有「五、六里」路（註55）。所以佛持「五會神咒」，應是在極短的時間內完成（或一剎間），而文殊菩薩持咒去迎救阿難，也應是極短時間內完成，不會是從文質疑佛「大費周章，卯足全力宣說長篇神咒」。此種論證亦採用「地理時間法」去解釋其疑偽。（上述詳於本書第三章第一節「摩登伽經故事之考察」）。

(7)呂文疑：「又云『中夜食時，焚燒酥蜜於小火爐以為供養』。實則中夜非行道時（《大日經・卷七》等）……其偽六十五」。呂氏云經文是「中夜食時」，其實根本就引錯經文，何能解對經義？原經文應是「每以食時，若在中夜，取蜜半升，用酥三合。壇前別安一小火爐。以兜樓婆香，煎取香水，沐浴其炭，然令猛熾（註56）」。並非指在中夜「食」。此種論證乃採「原經文」的比對校勘方式。

(8)呂文疑：「『從三七日後端坐百日得須陀洹』。按陀羅尼所求悉地，有世出世，此下咒文全是世間悉地所用，(參照《陀羅尼集經》、《大日經・卷七》及《疏》)……其偽六十八」。筆者的解釋是：若說參照《陀羅尼集經》（於永徽五年654譯成）則有可能；但若說參照《大日經》及《大日經疏》則有明

註 53 見《四庫全書》第四六八冊頁567。
註 54 《大正藏》第四十九冊頁585下。
註 55 詳於《大唐西域記・卷六》，《大正藏》第五十一冊頁899中。
註 56 《楞嚴經・卷七》。《大正藏》第十九冊頁133中。

顯的錯誤。因為據《開元釋教錄·卷九》載此經是於開元十二年（724）譯出（註57）。既在《楞嚴》之後，《楞嚴》何能先引「未來」之經論？此種論證乃採「時間比對」之法去解釋。（以上皆詳見於本書第三章第二節之「登伽與楞嚴壇場之疑」）。

(9)例舉數部經藏論疏之說而「以經解經」、「以經證經」，證明《楞嚴經》的道理是佛佛道同，法法相傳。例如：《楞嚴經》的四淨誨、戒婬說、燃指、戒食牛乳、醍醐、持咒、防魔……等。內文中舉證經論數則，繁不及述，請參閱第三章「經義真偽之釋疑」。

❽譯經制度法：

如《佛祖統紀·卷四十三》載，唐 宋譯場所置之譯官大略有下列九職「譯主、證義、證文、書字梵學僧、筆受、綴文、參譯、刊定、潤文（註58）」。翻譯的人數多則三千以上，少則上百（均詳論於本書第二章第六節「作者身份之疑」的房融相國一節）。所以借此「譯場的制度」可以推測《楞嚴經》應不會是只有四人祕密翻譯，或許是未署上其他人名，或許是遺漏，這都是應考慮進去的因素。（以上皆詳見於本書第二章第六節之「作者身分之疑」）。

二、研究步驟

①首先蒐集所有《楞嚴經》注疏，約近九十家（以尚存可見的為準）。這些資料包括《楞嚴經》最早的註疏開始到現代近人的著作，再蒐集相關《楞嚴經》的中外論文、專書著作、網路資料等。

②蒐集經藏以外的資料，如「寺志、通志、府志、傳記、史記、文獻通考、二十五史」……等，找尋其有關記載《楞嚴經》的事。

③運用工具書，如《望月佛教大辭典》、《佛光大辭典》、《梵和大辭典》、《中華佛教百科全書》、《中國佛學人名辭典》、《大正藏索引》及最新佛學網路資料檢

註 57 《大正藏》第五十五冊頁 572 上。
註 58 詳於《大正藏》第四十九冊頁 398 中。

索……等系統，找尋相關《楞嚴經》經義之出處典籍。

④儘量引用第一手資料，諸如「經藏」中的記載為優先，「轉引、傳述、間接」的資料列為其次，並考究其「轉引資料」時是否有誤。

⑤對著疏中的資料，詳加考察其「藏經」中的出處、卷數、頁碼。

⑥著作者的背景資料，考察其人的生年、撰書的時間、動機目的。

⑦疑偽者以為《楞嚴經》的經義多「獨言」，故筆者廣採諸經論疏「以經證經、以經解經」，並舉「史傳部」諸高僧大德以此經義而修行成就的事蹟，以釐清這些疑點。

⑧經過「敦煌本、寺志、史料、目錄學、前人著疏」……等的記載，而推斷《楞嚴經》的作者與傳譯的問題。靠「聲韻、訓詁、語言翻譯、時間年代、義理、考據、譯經制度、以經證經」的分析歸納、高僧祖師的印證……等方法，推斷出《楞嚴經》的經義確實是符合佛說，並非杜撰。

三、章節安排

　　本書的章節安排均於每一節之末另做一「小結」，從二章到第三章都有如此「小結」式的安排。每節題目下的小標題大致都有四到五個討論項目，最後以「小結」型式做結論。每節的主要標題與題下的小標題也都用「整齊」的字句表達，一來較整齊，二來閱讀上較不雜亂。本書的所有字型結構均以「細明體」為內文，重要文句或引經據典的部份一律採用「粗標楷體書」。

　　本書在第二章「本經源流與傳譯」中分成九小節來討論。這九小節中每節都扣緊《楞嚴經》的源流與傳譯來討論，每節所給的小標題皆冠上「疑」或「考」字。

❶第一節首先解釋《楞嚴經》的經題，分別簡述十卷內容，再提《楞嚴經》的十大特色。

❷第二節「歷代疑偽之說」：將自古以來懷疑《楞嚴經》的文章收錄於此，除了呂澂有專書著作外，其餘皆散於各學術論著上。

本節特色➡詳細說明《楞嚴經》疑偽的發展過程，並舉史料中所見的疑偽內容。

❸第三節「傳譯作者之疑」：將經藏、寺志、外典等諸多書籍史料中考證其對《楞嚴經》作者的記載。

本節特色➡將經藏對《楞嚴經》作者及傳譯的記載以「時間年代」先後分成十二家之說，一直排到北宋末為止。房融從京都步行至廣州，及《楞嚴經》翻譯的時間假設和推斷。指空大師（印度人，在那爛陀寺出家）蒐有「楞嚴咒圖像部」，可輔證《楞嚴經》與那爛陀寺的關係。《廣東通志》、《廣州府志》、《高州府志》、《南海百詠》、《宋史》、《文獻通考》、《蘇東坡後集》皆載房融筆授《楞嚴經》一事可資佐證。

❹第四節「廣州光孝寺考」：介紹本寺的沿革、本寺中「筆授軒」之考及歷代文人詩詞對房融筆受《楞嚴經》的讚歎。

本節特色➡《光孝寺志》對房融筆授《楞嚴經》一事記載詳實。宋‧蔣之奇建「筆授軒」確有其事。

❺第五節「敦煌寫本之考」：一百二十六件的敦煌本《楞嚴經》，其中有相關作者的記載計五件。另外《楞嚴經》的「音義寫本」計二件。

本節特色➡編號「斯二七六二」號對《楞嚴經》作者的記載是同於《開元釋教錄》。編號「伯二三四九」號《楞嚴經》作者的記載是同於《續古今圖記》或《貞元新定釋教錄》。編號「伯二五一二」號對《楞嚴經》作者的記載是同於《續古今圖記》或《貞元新定釋教錄》。證明《續古今圖記》所提《楞嚴經》的作者是般刺密帝主譯、彌伽釋迦譯語、懷迪證義、房融筆授。關於撰寫「敦煌本《楞嚴經》的音義」時，確實困難，因為《敦煌本》字跡能見度很差，經筆者再三的細心研讀比對：「斯6691」號計二百二十五行字，做了一千多個字詞釋義。「伯3429」號計七十二行，能見度也相當差，經粗略計算，它比「斯6691」字詞還要多。

❻第六節「作者身份之疑」：將四位《楞嚴經》的作者做深入的探討。

本節特色➜從譯場的嚴謹制度來說，譯經多則上三千人，少則數百人，且有譯官達九位之多，故<u>房融</u>應無添筆杜撰的可能。同時期左右像<u>般剌密帝</u>一樣；攜帶梵經、生卒年不詳、匆匆來去的<u>印度</u>僧人很多，故可以此解釋<u>般剌密帝</u>人生卒不詳、匆匆來去之疑。<u>羅香林</u>考究<u>恭闍梨</u>就是<u>般剌密帝</u>，經筆者分析時間年代前後，發現與譯經時間不合，故不予取。<u>彌伽釋迦</u>來自<u>印度　烏萇國</u>，正是密教發達興盛之區，故可與《楞嚴經》中的密法部份互相呼應。

❼第七節「**經文流傳之疑**」：提出經文流傳的四種可能。「**南使流經**」、「**房融抄寫**」、「**房融入奏**」、「**神秀傳抄**」。

本節特色➜將四種流傳經典的傳聞逐一分析「年代先後」，最後結論以「**南使流經**」的可能性最高。因《楞嚴經》在《開元錄》（公元 730）中已載《楞嚴經》一事（表示已經流傳），故公元 730 年以後關於流傳出《楞嚴經》之事，應不太可信。

❽第八節「**梵本有無之疑**」：處理關於《楞嚴經》是<u>龍樹</u>自<u>龍宮</u>取回的傳說。舉北宋<u>張商英</u>曾據《楞嚴》「梵本」加以刪修改正之事。又舉宋<u>宗達</u>法師亦考訂過《楞嚴》經文之偽訛處。

本節特色➜<u>龍樹</u>自<u>龍宮</u>取出《楞嚴經》一事，筆者暫依《莊子》一語云：「**存而不論**」。筆者以《楞伽經》產生的時代、以密教在<u>印度</u>興盛的時期、以<u>智者</u>大師拜《楞嚴經》之傳說、以判教的角度等方式推出《楞嚴經》譯本結集時間上的五種可能說法。又舉在<u>奘師</u>(<u>玄奘</u>)、<u>義師</u>(<u>義淨</u>)的那個時代，梵經往來非常頻繁的事蹟、民間藏有大量梵本、宗派對立的實情等角度推出<u>奘師</u>、<u>義師</u>不見《楞嚴經》的種種理由與可能性。

❾第九節「**經文譯本之考**」：據筆者所知，《楞嚴經》的譯本大致有五種版本以上，包括「漢文版、梵文版、藏文版、蒙文版、英文版」等。

　　第三章主要是處理《楞嚴》經文義理之真偽，名為「**經義真偽之釋疑**」。關於義理諍論的部份，本來就是一件難以交代清楚的事，因為各宗、各家、各派、各師承都有各家「獨立」的看法，所以一種義理要為大家所共接受、共承認，確實困難。本文在此章的安排也只挑選幾處較為人所質疑的「經義」部份，每節皆冠上「疑」或「釋」的字眼。因為如果要針對疑偽者所有「義理之偽」問題做詳細的解

答，那恐怕需上百萬言才能交代清楚（據筆者預估），故本文只節選「九則」義理之偽而做開發與研究。

　　這九節的安排以「**摩登伽故事**」為首節，此因摩登伽與阿難的故事為《楞嚴經》的「起經之緣」，若將之全部否定，則《楞嚴經》的「存在」勢必發生問題。（因疑偽者想盡辦法否定摩登伽事，認為是杜撰，起經之緣既為杜撰，那後文亦難逃杜撰之嫌）。筆者除了安排摩登伽為首節外，亦詳細提出反證的理由。

　　第二節到第六節都承續第一節做更多的開發。如阿難是由佛持「楞嚴咒」使文殊往救的，故「楞嚴咒」亦為《楞嚴》起經之一大因緣，所以第二節討論登伽女因「楞嚴咒」而證果及「楞嚴壇場」之事。第三節討論「楞嚴咒」是不是雜抄入經？以及它種種功德利益的說明。第四節討論持咒何以能降魔？如何方是「**嚴持淨戒**」的誦咒。第五節討論經咒的力量有無滅罪之說？第六節討論酬還宿債的種種戒律問題。以上這六節都從第一節來做開發的。筆者撰寫的思考模式是取法於近代高僧宣化大師之言：「**佛說《楞嚴經》，其因緣為阿難被摩登伽女，用先梵天咒所迷，婬躬撫摩，將毀戒體，佛敕文殊持咒往護，攝阿難還，故知『楞嚴咒』乃《楞嚴經》之主體，若無『楞嚴咒』，則不應有《楞嚴經》**（註59）」。

　　第七節到第九節涉及了許多佛教「戒律」的問題。本人在此先說明：戒律之學原則上非在家居士所能過閱，但《楞嚴經》的戒律問題卻一直是遭人質疑的地方，所以本人只好「暫開」此禁戒，「過閱」戒律禁文。第七節以《楞嚴經》的「燃指、爇臂」為討論。第八節討論《楞嚴經》的「殺生食肉觀」。第九節討論「**情想升沈與戒婬**」之疑，這節是跟第一節「**摩登伽經的故事考察**」相呼應的，因為太虛大師曾說：「**本經始終唯令持心戒永斷婬愛業……非戒婬為修首楞嚴三昧，而戒婬即是證首楞嚴三昧也**（註60）」。所以《楞嚴經》由阿難「**多聞忽定**」而遭「女難」而發起，繼而全篇皆扣緊一個「**婬**」字而作開發（註61），十卷經文皆環環相扣，故筆者安排第九節「婬戒」做結尾。以上是筆者安排這九節的前後思考模式。

註　59　《楞嚴咒疏》一書之「序文」。台北大乘講堂印。81、9。
註　60　《楞嚴經研究》頁141。
註　61　如虛雲老和尚曾說：「《楞嚴》一經，由阿難發起，作我們的模範。全經著重說『婬』字，由這『婬』字，說出很多文章來」。又云：「全經前後所說，著重在一個『婬』字……看《楞嚴經》若不歸宗(指「婬」字)，跑馬看花，就不中用」。詳於《虛雲老和尚年譜法彙增定本》頁354和頁367。

①第一節「摩登伽經故事之考察」：

　　本節特色➡以「梵語學」的譯音和釋義求證出《摩登伽經》與梵本《Divyāvadāna
　　दिव्यावदान》的「第三十三譚」內容是相符的。整理《摩登伽經》所有目錄，
　　輔證其並未被列入「偽經」，並比對「五部」有提到阿難與摩登女故事的經文，
　　印證《楞嚴經》其故事不假。本節中亦例舉諸多經論證明阿難雖證「初果」仍
　　遭魔難之事實。除此外，還引用「訓詁法」證明「婬躬撫摩」句是指登伽女，非
　　指阿難。

②第二節「摩登與楞嚴壇場之疑」：

　　本節特色➡透過經義前後分析歸納，《楞嚴經》中所指的「阿羅漢」即同於「阿
　　羅漢道」。阿難在《楞嚴》所扮的角色是「留惑潤生」的菩薩發心，故示居「小
　　果」，而登伽女則證「三果」。另亦說明「楞嚴壇場」是顯密不二之妙用，符合
　　佛說，故非杜撰。

③第三節「楞嚴咒與其咒心之疑」：

　　本節特色➡整理歷代關於「楞嚴咒」的譯本及「敦煌本」的手抄本，證明「楞嚴
　　咒」並非呂文所謂的「雜抄入經」。本節制有「楞嚴咒」功德利益圖，討論咒心
　　是諸佛之密語，非如從文所謂的「外道異學」。

④第四節「遠諸魔事與護法之礙」：

　　本節特色➡一切經藏皆載持咒降魔，非《楞嚴》獨言。持咒者須嚴持「四戒」
　　發菩提心，始獲金剛護法之祐，非只顧唸咒不需守戒即可得救護，此說詳於
　　《楞嚴經》前後文義。

⑤第五節「善惡業報與滅罪之疑」：

　　本節特色➡滅罪之說非見於《楞嚴經》，從小乘戒經、論部及其餘大乘經等皆
　　有「誦經滅罪」之說。本節舉嚴持戒律兼持咒的祖師，印證《楞嚴經》的「持
　　咒」與「戒律」是雙並重的。

⑥第六節「隨心滿願與酬還之疑」：

　　本節特色➡如來藏的妙用是「離一切相，即一切法」，故《楞嚴》有「隨心滿願」

之說。本節舉小乘五部戒經之說還證《楞嚴》提倡戒「**絲綿絹帛、靴履裘毳、乳酪醍醐**」等法並非「魔說」。

⑦第七節「**燒身爇臂與燃指之疑**」：

本節特色➜舉大小經論及歷代高僧「捨身、燃臂指」之事誼，加上歷代律宗祖師的看法，得知「燒身、爇臂、燃指」為大乘經一再傳載，故亦非《楞嚴》獨言。

⑧第八節「**食肉殺生與因果之疑**」：

本節特色➜以《阿含經》載釋迦族遭琉璃王誅滅之史實，佛解釋說：此乃過去釋迦族好「魚食」故遭滅頂，輔證《楞嚴》言「**殺生與食肉同罪**」的理論。「**殺生與食肉同罪**」之論早在《楞嚴》之前的《楞伽》、《涅槃》、《金光明》已先有此意，故亦非《楞嚴》獨創「**殺生與食肉同罪**」論。本節舉梁武帝之「**斷酒肉文**」輔證「食肉」非外道主義。尚舉八部大小經論對提婆「**五法**」的記載，互相比對印證，結論出「素食」並非一定就是提婆外道的觀點，素食亦非提婆所創之理論。

⑨第九節「**情想升沈與戒婬之疑**」：

本節特色➜此節內容曾發表於慧炬佛學社，故內容稍多。舉經論證大小乘經皆以「婬」為生死根本，「**婬先殺後**」之理亦非《楞嚴》獨創，它經早有此說。「**婬慾之害**」亦為諸經所共載，非《楞嚴》有「異說」。本節另制《楞嚴經》的戒婬經文流程圖，以明《楞嚴》自始自終皆勸人行持四法，斷「**婬心、殺心、盜心、妄心**」，其中皆以「婬心」為主導。

　　第四章是「本經目錄與評價」。第一節將中、日及敦煌本《楞嚴經》所有目錄收錄於此，讓《楞嚴經》的「目錄學」更加完整。其中敦煌本《楞嚴經》的目錄是仿陳援菴（即陳垣）之《敦煌劫餘錄》重做的，陳氏所做的目錄較完整，有號碼、經文起止、紙數、行數、附記等，缺點是並沒有將《楞嚴經》相關目錄統一放在一處，分散於數處（註62），且少了《楞嚴經》音義的敦煌資料。這節敦煌

註 62 如分布在《陳援菴先生全集》第十二冊《敦煌劫餘錄(下)》之頁 474、頁 476、頁 455—458、頁 567。台北新文豐印。

《楞嚴經》目錄以簡單式的圖表顯示，內容以台北<u>新文豐</u>所印的《敦煌寶藏》影本為據，主要是方便後人查閱其出處及原文。第二節歷代祖師對《楞嚴經》的讚歎及評價收錄於此，借歷代祖師大德對《楞嚴經》的肯定與讚歎來輔證《楞嚴經》之不假。若《楞嚴經》是假，何以能瞞騙上千年各宗祖師的「慧眼」？這是安排此節的最大目的，同時也為筆者預撰《中國楞嚴經發展史》做基本材料的準備。

第五章「結論」。對整篇論著的回顧與檢討。

第六章所安排的是「參考資料影印」。個人以為：某些資料尋覓不易，一旦發掘新資料，若只在註腳下附上書本的頁碼出處，似乎是有點可惜！所以便將本書引用到較罕為人見的重要資料影印圖檔置於此地，除了可保留當初所集到的寶貴資料外，亦可供來日進一步的查證，這是筆者多此一章安排的用意。「本書所引的重要資料」：見附圖 A—1 到 A—7。B—1 到 B—10。C—1 到 C—12。E—1 到 E—5。「本經音義校釋資料」：見附圖 D—1 到 D—14。「敦煌遺書殘卷資料」：見附圖 F—1 到 F—11。

參考書目有一項「《楞嚴經》錄音帶流通資訊」，這是筆者的一項新創，因為<u>孟子</u>曾云：「**盡信書，不如無書**」。論文所徵引的資料應不再限於「文字」及「書本」，應該可做更多的開拓，其中法師講經的錄音帶便是一項新資料。這些錄音帶雖無「史書」一樣有頁碼可檢索，但終有一天亦會被謄稿出來。雖然錄音帶的史料價值不一定為學術界所承認，但它往往扮演著啟發人「心靈智慧」的角色。也許有人聽了《楞嚴經》的錄音帶而對撰寫《楞嚴經》論文啟發更多的靈感，或聽了錄音帶而獲得更多相關訊息，這無疑都是對撰寫論文者的一大資助。

第五節　全文摘要

本書共分六章。分述如下：

第一章「緒論」。介紹「研究動機和目的」、「前人研究此經真偽之檢討」、「材料選擇與應用」、「研究方法與步驟」（下面再分「研究方法、研究步驟、章節安排與每章節的特色」）、「全文摘要」及「關鍵字詞」。

第二章「本經源流與傳譯」中分成九小節來討論。這九小節中每節都扣緊《楞嚴經》的源流與傳譯來討論，每節所給的小標題皆冠上「疑」或「考」字。分別是「楞嚴經之解題」、「歷代疑偽之說」、「傳譯作者之疑」、「廣州光孝寺考」、「敦煌寫本之考」、「作者身份之疑」、「經文流傳之疑」、「梵本有無之疑」、「經文譯本之考」。本章大致皆以「文獻史料」為據，間接考證其「時間、地點、年代的前後」關係，以獲得《楞嚴經》傳譯更多及更正確的訊息。

第三章主要是處理《楞嚴》經文義理之真偽，名為「經義真偽之釋疑」。以「釋疑」二字表示義理之諍本來就是件頗難獲得大眾一致的讚同。內容亦分九節：分別是「摩登伽經故事之考察」、「摩登與楞嚴壇場之疑」、「楞嚴咒與其咒心之疑」、「遠諸魔事與護法之疑」、「善惡業報與滅罪之疑」、「隨心滿願與酬還之疑」、「燒身燃臂與燃指之疑」、「食肉殺生與因果之疑」、「情想升沈與戒婬之疑」。第一節到第六節都有連帶關係，基本上不離摩登伽女、楞嚴咒、善惡獲福等的討論。第七節到第九節皆環繞《楞嚴經》的戒律學而討論。第九節的婬戒是又與第一節「摩登伽故事」相回應。

第四章是「本經目錄與評價」。首節提供歷代祖師對《楞嚴經》的評價之說。次節則將《大正藏》之「目錄部」、《昭和法寶總目》三冊及「敦煌遺書目錄」集中於此，提供《楞嚴經》更完善的「目錄學」。

第五章「結論」。整篇論著的總檢討及心得，並借此書得以準備未來所要發展及研究《楞嚴經》的更多題材。

第六章「參考資料影印」。蒐錄「本書所引重要資料」（包括寺志、外典之說）、「本

經音義校釋資料」（敦煌本的《楞嚴經》音義寫本）、「敦煌遺書殘卷資料」（附上敦煌《楞嚴》每卷的第一頁以供參考）。

　　最後是本書的「參考書目」。分成「歷代有關楞嚴經注解及研究書目」、「楞嚴經研究論文目錄」、「相關資料參考書目」、「現存國內外楞嚴經善本書目」、「楞嚴經錄音帶流通資訊」等項目。

關鍵字詞

楞嚴經、偽經、楞嚴咒、摩登伽經、婬戒、敦煌、寺志、房融、懷迪、般刺密帝、彌伽釋迦、光孝寺、筆授軒、食肉、殺生、燃指、苦行、燒身、密教、傳譯、目錄、音義、梵本、咒心。

第二章　本經源流與傳譯

第一節　楞嚴經之解題

《楞嚴經》全名為「大佛頂如來密因修證了義諸菩薩萬行首楞嚴經」，梵文名是（註63）：

sarva tathāgatasya guhya siddhārthābhisamaya hetu
sarva bodhisattvasya caryā samudra deśa buddhoṣṇīṣa śūrāṅgama sūtra

सर्व तथागतस्य गुहय सिद्धार्थाभिसमय हेतु
सर्व बोधिसत्त्वस्य चर्या समुद्र देश बुद्धोष्णिष शूरांगस सूत्र

藏文名是（註64）：

bcom-ldan-ḥdas-kyi gtsug-gtor chen-po de-bshin-gśegs-paḥi gsaṅ-ba
sgrub-paḥidon mṅon–par thob-paḥi rgyu byaṅ-chub-sems-dpaḥ
thams-cad-kyi spyod-pa dpaḥ-bar-ḥgro-baḥi mdo leḥu stoṅ-phrag-
bcu-pa-las leḥu bcu-pa.

བཅོམ་ལྡན་འདས་ཀྱི་གཙུག་གཏོར་ཆེན་པོ་དེ་བཞིན་གཤེགས་པའི་གསང་བ་
སྒྲུབ་པའི་དོན་མངོན་པར་ཐོབ་པའི་རྒྱུ་བྱང་ཆུབ་སེམས་དཔའ་
ཐམས་ཅད་ཀྱི་སྤྱོད་པ་དཔའ་བར་འགྲོ་བའི་མདོ་ལེའུ་སྟོང་ཕྲག་
བཅུ་པ་ལས་ལེའུ་བཅུ་པ

全文從「如是我聞」至「作禮而去」十卷，計六萬二千零二十七字。此經的全名有五種，依卷八云（註65）：

註　63　梵文來源根據《漢梵英泰佛學辭典》頁 562。鑾真摩利迦，1976 年。
註　64　參見《德格版西藏大藏經總目錄・上》頁 47。台北華宇出版。
註　65　《大正藏》第十九冊頁 143 上。

❶大佛頂悉怛多般怛囉無上寶印十方如來清淨海眼。

❷救護親因度脫阿難及此會中性比丘尼得菩提心入遍知海。

❸如來密因修證了義。

❹大方廣妙蓮花王十方佛母陀羅尼咒。

❺灌頂章句諸菩薩萬行首楞嚴。

　　這五種名是文殊菩薩請問，佛親自命名的，在此五名「八十字」中，要略取其「十九字」作為別題加上「經」字，名為「大佛頂如來密因修證了義諸菩薩萬行首楞嚴經」。至於卷七中的「楞嚴咒」（註66）又有更多不同的異名，如：

①依卷八云：「大方廣妙蓮花王十方佛母陀羅尼」（註67）。

②不空譯名為「大佛頂如來放光悉怛多鉢怛囉陀羅尼」。

③梵文名是 Stathāgatoṣñīṣāṃ Sitāta Patraṃ Aparājitaṃ Pratyuñgiraṃ Dhāraṇī
　स्तथागतोष्णीषामं सितात पत्रमं अपराजितमं प्रत्युञगिरमं धारणी

④「大佛頂大陀羅尼」（註68）。

⑤「佛頂光聚悉怛多般怛囉祕密伽陀微妙章句」（註69）。

⑥「大佛頂如來頂髻白蓋無有能及甚能調伏陀羅尼」。

⑦「薩多二合他孽姤烏瑟尼二合莎悉多引多鉢多藍二合阿波羅爾擔鉢囉二合登擬覽陀羅尼」。

⑧「大佛頂如來頂髻白蓋無有能及甚能調伏總持（註70）」。

⑨「佛頂光聚般怛囉咒」（註71）。

⑩「悉怛多鉢怛囉」（註72）。

⑪「佛頂光明摩訶薩怛多般怛囉」即是密教的「大白傘蓋陀羅尼」（註73）。

註　66　《大正藏》第十九冊頁 134 上－136 下。

註　67　《大正藏》第十九冊頁 143 上。

註　68　《大正藏》第十九冊頁 100 上－105 中。

註　69　《大正藏》第十九冊頁 136 下。

註　70　以上三名皆見日‧南忠撰《注大佛頂真言》。《大正藏》第六十一冊頁 602 上。

註　71　《大正藏》第十九冊頁 137 上。

註　72　《大正藏》第十九冊頁 137 中－下。

註　73　摩訶即「大」，體遍十方曰「大」，薩怛多即「白」，無諸染色曰「白」，般怛囉即傘蓋，用蔭萬物曰「傘蓋」。故名為「大白傘蓋陀羅尼」。見太虛大師《楞嚴經研究》頁 149。

⑫高麗國指空（1289—1363）大師曾收集了楞嚴神咒出像圖集，但卻標名為「梵文熾盛光佛頂陀羅尼諸尊圖會（註74）」。

⑬根據金剛智大師的「大佛頂大陀羅尼啓請法附」，可知「楞嚴咒」全名高達九十五字➡「大佛頂如來・廣放光明聚・摩訶悉怛多缽怛囉・最勝金輪頂・自在力王・無比大威德・總集百千旋陀羅尼・性海都攝一切明王・更無有上・最勝金剛三昧・帝祖（音殊）羅施・十方如來・清淨海眼・祕密伽陀・微妙章句・金剛無礙大道場・白傘蓋・頂輪王・大陀羅尼（註75）」。
以上可說全都是「楞嚴咒」的譯名。

「大佛頂如來密因修證了義諸菩薩萬行首楞嚴經」二十字為一經之題。近人天台斌宗大師的《楞嚴義燈》曾對這二十字經題做了詳細的解釋（註76），故此不再多釋，僅簡言之如下：

「大」➡讚歎之詞，代表此經之大乘、大理、大行、大果等義。

「佛頂」➡表顯義，是佛之極頂，故此經教人證妙覺之極果。

「如來」➡佛十種稱號之一。

「密因」➡如來密具之因，即所有佛陀成就果所依之「因心」，亦即是一切眾生本具之根因、性因。所有諸佛皆依此「不生不滅」為本體的本修因，然後才證圓極果。

「修證了義」➡指前面的「密因」所起的修證。佛陀為了解釋三摩提的修行之路，故示二門。一是以因同果，澄清濁水，而頓入涅槃義；二是從六根解除結縛，解六結而一亦亡，如此頓超「我空、人空、法空」，方名為「了義」之「修證」。

「諸菩薩萬行」➡指所有的菩薩，上至等覺地，下至新發意菩薩都必須修這五十五位之行門，計「十信、十住、十行、十迴向、十地、等覺、妙覺」。

註　74　詳於《大正藏》『圖像部』第四冊頁 1—81。這是京都東寺寶菩提院藏本。

註　75　見《大正藏》之『圖像部』第四冊頁 132 中—下。或見『圖像部』第九冊頁 7 中—中。或見《珍藏梵文咒本》頁 4。台北慈心佛經流通處。82、6。《房山石經》第二十七冊頁 390 上則另外記載為：「佛說大佛頂如來・廣放光明聚・現大白傘蓋・遍覆三千界・摩訶悉怛多缽怛囉・金剛無礙大道場・最勝無比大威德金輪・帝祖（音殊）羅施・都攝一切大明王・總集不可說・百千旋陀羅尼・十方如來・清淨海眼・微妙祕密・大陀羅尼」。

註　76　參見《斌宗法師遺集》之「楞嚴義燈」（楞嚴經題要釋）頁 401—430。台北中華佛教文獻基會印。1992、1、19。

五十五位菩薩所修之行可說是無窮無盡，故以「萬行」來總括。

「首楞嚴」➔梵語是 Śūraṅgama-samādhi，為「健」相、一切事究竟堅固之意，又作「首楞嚴三摩地」、「首楞伽摩三摩提」。「首楞嚴定」為百八三昧之一，乃諸佛及十地之菩薩所得之禪定。《大智度論·卷四十七》云：「首楞嚴三昧者，秦言健相。分別知諸三昧行相多少深淺，如大將知諸兵力多少。復次，菩薩得是三昧，諸煩惱魔及魔人無能壞者，譬如轉輪聖王主兵寶將，所往至處，無不降伏（註77）。

「經」➔是「修多羅」之譯，不只是佛說法名為「經」，《大智度論·卷二》云凡五人所說皆名為佛法（註78）。總之：《楞嚴經》是收攝妄心而悟證菩提正覺之真心，也就是體會到吾人自性本體的「真如妙心」，同時對於修禪、誦咒、四淨誨、耳根圓通、五陰魔境等事，一一提示其根本要義的「大乘了義」第一經。

此經共分十卷，內容簡介如下：

第一卷：阿難乞食，遭到摩登伽女「幻術」所拘，將毀戒體。佛遂遣文殊師利，令持「楞嚴神咒」前往救護。阿難與摩登伽女歸來至佛所，阿難頂禮悲泣，懺悔自身一向多聞，道力未全，祈請佛陀開示十方如來成就菩提方便的「妙奢摩它」路。佛陀憐愍眾生無始以來生死相續，顛倒妄想，故為開示法要。第一卷重要的內容在於「常住真心」、「七番破妄」及「十番顯見」，其中「十番顯見」在本卷只介紹到第二。

第二卷：從「十番顯見」的第三「顯見不滅」開始繼續介紹。解明「真性」圓明淨妙、非生非滅、本來常住。一切諸法由心所現，真、妄二見，明、暗二塵皆眾生顛倒分別所生。卷末言「五陰」本如來藏，妙真如性。當處出生，隨處滅盡。幻妄稱相，其性真為妙覺明體。

第三卷：言「六入」本如來藏妙真如性，本非因緣，非自然性。其餘「十二入、十八界、七大」等亦復如是。四科七大皆是「隨眾生心，應所知量」、「但有

註　77　《大正藏》第二十五冊頁 398 下。

註　78　如《大智度論·卷二》云：「佛法有五種人說。一者、佛自口說。二者、佛弟子說。三者、仙人說。四者、諸天說。五者、化人說」。詳於《大正藏》第二十五冊頁 66 中。

言説，都無實益」。

第四卷：富樓那請問世尊：世間一切根塵陰界處等皆如來藏，清淨本然，周遍法界，為何忽然出生山河大地諸有為相？世尊開示性覺妙明、本覺明妙，發生宇宙萬象的道理，並對阿難等講解「菴摩羅識」及「空如來藏」等之教義。本卷中以「人食羊，羊死為人，人死為羊，如是乃至十生之類，死死生生，互來相噉，惡業俱生，窮未來際，是等則以盜貪為本。汝負我命，我還汝債，以是因緣，經百千劫，常在生死。汝愛我心，我憐汝色，以是因緣，經百千劫，常在纏縛。唯殺盜婬三為根本」為業果相續輪轉之理。又說「離即離非，是即非即」之三「如來藏」之理。又廣示六根功德，佛對阿難言六根是「非一終六，非六終一，非一非六」。卷末以「想相為塵，識情為垢，二俱遠離。則汝法眼應時清明。云何不成無上知覺」為歸結勸勉。

第五卷：世尊說偈，如「根塵同源，縛脫無二」、「知見立知，即無明本」、「言妄顯諸真，妄真同二妄」、「真非真恐迷，我常不開演」、「自心取自心，非幻成幻法」諸句為本卷中之名句。佛又令憍陳那等五比丘、優婆尼沙陀、香嚴童子、藥王、藥上二法王子、跋陀婆羅等十六開士、摩訶迦葉及紫金光比丘尼、阿那律陀、周利槃特迦、憍梵缽提、畢陵伽婆磋、須菩提、舍利弗、普賢菩薩、孫陀羅難陀、富樓那彌多羅尼子、優婆離、大目犍連、烏芻瑟摩、持地菩薩、月光童子、琉璃光法王子、虛空藏菩薩、彌勒菩薩、大勢至法王子及同倫五十二菩薩等，各自宣說最初得道方便，敍述自身證得之境界。

第六卷：觀世音菩薩開示耳根圓通法門，從「聞思修」入「三摩地」。文云：「初於聞中，入流亡所。所入既寂，動靜二相，了然不生。如是漸增，聞所聞盡。盡聞不住，覺所覺空。空覺極圓，空所空滅。生滅既滅，寂滅現前」諸句最為禪家所稱道。後觀音如來授以幻聞、薰聞修金剛三昧，與佛如來同一慈力成三十二應身，入諸國土，應以何身得度者，即現何身度之。說「十四種無畏」，「四不思議」無作妙德。文殊師利法王子以偈頌讚歎，其中以「空生大覺中，如海一漚發」、「歸元性無二，方便有多門」、「此方真教體，清淨在音聞，欲取三摩地，實以聞中入」、「一切祕密門，欲漏不先除，畜聞成過誤」、「一根既返聞，六根成解脫」、「反聞聞自性，性成無

上道」等句為本卷之名句。卷末以「四種清淨明誨」說明整個《楞嚴經》的戒律重心。

第七卷：宣講四百三十九句的「大佛頂陀羅尼」，並讚述頌持功德。次舉十二類眾生的顛倒輪迴相。

第八卷：先明三種「增進修行漸次」，又明修三摩提及破眾生顛倒妄見，如何趣入本覺淨明的真源；並開示菩薩的階次，說「十信、十住、十行、十迴向、煖、頂、忍、世第一、十地、等覺、妙覺」等五十五個階位。並描述地獄的「十習因、六交報」，計有「十鬼、十畜、十人、十仙」的敘述，這「十習」中均以「婬貪」為根本。

第九卷：具說三界二十五有之相，各層天的居處、壽命、飲食、情欲生活等。並述佛「無問而自說」五十種陰魔之勝語，及對治之法。共介紹到想陰十魔。本卷警句是「汝勗修行，欲得菩提，要除三惑。不盡三惑，縱得神通，皆是世間有爲功用。習氣不滅，落於魔道」、「當知虛空生汝心內，猶如片雲點太清裡」、「不作聖心，名善境界，若作聖解，即受群邪」。卷末佛陀的忠告是：「阿難當知！是十種魔，於末世時，在我法中出家修道。或附人體，或自現形。皆言已成正遍知覺。讚歎婬欲，破佛律儀。先惡魔師，與魔弟子，婬婬相傳。如是邪精魅其心腑，近則九生，多踰百世。令真修行，總爲魔眷」。

第十卷：續說五十種陰魔，從「行、識」陰境開始談起。又言「十種外道」、「十種邪執」及破外道之種種「邊見、常見、斷見」，示定慧圓明的修法，並述及「生因識有，滅從色除。理則頓悟，乘悟併銷，事非頓除，因次第盡」的修行觀念。最後說明此經法門的殊勝，進而導歸極樂世界之「安樂國」。在一切比丘、比丘尼、優婆塞、優婆夷、世間天、人、阿修羅、他方菩薩、二乘、仙人及大力鬼神的歡喜讚歎中圓滿此經。

自《楞嚴經》譯成後，中國佛教幾乎無不受此經的影響，舉凡禪、淨、律、密、教等均都涉及此經，諸宗祖師競相注疏，竟多達百家之多，其註疏量當在漢

文佛經的前四名內（註79）。如：

① 「賢首宗」以此經來解說「緣起」，如賢首五祖圭峰 宗密大師的《禪藏》，皆是闡明《楞嚴經》之作（註80）；賢首七祖北宋・靈光 洪敏大師即撰有《楞嚴證真鈔》；八祖長水 子璿大師講解此經多達三十餘遍，翰林學士錢公易奏賜紫衣，署號「長水疏主楞嚴大師（註81）」，並著有《首楞嚴義疏注經》二十卷和《首楞嚴經科》二卷；九祖晉水 淨源大師則撰有《首楞嚴壇場修證儀》一卷（以上諸祖資料見《賢首傳燈錄》）……等。

② 「天台宗」引《楞嚴經》與《摩訶止觀》互證，更以《楞嚴經》與《法華經》互參，較著名的有傳燈、仁岳、蕅益、靈耀、正相、傳如……等大師。

③ 「禪宗」則以此經為「頓超」之修證，亦引為開悟的禪話。明朝的曾鳳儀居士「遍採宗語配合經文之後」而證明《楞嚴經》全部經文都與祖師禪機交涉（註82）。

④ 「律宗」則以經文之「四種清淨明誨」為戒律的指南，如蕅益、蓮池這兩位重視戒律的大師都著解過《楞嚴經》，乃至憨山、紫柏皆以《楞嚴經》之「戒學」開示後人。

⑤ 「密宗」行者又以《楞嚴經》中的「楞嚴咒」比對藏密重視的《大白傘蓋陀羅尼》（註83），建立起「楞嚴壇」，專持「楞嚴咒」。日人則視「楞嚴咒」與「大隨求咒」為佛門兩大咒語。唐末・永明 延壽大師的「日行百八佛事」中即將此兩大咒收入（註84）。唐・百丈 懷海及宋・真歇 清了兩位大師更是提倡讀誦「楞嚴咒」，做為禪門日誦必讀的咒語之一（註85）。

⑥ 「淨土宗」則由民初的印光大師將《楞嚴經》中的「大勢至念佛圓通章」納入

註 79 詳於《文殊大藏經・密教部五》頁 265。

註 80 據 Jan Yun-hua.P.H.D.Mcmaster university,Canada, Two Problems of Tsung-Mi's（宗密） Compilation of the CH'ANTSANG（禪藏）一書謂：「宗密的《禪藏》已失佚，但其大部份內容，都已收錄於延壽的《宗鏡錄》中」（見於一九七四年國際東方學者會議紀要第十九卷）。或參見近人聖嚴法師著《明末中國佛教之研究》頁 434 載：「據常盤大定的意見所示：雖然《楞嚴經》於中唐以後，是調和華嚴、天台、密教、禪宗的骨幹，但其具體論證，該以宗密的《禪藏》等著作，以及延壽的《宗鏡錄》等，最具影響力」。台北學生書局。77、11。

註 81 詳於《卍續藏》十六冊 834 下。

註 82 詳於《卍續藏》二十五冊頁 1。

註 83 咒文詳於《佛頂大白傘蓋陀羅尼經》，《大正藏》第十九冊頁 401 上－403 下。

註 84 詳於《智覺禪師自行錄》第一百零二願，詳於《卍續藏》第一一一冊頁 165 上。

註 85 參見《五燈會元・卷十四》，《卍續藏》第一三八冊頁 538 下—540 上。或見《續傳燈錄・卷十七》，《大正藏》第五十一冊頁 579 下—580 下。

淨土專書，成為「淨土五經」的第五經。印光大師盛讚《楞嚴經》說：「《楞嚴》五卷末『大勢至菩薩章』，乃淨宗最上開示，祇此一章，便可與淨土四經參而為五，豈有文長之畏哉（註86）」。至於儒家與道家方面，熟讀《楞嚴》、會通《楞嚴》的學者居士，更是大有人在（註87）。

下面再介紹明·交光大師《楞嚴經正脈疏》對《楞嚴經》所提的十條觀點特色（註88），以供研讀者參考。（原文非常多，已略修改成白話方式）

❶畢竟廢立➜即徹底的廢權顯實。《法華經》中雖已建「開權顯實」的思想，但「畢竟廢權」要直到《楞嚴經》才建立。因為《法華經》雖講「廢權」，但只廢其「三乘之名」及所許之「果相」，明其「無三無果」而已，所以三乘之心行仍未改；言「立實」者，也只明其惟有一乘，而普許修佛成佛，所以一乘之心要仍未授。反觀《楞嚴經》明云：「汝等當知一切眾生，從無始來。生死相續，皆由不知常住真心性淨明體。用諸妄想。此想不真，故有輪轉」（頁106下）。佛在此提出兩種根本，一為生死根本——指妄想。一為菩提涅槃——指常住真心。一切權教都因不知這兩種根本，而錯以「識心」為本修因，故不離生死，結果就如同經上說的：「蒸沙石欲其成飯」，永劫也不能成佛。所以只有破除「識心」，直顯其「常住真心」，「捨識用根」才能得到徹底的證悟。

❷的指知見➜即指開佛之知見。佛之「知見」即眾生「性具本有」之知見，唯有《楞嚴經》指出「知見」即六根之「根性」。如《卷五》云：「使汝輪轉生死結根，唯汝六根，更無他物。汝復欲知無上菩提，令汝速證安樂解脫寂靜妙常，亦汝六根，更非他物」（頁124下）。又云：「知見立知，即無明本，知見無見，斯即涅槃」（頁124下）。顯然均以「六根」不生不滅的「根性」為佛之知見。如經文又云如來藏心是：「離一切相，即一切法」（卷二112下）；是「離即離非，是即非即」（卷四頁121上），這些都是佛究竟之知見，亦恰合《法華》中欲示眾生「佛之知見」之旨。所以明·幽溪 傳燈大師（1554—1627）曾說：「佛之知見也，蓋一代時教，統為《法華》佛知見而設，獨《楞嚴》一經，明佛知見最親。而謂之意別者，《法華》雖曰諸佛如來為大事因緣，開示悟入佛之知見，經文

註 86 詳於《印光法師文鈔·上冊》頁85。復永嘉某居士書四。

註 87 參閱筆者編《楞嚴經聖賢錄》上、下冊。台北萬卷樓發行。2007、8。

註 88 詳於《卍續藏》第十八冊頁282下—295下。

初未嘗見一言道及此義（註89）。

❸發揮實相➜《法華經》已提出「諸法實相」的思想，如卷一云：「唯佛與佛乃能究盡諸法實相（註90），但未及顯彰何為「實相」。雖盡舉「十如是」，但此仍為諸法差別之相，其真正的「實相」並未彰顯。《楞嚴經》所提的「如來藏性」才是真正窮究的「諸法實相」，如經文舉「四科七大」盡是「清淨本然，周遍法界」，都是發揮「實相」的理論。又譬如金雖作成器具，但金仍「不變不隱」，故欲見其性者，當體即見，性（金）不壞相（器）；如欲觀器內之金，亦不勞銷器，當體亦即見，相（器）亦不壞性（金）。《金剛經》雖云：「凡所有相，皆是虛妄」，但若能「即相」而直以「見性」，則凡有所相亦皆是「實相」，也就是性（金）未起為相（器）時，性為「實相」，若起為相而性仍「不變不隱」，則亦是「實相」。除此外，經文「二十五圓通、七趣、五陰魔相」……等雖不明指「實相」，但仍不出「果、報、本末究竟」之諸法實相也。

❹改無常見➜《法華經》以前，佛多說無常之論，如身有生死，心有去來，界有成壞……等。進而造成三界內悉是「無常、無樂、無我、不淨」，故教出三界外，別有涅槃。這些都是佛一期應病與藥，欲眾生離苦得樂之勝方便而已。《楞嚴經》首先指出「見性唯心」，「顯見是心」，從而更論「十番顯見」的顯見「不動、不滅、不失、不還、不雜、無礙、不分、超情、離見」等義，乃至彰顯「五陰、六入、十二處、十八界、七大」等「四科七大」皆是「常住妙明、不動周圓」的「妙真知性」，這些都顯出「世相常住」之義。又如經文卷三云：「阿難！汝性沉淪，不悟汝之見聞覺知，本如來藏」（頁118下）、卷四云：「阿難！汝今欲令見聞覺知，遠契如來常樂我淨。應當先擇死生根本，依不生滅圓湛性成，以湛旋其虛妄滅生，伏還元覺，得元明覺無生滅性為因地心，然後圓成果地修證」（頁122中）。《楞嚴》彰顯不離眾生「見聞覺知」而遙契如來之「真常、真樂、真我、真淨」，袪乎「無常、無我、無樂、不淨」之舊見。《楞嚴》指出鏡（真心）無動搖亦無生滅，則鏡影（萬法）豈有動搖生滅？「萬法」與「真心」本無二體，「真心」常住，故「萬法」亦常住，此乃《楞嚴》改萬法為「無常見」之說。

註 89 《楞嚴經圓通疏前茅．卷上》。《卍續藏》第八十九冊頁492上。
註 90 《大正藏》第九冊頁5下。

❺**引入佛慧➜**《法華經》講佛慧，但只是名字而實無「例義」，縱天台祖師疏釋之，但仍約「三一圓融種智」之總略佛慧，未盡「六相十玄妙門」之重玄佛慧。《楞嚴經》首請三一圓融之大定，於卷四中唱談：「**一為無量，無量為一。小中現大，大中現小。不動道場，遍十方界。身含十方無盡虛空。於一毛端現寶王剎，坐微塵裏轉大法輪**」（頁 121 上），這些都是《華嚴》事事無礙「十玄」之極智。《法華》雖標佛慧，了無此文，所以必待《楞嚴經》而詳究佛慧之義相。《法華》與《楞嚴》雖皆「攝末歸本」之真詮，而《法華》但以開其端，《楞嚴》方以竟其說。《楞嚴》實為《法華》之堂奧，《華嚴》之關鍵，誠有見於是耳。諸佛之出世，本只為說《華嚴》，而四十年後乃稱《法華》為一大事者，以《法華》於施權之後，復攝諸教歸於《華嚴》。今《楞嚴》正圓《法華》不了之公案，啟《華嚴》無上之要關也。

❻**示真實定➜**外道、凡夫、小乘及權教菩薩，皆各有定，但並非究竟，因其所依的定體是「識心」，皆非「真實心」。《楞嚴經》首舉：「**縱滅一切見聞覺知，內守幽閑，猶為法塵分別影事**」（卷一頁 109 上）而論破之。這些外道及諸權教的修學人，不能斷盡煩惱，而成就阿羅漢，皆是由於執著「妄想」（識心）誤為「真實」的緣故。又如卷一云：「**世間一切諸修學人，現前雖成九次第定，不得漏盡成阿羅漢，皆由執此生死妄想，誤為真實**」（頁 109 上）、卷二云：「**分別都無，非色非空，拘舍離等，昧為冥諦**」（頁 111 上）。故知一切外道所修邪定均以此「六識」為心，依此「六識」為心，在欲界，此心若惡則墮三塗，地獄、餓鬼、畜牲；此心若善則升人天。在色界，其心若散則下淪，若定則上升。諸小乘人若能伏此心則為「界內」，若能真斷滅則成「界外」。也就是如果不捨生滅的「識心」，終不能修成如來的「真實大定」，故卷四末云：「**若棄生滅，守於真常，常光現前，根塵識心應時銷落。想相為塵，識情為垢，二俱遠離，則汝法眼應時清明**」（頁 124 中），此皆《楞嚴》勸修「捨識用根」之旨。

❼**直指人心➜**直指人心者，多離「言詮」，但今當機不涉言詞，自於身中親自見得。《楞嚴經》始終教人直指人心，別無餘事，如阿難初請「妙奢摩他」如何修？佛暫不答，即以「七番破妄」破彼妄心，直顯「真心」即大定之全體；如來「屈指飛光」，乃離言詮，直指人心而示；富樓那問佛相續之性，以辯萬法，佛則與談「心生滅門」及「如來藏心」，顯萬法乃一心之大用；及其說契入者，則選以聞根，助以心咒，示心之顯密相資也；說歷位者，則本以類生，轉成聖位，

示心之染淨相翻也；敘七趣者，而表其根於心之內分外分；辨五陰魔，則明其為心之邪解、邪悟。離心了無一法可得，故一切皆心，任凡任聖，更無別物。直指人心，無有過於斯經者。

❽雙示二門➜兩門即「平等」、「方便」二門。何為平等？即一心萬法，本元無差，平等一相。所謂「真妄、虛實、邪正、是非」等一切差別之相皆不可得，一法界內唯有一真實相，諸妄本空。乃至「一塵、一毛、一念、一刹那」，無非法界全體。何為方便？於諸法中分真分妄，辯正辯邪，許破許顯，有修有證等。「真」雖是本有，而迷之已久，不方便顯之，則終不能見；「妄」雖本空，而執之已深，不方便破之，則終不能覺。《楞嚴經》在「奢摩他」中以二門雙用，先用「方便」抉擇真妄，如經文之始即以徵破「識心」，而終於「非不和合」，其中「於識」則決定破其為妄心，而令其捨之；「於見」則決定顯其為真心，而令其取之，了無平等之相，此皆屬「方便」之門。用「平等」門去普融真妄，如以「四科七大」皆會之同歸於「如來藏心」，所謂「真則同真」，無一法而不是於真也；「妄則同妄」，無一法而不是於妄也；「融同則融」，無一法而可分於真妄，此皆屬於「平等門」之妙用也。「方便」是為入手之妙門，「平等」則為趣圓融之極果。「三摩提」中專用「方便」，故獨取「根性」；「禪那」中則專用「平等」，「十向」以去，無非法法雙融，既不偏取，全歸平等義。二門相資相成，是為《楞嚴》之一大特色。

❾極勸實證➜《楞嚴經》曾指出有三種懈怠的修行狀況：一者、好務多聞，不求實證，狂慧無歸，大似說食不飽。如經文卷四阿難之重問因緣之文。二者、但恃他力，求他力加被而怠於自修，不求親證。如卷一云：「不知身心本不相代，失我本心。雖身出家，心不入道」(頁109上)。三者、圓頓機根，見理高妙，自持天真，不假修證。一旦大事忽臨，手足便不知所措。如阿難初則無力抵抗邪咒，故發起《楞嚴》之大教因緣。此三種懈怠情況皆《楞嚴》中欲勸修實證的因緣。又如詳列歷證之位，亦是導其進於深證，直抵實果而後已。

❿嚴護邪思➜娑婆世界，欲坑深廣，見網重繁，極難穎脫。故佛在此經中，自始至終，由狹向寬，始終警戒邪思，塞絕愛坑，以破除邪網。如初欲談大定，而知「婬愛」為「定門」之冤賊；阿難初發心乃緣佛之相好，不由婬欲為念，是為防欲箭而避婬坑；又如卷四云：「不如一日修無漏業，遠離世間憎愛二苦」(頁

122 上），深責阿難雖強記，不免落入邪思；卷四云：「想相爲塵，識情爲垢，二俱遠離，則汝法眼應時清明，云何不成無上知覺」，強調追逐「聲色」與「識情」是為生死流轉之大垢患也；卷六之文殊菩薩對大眾說偈云：「汝聞微塵佛，一切秘密門，欲漏不先除，畜聞成過誤」，明示除「欲漏」為微塵數諸佛如來之祕密法門也；卷六之四種清淨明誨，首以「婬戒」為第一清淨明誨；卷八首標修行的三種增進漸次，若依此三種則可斷除十二類眾生之顛倒輪轉，而此三種皆不離「斷婬」；卷八云：「欲愛乾枯，根境不偶。現前殘質，不復續生……名乾慧地」，真斷婬，則登「乾慧地」之聖位，永脫三界六道之縛，又云「五十五位真菩提路」皆以能持守「三增進漸次」為主，否則無以達成聖位也。卷十「識陰」中云：「觀命互通，卻留塵勞，恐其銷盡。便於此際坐蓮華宮，廣化七珍，多增寶媛，恣縱其心生勝解者，是人則墮真無真執。吒枳迦羅成其伴侶，迷佛菩提，亡失知見」。雖然「識陰」將滅盡，但卻留「塵勞」，而仍貪女色，是為五十陰魔仍不離「婬魔」之邪思也。誠如太虛大師說：「本經始終唯令持心戒永斷婬愛業（註91）；虛雲老和尚亦說：「全經著重說『婬』字，由這『婬』字，說出很多文章來」、「全經前後所說，著重在一個『婬』字……看《楞嚴經》若不歸宗（指「婬」字），跑馬看花，就不中用（註92）」。在在說明「婬愛邪思」乃《楞嚴》所嚴戒。

註 91 太虛大師《楞嚴經研究》頁141。

註 92 《虛雲老和尚年譜法彙增定本》頁354、頁367。

第二節　歷代疑偽之說

　　疑偽經的定義很多，眾說紛紜，有者以「胡語梵文」之翻譯為真經，未見梵夾翻傳者，則視為偽經；有者以在印度產生者為真經，以中亞細亞、西域、中國產生者為偽經；有以傳譯人物不詳、梵本來源欠詳為偽經；有以內容筆法不合印人者偽經……等。日人小野玄妙認為：「**真經與非真經一問題，應以何為界限……然此爭議，終究為一場永無結果之論辯。因為最初即無佛陀之講演筆記，亦即未有標準之真經，因此，這場爭議當然不可能產生結論**（註93）」。這句話說明了真經與偽經其判定標準的困難，所以在歷代的佛典目錄中均將可疑的經典列入「疑惑經」或「偽妄經」。雖有這樣的分法，但歷代編佛典目錄的作者亦看法不一，有者將「疑偽經」列入真經，有者又將「真經」列入疑偽經（註94）。所以小野玄妙言：「**研究疑偽經甚為困難，亦惟困難，故興味乃大**（註95）」。真經與偽經的判別標準仍是難以統一論定。

　　據近人王文顏的整理，偽經不出下面三種（註96）：一、「宿習」與「冥授」類疑偽經。二、「抄錄成書」類疑偽經。三、「偽造經典」類疑偽經。其中以「抄錄成書」與「偽造經典」的比例最多。歷代懷疑《楞嚴經》者大多是以「傳譯、經義、考據、宗派立場」和個人的思惟方式去判斷其偽，其認定是偽經的種類約有：「部份之偽」、「書名之偽」、「人名之偽」、「剽竊之偽」、「全書皆偽」、「流傳之偽」、「雜抄之偽」、「經義之偽」……等。其實若從古代佛書的複雜發展過程，從譯場嚴謹的制度，從譯人的學術及修持證量等觀點來看，當可理解佛書的真偽問題並不單純。如果冒然以「作者不實、書名不實、內容全偽、梵本來源不一、是否來自印度、是曾為當時政府所禁抑、或部份偽竄、或與彼宗派不合」等理由來判定偽經的標準，那麼印度的「真正佛經」、「真正佛說」，恐怕也是所剩無幾。

　　歷代對《楞嚴經》質疑的發展過程，本文就現有史料來做簡單的整理，在這史料當中應該還有一些尚未發掘的部份，待來日有更詳細的資料再行補上。

註　93　《佛教經典總論》頁413下。
註　94　關於這樣的例子詳於《佛教經典總論》頁436上—439上。
註　95　《佛教經典總論》頁435下。
註　96　詳於王文顏《佛典疑偽經研究與考錄》上篇之二「疑偽經的來歷」，從頁25起到頁40。
　　　　台北文津出版。1997、4。

最早可以追溯到的記載是唐朝的法詳居士。根據玄叡大師《大乘三論大義鈔·卷三》云：

> 「此經本（《楞嚴經》）是先入唐沙門普照法師所奉請也。經本東流，眾師競諍，則於奈樂宮御，寓勝寶感神聖武皇帝御代仲臣等，請集三論、法相法師等，而使撿考。兩宗法師相勘云：是真佛經，《掌珍》比量與經量同，不可謗毀。等論定義，即以奏聞。奉敕依奏已畢。然寶龜年中，遣德清法師等於唐撿之。德清法師承大唐·法詳居士云：《大佛頂經》是房融偽造，非真佛經也。智昇未詳，謬編正錄。然彼法詳所出偽經之由，甚可笑也，恐繁不述。德清法師效詳士妄，而泥梨語亦傳本朝，可傷之深矣！今案唐大興福寺，惟慤法師疏云：唐神龍元年五月二十三日，中印度沙門般剌密帝於廣州制止寺道場，對舉梵本。烏萇國沙門彌伽釋迦譯茲梵語，房融筆受。又唐智昇《錄》云：修州沙門懷迪，遊廣府遇一梵僧齎梵經一挾，共譯之，勒成十卷，即《大佛頂萬行首楞嚴經》是也。迪受筆經旨，兼綴文理。兩匠(法性與法相宗諸師)稱真，法詳單獨，那偽造若許佛經？清辨之量，即應無過。為欲毀謗清辨之量強稱『偽造』；欲謗弟子而師所說名之『偽造』，是則謗佛之與菩薩，謗佛菩薩是三塗因，可不悲哉（註97）」！

這段文意很重要，我們可以獲得一些線索。玄叡的生卒年雖不詳，但撰寫此鈔的年代大致在天長年間（824—833），因鈔序文載「天長皇帝詔于諸家龍象，而令制各宗要義奉獻闕庭之日，玄叡大德集三論要襟而以上進矣（註98）」。而《楞嚴經》是普照大師在勝寶六年（754）歸日本帶回來的。此時日本聖武天皇（724—749 在位）已逝，天平 勝寶皇（749—756 在位）正在位。天皇即曾請集三論宗的法師（即法性宗法師）及法相宗的法師加以「撿考」。兩宗的法師都說「是真佛經，不可毀謗」。這是《楞嚴經》在日本 755 年時還視為「真佛經」，未有異說。但到了寶龜年中（770—780），日本曾遣使德清法師往大唐「撿之」（撿《楞嚴經》），結果德清法師竟聽從唐法詳居士之語——《楞嚴經》是偽造，非真佛經。德清不疑有它，即再將此語傳回日本。除了德清的傳聞外，在寶龜十年（779）

註　97　見《大正藏》第七十冊頁 151 中。
註　98　《大正藏》第七十冊頁 119 上。

有位入唐的戒明法師亦曾見聞：

> 「寶龜十年，城中諸僧都集大安寺，連署欲奏廢《大佛頂經》，云是偽經，
> 令戒明連署收取《大佛頂》焚燒。戒明不敢，何以故？毀滅大乘，身壞命
> 終，一念之間，遍歷十方無間地獄，無有窮盡。此如天授誦六萬香象經書，
> 生身入無間獄。戒明不敢連署。唐大曆十三年（779）廣平皇帝，親請僧講
> 《大佛頂經》。諸大德自連署，戒明不連署。因戒法師故大乘得存，令眾多
> 僧脫無間獄苦（註99）」。

　　從時間的比對上來看，這位戒明法師在寶龜十年（779）去大唐所聽聞的事
與在寶龜年中（770—780）遣使德清法師往大唐「檢之」的時間很接近，或許所
見的就是同一事（指法詳言《楞嚴經》是偽經事）。由以上資料可得知：自《楞嚴
經》譯成後，第一位認定《楞嚴經》非真佛經，是房融偽造，竟是中國自己人，
且是位——居士。這是在公元 770—780 左右間的事，亦是傳出「偽經」的開始。
不過這項謠言偽說即被玄叡所制止。玄叡的生卒年不詳，但可推測他撰寫此鈔的
年代大致在天長年間（824—833）。玄叡言：「然彼法詳所出偽經之由，甚可笑也，
恐繁不述。德清法師效詳士妄，而泥梨語亦傳本朝，可傷之深矣」！從這文可分
析出：玄叡非常擁護《楞嚴經》（甚可笑也…兩匠稱真，法詳單獨，那偽造若許佛經？）；
深知其不可能是偽經的道理（恐繁不述）；亦對德清妄傳此謠言回國而嘆言「可傷
之深矣」。文後玄叡就開始解說《楞嚴經》的來龍去脈，最後又嚴屬的評駁此謠
言是「兩匠稱真，法詳單獨，那偽造若許佛經？清辨之量，即應無過。為欲毀謗
清辨之量強稱『偽造』；欲謗弟子而師所說名之『偽造』，是則謗佛之與菩薩，謗佛
菩薩是三塗因，可不悲哉」！

　　筆者以為：《楞嚴經》的偽造說雖經玄叡破斥，但從此就在日本生根發芽。
而中國也自法詳居士（其人不詳，亦不知其生卒年，未知是否真有此人？此事？）懷疑《楞
嚴經》後，再也沒有其他的謠傳出現（純就現有史料來看）。一直到北宋・宋祁
（998—1061）又開始有質疑偽說的流行，宋祁批評《楞嚴經》的話為南宋・朱
熹《朱子語錄》內所徵引，如云：「宋景文（宋祁）說《楞嚴》前面咒是他經，後

註　99 引見宗性大師編《日本高僧傳要文抄》卷第三「延曆僧錄」之「戒明傳」。或見《世界佛
　　學名著譯叢》之《佛典研究(初篇)》頁239。

面說道理處是附會（註*100*）。後朱熹（1130—1200）才又將《楞嚴》偽說炒熱起來（下面將抄錄朱熹疑《楞嚴經》之文）不過在這中間也有一些傳聞，如日本在鎌倉時代的道元禪師（1200—1253 約為南宋的中期，比朱熹還晚了一些）。他曾到中國學佛法，在二十六歲那年（1226）依止南宋的天童 如淨（1163—1228）禪師。有次道元問如淨道：「許多在家信徒都在讀《首楞嚴經》和《圓覺經》，以為那是印度傳來的佛教真髓，但是我讀了這兩部經，仔細觀察那些文章，卻覺得這兩部經都有些地方很曖昧，不同於一般大乘經典，內容低劣，看似六師外道的論點，不知師父以為如何」？如淨表示肯定，並說：「自古以來，大家都懷疑《楞嚴經》是一部偽經，而《圓覺經》的文體亦一樣可疑（註*101*）」。

如果照這麼說，那中國懷疑《楞嚴經》的僧人便是以天童 如淨禪師為首，但若以現今的《天童如淨禪師語錄》一書（《大正藏》四十八冊），及《繼燈錄·卷一》（《卍續藏》一四七冊）、《續燈存稿·卷十一》（《卍續藏》一四五冊）、《五燈會元續略·卷一》（《卍續藏》一三八冊）、《南宋元明禪林僧寶傳·卷七》（《卍續藏》一三七冊）等諸史記載卻未發現如淨禪師對《楞嚴經》和《圓覺經》有異議之文。筆者懷疑：如淨為曹洞宗頗具代表性之宗師，亦在中、日曹洞宗史上佔有重要地位。究竟他真的會反對《楞嚴》與《圓覺》？再詳加追查天童的師父是雪寶 智鑑禪師（1105—1192），亦沒有對這兩部經有異議的記載。而雪寶 智鑑禪師又是跟真歇清了禪師參學的。清了禪師則曾設「楞嚴會」，鼓吹唸「楞嚴咒」（註*102*）。所以道元禪師所說的他認為《楞嚴》與《圓覺》是偽經，是得到天童 如淨禪師的「印可」，這就很可疑了，在史料的缺乏下，也只能做這樣的推測罷了。

中國自唐法詳居士後，接著是北宋的宋景文、南宋的朱熹，之後相繼的有（據保賢撰的「問題楞嚴」一中提到）：韓四先生是疑偽經的其中人物。清·顯親王 衍潢著《楞嚴疏解辨證》三卷對經文多處不滿，指責甚多，亦疑為偽經。普寂法師、胡適、陳垣等亦疑其偽（註*103*）。清·袁枚（見『小倉山房尺牘與程綿莊論楞嚴經書』）、

註 *100* 《朱子語類·朱子語類·卷第一百二十六釋氏》頁 3007。

註 *101* 上述文字轉錄自水野弘元著·劉欣如譯之《佛典成立史》。因這段文字是日文，故筆者暫引劉欣如所譯的中文敘述。或參見原文《正法眼藏·卷五十二》之「佛經」。《大正藏》第八十二冊頁 195 中—197 上。

註 *102* 《五燈會元·卷十四》，《卍續藏》第一三八冊頁 538 下—540 上。或見《續傳燈錄·卷十七》，《大正藏》第五十一冊頁 579 下—580 下。

註 *103* 參見保賢之「問題楞嚴」一文頁 361—362。張曼濤編之《大乘起信論與楞嚴經考辨》一

清・閻若璩《尚書古文疏證》（註104）、梁啟超、歐陽竟無（歐陽漸）、近人保賢法師、何格恩、李翊灼、呂澂、馮馮（張培德）、明復法師（註105）及從信法師……等等都相率提出《楞嚴》偽經之說（註106），乃至呂澂之《楞嚴百偽》集其大成。如呂澂云：「唐代佛典之翻譯最盛，偽經之流布亦最盛，《仁王》偽也；《梵網》偽也；《起信》偽也；《圓覺》偽也；《占察》偽也。實又重翻《起信》，不空再譯《仁王》，又偽中之偽也。而皆盛行於唐。至於《楞嚴》一經，集偽說之大成，蓋以文辭纖巧，釋義模棱，與此土民性喜驚虛浮者適合，故其流行尤遍……儒者闢佛，蓋無不涉及《楞嚴》也。一門超出而萬行俱廢，此儱侗顢頇之病，深入膏肓，遂使佛法奄奄欲息，以迄於今，迷惘愚夫，堅執不化者，猶大有人在。邪說不除，則正法不顯，辭以闢之，亦不容已也（註107）」。

下面逐一例舉諸家認定《楞嚴經》為偽說的內容：

❶ 朱熹《朱子語錄》：

(1)義剛曰：「十月為陽月，不應一月無陽。一陽是生於此月，但未成體耳」。曰：「十月陰極，則下已陽生。謂如六陽成六段，而一段又分為三十小段，從十月積起，至冬至積成一爻。不成一陽是陡頓生，亦須以分毫積起。且如天運流行，本無一息間斷，豈解一月無陽！且如木之黃落時，萌芽已生了。

書。陳垣之疑《楞嚴經》見於《陳援菴先生全集》第九冊之《中國佛教史籍概論・卷一》頁26—27。台北新文豐印。

註　104　閻若璩在《古文尚書疏證・卷八》曾帶著疑問的語氣說道：「……又每讀畢命，至雒別淑慝以下，凡三十七句，句皆四字，因笑曰：孔安國隸古，究竟若唐房融譯《首楞嚴經》，以四字成文者與？」《尚書古文疏證・下冊》頁1155。上海古籍出版社。1987、12。

註　105　明復法師云：「房融。武后時，依附張昌宗，以正諫大夫同鳳閣鸞台平章事。士林多不直其行。未幾，中宗誅二張，因融。神龍元年二月己卯貶高州（廣東 茂名）。尋，武三思用事，張昌宗之黨，流貶者中途多得赦回，而竟不及融，遂死於貶所，今茂名有融墓。舊傳：融二月杪流放，五月即抵廣州，會天竺沙門般剌蜜諦譯《大佛頂首楞嚴經》，融為筆受，丁未功圓，因譯使進呈武后。現光孝寺藏有融寫經時所用之石硯，號丞相硯。文士多題詠之。或以為膺品，未可信也」。詳於明復法師編《中國佛學人名辭典》頁267。高雄太谷文化出版。87、8。二版一刷。

註　106　上述所舉疑《楞嚴經》之人，或許有人會質疑元、明兩代為何不見質疑《楞嚴經》者？據筆者《大正藏》、《卍續藏》、《國立中央圖書館善本序跋集錄》、《吳都法乘》及一些外典之載，目前尚未發現有對《楞嚴經》質疑的元、明兩代僧人或學者的史料記錄，也許這兩代是《楞嚴經》最盛之時，所以未見有疑偽者吧？

註　107　《呂澂佛學論著選集》第一冊頁370。

不特如此，木之冬青者，必先萌芽而後舊葉方落。若論變時，天地無時不
變。如《楞嚴經》第二卷首段所載，非惟一歲有變，月亦有之；非惟月有
變，日亦有之；非惟日有變，時亦有之，但人不知耳。此說亦是」。

    ——《朱子語類·朱子語類·卷第七十一易七·復》頁1788。

(2)結成兩箇人後，方生許多萬物。所以先說「乾道成男，坤道成女」，後方說「化
生萬物」。當初若無那兩箇人，如今如何有許多人？那兩箇人便如而今人身
上蝨，是自然變化出來。《楞嚴經》後面說，大劫之後，世上人都死了，無
復人類，卻生一般禾穀，長一尺餘，天上有仙人下來喫，見好後，只管來
喫，喫得身重，遂上去不得，世間方又有人種。此說固好笑，但某因此知
得世間卻是其初有箇人種如他樣說……。

    ——《朱子語類·朱子語類·卷第九十四周子之書·太極圖》頁2380。

(3)試將《楞嚴》、《圓覺》之類一觀，亦可粗見大意。釋氏之學，大抵謂若識
得透，應千罪惡，即都無了。然則此一種學，在世上乃亂臣賊子之三窟耳！
王履道做盡無限過惡，邊謫廣中，劇地在彼說禪非細。此正謂其所爲過惡，
皆不礙其禪學爾。

    ——《朱子語類·朱子語類·卷第一百二十四陸氏》頁2973。

(4)孟子不闢老莊而闢楊墨，楊墨即老莊也。今釋子亦有兩般：禪學，楊朱也；
若行布施，墨翟也。道士則自是假，今無說可闢。然今禪家亦自有非其佛
祖之意者，試看古經如《四十二章》等經可見。楊文公集《傳燈錄》說西
天二十八祖，知他是否？如何舊時佛祖是西域夷狄人，卻會做中國樣押韻
詩？今看《圓覺》云：「四大分散，今者妄身當在何處」？即是竊《列子》「骨
骸反其根，精神入其門，我尚何存」語。宋景文說《楞嚴》前面咒是他經，
後面說道理處是附會。《圓覺》前數疊稍可看，後面一段淡如一段去，末後
二十五定輪與夫誓語，可笑。

    ——《朱子語類·朱子語類·卷第一百二十六釋氏》頁3007。

(5)釋氏書其初只有《四十二章經》，所言甚鄙俚。後來日添月益，皆是中華文
士相助撰集。如晉宋間自立講師，孰爲釋迦，孰爲阿難，孰爲迦葉，各相
問難，筆之於書，轉相欺誑。大抵多是剽竊《老子》、《列子》意思，變換
推衍以文其說。《大般若經》卷帙甚多，自覺支離，故節縮爲《心經》一卷。
《楞嚴經》只是強立一兩箇意義，只管疊將去，數節之後，全無意味。若
《圓覺經》本初亦能幾何？只鄙俚甚處便是，其餘增益附會者爾。佛學其
初只說空，後來說動靜，支蔓既甚，達磨遂脫然不立文字，只是默然端坐，

便心靜見理。此說一行，前面許多皆不足道，老氏亦難為抗衡了。今日釋
氏，其盛極矣。但<u>程</u>先生所謂「攻之者執理反出其下」。吾儒執理既自卑汙，
宜乎攻之而不勝也。

　　─《朱子語類‧朱子語類‧卷第一百二十六釋氏》頁 3010。

(6)因說<u>程子</u>「耳無聞，目無見」之答，曰：「決無此理」。遂舉釋教中有「塵既不
緣，根無所著，反流全一，六用不行」之說，<u>蘇子由</u>以為此理至深至妙。蓋
他意謂六根既不與六塵相緣，則收拾六根之用，反復歸於本體，而使之不
行。顧烏有此理！<u>廣</u>因舉<u>程子</u>之說：「譬如靜坐時，忽有人喚自家，只得應
他，不成不應」。曰：「彼說出《楞嚴經》。此經是<u>唐 房融</u>訓釋，故說得如此
巧。佛書中唯此經最巧。然佛當初也不如是說。如《四十二章經》，最先傳
來<u>中國</u>底文字，然其說卻自平實。道書中有眞誥，末後有道授篇，卻是竊
《四十二章經》之意爲之。非特此也，至如地獄託生妄誕之說，皆是竊他
佛教中至鄙至陋者爲之」。

　　─《朱子語類‧朱子語類‧卷第一百二十六釋氏》頁 3010—3011。

(7)佛書多有後人添入。初入<u>中國</u>，只有《四十二章經》。但此經都有添入者。
且如西天二十八祖所作偈，皆有韻，分明是後人增加。如<u>楊文公 蘇子由</u>皆
不悟此，可怪！又其文字中至有甚拙者云云。如《楞嚴經》前後，只是說
咒，中間皆是增入。蓋<u>中國</u>好佛者覺其陋而加之耳。

　　─《朱子語類‧朱子語類‧卷第一百二十六釋氏》頁 3025。

(8)佛初止有《四十二章經》，其說甚平。如言彈琴，弦急則絕，慢則不響，不
急不慢乃是。大抵是偷得老莊之意。後來<u>達磨</u>出來，一齊埽盡。至《楞嚴
經》，做得極好。

　　─《朱子語類‧朱子語類‧卷第一百二十六釋氏》頁 3025。

(9)《圓覺經》只有前兩三卷好，後面便只是無說後強添。如《楞嚴經》，當初
只有那<u>阿難</u>一事，及那燒牛糞時一咒，其餘底皆是文章之士添。那燒牛糞，
便如蒸蕭樣。後來也有人祈雨後燒，亦出此意也。

　　─《朱子語類‧朱子語類‧卷第一百二十六釋氏》頁 3027。

(10)《楞嚴經》本只是咒語。後來<u>房融</u>添入許多道理說話。咒語想亦淺近，但
其徒恐譯出，則人易之，故不譯。所以有咒者，蓋浮屠居深山中，有鬼神
蛇獸為害，故作咒以禁之。緣他心靈，故能知其性情，制馭得他。咒全是
想法。西域人誦咒如叱喝，又為雄毅之狀，故能禁伏鬼神，亦如巫者作法
相似。又云：「汀州人多為巫。若巫為祟，則治之者全使不行。<u>沈存中</u>記水

中金剛經不濕，蓋人心歸向深固，所感如此」。因言：「後世被他佛法櫽入來，鬼神也沒理會了」。又曰：「世人所謂鬼神，亦多是喫酒喫肉漢，見他戒行精潔，方寸無累底人，如何不生欽敬」！

——《朱子語類·朱子語類·卷第一百二十六釋氏》頁3027—3028。

❷梁啟超《古書真偽及其年代》：

(1)佛教本身，偽書亦復不少。佛經從域外輸入，辭義艱深晦澀，不易理會。譯書比自己作書還難，大家都有這種經驗的。六朝隋唐之間，佛教盛行，真的佛典正確翻譯過來一般人看不懂。於是投機的人，東併西湊，用佛家的話，雜以周奏諸子的話，看時易解，人人都喜歡誦。但不是佛經原樣了。……如《楞嚴經》，直到現在，大家還以為佛教入門寶籍，就是因為其中心思想，與我國思想接近。然而《楞嚴經》，便不可靠。其他無聊作品，不如《楞嚴經》的還多得很哪！

——《古書真偽及其年代·第二章》頁23。台灣中華書局。71、11。

(2)《楞嚴經》可笑的思想更多，充滿了長生神仙的荒誕話頭，顯然是受道教的暗示，剽竊佛教的皮毛而成。……真正佛經、並沒有《楞嚴經》一類的話，可知《楞嚴經》是假書。

——《古書真偽及其年代·第四章》頁54—55。

(3)十大弟子有一個叫做優婆離，和婆羅門教的哲學書優婆尼沙只差一字。現在有一部《楞嚴經》，起首就說：「如是我聞……優婆尼沙說」。竟把反對佛教的書名，當做佛弟子的人名了。這種人名書名的分別，只要稍讀佛經者，便可知道。而偽造《楞嚴經》者，竟混而為一，豈非笑話？

——《古書真偽及其年代·第四章》頁50。

❸李翊灼《佛家典籍校勘記·卷七》，列舉五事，以辯《楞嚴經》為出於偽託（註108）：

註 108 見民國二十九年國立北平圖書館所編印《圖書季刊》第二卷之第四期。李氏此文曾先發表於國立中央大學《文藝叢刊》第一卷之第二期。或見羅香林《唐代廣州光孝寺與中印交通之關係》之「唐相國房融在光孝寺筆受首楞嚴經翻譯問題」頁110。或見張心澂編《偽書通考》頁1132—1134。台北民倫出版。59年。

(1)此經來源極其不明，而據《至元錄》蓄本復闕，譯人般刺蜜帝及懷迪出經事亦至惝怳。最奇者，《續古今譯經圖紀》、《開元釋教錄》皆智昇作，而所載譯此經事則兩岐。其於《續古今譯經圖紀》則標般刺蜜帝為中印度人，傳經事畢，汎舶西歸，乃至標譯語人彌伽釋迦，筆受人房融，證譯人懷迪，亦至極詳悉；而於《開元釋教錄》則惟標懷迪遇一梵僧（且注云未得其名）請共譯經，並為筆受輟文，其僧傳經事畢，則莫知所之，餘悉不詳焉。尤奇者，智昇《續古今譯經圖紀》末附小注云：「若欲題壁，請依《開元釋教錄》」。斯豈不智昇且自疑於《圖紀》所載之非實乎？更有極奇者，以宋贊寧一手撰成之《宋高僧傳》，其於「極量傳」則用智昇《續古今譯經圖紀》之文，而增益本國王追攝之事；於「懷迪傳」則用智昇《開元釋教錄》之文。夫智昇以一人錄一事而兩岐，其文且自疑焉，已足驚異；乃贊寧轉錄智昇之文，又復兩采，且更於其一有所增益，不彌大可怪耶？此應辯者一。

(2)此經題下注云：「一名《中印度那爛陀大道場經》，於『灌頂部』錄出別行」。而高麗藏本此經於神咒前亦題云：「《大佛頂如來悉怛多缽怛囉菩薩萬行品》『灌頂部』錄出，一名《中印度那爛陀曼荼羅灌頂金剛大道場神咒》」。考釋迦佛一代教中，以世間某地、某寺、某道場聯綴為經名為神咒名者，實無此前例，是亦甚可異也。此應辯者二。

(3)此經卷七所載真言，蓋是「大佛頂如來放光悉怛多缽怛囉陀羅尼」（此陀羅尼見日本《弘教藏》闕字函第六冊唐不空譯），而此經所標壇法則非此陀羅尼之壇法（可勘日本《弘教藏》餘字函第一冊《白傘蓋大佛頂王最勝無比大威德金剛無礙大道場陀羅尼念誦法要》，及日本《弘教藏》成字函第六冊宋法天譯之《佛說一切如來烏瑟膩沙最勝總持經》，元沙囉巴譯之《佛頂大白傘蓋陀羅尼經》，元真智譯《佛說大白傘蓋總持陀羅尼經》等，其所說儀軌皆不類此經所舉之壇法），又詳稽釋迦密教兩界諸部曼荼羅，亦未有如此經所舉之壇法者，此甚可疑，應辯者三。

(4)此經卷第三經文中，標舉地、火、水、風、空、見、識七大，今考釋迦教中，若顯若密，無舉「七大」者。釋迦顯教多標「四大」，其密教則多舉「五大」。日本空海據《大日經》阿地、縛水、囉火、訶風、佉空之「五大」，加「我」即同心位之「識大」，以為「六大」（見其所撰之《即身成佛義》，在長谷寺版《真言》十卷章中）。已為不共之說。然識即智也，更據《大日經》之「我覺識本不生阿地，出過語言道縛水，諸過得解脫囉火，遠離於因緣風訶，知空等虛空佉」。一頌之義，則「五大」即是一「識大」耳，以此表色心不二之真諦，而並舉為「六大」，義猶有本。若此經之於「六大」外別開「見大」，則於釋迦教中更無

其例，尤無意義，此應辯者四。

(5)此經卷第五偈云：「眞性有爲空，緣生故如幻，無爲無起滅，不實如空華」。今考此偈與清辯菩薩造之《大乘掌珍論》（見日本《弘教藏》暑字函第五冊）據爲本義，一頌相同，但文微有異耳。（《掌珍論》頌云：真性有爲空，如幻緣生故，無爲無有實，不起似空華）。《掌珍論》全部蓋專釋此一偈。然詳按論之釋此偈，頗異於他釋經論之引經偈者標稱「某經偈曰」，或「某經伽陀曰」，或「如經伽陀曰」，或「如伽陀曰」而但標稱「故略製此《掌珍論》」，其下即接此偈，是可知此偈二量實爲清辯自製，以對他而立自宗義者，初非解釋釋迦教中經文，故絕不如他釋經論之作引經解釋辭義也。設非然者，則則菩薩造論，而可據佛語若己有矣，有是理乎？據此可見《楞嚴經》此偈實引用《掌珍論》，而絕非《掌珍論》之引《楞嚴經》偈以解釋之也。夫以經引論，以前引後，世間典籍，實無此例，然則此經寧得目爲佛說耶？此應辯者五。

❹袁枚《小倉山房尺牘》之「與程綿莊論楞嚴經」（註109）：

自幼即聞古之達人文士，靡不好《楞嚴》者。今生四十年，蒙先生教以寓目。初見似奇，再玩之覺甚平平。大率即宋儒語錄耳。宋儒講學，有意爲深微，《楞嚴》談禪，有心爲高妙，其大旨在曲引旁證，敷衍成章。平易處忽生峰曲，到喫緊處仍不說明，非故爲瘐詞，即亂以番語，以便再申文義，重起波瀾。不知略聰悟人，觀一波便知，再一波萬千波之不過爾爾。徐騎省以爲：如一桶水傾出後，復傾入一桶中，了無意義，可謂道破機關。以僕揣之，大抵六朝人僞撰，故西域轉無此書。猶之冉求所撰《算書》，現在日本國，不在中華也。吾儒《六經》，大都言情紀事，無空談者，惟《周易》一書，圓通廣大，憑虛而立，然六十四卦中，何嘗不指物陳象，暢所欲言，從無贅詞複筆。方知周孔之教，終非如來，所能夢見。司馬文正曰：其微言，不能出吾書。信矣！先生禮樂論，粹然儒者之言，其妙處發前人之所未發。魚門之病，在有心作有關係文字，而不免依傍附會，由其識力未到故也。馳此種文字以救之，當必有進。

註 109 詳於《隨園全集‧卷一》頁 28—29。台北啟明書局印。民 49。或見於王英志編《袁枚全集(五)》頁 11—12。江蘇古籍出版社。1993、9。

附：民初印光大師對袁才子對《楞嚴經》的說詞嘗云：「袁才子乃狂士，初何
嘗信佛，信佛何又闢佛？晚年閱歷深，知佛法不可思議，故於感應各事
悉記之，然絕未親近知識，及多讀大乘經論，故所說者，多不如法（註
110）」。民初李炳南老居士亦答云：「袁子才只是一文學家耳，於佛學及考
據，皆是門外，說之不足輕重。然此經真偽之辯，佛門大有其人，至今
諍議未息，又何必忽臟腑之疾，而專問癬疥耶」？（註111）

❺普寂《首楞嚴經略疏》列出真偽二論（註112）：

(1)此經傳譯以來，信偽相半。其疑之者：或言此經是房融作，神咒是他經說。
或言：神咒是佛說，長行是後人偽造。或言：金剛智三藏，幼在那爛陀寺
從勝賢論師學諸經論，後至南天竺受五部密藏，採諸經要，顯合密揉，以
成一部。

(2)其信之者言：此經是顯如來藏樞要，妙指明心徑路，了根塵之明訣，照情
妄之玄響，是智者遙拜寶文，般刺剖膊之秘典也。

(3)今且由信疑究察起所。其疑之所以多端，大要有二。

一則：傳譯未了疑。謂：般刺犯禁來，私譯制止，譯已便歸舶。斯其怪一也。
　　　房相於貶謫之地筆受，而朝之進奏。斯其怪二也。

房相非柳、白之才而綴雄文，迪公匪仕、裴之智，而出此玄籍。斯其怪三也。

傳譯以後，凡百有餘年間，有荊溪、清涼等諸德，恢倡教乘，而言不及此經，
　　　何也？斯其怪四也。

二則：其說常異疑。謂：此經中，往往有方等諸經未曾有之奇說。如：十二
　　　類生，三疊流變，七大，七趣，地位差別，諸天建立等是。

註：普寂云：傳譯以後凡百有餘年間，有荊溪、清涼等諸德，恢倡教乘，均言
不及此經而疑偽。筆者先就此疑而論證之：

荊溪是天台宗第九祖，生於 711—782。澄觀生於 738—839。若依此「年代」
範圍，則曾引及《楞嚴經》者如下：

註 110 見《印光法師文鈔三編·卷三》頁 598。復溫光熹居士書二。
註 111 見《李炳南老居士全集·佛學問答類編（上）》頁 12 下。
註 112 詳於《佛典研究(初篇)》頁 240—241。又按普寂者應為日人淨土宗師，生於 1707—1781。

(1)唐・百丈 懷海（720—814）大師之引用：詳於《敕修百丈清規》,《大正藏》第四十八冊頁 1111 中—1159 下。或《古尊宿語錄・卷二》,《卍續藏》第一一八冊頁 172 上。

(2)唐・馬祖 道一（709—788）禪師之印證：詳於《景德傳燈錄・卷六》,《大正藏》第五十一冊頁 246 下。或見《江西馬祖道一禪師語錄》,《卍續藏》第一一九冊頁 811 下和 816 下。

(3)唐・大珠 慧海（約為 709—788）大師之引用：見於《頓悟入道要門論・卷上》,《卍續藏》第一一〇冊頁 841 下。

(4)唐・烏龍 少康（？—805）大師之精誦：詳載於《淨土往生傳・卷下》、《往生集・卷一》《大正藏》第五十一冊頁 123 中、頁 131 上。和《佛祖統紀卷・二十六》,《大正藏》第四十九冊頁 264 中。

(5)唐・慧琳（737—820）國師《一切經音義》之引釋：釋《楞嚴經》之文詳於《大正藏》第五十四冊頁 585 中—587 下。

(6)唐・神清（？—820）大師之虔誦：詳於《宋高僧傳・卷六》,《大正藏》第五十冊頁 740 下。

(7)唐・神湊（743—817）大師之專弘：詳於《宋高僧傳・卷十六》,《大正藏》第五十冊頁 807 上—中。

(8)唐・圭峰 宗密（780—841）大師之引釋：（參見 Jan Yun-hua.P.H.D.Mcmaster university,Canada,《Two Problems of Tsung-Mi's 宗密 Compilation of the CH'ANTSANG 禪藏》一書，詳於一九七四年國際東方學者會議紀要第十九卷。或參見近人聖嚴法師著《明末中國佛教之研究》頁 434）。

(9)唐・睦州 道明（780—877）大師之引悟：詳於《古尊宿語錄・卷六》,《卍續藏》第一一八冊頁 235 上。

以上九家皆可反證普寂之疑偽。

❻楊白衣《關於楞嚴的真偽辯》提出十點之疑（註113）：

註 113 楊白衣之《關於楞嚴的真偽辯》頁 347—348。見張曼濤編之《大乘起信論與楞嚴經考辨》一書。

(1)經題之「大佛頂首楞嚴」六個字，有無襲用羅什之「首楞嚴三昧經」，抑或取之於佛陀波利等的「佛頂尊勝陀羅尼」？

(2)經中所說「修三摩提趣入根塵同源，縛脱無二」的思想，有無承繼「首楞嚴三昧經」之名？

(3)摩登伽女誘惑阿難的一段說話，不是根據《摩登女經》、《摩登女解形中六事經》、《雜譬喻經》而來的麼？

(4)如來藏妙真如性，客塵煩惱的思想，有無承受《楞伽經》及《起信論》等之嫌？

(5)該經第二的「世尊亦曾於《楞伽》爲大慧等敷演斯義」文，不是在暗示《楞嚴》是附於《楞伽》的麼？

(6)「生滅與不生滅」、「不生滅性清淨，本心本覺常住」（第二卷）與「菩提心生，生滅心滅」（第四卷）文，有無襲用《起信論》的名目之嫌？

(7)第六卷的觀世音菩薩三十二應文，不是抄自《法華經普門品》與《首楞嚴三昧經》文麼？

(8)第八卷中，為菩薩階次約五十七位中，初五十二位，是否依《菩薩瓔珞本業經》？而「乾慧地」即依《大品般若經》，「煖、頂、忍、世第一」等四位即依《大乘阿毗達磨雜集論》？」

(9)定中的十種魔境及外道惡見，是否為《瑜伽師地論》第八十七之說？

(10)第七卷大神咒首的「大佛頂如來放光悉怛多缽怛囉萬記品灌頂部錄出，一名中印度那爛陀曼荼羅灌頂金剛大道場神咒」文，是採用《陀羅尼集經序》之「此經出自金剛大道場經，大明咒藏分之少分」的經意。

❼歐陽竟無之說：

(1)《楞嚴經》思想體系，決非佛說，應亦此土偽造。今求諸印度，果亦不可得，此不爭之事實，豈意氣可以爭勝者耶？
　　—《歐陽大師遺集(一)》頁4。台北新文豐。65、10。

(2)「真性有為空」一頌別見於《楞嚴經》。清辨立說似依至教，然應當時清辨對敵立宗，並不提明此是聖言。若是聖言，顯揭以談，諍論冰銷，何夢千古？護法宗徒縱加破斥，而亦未聞有人據為叛教。奘師東傳法相，又亦未聞此經，故其門下直就量破，不留餘地，若果聖言，顯蹈悖謬，豈其有智？故《楞嚴經》一經入於疑偽，非無因也。（經文更有可疑之處，今不具舉）。

　　——《歐陽大師遺集(二)‧唯識抉擇談》頁 1377。

❽ 呂澂《楞嚴百偽》略舉二條（其書共撰有一百零一條）：

(1)智昇《續譯經圖記》錄傳聞之辭，《楞嚴》是神龍元年五月二十三日極量(即般刺密帝)所譯，房融筆授，按融以神龍元年二月甲寅（四日）流高州，州去京師六千二百餘里（《舊唐書‧四十一》），關山跋涉，日數十里，計百數日，幾不達貶所，安能從容於廣州筆授而即成其所譯耶？其偽三（註114）。

(2)智昇又謂懷迪證譯，懷迪曾預《大寶積經》之證文（《開元錄》），按徐鍔《大寶積經》述譯場證文有「慧迪」而無「懷迪」。又《開元錄》謂懷迪於《寶積》譯畢南歸，乃譯《楞嚴》。《寶積》竣事在先天二年，《楞嚴》譯於神龍元年，前後相去八載，又安得為之證耶？其偽四（註115）。

❾ 何格恩之說：

(1)《開元釋教錄‧卷十二》所著錄云：『**大唐 循州沙門懷迪共梵僧於廣州譯，新編入錄。**』卷十七所著錄又云：『**大唐 沙門懷迪於廣州譯**』。再三著錄，均不提及般刺蜜帝之名，則《續古今譯經圖記》之不足信，明矣！而贊寧之《高僧傳》仍取之，為極量(即般刺密帝)別立一傳，何也？豈以歷代各種刊本《楞嚴經》，均署般刺蜜帝主譯；後訛傳訛，竟莫察其非耶？……般刺蜜帝與彌伽釋伽之事跡，不見於其他記載。余以為其姓名亦為後人杜撰，正如『烏有先生』『無是公』之無足稽考，可置之勿論（註116）。

(2)據《開元釋教錄》，懷迪譯《楞嚴經》，在入京證譯《寶積經》之後。同書卷九著錄沙門菩提流志譯《大寶積經》一部一百二十卷。『**始乎神龍二年丙午創筵，迄於睿宗先天二年癸丑畢席**』。然則懷迪南歸譯《楞嚴經》必在先天二年以後，其時房融已卒於高州，與此經無緣，故《開元釋教錄》不言房融證譯，良有以也……大抵《楞嚴經》必為懷迪或同時人所杜撰，自恐聲望不孚，故託言得之於梵僧……好事之徒，遂假借其名，牽強附會……

註 *114* 《呂澂佛學論著選集》第一冊頁 371。
註 *115* 《呂澂佛學論著選集》第一冊頁 371。
註 *116* 詳於民國二十六年嶺南大學編印之《嶺南學報》第五卷第三、第四期合刊。或轉見張曼濤編之《大乘起信論與楞嚴經考辨》頁 316—317。

（註117）。

❿ <u>望月信亨</u>之說（註118）：

(1)蓋諸家大多皆醉心於眼前的文理，或囿於宗派之見，漫然將之作為佛口親說之寶典。然其義理之幽玄，乃是涉獵《首楞嚴三昧》為首的諸大乘經論之故。其文章之雄健應令人察知，正是非梵本之翻譯之所以，**此經究竟於何年代在<u>中國</u>杜撰的呢……應在<u>久視元年</u>（公元700）<u>義淨</u>歸朝後，這是極為明確的事實。**

(2)此經其題下記載一名「<u>中印度那爛陀大道場經於灌頂部錄出別行</u>」，又於同第七刊出四百三十九句之大神咒，其首題有：「<u>大佛頂如來放光悉怛多缽怛囉萬行品灌頂部錄出、一名中印度那爛陀曼荼羅灌頂金剛大道場神咒</u>」。這是將此經以及其神咒作為從<u>中印度</u>那爛陀金剛大道場中錄出別行的，可能其紀錄是由於<u>阿地瞿他</u>譯的《陀羅尼集經》序中有「<u>此經出金剛大道場經，大明咒藏分之少分也</u>」之記述而想到的。此中所謂「<u>大明咒藏</u>」，是指<u>義淨</u>的《大唐西域求法高僧傳・卷下》所載的<u>毗睇陀羅必得家</u>（Vidyādharapiṭaka），即持明咒藏而言，因此《金剛大道場經》應視為持明咒藏之一名。當時<u>那爛陀寺</u>存有該咒藏之斷片一事是<u>義淨</u>所傳，又《陀羅尼集經》，確實是從該咒藏中抄出，故<u>此經的作者</u>是根據這些事實，而以此《首楞嚴經》作為從《金剛大道場經》中抄出之別行經，企圖以此瞞過世人。

(3)此經附以「<u>首楞嚴</u>」之題名，不用說是由《首楞嚴三昧經》而來。

(4)此經是以<u>阿難</u>被<u>摩登伽女</u>戀著，因其母之幻術而將被毀戒體時，佛即以神咒救護<u>阿難</u>為發端，以<u>阿難</u>為對告眾次第說「**根塵同源，縛脫無二**」之理的。

(5)關於<u>摩登伽</u>誘惑阿難之事，記載於《摩登女經》、《摩登伽經》、《摩登女解形中六事經》、《雜譬喻經・卷下》以及《舍頭諫太子二十八宿經》等，是頗為有名的故事。現在於此經舉出這個故事，當然是依據上述之諸經，但是托此以顯示「**縛脫無二**」之理的想法，想必是得自《首楞嚴三昧經》的啟發而來。

(6)吾人應認為此經之以「**首楞嚴**」為題名，即是表白其教旨係得自《首楞嚴三

昧經》。又此經的教旨根據《大乘起信論》之處似乎也不少。此經以為眾生之生死相續,乃由於不知眾生本有常住之真心性淨明本所致,而力說五陰、六入、十二處、十八界皆為本如來藏妙真加性。這應視為即是《起信論》如來藏緣起之意旨的紹述。

(7)此經第八列舉「乾慧地、十信、十住、十行、十迴向、煖地、頂地、忽地、世第一地、十地、等覺」以及「妙覺」等五十七位作為菩薩的階次。其中,「十信、十住、十行、十迴向、十地、等覺、妙覺」之五十二位,無疑是依據《菩薩瓔珞本業經》之說;「乾慧地」是《大品般若經》所說的三乘共十地中的初地;「煖、頂、忍、世第一法」等四地,則為舉自《大乘阿毘達磨雜集論》等所說的五位中的第二加行位,是自不待言的。

(8)此經第十中列舉十種外道惡見以為定中的魔境……這顯然十取自《瑜伽師地論》第八十七之「諸外道,薩迦耶見以爲根本……無想論、八非有想非無想論、七斷見論、五現法涅槃論。此四十四諸惡見趣,是計後際説我論者」文。

⓫大村西崖之說（註119）:

(1)近者望月信亨詳論之,斷以為支那撰述,信中肯綮矣!但《開元》、《貞元》二錄既載之,其撰述之古,不復容疑也。每卷題下注記云:「**中印度那爛陀大道場經於灌頂部錄出別行**」,又此經始出《白傘蓋佛頂陀羅尼》云:「**一名中印度那蘭陀曼荼羅灌頂金剛大道場神咒**」。故《陀羅尼集經》原本《金剛大道場經》成後,久閱年所,或歷數增訂,而其一部為此經撰述之粉本。以至佛頂有《白傘蓋》,其咒廣博如是歟。

(2)咒中有如來族、蓮華族、金剛族、寶族、眾族（怛他揭多、缽頭摩、筏折囉摩尼、伽闍俱囉耶）之目。其眾族者,殆類于胎藏法之外金剛部,又似為金剛頂宗羯磨部所出來焉。

(3)誦咒遶道行道,是蓋那爛陀密教灌頂道場法中,佛頂部之新式歟!可見其大都與胎藏曼陀羅益相類矣。當陽本尊乃盧舍那,而非毗盧舍那,蓋取諸《六十華嚴》等,與三十卷《不空涊索經》神變解脫壇,取本尊於《般若

註 *119* 底下皆見於大村西崖（1867—1927））著《密教發達志(上)·卷二》頁348—352。台北武陵出版。1993、11。

理趣分》，及《八十華嚴》等不同。惟隨作經家之意樂，壇法意匠變不化不一，師師各案出一法，而作為一經焉耳。

　　上述約有十一家之說，另外尚有近人從信法師極力的抨擊《楞嚴經》（詳於第三章經義真偽之釋疑），這十一家的說法也都有學者努力駁辨過（如羅香林、憨生法師……等），所以本書並非將歷代所有的疑偽說進行全盤的解釋與研究，因為那至少是要上百萬言才能交代清楚（也許來日有更多時間去重寫），所以只挑選一些重要關鍵問題做詳細的討論（未能將所有疑偽錄作出「詳細」與「完整」的解答，是本書一個美中不足之憾）。如下節論述之。

第三節　傳譯作者之疑

憨山大師《楞嚴經懸鏡序》中的一段話云：（括號內的說明是筆者加入的）

「而世之受此經者，有不定之疑二焉：其一曰『傳經不定』。唐 神龍初，般剌蜜諦三藏潛將梵筴，私入廣州，譯而授房相國融，時本國責其違制，持筴遁去，融亦奏上不行。外則梵本無徵，內則目錄失載，已不能無疑。而智昇又謂沙門懷迪，遇梵僧於廣州，其譯十卷，校之融本，並不差異，豈迪與融同時筆受耶？智昇所記不詳，如此何以傳信？及考法顯誦之於晉，法聰持之於梁，智者不得見之於隋，而融等乃始受之於唐，或彼或此，或隱或顯，其傳經不定，起後世之疑。一也。二曰：判經不定，五時四教之目，攝一切經，無不各從其判者，而獨此經最爲難判。環（指宋・溫陵 戒環解《楞嚴經要解》）師判入『般若』，璿師（指宋・長水 子璿集《楞嚴義疏注經》）判入『方等』，智圓（指宋・孤山 法慧 智圓《楞嚴經疏》十卷《谷響鈔》十卷）諸師判入『法華涅槃』之間。夫不夭慧命，未獲法身，非『般若』矣！楞伽山上破外自然，非『方等』矣！匿王父子，生不逢受記之年，非『法華涅槃』間矣！非漸非頓、非祕密、非不定、非藏通別圓。如真覺《百問》所列，始終前後，恍惚難憑，其判經不定，起後世之疑。二也（註120）。

這已經揭示《楞嚴經》傳譯作者之不定與其判教之難，故清・溥畹大師之《楞嚴經寶鏡疏懸談》也說：「良以此經，文辭深奧，義理幽微，猶雲中之龍出沒隱現，首尾莫測（註121）。既然如此，筆者還是要試著再整理《楞嚴經》傳譯的來龍去脈，以及它在經義上種種被責難爲僞的困境。

一、經藏之記

第一家說法

如果根據《楞嚴經》是在公元 705 年左右所譯成，那麼對它的記載最接近的

註　120 詳於憨山大師《楞嚴經懸鏡序》，《卍續藏》第十九冊頁 57 上。
註　121 《卍續藏》第九十冊頁 532 下。

應該是唐·智昇大師的《續古今譯經圖紀》與《開元釋教錄》，這兩部書是智昇在開元十八年（約730年）所著（註122），距離《楞嚴經》的成書只差二十五年，相信是最早的記載。其《續古今譯經圖紀》云：

「沙門般剌密帝，唐云『極量』，中印度人也。懷道觀方，隨緣濟度，展轉遊化，達我支那（印度國俗呼廣府為支那名帝京為摩訶支那）乃於廣州 制旨道場居止。眾知博達祈請亦多，利物為心，敷斯祕賾，以神龍元年、龍集乙巳、五月己卯朔、二十三日辛丑（即指705年五月二十三日）於灌頂部中誦出一品，名『大佛頂如來密因修證了義諸菩薩萬行首楞嚴經一部』（十卷）。烏萇國沙門彌伽釋迦（釋迦稍訛，正云鑠佉，此曰雲峰）譯語，菩薩戒弟子前正諫大夫同中書門下平章事清河 房融筆受，循州 羅浮山 南樓寺沙門懷迪證義。其僧傳經事畢，汎舶西歸。有因南使流通於此（指長安）（註123）」。

但在《開元釋教錄·卷九》中則以此經是懷迪所譯，沒有「房融筆受」一事。謂迪曾被召入京，參預菩提流志《大寶積經》的譯場，任證義。事畢還鄉，遇梵僧，未得其名，共譯此經。如《開元釋教錄·卷九》云：

「往者三藏菩提流志譯《寶積經》，遠召迪來以充證義，所為事畢還歸故鄉，後因遊廣府，遇一梵僧（未得其名），齎梵經一夾請共譯之，勒成十卷。即《大佛頂萬行首楞嚴經》是也。迪筆受經旨，兼輯綴文理。其梵僧傳經事畢，莫知所之。有因南使流經至此（指長安）（註124）」。

《開元釋教錄·卷十二》亦云：

「《大佛頂如來密因修證了義諸菩薩萬行首楞嚴經》十卷（一帙），大唐 循州沙門懷迪共梵僧於廣州譯（新編入錄）（註125）」。文中多了「新編入錄」四字。

然而在《開元釋教錄·卷十七》又云：

註 122 詳於《宋高僧傳·卷十五》，《大正藏》第五十冊頁805中—下。
註 123 《大正藏》第五十五冊頁371下—372上。
註 124 《大正藏》第五十五冊頁571下。
註 125 《大正藏》第五十五冊頁603上。

「《大佛頂如來密因修證了義諸菩薩萬行首楞嚴經》十卷，大唐 沙門懷迪於
廣州譯（註126）」。少了「新編入錄」四字和「共梵僧」之文。

《開元釋教錄・卷十九（重出）》亦云：

「《大佛頂如來密因修證了義諸菩薩萬行首楞嚴經》十卷（一帙一百四十三紙），
沙門懷迪譯（註127）」。亦少了「新編入錄」四字和「共梵僧」之文。

又在《開元釋教錄略出・卷第二上》與《開元釋教錄・卷十二》、《卷十七》
仍同云：

「《大佛頂如來密因修證了義諸菩薩萬行首楞嚴經》十卷，唐 循州沙門懷迪
共梵僧於廣州譯（自一帙計一百五十七紙）（註128）」。但文少了「新編入錄」四
字。

由《開元釋教錄》來看，其對《楞嚴經》的記載稍欠詳細。有說沙門懷迪譯
《楞嚴經》是「新編入錄」的，意味《續古今譯經圖紀》中載房融譯經事「欠詳」
或「存疑」，應將懷迪也共譯、或譯此經之事「新編入錄」進《開元釋教錄》中。
但「新編入錄」四字只出現在《開元釋教錄・卷十二》中，其它《開元釋教錄・
卷九》和《卷十七》、《開元釋教錄・卷十九（重出）》、《開元釋教錄略出・卷第
二上》等都未提及此四字。所以這突來的「新編入錄」四字究竟應作出怎樣的「合
理解釋」呢？近人何格恩曾對「新編入錄」四字而作出如下的推測：「《開元釋教
錄》……再三著錄，均不提及般剌密帝之名，則《續古今譯經圖紀》之不足信，
明矣（註129）」！

筆者認為不必在「新編入錄」四字上下功夫。我們看圓照《貞元新定釋教目

註　126　《大正藏》第五十五冊頁 669 下。
註　127　《大正藏》第五十五冊頁 710 下。
註　128　《大正藏》第五十五冊頁 732 下。
註　129　詳於何格恩之「房融筆受楞嚴經質疑」頁 316。見張曼濤編之《大乘起信論與楞嚴經考辨》
　　　　一書。

錄·卷二十二》亦曾云:「**大佛頂如來密因修證了義諸菩薩萬行首楞嚴經十卷**(一帙),**大唐中天竺三藏般刺密帝於廣州譯**(新編入錄)(註130)」。因而我們要問:難道「**新編入錄**」四字亦代表<u>圓照</u>亦懷疑《楞嚴經》之譯者只是<u>般刺密帝</u>而無<u>房融</u>與<u>懷迪</u>之事(註131)?其實「**新編入錄**」四字不是推翻否定或懷疑的意思,這可以從《開元釋教錄》中發見<u>智昇</u>的用筆:如「**新編入錄**」、「**拾遺編入**」等。所謂「**拾遺編入**」四字是指《續古今譯經圖紀》中沒有,於《開元釋教錄》中補入。而「**新編入錄**」大致都是《續古今譯經圖紀》中有,於《開元釋教錄》亦有之目錄。試舉證一例:

如《開元釋教錄·卷十二》載《莊嚴王陀羅尼咒經》、《香王菩薩陀羅尼經》、《一切功德莊嚴經》、《拔除罪障咒王經》等都同時寫上「**大唐三藏<u>義淨</u>譯**(新編入錄)(註132)」,而在《續古今譯經圖紀》中對<u>義淨</u>之譯經事也同時都有這幾部經(註133),可證「**新編入錄**」不是懷疑否定之義。所以<u>何格恩</u>認為「**《開元釋教錄》再三著錄,均不提及<u>般刺密帝</u>之名**」之語很顯然是失於考究所致。因為不論是《開元釋教錄》、《開元釋教錄》(重出)或《開元釋教錄略出》都共同點出「**沙門<u>懷迪</u>共梵僧於<u>廣州</u>譯**」,其「**共梵僧**」無疑的就是指<u>般刺密帝</u>僧也。

對於《開元釋教錄》不提<u>房融</u>一事,筆者認為這跟<u>智昇</u>撰文的「**筆法**」和<u>唐</u>代翻譯經典的「**習慣**」有關,如《宋會要》第二百冊之「**道釋二之四**」頁 7890 就說:(附圖 A—4)

「**<u>唐</u>世翻譯,有筆受官,以朝臣為之。佛陀多羅之譯《圓覺經》也,<u>房融</u>為筆受是矣**(註134)」!

再看<u>智昇</u>之《開元釋教錄·卷九》云:

註 130 《大正藏》第五十五冊頁 934 下—935 上。

註 131 <u>圓照</u>大師對《楞嚴經》的譯者已於《貞元新定釋教目錄·卷十四》詳述為「<u>烏萇</u>國沙門<u>彌伽釋迦</u>譯語,菩薩戒弟子……<u>房融</u>筆受,<u>循州</u> <u>羅浮山</u> 南樓寺沙門<u>懷迪</u>證義」。詳於《大正藏》第五十五冊頁 874 上。

註 132 詳於《大正藏》第五十五冊頁 604 上。

註 133 詳於《大正藏》第五十五冊頁 370 中—下。

註 134 詳於<u>楊家駱</u>主編《宋會要輯稿》。歷代會要第二期書。頁 7890。世界書局印。66、5 再版。

「《大方廣圓覺修多羅了義經》一卷。名一部一卷其本見在。沙門佛陀多羅，唐云覺救，北印度 罽賓人也。於東都 白馬寺譯《圓覺了義經》一部。此經近出不委何年，且弘道爲懷，務甄詐妄，但眞詮不謬，豈假具知年月耶（註135）」？

而在《開元釋教錄·卷十二》又說：

「《大方廣圓覺修多羅了義經》一卷。大唐 罽賓沙門佛陀多羅譯，拾遺編入（註136）」。

圓照《貞元新定釋教目錄·卷二十二》亦云：

「《大方廣圓覺修多羅了義經》一卷。大唐 罽賓沙門佛陀多羅譯，拾遺編入（註137）」。

所以如果按照《宋會要》與《開元釋教錄》的說法，房融「很可能」在筆受《楞嚴經》翻譯前或後，亦曾筆受過《圓覺經》之翻譯（註138），而只署上僧人佛陀多羅之名。這可能是智昇在撰《開元釋教錄》時恐「文人俗士」聲望不高，故一律改以「沙門僧人」爲署，這點香港史學家羅香林另有明確的說明：

「按唐世譯經，例由主譯者署名，其筆受與助譯者，則或署或不署，無一定書法。如上述《大方廣圓覺修多羅了義經》，據《宋會要》所述，謂爲房融筆受，而傳本《圓覺經》，則僅署「大唐罽賓三藏佛陀多羅譯」。助譯人與筆受人俱未提及，是其顯例。又義淨在南海所譯各經，亦各有助譯徒侶，然其傳本譯經，亦未署助譯人名。可知不能以《開元釋教錄》所記《首楞嚴

註　135　《大正藏》第五十五冊頁 564 下—565 上。
註　136　《大正藏》第五十五冊頁 602 中。
註　137　《大正藏》第五十五冊頁 933 下。
註　138　這個說法請參閱羅香林《唐代廣州光孝寺與中印交通之關係》之「唐相國房融在光孝寺筆受首楞嚴經翻譯問題」頁 99。

經》無房融題名，遂謂其果與房融無涉也（註139）」。

　　不只智昇之「筆法」是如此，連圓照大師在撰《貞元新定釋教目錄》時的「筆法」亦是如此（證據在下文）。所以或許這樣的解釋能將《開元釋教錄》為何只署懷迪而未見房融筆受事釐清。

第二家說法

　　稍後的唐·圓照大師（生卒年不詳）撰《貞元新定釋教目錄·卷十四》（註140）之載與《續古今譯經圖紀》之說亦同，《貞元新定釋教目錄》是依唐 德宗之敕命而於貞元十五年（799）所撰，其距離《楞嚴經》705 年的成書來說，應該是第二近的。其云：

> 「沙門般刺密帝…，唐云『極量』，中印度人也……乃於廣州 制旨道場居止……以神龍元年、龍集乙巳、五月己卯、二十三日辛丑遂於灌頂部中誦出一品譯成十卷，即前《萬行首楞嚴經》是也。烏萇國沙門彌伽釋迦（釋迦稍訛，正云鑠佉，此曰雲峰）譯語，菩薩戒弟子前正儀大夫同中書門下平章事清河 房融筆受，循州 羅浮山 南樓寺沙門懷迪證義（註141）」。其《卷二十七》亦載「大佛頂如來密因修證了義諸菩薩萬行首楞嚴經十卷。大唐三藏般刺密帝譯（註142）」。圓照只取僧人般刺密帝為《楞嚴經》譯者之署。

　　圓照大師撰的《貞元新定釋教目錄》究竟是承襲智昇之說，還是「以訛傳訛」的傳抄，這可以從圓照大師撰《貞元新定釋教目錄》時的序文看出大師對此書的慎重性，大師自序云：

> 「夫目錄之興也，蓋所以別真偽，明是非，記人代之古今，摽卷部之多少，

註 139 羅香林《唐代廣州光孝寺與中印交通之關係》之「唐相國房融在光孝寺筆受首楞嚴經翻譯問題」頁 101。

註 140 凡三十卷。依唐德宗之敕命而於貞元十五年（799）撰述。係編錄自後漢·明帝 永平十年（67）至唐·德宗 貞元十六年，凡七百三十四間之大小乘經律論、賢聖集傳等之傳譯，並錄出失譯闕本。全篇分總、別二錄。

註 141 《大正藏》第五十五冊頁 874 上。

註 142 《大正藏》第五十五冊頁 1010 上。

摭拾遺漏，刪夷駢贅，欲使正教合理，金言有緒，提綱舉要，歷然可觀也。
但以法門幽邃，化網恢弘，前後翻傳，年移代謝，屢經散滅，卷軸參差。
復有異人時增偽妄，致令混雜，難究蹤由。是以先德儒賢製斯條錄……。
幸諸哲人俯共詳覽……疑則闕之，以俟來哲……我撰經錄護法城，三寶垂
慈幸冥祐，唯願法燈長夜照，迷徒因此得慧明……（註143）」。

由這「序文」中可知圓照大師撰此目錄的慎重態度，大師明言「疑則闕之，以
俟來哲」，可見應不是全部承抄智昇之說，且大師對智昇之《續古今譯經圖紀》
和《開元釋教錄》二書頗不以為然，曾云：「昇以庸淺，久事披尋，參練異同，
指陳臧否，成茲部帙，庶免乖違」。另外的《宋高僧傳・卷十五》中圓照大師亦
重複的說：「伏以開元十八年歲在庚午，沙門智昇修撰《釋教錄》，泊乎甲戌，經
六十五年中間，三藏翻經藏內並無收管，恐年代寖遠，人疑偽經，又先聖大曆七
年許編入，制文猶在，時帝敕宜依，至今江表，多集此集中經而施用焉（註144）」。
既然圓照大師如此的謹慎行事，其對房融筆受懷迪證義之《楞嚴經》無異議，由
這些資料可推知《楞嚴經》為房融筆受懷迪證義之說應是無誤。

也許有人又懷疑，懷迪共譯《楞嚴經》是在《大寶積經》之後，不是在其前，
所以此經有「二譯」之嫌？清・錢謙益之《楞嚴經解蒙鈔・卷一之一》曾就此解
釋云：

「按《開元釋教錄》云：懷迪，循洲人，住羅浮上南樓寺。往者菩提流志譯
《寶積經》，召充證義。事畢，歸游廣府。遇梵僧齎梵經一夾，請共譯之，
勒成十卷，即《大佛頂萬行首楞嚴經》是也。迪筆受經旨，兼輯綴文理。
其梵僧傳經事畢，莫知所之。此一經二譯之疑所由來也。按菩提流志以中
宗神龍二年住崇福寺，譯《大寶積經》。懷迪於爾時應證義，召至京，正
《楞嚴》證譯訖功之候也，以其時考之為允。若《寶積》譯成，以先天四
月八日進內，迪以此時證義云畢，歸遊廣府，距神龍初元，已七年矣。譯
人譯場同在制止，重譯重證，復以何因？委悉參詳，應是神龍元年，迪在
制止，與房相同預翻經，次年乃應《寶積》之召。而流聞者，誤以為在應

註　143　《大正藏》第五十五冊頁771上。
註　144　《大正藏》第五十冊頁805中—下。

召之後也。所遇之梵僧，未得其名者，即極量(即般剌密帝)也。筆受輯綴，正
證譯之事也。傳聞異詞，斷以《圖記》為正，長水謂譯同寫異，豈無一處
差別！譯主名字，何得未詳？此則已知《開元》目錄之誤，而矜慎闕疑，
未敢剌斷，蒙謂此經翻度唯一，則並無二本之疑，壹以《圖記》楷定可也
（註145）」。

錢謙益認為懷迪是先譯《楞嚴經》，後譯《大寶積經》，這種說法雖遭呂澂疑
偽；云：「智昇又謂懷迪證譯，懷迪曾預《大寶積經》之證文（《開元錄》）。按徐
鍔之《大寶積經》述譯場證文有慧迪而無懷迪。又《開元錄》謂懷迪於《寶積》
讀畢南歸，乃譯《楞嚴》。《寶積》竣事在先天二年，《楞嚴》譯於神龍元年，前
後相去八載，又安得為之證耶？其偽四（註146）」。但我們仔細查「神龍」是唐 武
后的年號，神龍元年是指公元 705 年。而「先天」是唐 玄宗的年號，先天二年是
指公元 713 年。很明顯的「神龍」在先，「先天」在後，而《開元釋教錄》中記懷
迪參預《楞嚴經》（後）的翻譯是在譯訖《大寶積經》（前）南歸時才譯，很顯然的
是「先後倒置」所致（註147）。因為「神龍」與「先天」的年號如果沒有錯，很可能
就是前後文弄錯。所以是先譯《楞嚴經》再譯《寶積經》的，而前後相差也正好
八年，全符合《續古今圖記》之說，所以錢謙益才斷然的說：「蒙謂此經翻度唯
一，則並無二本之疑，壹以《圖記》楷定可也」。

至於呂澂所疑的：「按徐鍔之《大寶積經》述譯場證文有慧迪而無懷迪」之語
是出自「《大正藏》第十一冊頁 1 下」之徐鍔撰《大寶積經述》所云。筆者認為「慧
迪」極可能就是「懷迪」之異筆（註148），何故？我們查《開元釋教錄·卷九》即
載《大寶積經》是：「沙門勝莊、法藏、塵外、無著、深亮、懷迪等證義（註149）」。
《貞元新定釋教目錄·卷十四》亦同載「沙門勝莊、法藏、塵外、無著、深亮、
懷迪等證義（註150）」，都無「慧迪」之名。且《宋高僧傳·卷四》中宋·贊寧大
師云：「流志《寶積》……迪公勤其筆受（註151）」。亦云「懷迪」之語。又如果據

註 *145* 《卍續藏》第二十一冊頁 115 下。
註 *146* 《呂澂佛學論著選集》第一冊頁 371。
註 *147* 或參閱於馮承鈞編著之《歷代求法翻經錄》頁 61。台北鼎文書局出版。
註 *148* 《呂澂佛學論著選集》第一冊頁 371 中亦有同樣的說明。
註 *149* 《大正藏》第五十五冊頁 570 下。
註 *150* 《大正藏》第五十五冊頁 873 中。
註 *151* 《大正藏》第五十冊頁 725 上—中。

《廣韻》解釋是：「懷：戶乖切（註152）」。「慧：胡桂切（註153）」。照《說文解字》的分析是：「懷」是戶乖切第十五部；「慧」是胡桂切第十五部（註154）。「戶」與「胡」皆同屬「匣」紐，兩者是雙聲也；而韻部亦同為十五部，兩者是疊韻也。「慧」與「懷」兩字既是雙聲和疊韻的關係，所以極可能徐鍇所說的「慧迪」就是「懷迪」。所以：呂澂之疑應可從文字的聲韻流轉和諸經一再的記載得到更正確的解釋。

第三家說法

本文先後舉了《開元》與《貞定》兩錄對《楞嚴經》的記載，這也是最接近《楞嚴經》譯成時間的記錄。下面則再據《大正藏》第六十一冊載空海大師（774—835）撰《大佛頂經開題》一卷，內容云：「此了義經者，大唐大聖大孝皇帝之代中天竺波賴密帝三藏所翻譯也（註155）」。姑且不論是否空海所撰，但其製的《御請來目錄》（在大同元年806歸返本國所製），其目錄中即有「《大佛頂如來放光悉怛他缽陀羅陀羅尼》一卷。《梵字大佛頂真言》一卷（註156）」。筆者推測：《楞嚴經》是普照大師在勝寶六年（754）歸日本帶回來的，也就是日本在754年以後就有了《楞嚴經》。所以如果空海撰《大佛頂經開題》一卷之事不假，那其文所載波賴密帝翻譯《楞嚴經》一事則可謂是接近《楞嚴經》譯成時間第三近的一個說法。

第四家說法

約於公元824—833年的玄叡大師《大乘三論大義鈔‧卷三》記載云：

「德清法師承大唐‧法詳居士云：《大佛頂經》是房融偽造，非真佛經也。智昇未詳，謬編正錄。然彼法詳所出偽經之由，甚可笑也，恐繁不述。德清法師效詳士妄，而泥梨語亦傳本朝，可傷之深矣！今案唐大興福寺，惟愨法師疏云：唐神龍元年五月二十三日，中印度沙門般剌密帝於廣州制止

註　152　《新校正切宋本廣韻》頁94。台北黎明。84、3。
註　153　《新校正切宋本廣韻》頁373。
註　154　詳見於《說文解字注》頁508和510。
註　155　《大正藏》第六十一冊頁601下。
註　156　分別見於《大正藏》第五十五冊頁1061下、頁1063中。

寺道場，對舉梵本。烏萇國沙門彌伽釋迦譯茲梵語，房融筆受。又唐 智昇
《錄》云：循州沙門懷迪，遊廣府遇一梵僧齎梵經一挾，共譯之，勒成十
卷，即《大佛頂萬行首楞嚴經》是也。迪受筆經旨，兼綴文理（註157）」！

　　玄叡的生卒年雖不詳，但撰寫此鈔的年代大致在天長年間（824—833），因
鈔序文載「天長皇帝詔于諸家龍象，而令制各宗要義奉獻闕庭之日，玄叡大德集
三論要襟而以上進矣（註158）」。玄叡對《楞嚴經》傳譯的看法以惟愨法師的《疏》
為准，即「般剌密帝於廣州 制止寺道場，對舉梵本。烏萇國沙門彌伽釋迦譯茲梵
語，房融筆受」。文末又強調「迪受筆經旨，兼綴文理」，說懷迪不只受筆此經之
旨，亦兼綴潤此經文，這是別處未曾說的。從《大乘三論大義鈔》的序文來看玄
叡是在天長年間（824—833）撰寫奉上此經的，所以這應該是接近《楞嚴經》譯
成第四近的一個說法。

第五家說法

　　第五近的說法應為北宋·贊寧大師（919—1001）之《宋高僧傳》，其書於太
平 興國七年（982）奉敕編纂。在《宋高僧傳·卷三》之「唐羅浮山石樓寺懷迪
傳」則主懷迪譯經，少了房融之筆受事，云：

　　「菩提流志初譯《寶積》，召迪至京證義。事畢南歸，後於廣府遇一梵僧，
　　齎多羅葉經一夾，請共翻傳，勒成十卷。名《大佛頂萬行首楞嚴經》是也。
　　迪筆受經旨，緝綴文理。後因南使，附經入京，即開元中也（註159）」。

　　但在《宋高僧傳·卷一》「譯經篇」之「唐廣州制止寺極量傳」又言是房融筆
受，沙門懷迪證義云：

　　「釋極量，中印度人也，梵名般剌密帝，此言『極量』……乃於廣州 制止道
　　場駐，眾知傳達，祈請頗多，量以利樂為心，因敷祕賾，神龍元年乙巳五
　　月二十三日（即指705年五月二十三日）於灌頂部中誦出一品，名『大佛頂如來

註 157 見《大正藏》第七十冊頁 151 中。
註 158 《大正藏》第七十冊頁 119 上。
註 159 《大正藏》第五十冊頁 720 下。

密因修證了義諸菩薩萬行首楞嚴經一部』，譯成一部十卷。烏萇國沙門彌伽釋迦（釋迦稍訛，正云鑠佉，此曰雲峰）譯語，菩薩戒弟子前正諫大夫同中書門下平章事清河 房融筆受，循州 羅浮山 南樓寺沙門懷迪證義。暨翻傳事畢，會本國王怒其擅出經本，遣人追攝，汎舶西歸。後因南使入京，經遂流布。有惟愨法師（指崇福寺之惟愨法師之《楞嚴經玄贊》）、資中 沇公（指蜀·資中 弘沇法師之《楞嚴經資中疏》）各著疏解之（註160）。又《宋高僧傳·卷三》之「唐京師滿月傳」亦云：「今觀房融潤文於《楞嚴》，僧肇徵引而造論，宜當此誚焉（註161）」。

所以《宋高僧傳》在寫「懷迪傳」時未將房融筆受一事加入，但於「極量傳」中即將房融筆受懷迪證義之事詳說並補齊。這樣看來，由房融筆受的事應不會因「懷迪傳」未加入而受影響。明·蓮池大師的《楞嚴摸象記》就說：「此經般刺密帝稱譯，彌伽釋迦譯語，丞相房融稱筆授，而古本此後有羅浮沙門懷迪稱證譯，不知今本何以不載？竊惟譯者最初易為華也，譯語者成其章句也。筆授者潤其辭致也。而證譯者總為參詳校正也。夫參校之功胡可少也？後刻經者宜增入之（註162）」。由此可知蓮池大師對《楞嚴經》是由房融潤筆，懷迪證義之事，決不懷疑，且還為少載「懷迪證義」之句申言「宜增入之」。

第六家說法

第六近的說法應為北宋·慧寶大師（約 968—976 人）注之《北山錄》。《北山錄》為唐·神清大師（書成於 820）撰，慧寶大師注云：

「鉢羅蜜諦三藏齎到《佛頂經》十卷。於廣州與房融共譯，上進天后(武則天)，此乃稱為圓頓之旨，皆禪之宗匠也（註163）」。

第七家說法

註 160 《大正藏》第五十冊頁 718 下。

註 161 《大正藏》第五十冊頁 724 中。

註 162 《卍續藏》第十九冊頁 2 上。

註 163 《大正藏》第五十二冊頁 611 中。關於神清與慧寶之生卒年請參台北文史哲出版社印之《北山錄》末後頁 3—4 之「北山錄跋」。63、11。

第七近應是北宋·子璿（965—1038）的注經，雖未言何時，但子璿在大中 祥符六年（1013），翰林學士錢公易奏賜紫衣，署號「長水疏主楞嚴大師」。但其為之作序的王隨是在天聖八年寫序（註164），即 1031 年，那子璿之作必在 1031 年以前。子璿對《楞嚴經》作者及傳譯的看法移於第七節「經文流傳之疑」中詳細探討。

第八家說法

第八近應為北宋·首楞 可度之《楞嚴經箋》，不知其年，但為之寫序的人是書上景祐四年（註165），乃北宋 1037 年，故可度人必在此以前，大致為 1000 年左右之人，而其書亦必在 1037 年前成立，與子璿之作接近。其經題即：「天竺沙門般刺密帝譯，烏長國沙門彌伽釋迦譯語，菩薩戒弟子房融筆受。西京大興福寺沙門惟慤科。皇宋首楞大師可度箋（註166）」。亦不出傳統之說。

第九家說法

第九近應為遼·通理 恆策大師（1031—1107）所鐫刻的《楞嚴》石經。此經于 1093 年最先選刻，是通理大師繼隋朝「房山石經」後所刻之石經，亦是「房山石經」中最具價值的一部份。通理大師的刻經順序是按前人刻經一百八十七帙之後，他跳過了「覆、器、欲、難、量、墨、悲、絲、染」九帙，而直接鐫刻「詩」帙的《楞嚴經》，以《楞嚴經》為第一部所刻之石經。近人研究「房山石經」的陳燕珠曾表示：「估計可能的原因是：通理大師在金錢有限的情況下，必須選擇他認為最重要、最需要保存的經典先刻。他所跳過的『九帙二十八部經』經卷，並非意謂著不重要或不需要，而是在權衡之下，他認為《楞嚴經》比前九帙的經卷更重要、更需要先刻罷了（註167）」。這顯示在遼代鐫刻石經歷史中《楞嚴經》的重要性。通理所刻的《楞嚴經》其卷首是：

註 164 《卍續藏》第十六冊頁 480 下。
註 165 《卍續藏》第八十八冊頁 858 下。
註 166 《卍續藏》第八十八冊頁 859 上。
註 167 詳於陳燕珠編《房山石經中通理大師刻經之研究》頁 180。台北覺苑出版。1993、4。

「我一名中印度那爛陀大道場經於灌頂部錄出別行。大唐 循州沙門懷迪共梵僧於廣州譯（註168）」。

內容簡單，沒有般若蜜諦、房融、彌伽釋迦等人的記載。

第十家說法

　　第十近應為北宋・惟白大師所撰的《大藏經綱目指要錄》，在其《卷五・上》載般剌密帝將經帶來，由房融潤文之事。惟白大師的生卒年雖不詳，但其書是作於宋徽宗 崇寧三年（1104）。文如下：

「右《楞嚴經》者，逎我佛將欲示滅，而談此典，直顯如來藏性，深明堅固妙定。所謂《法華》後陣、《涅槃》先鋒也。四百年前，南天竺國僧伽藍藏中，一夜出十道光明，騰照此方，三藏般剌蜜諦，見斯瑞已，潛將涉海而至唐朝。值則天權國，未暇流通，復回廣州依制旨寺，遇相國房公融出鎮，遂成翻譯，以藉潤綴方言。後西洛 興福寺 愨法師，夢文殊騎師子入口，作于《玄贊》，荊渚 振法師，金陸 節法師，資中 允法師，各隨所悟，造疏釋義。炎宋四葉，仁宗皇帝金輪統化，曠古未有也。佛祖妙道盛乎斯時，長水 璿法師，裁四師科注，成一家疏義，內翰錢公易聞奏，相國王公隨作序。由是天下至今源源而講唱，其如前後禪律諸宗，或解或注，或集或指，殆盈三十餘家，亦各隨力闡揚，皆助吾皇聖治，成其美化也（註169）」。

　　惟白之說不出前人，只是多加上一些「神祕」的故事色彩，如「南天竺國僧伽藍藏中，一夜出十道光明，騰照此方，三藏般剌蜜諦，見斯瑞已，潛將涉海而至唐朝」。這應都是「潤文」之處，或者大師有「他心、宿命」通，這都是不一定的。

第十一家說法

　　第十一近的應為北宋・德洪 寂音尊者（1071—1128），字覺範，宋代臨濟宗

註　168　原石經見陳燕珠編《房山石經中通理大師刻經之研究》頁 210。台北覺苑出版。1993、4。
註　169　見《法寶總目錄》第二冊頁 669 上。

黃龍派僧（註170）。曾著《楞嚴尊頂義》十卷，惜已佚失不傳。它的書是政和二年至五年（1112—1115）左右間著成（註171）。德洪另外在《楞嚴尊頂義》之前亦曾撰《林間錄》一書。《林間錄》書的序文是謝逸所撰，標名「大觀元年」，即1107年（註172），比《楞嚴尊頂義》早了幾十年，因為《林間錄》共編了十年才完成。大師所編的《林間錄·卷下》即云：

> 「天臺宗講徒曰：昔智者大師，聞西竺異比丘言：『龍樹菩薩嘗於灌頂部，誦出《大佛頂首楞嚴經》十卷，流在五天，皆諸經所未聞之義，唯心法之大旨，五天世主，保護祕嚴，不妄傳授』。智者聞之，日夜西向禮拜，願早至此土，續佛壽命，然竟不及見。唐神龍初，此經方至廣州翻譯，今市工販鬻遍天下，而學者往往有畢生不曾識之者，法輕則信種，自劣可嘆也（註173）」。

稍後，南宋·志磐大師《佛祖統記·卷十》在述孤山 智圓大師傳時亦引及《林間錄》之說（註174）。南宋·志磐大師是於咸淳五年（1270）年對《佛祖統記》作序文，據此可推知志磐大師引及《林間錄》時的大致年代。

另外德洪的《楞嚴尊頂義》之自序又云：

> 「世尊於《法華》之後說此經，備足諸經奧義，畢殫一乘要旨。初龍勝閱於龍宮，默誦而出，五天世主祕重不傳。天台智者釋《法華經》，不解六根功德之義，停筆思之。有梵僧謂曰：唯《首楞嚴經》著明此義，得以證成，不必釋也。智者於是日夕西向再拜，願早傳至此土，竟不見而沒。唐神龍中，彌伽釋迦持梵本至廣州州牧，房融對譯。俄罽賓國王遣使追取之，幾不得傳。傳譯畢矣。融進御會中宗，登極未暇宣布。僧神秀飯于禁中得之，

註 170 大師年十九，曾試經於東京天王寺而得度，初名慧洪，能通唯識論奧義，並博覽子、史奇書，書一過目畢生不忘，落筆萬言了無停思，而以詩名轟動京華。其人資料詳於《佛祖歷代通載·卷十九》、《嘉泰普燈錄·卷七》、《續傳燈錄卷·二十二》及《石門文字禪·卷二十四》之「寂音自序」。

註 171 詳於《卍續藏》第十八冊頁 188 上。

註 172 詳於《卍續藏》第一四八冊頁 585 下。

註 173 詳於《卍續藏》第一四八冊頁 622 下—623 上。

註 174 《大正藏》第四十九冊頁 205 上。

持歸荊州 玉泉寺。自經至今五百餘年，傳著箋釋者，無慮十餘家（註175）」。

　　從這兩篇敘述來看，德洪大師之說並非是完全正確的。如傳統說是般刺密帝持梵本至廣州，德洪卻云是「彌伽釋迦」。《楞嚴經》是公元 705 年譯成，而德洪云「自經至今五百餘年，傳著箋釋者，無慮十餘家」。至今五百餘年，則此時應為 1205 年之後，然德洪卻是在 1128 年就圓寂了，可見這個說法應有「訛偽」之處。

第十二家說法

　　最後是北宋・寶勝 戒環之《楞嚴經要解》，其書之末後是行儀法師撰跋，標名為「建炎己酉（註176）」，為南宋之初 1127 年左右。此書必成於北宋之末，戒環師亦必為北宋末之人。其書之首亦云「天竺沙門般刺密帝譯，烏長國沙門彌伽釋迦譯語，菩薩戒弟子房融筆受（註177）」。

　　上述共十二家對《楞嚴經》作者傳譯的記載，只排列到北宋末為止。來日或有更多詳細可靠的資料，再加以增修補訂。在這十二家的中間當然還有些著作資料，但不是已佚失，就是其註書並未提及《楞嚴經》作者之事。底下再逐一例舉：

❶ 北宋・晉水 淨源（1011—1088）大師《首楞嚴壇場修證儀》，師為子璿之徒，其書未言《楞嚴經》作者諸事。

❷ 北宋・懷遠錄《楞嚴經義疏釋要鈔》，作者序文寫嘉祐辛丑年，即 1061 年，亦子璿之門人。其書未言《楞嚴經》作者諸事。

❸ 北宋・孤山 智圓（976—1022）之《楞嚴經疏》、《楞嚴經谷響鈔》（均不傳）。大師字無外，號潛夫，又號中庸子。

❹ 北宋・仁岳（992—1064）大師《楞嚴經集解熏聞記》。天台學僧，賜號「淨覺」，其書末云「慶曆四年赴請永喜，住西山蘭若，初講《法華》至五年，復講斯典(即《楞嚴經》)（註178）」。此大約於 1049 年左右成書，其書未言《楞嚴經》作者諸事。

註　175　詳於《卍續藏》第十八冊頁 188 上。
註　176　《卍續藏》第十七冊頁 901 下。
註　177　見《卍續藏》第十七冊頁 682 上。
註　178　《卍續藏》第十七冊頁 679 下—670 上。

此外，房融筆受《楞嚴經》之事我們尚可由下列的經論史料獲得更多的證據（以北宋後為例）。如：

❺南宋·志磐大師（鄉籍、年壽均不詳，號大石）撰《佛祖統紀·卷四十》、《卷五十三》（註179）亦云「房融筆受」：

「中書門下平章事房融貶高州，至南海遇印度沙門般剌蜜諦，遂止制寺，譯《大佛頂首楞嚴經》，融爲筆受（註180）」。

❻南宋·法雲（1088—1158）大師之《翻譯名義集·卷一》（註181）載：

「般剌密帝，唐云極量，中印度人，懷道觀方，隨緣濟度，展轉遊化，達我支那，乃於廣州制旨道場譯《首楞嚴》，自漢至唐，翻譯儒釋總有二百九十二人，今略編集現行經人。苟欲具知，當披新舊《譯經圖紀》……彌伽釋迦。說題云釋迦稍訛，正云鑠佉，此曰雲峰，璿云：此云能降伏（註182）」。

《翻譯名義集》乃徵引前書，故只簡單將般剌密帝譯《楞嚴經》一事與以傳載，未將房融與懷迪共譯之事記上。

❼元·寶州覺岸（1286—？）大師著《釋氏稽古略·卷三》（註183）亦云房

註 179 全書主要闡明天台教學之傳統，以南宋·景遷之《宗源錄》、宗鑑之《釋門正統》二書為基礎，仿史書紀傳體及編年體增編而成。

註 180 《大正藏》第四十九冊頁371中、頁465中。

註 181 法雲大師，九歲剃度。政和七年二十九歲（1117），住持松江大覺寺。帝即賜號「普潤大師」。於高宗紹興十三年（1143），收集資料前後歷二十年，再經增刪整理而成佛教之梵漢辭典，名《翻譯名義集》。其內容係將佛典中重要梵語二〇四〇餘辭，類別為六十四篇，而加以解說。各篇開頭均有總論，敘述大意，次出音譯梵文，並一一舉出異譯、出處、解釋。所據資料，除經論外，另又旁採音義、注疏，或由其他之佛教著述（如《宗鏡錄》）轉引而來。此外亦引用世書經史之類，舉出作者姓名、稱某說等等。引用書籍多達四百餘種，作者百餘人。

註 182 《大正藏》第五十四冊頁1072上。

註 183 大師俗姓吳，號寶洲，居烏程寶相寺，學通內外古今，深究佛祖禪旨，至正年中（1341～1367），撰《釋氏稽古略》四卷，採編年體，載佛祖及諸高僧之事蹟；自佛世以降，凡名師大德之行業出處，以及塔廟之興廢，僧侶之眾寡，無不具載。

融筆受，沙門懷迪證義之事云：

「天竺沙門般刺蜜諦，此云極量，是年至廣州居制止道場。五月於灌頂部中誦出一品，名《楞嚴經》，彌伽鑠法此云雲峰，譯成一部十卷，宰相房融筆受。融時貶流高州，因得以寓於譯所，沙門懷迪證譯。傳經事畢。朝廷責以私譯，蜜諦遂泛舶攜梵夾歸天竺（《譯記》）丙午神龍二年，僧範等加五品階（《唐舊史》）（註184）」。《釋氏稽古略・卷四》、《佛祖統記・卷四十六》、《佛祖歷代通載・卷十五》亦同云：「故大乘經至《楞嚴》則委曲精盡，勝妙獨出者，以房融筆受故也（註185）」。

❽元・念常大師（禪宗分支臨濟宗楊歧派僧）撰《佛祖歷代通載・一》、《卷十二》（註186）亦云是「房融筆受」，云：

「正月流房融于高州，夏四月融於廣州，遇梵僧般刺蜜諦齎《楞嚴》梵夾至，刺史請就制止道場宣譯，融筆受，及譯經十卷畢，般刺復攜梵本歸于天竺（註187）」。

❾元・慶吉祥之《至元法寶勘同總錄》則僅載（註188）：

「《大佛頂如來密因修證了義諸菩薩萬行首楞嚴經》十卷。唐 循州沙門懷迪共梵僧於廣州譯（註189）」。

註　184　《大正藏》第四十九冊頁822下。

註　185　《大正藏》第四十九冊頁879上、頁418上、頁620下。

註　186　規格上係以志磐之《佛祖統紀法運通塞志》為藍本，內容則以禪宗為佛教正統，上起七佛，下至元順帝元統元年（1333），廣載佛教史實，對歷代皇室臣僚興廢佛教事蹟及有關撰述文書，儒、道、佛之關聯，佛僧譯經、撰述及佛教之活動等，皆按年記述。

註　187　《大正藏》第四十九冊頁481下、頁585下。

註　188　凡十卷。元代慶吉祥等二十九位大德奉詔撰集。略稱《至元錄》。元世祖 至元二十二年（1285），敕命帝師拔合思巴等通達諸方語文、義學之沙門集於大都（北平），就西蕃大教目錄，校訂漢土經典，紀錄部帙有無、卷軸多少等而成此一切經目錄。本錄類分為四科：(一)總標年代，括人法之宏綱。(二)別約歲時，分紀錄之殊異。(三)略明乘藏，顯古錄之梯航。(四)廣列名題，顯今日之倫序。總計收錄《開元釋教錄》等所列三藏凡一四四〇部五五八六卷。其特色為有漢譯藏經與西藏藏經之對照，經律論題目均附梵名。

註　189　見《法寶總目錄》第二冊頁207上。

　　至於明朝以後的說法，不再敘述，因為距離《楞嚴經》成立的年代「去之甚遠」，故暫略去。下面要澄清呂澂對房融的質疑。

　　呂文云：「按融以神龍元年二月甲寅流高州，州去京師六千二百餘里（《舊唐書·卷四十一》），關山跋涉，日數千里，計百數日，幾不達貶所，安能從容於廣州筆授而即成其所譯耶，其偽三（註190）」。如果我們據《二十五史》的記載會發現房融被貶之處竟有二說。一是高州，一是欽州。如：

①《新校本舊唐書·本紀卷七本紀第七·神龍元年》頁 135 載：「大赦天下，鳳閣侍郎韋承慶、正諫大夫房融、司禮卿崔神慶等下獄。甲辰，命地官侍郎樊忱往京師告廟陵」。

②《新校本舊唐書·本紀卷七本紀第七·神龍元年》頁 137 載：「二月甲寅（四日）……房融配流欽州，中書令楊再思爲戶部尚書」。

③《新校本舊唐書·本紀卷七本紀第七》頁 63 亦載：「房融配流欽州。《通鑑·卷二〇八》作：『正諫大夫、同平章事房融除名，流高州。司禮卿崔神慶流欽州』」。

④然在《新校本新唐書·本紀卷四·神龍元年》頁 106 則載：「二月甲寅，復國號唐。貶韋承慶爲高要尉，流房融于高州」。

⑤《新校本新唐書·列傳·卷一百三十九·房琯》頁 4625 亦載：「房琯字次律，河南 河南人。父融，武后時，以正諫大夫同鳳閣鸞臺平章事。神龍元年，貶死高州」。

　　所以到底房融是被貶高州、欽州這都是不確定的，但可確定的是這兩個地方都在廣州省境內是無誤的。至於呂澂認為「州去京師六千二百餘里，關山跋涉，日數千里，計百數日，幾不達貶所」之問難，我們可以據《元和郡縣志·卷三十四》頁 567 云：「廣州西北至東都取桂州路五千八十五里（註191）」。以當時平均每日七十里的行程來算，大約只要七十餘日即可到達。假如房融於二月初四日由東都啟程，則四月中旬最慢五月初或中即可到達廣州(一天約走四十里)，那麼與《佛

註　190　《呂澂佛學論著選集》第一冊頁 371。
註　191　見《四庫全書》第四六八冊頁 567。（附圖 A—5）。又查何格恩之「房融筆受楞嚴經質疑」頁 320 書為《元和郡縣志·卷三十四》乃誤也，今查正為「卷三十五」才對。見張曼濤編之《大乘起信論與楞嚴經考辨》一書。

祖歷代通載・卷十二》載「夏四月融於廣州遇梵僧般剌蜜諦齎《楞嚴》梵夾至，
刺史請就制止道場宣譯，融筆受，及譯經十卷畢，般剌復攜梵本歸于天竺（註192）」
之說就完全相合。也有可能是五月才到廣州，那麼又與《宋高僧傳・卷一》和《續
古今譯經圖紀》說的「五月二十三日」譯經期相似。所以不管是四月譯經、五月
乃至說七月七日就已譯完成，這都已是房融其人已在廣州的事了。所以呂澂所作
「日數千里，計百數日，幾不達貶所」的觀點是私人推測，與客觀分析是不合的。

　　在元・吳萊之《淵穎集・卷九》（附圖 A—3）之「南海山水人物古蹟記」頁 165
即載房融筆受時曾刻銘於「大硯」，文云：「……房相國融，譯《楞嚴經》，有筆受
軒大硯……融自刻：『大唐 神龍改元，七月七日』（按《首楞嚴經義海》題作五月）。天
竺僧般剌密帝，自廣譯經，出此硯（註193）」。所以如果照智昇之說是言「五月二
十三日」譯出，若照房融自題又改為「七月七日」。這樣的前後變化不定，錢謙益
之《楞嚴經解蒙鈔・卷一之一》有提出解釋云：「按神龍元年正月，中宗即位，
正諫大夫房融下獄。二月，流融於高州，是年五月，譯經制止，《圖記》云二十
三日極量誦出一品，即是譯經下筆時也（註194）」。交光大師之《楞嚴經正脈疏・
卷一》亦云：「舊記翻譯時年，乃云：神龍元年五月二十三日譯此，或記其開筆
之時，非譯成之時也（註195）」。所以《楞嚴經》的正確翻譯時間很可能在「五月
二十三日」是「開張」，而「七月七日」才是「完工日」。

　　從上面的日期來判斷，個人認為《楞嚴經》的譯經日期應不出下面四個假設。

　　第一：假設房融是四月中旬到廣州，一直到七月七日才完工，那最長不會超
　　　　　過三個月。
　　第二：假設是四月中到廣州，五月二十三就完成，也只是一個多月。
　　第三：假設房融是五月到廣州，七月七日譯成，也不超過二個月。
　　第四：假設是五月二十三日才開始譯，七月七日譯成，則只是一個多月。

　　如果從這些譯經的「期限」來討論，以房融的才力有可能在一、二個月內匆

註　*192*　《大正藏》第四十九冊頁 585 下。
註　*193*　詳於《四庫全書》第一二〇九冊頁 165。（附圖 A—3）。
註　*194*　《卍續藏》第二十一冊頁 115 下。
註　*195*　《卍續藏》第十八冊頁 316 下。

容「偽」出「十卷雄文」？而這「十卷雄文」竟然歷經千餘年各宗祖師的「鑒定、修證、考查」而無法「破案」（註196）？有可能以房融的智力「偽」出一部經卻瞞騙上千年的各宗祖師嗎？其實這點說法也不是本人自創，亦是承襲明‧蓮池大師之說，大師嘗云：

> 「有見《楞嚴》不獨義深，亦復文妙，遂疑是丞相房融所作。夫譯經館，番漢僧及詞臣居士等，不下數十百人，而後一部之經始成。融不過潤色其文，非專主其義也。設融自出己意，創為是經，則融固天中天，聖中聖矣。而考諸唐史，融之才智尚非柳、韓、元、白之比，何其作《楞嚴》也？乃超孔孟老莊之先耶？嗟乎！千生百劫，得遇如是至精至微至玄至極之典，不死心信受，而生此下劣乖僻之疑，可悲也夫！可悲也夫（註197）」！

　　總之：房融只不過是做「潤文修飾」的工作，「經」是般剌密帝、彌伽釋迦所主譯、懷迪證義。既然是照「梵本」潤文筆授，那在二個月或三個月之間譯成這部經，應是可以被人接受的；否則要「偽」出這樣「精緻」、「完美」的經文，恐怕不是短時間可完成的。這節皆引經藏的記載來做討論，其餘《寺志》及《密教圖像部》的記載則分述於後。

二、密教圖像

　　《大正藏》的密教『圖像部』共十二冊，其中也有不少關於《楞嚴經》作者的記載，如第三、四、六、九、十等冊都有「大佛頂法」的祕典及儀軌。這些密典儀軌各記載了不同的「大佛頂法」，當然也有不少內容是重抄雷同的。其第四冊『圖像部』中有一位高麗國的指空大師（1289—1363）所收藏的「梵文熾盛光佛頂陀羅尼諸尊圖會（註198），其內容竟是《楞嚴經》中的五會「楞嚴咒」，咒文內容就是般剌密帝所翻的「楞嚴咒」，共四百二十七句。指空大師在每句咒上都加上「圖會」，這項資料可說是「楞嚴咒」最早的圖像會本，只是用了另外名字「梵文熾盛光佛頂陀羅尼諸尊圖會」取代。筆者推想：究竟是誤置，還是熾盛光佛咒（即佛門

註　196　關於這項說法請參閱筆者所撰《楞嚴經聖賢錄》一書，收集各宗祖師對《楞嚴經》的肯定與從《楞嚴經》獲得修證過程。台北萬卷樓發行。2007、8。

註　197　《蓮池大師全集（六）‧竹窗隨筆》頁 3720。

註　198　詳於《大正藏》『圖像部』第四冊頁 1—81。這是京都東寺寶菩提院藏本。

早課的「消災吉祥咒」）與「楞嚴咒」有密切關係？亦或是兩咒有同工之妙？這都是有
待進一步考證的部份。

　　指空大師，梵名是 Dhyāna-bhadra，音譯為「提納薄陀」，意譯「禪賢」。係印
度 摩竭提國（Magadha）王子，八歲出家，依那爛陀寺 律賢（Vinaya-bhadra）
披剃，傳南印度 楞伽國 吉祥山 普明（samanta-prabhāsa）之法，為迦葉後第一
百零八祖。元 泰定年間來華，受帝室供養，又教化雲南、貴州等處。於泰定四
年（1327）至高麗，住金剛山 法起道場弘法，後被元帝召回，順帝皇后及太子
迎入延華閣請問佛法，甚受厚遇。後又赴高麗，於寶鳳山創華藏寺，營建十二年
始成，將其自印度請來之祖師像、貝葉經等安置寺內，遠近道俗風從，蔚成一大
叢林，高麗禪觀，因其再興，被譽為梵僧中之臨濟、德山。著有《頓入無生大解
脫法門指要》一卷、《指空法語》一卷、《西天宗派指要》、《禪要錄》等行世，至
正二十三年示寂，世壽七十五（註199）。

　　除了指空大師外，另外還有一位來自中印度 摩揭陀國的慈賢大師，大師其
生卒年不詳，約為唐末五代時期的人，東遊入契丹，被尊為「國師」。他曾譯《一
切如來白傘蓋大佛頂陀羅尼》一卷，此經刻於金・皇統六年（1146），共刻有七
石十四紙，咒文五百三十六句（註200）。此咒乃《南藏》、《北藏》、《徑山藏》、《龍
藏》、《高麗藏》、《大正藏》及其他各藏均未載，在《至元法寶勘同總錄・卷六》
中有著錄：「《大佛頂陀羅尼經》一卷，今編入錄，宋・中天竺三藏慈賢譯。梵云
麻訶缽羅二合帝　薩囉　拏麻陀羅尼（註201）」。

　　據上述這些資料，可作進一步的推測：指空及慈賢大師均是印度人，指空是
摩竭提國的王子，又在那爛陀寺出過家，又接南印度 普明大師之法，為迦葉後
第一百零八祖師。以指空這樣「不平凡」的身份，相信他應該可以從印度取出「某
些」國寶，就如上面說的一些「祖師像」、「貝葉經」等。那麼指空所集的「楞嚴咒
圖像」究竟是來自中國的產品？或是在高麗國的作品？亦或是直接來自中印度

註　199　上述資料見《朝鮮金石總覽・卷下》之「楊州檜巖寺薄陀尊者指空浮屠碑」。或見「高
　　　　麗國平壤道延山府妙香山安心寺石鐘之碑」。見《大藏經補編》第三十一冊頁 86 上—99 上。
　　　　台北華宇出版。或見《佛光大辭典》頁 3822。或《中華佛教百科全書》第六冊頁 3318 左。
註　200　見於《房山石經・遼金刻經・濟~丁》頁 500 上。中國佛教協會編。中國佛教圖書文物
　　　　館出版。1991、5。
註　201　《昭和法寶總目錄》第二冊頁 212 下。

那爛陀寺的「複制品」？又《楞嚴經》經文每卷題下都記有「**一名中印度那爛陀大道場經於灌頂部錄出別行**」的字眼，這樣的筆法在敦煌手抄本中到處可見（詳見筆者編《敦煌本楞嚴經彙集本》），而且抄經的人大致都會將這幾個字連帶抄入。如果以《楞嚴經》經題「**一名中印度那爛陀大道場經於灌頂部錄出別行**」的字眼來看，那麼指空所集的「**楞嚴咒圖像**」是否就是那爛陀寺的作品？如果是的話，那《楞嚴經》梵本曾藏於那爛陀寺的歷史懸案，應該可獲得更多的相關訊息。而慈賢大師所譯的「楞嚴咒」，其譯本究竟是否從他自己的國家中印度 摩揭陀國帶來？還是據不空所譯的梵本重翻？

個人的推測是：如果譯本非來自印度梵本，則如何會譯成 536 句？與不空（亦是據梵本而翻）所譯 481 句不同；與唐·般剌密帝所譯的「麗本」439 句；「宋、元、明本」427 句都各有出入。也許是大家所見的「梵本」略有出入之故？亦是譯文簡繁之故？或是經過互相展轉傳抄而脫漏與增減之故？如果因咒文所譯句數不同而冠上此咒乃中國「杜撰」、此為「雜抄入經」，則亦是過於武斷之說。

再進一步推測：如果《楞嚴經》根本是中國人偽造，非來自印度，那麼在印度「土生土長」；又在那爛陀寺出家的指空大師應該不會不清楚這件事。大師或許應該作出「澄清」之說，以大師「不平凡」的身份應該做出「反證」之詞，證明《楞嚴經》是中國人偽造，非有梵本存在之說。又，「**楞嚴咒圖像**」如果來自中國，那中國境內應該有「複製品」，至少它是中國人的作品，指空只不過算是位「外國僧人」。然而目前的經藏及史料之載，還未出現同樣的「複製品」。也許「**楞嚴咒圖像**」是抄自日本密部？或在日本密法中產生？這種可能性也很低，何以故？因為據『圖像部』所載的「大佛頂法」互相比較其內容，皆有很多互相傳載雷同的部份，然而指空所集的「圖像」卻是獨樹一格，在其他『圖像部』的「大佛頂法」中可說是「唯一」的。依這樣的分析，或許可將《楞嚴經》經題下「**一名中印度那爛陀大道場經於灌頂部錄出別行**」的字眼做出合理的解釋，《楞嚴經》的密咒、密教思想及儀軌與那爛陀寺定有密切關係。

下面將整理『圖像部』有關《楞嚴經》作者的記載，逐一例舉如下：

❶ 『圖像部』第三冊《圖像抄·卷二》之「**大佛頂法**」一篇（頁 4 中—下）。又心覺抄《別尊雜記·卷七》之「**大佛頂法**」（頁 54 上—59 中）。其「**大佛頂曼荼羅**」

之圖像內標明「唐本也」。

❷『圖像部』第四冊之覺禪大師撰《覺禪鈔・卷十一》之「大佛頂法」（頁119下—134下）。內載「大佛頂啓請文」（頁120上）。文末云：「應德二年行事法師阿闍梨權律師義範」。應德二年是1085年，約相當於中國北宋神宗元豐年。

❸『圖像部』第六冊之《白寶口抄・卷二十二》之「大佛頂法」（頁99下—140上）。「大佛頂法」共五則，有八箱佛頂法的圖像。其「本書事」載：「私云：彼經內題下注云。一名中印度那蘭陀大道場經。於灌頂部錄出別行。大唐神龍元年集乙巳五月辛卯朔二十三日辛丑。中天竺沙門般刺密帝。於廣州制止道場譯。烏長國沙門彌伽釋迦譯語。菩薩戒弟子前正議大夫同中書門下平章事房融筆授云」（頁99下）。文末寫「永保三年」（頁135下）。永保三年是1083年，約相當於中國北宋神宗元豐年。

❹『圖像部』第九冊日人承澄大師（1205—1282）撰《阿娑縛抄・卷十五》之「大佛頂法」（頁4中—8中）。內容有金剛智撰的「大佛頂啓請文」，內載「私云：《貞元》云，大唐和帝神龍元年中天竺三藏般刺蜜帝於廣州譯之。末云：此經中說建立道場法并大陀羅尼并功能印契數多成就法等」（頁7中）。文末寫「寬元三年草了，建長二年書了」。寬元三年是1245年。建長二年是1250年，約相當於中國南宋理宗淳祐年。

❺『圖像部』第十冊澄圓大師撰《白寶抄》之「大佛頂法雜集上下」（頁615下—625下）。內容為「本文事、名字事、大佛頂者八大佛頂之內之爾何佛頂哉、三佛頂五佛頂八佛頂十佛頂并異說事、八佛頂次第、一切佛頂八佛頂總名、種子事、三摩耶、尊形」（頁615下）。文末寫「于時弘安六年佛子澄圓」（頁620下）。弘安六年是1283年，約相當於中國元初世祖至元年。

　　圖像部有五冊記載著各種不同的「大佛頂法」，基本上他們對《楞嚴經》作者的問題大致承襲唐人之說，均以般刺密帝、彌伽釋迦、懷迪、房融為主，並無任何一部提到其「偽經」之說，也對《楞嚴經》的作者無「異」見。

三、寺志之載

　　清人章學誠於《文史通議》中曾云：「志屬信史、志為史裁（註202）」。歷代

註　202　詳於《文史通議》頁525之「修志十議」中云：「志雖小，體例無所不備，考核不厭精

質疑《楞嚴經》作者的人，大都在經藏的記載上打轉，尤其皆以《開元錄》、《貞定錄》與《宋高僧傳》這幾部書的記載為主，進而推斷出經藏記載可疑、不可靠；遂以經藏記載「不定」的理由而對《楞嚴經》作者作出「偽經」的武斷之說。筆者認為這是不公允的，因為記載《楞嚴經》此「一大事」的不是只有佛教經藏有，民間通俗的地方「寺志、廟志、府志」等也都記錄此「一大事」。所以本節便從相關的「寺志」下手，找出更多相關的史料記載。關於這個方法，前人羅香林教授在寫「唐相國房融在光孝寺筆受首楞嚴經翻譯問題」一文時，就是引用《光孝寺志》而論證房融筆授《楞嚴經》的史實，但缺點是均乏頁碼及詳細書籍之註明。本小節將引《廣東通志》、《廣州府志》和《高州府志》等「寺志」輔證房融筆授《楞嚴經》的史實。由於這些「寺志」資料較罕為人見，為了讓此史料皆能為世人所共睹，故將原文資料「圖檔」置於書後第六章「參考資料影印」以供備查。

《廣東通志・卷二二九・古蹟略十四》頁 3801 載：(附圖 B—4)

「康熙十一年東莞人蔡元真以寺頹廢，請平 靖兩藩重新之，有碑記（金志）寺，又名法性寺……又東為譯經臺，洗硯池，房融筆授《楞嚴經》處西廊復有一塔，規制差小，粵城內外古道場以光孝為第一……六朝以還，名僧居此者曇摩耶舍、求那羅跋陀、智藥三藏、初祖、六祖、印宗法師、波羅末陀、般刺蜜諦、仰山 通智禪師、憨山 德清法師、天然 函噄禪師（王士禎《廣州遊覽小志》）」。

文中所提的名僧，其中般刺蜜諦已名列其中，證明般刺蜜諦確實曾於此光孝寺停留而譯《楞嚴經》。

《廣東通志》頁 3802 下又繼續說房融當初筆授《楞嚴經》之「硯臺」如今猶在：(附圖 B—4)

「筆受軒下山老人作記云：昔制止 缽刺蜜諦、彌伽釋迦對譯《楞嚴經》於此，唐相國房融筆授之後，蔣穎叔以筆授名其軒，有石硯，乃祁寮得于張

詳，折衷務祈盡善……永垂信史」。又頁 537 之「與石首王明府論志例」中云：「志為史裁」。台北史學出版社。63、4。四版。

季方家，至今尚存。軒今在光孝寺中，蓋獅林 向公子諲所復，且有雲龕 李公邴書牓，及畫相國胡僧，刻之于石（《南海百詠》）」。

上述資料後面題是出自《南海百詠》的記載，此書於《四庫全書》並未收錄，作者是宋朝的方信儒，他在宋開禧（1205—1207）年間到廣州 南海縣遊覽所記的詩文集。其書頁 15 云「筆授軒」一事，內容詳細說明昔日卞山老人曾作記說明鉢剌蜜諦和彌伽釋迦兩位僧人「對譯」《楞嚴經》，而由房融筆授。後蔣穎叔即以「筆授」名其「軒」，名為「筆授軒」。這個「軒」曾有雲龕的李公邴書其牓文及畫相國胡僧刻之于石。方信儒題詩曰：「制止遺蹤底處尋，相傳筆授此叢林，毗盧四萬八千卷，正要墨池如許深」。這段卞山老人的史實記載將是房融筆授《楞嚴經》的一大旁證。（附圖 A—1）

《廣東通志・卷二六五・謫宦錄》頁 4394 載「房融筆受」：（附圖 B—2）

「房融，河南人。武后時以正諫大夫同鳳閣鸞台平章事。神龍元年以親附張易之兄弟，二月甲寅配流欽州。長安末，嘗知南詮，在廣州時值天竺僧般剌蜜帝三藏持《楞嚴經》梵本浮南海而至，融就光孝寺譯出而筆受之，今寺中筆受軒。云神龍元年五月經成入奏，適武后崩，融長流欽州，徙高州死。後神秀入道場見所奏經本，錄傳於世（《高州府志》）」。

文中明確記載天竺僧人般剌蜜帝三藏曾持《楞嚴經》的「梵本」而至光孝寺，後與房融於寺中譯出《楞嚴經》。今寺中尚存留有「筆授軒」為證。資料後註明是據《高州府志》，可見《廣東通志》是轉引《高州府志》的記載。後面再附上《高州府志・卷五十四》頁 821 之「雜錄」中的原文以供查證（附圖 B—3）。雖然《廣東通志》是轉引《高州府志》之說，然《高州府志》若是「誤載」，則《廣東通志》何以「不查」而「以訛傳訛」？所以這段史實應是「信非偶然」也。下面再引《廣州府志》之載：

《廣州府志・卷八十八》頁 507 之「古蹟略六」載：（附圖 B—6）

「光孝寺在南海縣西北一里……東廊有僞漢鐵塔。又東爲『譯經臺』、『洗硯池』，房融筆授《楞嚴經》處。西廊復有一塔，規制差小。粵城內外古道場，

以光孝寺爲第一氣象，古樸殊乎他刹」。

文中亦記載房融筆授《楞嚴經》的「譯經臺」和「洗硯池」的史實。

也許有人會懷疑這些「地方寺志」所記載的史實究竟可不可靠？亦是抄襲經藏之說？而且「寺志」是後人所撰，有宋、元、清朝時撰，並非在當時的唐人所撰，何能以「寺志」之說為據？

筆者以為：如果連這些「寺志」都不可靠、不可信，那麼究竟何者史料才可信？撰「寺志」的人一味的「造假」，還連手集體「造假」（如《廣州府志》、《高州府志》、《廣東通志》等皆如出一轍異口同言），究竟是為了什麼？「寺志」雖是後人所撰，但其說亦必有「相承」，必有「來源」。就如古人之學，皆有師承，弟子亦有再傳三傳之說。如周公思兼三王，孔子祖述堯 舜。周公與三王，孔子與堯 舜，都相去甚遠，何以周公能「兼述」？孔子能「祖述」？又如歷史上相傳最古的黃帝 蚩尤之戰，在《尚書》之三代典謨，距離漢代皆超「千載」，然而黃帝 蚩尤之戰一為史遷所記，一為伏生口述，這些都是「師承」的證明。所以並不能因為記史者與當時發生的年代久遠而推論是撰史者「偽造」，「寺志」對《楞嚴經》作者的記載相信「必有其說」也，故《楞嚴經》應是般刺密帝、彌伽釋迦對譯、懷迪證義、房融筆授而無疑。

四、外典之說

所謂「外典」是指佛門以外之典籍，這些典籍也有間接或直接提到《楞嚴經》作者的事。從文獻資料來看，最早研究《楞嚴經》的文人應該是唐朝李翱，從他的《復性書》中可看出他曾鑽研究過《楞嚴經》（註203），雖李翱的生卒年不詳，但他與藥山 惟儼禪師的交往是《景德傳燈錄·卷十四》「藥山惟儼章」和《五燈會元·卷五》「刺史李翱章」所共載，藥山 惟儼是生在751—834 年的人，故李翱

註 203 試舉《復性書上》云：「明與昏，性本無有，則同與不同，二者離矣。夫明者，所以對昏，昏既滅，則明亦不立矣」（四部叢刊正編·第三十五冊，頁8下。台灣商務）。而《楞嚴經·卷二》云：「明暗二性，無所了故……則不明時，無復見暗」（《大正》十九冊頁 111 上─中）。或參見聖嚴法師之《明末中國佛教之研究》頁 433 的研究。

的生年亦應在此附近左右。再來應是白居易（772—846）（註204）。稍後唐末五代後周的馬裔孫，其人好古，慕韓愈之為人，尤不重佛，後廢居里巷，追感唐末帝平昔之遇，乃依長壽僧舍讀佛書，冀中冥報，歲餘枕籍黃卷中，見《華嚴》、《楞嚴》，詞理富贍，繇是酷賞之，仍抄撮之，相形於歌詠，謂之《法喜集》，又纂諸經要言為佛國記，凡數千言（註205）。南唐三主也都極為熱愛《楞嚴經》（註206）。另外一位五代人物是馮延巳（903—960），他曾寫了《首楞嚴經序》一文（註207）。

　　之後就是北宋・張橫渠、程明道、蘇東坡（註208）、蘇子由（註209）、張商英（註210）、王隨（註211）、王安石（註212）、胡宿（註213）、富弼（註214）……等居士。南宋則以朱熹（1130—1200）、李浩、吳克己、晁公武（註215）……等宋儒理學諸人。下面僅舉《蘇東坡後集》、《猗覺寮雜記》、《宋史》、《文獻通考》、

註 204 此說詳於蕭麗華著《唐代詩歌與禪學》頁 152—153 中對白居易詩歌的研究，作者提到白詩中與《楞嚴經》相關的詩句。台北東大圖書。86、9。

註 205 《新校本舊五代史・周書・卷一百二十七・馬裔孫》頁 1670。

註 206 南唐中主與《楞嚴經》的因緣詳於馬令《南唐書・卷二十六》頁 102 之「浮屠傳」。四部叢刊廣編。南唐後主與《楞嚴經》的因緣詳於陸游《南唐書・卷三》頁 19。四部叢刊廣編。

註 207 詳於《全唐文及捨遺(四)》之「唐文捨遺・卷四十七」頁 4899 上。

註 208 見《佛法錄湯篇・卷十二》，《卍續藏》第一四八冊頁 941 上—942 下。

註 209 見《楞嚴經解蒙鈔卷末三・佛頂枝像》，《卍續藏》第二十一冊頁 767 下—769 上。或《文獻通考・卷二百二十六・會解楞嚴經十卷》頁 1816 上—中。

註 210 張商英刪修《楞嚴》改名為《楞嚴海眼經》，兼述集諸家之解及己說為補註。見《楞嚴經疏解蒙鈔・卷首之一》，《卍續藏》第二十一冊頁 84 上。

註 211 北宋河陽（河南 孟縣）人。字子正。生卒年不詳。真宗時，以給事中知杭州，往興教寺謁小壽禪師，機語契合，竟明大法。曾為北宋・長水 子璿禪師之《首楞嚴義疏注經》作序，並刪次《景德傳燈錄》三十卷為《傳燈玉英集》十五卷行世。明道年間，參知政事。臨終書偈而逝。資料見《宋史・卷三一一》、《宋史新編・卷九十七》。或《佛法錄湯篇・卷十一》，《卍續藏》第一四八冊頁 935 上—下。或明復編《中國佛學人名辭典》頁 152 右。

註 212 字介甫。元祐元年寂（1086）。茹素持名，參究心要，讀《楞嚴經》有省，乃撰經解以宏揚之，名《楞嚴經解》。資料詳於《楞嚴經疏解蒙鈔・卷首之一》，《卍續藏》第二十一冊頁 83 下。

註 213 字武平。登進士。1067 年卒，壽七十二，謚文恭。其守湖州時，禮仁嶽學止觀，研究《楞嚴》，得其奧祕，為台家所重，以比梁肅、韋衍，號稱大士。詳於明復編《中國佛學人名辭典》頁 330 左。或見於《佛法錄湯篇・卷十二》，《卍續藏》第一四八冊頁 945 上—下。

註 214 北宋人，熙寧中時致仕，封韓國公，拜司空，家居日誦《楞嚴經》，蔬食禮佛，入寺談論。元豐六年（1083）預知時至，作書辭友，衣冠危坐而卒。見《佛法錄湯篇・卷十二》，《卍續藏》第一四八冊頁 945 下—946 上。詳於明復編《中國佛學人名辭典》頁 432 左。

註 215 晁公武之《郡齋讀書志(三)・卷十六》頁 21 嘗云：「《楞嚴》之旨，阿難因遇魔嬈，問學菩提最初方便，終之以二義。蓋《圓覺》『自誠而明』，《楞嚴》『自明而誠』，雖若不同，而二義三觀不出定慧，其歸豈有二哉」？此書不詳出版處，見於政治大學圖書館書目編號 015.851 338。晁公武此語或轉見於《文獻通考・卷二百二十六・圓覺經疏三卷》頁 1816 上。

《郡齋讀書志》等書之記載為例。

❶ 北宋・蘇東坡（1036—1101）之《蘇東坡後集・卷九釋教》頁 67 之「書柳子厚大鑒禪師碑後」文云：（附圖 A—2）

「大乘諸經，至《楞嚴》則委曲精盡，勝妙獨出者，以房融筆受故也」（註216）。

❷ 北宋・朱翌（政和間人，約 1111—1118）之《猗覺寮雜記》曾載房融之「謫南海過始興廣勝寺果上人房」詩云：

「房融在韋后時用事謫南海過韶之廣果寺，今之靈鷲也。有詩云：零落嗟殘命，蕭條託勝因。方燒三界火，遞淨六塵情。隔嶺天花發，凌空月殿新。誰令鄉國夢，終此學分身。融之文章，見《楞嚴經》詩，止此一篇，李嶠沈宋之流，方為律詩，謂之近體。此詩近體之祖也」（註217）。

《楞嚴經》的作者及文義在北宋時代曾被宋景文所質疑（註218），之後一直到南宋朱熹才又出現質疑及反對的聲音，如朱熹所說的：「彼說出《楞嚴經》。此經是唐・房融訓釋，故說得如此巧，佛書中唯此經最巧。然佛當初也不如是說」、「如《楞嚴經》前後，只是說咒，中間皆是增入。蓋中國好佛者覺其陋而加之耳」、「如《楞嚴經》，當初只有那阿難一事，及那燒牛糞時一咒，其餘底皆是文章之士添」、「《楞嚴經》本只是咒語。後來房融添入許多道理說話（註219）」……等諸語。北宋的蘇東坡、蘇子由對《楞嚴經》既不疑且盛讚之，如蘇東坡就讚歎《楞嚴經》是大乘經中最「委曲精盡」的，而蘇轍則由誦《楞嚴經》而悟「一解六亡」之義，如其云：「坐取《楞嚴經》，翻覆熟讀，乃知諸佛涅槃正路，從六根入（註

註 216 《蘇東坡後集》。台灣商務書局印。又閱羅香林《唐代廣州光孝寺與中印交通之關係》之「唐相國房融在光孝寺筆受首楞嚴經翻譯問題」頁 99 云出自《蘇東坡・卷十九釋教》，乃誤也，應為《卷九》，今予校正之。

註 217 見清・歙縣 鮑廷博輯《知不足齋叢書》第一冊頁 645 上—下。台北興中書局印。53、12。其詩或見於《全唐詩》第二函之第六冊頁 602 下。台北復興書局，50、4。（附圖 A—6 和 A—7）。

註 218 宋祁批評《楞嚴經》的話為南宋・朱熹《朱子語錄》內所徵引，如云：「宋景文（宋祁）說《楞嚴》前面咒是他經，後面說道理處是附會」。詳於《朱子語類・朱子語類・卷第一百二十六釋氏》頁 3007。

註 219 朱子之說詳於《朱子語類・朱子語類・卷第一百二十六釋氏》頁 3025—3028。

220)」。一日因《楞嚴》中「搞鼻因緣」有省而呈偈云:「中年學道覺前非,邂逅相逢老順師,搞鼻竟參眞面目,掉頭不受別鉗鎚。枯籐破納師何事?白酒青鹽我是誰,慚愧東軒殘月上,一盃甘露滑如飴(註*221*)」。大抵北宋文人學士對《楞嚴經》的價值是站在「肯定」的態度上,只是到了南宋才開始出現杯葛《楞嚴》的事。

❸《新校本宋史・志・卷二百五・釋氏》頁5181云:「般剌密帝、彌伽釋迦譯《首楞嚴經》十卷」,又頁5188則云:「般剌蜜諦譯《楞嚴經》十卷」。

❹南宋・晁公武之《郡齋讀書志(三)・卷十六》頁21載:

(A)「《楞嚴經經疏》二十卷。右唐神龍二年,天竺國僧彼岸於廣州譯,房融筆授。皇朝僧子璿撰疏,王隨爲之序」(註*222*)。

在《郡齋讀書志校證》中曾對此文註云:「未詳《讀書志》『彼岸』者,是否即極量(即般剌密帝)?」為何晁公武的《讀書志》會出現是「彼岸」的僧人譯經,這與般剌密帝究有何不同?或是筆誤?或是另有他人參與譯經?這都有待進一步探討。

(B)「《會解楞嚴經》十卷。右唐僧彌伽釋迦譯語。房融筆授。皇朝井度集古今十二家解,去取之,成書。予嘗爲之序」。

❺南宋・陳振孫撰《直齋書錄解題・卷十二》頁342載:

「《萬行首楞嚴經》十卷。唐 天竺 般剌蜜諦,烏長國 彌伽釋迦譯語,宰相房融筆授,所謂譯經潤文者也」(註*223*)。

❻南宋末—元初的馬端臨《文獻通考》(商務書局)中所載房融與《楞嚴經》的關係如下:

註 *220* 見《楞嚴經解蒙鈔卷末三・佛頂枝錄》,《卍續藏》第二十一冊頁768下。
註 *221* 見《楞嚴經解蒙鈔卷末三・佛頂枝錄》,《卍續藏》第二十一冊頁768下。
註 *222* 此書不詳出版處,見於政治大學圖書館書目編號015.851 338。
註 *223* 宋・陳振孫撰《直齋書錄解題》一書。王雲五主編。台灣商務。67、5。

(A)《文獻通考·子釋氏·萬行首楞嚴經十卷》頁 1816 上，云：

「陳氏曰：唐 天竺 般剌蜜諦，烏長國彌迦譯語，宰相房融筆授，所謂譯經潤文者也」。

(B)《文獻通考·子釋氏·楞嚴經疏二十卷》頁 1816 上，云：

「氏曰：唐 神龍二年，中天竺國僧峨岸於廣州譯，房融筆授。皇朝僧干璿撰」。

(C)《文獻通考·子釋氏·會解楞嚴經十卷》頁 1816 上，云：

「氏曰：唐僧彌伽釋迦譯語，房融筆授，皇朝井度集古今十二家解去取之成書，予嘗爲之序」。

《文獻通志》大致皆轉承自釋氏之說，但若馬端臨「不認同」或「反對」《楞嚴經》作者，何能也跟著「承載」？也就是房融參與《楞嚴經》一事不爲《宋史》與《文獻通考》所「否定」而皆「共載」也！

這小節的「外典之說」大致以宋朝的史料及文人學士之說爲主。其說亦皆不出是般剌密帝、彌伽釋迦等譯、懷迪證義、房融筆授。就連批評《楞嚴經》最多的朱熹也少不了說是「房融訓譯或僞造」《楞嚴經》事，也就是亦肯定《楞嚴經》有房融參涉的實情，這也是筆者從朱熹諸多「問難」詞中所得的答案。

五、小結

關於這節「傳譯作者之疑」，筆者暫引太虛大師之說來作結論，大師云：

「至於傳紀本經翻譯之事有種種異詞者，徒以極量(即般刺密帝)三藏來華纔至廣州，不久又並梵本懷歸，梵文原本及傳譯主多爲人所未窺。益以唐時廣 陝修阻，往來動經年月，傳言易滋舛誤。且彼時未有鋟木印書術，抄寫最艱，睹者必少；而房融與懷迪自將寫定之本，各爲收藏流布，人或不察，誤爲二譯。據是觀之，傳說雖異，皆不足疑。稽之開元時釋智昇所撰《釋教》目錄、《譯經圖記》，贊寧所撰《宋高僧傳》，與《釋氏稽古略》、《佛祖通載》

等史，皆載有本經翻譯之譯人、譯時、譯處及所譯之經名卷數，足可證信」
（註224）。

太虛大師認為在當時唐朝的交通，尤其是廣州（《楞嚴經》之譯處）、陝西（智昇、惟愨諸師所在的崇福寺京師之地）的交通多阻隔，往來兩地動經年月，所以「訛偽誤傳」的事必是難免，而且當時並未有印刷術，全部都是徒手抄寫，故親目睹者亦必少數。所以房融與懷迪各將譯本收藏，人或不察，遂造成後人誤為是「二譯」，或是「託附偽造」之說？筆者認為：大師針對交通阻絕、手寫傳抄的理由來解釋《楞嚴經》傳譯作者問題，是一個非常好的觀點。然而大師又云「傳說雖異，皆不足疑」；因為《開元釋教錄》、《古今譯經圖記》、《貞元錄》、《宋高僧傳》、《釋氏稽古略》、《佛祖歷代通載》……等諸經藏之載，加上筆者另收的《廣州府志》、《南海百詠》、《高州府志》、《廣東通志》……等諸寺之說，故《楞嚴經》的「譯人、譯時、譯處」亦如太虛大師說的「足可證信」也。

註　224　《大佛頂首楞嚴經研究》頁186。

第四節　廣州光孝寺考

一、本寺沿革

經論上一直記說般剌蜜諦攜《楞嚴經》至廣州 制止寺與房融共譯。關於這個翻譯場所——制止寺（附圖 B—1），自古以來質疑和反對《楞嚴經》的學者和法師都沒有質疑過「制止寺」，既如此，如果從「制止寺」去尋找有關《楞嚴經》傳譯、筆授的訊息，或許可以突破一些《楞嚴經》傳譯的困境。

根據《歷代三寶紀・卷九》、《廣東通志・卷二一三》和《卷二二九》、《廣州府志・卷八十八》、《金石續編・卷十九》所載：制止寺（制旨寺）就是光孝寺，位於廣東 廣州西北部，它一直是高僧進出聚集之所。據《光孝寺志》載：

①最初為南越王 建德之故宅。

②三國時代，吳・虞翻被謫居於此地，稱虞苑。

③東晉・哀帝 隆和年間，罽賓國三藏來此，始創佛寺，稱為制旨寺，又稱王園寺。

④劉宋・文帝 元嘉年間，梵僧求那跋陀羅來寺，創建戒壇，稱制止道場。

⑤梁・天監 元年（502），智藥三藏自西印度攜來「菩提樹」。

⑥普通八年（527），達摩初祖來住。

⑦唐・貞觀年間，改制止、王園為乾明法性寺。

⑧唐・高宗 儀鳳元年（676），禪宗六祖慧能與僧論風幡，薙髮於菩提樹下，後建「風幡堂、大鑑殿、內鑑殿」。

⑨神龍元年（705），西域般剌密帝三藏於此翻譯《首楞嚴經》十卷，宰相房融筆授。

⑩會昌五年（845），改乾明法性寺為西雲道宮。寶曆年間（825—826），建大悲幢。

⑪北宋之初，改稱乾明禪院。

⑫南宋・高宗 紹興二十年（1150），又改稱報恩廣孝寺。

⑬明・憲宗 成化二年（1466），始稱光孝寺。

⑭明・紹武年間，為清兵所毀，康熙初年，原志禪師重興之，遂為南海第一禪林。

關於本寺沿革之記載，尚有諸多異說（註225）。不論光孝寺的沿革有多少傳說，但其寺一直為歷代高僧聚集並翻譯的場所是可確定的，而且光孝寺最有名的就是它產生了二部「轟動」佛教界的經論，一是真諦譯的《大乘起信論》（註226），一是房融筆授的《楞嚴經》，這「一經一論」不僅帶來光孝寺永遠的光彩，也一直是中國大乘佛教的重要來源指標。但卻同時也成為某些近代學者法師所攻擊的二大「偽經」（註227），不禁為光孝寺的命運感到嘆息！下面就將歷代對房融在光孝寺筆受《楞嚴經》事引用如下：（所引文件皆見附圖 C—1 到 C—12）

二、筆授軒考

「筆授軒」是為了紀念房融筆授《楞嚴經》所建的，關於對它歷年的記載如下：

❶ 乾隆 顧光修《光孝寺志》的「序文」，如廣州府事仁和 顧光、紫峰受業溫聞源、南海 葉廷、佛山龐 景忠等序文皆一致提及「*房融筆授之軒*」（註228）。

❷《光孝寺志》頁 36、60 均載「*筆授軒*」——宋元祐間，知廣州府蔣之奇為相國房融建。經查《廣州府志・卷一百四》之「宦績一」載宋・蔣之奇確有其人（註229）（附圖 B—8），而元祐間是指公元 1086—1094 年間，這應是記載「筆授軒」最早的史料。而稍後的宋・方信儒在其《南海百詠》中提到「筆

註 225 以上資料來自《佛光大辭典》頁 2172。或參見《廣州市文物志》頁 183—224。大陸深圳 奧海 旭日印刷公司。1990、2。

註 226 詳於《佛祖統紀・三十七》和《佛祖歷代通載・卷九》。《大正藏》第四十九冊頁 352上、頁 553 上。

註 227 日人望月信亨從考證入手，著五十萬《大乘起信論之研究》一書，否認本論為馬鳴所造。村上專精也著十萬言反對《起信論》。我國梁啟超繼之發難，並進一步否認本論為印度之撰述，其後歐陽漸、呂澂、王恩洋等亦相繼批判本論之真實性。與之針鋒相對而為本論辯護者，則有太虛、章太炎、唐大圓、印順等人。此外，歐洲著名佛教學者戴密薇（P.Demieville）著有《大乘起信論研究》之論文，廣蒐博證，肯定本論確係馬鳴之著作，為辯護者增加一大力量，惜其論文未譯成中文，而罕為國人所知。

註 228 分別見於《光孝寺志》頁 7、9、15、17。杜潔祥編《中國佛寺史志彙刊》第三輯第三冊。台北丹青。1985、11。

註 229 詳《廣州府志・卷一百四》頁 725 下—726 上。台北成文出版印。或見於《佛法金湯篇・卷十三》，《卍續藏》第一四八冊頁 952 下—953 上。

授軒」，已是宋開禧（1205—1207）年的事了。

❸《光孝寺志》頁 60、68、86 均載「譯經臺」——舊志載「臺」為宋經略蔣之奇建，有譯經大石，硯銘云「厚重君子」，久失去。

❹《光孝寺志》頁 86—87 另載「洗硯池」，今在水亭左白蓮池邊——舊志未載。相傳房融譯經有「洗硯池」，在今東菜園內，池已廢，尚存一碑，廣一尺許，長三尺，鑴「洗硯池」三大字。傍鑴「廣露」二小字，大字隸體，小字草體。書「廣露」不知何許人。今碑甃入白蓮池左側壁門。

❺《光孝寺志・卷二建置志》載「房融筆授」云：

「則天 神龍元年，西域般剌蜜諦三藏於此譯《楞嚴經》，中國之有《楞嚴》，自嶺南始。烏萇國法師彌伽、羅浮山 南樓寺沙門懷迪譯語，相國房融筆受」。後又云：「唐 房融，河南人……在廣州時，值天竺僧般剌密帝三藏，持《楞嚴經》梵本，浮南海而至，融就光孝寺譯出，而筆受之，今寺中有『筆受軒』，云：神龍元年五月，經成入奏，適武后崩，融長流欽州，徙高州死。後僧神秀，入內道場，見所奏經本，錄傳於世。由是《楞嚴經》大顯，遂為佛學之宗（註230）」。

❻《光孝寺志・卷十》今釋法師之「重修光孝寺大殿碑記」載：「《楞嚴》了義，五天祕重，般剌蜜諦創譯寺中，房融筆授，冠絕今古」。又其所撰之「光孝寺東禪堂募飯僧田疏」亦載：「光孝寺於東晉智若手植菩提為六祖風旛脫穎之地，亦《楞嚴》所自譯也（註231）」。

❼《光孝寺志・卷十》顧光之「光孝寺重修山門碑記」載：「廣州光孝寺，自曇摩耶舍、求那羅跋陀二尊者創建道場，剌密帝譯經於此……（註232）」。

❽《光孝寺志・卷十》之「雪槱和尚住光孝寺開堂啓」載：「屬虃譯經而天人供

註 230 全文見《光孝寺志》頁 46。
註 231 全文見《光孝寺志》頁 263—265 和頁 278—279。
註 232 全文見《光孝寺志》頁 270—271。

食，授筆則水墨成龍……（註233）」。文中的「譯經」和「授筆」字詞都是在讚般剌密帝、房融譯《楞嚴經》一事。

三、歷代詩詠

除了上述一些碑文與寺志的記載外，自古文人高僧歌詠譯經、筆授《楞嚴經》一事亦不少，茲再舉文如下：

①《宋詩紀事(六)·卷八十二》載唐末五代 林衢題廣州 光孝寺詩中之「丞相硯」即是指房融筆受《楞嚴經》之事。詩云：

「開池曾記虞翻苑，列樹今存建德門。無客爲觀丞相硯，有人曾悟祖師幡。舊煎訶子泉猶冽，新種菩提葉又繁。無奈益州經卷好，千絲絲縷未消痕」（註234）。

林衢的這首詩，羅香林教授說是引自劉玉麟之《南漢春秋·卷九》之「藝文篇」（註235）。但查清朝時確有劉玉麟之人，但並無撰《南漢春秋》一事，而查《廣東通志·卷一百九十》之「藝文略二」是載「國朝劉應麟撰《南漢春秋》十三卷，今存（註236）」，也就是撰《南漢春秋》的是劉應麟不是劉玉麟？又如果按《福建通志臺灣府》之載，劉應麟是一名江州守將，是康熙時人（註237）；若照《新校本清史稿·卷二十五》來看，劉玉麟是一名外務部的右丞相的官員，是宣統時人（註238）。究竟應麟？或是玉麟？只好暫依《廣東通志》之說，此應為劉應麟所撰，林衢可說是在史料的記載中最早歌頌房融筆授之事！

②《光孝寺志·卷十二》之通判車登雲（博羅人）題「訶林懷古」詩云：

註 233 全文見《光孝寺志》頁279—280。

註 234 見楊家駱主編《歷代詩史長編》第九種第六冊頁9—3858。台北鼎文書局。民國60、9。

註 235 見《唐代廣州光孝寺與中印交通之關係》之「唐相國房融在光孝寺筆受首楞嚴經翻譯問題」頁96。

註 236 詳於《廣東通志(五)·卷一百九十》頁3261上段之「藝文略二」。

註 237 見《福建通志臺灣府·外紀》頁961和967。

註 238 《新校本清史稿·卷二十五》頁983和984。

「智藥空流樹，誰從獵□來。雲迷藏髮塔，煙鎖譯經臺。

　　幢影諸天隔，鐘聲畫角催。一花憐五葉，何日始重開」？

③明・尚書陳子壯（郡人）題詩一首，云：

「訶子壇邊石不頑，春城物色解幽閒。繙經縱譯三千藏，薙草重登第一山。

　　淨土到來超佛相，微塵吹去破僧慳。逢人莫訝紗籠句，常有慈雲護竹關」。

④又題「筆授軒」詩一首，云：

「宰官南涉虞翻後，梵剎開軒徑跡微。月影壇前嘉樹落，香煙空外妙雲飛。

　　發心頗覺聲聞減，灌頂猶疑草句非。此處肉身原頓入，莫因無住乞遺衣」

（註239）。

四、小結

唐時廣州 光孝寺一帶及其附近諸名寺勝地，如東江之羅浮山，北江 清遠之峽山寺，皆多梵僧居止傳授梵文不絕於世。在日僧元開所撰的《大唐和尚東征傳》中曾記鑑真大師在廣州時，見有胡寺胡僧，傳授佛法，則可知唐時在廣州從事譯經之梵僧，當亦不乏於人。如《唐大和尚東征傳》云：

「大和尚諱鑑真……端州太守迎引，送至廣州。盧都督率諸道俗，出迎城外，恭敬承事，其事無量。……又開元寺有胡人，造白檀《華嚴經》九會，率工匠六十人，三十年造畢，用物三十萬貫錢，欲將往天竺。採訪使劉臣鄰奏狀，敕留開元寺供養。七寶莊嚴，不可思議。又有婆羅門寺三所，並梵僧居住。池有青連花，華葉根莖，並芬馥奇異。江中有婆羅門、波斯、崑崙等舶，不知其數，並載香藥珍寶，積載如山，舶深六七丈。師子國、大石國、骨唐國、白蠻、赤蠻等，往來居住，種類極多（註240）」。

註 239 上三首詩皆見《光孝寺志》頁 340、341、342。

註 240 《大正藏》第五十一冊頁 991 下。

　　唐時廣州梵僧與胡人商賈之盛如是，而光孝寺又為當時廣州唯一之佛教重心，則其先後所居於此與譯經之梵經，亦應決不只如般刺密帝與彌伽釋迦二人而已。從光孝志的沿革來看，到歷代「寺志」、文人高僧詩詞之載，房融筆授《楞嚴經》一事留在光孝寺永遠的記載，已無法從歷史中抹滅，這也是房融潤文於《楞嚴經》的一大旁證。

第五節　敦煌寫本之考

一、敦煌略說

　　敦煌石室是位於河西走廊之最西端，今學界所稱之敦煌佛教藝術，包括安西縣附近之「榆林窟」與「小千佛洞」、敦煌西南之「西千佛洞」，然一般所言之「敦煌千佛洞」則指位於鳴沙山東麓之石窟群。據《敦煌縣志・第七》之「雷音寺條」記載，自清代中葉開始，石窟由道士管理整治。光緒二十五年，其時已距洛克齊發現鳴沙山壁畫二十年，有道士王圓籙（元祿），偶於第十七窟內清除積沙，見壁畫龜裂，遂毀周圍之壁，突見其內一大祕窟，內中古書盈滿，而佛經尤多，且多為唐人之「手寫本」，蓋係西夏兵革時保存於此者。初發現後，王圓籙仍封閉之，而未加啟視。

　　然西方之考古探險家早已風聞敦煌壁畫、佛像而陸續彙集於石窟探索攫取，首先到達敦煌者為俄國之地質學者奧布傑夫（Vladimiy Afanásevich Obruchev 1863—1956），其所竊走之古抄本與佛畫今存於「列寧格勒」之「埃密達吉博物館」。光緒三十三年，英籍匈牙利人史坦因（A. Stein）亦聞風而至，賄通王道士，私啟石室，計有古寫經約三千卷，及其他文卷等三千之數，運回倫敦。次年，法國學者伯希和（Paul Pelliot 1878—1945）亦至，自行選取五千餘卷寫本，並勘查諸洞，對無法搬運之壁畫，則選其精品加以攝影、編號而攜返。迨民國十九年（1930），始為我政府所聞，前往搜求，舉所剩餘物，悉運至京師圖書館，而精好者已喪失殆盡，僅得八千餘卷而已，今藏於「北京圖書館」。

　　自敦煌寶物發現以來數十年間，東起日本，西迄英、法，諸國學人各就其治學範圍紛紛研究，「敦煌學」遂成為世界學術中之一環。在中國學術文化上佔有極重要之地位，不僅可補上自北魏下至北宋六百年間之文史缺遺部分，並可校正諸多經典謬誤之處。近人據史坦因、伯希和等所搜得彙集成書者，有《敦煌石室遺書》、《鳴沙石室古佚書》、《敦煌寶藏》等，皆前所未見之祕笈。載錄群籍而成目錄者，有史坦因蒐集之《漢文寫本目錄》（1957）、《西藏文寫本目錄》（1962）。由伯希和蒐集的另名為《西藏文寫本目錄》（1950—1961）、《漢文寫本目錄》□1970）及近代王重民所編之《敦煌遺書總目索引》（1962）和黃永武編的《敦煌遺書最新目錄》（1986，台北新文豐影印）。國外的則有蘇俄蒐集之《漢文寫本目錄》

（1963—1967），日本龍谷大學之《龍大所藏敦煌古寫經現存目錄》（1958）及大谷大學之《大谷大學所藏敦煌古寫經》（1964—1972）……等。

二、寫本校勘

這節名為「寫本校勘」只是對《楞嚴經》的敦煌寫本做有關於《楞嚴經》「作者」的考查，不是對所有《楞嚴經》寫本經文作互相比對、校勘的工作。

據現有文獻及筆者所知現有的學術著作，目前日本的崔昌植著《敦煌本楞嚴經の研究》（博士論文。日本：大正大學，2003）。除此外，就沒有別研究著作了，可說是學術界的一大遺憾。筆者先後將新文豐影印的《敦煌寶藏》共一百四十冊中有關《楞嚴經》的殘寫本彙集起來，暫名為《楞嚴經敦煌寫本彙集》，另外筆者又作《楞嚴咒敦煌寫本彙集》。經過校查之下，發現了《楞嚴經》傳譯的一些蛛絲馬跡。如抄寫《楞嚴經》者大致在每卷之下都會書上「**一名中印度那爛陀大道場經於灌頂部錄出別行**」的字眼，而不寫上譯經作者及年代。然卻有五件寫本有書上譯經作者及年代，這無疑是《楞嚴經》傳譯的一大旁證。試一一例舉如下：
（所引文件全部附原稿影印於後供查閱）

❶編號：斯二七六二號（《敦煌寶藏》第二十三冊頁210下，附圖E—4）。註明是《楞嚴經》的第四卷，其在卷末時有一行字題為「**右大唐循州懷迪共梵僧於廣州譯**」下面有小字為「**新編入錄**」，這行字跟最早智昇作《開元釋教錄·卷十二》所載「**大唐循州沙門懷迪共梵僧於廣州譯**（新編入錄）（註241）」之文完全一樣。因為有「新編入錄」這四個字的字眼是《開元釋教錄》獨一「無二」的筆法。就算圓照《貞元新定釋教目錄·卷二十二》亦曾云：「**大佛頂如來密因修證了義諸菩薩萬行首楞嚴經十卷**（一帙），**大唐中天竺三藏般剌密帝於廣州譯**（新編入錄）（註242）」。但圓照是寫「**般剌密帝於廣州譯**」，不是「**懷迪**」。所以「斯二七六二號」的《楞嚴經》應是承抄智昇《開元釋教錄》的內容。

❷編號：伯二三四九號（《敦煌寶藏》第一一九冊頁492上及下，附圖E—3）。內容

註 *241* 《大正藏》第五十五冊頁603上。
註 *242* 《大正藏》第五十五冊頁934下—935上。

是《楞嚴經》從卷一到卷五。在經卷一之首即書上「神龍元年中天竺沙門般剌密帝於廣州　制止寺譯，房融執筆」。這文件很明顯的將般剌密帝和房融都寫進去，但房融「執筆」二字卻是一切經藏及寺志所未有。一般多用「筆受」、「筆授」、「潤文」（如《宋高僧傳·卷三》註243）、「共譯」（如《北山錄·卷六》註244）、「訓釋」（如《朱子語錄》註245）等，未曾用過「執筆」二字，所以是有點「新創」。而查其文「般剌密帝於廣州　制止寺譯，房融執筆」的用詞完全是承襲《續古今譯經圖紀》和《貞元新定釋教目錄·卷十四》之說。可見「伯二三四九號」的《楞嚴》寫本是承襲《續古今譯經圖紀》和《貞元新定釋教目錄》兩錄來的，只是少了懷迪與彌伽釋迦的敘述，這應該是可以肯定的。

❸編號：伯二一五二號（《敦煌寶藏》第一一五冊頁473上，附圖E—1）。內容是《楞嚴經》的卷一到卷五。在卷一的旁邊有著「蜜帝於廣州　制止寺譯，房融執筆」。但這份文件只剩「蜜帝」二字，「般剌」二字是看不見了；而「房融」二字，「融」字的右邊「虫」也看不見。雖有這些無法彌補的缺點，但可以確定原件就是書寫著「般剌蜜帝於廣州　制止寺譯，房融執筆」。這份文件與「伯二三四九號」完全一樣，故此寫本亦是承襲《續古今譯經圖紀》和《貞元新定釋教目錄》兩錄來的。

❹同樣編號：伯二一五二號（《敦煌寶藏》第一一五冊頁487下，附圖E—2）。內容到了《楞嚴經》第四卷之末，又出現了「右大唐　循州沙門懷迪共梵僧於廣州譯（新編入錄）」的字眼，這同樣又是《開元釋教錄·卷十二》所載的字詞。筆者研判：同樣的寫本，同一編號，在《楞嚴經》卷一時標為「般剌密帝於廣州　制止寺譯，房融執筆」，到了卷四末又突然多出「右大唐　循州沙門懷迪共梵僧於廣州譯（新編入錄）」的字眼。這應如何解釋？個人的推論是：卷四末的「右大唐　循州沙門懷迪共梵僧於廣州譯（新編入錄）」字眼是一切經藏、目錄所無，只有《開元釋教錄·卷十二》才有此文。而卷首的「般剌密帝於廣州　制止寺譯，房融執筆」的字眼亦是《續古今譯經圖紀》和《貞元新定釋教目錄·卷十四》之所共載。所以我們可以為這份編號「伯二五一二號」敦煌寫本的《楞嚴經》記載做出結論：《楞嚴經》

註　243　「今觀房融潤文於《楞嚴》，僧肇徵引而造論，宜當此誚焉」。《大正藏》第五十冊頁724中。

註　244　「缽羅蜜諦三藏齎到《佛頂經》十卷。於廣州與房融共譯，上進天后，此乃稱為圓頓之旨，皆禪之宗匠也」。《大正藏》第五十二冊頁611中。

註　245　詳於《朱子語錄·朱子語類·卷第一百二十六釋氏》頁3010—3011。

的作者應准於智昇《續古今譯經圖紀》、《開元釋教錄・卷十二》和圓照《貞元新定釋教目錄・卷十四》的綜合之說,是——般剌密帝譯、彌伽釋迦譯語、懷迪證義、房融筆授而無疑。

❺編號:北七四三三號(潛 100)(《敦煌寶藏》第一○六冊頁 250 上,附圖 E—5)。內容是《楞嚴咒》咒文的結尾部份,文末書上「大佛頂陀羅尼經有十卷,咒在第七卷內,弟子張球手自寫咒,終身頂戴,乞願 加儔中和五年五月十八日寫訖」。查「中和五年」我們可以得知是唐僖宗的年號,為公元 885 年。這項資料並不能印證《楞嚴經》的相關線索,但卻提供了敦煌《楞嚴經》寫本的「大致」年代參考,也就是敦煌寫本的《楞嚴經》資料應都不出唐末左右的作品。

上面五件卷子是特別從《敦煌寶藏》擷取出來整理,除此外,另有二十件寫本是目前筆者尚未過目的卷子,因為這些卷子皆分別藏於「列寧格勒博物館」、「中央圖書館」、「旅順博物館」及一些日本諸私家所藏的敦煌寫本。這些寫本只能待來日親自去這些博物館「勘查」才能有更進一步的發展,這無寧是本節的「一大遺憾」!或許還有相關《楞嚴經》作者的消息,這都不得而知的。

三、音義寫本

《楞嚴經》敦煌寫本有關於「音義」部份只有二件。分別是編號「斯 6691 號」(附圖 D—5 到 D—11)和「伯 3429 號」(附圖 D—1 到 D—4)二件。

「斯 6691 號」共有二百二十五行,針對十卷《楞嚴經》全部都做了完整音義。這些寫本以「注音辨形」為主,注音方面採用「反切」、「直音」與「四聲讀法」。如:

卷一第二行的「範弘」(其實依經文是「弘範」才對),下注曰:「上胡肱反下無反無韻。上聲呼之範,模也」。

卷一第十二行的「從我」,下注曰:「從去聲呼」。這種用法皆與《廣韻》相似。

卷二第五十行的「尠」,下注曰:「少,息淺反,亦作鮮」,而《廣韻・彌韻》則釋為「『鮮』少,『尠』俗,『尟』寡也(註246)」。

註 246 《新校正切宋本廣韻》頁 290。台北黎明。84、3。

卷一第十四行的「竅冗穴」(經文只做「竅穴」二字)，下注曰：「苦吊反」，若查《廣
韻・嘯韻》則釋曰：「竅，穴也，苦吊切（註247）」。

上述簡單的例句，可知「斯6691號」的這份音義寫本與《廣韻》有「反切相
同」、「釋義相同」和「直音字同」的關係。

個人研判這份寫本應在慧琳《一切經音義》的後面，因慧琳只對《楞嚴經》
做了「一百三十六」個字詞，且內容偏重於文字的「正、俗」別字，而「斯6691號」
的寫本音義竟作了「一千多個」字詞。經相校兩份音義後發現絕大部份的內容都
是慧琳所沒有音義的，而在慧琳音義中只有二十四個字詞是「斯6691號」寫本所
無。如：

卷一之「楞嚴」、「戶傭」、「開豁」、「皰如」。
卷二之「礭實」、「甄明」、「撮摩」。
卷三之「析彼」。
卷四之「霽澄」。
卷五之「雜糅」、「顧眄」、「蹴來」。
卷七之「發揮」、「憕懵」、「含蠱」。
卷八之「舐其」、「差誤」、「欿慧」、「躲報」。
卷九之「震墋」。
卷十之「循環」、「炗然」、「驟裂」、「褫魄」等。

「斯6691號」寫本有個特色是慧琳所無，如它將某些字詞皆套上「絕句」之
釋。如：

卷一第16行到17行之「物非體知成敵，兩立云何為中」、「兼二不成非知，
不知即無體性」。
卷三第68行到72行之「知則名心異汝，非塵同他心量」、「識不知香因界，
則非從香建立」、「身自體性，離身即是虛空等相」。
卷四第97行至98行之「知見每留於世間，業運無常遷於國土」、「以湛旋其

註 247 《新校正切宋本廣韻》頁413。

虛妄，滅生伏還元覺」。

卷四第 106 行至 108 行之「彼雖不見頭足」、「知覺是同，緣見因明暗成，無
見不明自發」。

卷八第 159 行至 160 行之「顯群異一，一異相各」(原經文卻是「顯現群異，一一
異相，各各見同」)、「於同佛地，地中各各生清淨因」。

卷十第 215 行之「既盡想元生理，更無留止運轉」。

卷十第 224 行之「口水如何因談醋出」等。

筆者在此有個疑問，為何這份寫本的作者要將這些字詞套上「絕句」？且有
些與現在的《楞嚴經》經文相異？如卷八第 159 行至 160 行之「顯群異一，一異
相各」，原經文卻是「顯現群異，一一異相，各各見同」。而被冠上「絕句」的通常
是將原本「四句式」的經文連成「六句式」，如「物非體知成敵，兩立云何為中」、「兼
二不成非知，不知即無體性」……等這些文句，現代經文卻是「物非體知，成敵
兩立，云何為中」、「兼二不成，非知不知，即無體性」；又「知則名心異汝，非塵
同他心量」，現代經文卻是「知則名心，異汝非塵，同他心量」等。這些「斷句」
可隨讀者而各各不同，但偏偏有些經文卻與現在經文互有出入，這是抄寫之誤？
亦是另有「版本」？這些都是暫時得不到解答的問題。

另一「伯 3429 號」的寫本，大致殘缺不全，清點下只有 72 行字。《敦煌寶藏》
中收了四頁，上下共八個部份，其中後面二頁幾乎「能見度」是零，在第 292 頁
下有個「闡闉」字，若比對「斯 6691 號」寫本，則可推知是《楞嚴經》卷六之文，
為「斯 6691 號」寫本的第 119 行。本「伯 3429 號」寫本相校於「斯 6691 號」寫本，
則大致可知是從《楞嚴經》卷三開始一直到卷六止。內容則又比「斯 6691 號」的
還多，或許是在「斯 6691 號」後的寫本，亦是之前的寫本？這都有待進一步研究。
「伯 3429 號」比「斯 6691 號」寫本還多的字詞有：

卷三第 2 行之「稱意」。

　　　3 行之「誰為」。

　　　8 行之「所屬」。

　　　14 行之「相亡」。

　　　16 行之「反觀」。

卷四第 19 行之「渾濁」、「乾為」。

23 行之「更相」、「易」。

33 行之「先非」。

37 行之「俱離」。

40—42 行之「相成」、「管方」、「無一無六」、「參同」。

45 行之「爲用」。

48 行之「爲有爲無」、「何恃」。

卷五第 50 行之「無爲無」。

52 行之「先實」、「汝曹」。

53 行之「鳥玄」。

55 行之「循元」、「豁」、「呵」、「樂事」。

57 行之「我爲負人」、「旋復」。

59 行之「晒」。

60 行之「蚊蚋」、「鼓發」、「未幾」、「好遊」。

61 行之「爲憶」。

卷六第 62 行「敷衍」。

63 行「旋復」、「離諸」。

66 行之「誰當」、「元妙」。

67 行之「涯量」。

68 行「爲有無」、「不爲」、「循聲」。

69 行「誨」、「婬機」。

70 行之「不然」、「皆爲」。

72 行之「身燃」……等。

　　以上是大略比對下的結論。「伯」與「斯」兩寫本，大致所做的音義都一樣，只有繁略的不同，如「斯」第 129 行的「能徹」，下注曰「直列反」，而「伯」第 66 行則除了注「直列反」外，又加注「字或從水下明……」等。

　　慧琳《一切經音義》、「伯」、「斯」這三本僅存的《楞嚴經》音義，如果從數量上來看，則慧琳的音義應是最早的作品（註248）（附圖 D—12 到 D—14），之後是

註 248 據《宋高僧傳・卷五》載，其成書年代為貞元四年（788）至元和五年（810），歷時二十餘年。《大正藏》第五十冊頁 738 上—中。

「斯 6691 號」，最後應是「伯 3429 號」。目前也只從所釋字詞的「數量上」來推斷，也許是「伯」先「斯」後都不一定的。關於《楞嚴經》的這三本音義，彼此間的不同處？優缺點？作者？經文出入……等。來日將另撰專文研究之。

四 、 小 結

敦煌寫本《楞嚴經》經筆者整理成《楞嚴經敦煌寫本彙集》，仔細檢點，大小件加起來約有一百二十六件左右的寫本殘卷，雖然目前只發現有五件敦煌寫本有線索可尋，其作品的時間應該都是唐朝左右的作品，故這些敦煌寫本資料的可信度應該是非常高。但遺憾的是：對這節《楞嚴經》敦煌寫本的研究也只能到此，因為來日如果能用精密的現代科學儀器去偵測這五件寫本的「大略」年代及日期，相信對《楞嚴經》作者與傳譯的考證工作一定會有更重大的突破！敬期有此一天。

第六節　作者身份之疑

一、般剌密帝

　　般剌密帝的漢譯或作缽羅蜜諦、般剌蜜諦、般剌密諦、般剌蜜帝、般剌密帝等，他的梵文根據馮承鈞之《歷代求法翻經錄》載是「Pramiti」（註249）。這位印度僧人在《續古今譯經圖紀》、《開元釋教錄·卷九》、《貞元新定釋教目錄·卷十四》都同云「沙門般剌密帝，唐云極量，中印度人也」。即般剌密帝是屬中印度人，那麼跟中印度的那爛陀寺必有很深的關係。雖有很多人質疑般剌密帝無此人，且為何《楞嚴經》梵本獨得般剌密帝所攜回，去印度取經的中國僧人無一人取回？從印度攜經來者亦無一人攜帶到此經？遂疑般剌密帝之持梵經為偽。其實我們看贊寧《宋高僧傳·卷三》就說：「菩提流志初譯《寶積》，召迪至京證義。事畢南歸，後於廣府遇一梵僧，齎多羅葉經一夾」。北宋·慧寶大師注之《北山錄·卷六》亦云：「缽羅蜜諦三藏齎到《佛頂經》十卷」，及元·念常《佛祖歷代通載·一》、《卷十二》亦云「梵僧般剌蜜諦齎《楞嚴》梵夾至」。再三的對般剌密帝齎持《楞嚴》梵夾之事皆予以肯定與傳載。

　　其實在當時從印度國外齎持梵經至華之事不只是般剌蜜諦僧一人而已，還有許多的梵經由外國僧人帶回的。如：

❶與般剌蜜諦同時期的唐·李無諂（註250），他是北印度 嵐波國人，曾參與阿彌真那（？—721Maṇicinta 或 Ratnacinta 意譯寶思惟）、菩提流志等之譯事。武后 聖曆三年（700）庚子三月，由新羅國僧人明曉之請，於佛授記寺翻經院譯出《不空羂索陀羅尼經》一卷，然而此人其餘事蹟及生卒年均不詳。

❷又如《續高僧傳·卷二》之「達摩笈多本傳」（？—619 Dharmagupta）云：「同侶相顧，性命莫投，乃以所齎經論，權置道旁，越山求水，冀以存濟（註251）」，此人於開皇十年（590）抵達長安住於大興善寺，于大業二年（606）與闍那崛多（jñānagupta）於洛陽創設翻經院（時間上亦與般剌蜜諦來華同時）。《宋

高僧傳·卷二》之「無極高傳」云：「自西印度齎梵夾來屆長安（註252）」。阿地瞿多（Atikūṭa 意譯無極高）是中印度人，生卒年亦不詳，但於高宗 永徽三年（652）入長安，受敕住慈恩寺譯經。

❸《續高僧傳·卷四》之「那提三藏本傳」（生卒年不詳，為玄奘同時代之人）云：「乃搜集大小乘經律論五百餘夾，合一千五百餘部，以永徽六年創達京師（註253）」。

❹《宋高僧傳·卷二》之「釋智慧本傳」云：「所齎經論，莫知所之，及登海壖，其夾策已在岸矣（註254）」。……等等。

這些齎持梵典的外國高僧有些也像般剌密帝的命運一樣「閃爍」一下就「不知所終」，如李無諂、沙門無極高、西域沙門尊法大師（註255）（生卒年皆不詳）……等，若推說這些齎持梵經來華的高僧是虛構的，實非客觀之論。

日人足立喜六之《大唐西域求法高僧傳譯註》（昭和十八年出版）及近人羅香林曾針對《大唐西域求法高僧傳·卷下》之「又重歸南海有師資四人」載苾芻貞固律師傳（註256），而推斷當時的光孝寺確有般密剌帝此人，云：

「至謂當時與懷迪共譯乏梵僧為出於僞託，亦幾近武斷。蓋據義淨《大唐西域求法高僧傳·卷下》所記，當垂拱年間，貞固在光孝寺講律時，其駐寺高僧，確有類似般剌密帝之人也（註257）」。

註 252 《大正藏》第五十冊頁 718 中。

註 253 《大正藏》第五十冊頁 458 下。

註 254 《大正藏》第五十冊頁 716 中。

註 255 傳載：「釋尊法。西印度人也。梵云伽梵達磨，華云尊法，遠踰沙磧來抵中華。有傳譯之心，堅化導之願。天皇 永徽（650—655）之歲翻出《千手千眼觀世音菩薩廣大圓滿無礙大悲心陀羅尼經》一卷，經題但云西天竺 伽梵達磨譯，不標年代。推其本末，疑是永徽 顯慶中也。又準《千臂經》序云：智通同此三藏譯也，法後不知其終」。詳於《宋高僧傳·卷二》，《大正藏》第五十冊頁 718 中。

註 256 其文云：「（貞固）……以垂拱之歲，移錫桂林，適化遊方，漸之清遠峽谷。同緣赴感，後屆番禺，廣府法徒，請開律典……經乎九夏，爰竟七篇。善教法徒，汎誘時俗。於時制旨寺恭闍梨，每於講席，躬自提獎。可謂循循善誘，弘濟忘倦。闍梨則童真出家，高行貞節，年餘七十，而恆敬五篇。有福之人，可逢上智。實乃禪池淼漫，引法海以通波，思嶺崔嵬，聳慧嶽而騰峭。深明幻本，巧悟心源。雖閑諸法體空，而利物之用盛集。構有為之福業，作無上之津梁。而屢寫藏經，常營齋食。實亦眾所知識，應物感生，勸悟諸人，共敦律教。固師既法徒言散，還向峽山，冀託松林之下」。詳於《大正藏》第五十一冊頁 10 下—11 上。

註 257 詳於羅香林《唐代廣州光孝寺與中印交通之關係》之「唐相國房融在光孝寺筆受首楞嚴

又進一步比對說：

「貞固於光孝寺所遇之恭闍梨，雖初在垂拱之歲，然可能住至神龍元年。此恭闍梨，其『闍梨』為『教授』或『灌頂師』之尊稱，恭為此僧名字。此僧與《續古今譯經圖紀》及《宋高僧傳‧卷三》之『唐廣州制止寺極量傳』所云之般剌密帝，年代相當，其『深明幻本，巧悟心源』、『利物之用盛集』與『眾所知識，應物咸生』，亦與般剌密帝之『利物為心，敷斯秘賾』、『眾知博達，祈請亦多』之性格相合。其身為灌頂師，而又『屢寫藏經』，亦與般剌密帝之『遂於灌頂部誦出一品』者性質相合。而般剌密帝梵音作『Paramatra』，與梵音『極敬』作『Paramaneti』者相混，似為『Paramaneti』之誤書。『敬』與『恭』意義相近，是『恭闍梨』，似即『般剌蜜諦』連繫『灌頂師』一尊名號。『脫』非為同一人物，或不致巧合如是（註258）」。

　　筆者對於羅香林這段文意推測不敢全部認同，因為般剌密帝是將經傳入廣州，並非本在制止寺之僧人。而《大唐西域求法高僧傳‧卷下》所說的「垂拱年間」是指685—688四年間，因為「垂拱」是武則天的年號，只有四年。《楞嚴經》既是國寶，由般剌密帝偷藏出境，不可能來唐待了「二十年」（從 685—705）之久，應該「匆匆來、匆匆返」的可能性比較大，所以個人不認同恭闍梨指的就是般剌密帝。

　　此外，舊傳般剌密帝是以「割臂藏經」偷藏入漢，關於這個「傳說」曾引起後人質疑，關於記載此事之典籍有：

①明‧鍾伯敬之《楞嚴經如說》（《卍續藏》第二十冊頁 761 上）。
②明‧憨山大師《楞嚴經通議》（《卍續藏》第十九冊頁 91 上）。
③明‧通潤大師之《楞嚴經合轍‧卷一》（《卍續藏》第二十二冊頁 275 上）。
④明‧傳燈大師《楞嚴經圓通疏》（《卍續藏》第十九冊頁 415 上）。
⑤明‧蕅益大師《靈峰宗論‧卷六之二》之「安居止觀山房序」及「勸持大佛

經翻譯問題」頁 101。
註　258 詳於羅香林《唐代廣州光孝寺與中印交通之關係》之「唐相國房融在光孝寺筆受首楞嚴經翻譯問題」頁 102。

頂經序」一文（詳於《蕅益大師全集》第十七冊頁 11110 和頁 11112）。

⑥明·乘旹《楞嚴經講錄》（《卍續藏》第八十九冊頁 890 上）。

⑦明·戒潤律師《楞嚴經貫珠》頁 18。

　　據傳《楞嚴經》在當時印度是為國寶級祕密之典，不容攜出國外，而且當時印度王法規定：密法是不得擅攜出國的。如果照《楞嚴經》在印度 705 年代的時代來算，當時的密教情況大概是這樣的：

> 「公元 690 年，瞿波羅在恆河下流成立了波羅王朝，後來擴展到摩竭陀……在波羅王朝的護持下，「大乘佛法」，主要是「秘密大乘」，得到長期而畸型的隆盛。瞿波羅王崇敬佛法，在那爛陀寺附近，建歐丹多富梨寺（Uddaṇḍapura）（註259）。第四代達磨波羅王（Dharmapāla766—829）時，版圖擴大了，國勢很興盛。王在恆河邊，建室利毘訖羅摩尸羅──吉祥超行寺」（註260）。

　　在瞿波羅王時代，密法的規定是不是「不得擅傳出國」？這在《西藏古代佛教史》一書中有相關證據：按當時藏王赤松德贊（742～797 西藏名 Khri-sroṅlde-btsan）曾派遣毗盧渣那（Vairocana 亦名遍照護）前往印度求密法。毗盧渣那至印度後，由一空行母的指引，得見詩列星哈（Sri Simha，亦名吉祥獅子），毗盧渣那即向詩列星哈求法。詩列星哈感到非常為難，因為當時王法規定，祕密法續是不得傳出國外的。詩列星哈告訴毗盧渣那云：「但須非常祕密，如為國王所知，定將加以處罰，而有生命之危險（註261）」。後來毗盧渣那就用不為人知的方法，在晚上將所有十八部心部之口訣密法，用羊乳繕寫於白綢之上（因羊乳一遇煙，字即可顯現），偷偷地帶回了西藏（註262）。不過這件事不久就被揭發了，印度人非常的嫉忌，就製造了謠言，說這十八部祕典是假的，讓藏人對這幾部祕典產

註　259　但《佛光大辭典》頁 2209 及頁 6099 兩處均載：「第四世之達磨波羅致力護持佛教，並建立歐丹多富梨寺、超戒寺（Vikramaśīla）等大寺院，作爲信仰與研究之中心」。歐丹多富梨寺不是說由瞿波羅所建立的。

註　260　印順《印度佛教思想史》頁 391。

註　261　見敦珠甯波車著《西藏古代佛教史》頁 87（藏文），今有劉銳之中文譯本。香港金剛乘學會出版。83、7。

註　262　以上說法均引見敦珠甯波車著《西藏古代佛教史》頁 87，和談錫永著《大中觀論集(下冊)》頁 3—4。香港密乘佛學會出版。1998、11。

生懷疑，最後終造成毗盧渣那被謫往叉華容（註263）。

　　這段歷史讓人不由聯想到《楞嚴經》的命運是不是也因「偷藏出境」而造成「偽經」之起？般剌密帝畢竟是位高僧，當他「傳經事畢」，便匆匆的「汎舶西歸」，回去印度接受「王法」的制裁。

　　從《西藏古代佛教史》一書中的記載我們可以得知當時印度對密法的傳授確有如此的規定。般剌密帝雖然比毗盧渣那是早了大約五十年，他是採取「割臂藏經」的方式偷藏出境，而毗盧渣那則是以「羊乳書於白綢」的方式偷藏出國。可見般剌密帝「割臂藏經」的傳說就當時印度「密法傳授」的情況來看仍是有依據可考的。

　　總之，般剌密帝 彌伽釋迦譯《首楞嚴經》十卷之說在《新校本宋史・志・卷二百五・釋氏》頁 5181 就已記載入冊。又《新校本宋史・志・卷二百五・釋氏》頁 5188 則只云般剌蜜諦譯《楞嚴經》十卷。《宋史》對這兩位人名的記載相信是必有其根據的！至於某些學者考究般剌蜜諦其人其事不得「詳細資料」，便云「其所齎《楞嚴》梵夾一事全是偽說」，這是過於武斷之詞！

二、彌伽釋迦

　　根據馮承鈞之《歷代求法翻經錄》載彌伽釋迦的梵文是「Meghasikha」（註264）。在《續古今譯經圖紀》、《開元釋教錄・卷九》、《貞元新定釋教目錄・卷十四》皆云：「烏萇國沙門彌伽釋迦」，其後又「補述」釋迦稍訛，正云鑠佉，此曰雲峰。既有「補述」之詞，足見記載此彌伽釋迦事的真實慎重性！烏萇國（梵 Uḍḍiyāna 或 Udyāna）就是烏仗那國，位於今北印度 健馱羅國北方之古國名，相當於今興都庫什山脈（Hindu kush）以南之丘陵地帶。相傳烏仗那國是大乘祕密佛法的地方，有人因修持密法而成就，修行非常隱密（詳於《大唐西域記・卷三》註265），而彌伽釋迦正是此國之人，或許其密法功夫亦是不淺！

註　263　見敦珠甯波車著《西藏古代佛教史》頁 88。
註　264　見《歷代求法翻經錄》頁 61。台北鼎文書局出版。
註　265　《大正藏》第五十一冊頁 882 中。

關於彌伽釋迦之事蹟諸書皆未載，故謹能從略，但其與般刺密帝共譯《楞嚴經》一事已為諸經所載。筆者推測般密刺帝可能是《楞嚴經》的「主譯」靈魂人物，而彌伽釋迦是輔助「主譯」者的重要人物，在《廣州通志·卷二二九》頁3802曾云：「筆受軒卞山老人作記云：昔制止 鈢刺蜜諦、彌伽釋迦對譯《楞嚴經》，於此唐相國房融筆授之後」（附圖 B—5）。或者彌伽釋迦在《楞嚴》譯場中是從事「度語、證梵文、證梵義」的工作，但這也只局限於「猜測」罷了！

三、懷迪沙門

唐·懷迪在史料上的記載一向被歸為「證義」《楞嚴經》的情形比較多。《宋高僧傳·卷三》曾就「證義」一詞云：「證義，蓋證已譯之文所詮之義也（註266）」。「證義」在唐 宋譯經場上是必設不可缺的職位（但玄奘之《瑜伽師地論》譯場卻是唯一沒有「證義」職位的例外），它是將已譯成漢文之後，再「證」漢文佛典之「義」，看是否已完全相應於梵典原義。懷迪除了「證義」《楞嚴經》外，亦參加《大寶積經》的「證義」，如《開元釋教錄·卷九》載《大寶積經》是：「沙門勝莊、法藏、塵外、無著、深亮、懷迪等證義（註267）」。《貞元新定釋教目錄·卷十四》亦同載「沙門勝莊、法藏、塵外、無著、深亮、懷迪等證義（註268）」。可見由懷迪證義《大寶積經》事是不容懷疑的；既不容懷疑，則「證義」《楞嚴經》的事亦應是真的！

四、房融相國

房融筆受《楞嚴經》一事，既署「筆受」，則筆受須具備的條件是：「必言通華梵，學綜有空，相問委知，然後下筆（註269）」。也就是筆受的佛學素質必須「言通華梵，學綜有空」，而其職必是「相問委知，然後下筆」。以房融的佛學素質來看，他是符合這條件的。因為《楞嚴經》的筆受名為「菩薩戒弟子」即知房融至少授過在家菩薩戒。若以他的詩來看：「零落嗟殘命，蕭條託勝因。方燒三界火，

註 266 《大正藏》第五十冊頁724下。
註 267 《大正藏》第五十五冊頁570下。
註 268 《大正藏》第五十五冊頁873中。
註 269 見《宋高僧傳·卷三》，《大正藏》第五十冊頁724下。

遠淨六塵情。隔嶺天花發，凌空月殿新。誰令鄉國夢，終此學分身（註270）」，可知其佛學的造詣。北宋・朱翊之《猗覺寮雜記》曾對房融這首詩云：「融之文章，見《楞嚴經》詩，止此一篇，李嶠沈宋之流，方為律詩，謂之近體，此詩近體之祖也（註271）」。錢謙益也推測房融這首詩境曰：「按房公以宰相長流詩句，蕭然都無悽惋之致，豈非筆授《楞嚴》之後，超然有以自得者耶（註272）」？房融的詩傳見於世上雖只有一首，但既會「作律詩」，推想應不可能只有「一首」。所以僅由此詩推測房融當時被謫的心境以及他因此得以「筆授」《楞嚴經》事，想必都只限於猜想和推測吧？

　　房融其子房琯除了仍繼續做官外，也篤好佛法，如《新校本新唐書・列傳・卷一百三十九・房琯》頁 4625—4628 載「房琯字次律，河南河南人。父融，武后時，以正諫大夫同鳳閣鸞臺平章事；神龍元年，貶死高州。琯少好學，風度沈整……琯有遠器，好談老子、浮屠法，喜賓客，高談有餘，而不切事。時天下多故，急於謀略攻取，帝以吏事繩下，而琯為相，遽欲從容鎮靜以輔治之，又知人不明，以取敗橈，故功名墮損云」。又贊寧《宋高僧傳・卷八》之「唐韶州今南華寺慧能傳」，謂：慧能弟子神會，於洛陽荷澤寺圖繪禪宗傳法諸祖形像，太尉房琯為作「六葉圖序」（註273）。在《唐明皇雜錄》中更有永禪師的後身為房琯之說（註274）。故可知房融之子房琯與佛教往來關係應是很密切的！

　　或有人懷疑《楞嚴經》是房融的添筆偽造之作（註275），其實有這種觀念都

註　270　詳於《全唐詩》第二函之第六冊頁 602 下。台北復興書局，50、4。（附圖 A—6 和 A—7）。房融之「謫南海過始興廣勝寺果上人房」詩，或見《卍續藏》第二十一冊頁 765 下。

註　271　見清・歙縣鮑廷博輯《知不足齋叢書》第一冊頁 645 上—下。台北興中書局印。53、12。

註　272　見於《卍續藏》第二十一冊頁 765 下。

註　273　詳於《大正藏》第五十冊頁 755 中。除了《宋高僧傳》的記載外，另明・心泰（1327～1415）編《佛法金湯篇・卷八》也有此段房融筆授《楞嚴經》、子房琯為神會禪師作「六葉圖序」的記載。詳於《卍續藏》第一四八冊頁 900 上—下。

註　274　文載：「房琯一日至夏口村，入一廢佛寺。璞作於松下，以杖扣地，令侍人掘深數尺，得一瓦甕，內皆是婁師德與永禪師書畫。璞曰：君省此否？琯恍然記前世為永禪師也」。詳見《樂邦遺稿・卷下》，《大正藏》第四十七冊頁 243 下。

註　275　詳於《朱子語類・卷第一百二十六釋氏》頁 3027，云：「《楞嚴經》本只是咒語，後來房融添入許多道理說話」。又頁 3010，云：「彼說出《楞嚴經》，此經是唐房融訓釋，故說得如此巧。佛書中唯此經最巧，然佛當初也不如是說」。宋・黎靖德編、王星賢點校。世華出版社。

是對譯經事業的實情不了解。因為古者筆受之官,是集體之事,並非一人能主導,就算房融要添筆潤文,也必經過眾人的同意。而且協助翻譯與受宣法本的徒眾,動輒都是三千人、數千人,少者數百人。如:

① 《梵網經序》云:「三千學士,與什參定大小二乘五十餘部(註276)」。
② 《出三藏記集·卷十四》之「佛陀耶舍傳」載其協助羅什譯經云:「于時羅什出《十住經》,一月餘日,疑難猶豫,尚未操筆,耶舍既至,共相徵決,辭理方定,道俗三千餘人皆歡其賞要(註277)」。
③ 《出三藏記集·卷八》之「慧觀法師《法華宗要序》」云:「鳩摩羅什……集四方義學沙門二千餘人,更出斯經,與眾詳究(註278)」。
④ 少則百人的有《出三藏記集·卷九》之「慧觀法師《勝鬘經序》」云:「求那跋陀羅,手執正本,口宣梵音……德行諸僧慧嚴等一百餘人,考音詳義,以定厥文(註279)」……等。

且房融為當時宰相佛徒名士,既在譯場中參與譯經,則應無妄加私添筆之嫌,這是從譯場上的制度來說,推斷《楞嚴經》為房融添筆偽造的可能性不大。

但有個例外就是唐代的譯經事業,其助譯人數的多寡向來都無固定,少者如唐·般若(734—?)三藏譯《佛說造塔延命功德經》時,只有「三人」助譯。一是牟尼室利證梵語、二是沙門圓照筆授、三是沙門鑒虛潤文(註280)。但此經文只有一千七百多字。而房融翻譯的《楞嚴經》與般若譯《佛說造塔延命功德經》的時間還早三十、四十餘年,所以很可能共翻《楞嚴經》的人並不多,但也可能是破百餘人,目前這都是不得而知的。若再從《楞嚴經》的嚴整戒律學上來說,它強調嚴戒婬心(不只是斷外相的婬,連正婬亦要斷)、殺心(包括純素,葷食全斷)、盜心、妄心,若不徹底斷除這四種「心」戒,則「塵不可出」。以房融一位在家菩薩戒弟子,有妻有子,有傳統儒家深厚的「人倫」思想,去「偽」出違背其傳統人倫儒學的《楞嚴經》(單指其戒律而言)可能性不大,應是「遵佛語」而譯經的。

註 276 《大正藏》第二十四冊頁 997 上。
註 277 《大正藏》第五十五冊頁 102 下。
註 278 《大正藏》第五十五冊頁 57 中。
註 279 《大正藏》第五十五冊頁 67 中。
註 280 詳於《大正藏》第十九冊頁 727 下—728 上。

　　又根據《佛祖統紀・卷四十三》載，唐 宋譯場所置之譯官大略有下列九職
（註281）：

❶坐於正面宣述梵文者，稱為「譯主」。

❷坐於譯主之左，評量（批判、審查）梵文者，或判斷譯文正確與否者，稱為「證
　義」。

❸於譯主之右側，審查譯主所讀梵文之正誤者，稱為「證文」。

❹聽受梵文而將梵音如實寫成漢字者，稱為「書字梵學僧」。

❺將梵音翻譯成漢文者，稱為「筆受」。

❻連綴文字成句者，稱為「綴文」。

❼對照梵文與漢文之正誤者，稱為「參譯」，或稱「證梵語」。

❽削刪冗長之文以定句義者，稱為「刊定」。

❾坐於南面潤飾譯文者，稱為「潤文」。

　　總共有「譯主、證義、證文、書字梵學僧、筆受、綴文、參譯、刊定、潤文」
等九職。又譯經中，僅譯出一次者，稱為「單譯」、「一譯」。翻譯二次以上者，稱
為「重譯」、「異譯」、「同本異譯」。譯者名稱不明之經典，稱作「失譯經」；後世之
譯經，常於經首或卷尾署明譯者之名，而在古代，譯經者多不署名，故所謂之「失
譯經」特別多。後代記錄譯經者往往嫌其繁富，所以常刪而不錄，只存譯者一人，
金邠文在為《譯場列位》一書題序時，曾感慨的說：「不煩翻譯之人，曷由而知，
是以卷端必有列位，如譯語、筆受、潤色、撿挍者，必詳書之。所以昭明其由來，
斯不虛作，鄭重謹敬之意也。乃後來造經，但存譯者一人，而其餘皆悉刪去，曷
爲哉？曷爲哉？飲水不知源，亦謬妄之一端也（註282）」。所以《楞嚴經》譯本之
署名只般刺密帝、彌伽釋迦、懷迪、房融四人，如果能將其餘「助譯、證文、綴
文、參譯、刊文、潤文」等人員都寫上去，則流傳千年《楞嚴經》之「謎」也會因
此一掃而空的！

註　281 詳於《大正藏》第四十九冊頁398中。

註　282 轉自王顏文《佛典漢譯之研究》頁142。

五、小結

　　從上面的討論來看，<u>般剌密帝</u>、<u>彌伽釋迦</u>、<u>懷迪</u>、<u>房融</u>這四位歷史有記載與《楞嚴經》交涉的人，相信必不誣也。因為：

①<u>房融</u>貶<u>高州</u>為諸史所載而無疑（<u>附圖 B—9 和 B—10</u>）。

②《光孝寺志》、《高州府志》、《廣州府志》、《廣東通志》⋯⋯等之「**筆授軒**」、「**洗硯池**」遺跡尤可尋。

③宋·<u>蔣之奇</u>重建「**筆授軒**」之史實可考。

④宋·<u>方信儒</u>記「**卞山老人記筆授軒**」之載不贋。

⑤元·<u>吳萊</u>之《南海山水人物古蹟記》亦有筆授之「**大硯**」可證。

⑥敦煌寫本之《楞嚴經》均有<u>般剌密帝</u>、<u>懷迪</u>、<u>房融</u>三人之抄記，亦有<u>廣州 制止寺</u>之書記。

　　所有與《楞嚴經》交涉的作者皆有「史證、物證」，就算有某些附會之說，仍無法完全否定掉《楞嚴經》其譯經作者之史實也。

第七節　　經文流傳之疑

　　《楞嚴經》於公元 705 年譯成後，起先尚未流傳，後因「種種原因」而流傳於世。關於《楞嚴經》的流傳，此節整理了四種說法，例舉說明如下：

一、南使流經

　　「南使流經」是說有人曾「南使」後將經文流傳回長安。如唐‧智昇的《續古今譯經圖紀》云：

　　「其僧傳經事畢，汎舶西歸。有因南使，流通於此（指長安）（註283）」。

　　《開元釋教錄‧卷九》亦云：「其梵僧傳經事畢，莫知所之。有因南使流經至此（指長安）（註284）」。

　　文云「有因南使流經至此」，指有人曾因「南使」後將《楞嚴經》攜回到「長安」，何以知是「長安」？因智昇大師乃於陝西 西安 長安的「崇福寺」住，亦在此寺撰《開元釋教錄》，而《楞嚴經》撰成的時間是在公元 730 年。關於這個「南使」是誰？是不是從廣州 光孝寺 房融的手中請到《楞嚴經》；或從其餘諸師手中請到《楞嚴經》而流傳回長安？什麼時後《楞嚴經》經文才開始往北傳？這些都是一些難以交代的問題。智昇的《續古今譯經圖紀》和《開元釋教錄》皆同言此事，如果此事不假，那麼我們可以推測出：《楞嚴經》在 705 年譯成後，至少在 730 年以前就已經流傳至長安來，這是可以確定的！至於誰將經本帶來？什麼時候帶來？這都不得而知了。

二、房融抄寫

　　這是指房融曾抄寫留家供養，因而傳出。這個記載來自宋‧贊寧大師（919—1001）撰之《宋高僧傳‧卷一》曾云：「量(指般剌密帝)翻傳事畢，會本國

註　283　《大正藏》第五十五冊頁 371 下—372 上。
註　284　《大正藏》第五十五冊頁 571 下。

王怒其擅出經本，遣人追攝，汎舶西歸。後因南使入京，經遂流布。有惟愨法師
（指崇福寺之惟愨大師之《楞嚴經玄贊》）、資中 沆公（指蜀·資中 弘沆大師之《楞嚴經資中
疏》）各著疏解之（註285）。而《宋高僧傳》到了卷六的「惟愨傳」又載天寶末（約
756年），惟愨於京師受舊相國房融宅請。未飯之前，宅中出經函云：「相公在南海
知南詮，預其翻經，躬親筆受《首楞嚴經》一部，留家供養（註286）。這個說法
也被後來的清·通理大師《楞嚴經指掌疏事義》所承載（註287）。

　　從《宋高僧傳》的說法可知贊寧也承智昇的說法云「後因南使入京，經遂流
布」，可見經的流傳仍是有「南使入京」一事。至於是誰「南使入京」，這都不得而
知。而房融與惟愨大師交涉的史料究竟可靠否？根據《宋高僧傳·卷六》之「惟
愨傳」載，房融請惟愨吃飯時，筵中共有「十僧」人，每人各開題一卷，惟愨大師
是主持《楞嚴經》第四卷的「富樓那問清淨本然，云何忽生山河大地」那段經文。
可見這場飯局有「十僧人」與房融一同共餐。後惟愨大師因此發願撰疏此經，從
至德二年（757）到大曆元年（766）丙午完成三卷的《楞嚴經玄贊》，計費時十
年（註288）。筆者推想：惟愨大師跟智昇一樣都同是在「崇福寺」的人，也就是都
在廣州的北方，那惟愨與「十僧人」一起在房融的家中受供，既云是「宅請」，應
是房融的家，那究竟在什地方請供？而《宋高僧傳》云是天寶末（約756年），
惟愨於京師受舊相國房融宅請，發願撰疏，後就歸其寺院而寫。可推出惟愨受房
融宅請的地點也應在崇福寺的「不遠處」，然而此時已是公元756年了，是《楞嚴
經》譯成後過了五十一年，房融果真還「在世」？且返回到陝西 長安附近的「家」
去住？又再度在「京都」現身？

　　筆者推測房融所留於「家」的《楞嚴經》應是指其當時未遭貶時的「家」，《楞
嚴經》經本會在「家」中出現，應是「托人」帶回的。因為《新校本新唐書》上載
房融是貶死於高州（註289），意謂房融貶後就一直未曾回來京師過。可能是家人
忌諱被貶之事（註290），所以《宋高僧傳》就寫成是「房融宅請」？或是指其「家

註　285　《大正藏》第五十冊頁718下。

註　286　《大正藏》第五十冊頁738中。

註　287　《卍續藏》第二十四冊頁844上。

註　288　詳於《大正藏》第五十冊頁738中—下。

註　289　詳於《新校本新唐書·列傳·卷一百三十九·房琯》頁4625載：「房琯字次律，河南 河
南人。父融，武后時，以正諫大夫同鳳閣鸞臺平章事。神龍元年，貶死高州」。

註　290　錢謙益亦曾云：「融流高州而曰『知南詮』者，未知典故，或其家人忌諱之詞也」。詳見

人」請供惟愨諸僧事吧？後人曾謂《楞嚴經》的流傳是惟愨師去房融家受供時，房融示惟愨師其當時（705 年）所譯的《楞嚴經》，從此《楞嚴經》才流傳。根據史料的判斷，這個說法應不太可信的。因為智昇在 730 年就「已將」《楞嚴經》一事載於其《開元釋教錄》上，不會又到了 756 年又突然「傳出」《楞嚴經》「北流入京」之事。

　　總之，從贊寧在其《宋高僧傳・卷一》時就明言「南使入京，經遂流布」，到了《卷六》又說房融當年曾抄寫一份《楞嚴經》留家供養，今示於惟愨師。這段記載是看不出《楞嚴經》是由房融的飯局「宅請」而流傳的。

三、房融入奏

　　這是指房融親自將《楞嚴經》奏入，後因「禪學者」自「內道場」傳寫流通而出。

　　據北宋・子璿（965—1038）大師《首楞嚴義疏注經・卷一之一》中云：

「房融知南詮，聞有此經，遂請對譯。房融筆受，烏萇國沙門彌伽釋迦譯語。翻經才竟，三藏被本國來取。奉王嚴制，先不許出。三藏潛來，邊境被責。為解此難，遂即迴去。房融入奏，又遇中宗初嗣，未暇宣布，目錄缺書。時禪學者因內道場得本傳寫，好而祕之，遂流此地……（註291）」。

　　子璿之說，後面明朝的交光《楞嚴經正脈疏》（註292）、憨山《楞嚴經通議》（註293）、傳燈《楞嚴經圓通疏序》（註294）及清・溥畹《楞嚴經寶鏡疏》（註295）等都跟著承載。筆者以為：子璿是「華嚴宗」祖師，但其年代卻在贊寧的後面，

《卍續藏》第二十一冊頁 116 上。

註 291 《大正藏》第三十九冊頁 825 下。或見於《卍續藏》第十六冊頁 486 上。

註 292 只記「後為神秀入內錄出，復得家藏，原本卒致流通」，沒有「時禪學者因內道場得本傳寫」及「親遇奏經，又寫隨身，歸荊州 度門寺」一事。詳於《卍續藏》第十八冊頁 316 上—317 上。

註 293 詳於《卍續藏》第十九冊頁 91 上—下。

註 294 詳於《卍續藏》第十九冊頁 400 下。

註 295 詳於《卍續藏》第九十冊頁 534 上—下。

子璿並沒有承襲智昇、贊寧之說，而另云是房融「親自入奏」，卻遇中宗初嗣政務繁忙，未暇宣布。但此經本卻已被在「內道場」的一些「禪學者」所發現，於是互相傳抄，也就是《楞嚴經》在此時已先被一些禪學者「傳抄多份」，遂造成《楞嚴經》的流傳。

如果房融「親奏」的史實是正確的，那仍有些需進一步商榷的地方。因為「房融入奏，又遇中宗初嗣，未暇宣布」，中宗既然是「初嗣」，年代則在705—707之間，因為中宗年代只有三年。既云「初嗣」，很可能就是705年到706年初之間，此時房融就已將《楞嚴經》「奏上」？《新校本新唐書》上明載房融是貶死於高州。何能在705—707年間又重回京師「奏上」？這點錢謙益有明確的說明：

> 「融流高州，卒以貶死，安得遇中宗初嗣？奏進此經？《釋氏稽古略》云：融貶流高州，寓於譯所，因得筆受，沙門懷迪證譯。事竟朝廷責以私譯，蜜帝遂攜梵夾歸竺。據此，則融以『流人』翻經，以『私譯』被責，未經『表請』，何從『入奏』……贊寧『惟愨傳』云：受舊相房公宅請，出經函云……筆受一部，留家供養，則其未嘗奏進於朝居可知也。愨公發願疏經，計一十年，以大曆元年（766）丙午下筆，逆考其受經舒經，則至德二載（757）丁酉也。量、迪二傳并云：後因南使附經入京。皆開元中事，則神龍元年，房相未曾入奏，斷無可疑也（註296）」。

錢氏也主張是「南使附經入京」而流傳，並非房融的入奏，且房融是以一位被貶的「流人」身份在翻經，加上此經又是蜜帝「私挾」入境，而房融筆授之亦為「私譯」之罪。既為「流人」又加「私譯」之罪，何能正大光明的向皇上「入奏」？基於這些理由，所以錢氏決斷的說：房融必「未曾入奏，斷無可疑也」。筆者的看法亦同於錢氏之說，故子璿大師的記載或許真有「訛傳誤抄」之說。

四、神秀傳抄

據子璿之《首楞嚴義疏注經‧卷一之一》又云：

註 *296* 《卍續藏》第二十一冊頁115下—116上。

「……大通（神秀）在內，親遇奏經，又寫隨身，歸荊州 度門寺。有魏北 館陶沙門慧振搜訪靈跡，常慕此經。於度門寺遂遇此本（註297）」。

後面明・乘旹大師《楞嚴經講錄・卷一》亦似於子璿大師的說法云：

「般刺密帝尊者志欲流傳此土，三被國王追取……奏聞爾時朝廷多故不暇頒行，詔秀國師（指神秀大師）入內講解，師將此經隨出洛陽 天宮寺後，師遷化上，以王禮殯送當陽 度門寺，經亦與俱。彼時流傳未廣，幾希湮沒，慧正法師訪度門而得之，始為宣布。然則此經之至此土也，今固已幸彰明較著，追維其始，何其紆回屈曲，而輾轉艱阻之如斯也（註298）」！少了子璿大師所說的「時禪學者因內道場得本傳寫，好而祕之，遂流此地」這段話。

從子璿大師的記載可看出《楞嚴經》在此時已先被一些禪學者「傳抄多份」，而其中最有名的神秀 大通禪師正在此時「親遇」房融「奏經」一事，且自己也抄寫一份隨身攜帶。後神秀禪師將經本攜回去他的寺院荊州 度門寺，有一魏北 館陶沙門慧振（或為慧震）法師搜訪靈跡，常羨慕此《楞嚴經》，終於度門寺 大通（神秀）禪師的道場遇此經本，於是大力弘揚，造《楞嚴經》的科判，遂成為《楞嚴經》第一位「科判」之祖（註299）。

前文云「中宗初嗣，未暇宣布」，則很可能就是 705 年到 706 年初之間，此時房融就已將《楞嚴經》「奏上」？而大通禪師就在房融「奏上」的時候「親遇」，還將經本傳抄回度門寺。然而神秀此師是於神龍二年卒於東都，既未還山，焉得寫本隨身，歸於荊州？所以錢謙益之《楞嚴經解蒙疏・卷一之一》即駁斥大通 神秀禪師「遇經」之事云：

「按此經初譯，在神龍元年五月。大通（神秀）入滅，在次年二月。譯場報簡奏進，與大通道場得本。期月之中，豈能立辦？大通自萬歲 通天元年，於江陵召至東都，凡五年，入滅於天宮寺。那得有隨身寫本攜歸度門？南使

註　297 《大正藏》第三十九冊頁 825 下。或見於《卍續藏》第十六冊頁 486 上。

註　298 《卍續藏》第八十九冊頁 890 上。

註　299 清・錢謙益以為慧振大師乃《楞嚴經》首位「科判之祖」。詳於《卍續藏》第二十一冊頁 82 上。

之附經入京，愨公之受事得本，皆在開元 至德間；今言神龍初寫本流行，殊非事實。譯人被責，房相不歸，本無入奏之事；今云大通在內親遇奏經，其誰奏之！而誰遇之耶？或者「北宗」照寂之徒，從內得本，傳歸度門，而館陶搜訪得之，遂訛傳大通寫本也（註300）」。

筆者以為錢氏之說不無道理，查《張說之集・卷十九》之「唐國師玉泉寺大通禪師碑」記載神秀大師之入滅日云：「神龍二年二月二十八日夜中顧命扶坐，泊如化域（註301）」。則神秀入滅時，《楞嚴經》之譯事才剛開始不久（神龍元年五月或七月），怎可能「親遇奏經」？錢氏又云「南使之附經入京，愨公之受事得本，皆在開元 至德間」，可見前面贊寧所記「惟愨與房融共飯」一事或應是「訛偽誤傳」？因為「房相不歸，本無入奏之事」，怎有房融又突然在京都「出現」與惟愨共飯，且又是晚至756年的事？而房融一直到死都在高州，未曾回京都。所以子璿大師對《楞嚴經》流傳的記載，目前似乎看不出有足夠的史料能證實。再如錢氏推測說：「或者北宗照寂之徒，從內得本，傳歸度門，而館陶搜訪得之，遂訛傳大通寫本也」。至於錢氏所推的「北宗照寂之徒」（神秀為北宗，慧能為南宗）究竟是誰？這還要待進一步的史料才能證實。

五、小結

經過上述四小節的探討分析比對，《楞嚴經》經本的流傳似應以第一項「有因南使，流通於此」較為可靠，智昇在730年已將《楞嚴經》的「作者、目錄、內容」載於其《開元釋教錄》和《續古今譯經圖記》上，故《楞嚴經》必在730年以前的開元年間就已「流傳」。其餘三項之說，在史料的比對上似較難成立和證實。

憨山大師之《楞嚴經懸鏡序》嘗說「宣灑常舉秀（神秀大師）師內道場之所書，愨（唐・惟愨大師）師故相家（指到房融相家）之所得，相質以釋傳經之疑，竊意世人皆信二師，亦皆信此經無惑也（註302）」。意思是說不管《楞嚴經》的傳譯是由

註 300 《卍續藏》第二十一冊頁116上。

註 301 詳於何格恩之「房融筆受楞嚴經質疑」頁318。或引見於《佛祖歷代通載・卷十二》，《大正藏》第四十九冊頁586下。

註 302 詳於憨山大師《楞嚴經懸鏡序》，《卍續藏》第十九冊頁57上—下。

神秀大師奏請，或是由<u>房融</u>傳給<u>惟愨</u>大師？這二種說法都有人深信，亦即「*皆信* *此經無惑也*」，都相信《楞嚴經》是真佛經也！

第八節　梵本有無之疑

一、歷代疑偽之說

保賢法師云：「《楞嚴經》如果有梵本存於印度，龍樹豈能不知不見，何必又依因緣而造《中論》，豈非有意背叛佛語？推論至此，可知《楞嚴經》在印度梵本問題。也可作一根本不存在的反證……玄奘大師遊印一十七年，取回梵本七千卷，《楞嚴》梵本如果存在於印度，奘師豈能不知不見，何必費盡千辛萬苦成立與《楞嚴經》相反的唯識宗？……《楞嚴經》梵本問題，龍樹未見於前，世親、護法未見於後，求一歷史見證之人皆不可得，又是一在印度根本無梵本的反證（註303）」。

何格恩之「房融筆受楞嚴經質疑」一文中云：「《楞嚴經》自古迄今，未見梵本，其為偽書者，李翊灼先生已論之詳矣（註304）」。

歐陽竟無云：「《楞嚴經》思想體系，決非佛說，應亦此土偽造。今求諸印度，果亦不可得，此不爭之事實，豈意氣可以爭勝者耶（註305）」？又云：「『真性有為空』一頌別見於《楞嚴經》。清辨立說似依至教，然應當時清辨對敵立宗，並不提明此是聖言。若是聖言，顯揭以談，諍論冰銷，何焚千古？護法宗徒縱加破斥，而亦未聞有人據為叛教。奘師東傳法相，又亦未聞此經，故其門下直就量破，不留餘地，若果聖言，顯蹈悖謬，豈其有智？故《楞嚴經》一經入於疑偽，非無因也。（經文更有可疑之處，今不具舉）（註306）」。

望月信亨云：「蓋諸家大多皆醉心於眼前的文理，或囿於宗派之見，漫然將之作為佛口親說之寶典。然其義理之幽玄，乃是涉獵《首楞嚴三昧》為首的諸大乘經論之故。其文章之雄健應令人察知，正是非梵本之翻譯之所以，

註　303　詳於保賢「三談楞嚴問題」頁378—380。見張曼濤編之《大乘起信論與楞嚴經考辨》一書。
註　304　李翊灼之《佛學偽書辯略》言未見梵本，見國立中央大學「文藝叢刊」第一卷第二期。或詳於何格恩之「房融筆受楞嚴經質疑」頁319。
註　305　《歐陽大師遺集(一)》頁4。
註　306　《歐陽大師遺集(二)・唯識抉擇談》頁1377。

此經究竟於何年代在中國杜撰的呢……應在久視元年（公元 700）義淨歸朝後，這是極爲明確的事實（註307）」。

二、龍宮傳出之謎

關於《楞嚴經》是從龍宮由龍樹誦出的記載，最早是從北宋·覺範 慧洪（1071—1128）大師的《林間錄·卷下》開始。

「天臺宗講徒曰：昔智者大師，聞西竺異比丘言：『龍樹菩薩嘗於灌頂部，誦出《大佛頂首楞嚴經》十卷，流在五天，皆諸經所未聞義，唯心法之大旨，五天世主，保護祕嚴，不妄傳授』。智者聞之，日夜西向禮拜，願早至此土，續佛壽命，然竟不及見。唐神龍初，此經方至廣州翻譯，今市工販鬻遍天下，而學者往往有畢生不曾識之者，法輕則信種，自劣可嘆也（註308）」。

後來明·戒潤大師之《楞嚴經貫珠》也承其說（註309）。明·通潤大師之《楞嚴經合轍·卷一》亦云：

「此經係龍勝（Nāgārjuna，即龍樹菩薩）菩薩於龍宮（pātāla）默誦而出，五天世主最所寶惜，祕而不傳，昔天台智者大師，聞西域有是經，夙夜西望，拜求願見而未及見，般刺蜜諦欲傳震旦，屢竊而來皆被獲回，後以微妙細氈書之，乃破臂藏於皮中航海而達廣州，會宰相房融知南詮，在廣請就制止寺譯出而筆受之經……（註310）」。

註 307 《佛典研究(初編)》頁 248。

註 308 詳於《卍續藏》第一四八冊頁 622 下—623 上。《林間錄》此書全稱《石門洪覺範林間錄》。本書為寂音尊者覺範 慧洪禪師之語錄，內容係慧洪與林間勝士抵掌清談有關尊宿之高行、叢林中各種遺訓、諸佛菩薩之微旨及賢士大夫之餘論等之語要共三百餘篇。為參禪學道之指南，古來即於禪林中廣為流傳。

註 309 《楞嚴經貫珠》頁 18。

註 310 《卍續藏》第二十二冊頁 275 上。關於「割臂藏經」之說尚見於明·憨山大師《楞嚴經通議》，《卍續藏》第十九冊頁 91 上。明·傳燈大師《楞嚴經圓通疏》，《卍續藏》第十九冊頁 415 上。明·蕅益大師《靈峰宗論·卷六之二》之「安居止觀山房序」言「智者遙禮此經十八年不獲見，後百餘年，般刺蜜諦剖臂傳來」（詳於《蕅益大師全集》第十七冊頁 11110）。又見於明·鍾伯敬之《楞嚴經如說》，《卍續藏》第二十冊頁 761 上。

　　此說直到民國・圓瑛大師《楞嚴經講義》和海仁大師《楞嚴經講記》也跟著說：「據說此經，原藏於龍宮，因龍勝菩薩到龍宮說法，見龍藏中有此經，披閱之下，歎爲希有，遂默誦出，錄呈國王，王視爲國寶而藏於國庫，禁傳諸國。後有梵僧，見智者大師所立三觀，謂其意旨與彼國《楞嚴經》同，智者遂於天台山築拜經台，向西求拜，經十八年終不可得（註311）」。

　　大乘經與龍宮、龍樹的關係在佛教學術論文上是一再被討論研究的對像，結論始終是撲朔迷離，沒有人能提出有力的證據。個人以爲：不論龍宮與龍樹的傳說是否屬實，這在佛教史上卻已是不能被抹滅的事實。如最爲人知的龍樹菩薩入於「龍宮」中見《華嚴經》，遂默誦而出一事（註312）。佛在龍宮爲娑伽羅龍王所說《十善業道經》。《海龍王經・卷三》之「請佛品」載海龍王詣靈鷲山，聞佛陀說法，得信心歡喜，欲請佛至海中龍宮供養之，遂以神力化作宮殿一事（註313）。《蓮華面經・卷上》亦載：「佛坐其座告龍王曰：汝今當知如來不久入於涅槃，我以佛法囑累於汝，汝當守護無令斷絕（註314）」。《蓮華面經・卷下》又載：「佛言阿難：此閻浮提及餘十方，所有佛缽及佛舍利，皆在娑伽羅（Sāgara-nāgarāja）龍王宮中（註315）」。乃至《摩訶摩耶經・卷下》載：「一切經藏皆悉流移至鳩尸那竭國（Kuśi-nagara），阿耨達龍王（梵 Anavatapta 巴 Anotatta）悉持入海，於是佛法而滅盡也（註316）」……等等。

　　至於《楞嚴經》是由龍樹由龍宮誦出，筆者暫且依《莊子・齊物論》的態度：「六合之外，聖人存而不論；六合之內，聖人論而不議」，採取保留式的「存而不論」，畢竟大乘經典的確有很多是經由龍樹去龍宮取回的。所以《楞嚴經》是不是也是由龍樹菩薩去龍宮中取回，我想這應是一個永遠也難以清楚說明的答案。

註　311 詳於圓瑛《楞嚴經講義》頁 40。海仁《楞嚴經講記》頁 48。
註　312 法藏之《華嚴經傳記・卷一》。《大正藏》第五十一冊頁 153 上。
註　313 詳於《大正藏》第十五冊頁 144 中。
註　314 《大正藏》第十二冊頁 1071 下。
註　315 《大正藏》第十二冊頁 1077 上。
註　316 《大正藏》第十二冊頁 1014 上。

三、梵本結集之考

《楞嚴經》的梵本結集到底在什麼時候？這也是一個難以說明的大問題，粗略的歸納分析與「推測」，至少有五種可能的說法：

第一種說法

從《楞嚴經‧卷二》上的經文來看：「**世尊亦曾於楞伽山，爲大慧等敷演斯義**」（註317），則《楞嚴經》的結集應在佛宣講《楞伽經》之後，因為凡是引用人家文句或義理，一定是前人講過後才引用。據印順法師之「楞伽經編集時地考」一文，推定《楞伽經》是第三世紀（200—300）後的產物，會址是「**以南印度爲近**」（註318），那麼《楞嚴經》的出生至少在「第四世紀」左右或之後。如果再從《楞嚴經》卷七中「楞嚴咒」建立壇場的儀軌來看，加上經文每卷題下記有「**一名中印度那爛陀大道場經於灌頂部錄出別行**」的字眼，可以推出二個結論：一是《楞嚴經》是處在中印度 陀爛陀寺時的經文。二是本經屬於密教部「灌頂」中的一部份，或者是說其中的一品。《楞嚴經》的梵文本應是出現於密教盛行時期，而密教盛行是在「第七世紀」的中葉（650）以後，即義淨大師在那爛陀寺的期間，最晚不會超過「第八世紀」，因為《楞嚴經》是705年譯成。所以可以大膽的推論：《楞嚴經》的梵本結集應在650—700的五十年間。關於這小段的推論，筆者將以玄奘與義淨在那爛陀寺的時間與當時的密教興衰作一個說明補充。

玄奘大師（602？—664）於貞觀五年（631）留學於那爛陀寺（Nālandā），一直到貞觀十七年（643），才正式告別戒日王反東。在玄奘的《大唐西域記‧卷十》中幾乎沒有說到有「密法流行」的情形，只說清辨（Bhāvaviveka，或 Bhavya）論師於「**執金剛神所，至誠誦持執金剛陀羅尼**（註319）」一事。而玄奘所譯的密教經典很少，不到十部（註320）。玄奘在《大唐西域記》中雖沒有提到密法的流行，並不等於當時沒有密法，可能當時在那爛陀寺密法尚未流行或流行不廣，或是玄

註 317 《大正藏》第十九冊頁112下。

註 318 參見印順法師《佛教史地考編》之「楞伽經編集時地考」頁223和頁230。

註 319 《大正藏》第五十一冊頁931上。

註 320 諸如《諸佛心陀羅尼經》、《咒五首》、《十一面神咒心經》、《不空絹索神咒心經》、《持世陀羅尼經》、《六門陀羅尼經》、《勝幢臂印陀羅尼經》、《八名普密陀羅尼經》、《拔濟苦難陀羅尼經》……等等。

奘乃專主「義理」佛法的大師，對密教壇場、灌頂較少記錄之故，然這些都只侷於猜測。所以如果照《大唐西域記》之載，玄奘在 631—643 年間于那爛陀寺時的「密教流布」情形應是不廣的。

　　稍後的義淨大師（635—713）於咸亨四年（673）二月到達東印度 耽摩梨底國，停留一年學習梵文，後又停留在那爛陀寺十一年，在垂拱三年（687）歸途離開印度，到證聖元年（695）年才離開室利佛逝歸抵洛陽。義淨大師在久視元年（700）以後才組織譯經會場，直至景雲二年（711）共譯出六十一部二三九卷。可見義淨在那爛陀寺停留的時間大致在 675—686 之間。而這期間正是密教經典開始興盛的時候，尤其純密已由西印度向中印度流進，此時的那爛陀寺也設立了密教的大壇場。如義淨在寺時已有作為密教根本典籍的《持明咒藏》的編纂，並且已有作為密教傳法、誦咒所用的壇場。而義淨大師也順應當時風尚，翻了一些密教經典（註321）。

　　在《大唐西域求法高僧傳》上還載玄照、師鞭、道琳、曇閏等大師都是在西印度羅荼國 Lāṭa（註322）求學密法。如玄照大師受唐高宗之敕命，往西印度 羅荼國求長生藥；善於咒術的師鞭，與玄照一起到西印度，並為其國王所敬重；道琳儘管自己已在中印度研究了咒術，仍要去西印度的羅荼國住上多年，深研密壇及咒術；曾與義淨同行去印度的無行禪師，他在寄回中國的信上說：「**近者新有眞言教法，舉國崇拜（註323）**」。曇閏為了學咒術，自交趾登船向西印度出發，不

註　*321* 義淨翻譯之密教經典約二十餘部，如《曼殊室利咒藏中校量數珠功德經》《佛說佛頂尊勝陀羅尼經》、《佛說觀自在菩薩如意心陀羅尼咒經》、《香王菩薩陀羅尼咒經》、《曼殊師利菩薩咒藏中一字咒王經》、《佛說療痔病經》《佛說拔除罪障咒王經》、《佛說莊嚴王陀羅尼咒經》、《佛說大孔雀咒王經》……等等。

註　*322* 又據《佛光大辭典》頁 6679 的記載：羅荼國位於南印度，又稱羅羅。即今印度 孟買轄區古加拉特（Gujarat）地方。據《大唐西域記・卷十一》載，玄奘西遊時，此地分為南面之摩臘婆與北面之伐臘毘兩國，同屬南印度，且相互通婚。又《西域求法高僧傳・卷上》玄照法師條載，玄照曾往西印度 羅荼國，求取長年藥。此地自古與波斯、阿拉伯等地交通頻繁，後世回教徒入侵印度，即於此地得大優勢」。但據《開元釋教錄・卷七》記述達摩笈多的出生地為南印度的「羅羅國」，此將「羅羅國」列入南印度的範圍（見《大正》五十五冊頁 551 下）。其實羅荼國雖屬西印度，但亦橫跨南印度之領域，如屬於羅荼國境內的阿羌塔便是屬南印度範圍。

註　*323* 《入唐新求聖教目錄》載日本圓仁請回「南荊州沙門無行在天竺國致唐國書」一卷（《大正》第五十五冊頁 1086 下）。或見安然《真言宗教時義・卷三》所引，詳於《大正藏》第七十五冊頁 431 上。

幸病歿於途中（註324）。此外在羅荼國領域的康合利（Kanheri 註325）、那西克（Nāsik 註326）、厄魯拉（Elura）、阿羌塔（Ajantā）等地，均可見到不少殘存的密教遺跡。由此可知當時西印度 羅荼國曾一度為獨立祕密教中心的盛況，且在義淨時代就已出現西印度編出密教聖典的傳說。這個傳說在《大唐西域求法高僧傳·卷下》之「道琳大師傳」有提到，文載：

> 「夫明咒者，梵云『毗睇陀羅必得家』（Vidyā-dhara-piṭaka），『毗睇』（Vidyā）譯為明咒，『陀羅』（Dhara）是持，『必得家』（Piṭaka）是藏。應云『持明咒藏』。然相承云此咒藏，梵本有十萬頌，唐譯可成三百卷。現今求覓，多失少全，而大聖沒後，阿離耶那伽既樹那（Ārya-nāgārjuna 即龍樹苦薩），特精斯要。時彼弟子，厥號難陀（註327），聰明博識，漬意斯典，在西印度，經二十年，專心時咒，遂便感應，至食時，食從空下。又誦咒求如意瓶，不久便獲，乃於瓶中得經歡喜，不以咒結，其瓶遂去。於是難陀法師，恐明咒散失，遂便攝集，可十二千頌，成一家之言。每於一頌之內，離合咒印之文。雖復言同字同，實乃義別用別，白非口相傳授，而實解悟無因。後陳那論師（Dig-nāga 註328），見其製作，功殊人智，思極情端。撫經歎曰：『嚮使此賢，致意因明者，我復何顏之有乎（註329）』！

從道琳的這份傳記可知：密法在義淨大師時已流行應是可確定的。

基於玄奘與義淨在那爛陀寺的密法流佈情形記載，所以暫為《楞嚴經》梵本結集的第一種說法下一個時間點：大致在公元 650—700 間（第七世紀中期到末期），

註 324 上述四位僧人皆詳見於《大唐西域求法高僧傳·卷下》，《大正藏》第五十一冊頁 1 下、4 下、6 下。

註 325 參閱 Fergusson and Burgess;Cave Temple of India.I lates LV.LVI.。

註 326 同上書 Plates XXX1.XLVII, LXXXIX XCV. A.Grünwedel's Buddhist Art in India P.196。

註 327 此難陀名，經栂尾祥雲的考訂，應為龍猛的弟子才對。詳見其《密教史》頁 16。

註 328 陳那是第五世紀末到第六世紀前半期（約 490—550）的人物（根據小野玄妙《佛教年代考》頁 222 之說），所以「陳那的撫經謂歎」之事應該較難想像。不過另據《大唐西域記·卷十三》（《大正》五十一冊頁 935 中）有載陳那菩薩曾止此羅荼國境內的阿羌塔（Ājantā）洞窟內。後來可能「有人」從阿羌塔的石窟中發現藏著密教經典，見而歎謂，結果就將此一事實歸於陳那菩薩了。或參閱栂尾祥雲《密教史》頁 17。

註 329 《大正藏》第五十一冊頁 6 下—7 上。

不會超過 700 年（註330）。如果在 650 年以前（玄奘在時）則那爛陀寺的密教流行尚不廣，所以不大可能。

第二種說法

密教在西印度雖有興盛之經論根據，但也不排除其餘地區傳出的可能性。如印順法師在其《印度佛教思想史》上就說：「其實，『祕密大乘』盛行於東方，即使四聖地都在東方，也並不等於是『發生的場所』。印度的政治不統一，經常在各自據地獨立的狀態下，但各宗教的遊行教化，一直是全印度暢行無阻的……從公元四世紀末到九世紀止，『祕密大乘』的不斷傳出，是不可能出於同一地區的。傳出的地點，不限於一地，主要是山林、溪谷，適宜於瑜伽者修行的地區（註331）」。

法師之說，我們可舉《大唐西域記・卷三》云：「烏仗那國（Uḍḍiyāna 位於北印度）……好學而不功，禁咒為藝業……並學大乘，寂定為業。善誦其文，未究深義，戒行清潔，特閑禁咒（註332）」。烏仗那國是大乘祕密佛法的地方，有人修持密法而成就，但非常的隱密，一般人都不知道，等到知道，他們已成就而消失不見，這是在公元「第四」到「第五世紀」間的事（註333）。所以或許那爛陀寺所藏的《楞嚴經》梵本是由南印度的僧人珍藏（註334），輾轉流傳至中印度的那爛陀寺去，這也不一定的。

《楞嚴經》梵本中的「密教思想」究竟是來自那爛陀寺的珍藏，或是中印度、

註　330 此說略異於劉果宗之「楞嚴經時地考」，劉氏以為本經是第六世紀中葉（550）編集的，詳於《大乘起信論與楞嚴經考辨》頁 356。筆者以為或許是劉氏的筆誤，因為劉氏亦云《楞嚴經》是印度密教盛期的作品，既是密教盛行，不會在 550 年就開始，因為法顯（於義熙九年413 歸國）遊西域所寫的《佛國記》、玄奘所寫的《大唐西域記》等都未發現關於獨立的密教教團興起的任何線索。且所有的密教史皆云 650 年（七世紀的中葉）才是密教的興盛期。故劉氏之說是誤以六世紀中葉為 650 年？亦或是筆誤？

註　331 詳於印順《印度佛教思想史》頁 393。

註　332 《大正藏》第五十一冊頁 882 中。

註　333 詳於印順《印度佛教思想史》頁 387。近人談錫永曾研究印度密法興起的時間是在公元一世紀以前，他的主要論證經典是《維摩詰經》，《維摩詰經》結集的時間是在公元一世紀前後。可參閱其《大中觀論集(上)》頁 23—56 之「維摩詰經導讀」一文，及《大中觀論集(下)》頁 198—226 之「印度密教源流考略」一文。香港密乘佛學會出版。1998、11。

註　334 據栂尾祥雲著、聖嚴譯之《密教史》頁 3 云：「密教的主要興盛地區是從西印度而至南方印度」。台北東初出版社。81、1。

南印度密咒國家的輾轉流傳至那爛陀寺？什麼時候才流傳至那爛陀寺？還是說它老早就已在那爛陀寺的「國庫裡」藏著，連玄奘、義淨這兩位「中國」來的僧人都不得窺睹（註335），非得是當地中印度法師般剌密帝才能見著，才能偷藏梵夾成功偷渡？或者《楞嚴經》梵本在其他中印度、南印度、北印度等的某個國家的「宮中」藏著，後才流傳至那爛陀寺的宮中珍藏（因般剌密帝是中印度人，他將梵夾偷出，應是從中印度來的）？這都是很難推斷的。

以上《楞嚴經》的梵本結集時間若從南印度的密教興盛區流傳至那爛陀寺的話，那時間點應在「第四世紀」到「第五世紀」，這是第二種說法。

第三種說法

如果我們將智顗（538—597）大師拜經事也加進去的話，智者在開皇十三年講說《法華玄義》，文帝乃敕賜「玉泉寺」之額。翌年（594年）又宣講《摩訶止觀》。而智顗大師遙拜《楞嚴經》的故事據傳說是：西來梵僧曾說《摩訶止觀》懸合《楞嚴經》（註336），智顗大師因此向西日夜遙拜十八年，欲求經以證論卻未能如願（註337），此說雖遭錢謙益之疑（註338），但天台門人不以其餘大經印

註 335 義淨大師在天竺 那爛陀寺時，其密教色彩是有「獨立性」、「隱祕性」的。如《大唐西域求法高僧傳・卷下》之「道琳法師傳」載：「淨於那爛陀亦屢入壇場，希心此要，而爲功不並就」。即淨師親見在那爛陀寺數次入壇場，雖極盡努力，欲得其精要，結果都未獲成就。詳於《大正藏》第五十一冊頁7上。或參閱栂尾祥雲著、聖嚴譯之《密教史》頁14。台北東初出版社。81、1。

註 336 傳燈大師《楞嚴經玄義・卷一》載：「雲間《楞嚴補遺》云：孤山以大師三止消今經文，則知天台三止有懸合矣！故《止觀》云：此三止名雖未見經論，映望三觀，隨義立名云云，今果得之《楞嚴》矣」！《卍續藏》第二十冊頁10下。

註 337 據北宋・慧洪（1071—1128）之《林間錄・卷下》云：「天臺宗講徒曰：昔智者大師，聞西竺異比丘言：『龍樹菩薩嘗於灌頂部，誦出《大佛頂首楞嚴經》十卷，流在五天，皆諸經所未聞之義，唯心法之大旨，五天世主，保護祕嚴，不妄傳授。』智者聞之，日夜西向禮拜，願早至此土，續佛壽命，然竟不及見」（《卍續藏》第一四八冊頁622下—623上）。據錢謙益考訂《林間錄》的記載是引自宋之《僧瑩清話》。其實這段文字也同時出現在北宋・覺範 寂音尊者（其初名為慧洪大師）的《楞嚴尊頂義》十卷（或又名《尊頂法論》，已失）。文云：「世尊於《法華》之後說此經，備足諸經奧義，畢殫一乘要旨。初勝勝閟於龍宮，默誦而出，五天世主，祕重不傳。天台智者釋《法華經》，不解六根功德之義，停筆思之，有梵僧謂曰：唯《首楞嚴經》者明此義得以證成不必釋也。智者於是日夕西向再拜，原早傳至此土，竟不見而沒」（詳於《楞嚴經合論・卷十》，《卍續藏》第十八冊頁188上）。

註 338 錢謙益《楞嚴經疏解蒙鈔・卷末三》云：「今索台家引梵僧懸記，出宋・僧瑩師《清話》，非實錄也」。筆者要澄清的事：錢氏不是反對智者拜經十八年之說，而是反對以《楞嚴經》印證《摩訶止觀》，錢氏以為「若言《止觀》，則《楞嚴》未嘗有《止觀》明文，智者大師

證《摩訶止觀》，紛紛獨以《楞嚴經》印證《摩訶止觀》，這是不可抹滅的事實。

　　關於智者遙拜《楞嚴》十八年之說歷屆說詞亦不一，在此補充整理如下：

①早期南宋・行儀大師於「建炎巳酉」（為南宋之初 1127 年左右）為北宋・寶勝 戒
　環之《楞嚴經要解》書「跋」，其文即云：「陳 隋間天台智者聞五印土有此經，
　日夜焚香西向頂禮，願早至中國，續佛壽命開人天眼，逮神龍初方達南海」
　（詳於《卍續藏》第十七冊頁 901 下）。文中沒有說拜多少年？

②明・傳燈之《天台山方外志・二》之『古蹟類』載「拜經石」云：「在華頂（指
　天台山之華頂峰），相傳謂智者大師向西天竺拜《楞嚴》處，然準瑩公《清話》，
　但云 "西望一十八載" ，未嘗言 "拜" 也」。（詳於杜潔祥編《中國佛寺史志彙刊》第
　三輯第三冊頁 514。台北丹青。1985、11）。而清錢謙益則懷疑上述的說法，他說：
　「按大師拜經石，應在華頂，南岳亦有遺址，蓋後人倣而爲之」。（見《卍續藏》
　第二十一冊頁 755 上）。

③明代曾鳳儀之《楞嚴經宗通》改云「十六年」，其云：「昔天台智者師我南嶽 思
　大禪師，獲證『法華三昧』，睹靈山一會儼然未散，自是閱諸經典，渙然冰釋，
　及解《法華》六根清淨義，沉吟久之，有西域僧謂曰：『唯《楞嚴經》著名六
　根功德，足與相證』。智者於是渴慕，每昕夕望遙拜，如是者積十六歲」（詳於
　《卍續藏》第二十五冊頁 1 上）。

④又明・蕅益大師《靈峰宗論・卷六之二》之「安居止觀山房序」言：「智者遙
　禮此經十八年不獲見，後百餘年，般剌蜜諦剖膊傳來」（詳於《蕅益大師全集》
　第十七冊頁 11110）。

⑤近代民國・印光大師就拜經到底多少年而云：「拜經之事，蓋有之矣。若云，
　日日拜，拜多少年之說，則後人附會之詞耳」（見《印光法師文鈔三編上・卷一》
　頁 38 之「復恆慚法師書二」之第四問）。可見印光大師認為「拜經」之事一定有，但

所立《止觀》原本於《瓔珞》，契悟於龍樹，取宗於《華嚴》，亦無待乎此經（指《楞嚴》）
之證成也。僧瑩，南宋人也，所記載殊非本分事，亦多失實，此義斷以《尊頂》爲正」。錢
氏認為《楞嚴經》不是用來印證《止觀》，應是《楞嚴經》印證《法華經》才對。所以錢氏
又說：「智者大師釋《法華經》，但言等莊嚴者眼根六千，乃至顯其能盈能縮無盈無縮等，
未悉《楞嚴》所說流變三疊，總括始終具明六根功德，媲法之數，故知大師閣筆，『梵僧』
合符，正爲六根功德，不爲《止觀》也」（以上錢氏之說均詳見《卍續藏》第二十一冊頁 755 上）。筆
者閱錢氏這段敘述，也發現錢氏亦有所「訛誤」的地方，如錢云「僧瑩，南宋人也」。然德洪
卻是北宋人，其著《林間錄》的時間是在 1107 年以前，且編集了十年才成（見《卍續藏》第一
四八冊頁 585 上），既是北宋人，怎可能會提前收入南宋人著作的《僧瑩清話》進來？

一定要說拜了多了年，那是「附會之詞耳」。

又智顗大師入滅時留有遺記：「此經入漢，吾不得見之矣。當有宰官身菩薩以文章翻譯此經，又數百年，當有肉身比丘，以吾教判此經歸中道（註339）」。南嶽天台寺左畔有拜經台遺址亦云：「距智者（於597圓寂）後百餘年，《楞嚴經》始入中國（705），經屬房相筆受，文字爾雅，宇內學士大夫多誦之（註340）」。這位被預記「宰官身菩薩」就是指房融宰相，而那位「肉身比丘」傳說就是後來中興天台始祖的傳燈大師，這種事先預記之說到底可不可信？筆者以為「信非偶然」也。

試舉《廣東通志·卷二二九》中亦預記光孝寺將來會有「肉身菩薩」於此受戒之事，其「光孝寺重修六祖菩提碑記」文曰：「宋朝求那跋陀三藏，建茲戒壇，預識曰：後當有肉身菩薩受戒於此。梁天監元年（公元502年），又有梵僧智藥三藏航海而至，自西竺持來菩提樹一株，植于戒壇前，立碑云：吾過後一百六十年，當有肉身菩薩來此樹下，開演上乘，度無量眾，真儒佛心印之法王也。今慧能禪師正月八日抵此，因論風幡而與宗法師說無上道……（註341）」。佛門類似這樣的預記傳說記載是很普遍的，所以智顗大師入滅時所預遺《楞嚴經》事，相信應是「信非偶然」也。

這位傳燈大師，解行相資，莫不雙依《楞嚴經》（註342），甚至言：「獨《楞嚴》一經，明佛知見最親（註343）」，且天台宗之徒並盛讚傳燈大師是：「可以稱《楞嚴》之中興，可以滿大師（指智顗大師）之久望（註344）」，所謂「滿大師之久望」，是認為傳燈就是智顗所預記弘揚此經的那位「肉身比丘」。這是後來天台宗紛紛以《楞嚴經》印證《摩訶止觀》的一段因緣。由這段的因緣來看，智顗大師的遙拜《楞嚴經》十八年的事，是在其宣講《摩訶止觀》的左右，而智顗是在開皇十四（594）宣講《摩訶止觀》的，照這麼推算，《楞嚴經》最少在594年以前已經產生，或者更早，而且有「西來」的「梵僧」口傳出此《楞嚴經》（因為當時梵本

註　339　見傳燈大師《楞嚴經圓通疏·卷一》，《卍續藏》第十九冊頁401上。

註　340　見於《卍續藏》第二十五冊頁1上。

註　341　見《廣東通志·卷二二九》頁3801下（附圖B—4）。或見《廣州市文物志》頁222。大陸深圳奧海旭日印刷公司。1990、2。

註　342　見傳燈大師《楞嚴經圓通疏·卷一》，《卍續藏》第十九冊頁401上。

註　343　見傳燈大師《楞嚴經圓通疏前茅·卷上》，《卍續藏》第八十九冊頁492上。

註　344　見傳燈大師《楞嚴經圓通疏·卷一》，《卍續藏》第十九冊頁401下。

未東來，所以很可能是口傳，或是此梵僧曾親眼見過《楞嚴經》的梵本）。此梵僧熟悉《楞嚴經》義，故說出「《摩訶止觀》懸合《楞嚴經》」之類的話。

　　縱合上述資料，《楞嚴經》梵本結集的第三種說法是：在「第六世紀」初到中左右（或者更早），不會到「第六世紀」之末，因為智者是 597 年圓寂的，而拜經十八年之說是在智者講《摩訶止觀》的前後。

第四種說法

　　從《楞嚴經》的判教來說，普遍的說法認為它產生在《法華經》之後與《涅槃經》之前間，這種說法雖亦遭人質疑，但同意這種說法的有宋・子璿大師《楞嚴經義疏注經》（註345）清・溥畹大師《楞嚴經寶鏡疏》（註346）、明・乘旹大師《楞嚴經講錄》（註347）、明・交光大師《楞嚴經正脈疏懸示》（註348）、清・通理大師《楞嚴經指掌疏懸示》（是原則上同意，但卻主《楞嚴》是在後轉時中般若會之後半時也）（註349）……等。

　　先從漢譯的《法華經》譯本上來說：晉・竺法護於公元 286 年譯出《正法華經》。姚秦・鳩摩羅什於弘始八年（496 年）譯出《妙法蓮華經》。隋・闍那崛多（Jñānagupta）與笈多（Dharmagupta）在仁壽元年（601 年）補譯成《添品妙法蓮華經》。

　　而《涅槃經》是在北涼 玄始十年（421 年），依河西王 沮渠 蒙遜之請，曇無讖（Dharma-rakṣa 385—433）於姑臧譯出。

　　如果照這兩部經大略的時間比對，《楞嚴經》的梵本編集很可能是在「第四世紀」初（從 300 年開始）以後。因為《楞嚴經》必晚於《楞伽經》之會集，所以不會在「第三世紀」，應在「第四世紀」以後才編《楞嚴經》的。筆者這第四種說

註　*345*　詳於《卍續藏》第十六冊頁 485 下—486 上。

註　*346*　詳於《卍續藏》第九十冊頁 534 上。

註　*347*　詳於《卍續藏》第八十九冊頁 889 上。

註　*348*　詳於《卍續藏》第十八冊頁 281 上。

註　*349*　詳於《卍續藏》第二十四冊頁 163 上。

法也只是參考，畢竟《楞嚴經》處在《法華》與《涅槃》間亦只是大略上的說法，明・憨山大師的《楞嚴經通議・卷一》即主：「**此經非一時說**（註350）」。既「非一時說」，則「非漸非頓、非祕密、非不定、非藏通別圓」。亦可名「通五時」說，則又「是漸是頓、是祕密、是不定、是藏通別圓」。非「一時」又通「五時」，「雙非雙通」，這大概就是《楞嚴經》最「神祕」的地方吧！這第四種說法是從「判教」上來推測《楞嚴經》是在「第四世紀」初彙編的（不過從經義的密教色彩來看，似乎是早了一點）！

第五種說法

照北宋・慧洪（1071—1128）之《林間錄・卷下》說：「**龍樹菩薩嘗於灌頂部，誦出《大佛頂首楞嚴經》十卷，流在五天，皆諸經所未聞之義，唯心法之大旨，五天世主，保護祕嚴，不妄傳授**（註351）」。考龍樹的出生，依《三論遊意義》、道安之《二教論》及《龍樹菩薩傳》等所說，龍樹是生於佛陀入滅後八百八十年頃，即公元「第四世紀」末（註352）。而佛門中又傳說龍樹活了二、三百歲，所以龍樹應該經歷了「第四、第五世紀」。

去龍宮取回大乘祕典的事，根據《龍樹菩薩傳》的記載，龍樹曾於龍宮「得諸經一箱」且研讀其大乘經典達「九十日」（註353）。龍樹除了與大乘經典有深厚的關係外，也同時被西藏密宗奉為開山祖師。光在《西藏大藏經》裡署名為龍樹之作的譯本就有一百一十八種，其中「讚頌」的十九種、「密教解釋」的五十一種、「顯教解釋及雜著」四十八種，其中與漢譯重複的只有十一種（註354）。而龍智（Nāgabodhi，西藏名 Kluḥibyaṅ-chub）更為龍樹的密教傳人（為第四祖），在《金剛頂瑜伽三十七尊出生義》中就記載著：「**金剛薩埵得之，數百年傳龍猛菩薩，龍猛菩薩受之，又數百年傳龍智阿闍梨。又住持數百年，傳金剛智阿闍梨**（註355）」。如果照這個說法來看，龍樹的密教思想確實佔了相當重的地位。

註 350 《卍續藏》第十九冊頁 91 上。

註 351 詳於《卍續藏》第一四八冊頁 622 下—623 上。

註 352 又經呂澂之「龍樹的學說」一文考訂，龍樹的年代應在公元三世紀（200—300）比較合理。詳見《中華佛教百科全書》第九冊頁 5574 左。

註 353 《大正藏》第五十冊頁 186 上。

註 354 上述資料來自《中華佛教百科全書》第九冊頁 5575 右。

註 355 《大正藏》第十八冊頁 299 上。

龍猛後又傳給金剛智（671？—741），《貞元新定釋教目錄・卷十四》中載呂光《金剛智行狀記》及混倫《金剛智三藏塔銘所述：金剛智三十一歲時曾往南天竺，承事供養龍智七年，受學密法（註356）。而不空（705—774）又於金剛智圓寂後受師遵遺命，往印度求法，於天寶五年746才回抵長安，之後不空即譯出了「梵本」的「楞嚴咒」。

從金剛智、不空出生的地點來看，都是在南印度，而金剛智亦是前往南印度與龍智菩薩學密法。從這些事蹟來推測，《楞嚴經》內的「密教思想」出自南印度的可能很大。如果北宋・慧洪大師所說的「龍樹菩薩嘗於『灌頂部』，誦出《大佛頂首楞嚴經》十卷」之事不假，那麼從密教龍樹（龍猛）、金剛智、不空的一路傳承來看，或許可以搭上一些因緣。

所以第五種說法是：《楞嚴經》由龍樹從龍宮默誦而出，而流於「五天」，這「五天」的說法很模糊，因為印度全域分割為東、西、南、北、中五區，稱為「五天竺」，所以到底是指「五天竺」的那一天？那一個國王？這都是慧洪師所未交代。根據筆者推測，很可能是從南印度流出，再轉回中印度而藏於國家宮中。至於梵本在什麼時候結集，便不得而知了。如果《楞嚴經》真是龍樹傳出，那以龍樹是活是「第三」到「第四世紀」的時間來看，《楞嚴經》也應是這時傳出的吧？下面再將這五種譯本結集的時間整理如下：

第一種說法：第七世紀的中期到末期。
第二種說法：第四世紀到第五世紀。
第三種說法：第六世紀初到中。
第四種說法：第四世紀初。
第五種說法：龍樹所在的年代（三到四世紀）。

這五種說法，個人以為第三種「第六世紀初到中」最有可能。因為《楞嚴經》比《楞伽經》早，所以《楞嚴》必定要在「第四世紀」以後；再將智者拜《楞嚴》的時間算入，那又不能超過「第六世紀」之末（因智者於597入滅）。往前不能少於「第

───────────────

註　356 詳於《大正藏》第五十五冊頁876下。

四世紀」，往後不能超過「第六世紀」末，那就是「第六世紀」初到中最有可能。因如果是「第五世紀」的話，對密教的興盛似乎太早，密教雖是「第七世紀」中才興盛，但也有可能在「第六世紀」就已萌芽。所以本小節的總結論是：《楞嚴經》的譯本結集應在「第六世紀初到中」（公元 500—550）左右。

四、梵本有無商榷

《楞嚴經》的梵本有無問題，自古來就一直被強烈的質疑。何格恩之「房融筆受楞嚴經質疑」一文中曾云：「《楞嚴經》自古迄今，未見梵本，其為偽書者，李翊灼先生已論之詳矣（註357）」！筆者以為這句「自古迄今，未見梵本」之說自是太武斷；果真如此，那麼般刺密帝、彌伽釋迦、房融、懷迪……等人不全都成了「虛構」一場？

據史料記載北宋·無盡居士張觀文（即張商英 1043—1121）曾撰《楞嚴經補註》。傳聞張商英將《楞嚴經》改名為《清淨海眼經》，他自己說「房融不見古本，今依『梵本』改正（註358）。可見張商英「似乎」是看見過《楞嚴經》的梵本，但此說卻被錢謙益所駁斥云：「房筆受竺文，何云未見古本？張所據梵夾，豈是極量(即般刺密帝)重來無稽之說，良所不取（註359）」。所以張商英所見的梵本到底是根據何由？這都已是不可考了。

另外在宋時有一位宗達大師，它亦是住在崇福寺。嘗考訂《佛頂楞嚴》，校正舊訛。亦為當世人所稱。不過宗達所校正的《楞嚴經》究竟是依梵本校，或是依譯本校？史料欠缺，無從考起（註360）。

重新翻譯「楞嚴咒」的不空大師（705—774），是南印度 師子國人，是在《楞嚴經》翻畢那年（705）才出生，後於二十歲開元十二年（724 年）受金剛智師尊遺命，往印度求法。達錫蘭，從普賢阿闍梨（一說龍智阿闍梨）受十八會金剛頂

註 357 李翊灼之《佛學偽書辯略》言未見梵本，見國立中央大學「文藝叢刊」第一卷第二期。或詳於何格恩之「房融筆受楞嚴經質疑」頁 319。
註 358 《卍續藏》第二十一冊頁 748 下。
註 359 《卍續藏》第二十一冊頁 749 上。
註 360 資料引自《中國佛學人名辭典》頁 257 左。

瑜伽及大毘盧遮那大悲胎藏各十萬頌、五部灌頂、真言祕典、經論梵夾五百餘部，並蒙指授諸尊密印、文義性相等。又遍遊五印度，於天寶五年746才回抵長安，總共攜回陀羅尼教《金剛頂瑜伽經》等八十餘部，大小經論一千二百卷。後不空於乾元元年（758）上表請搜訪梵文經夾加以修補，並翻譯傳授，得皇帝之敕許後，即將長安 慈恩寺、薦福等寺，東京 聖善、長壽等寺，以及各縣的寺舍、村坊、凡有昔日玄奘、義淨、善無畏、流支、寶勝等三藏所帶來的梵夾都集中起來，統一交給不空大師陸續翻譯奏聞，這可說是唐代第一次梵夾的大規模集中。但很可惜的是後來的會昌五年（845）唐 武宗滅法，大興善寺被毀，大批的梵夾也就跟著結束了。

　　所以「楞嚴咒」既然由不空大師重翻，可證明梵本「楞嚴咒」可能還在，乃至《楞嚴經》的梵本那時可能都還在，這個梵本很可能是般剌蜜諦法師挾至中國時的梵文「複寫本」，因為「原稿」已由般剌蜜諦又重新攜回印度去接受「國罰」。或者是不空大師由印度又再重請到「楞嚴咒」的古梵本？或者是從民間私人珍藏的《楞嚴經》梵本中所譯出？（因為不空時代皇帝做了一次大規模的梵本收集）……等等。這也都只是猜測罷。

　　至於保賢法師所云：為何玄奘、義淨在那爛陀寺及印度遊學時皆未見《楞嚴經》？筆者的看法是：當時的梵本貝葉經，抄寫皆不易，而印度國土時有分裂而成阻隔，學派之間又互相障礙攻擊，時有新說代興，且《楞嚴經》既然為國寶，更不輕易為「外人」（指中國去的僧人）所知。如玄奘師與那提（Nadī）三藏的故事就證明當時宗派差異互相排擠，在《續高僧傳・卷四》上載那提三藏的事說：「搜集大小乘經律論五百餘夾，合一千五百餘部，以永徽六年創達京師。有敕令於慈恩安置，所司供給。時玄奘法師，當途翻譯，聲華騰蔚，無有克彰，掩抑蕭條，般若是難，既不蒙引，返充給使（註361）」。這是說那提三藏非但不見容於玄奘法師的譯場，最後還在顯慶元年首和龍朔三年先後兩次被敕往崑崙和南海等國採藥（即將那提設計出境）。當那提三藏第一次採藥返回長安時，其「所齎諸經，並為奘將北出，意欲翻度，莫有依憑（註362）」。這是玄奘大師侵佔那提三藏的經典事實，這種「不雅」的行為，道宣律師曾解釋說：「那提三藏乃龍樹之門人也，所解『無

註　361　《大正藏》第五十冊頁458下。其事亦詳載於《開元釋教錄・卷九》，《大正藏》第五十五冊頁563上—中。
註　362　《大正藏》第五十冊頁459上。

相』與奘頗返。西梵僧云：大師隱後（指<u>龍樹</u>），斯人（指<u>那提</u>）第一，深解實相，善達方便（註363）。」

　　從這可知道<u>玄奘</u>是「法相宗」的創始人，而<u>那提</u>是「法性宗」的大師，徒弟間多少有互相排擠之嫌，這種宗派之爭在<u>唐</u>代是普遍存在的事實。據<u>曹仕邦</u>之《中國佛教譯經史研究餘瀋一》云：「據<u>冉雲華</u>先生所考，知道自<u>唐</u>代以來便盤據宮庭的華嚴宗、法相宗和南山律宗僧人，為了確保本身既得利益，故對外籍僧徒和他們新譯的經典採抗拒態度（註364）。」所以就算聞名全<u>印度</u>的「中國僧人」<u>玄奘</u>、<u>義淨</u>兩大師也有可能不知《楞嚴經》的梵本仍藏於隱密的國家宮庭中、或者真因「宗派不合」而予以否定？或因「知而未見」？或「見而不說」？或「不知不見」？……等都有可能。但若只認定<u>玄奘</u>、<u>義淨</u>所取回所翻譯的梵本無《楞嚴經》，就斷定《楞嚴經》無梵本，這種說法是不客觀的。

　　<u>保文</u>又言：「<u>奘</u>師取回梵本七千卷，《楞嚴》梵本如果存在於<u>印度</u>，<u>奘</u>師豈能不知不見」？其實<u>玄奘</u>共請回佛經梵文原典五二〇夾（於<u>貞觀</u>十九年 645 抵<u>長安</u>譯經），計六五七部，所譯出的卷數總共是一千三百三十一卷（註365），不是<u>保文</u>所說的「七千卷」。這些數量不能算是最多的，因為光<u>那提</u>（Nadī）三藏從<u>印度</u>帶回來的梵經就有「一千五百多餘部（註366）」（於<u>唐</u>・<u>高宗</u> <u>永徽</u>六年 655 至<u>長安</u>，亦敕住<u>大慈恩寺</u>）比<u>奘</u>師（六五七部）多了一倍以上。但根據《開元釋教錄・卷九》所載（註367），<u>那提</u>三藏只譯出「三部三卷」經典而已，三部是《師子莊嚴王菩薩請問經》一卷、《離垢慧菩薩所問禮法經》一卷、《阿吒那智經》一卷。這是我佛學譯經史上的一大損失。底下有數位，分述如下：

❶ 比<u>玄奘</u>來華更早的中<u>天竺</u> <u>摩揭陀</u>國人<u>波羅頗迦羅密多羅</u>（565—633 Prabhākaramitra）「于斯時也，大集梵文，將事廣傳，陶津後代。而恨語由<u>唐</u>化，弘匠不行，致使梵寶無由分布。故十載之譯，三部獻功，可悲深矣

註 363 《大正藏》第五十冊頁 459 上。
註 364 轉引<u>王文顏</u>之《佛典漢譯之研究》頁 62。
註 365 見《大唐故三藏玄奘法師行狀》，《大正藏》第五十冊頁 219 中。或見《大慈恩寺三藏法師傳・卷十》言「一千三百三十一(八)卷」，《大正藏》第五十冊頁 277 上。
註 366 詳於《續高僧傳・卷四》，《大正藏》第五十冊頁 458 下。
註 367 詳於《大正藏》第五十五冊頁 563 上—中。

（註368）」。

❷在《續高僧傳・卷三》之「波頗本傳」云：「躬齎梵本，望並翻盡（註369）」。

❸另有一位亦比奘師早的《續高僧傳・卷二》之「那連提黎耶舍傳」（490—589 Narendrayaśas）云：「三藏殿內，梵本千有餘夾（註370）」……等等。

❹《續高僧傳・卷一》之「僧伽婆羅本傳」（460—524 Saṃghavarman 或 Saṅghapāla）云：「梁初又有扶南沙門曼陀羅者，梁言『弘弱』，大齎梵本，遠來貢獻（註371）」。

❺在玄奘稍後的菩提流支（562—727 Bodhiruci），據《續高僧傳・卷一》之「菩提流支傳」引李廓之說云：「三藏法師流支房內，經論梵本可有萬夾，所翻新文，筆受稿本，滿一間屋（註372）」。

❻《宋高僧傳・卷三》之「論曰」即載宋太宗建立大平 興國寺譯經院後「續敕搜購天下梵夾（註373）」，正說明民間還有大量的梵本留傳，而引起朝廷收購的動機。

　　由上述資料可證奘師所未見到的「梵經」也不只是《楞嚴經》而已，究竟還有多少梵經未翻、未傳於世間，這都是「未知數」？在唐 宋那個梵經來往中國頻繁發達的時代（註374），奘師、淨師所未見過的梵夾何其之多（註375）。

　　保文又言：「《楞嚴經》梵本問題，龍樹未見於前，世親、護法未見於後，求一歷史見證之人皆不可得，又是一在印度根本無梵本的反證」。保文如何證明龍

註　368　詳於《大唐內典錄・卷二》，《大正藏》第五十五冊頁 281 上。又「十載」應是「四載」。
註　369　《大正藏》第五十冊頁 440 中。
註　370　《大正藏》第五十冊頁 432 下。
註　371　《大正藏》第五十冊頁 426 上。
註　372　《大正藏》第五十冊頁 428 下。
註　373　《大正藏》第五十冊頁 725 上。
註　374　梵經除了中國西行求取和外人攜回外，甚至梵經還一度成為「外交禮品」在贈送。如《宋高僧傳・卷三》之「般若傳」云：「元和五年庚寅，詔工部侍郎歸登、孟簡、劉伯芻、蕭俛等，就醴泉時譯出經八卷，號『本生心地觀』。此之梵夾乃高宗朝師子國所進者……先於貞元中譯《華嚴經》後分四十卷，此蓋烏荼國王所進者」。可見外國來朝也常帶來梵經做為「禮品」。詳於《大正藏》第五十冊頁 722 中。
註　375　關於梵本傳來中國之事，據景祐二年（1035）宋・仁宗御撰的「天竺字源序」上曾記載：宋初以來……由印度齎梵經入貢者八十人，我國僧侶於印度取回梵經者一百三十八人，取來梵本一千四百二十八人，譯出佛典五百六十四卷。這雖是宋以後梵經來華的記載，但可知梵經不是只有玄奘、義淨取回就因此終止，陸續來華的梵經何其多耶？詳細請參閱關德棟撰之「五代及宋代中印佛教僧侶的往來與譯經」一文，收於張曼濤編《佛典翻譯史論》頁 119—128。

樹未見梵本《楞嚴經》？就算龍樹未見，而龍樹所主的「法性宗」正與《楞嚴經》不謀而合。普遍來說，強調法性一味之理的宗派稱為「法性宗」；強調諸法差別之相的宗派稱為「法相宗」。一般以「三論宗」、「華嚴宗」、「天台宗」、「密宗」等屬性宗；以「唯識宗」、「俱舍宗」等屬相宗。而龍樹正是「三論宗」之第三祖（依《三論宗血脈》及《八宗綱要·卷下》來說），且《楞嚴》一經與華嚴、天台、密宗、三論宗等「法性宗」又有深密的關係。所以《楞嚴經》與龍樹的「法性宗」相融，豈能說龍樹「何必又依因緣而造《中論》，豈非有意背叛佛語」之語？這是對《中論》「緣起義」不了解，亦是對《楞嚴經》所說的「緣起性空」義不清楚所致。

試舉《大智度論》（Mahāprajñāpāramitaśastra）的出書來說，此書的譯者是鳩摩羅什（344—413，一說 350—409 梵名 Kumārajīva）於弘始六年（404）譯出，但其梵本「至今」尚未發現，印順法師就說「目前梵本無存」（註376）。那麼《大智度論》的梵本舉世之下只有鳩摩羅什大師「見過」，所以也因此有些學者質疑它不是龍樹造，是鳩摩羅什所參與的著作，或說某西北印度「說一切有部」而轉學大乘之學者所作，或說筆受的僧叡所附加……等等（註377）。如果以保文動輒言：「求一歷史見證之人皆不可得，又是一在印度根本無梵本的反證」的話，那麼佛陀很多的經論都會被冠上「因梵本不存在，故是偽經」的帽子，《大智度論》就是其中一例！

筆者以為：《楞嚴經》的「梵本」從史料上的記載上說至少有「五人」以上見過，般刺密帝、彌伽釋迦、懷迪、房融及房融之妻（幫忙以水浸解為血所凝的梵經，註378）等。前文已說過，譯經之事動輒上三千人，少則百人，雖然《楞嚴經》的譯場人員到底有多少人是個未知數，但保守的說，以十卷雄文「六萬二千」多字的經文來說，不可能只有三人「祕密」翻譯，所以如果有上百人則其梵本的「複寫本」亦會是破「百」的，不會是保文所說的「求一歷史見證之人皆不可得」。

五、小結

以梵本的有無而推斷是否真佛經的方式，在學術研究上是一項鑒定真典的方

註 376 詳於《中華佛教百科全書》第二冊頁 679 右。
註 377 詳於印順法師口述·昭慧法師記《大智度論之作者及其翻譯》一書。
註 378 詳於明·傳燈大師《楞嚴經圓通疏》，《卍續藏》第十九冊頁 415 上。

法之一，但並不代表有梵本就是佛說，無梵本便是偽造。南宋的大慧 普覺禪師（即大慧 宗杲禪師 1089—1163）在答覆孫知縣居士所問的「梵本」問題時，亦曾做出如下的開示：

> 「既無梵本，便以臆見刊削聖意。則且未論招因帶果毀謗聖教墮無間獄。恐有識者見之，卻如左右（指孫知縣居士此人）檢點諸師之過，還著於本人矣。古人有言：交淺而言一深，招尤之道也……六朝翻譯諸師，皆非淺識之士。翻譯場有譯語者，有譯義者，有潤文者，有證梵語者，有正義者。有唐梵相校者，而左右尚以為錯譯聖意，左右既不得梵本，便妄加刊削，卻要後人諦信，不亦難乎（註379）」！

民國・印光大師也曾就「梵本有無」的問題提出：

> 「人貴自知，不可妄說過分大話。觀汝之疑議，看得譯經絕無其難，只要識得外國文，就好做譯人，譯人若教他譯經，還是同不懂外國話的一樣。你要據梵本，梵本不是鐵鑄的，須有能分別梵本文義、或的確、或傳久訛謬之『智眼』，方可譯經。然非一人所能，以故譯經場中許多通家，有譯文者，有證義者，其預譯場之人，均非全不通佛法之人。汝完全認做為外國人譯話，正如譯書人識字。『聖人深奧之文，了不知其是何意義』，此種妄話，切勿再說，再說雖令無知識者誤佩服，難免有正見者深痛惜！光一向不以為悅人耳目而誤人，若不以光言為非，則守分修持，否則不妨各行各道他日陌路相逢，交臂而去，不須問你是何人，我是誰（註380）」？

筆者甚同意上述二位大師的看法：「梵本不是鐵鑄的」，譯經師也不是「不通佛法之人」，譯經師各各精通三藏、精通梵漢，其修持的果位證境亦深不可測，不能以現代人眼光去妄揣，梵本的有無並不是決定真、偽佛典的關鍵。近代民初的禪宗泰斗虛雲老和尚曾就《楞嚴》梵本提出：「方纔有幾位詢問《楞嚴經》意旨，茲乘大眾在此機緣，略說概要。此經原有百卷，而此土所譯祇有十卷。初四卷示見道，第五第六卷示修行，第八第九卷漸次證，最後並說陰魔妄想（註381）」。

註　379　《大慧普覺禪師語錄・卷三十》，《大正藏》第四十七冊頁 940 中。

註　380　（復王子立居士書一）。《印光法師文鈔三編上・卷二》頁 524。

註　381　詳於《虛雲老和尚年譜法彙增定本》頁 598。民國三十二年一月十七日在重慶 慈雲寺開

老和尚突如其來的說出「此經原有百卷，而此土所譯祇有十卷」，是否虛老是以甚深的「禪定功夫」去「得知」這消息？

如果我們再回到《續古今譯經圖紀》和《貞元新定釋教目錄》中的記載，二書都同說：「於灌頂部中誦出一品，名『大佛頂如來密因修證了義諸菩薩萬行首楞嚴經一部』(十卷)」、「於灌頂部中誦出一品譯成十卷，即前『萬行首楞嚴經』是也」。「灌頂部」三字按照《佛光大辭典》的解釋則有三種：

①為密教金剛界五部中「寶部」之別名。「寶部」即功德之寶，係授福德予一切眾生之內證，以是眾生昇於覺王之位，取授予灌頂之義，故稱「寶部」為「灌頂部」。

②有關「傳法灌頂」、「結緣灌頂」，及「三昧耶戒」之聖教，統稱「灌頂部」。

③謂密教之經典。密教行灌頂儀式，傳授經典奧義，故泛稱其經典為「灌頂部」（註382）。

這三種解釋都不離密教經典之說。明・憨山大師的《楞嚴經通議・卷一》對「灌頂部」三字有進一步的看法，大師云：「『灌頂部』者，華藏界中有五方佛，所說之法，各有一部。中央毘盧遮那佛為主，所說之法名灌頂部，顯此經通為報佛所說，故以此名。既標那爛陀大道場經，則集者可知，按《長水疏》存此題，亦云此經非一時說（註383）。大師認為此經是「報佛」所說，是「非一時說」。而經文云「於灌頂部中誦出一品」，《楞嚴經》是從中所「誦出一品」的經文，可見當時般刺密帝法師所帶來中國的梵本經文可能「不只」是《楞嚴經》而已（註384），而《楞嚴經》的翻釋究竟是不是只翻了「十卷」，而還有「九十卷」未翻？恐怕也是個未知數，所以虛老提及「此經原有百卷，而此土所譯祇有十卷」之語應作「保留」態度，也許《楞嚴經》的梵本真有一百卷，這都不一定的。

示，侍者惟因筆錄，時虛老已一百有四歲。
註 382 詳於《佛光大辭典》頁 6855。
註 383 《卍續藏》第十九冊頁 91 上。
註 384 留果宗之「《楞嚴經》時地考」頁 351 中亦言及般刺密帝法師「他帶來的經卷很多，沒有時間把它全部譯出，這是我們佛教學上一件遺憾的事」。

第九節　經文譯本之考

第一版

《楞嚴經》的譯本，如果從<u>房融</u>開始算，則<u>房融</u>譯文是第一版的譯本。

第二版

第二版應該是藏文《甘珠爾》中由漢文轉譯成「藏文」的《大佛頂首楞嚴經》第十品以及《魔鬼》第九兩本，這兩本其實就是《楞嚴經》的第九、第十兩卷，經末不註譯人及譯經時代，但其為<u>西藏</u>前弘期，約當<u>唐</u>代的譯品無疑，因為<u>西藏</u>的<u>盧梅</u>（十世紀間）曾懷疑此經非是佛說，而<u>布頓</u>（十四世紀間）對《楞嚴經》則深為置信。很可能此經在<u>唐</u>時曾全部轉譯成藏文，後經<u>朗達瑪</u>王滅法，遂至殘缺，淪為只剩二帙。嗣後在<u>清高宗</u> 乾隆十七年至二十八年間又由<u>章嘉</u> 呼圖克圖（西藏名 Lcaṅ-skya，蒙古語 Xutuqtu）主持，由<u>袞波卻</u>將全經重新轉譯成藏文，並刊成「漢、滿、藏、蒙」四體合璧的《首楞嚴經》全帙（註385）。

第三版

第三版是傳聞中的宋・<u>無盡居士張觀文</u>（即<u>張商英</u>）之《楞嚴經補註》，<u>張商英</u>將《楞嚴經》改名為《清淨海眼經》，云「房融不見古本，今依梵本改正（註386）」，可見<u>張商英</u>「似乎」是看見過《楞嚴經》的梵本，但此說卻被清・<u>錢謙益</u>駁斥云：「<u>房</u>筆受竺文，何云未見古本？<u>張</u>所據梵夾，豈是<u>極量</u>(即<u>般剌密帝</u>)重來無稽之説，良所不取（註387）」。而所改的《楞嚴經》一事亦遭宋・<u>正受</u>大師所斥云：「而<u>無盡</u>又修此經為《清淨海眼》，刪去指河及他事，節節大謬矣。嗚呼！謂《楞嚴》可刪，則三藏十二部孰非可刪之文（註388）」？

第四版

註　385 藏文《楞嚴經》事詳於《中華佛教百科全書》第八冊頁 4706 右。
註　386 《卍續藏》第二十一冊頁 748 下。
註　387 《卍續藏》第二十一冊頁 749 上。
註　388 參閱宋・<u>德洪</u>《楞嚴經合論・卷十》，《卍續藏》第十八冊頁 187 上。

　　第四版是蒙古文版的《楞嚴經》。元朝之必蘭納識里（？—1331）精通佛教三藏及西北諸國語。皇慶年間（1312—1313），受命譯諸梵經。後特賜銀印，並授光祿大夫，賜開府儀同三司，受三臺銀印，兼領功德使司之事務。至治三年（1323）受賜金印。至順二年（1331）受賜玉印，加號「普覺圓明廣照宏辯三藏國師」。翌年，以安西王子事件，賜死。師曾將漢譯之《楞嚴經》轉譯成「蒙古文」，也將梵本之《大乘莊嚴寶度經》、《乾陀般若經》、《大涅槃經》、《稱讚大乘功德經》，及藏文本之《不思議禪觀經》譯出（註389）。

第五版

　　近代美國萬佛城「國際譯經學會」則將漢文《楞嚴經》轉譯成「英文版」，目前已經出書。此譯經會還擬將《楞嚴經》轉譯成「越南文、韓文、日文」……等多國語言。相信這是佛教中一項莊嚴神聖的任務。

　　關於《楞嚴經》之「楞嚴咒」異譯亦有數種，謹移於第三章第三節之「楞嚴咒與其咒心之疑」一節中探討。

註　389 詳於《中華佛教百科全書》第三冊頁 1100 右。或見《補續高僧傳·卷一》。或見《新校本元史·列傳·卷二百二》頁 4520 之「必蘭納識里」。

第三章　經義真偽之釋疑

第一節　摩登伽經故事之考察

《楞嚴經・卷一》經文云：

「爾時阿難，因乞食次，經歷婬室，遭大幻術。摩登伽女，以娑毗迦羅先梵天咒，攝入婬席。婬躬撫摩，將毀戒體。如來知彼婬術所加，齋畢旋歸。王及大臣長者居士，俱來隨佛，願聞法要。於時世尊。頂放百寶無畏光明，光中出生千葉寶蓮，有佛化身，結跏趺坐，宣說神咒。敕文殊師利將咒往護，惡咒消滅，提獎阿難，及摩登伽，歸來佛所。阿難見佛，頂禮悲泣，恨無始來，一向多聞，未全道力（註390）」。

一、歷代疑偽之說

A、呂氏之疑：

「《楞嚴經》序，先出阿難墮摩登伽咒術一事，此竊取《摩鄧經》而撰之。據《楞嚴・卷二》，波斯匿王自說年六十二。佛與王同歲（《毗奈耶雜事・卷二十》等），當亦為六十二。阿難於佛滿六十歲時，已為佛侍者（《中阿含・卷八》），此時何得離佛遠遊致遭魔難？其偽五」。

「《楞嚴經》序又云：『屬諸比丘休夏自恣』，按諸律文，安居之時，不得離界，何況遠遊？如其受日未還，亦應於異界內共行自恣。何能獨行乞食？此全不明僧制妄為之說。其偽六」。

「經言：『自恣會訖，即赴王齋。』然依律制，自恣後當作衣，作訖，乃得他去。何得即受王請？此亦不明僧制妄說。其偽七」。

「印俗：旃陀羅等『賤族』，屏居城外。律制，比丘不得入舍，故佛經中祇說

註 390 《楞嚴經・卷一》，《大正藏》第十九冊頁106下。

入城乞食，不聞郊遊。阿難何得過淫女之居，自取煩惱，此亦杜撰。其僞八」。

「經說：『摩登伽女用「娑毗迦羅先梵天咒」。』按此『娑毗迦羅』，即經卷二、卷十所謂先梵志說冥諦者，印度外道惟迦毗羅說冥諦，今乃杜撰娑毗羅以湊字句。其僞十（註391）」。

B、從氏之疑：

「有這段故事緣起而開展出楞嚴咒，這是外道異學藉用《摩鄧女經》，有關阿難和摩鄧女的故事，夾雜咒術於佛經中，令佛教徒不知不覺的日日誦習外道異學……（略去經文）……如《摩鄧女經》說，摩鄧女個性開放，並非妓女，阿難受困於摩鄧女家，並無婬躬撫摩之事。

一則，阿難若主動撫摩摩鄧女，即得僧殘重罪，若得此罪應於七日中受僧權禁治，七日後於二十人僧中懺悔清淨，阿難雖非阿羅漢，一向潔身自愛，不敢犯此重罪，如《摩鄧女經》說，阿難不肯前就臥處，可證明阿難不婬躬撫摩摩鄧女。

二則，摩鄧女若主動撫摩阿難，阿難被動不受樂，則不得罪。由於摩鄧女非妓女，只愛戀於阿難，企求阿難娶她爲妻，母親前牽阿難衣，逼令二人成親不可得，可證明摩鄧女未婬躬撫摩阿難。

三則，若說阿難遭大幻術，迷失本性而與摩鄧女共相婬躬撫摩，摩鄧女母親就不必大煞風景，中庭地出火欲擲阿難於火中。如摩鄧女母親說：「天下道無有能過佛道及阿羅漢道」……無論阿難是何果位皆是阿羅漢道之身，摩鄧所施幻術不能害阿難。以其幻術無效，阿難與摩鄧女並無情趣可共相婬躬撫摩。

四則，如《中阿含・三三經》佛說：「阿難，汝奉侍我，身行慈口意行慈，初無二心」。可知阿難爲人，一向慈心爲懷。《雜・一二五五經》：「一切眾生修習慈心，若有諸惡鬼欲往伺求其短，不能得其間便」。摩鄧的蠱道就是驅使惡鬼之術，是故無法驅使阿難與摩鄧女共相婬躬撫摩。《楞嚴經》中說，摩登伽女以娑毗迦羅先梵天咒，攝入婬席，婬躬撫摩，將毀戒體，有

註 *391* 《呂澂佛學論著選集》第一冊頁373。

昧於事實及佛法義趣。作如是説，無非爲貶損阿難，以便發展後續的故事。事實上，若如《摩鄧女經》説，阿難並沒有犯任何過失，阿難只自鄙隨佛出家尚未成阿羅漢，以致被摩鄧母女禁閉於屋舍中不得出。

摩鄧蠱道用於阿難身上不發生作用，阿難受縛只因出家人不能抗爭，又因阿難仁慈，不忍傷害摩鄧母女的自尊，任其所縛，並非蠱道能縛阿難，若要救出阿難，只需有人打開屋門，阿難即可得脱困。若如《楞嚴經》説……要救出阿難居然得宣説長篇咒語，都不嫌殺雞用牛刀，這是外道異學貶損如來，意謂如來的最殊勝成就只如摩鄧的巫蠱之術，如來拚鬥巫婆，貶損如來和巫婆旗鼓相當。

事實上，如《摩鄧女經》説，阿難未受困於幻術。假使阿難受困於幻術，四雙八軰聲聞弟子都可救援，文殊師利菩薩也可救援，何用大費周章，如來卯足全力宣説長篇神咒不算，還得文殊師利菩薩持此神咒才堪任銷滅惡咒呢？諸佛諸阿羅漢使用神通並不藉用咒術符籙風水等媒體，只在一念中如其所願而入其像定。如《摩鄧女經》説，阿難不能得脱時，佛即持神心知阿難，阿難霎時得脱而還至佛所。所謂「佛即持神」，就是佛即用神通，於一念間即完成了一切救援工作，那如《楞嚴經》説，大費周章（註392）」。

C、馮氏之疑：

「《楞嚴經》那麼偉大的佛經之一，竟然還有摩登伽女引誘阿難尊者，將破其法體，這樣的荒唐故事！以現代人眼光來推斷，當時到底是妖女引誘阿難呢？抑或是出家久曠的壯男阿難自己先動了淫心，性欲衝動？實在是難以判斷的疑案！佛經固然是一面倒，全責怪摩登伽女，或者正可反映出古代『編寫佛經』的人，當時是一種什麼的歧視女性心理吧？……未知是否是從《楞嚴經》漢文本開始，有了摩登伽女引誘阿難的一段緋聞，從此佛教『戒淫』，就寫成『戒婬』（註393）」？

二、摩登伽經解題

註 392 引見《我從迷信出走》頁178第8行、頁184第九行—頁187第12行。
註 393 馮氏之文見《佛乘世界月刊》第八期頁12上—下。1997、12。台北。

　　《摩登伽經》（梵 Śārdūlakarṇāvadāna शार्दूलकर्णावदान。藏 Stag-rnahi rtog-pa-briod-pa སྟག་རྣའི་རྟོག་པ་བརྗོད་པ）的故事到底是不是真實的？依筆者從《大正藏》中記載摩登伽女與阿難的故事，大略整理一下，約有十二部之多。大致以翻譯年代排列如下：

❶ 後漢·安世高譯《佛說摩鄧女經》。一名《摩耶女經》，一名《阿難為蠱道所說經》。詳於《大正藏》第十四冊頁 895 上—下。（師曾於東漢 桓帝 建和二年 148，經西域諸國而至洛陽，從事翻譯工作，至靈帝 建寧三年 170 共二十餘年譯經）。

❷ 此譯缺本。按《開元釋教錄·卷十三》載：「前後五譯，一譯闕本」。見《大正藏》第五十五冊頁 615 上。

❸ 吳·竺律炎、支謙共譯《摩登伽經》。詳於《大正藏》第二十一冊頁 399 下—401 中。（師曾於黃龍二年 234 與支謙合譯《摩登伽經》三卷）。

❹ 西晉·竺法護譯《舍頭諫太子二十八宿經》（一名《虎耳經》）。詳於《大正藏》第二十一冊頁 410 中—411 下。（師曾於武帝 泰始元年 265 攜帶大批胡本經典至東土，居於長安、洛陽，專事譯經）。

❺ 失譯(附東晉錄)之《佛說摩登女解形中六事經》。詳於《大正藏》第十四冊頁 895 下—896 中。

❻ 姚秦·竺佛念譯《鼻奈耶·卷三》（vinaya विनय）。詳於《大正藏》第二十四冊頁 863 中—864 下。（師曾於姚秦弘始年間 399～416 譯經）。

❼ 北涼·浮陀跋摩（Buddhavarman）、道泰等共譯《阿毗曇毗婆沙論·卷十》中載：「曾聞阿難入舍衛城乞食時，摩鄧伽女見已隨逐而行，所以者何？以五百世中曾為阿難妻，今見阿難欲覺熾盛，無心能離」。沒有後續經文。詳於《大正藏》第二十八冊頁 74 下。（師曾於玄始十六年 427 譯出《阿毗曇毗婆沙論》一百卷）。

❽ 梁·寶唱等集《經律異相·卷十五》。詳於《大正藏》第五十三冊頁 80 上—81 上。此典敘述與《鼻奈耶·卷三》同。（師曾於天監四年 505 入京，奉敕住新安寺，參與譯經）。

❾ 唐·玄奘（602？～664）譯《大毗婆沙論·卷十八》載：「尊者阿難入城乞食，摩登伽女見已生貪，隨逐瞻觀不能捨離」。但沒有進一步提到後續的故事。詳於《大正藏》第二十七冊頁 90 中。

❿ 唐·道世（？～683）集《諸經要集·卷七》中轉載《摩鄧女經》此典。詳於《大正藏》第五十四冊頁 59 上—中。

❶ 唐・道世集《法苑珠林・卷四十五》中轉載《摩鄧女經》此典。詳於《大正藏》第五十三冊頁 630 中—下。

❷ 《楞嚴經》之記載。詳於《楞嚴經・卷一》，《大正藏》第十九冊頁 106 下。

　　從上面十二部經來說，除了梁・寶唱集的《經律異相》、唐・道世撰的《諸經要集》和《法苑珠林》、《大毘婆沙論》和《阿毘曇毘婆沙論》是轉載之文，其餘的都是由僧人以「梵文」翻漢而成。《開元釋教錄・卷十三》載：「**前後五譯，一譯闕本**（註394）」。略述如下：

① 最早是安世高（一世紀人）所譯的《摩鄧女經》，安世高博曉經藏，尤精通《阿毘曇》學與禪。安世高所譯之經，義理明晰，文字允正，辯而不華，質而不野，主要傳播小乘佛教「說一切有部」之《毘曇》學和禪定理論。《摩鄧女經》由安世高所譯出，其可信度應很高，至少安世高是精通小乘佛學的僧人。

② 第二譯是從缺的。

③ 第三譯《摩登伽經》是由吳・竺律炎與支謙共譯。這兩位都是印度僧人，其所譯經是由自己從印帶來，故出其自撰的可能性不大。

④ 第四譯是西晉・竺法護（Dharmarakṣa）所譯的《舍頭諫太子二十八宿經》。竺法護世居敦煌，八歲出家，每日誦經數萬言，博覽六經，遍通西域三十六國語文。時人皆稱之為「月支菩薩、敦煌菩薩、敦煌開士、本齋菩薩」等號。據《法華傳記・卷一》載（註395）：竺法護於武帝 泰始元年（265）攜帶大批胡本經典至東土，居於長安、洛陽，專事譯經，有聶承遠、仁法乘、陳士倫等人參與筆受、校對等工作。依這些資料記載，竺法護所譯的《舍頭諫太子二十八宿經》其真實性應很高。

⑤ 第五譯是失譯(附東晉錄)的《摩鄧女解形中六事經》。以上譯本次序是參考《至元法寶勘同總錄・卷七》（註396）之說。

⑥ 第六譯是姚秦・竺佛念譯《鼻奈耶・卷三》的記載。竺佛念是東晉本國人，其譯的《鼻奈耶》中所述的摩登伽事故與前面幾部經有些出入，但大致不離阿難與摩登女的情節，很可能是轉錄前經，或是傳抄之載。

註　394　見《大正藏》第五十五冊頁 615 上。
註　395　《大正藏》第五十一冊頁 50 下。
註　396　《法寶總目錄》第二冊頁 219 中—下。

⑦最後一部是般剌蜜諦譯《楞嚴經》中的記載，故事雖簡略，但仍不離前面幾部經之說。

　　懷疑《摩登伽經》者的主要理由是「《摩登伽經》本身並沒有獨立的梵本或缺乏梵本（註397），且「**竟然還有摩登伽女引誘阿難尊者，將破其法體，這樣的荒唐故事**」（馮氏文）。疑偽論者認為沒有梵本就可能是杜撰，其實這是不正確的說法。佛經在經過近二千年的輾轉傳抄翻譯，經過種種的戰爭、改朝換代，三武之滅佛……等，能留住的「原始梵本」究竟能有多少？只要拿不出或考察不出其經典的「原始梵本」，就無法證明他是「真佛經」嗎？其實就算有「梵本」，我們又如何證明它一定是「真佛說」的？

　　若我們從梵文本《Divyāvadāna दिव्यावदान》經（註398）之「第三十三譚」內容來看，它與《摩登伽經》的內容是極為相符的，而且本經前後共「五次」譯本，不至於會是屬於杜撰的經典。按印人堅意（Sthīrāmāṭī 音譯悉恥羅末底，約為公元第四世紀中人）所著的《入大乘論·卷上》就說：「《舍頭羅經》、《胎經》、《諫王》、《本生》、《辟支佛因緣》，如是八萬四千法藏，尊者阿難從佛受持者，如是一切皆有非佛語過（註399）」。這部《舍頭羅經》（Śardūlakarṇâvadāna शर्दूलकर्णावदान）至少在當時被某些聲聞部派學者承認它是「佛說的」。《舍頭羅經》就是《摩登伽經》三卷，而西晉 竺法護（Dharmarakṣa धर्मरक्ष）譯的《舍頭諫太子二十八宿經》（一名《虎耳經》）是同一部類的別誦本，這部經是從摩登伽女惑亂阿難的因緣上，說過去生事，闡述種族平等外，還收入「咒語、二十八星宿、占卜星宿」及「時分長短」等內容。雖然「星宿、占卜」在《阿含》中是被世尊所反對的（註400），但《十誦律·卷五十七》中世尊卻說：「**阿蘭若比丘……應善知道徑，善知日數，**

<hr>

註　397　這個說法主要是根據《至元法寶勘同總錄·卷七》中來的，其經文云：「《摩鄧女經》（第一譯）、《摩鄧女解形中六事經》（第五譯）、《摩登伽經》（第三譯）、《舍頭諫經》（第四譯）。右四經同本異譯，廣略有異，蕃本闕」。見《法寶總目錄》第二冊頁219中—下。

註　398　此經係編於三世紀初之梵文譬喻故事集。書中引用巴利聖典中之《長部》（Dīgha-Nikāya）、《長老偈》（Theragāthā）、馬鳴之《大莊嚴論經》等。為研究大乘佛教成立過程的重要經典之一。現由英國 印度學學者喀畏爾（Cowell）與奈爾（Neil）共同整理出版。現存《雜阿含經》中之卷二十三、卷二十五兩卷中之『阿育王因緣經』、『法滅盡相經』、『阿育王施半阿摩勒果因緣經』等三經，即相當於梵文本《Divyāvadāna》經。上述詳於《中華佛教百科全書》第八冊頁5273左、第六冊頁3160右。

註　399　《大正藏》第三十二冊頁36下。

註　400　詳於《長阿含經·卷十四》，《大正藏》第一冊頁89下。此段亦見於《長阿含經·卷十三》頁84中—下。

善知夜，善知星宿，讀誦星宿經（註401）」。可見原始部派時代世尊對「咒語、星宿、占卜、面相」……等，是「禁而不禁」的，也就是有時是禁，有時亦有「開緣」的「不禁」作法。個人以為：任何法律因時間、空間、地點的異同，都有「開緣」的時候，佛法是從「眾生心」生，心生則種種法生。從這也可看出世尊「隨緣度眾」、「觀機逗教」的說法方式。

　　《摩鄧女經》自後漢・安世高第一次譯出後，歷年來對此經的評價，並未見其「偽說」出現（指所有《藏經》皆無異說）。而歷代整理佛經目錄的僧人亦都將此經入錄，足見其「真實性」應非常可靠。如隋・法經等撰之《眾經目錄・卷三》就明確的說：「前二百五十經（包括《摩登女經》和《摩登女解形中六事經》），並是眾經失譯。雖復遺落譯人時事，而古錄備有，且義理無違，亦爲定錄（註402）。若從《一切經音義》來考察，《舍頭諫經》、《摩登伽經》這兩部經的音義皆由唐・玄應（約645年左右人）所撰。《摩鄧女經》則由唐・慧琳所撰，慧琳於《摩鄧女解形中六事經》下則云「藏中久未音」（註403）。

　　玄應大師對經文做音義校釋的工作，頗獲智昇的讚歎，如云：「窮討本支，通古今之互體，故能讎校源流，勘閱時代，刪稚古之野素，削澆薄之浮雜，悟通俗而顯教，舉集略而騰美，眞可謂文字之鴻圖，言音之龜鏡也……注釋訓解，援引群籍，證據卓明煥然可領。昔高齊沙門釋道慧，爲一切經音，依字直反，曾無追顧，致失教義，寔迷匡俗。應所作者，全異恆倫，徵覈本據，務存實錄，即萬代之師宗，亦當朝之難偶也（註404）」。既然玄應與慧琳兩位僧人皆對《摩登伽經》做「音義」上的注釋，相信此經當是「實錄」也。

　　下面附上此經的目錄供參考：（有「✓」的符號代表該目錄中有收錄此經）

註　401　《大正藏》第二十三冊頁419下—420上。

註　402　《大正藏》第五十五冊頁133中。

註　403　詳見《一切經音義・卷五十四》，《大正藏》第五十四冊頁669下—670上。

註　404　《開元釋教錄・卷八》，《大正藏》第五十五冊頁562上。

	《摩鄧女經》	《舍頭諫經》	《摩登伽經》	《摩登女解形中六事經》
《出三藏記集》 卷數 三 頁數 26 下	✓			
《衆經目錄》 卷數 三 頁數 129 上，133 中	✓	✓	✓	✓
《衆經目錄》 卷數 二 頁數 159 下—160 上	✓	✓	✓	✓
《衆經目錄》 卷數 二 頁數 194 上，194 下	✓	✓	✓	✓
《大唐內典錄》 卷數 一 頁數 223 上	✓			
《大唐內典錄》 卷數 二 頁數 234 中，241 中		✓		
《大唐內典錄》 卷數 七 頁數 298 上—中	✓	✓	✓	✓
《大唐內典錄》 卷數 八 頁數 309 上—下	✓	✓	✓	✓
《大唐內典錄》 卷數 九 頁數 322 中—下			✓	✓
《續大唐內典錄》 卷數 一 頁數 346 上	✓			
《古今譯經圖記》 卷數 一 頁數 349 下	✓			
《大周刊定衆經目錄》 卷數 七 頁數 414 下 (此載為《阿難為蠱道咒經》一卷)	✓			
《大周刊定衆經目錄》 卷數 八 頁數 416 中—下	✓	✓	✓	✓
《大周刊定衆經目錄》 卷數 十四 頁數 469 下	✓	✓	✓	✓

《開元釋教錄》 卷數　一 頁數 479 下	✓			
《開元釋教錄》 卷數　二 頁數 487 下，495 上			✓	✓
《開元釋教錄》 卷數　三 頁數 510 上				✓
《開元釋教錄》 卷數　十三 頁數 615 上	✓	✓	✓	✓
《開元釋教錄》 卷數　十五 頁數 644 下 (此載為《阿難為蠱道咒 經》一卷)	✓			
《開元釋教錄》 卷數　二十 頁數 692 下	✓	✓	✓	✓
《開元釋教錄(重出)》 卷數　二十 頁數 716 下	✓	✓	✓	✓
《開元釋教錄略出》 卷數　三 頁數 739 上	✓	✓	✓	✓
《貞元新定釋教目錄》 卷數　一 頁數 777 上	✓			
《貞元新定釋教目錄》 卷數　三 頁數 785 上			✓	
《貞元新定釋教目錄》 卷數　五 頁數 807 上				✓
《貞元新定釋教目錄》 卷數　二十三 頁數 948 中	✓	✓	✓	✓
《貞元新定釋教目錄》 卷數　三十 頁數 1040 中	✓	✓	✓	✓
《諸阿闍梨真言密教部 類總錄》 卷數　卷下 頁數 1127 下	✓	✓	✓	✓

上述資料全引自《大正藏》第五十五冊的「目錄部」。

這四部經除了上述的資料記載外，且自古以來所刊定的《大藏經》均收錄此四經（註405），如下表所製：

(1)《北宋版唐本一切經目錄》（北）
(2)《南宋版三緣山輪藏目錄》（南）
(3)《南山大普寧寺大藏經目錄》（元）
(4)《大藏經綱目指要錄》（指）
(5)《大藏聖教法寶標目・卷七》（法）
(6)《東叡山寬永寺一切經目錄》（天）
(7)《高麗版大藏經目錄》（麗）
(8)《至元法寶勘同總錄》（至）
(9)《大明三藏聖教北藏目錄》（明北）
(10)《大明三藏聖教南藏目錄》（明南）
(11)《大清三藏聖教目錄》（清）
(12)《大日本校訂縮刻大藏經目錄》（縮）
(13)《大日本校訂藏經目錄》（卍）
(14)《大正新修大藏經目錄》（大正）

除了《舍頭諫經》在《大藏經綱目指要錄》中沒有收錄外（註406），其餘皆全收錄。另外蕅益大師《閱藏知津・卷三十》亦述及此經（註407）。故由本節的「解題分析」與「目錄」記載，《摩登伽經》是佛說，並非撰杜的事實是可以確定的！

三、本經摩登事故

《楞嚴經》這段關於摩登伽女與阿難的經文考察，是否合理？筆者將上節所提五部有關摩登伽與阿難故事經文與《楞嚴經》內容，以圖表對照方式分析如下：

註　405　詳細請參閱小野玄妙著《佛教經典總論》頁895。
註　406　見《法寶總目錄》第二冊頁702中。
註　407　見《法寶總目錄》第三冊頁1192上—中。

	《摩登女經》	《摩登女解形中六事經》	《摩登伽經》	《舍頭諫太子二十八宿經》	《鼻奈耶》	《楞嚴經》
事由	持缽乞食	持缽乞食	持缽乞食	持缽乞食	持缽乞水	持缽乞食
摩登之母	母能知蠱道	母能知蠱道	母善咒	母善咒	母善咒	母善咒
母言	天下道無有能過佛道及阿羅漢道。	天下道無能過佛道及阿羅漢。	有二種人雖加咒術，無如之何！一者斷欲。二是死人。	除衆歿者及離色欲，乃可能耳。	若死若生者，否則加咒術不能婬之。	
方法	閉門以蠱道縛阿難。	母即閉門以蠱道縛阿難。	誦咒。	持華轉咒。	持摩鄧伽咒。	經歷婬室，遭大幻術。摩登伽女，以娑毗迦羅先梵天咒。
效應	至晡時，母為女布席臥處，女大喜自莊飾，阿難不肯前就臥處。	至日晡時，母為布席臥處，女大喜便莊飾。阿難不肯就臥處。	心即迷亂，不自覺知，便行往詣柄陀羅舍。	於時阿難心思彼女，興瑕穢想，便出精舍，往到咒家。	阿難於祇桓便恍惚，為咒所縛，隨咒術至旃荼羅家。	攝入婬席。
抵抗	母令中庭地出火，前牽阿難衣語阿難言：汝不為我女作夫，我擲汝火中。	母便然火，前牽阿難衣語阿難言：汝不為我女作夫者，我便擲汝火中。	阿難抵，當敷置茵褥，燒香散花，極令嚴淨……爾時阿難，既到其舍。	阿難抵，即設坐席，於是阿難往至女舍。	阿難抵，女前抱之，復坐床上牽製衣裳，捻挃阿難。阿難見十方盡闇，無復明。	婬躬撫摩，將毀戒體。
阿難悲啼	自鄙為佛作沙門，今日反在是中不能得出。	阿難自鄙作沙門，今日反在中不能得出。	悲咽哽塞，泣淚而言：我何薄祐遇斯苦難，大悲世尊，寧不垂愍加威護念，令無嬈害？	獨坐號泣，心自思言：我之罪咎，重何甚矣！不為世尊之所救濟？	阿難有大力人力為咒術所厭，不能動。自思惟：我今困厄，世尊不慈愍我？	心清淨故，尚未淪溺。遭彼梵天邪術所禁，心雖明了，力不自由。
佛力加被	佛即持神，心知阿難，阿難還至佛所……	即叉手呼佛，佛即知之，使神脫阿難。	爾時如來，以淨天眼，觀見阿難為彼女人之所惑亂，為擁護故，即說咒	彼時世尊尋念阿難，以覺意慧，壞除凶咒，即時頌曰……	世尊知阿難為旃荼羅咒術所縛。便誦佛語……誦偈適竟。旃	如來知彼婬術所加，齋畢旋歸。王及大臣長者居士，俱來隨

			曰……		茶羅家內所設咒具。刀箭碎折瓶甕破壞。燈滅觸髏迸碎。黑風起展轉不相見。旃茶羅咒術不行。	佛，願聞法要。於時世尊。頂放百寶無畏光明，光中出生千葉寶蓮，有佛化身，結跏趺坐，宣說神咒。
事後	阿難還至佛所。	阿難至佛所。	爾時阿難，以佛神力及善根力。旃陀羅咒，無所能為，即出其舍還祇洹林。	於是至誠，所言不虛，使阿難定。爾時阿難出凶咒家，還歸精舍。	時阿難便作是念。此將是世尊恩力……乃尊誦佛語從旃茶羅舍得解。還向祇桓。	敕文殊師利將咒往護，惡咒消滅，提獎阿難及摩登伽，歸來佛所。

附：

(1)、《摩登伽經》載其後母云：

「沙門瞿曇，其德淵廣，非是吾力所可為此，假令一切世間眾生，所有咒術，彼若發念，皆悉斷滅，永無遺餘（註408）」。

(2)、《舍頭諫太子二十八宿經》載其後母云：

「佛天中天，道德之力，不可稱限，假使三界一切世間，所有神咒奇力異術，發意之頃，悉令不見（註409）」。

(3)、《鼻奈耶・卷三》載其母後云：

「此必瞿曇沙門神力所為，眾物碎散，咒術不行（註410）」。

從上述六部經典的交叉對照，試以底下九點的分析方式來反駁疑偽論者：

7、由五部譯經的對照加上《楞嚴經》的述說，摩登伽之母能知「蠱道」、「善咒術」、會「先梵天咒」是確定的。這個咒語的方法在《陀羅尼集經・卷十一》

註 408 《大正藏》第二十一冊頁400下。

註 409 《大正藏》第二十一冊頁410下—411上。

註 410 《大正藏》第二十四冊頁864上。

有詳細的說明（註411），至於它的力量有多大？《鼻奈耶・卷三》云：「此間亦有摩鄧伽神語符咒，能移日月以墮著地。復能移著，彼亦能咒因帝梵天(Indra)使下，況不能得沙門（註412）」？摩登伽咒不只能移「日月」落地，還能使「帝釋天」落下，這是經上的記載。

2、摩登伽梵語是 mātaṅga मातङ्ग，原本即指印度男性賤民之通稱，又作「摩燈伽、摩鄧伽」，略稱「摩瞪」，意譯作「有志」、「憍逸」、「惡作業」，除此外，女性賤民則稱摩登祇（mātaṅgi मातङ्गि），此類賤民則以「清掃街路」為業。如《瑜伽論記・卷二十三之上》云：「摩登祇者，旃荼（疑作茶）羅女名摩登祇，旃荼羅男名摩登伽，此二是通名也，此女但以掃巾為活（註413）」。《唯識二十述記・卷下》云：「有摩燈伽婦人，是婆羅門女，極有容貌（註414）」。

若以《舍頭諫太子二十八宿經》、《鼻奈耶・卷三》、《經律異相・卷十五》上的說法，則摩登伽之女兒名波機提（鉢吉提、波吉蹄 prakṛti）（註415）；以《摩登伽經・卷上》的記載則知波機提是屬「旃陀羅種」（註416）；以《楞嚴經・卷一》中所載：「即時阿難，執持應器，於所遊城，次第循乞。心中初求最後檀越，以為齋主。無問淨穢，刹利尊姓。及旃陀羅。方行等慈，不擇微賤（註417）」，亦可得知波機提極可能就是屬「旃陀羅」種的身份，是屬最下階級賤民「旃陀羅」種出身。但在《佛說摩登女經》和《佛說摩登女解形中六事經》中並無記載摩登之女的姓名。《翻譯名義集・卷二》對「摩登伽」有更詳細的記載：「摩登伽，長水云：義翻『本性』，《楞嚴》云『性比丘尼』是也，又過去為婆羅門女，名為『本性』，今從昔號，故曰『性比丘尼』。孤山云：以初見性淨明體，乃立嘉名。淨覺云：名為『本性』，出《摩登伽經》……應法師云：摩登伽，具云阿徒（徙）多，摩登祇旃陀羅。摩登祇，女之總名。阿徒多，女之別名，此女卑賤，常掃市為業，用給衣食（註

註　411　《大正藏》第十八冊頁 883 下—884 中。

註　412　《大正藏》第二十四冊頁 863 下。另《經律異相・卷十五》亦同作此說，詳於《大正藏》第五十三冊頁 80 中。

註　413　《大正藏》第四十二冊頁 829 下。

註　414　《大正藏》第四十三冊頁 1005 中。

註　415　《大正藏》第二十一冊頁 410 下。《大正藏》第二十四冊頁 863 中。

註　416　《大正藏》第二十一冊頁 400 上。

註　417　《楞嚴經・卷一》，《大正藏》第十九冊頁 106 下。

418）」。

「旃陀羅」是梵語 caṇḍāla चंडाल 之音譯。又作「旃荼羅」、「栴荼羅」。意譯為「嚴
熾、暴屬、執惡、險惡人、執暴惡人、主殺人、治狗人」等。根據《摩奴法典
Manu-smṛti मनु-स्मृति》（註419）所載，「旃陀羅」係指以「首陀羅」為父、「婆羅門」
為母之混血種，在印度社會階級四種姓制度中（註420），是居於「首陀羅」階級之
下位者，乃最下級之種族，彼等專事「獄卒、販賣、屠宰、漁獵、娼妓」等職。《增
一阿含經·卷十八》云：「或有一人，生卑賤家，或旃陀羅種，或噉人種，或工
師種（註421）」，足見「旃陀羅種」之人的卑賤之職。《增一阿含經·卷三十四》及
《摩登伽經·卷上》（註422）又云「四姓」乃出自梵天之諸種傳說，此四種人妄計
從「梵天」而生，故又稱「梵生四姓」（catvārovarṇāḥ），即：「婆羅門」自計從梵天
之「口」生，「剎帝利」自計從「肩」生，「吠舍」從「臍」生，「首陀羅」則從「足」生，
是為最低賤之人！

「娑毗迦羅」梵名 Kapila कपिल，亦云「劫毘羅」，此言「金頭、龜種」或云「黃
髮外道」，是數論派之祖（註423），也是「塗灰外道（註424）」的元祖。他曾師事

註　418　《大正藏》第五十四冊頁 1080 中。

註　419　本書為印度婆羅門教法典，係以《摩奴法經》（Mānava-dharma-sūtra）為基礎所修補之
法典，為印度法典中之最古者，其編成年代約為紀元前二世紀至紀元後二世紀之間。據該書
自述，係由梵天著成，並傳予其後代，即人類始祖摩奴（Manu），再由其後代波利怙（Bhṛgu）
傳到人間。全書共十二章，含二六八五偈，內容為關於吠陀習俗、慣例與說教之法律條文，
其中訴訟法、民法等規則拙劣不全，適足以顯示該法典之古老程度。《摩奴法典》古來即為
印度人生活法規之基準，緬甸之《佛教法典》（巴 Dhammasaṭṭham）即依此法典作成，《暹
邏法典》亦根據《摩奴法典》而作，爪哇亦有《摩奴法典》，巴里島現在仍實際應用之。本
書的中譯本為大陸學者蔣忠新所譯，中譯名為《摩奴法論》，1996 中國社會科學出版社出版。

註　420　印度的四種姓是：(一)婆羅門（梵 brāhmaṇa），為四姓中之最上位。(二)剎帝利（梵 kṣatriya）
為四姓中之第二位，然於佛典中，則多以其為第一位。(三)吠舍（梵 vaiśya）(四)首陀羅（梵
śūdra）。

註　421　《大正藏》第二冊頁 636 上。

註　422　詳於《大正藏》第二冊頁 737 下。第二十一冊頁 402 下。

註　423　此說見《成唯識論述記·卷一》，《大正藏》第四十三冊頁 252 上。

註　424　梵名 Pāśupata 之音譯。又作「波輸缽多」，意譯「獸主外道」，或稱「塗灰外道」、「牛
主外道」。為古代印度外道之一。根據《俱舍論記·卷九》和《大日經疏指心鈔·卷八》都
云：此外道崇拜「大自在天」（又作「摩醯首羅天」，此天乘「牛」而行），以之為創造萬物之神，
學彼天法，從彼為主；因「大自在天」又稱為「獸主」（梵 Paśupati），故此外道有「牛主外
道、獸主外道」之稱。「播輸缽多」為昇「大自在天」而修苦行，自身塗灰、飲糠汁沸湯、殺
羊祠天、持牛狗雞雉戒，執為解脫之因。詳於《大正藏》第四十一冊頁 172 下。或見《(北本)
大般涅槃經·卷十六》，《大正藏》第十二冊頁 462 上。

梵天而得此咒，咒是梵天先說，而「黃髮外道」修行之，世人諷習以為幻術，故「娑毗迦羅」的咒又名「先梵天咒」。以《摩登伽經‧卷上》中的咒語內容來說：「若天、若魔、若乾闥婆、火神、地神，聞我是咒及吾祠祀，急宜應急令阿難至此（註425）」。又說除了「死人」和「斷欲」的人無效外，其餘的人一定有效，故可知這是「梵天邪咒」的一種。若以《舍頭諫太子二十八宿經》中所提的「華轉咒」；亦云「除眾歿者，及離色欲（註426）」的人，否則此「華轉咒」一定有效。《鼻奈耶‧卷三》則云：「或能以一事不可得，若死、若生不能婬……（摩登母向東方跪而）誦摩鄧伽咒術（註427）」。可見這三種咒都是屬於梵天的邪咒，而梵天仍是處於未「斷欲」的身份。在《摩登伽經‧卷上》將這個「邪咒」名為「婆毗多羅神咒」、「大梵天王婆（娑）毗羅咒（註428）」；在《楞嚴經》則云：「娑毗迦羅先梵天咒」，可見這個梵天邪咒並非偽造。呂文疑：「印度外道惟迦毗羅說冥諦，今乃杜撰娑毗羅以湊字句。其偽十」。吾人可從上述經藏分析而得合理的釐清。

再說梵天居於天界的第六天的「魔羅天 Maheśvara」（大自在天），據《楞嚴經‧卷六》載「若不斷淫，必落魔道，上品魔王，中品魔民，下品魔女（註429）」。故《楞嚴經》將會唸「先梵天咒」的摩登伽視為「魔女」，將屬於「旃陀羅」種族的摩登之女視為「婬女」，亦無不可。《楞嚴經》經文全部有提到「婬」字的共有五十三次，之中沒有任何一個「妓」字。經文雖稱摩登伽女為「婬女」，這是在唐時佛典翻譯時的慣用詞，按「婬」字在眾多佛經中是指向「縱欲、貪欲、放逸、貪愛」之意，一個「婬」字廣義來說還包括了「過度、惑亂、邪惡、貪色、長久、淹留」……眾多意思（註430），故「婬女」兩字是可以包括「貪欲深重（舉凡財色名食睡都是）、愛欲深重、婬念深重、感情執著深重、或賣婬的女人」等，但「妓」字就不一定等

<hr />

註　425　《大正藏》第二十一冊頁 400 中。
註　426　《大般涅槃經‧卷四十》（《大正》十二冊頁 601 下）曾云阿難見女人已「不生欲心」之語。但阿難謹證得初果，雖斷盡三界的「見惑」darśana-mārga-prahātavyānuśaya，然三界八十一品「思惑」bhāvanā-mārga-prahātavya-kleśa，但「伏」而未「破」，故需得受七翻生死，此說詳於《成實論‧卷一》「分別聖賢品」、《大乘義章‧卷十七》（《大正》四十四冊 800 上—813 下）及《大乘法苑義林章‧卷五》（《大正》四十五冊 331 中—333 中）。所以阿難但破分別之「見惑」，未得「無漏」的無學位果，微細的貪愛「思惑」未破，故仍遭婬術。此處的「離欲」是指完全斷盡色界、無色界之一切見惑、思惑，而永入涅槃，不再有生死流轉之階位，此即聖者之已離欲者。此說參考《俱舍論‧卷二十四》，《大正藏》第二十九冊頁 126 下—127 上。
註　427　《大正藏》第二十四冊頁 863 下。
註　428　《大正藏》第二十一冊頁 404 上—中。
註　429　《大正藏》第十九冊頁 131 下。
註　430　詳於《說文解字注》頁 631。或見《辭海》頁 990—991。台北遠流。79、1。

同於「婬」字。因「妓」字在唐 宋古音時本非指向「賣淫」的女人，而是指「歌舞女藝人」，如：

① 《後漢書六四·梁統傳》云：「因行道路，發取妓女御者」，這是指歌舞的女藝人。
② 《後漢書·濟南安王劉康傳》：「錯爲太子時，愛康鼓吹妓女宋閏，使醫張尊招之，不得。」
③ 《晉書·武帝紀》：「出後宮才人、妓女以下二百七十人歸于家。」
④ 晉·陸機《吊魏武帝文》：「吾婕妤妓人，皆著銅爵臺」。
⑤ 唐·韓愈《順宗實錄二》：「癸酉，出後宮并教坊女妓六百人」。
⑥ 唐·張鷟《朝野僉載·卷三》：「上笑喚妓人問，云見二龍頭張口向上，遂怖懼，不敢奏樂也」。
⑦ 唐·陳鴻《長恨歌傳》：「後宮才人，樂府妓女，使天子無顧盼意」。
⑧ 宋·張邦幾《侍兒小名錄·拾遺》：「眞娘，吳中樂妓，墓在虎丘山路傍」。
⑨ 宋·王禹偁《寒食》詩：「妓女穿輕屐，笙歌泛小舠」。

宋、元以後，漸將「妓」字另引申爲「賣婬的女人」。如：

❶ 宋·孟元老《東京夢華錄·駕回儀衛》：「妓女舊日多乘驢⋯⋯少年狎客，往往隨後」。
❷ 元《水滸傳》第八一回：「這李師師是個風塵妓女水性的人」。
❸ 元·黃雪簑《青樓集·樊事真》：「樊事眞京師名妓也，周仲宏參議嬖之」。
❹ 明《古今小說·眾名姬春風吊柳七》：「自恨身爲妓，遭污不敢言」。

在唐宋時代，如果是指賣淫的女子，大多是用「娼」這個字，如：

① 唐·房千里《楊娼傳》：「雖爲娼，差足多乎」。
② 唐·盧照鄰《長安古意》詩：「妖童寶馬鐵連錢，娼婦盤龍金屈膝。」
③ 宋《燕翼詒謀錄·卷三》：「又恐其不顧也，則命娼女坐肆作樂以蠱惑之」。
④ 宋·羅燁《醉翁談錄·子瞻判和尚游娼》：「靈景寺有僧，名了然，不遵戒行，常宿娼妓李秀奴家」。

　　所以《楞嚴經》上指登伽女為「婬女」，乃指她「欲念深重、情執深重、婬念深重、貪欲著色相深重」，不是等於說她就是一位「賣淫的女人」，這是要稍作分別的！

　　3、摩登伽以「蠱道」或「咒術」制縛阿難也是確定的。從文認為阿難既已「慈心為懷」，「則若有諸惡鬼欲往伺求其短，不能得其間便」用來證明「蠱道」無法害阿難？首先介紹阿難（梵 Ānanda、Ānandabhadra 或 Ānandasāgara）所證的果位：如果從「部派結集經典」的歷史來看，阿難在佛滅度後，結集經典「前」，仍是「初果」人，如《根本說一切有部毘奈耶雜事・卷三十九》云：「阿難陀雖備眾德，然猶未離欲染瞋癡，『有學有事』不可與彼同為結集（註431）」。《善見律毘婆沙・卷一》云：「汝猶『須陀洹道』，云何得入（註432）」？和《四分律・卷五十四》（註433）、《摩訶僧祇律・卷三十二》都有著同樣的說明（註434）。

　　若依大乘經來看：如《大般若波羅蜜多經・卷一》云：「除阿難陀獨居學地得『預流果』（srotāpanna सोतापन्न）（註435）」。《法華經・卷四》世尊說：「我與阿難等，於空王佛所，同時發阿耨多羅三藐三菩提心。阿難常樂多聞，我常勤精進（註436）」。《楞嚴經》云：「求多聞故，未證無為（asaṃskṛta）（註437）」。《大智

註　*431*　《大正藏》第二十四冊頁 405 下。
註　*432*　《大正藏》第二十四冊頁 674 下。
註　*433*　詳於《大正藏》第二十二冊頁 976 上—中。
註　*434*　《大正藏》第二十二冊頁 491 上。
註　*435*　《大正藏》第五冊頁 1 中。指預入無漏聖道之果位。聲聞乘之人斷三界之見惑已，方達違逆生死瀑流之位，稱為「逆流果」。蓋預流之「流」，即指聖道之流，斷三界之見惑已，方預參於聖者之流，稱為「預流果」。此為聲聞乘最初之聖果，故稱為初果。趣向此果者，在斷「見惑」之見道十五心間，稱為「逆流向」，又稱「預流向」，即「預流果」之因位。「預流向」為見道位，「預流果」為修道位。《玄應音義・卷二十三》：「『預流』，梵言『窣路多阿半那』，此言『預流』。一切聖道說為流，能相續流向涅槃故。初證聖果，創參勝列，故名『預流』。預，及也，參預也。舊言『須陀洹』者，訛也。或言『逆流』，或言『入流』，亦云『至流』，皆一也」。參見《大正藏》第五十四冊頁 1061 上。
註　*436*　《大正藏》第九冊頁 30 上。
註　*437*　見《大正藏》第十九冊頁 13 下。一般「有學位」是指初果、二果、三果。初果是屬「八忍地、見地」；二果為「薄地」；三果為「離欲地」。而「無學位」是獨指四果阿羅漢「已辦地」。《楞嚴經》一再提到阿難未證「無學位」，如「所以多聞未得無漏，不能折伏娑毗羅咒，為彼所轉，溺於婬舍（《卷一》頁108中）」、「是故汝雖得多聞不成聖果（《卷一》頁109上）」、「汝雖強記，但益多聞，於奢摩他微密觀照，心猶未了（《卷二》頁113上—中）」、「我輩愚鈍，好為多聞，於諸漏心未求出離（《卷七》頁138上）」、「佛告阿難，汝學多聞，未盡諸漏（《卷四》頁123下）」、「佛告阿難，汝今已得須陀洹果，已滅三界眾生世間見所斷惑，然猶未知根

度論・卷三》言阿難只「在學地（śaikṣa शैक्ष），未離欲地（vīta-rāga-bhūmi）」，乃因其「智慧多，攝心少」、「阿難爲佛作供給人，如是念：若我早取漏盡道，便遠世尊，不得作供給人，以是故，阿難雖能得阿羅漢道，自制不取（註438）」。

若依史傳玄奘大師的《大唐西域記》來說：「其有具三明得六通……於是得九百九十人，除阿難在學地（註439）」，也是明言阿難未證羅漢果。阿難的地位在其它大乘經典上的看法大致相同，如《佛說佛母出生三法藏般若波羅蜜多經・卷一》云：「千二百五十人俱，皆是阿羅漢……唯有一尊者住『補特伽羅』（pudgala पुद्गल），所謂阿難（註440）」。如《摩訶般若波羅蜜經・卷一》（註441）、《光讚經・卷一》（註442）、《摩訶般若鈔經・卷一》、《勝天王般若波羅蜜經・卷一》（註443）……等。阿難雖未得「無學位」，但因他侍佛二十餘年的功德，故龍樹菩薩總結云：「阿難雖能得阿漢道，以供養佛故，自不盡漏，以此大功德故。雖非無學，在無學數中，雖未離欲，在離欲數中（註444）」。這是龍樹對阿難的讚歎！

話說回來，那「盡道」到底能不能伏「初果聖人」的阿難？如果跟據大天（Mahādeva）「五事」和真諦的《部執異論疏》內容來看，「阿羅漢」是尚不能斷「不染污無知 akliṣṭājñāna अकलिष्टाज्ञान（註445）」、「魔王天女實能以不淨染羅漢衣（註446）」。所以就此來看，就算證「四果阿羅漢道」，也仍有它的「漏習」在。如《大

中積生無始虛習（《卷四》頁 123 上）」、「汝（阿難）須陀洹，雖得六銷，猶未亡一（《卷四》頁 123 上）」、「汝等（阿難）有學，未盡輪迴（《卷七》頁 137 上）」。

註 *438* 《大正藏》第二十五冊頁 83 上—中。

註 *439* 《大正藏》第五十一冊頁 923 上。

註 *440* 《大正藏》第八冊頁 587 上。

註 *441* 《大正藏》第八冊頁 217 上。

註 *442* 《大正藏》第八冊頁 147 上。

註 *443* 《大正藏》第八冊頁 687 上。

註 *444* 見《大智度論・卷三》，《大正藏》第二十五冊頁 84 上。

註 *445* 為「染污無知 kliṣṭājñāna」之對稱。即其性不染污，而於佛法等各種義類差別未能了知之劣慧。聲聞、獨覺雖畢竟斷「染污無知」，或能斷，或猶存「不染污無知」，唯佛能永斷「不染污無知」，故稱一切種滅。蓋「不染污無知」，其體較廣，總含解脫障等，而聲聞、獨覺雖或能斷之，然以煩惱習氣尚未滅盡，故猶有現行之時。且據《大毘婆沙論・卷九》及《順正理論・卷二十八》等之意，「俱解脫阿羅漢」雖斷解脫障等，而猶起現行，所以何況才證初果的阿難！

註 *446* 此處筆者無意大談「大天五事」之是非，只簡選重點來說，故放在註腳的地方。根據真諦《部執異論疏》云：「大天所說五事，亦有虛實，故共思擇。一者、魔王天女實能以不淨染羅漢衣。二者、羅漢不斷習氣，不具一切智，即爲無明所覆。三者、須陀洹人於三解脫門無不自證，乃無復疑，於餘事中猶有疑惑。四者、鈍根初果不定自知得與不得，問善知識，

智度論・卷二十七》中就說：「如諸煩惱，雖以智慧水浣，煩惱垢氣猶在，如是習氣，諸餘賢聖，雖能斷煩惱，不能斷習（註447）」。《大智度論》又舉了底下幾位習氣未斷的「四果聖人」：

①難陀（Sundara-nanda）婬欲習重，故雖得阿羅漢道，在男女大眾中坐，眼就先視女眾，而為之先說法。

②舍利弗（Śāriputra）瞋習重故，佛曾罵之「食不淨食」，因而當下即吐食，盡形壽終不再受請食（註448）。

③摩訶迦葉（Mahā-kāśyapa）亦「瞋習」故，在佛滅度結集經藏時，命令阿難懺八「突吉羅」罪，復貶阿難不讓他進來集結經藏。

④畢陵伽婆蹉（Pilinda-vatsa）則常罵恆神為「小婢」。

⑤摩頭婆私吒掉（Madhu-vāsiṣṭha 摩頭波斯吒、摩頭婆私吒、摩頭婆肆吒）因「跳戲」習重故，或有時從衣枷踔上梁，從梁至棚，從棚至閣。

⑥憍梵鉢提（Gavāṃpati）之「牛業」習重故，故常吐食而飼……等等（註449）。

這些已證「大阿羅漢」的聖賢仍各有其宿習在，何況只證「初果」的阿難？

又《增一阿含經・卷四十五》中曾載舍利弗入「金剛三昧」定時，遭伽羅鬼以手打舍利弗，待舍利弗出定後，即苦「頭痛」之患（註450），四果聖者舍利弗尚有被鬼打至「頭痛」之事，更何況阿難與摩登伽女還有「五百世恩愛」的宿習因緣？筆者推斷：這種「宿習」的因緣或許是導致阿難被「蠱道」縛住之因。當然這種推斷亦是根據唐・玄奘譯《大毘婆沙論・卷十八》中和北涼・浮陀跋摩（Buddhavarman）、道泰等共譯《阿毘曇毘婆沙論・卷十》中之說來的（註451）。下面再繼續介紹阿難的習氣。

❶若依《五分律・卷三》載阿難只見醉象就「怖懼恍惚，不覺入佛腋下」躲藏，

得須陀洹有若為事相。知識為說有不壞淨……因更自觀察，自審知得」。《大正藏》第七十冊頁456中—下。

註 447 《大正藏》第二十五冊頁260下。

註 448 詳於《十誦律・卷六十一》，《大正藏》第二十三冊頁464上。

註 449 以上皆詳於《大正藏》第二十五冊頁260下。

註 450 此故事詳於《大正藏》第二冊頁793上—中。

註 451 經文詳於《大正藏》第二十七冊頁90中和《大正藏》第二十八冊頁74下。

佛斥言：「汝向三聞無苦，如何不信猶作此懼（註452）」？此事在《增一阿含經・卷九》則云：「阿難見醉象來，在世尊後，不自安處（註453）」。而佛見醉象來是入「慈心三昧」而無懼的，證明阿難的「慈心三昧」功夫仍不夠。

❷佛曾一再暗示將入「涅槃」，阿難「為魔所蔽，曚曚不悟（註454）」，而不知請佛住世。

❸魔王曾化作「鷲鳥」，於黑月夜分據其大石，奮翼驚鳴以怖阿難尊者，阿難因此「驚懼無措（註455）」，如來才伸手安慰阿難。

❹《五分律・卷二十九》載阿難求佛准許女人出家，待佛宣說女人之障道後，悲恨流淚不能自已，而佛卻安慰阿難說：「勿復啼泣，魔蔽汝心，是故爾耳（註456）」，明言「魔」蒙蔽阿難的心，故驅使阿難去求佛准女人出家。所以未得「無漏」的阿難，會受「魔嬈」應是可以被理解的。

　　《長阿含經・卷一》世尊曾云：「無漏力降魔，諸根定不懈。盡漏離魔縛，智慧轉法輪（註457）」。意思是需要有「無漏力」才能降魔。《長阿含經・卷六》也說需要「無漏比丘」才能勝過「魔力」，經云：「修習慈心遍滿一方餘方亦爾，周遍廣普無二無量，除眾結恨心無嫉惡，靜默慈柔以自娛樂，悲喜捨心亦復如是，為是比丘財寶豐饒……佛告比丘我今遍觀諸有力者，無過『魔力』，然『漏盡比丘』力能勝彼（註458）」。

　　阿難受魔之難，文殊菩薩持「佛咒」前往迎救的情節並非獨《楞嚴經》才有，如《大般涅槃經・卷四十》載佛對文殊菩薩言：「阿難比丘今在他處，去此會外十二由旬，而為六萬四千億魔之所惱亂，汝可往彼發大聲言……如來今說大陀羅尼……是陀羅尼十河沙諸佛世尊所共宣說……爾時文殊師利從佛受是陀羅尼，至阿難所……說所從佛受陀羅尼咒，魔王聞是陀羅尼已，悉發阿耨多羅三藐三菩

註　452　《大正藏》第二十二冊頁 19 下。
註　453　《大正藏》第二冊頁 590 下。
註　454　見《長阿含經・卷二》，《大正藏》第一冊頁 15 中。或見《大唐西域記・卷七》，《大正藏》第五十一冊頁 908 下。
註　455　《大唐西域記・卷九》，詳於《大正藏》第五十一冊頁 921 中。
註　456　《大正藏》第二十二冊頁 186 上。
註　457　《大正藏》第一冊頁 9 中。
註　458　《大正藏》第一冊頁 42 中。

提，捨於魔業，即放阿難（註459）」。又《六字咒王經》中載有一外道「栴陀羅」女，厭惑尊者阿難，即時如來「見阿難恍惚」為說六字咒王經云：「先佛所說，我今亦說，即說咒曰……若摩登伽若摩登伽女……如是等種種悉能咒詛厭蠱（註460）」。乃至近代大德虛雲老和尚於光緒三年時三十八歲，從寧波至杭州坐船時有一婦人裸體撫摩虛老，虛老「急起趺坐持咒，女亦不敢動（註461）」，亦是以持咒對付女色也。所以從文言：「摩登的蠱道用於阿難身上不發生作用、摩登所施幻術不能害阿難、蠱道無法驅使阿難與摩登女共相婬躬撫摩」之語，是缺乏經論證據之說！

　　《摩登女經》和《佛說摩登女解形中六事經》都一致的說「閉門以蠱道縛阿難」，可見是先「閉門」再加上「蠱道」之術，而《摩登伽經》、《舍頭諫太子二十八宿經》和《鼻奈耶・卷三》則一致都說「用咒術」，可見「蠱道咒術」是有發生作用的。近代楊仁山居士亦云：「蓋誤墮之由，非阿難起意貪欲，乃摩登以咒攝入。若非阿難正直，則摩登以色鉤引已足，何待咒攝（註462）」？非從文所說的：「摩鄧蠱道用於阿難身上不發生作用，阿難受縛只因出家人不能抗爭，又因阿難仁慈，不忍傷害摩鄧母女的自尊，任其所縛，並非蠱道能縛阿難，若要救出阿難，只需有人打開屋門，阿難即可得脫困」。

　　筆者認為：如果沒有「蠱道」，阿難那會「心即迷亂的前往女舍」？難道阿難是處在「非常清楚」的情況下去「赴約」？五部經一致的說：阿難是被幻術惑住而「不能自主」，但阿難的心裡是很明白的。《楞嚴經・卷七》明言：「遭彼梵天邪術所禁，心雖明了，力不自由（註463）」。《摩登女經》和《佛說摩登女解形中六事經》一致的說：「今日反在是中不能得出」，證明阿難「心雖明了，力不自由」。那麼這個「咒術」持續了多久，至少從中午至晚上，因為阿難是「午前」去托鉢的，而《摩登女經》和《佛說摩登女解形中六事經》都一致的說，將阿難縛至「日晡」

註　459　《大正藏》第十二冊頁602上—中。此事亦見《南本涅槃經・卷三十六》，《大正藏》第十二冊頁850中—下。

註　460　《大正藏》第二十冊頁38中。此故事亦載於《陀羅尼雜集・卷八》，《大正藏》第二十一冊頁625上。

註　461　詳於《虛雲老和尚年譜法彙增定本》頁32。

註　462　見《楊仁山居士遺著・等不等觀雜錄・卷四》頁4。台南和裕出版社，85年版。（木刻書）。

註　463　《大正藏》第十九冊頁133下。

時，摩登母就為其女準備「布席臥處」，即同《楞嚴經》的「攝入婬席」，這個「攝入」背後是有「咒」的力量，即「娑毗迦羅先梵天咒」。

《摩登伽經》載阿難因「咒術」而「心即迷亂（註464）」。《經律異相·卷十五》言「阿難在祇洹林，意便恍惚，為咒所縛（註465）」。《舍頭諫太子二十八宿經》則云：「阿難心思彼女，興瑕穢想（註466）」，可見一向「慈心為懷」的阿難已經被「咒」所惑而不由自主。雖然到了女舍，而「不肯就臥處（註467）」、「時尊者阿難聖道諦力念還得寤（註468）」，表示阿難「心清淨故，尚未淪溺、遭彼梵天邪術所禁，心雖明了，力不自由（註469）」。只是已作不了主的走入女舍之家。馮文所云：「《楞嚴經》那麼偉大的佛經之一，竟然還有摩登伽女引誘阿難尊者，將破其法體，這樣的荒唐故事！以現代人眼光來推斷，當時到底是妖女引誘阿難呢？抑或是出家久曠的壯男阿難自己先動了淫心，性欲衝動？實在是難以判斷的疑案」！其實這樁「疑案」，透過上述經文的分析，已經足以解決這些疑偽論者之說。

從文還以《摩登女經》的經文而反證「阿難並未婬躬撫摩摩登女」或「摩登女也並未婬躬撫摩阿難」。其實《楞嚴經》中「婬躬撫摩」句是從登伽女這邊說的話，不是阿難說的，也就是阿難是處「被動」的地位。「躬」字古文做「躳」，從呂從身，是指「身體」的意思（註470），如《詩經·大雅·烝民》云：「王躬是保」、《史記·司馬相如傳·難蜀父老》云：「躬胝無胈，膚不生毛」。故「婬躬」二字是指摩登女「通身淫態」之意。「將毀戒體」才是就阿難這邊說的，是登伽女「將欲」婬犯阿難，非阿難將欲婬犯於登伽，此也明證阿難並未犯「婬戒」，且摩登女也並未「得逞」。

從文誤解《楞嚴經》文的「婬躬撫摩」是阿難撫摩登伽，而引《摩登女經》反證阿難「未婬躬撫摩阿難」，這是誤會「婬躬」二字之義。阿難本來就「未犯」于登伽女，《楞嚴經》言阿難「未犯」登伽女的事實與《摩登女經》和《佛說摩登女解形中六事經》載：「阿難不肯就臥處」是一樣的。《摩登伽經》和《舍頭諫太子

註 464 《大正藏》第二十一冊頁 400 中。
註 465 《大正藏》第五十三冊頁 80 中。
註 466 《大正藏》第二十一冊頁 410 下。
註 467 《大正藏》第十四冊頁 895 下。
註 468 《大正藏》第二十四冊頁 863 中。
註 469 《楞嚴經·卷七》，《大正藏》第十九冊頁 133 下。
註 470 參見《說文解字注》頁 347 上。

二十八宿經》則云：「阿難至女舍，悲咽哽塞、泣淚而言、獨坐號泣」；及《鼻奈耶・卷三》載：「阿難有大力人力，爲咒術所厭，不能得動，時尊者阿難聖道諦力念還得寤」等，都是同樣證明阿難「未犯戒」！

　　在《大般涅槃經・卷四十》中，佛曾對文殊師利言，阿難事我二十餘年，具足八種不可思議，其中第四種不可思議是：「自事我來具足煩惱隨我入出諸王剎利豪貴大姓，見諸女人及天龍女『不生欲心』（註471）。《（南）大般涅槃經・卷二十七》亦云：「須陀洹人得果證已，雖生惡國，猶故持戒，不殺盜婬兩舌飲酒……須陀洹雖生惡國，不修習道，以道力故，不作惡業（註472）。《大智度論・卷十三》更云：「如一須陀洹人生屠殺家，年向成人，應當修其家業，而不肯殺生（註473）。此皆明言「初果」聖人是有「道具戒故」，所以雖生到「惡國」去，也不會作惡業，故身爲「初果」的阿難被「先梵天咒」所惑而走到「婬舍」，是登伽女欲染污阿難，決不是阿難去染污登伽女的！從文言：「摩登伽女以娑毗迦羅先梵天咒，攝入婬席，婬躬撫摩，將毀戒體，有昧於事實及佛法義趣。作如是說，無非爲貶損阿難，以便發展後續的故事」。這些言論都是誤解《楞嚴經》之說罷了！

　　4、佛持五會神咒，可在「一刹那」或「一念間」完成，所以文殊菩薩持咒去迎救阿難，也應是一刹間完成。筆者認爲：如來是不須「大費周章，卯足全力宣說長篇神咒」的，因佛陀有「神力」，不須像我們凡夫需用十五分、二十分鐘才唸得完五會神咒。佛以「神通」知阿難被婬術所加，「齋畢旋歸」後，從「於時世尊，頂放百寶無畏光明，光中出生千葉寶蓮，有佛化身，結跏趺坐，宣說神咒，敕文殊師利將咒往護（註474）這些動作對佛及文殊菩薩來說都是「一刹那」的動作而已，而且說咒的是佛光中的「化佛」，既是「化佛」所說，當爲「神通境界」事，何以證明？因爲佛到了第七卷才正式宣布楞嚴咒的咒文，如經云：「雖蒙如來佛頂神咒，冥獲其力，尚未親聞（註475）。可見當初如來「有佛化身，結跏趺坐，宣說神咒」的事恐怕只有「佛與文殊」才「密知」，阿難是尚不知的；而由祇陀林

註 *471* 《大正藏》第十二冊頁 601 下。《南本涅槃經・卷三十六》，《大正藏》第十二冊頁 849 下。

註 *472* 《大正藏》第十二冊頁 782 下。

註 *473* 《大正藏》第二十五冊頁 156 上。

註 *474* 《楞嚴經・卷一》，《大正藏》第十九冊頁 106 下。

註 *475* 《大正藏》第十九冊頁 133 下。

（Jetavana-anāthapiṇḍasyārāma）到舍衛國（Śrāvasti）少說也有「五、六里」路（註
476），就算文殊用「跑」的去救，阿難的「戒體」恐怕早就不保了。

　　若據《摩登伽經》及《舍頭諫太子二十八宿經》都說是：「佛親持咒救護」，
而末後摩登母則歎云：「假令一切世間眾生，所有咒術，彼（指如來）若發念，皆
悉斷滅，永無遺餘」及「假使三界一切世間，所有神咒奇力異術，發意之頃（指如
來），悉令不見」。而《佛說摩登女經》和《摩登女解形中六事經》則說是「佛即
持神、佛使神脫阿難」。經文都說「如來若發念、發意之頃」，可見如來能於「一剎
一念」間完成不可思議的境界。所以從文的「大刀殺雞」（即指大費周章說長咒）之說，
都是缺乏經論的事實證據！

　　5、從文質疑「如來卯足全力宣說長篇神咒不算，還得文殊師利菩薩持此
神咒才堪任銷滅惡咒呢」？其實文殊菩薩持咒救護的事也不是獨《楞嚴經》才有，
如前面舉的《大般涅槃經·卷四十》載佛派文殊菩薩持「佛咒」前往救護阿難（註
477）。又《佛說淨業障經》云：無垢光比丘被婬女咒術於其食，因咒術力比丘便
失正念，遂與婬女共行欲事，後生大懺悔，時諸同學與無垢光比丘云：「此有菩
薩摩訶薩，名文殊師利，得無生忍，善能除滅破戒之罪，亦令眾生離諸蓋纏（註
478）」。後文殊師利即領無垢光同至佛所問罪，這也是文殊救護之因。而佛在《楞
嚴經》中命文殊往救就如同順世間法門的儀式，如天子下詔亦「使臣前往」去告
諸下屬。文殊菩薩在《楞嚴經》中角色是大智慧的代表，是過去七佛之師，派文
殊持佛咒往救，除了是要顯出「反邪歸正」須從「智」為先導外，亦表「全咒即佛、
全佛即咒（註479）」，咒與佛是一不是二的境界。蕅益大師對這點有獨特的看法，
其《楞嚴經文句·卷一》云：「文殊既表眾生根本實智，用此本有智光，無障不
破，何須更將神咒？當知大有所表，以神咒所詮藏性，即阿難及登伽等正因理性
之體。文殊妙智，即阿難等了因慧性之果。五會章句，即阿難等緣因善性之用。
是故能令惡咒銷滅（註480）」。此段文字圖解如下：

註　476　詳於《大唐西域記·卷六》，《大正藏》第五十一冊頁 899 中。
註　477　《大正藏》第十二冊頁 602 上—中。此事亦見《南本涅槃經·卷三十六》，《大正藏》
　　　　第十二冊頁 850 中—下。
註　478　《大正藏》第二十四冊頁 1095 中—下。
註　479　此語見明·傳燈《楞嚴經玄義·卷一》，《卍續藏》第二十冊頁 8 下。
註　480　見《卍續藏》第二十冊頁 451 上—下。

佛　➡　神咒藏性　➡為阿難及登伽之「正因理性」之「體」
僧　➡　文殊妙智　➡為阿難及登伽之「了因慧性」之「果」
法　➡　五會章句　➡為阿難及登伽之「緣因善性」之「用」

　　大師認為能令惡咒消滅的原因不只是「神咒」而已，它是由三種力量所共集成的，是「三而一、一而三」的絕待與圓融不可思議法，試將大師之說略介如下：

❶「正因」：正即中正，中必「雙照」，離於邊邪，「照空照假」，「非空非假」，三諦具足，即《大般涅槃經・卷二十八》所說的「正因佛性」（註481），是諸法實相之理體亦是成佛之正因。此「如來神咒藏性」，表阿難與登伽二人本俱不生不滅的「如來藏性」，此屬「正因」，為「理性之本體」。

❷「了因」：了即照了，由「正因佛性」，發此照了之智，智與理相應，是為「了因佛性」。此「文殊的妙般若智」亦為阿難與登伽之妙般若智，屬「了因」，為「慧性之極果」。

❸「緣因」：緣即緣助，一切功德善根，資助「了因」，開發「正因」之性，是為「緣因佛性」。

　　此「楞嚴五會章句」亦為阿難與登伽之妙般若「作用」，也就是由「如來藏性」所開展、所顯露出來的「妙用」，故「五會章句」是屬「緣因」，為「善性之用」。一部「楞嚴咒」的因緣就具足「佛（如來）、法（神咒）、僧（文殊菩薩）」三寶的不可思議境界，法由「佛」說，而卻賴「僧」傳，「自性三寶」與「大乘三寶」無二無別、雙依雙侍，這樣不可思議的境界並非凡夫所能妄加憶測。

　　除此外，明・傳燈大師《楞嚴經圓通疏・卷一》對「楞嚴咒」的因緣亦云：「區區惡咒，焉用牛刀，有二因緣，以摩登婬俗之舍，目連雖具大神通所不得往。二、以阿難佛界之機，富樓那雖善巧說法所不得，預文殊為實智之母，權智之父泯。是非一境，智鑒機宜，順逆具大體大用，將欲因之而開佛知見，故偏遣文殊之（指遣文殊菩薩）（註482）。這是說阿難雖遭幻術，目連（Maudgalyāyana）、富

註　481　詳於《大正藏》第十二冊頁530上。
註　482　《卍續藏》第十九冊頁423上。

樓那（Pūrṇa）等諸大神通弟子都可去救，但佛唯遣<u>文殊</u>往之，在《楞嚴》會上乃欲顯其「智」，以般若妙智破除眾生之「識」，以文殊之「智」除<u>阿難</u>之「識」，其「捨識用根」之理正是《楞嚴》會上之經眼。

即使在二十五圓通會中，佛不令其他菩薩或聲聞弟子揀選，唯命<u>文殊</u>揀選，亦有其深意。且如來應機各有所感，欲以何身得度者，即現何身而為說法。也就是應以「智慧」相應者，則不必與予以「神通」相應；應與「神通」相應者，則亦不必予以「智慧」相應。所以<u>登伽</u>以咒力「攝縛」<u>阿難</u>，則如來亦以咒力「銷化」其咒。至於如來不遣<u>目連</u>或與會的其他聲聞大眾去往救，個人以為：這是《楞嚴經》佛的精密設計與巧妙安排，不是凡夫俗子所能偽造或想像到的密境，故從文云：「假使<u>阿難</u>受困於幻術，四雙八輩聲聞弟子都可救援，<u>文殊師利</u>菩薩也可救援，何用大費周章，如來卯足全力宣說長篇神咒不算，還得<u>文殊師利</u>菩薩持此神咒才堪任銷減惡咒呢」？其說甚乏對經文的精審思量。

⑥、佛乃覺者，斷盡煩惱結伏之人，當然不用咒，也不用偈頌，只須入「慈心三昧」就可降龍伏虎，然而「未離欲」（註483）的<u>阿難</u>呢？佛當然得宣說個對治「先梵天咒」的「楞嚴咒」，再派<u>文殊</u>菩薩持咒往救<u>阿難</u>，這並非<u>從文</u>說的「殺雞用牛刀」。佛殺雞什麼刀都不須要的，然而無「定力」、無「慈心三昧」的眾生只好借「牛刀」自護，這是眾生根機程度不同之故。且《摩登伽經》諸經異本所記載的咒語都不盡相同，有的短，有的長，內容都不一樣，證明佛降伏<u>摩登伽</u>的「巫蠱之術」並非絕對一定是「五會」的楞嚴咒（註484）。如在密教部中，佛降伏比<u>摩登伽</u>還要厲害的外道，所用的咒語也都不盡相同，甚至連被人質疑「楞嚴咒」乃抄自《大白傘蓋陀羅尼經》；其「大白傘蓋咒」之譯本亦不盡相同，這是佛陀「隨眾生心，應所知量（註485）」的不可思議妙法。

若依<u>從文</u>說的「眨損如來和巫婆旗鼓相當」這句話，則佛說的一切經咒都有讓人「了生死、降魔障、獲吉去病、得福致慧」的作用；那麼，凡去用那部經降

註 483 指未得「無學位」四果羅漢。

註 484 如在《阿吒薄俱元帥大將上佛陀羅尼經修行儀軌・卷上》載「無邊甘露陀羅尼神咒」能降伏<u>摩登伽</u>咒（《大正》二十一冊頁 190 上）。《西方陀羅尼藏中金剛族阿蜜哩多軍吒利法》載「可畏甘露速病陀羅尼」能破<u>摩登伽</u>咒（《大正》二十一冊頁 57 上）。

註 485 《楞嚴經・卷三》，《大正藏》第十九冊頁 117 下。

魔，則那部經只配當作「和巫婆旗鼓相當」的經；用那部咒去降魔，則那部咒亦只配當作「和巫婆旗鼓相當」的咒；這樣的用「世間邏輯推理方式」來貶損如來正法，是非常令人所不取的。又如《雜阿含經》卷三十九和卷四十五中（註486），世尊也常以「偈頌」來降魔，這些經文不就也該算是「與惡魔波旬旗鼓相當」的經？

從文以為佛只須「持神」，則自可救阿難，何須動大刀唸「長咒」救阿難？如果我們從《阿含》的經文記載來說：佛患背痛、喝水尚要請阿難幫忙、乞食不得，空缽而還、提婆達多推山壓佛，傷足大指、寒風破竹，索三衣禦寒……等九罪報（註487）。佛是「由人而佛（註488）」、「由佛而人」；是「隨緣不變、不變隨緣」的如來，跟我們一樣穿衣、吃飯、睡覺……，但佛是「應無所住」的「不變隨緣」；是「隨緣不變」的「而生其心」；是住而不住、不住而住的「雙寂雙照」、「雙照雙寂」。故豈必執著佛一定只能用「神力」，不必宣說「長咒」去營救阿難？我們可以再舉《增一阿含經‧卷三十九》中的一個小故事：「是時弊魔大將兵眾十八億數來攻沙門」。按照這樣危險的情形，佛也應該「持神力」將他們一網打盡，然而佛卻言：「仁鎧三昧弓，手執智慧箭，福業為兵眾，今當壞汝軍（註489）」。後又說了一大堆「慈悲喜捨」的道理，魔波旬因此才「愁憂苦惱即退不現」。從《增一阿含經》這段經文來看，是否代表佛也是「動大刀」在殺雞？

其實眾生心有多少，魔王就有多少；眾生心有多少，降魔的方法就有多少。諸佛皆是「隨眾生心，應所知量」；是「恆順眾生，隨喜功德」；是「離一切相，即一切法」；是「離即離非、是即非即」的大覺者。故佛以「楞嚴咒」去迎救阿難的這種說教方式是無礙於佛陀正教的。

7、或許有人質疑《佛說摩登女經》、《佛說摩登女解形中六事經》、《鼻奈耶‧卷三》中無說「咒語」，而《摩登伽經》、《舍頭諫太子二十八宿經》中亦無文

註　486　詳於《大正藏》第二冊頁 284 中—290 中、頁 326 上—329 上。

註　487　佛在原始經律論中有相當多的「業報」記載，《大智度論‧卷九》將它整理成「九罪報」，詳於《大正藏》第二十五冊頁 121 下。「說一切有部」認為這是佛過去的業力所感（詳於《根本說一切有部毘奈耶藥事‧卷十八》，《大正藏》第二十四冊頁 94 上—97 上）。而《大智度論》和《摩訶僧祇律》都認為「是為方便，實非受報。雖不須，為眾生故，願受此藥」（詳於《大智度論‧卷九》，《大正藏》第二十五冊頁 122 上。《摩訶僧祇律‧卷三十一》，《大正藏》第二十二冊頁 481 上）。

註　488　《增一阿含經‧卷十八》云：「我今亦是人數」。《大正藏》第二冊頁 637 中。

註　489　《大正藏》第二冊頁 760 下。

殊持咒救護，因而反證《楞嚴經》的故事是編出來的。其實這也是過於主觀之說。
筆者以為：佛法不同於世法，法是從「心」生，人心各各不同，所見的佛法即不
同，如同看舍利子、看天空的顏色一樣，各各不同。摩登一事，諸經所載亦略有
異，且有「五譯一缺」之多，不能因有異而認為「非佛說」。《金剛經》明言：「法
尚應捨，何況非法？法無定法，一切法皆是佛法，皆不可得」。蕅益大師《楞嚴
玄義‧卷下》亦云：「豈可執『迹』而昧『本』哉？且如『央掘魔羅』一事，據大乘
所見，則是佛果現『權』；據小乘所聞，則是酬昔惡願。又即今摩登伽女一事，據
此經佛頂放光，文殊將咒，則是一類大機所見。據《摩登伽經》，佛自說咒，及
說二人夙世因緣，則是一類小機所見，此皆一席異聞之明證也（註490）」、「當知
一席所見（指摩登伽事），條然各別，故知大小兩機，並行不悖，何但（佛）初成佛
道，雙垂兩相，謂佛始終皆垂兩相可也。然即此一處異聞、或時互知、或互不知。
就互知處，名『不定教』；互不知處，名『祕密教』。隨彼群機，循循善誘。判教者，
何必泥於別五時之一途（註491）」？

　　同理，摩登伽之故事有「五經」之譯文，何能直取《楞嚴經》為「偽」？又譬
如《雜阿含經‧卷四十九》記載世尊能識破由「天魔波旬」所化現的「阿俱吒太子
（註492）」，而在《增一阿含經‧卷四十一》中魔王教「婆羅村」男女不要給世尊
食物，世尊因此「食竟不得，便還出村」；云：「由魔所為，使吾不得食（註493）」。
從這故事可得知：難道世尊就對魔王「無可奈何」？《增一阿含經》的這個例子
是要說明：佛法不可以「依文解義」，以此一事而誤解佛法，以小窺大，以一滅十，
甚而以此一事而推翻其他經典所說，佛法終究是「觀教逗教」、「應機而施」的不可
思議妙法。

　　8、或有人謂如來既知阿難被縛，何不「使神」制魔，不令婬術攝縛阿難？
不就沒事了？豈必待「咒」至才破邪？或云如來不用「神力」使阿難與登伽同來佛
所，又何必仗文殊持咒往救且待文殊「提獎歸來」？筆者的看法是：所謂「法不孤
起，待緣而生」，如果一切都是如來「使神」的話，那麼如來也應該「使神」讓眾生
在一剎那間就「得法」，何必宣說長篇的三藏十二部？佛說法必有一大事因緣，《法

註　490　《卍續藏》第二十冊頁 435 上。
註　491　蕅益大師《楞嚴經文句‧卷一》，《卍續藏》第二十冊頁 452 下。
註　492　《大正藏》第二冊頁 359 下。
註　493　《大正藏》第二冊頁 772 中。

華經・卷一》明言「諸佛世尊唯以一大事因緣故出現於世，欲令眾生開佛知見使得清淨故；欲示眾生佛之知見故出現於世；欲令眾生悟佛知見故出現於世；欲令眾生人佛知見道故出現於世（註494）。故佛何能「無因無緣」的說出一部《楞嚴經》？阿難遭幻術被<u>文殊</u>持佛咒救醒，「大夢初醒」，尚力不從心、心未能定、不能自歸，故經文說須賴<u>文殊</u>的「提攜」，這是可以理解的。而「先梵天咒」初消，然<u>登伽</u>「癡愛無明」之心仍未得佛法的開示，所以也須賴<u>文殊</u>的「獎勸」與「安慰」，這都是可以做合理解釋的（註495）。

9、《楞嚴經》從頭到尾，環環相扣，無一不是導歸「如來藏性」、無一不是勸修「捨識用根」。<u>太虛</u>大師於《楞嚴經研究》云：「本經始終唯是持佛頂咒永脫魔邪障（註496）」，其實《楞嚴經》經題為「大方廣妙蓮花王十方佛母陀羅尼咒・灌頂章句諸菩薩萬行首楞嚴（註497）」，就已經將「楞嚴咒」含在其中，後佛由頂光寶蓮「化佛」說咒，到卷七則重複說咒語內容及功效：「十方如來，傳此咒心，於滅度後付佛法事，究竟住持，嚴淨戒律，悉得清淨（註498）」。一直到卷十云：「若有眾生，能誦此經，能持此咒，如我廣說，窮劫不盡。依我教言，如教行道，直成菩提，無復魔業（註499）」、「一心勸令持我佛頂陀羅尼咒。若未能誦，寫於禪堂，或帶身上，一切諸魔，所不能動。汝當恭欽十方如來，究竟修進最後垂範（註500）」。經文一再重複「楞嚴咒」乃是<u>釋迦</u>如來「究竟修進最後垂範、究竟住持」，足證《楞嚴經》從頭到尾「始終唯是持佛頂咒永脫魔邪障」。

<u>阿難</u>最初出家乃緣佛的三十二相好，心生愛樂，故發心出家，這是<u>阿難</u>「多聞」著相之勝，卻造成「墮落」婬室之因，<u>阿難</u>迷於佛的三十二相好，著於佛的「八音四辨」之聲而聽法，如此都是「心、意、識」的「生滅」作用，「能、所」不亡，以此而修，則如同《楞嚴經・卷四》上說的：「若於因地，以生滅心爲本修因，

註　494　《大正藏》第九冊頁 7 上。

註　495　又蓮池大師《楞嚴摸象記》云：「阿難心雖清淨，道力尚微，而摩登志既堅強，魔力偏熾，相持既久，無救無依，則事或不測，故須護也，聖既示凡，法應如是」。見《卍續藏》第十九冊頁 3 上。

註　496　<u>太虛</u>大師對《楞嚴經》整理了「十門」，即「十意」之說，其中第八門即是此門。見<u>太虛</u>大師《楞嚴經研究》頁 141。台北文殊出版。78、9。

註　497　《楞嚴經・卷八》，《大正藏》第十九冊頁 143 上。

註　498　《大正藏》第十九冊頁 137 上。

註　499　《大正藏》第十九冊頁 155 上。

註　500　《大正藏》第十九冊頁 154 中。

而求佛乘不生不滅，無有是處（註501）。

　　阿難見摩登伽之色相，雖不同於佛三十二相，亦當便為所「轉」；聞「先梵天咒」，雖亦不同於佛聲，亦為所「攝」。這是阿難一直「用錯心」修行的地方，佛一直借「以指標月」之法令眾生見「真月」，奈何阿難仍「以指為月」；佛一直「以筌得魚」之法教眾生，奈何阿難仍「執筌為魚」。佛到此已無可奈何，不請而自說「楞嚴咒」，從如來頂「放百寶光」，表「無上智光」；「有化如來」，表「無為心佛」；「宣說神咒」，表「無上心法」。以佛頂光中的「化佛」說咒，乃欲示阿難見光中之「化佛」而知佛之「三十二相」乃不可得也。以「化佛」說咒，乃欲示阿難聞「八音四辨」的咒聲相亦不可得也。「佛相」非相不可得，摩登伽女相豈亦可得？「咒聲」非聲不可得，「先梵天咒」聲豈亦可得？若如此，佛不待攝阿難而阿難「自攝」；咒不待轉梵天而梵天「自轉」；登伽不待化而「自化」，故《楞嚴經・卷四》云：「若棄生滅，守於真常，常光現前，根塵識心應時銷落。想相為塵，識情為垢，二俱遠離，則汝法眼應時清明，云何不成無上知覺（註502）」？

　　法不孤起，仗境而生。如果阿難以「根、塵、識」的攀緣心修行是真的，那麼「仍不能成為無漏四果聖人」就是真的；既未得「無漏」，會遭「魔考、魔咒」也是可能的，所以摩登伽女的「考驗」亦必不假。既是所有因緣都是真的，佛以「無為心佛」、「無上智光」、「無上心法」宣說「楞嚴咒」的因緣就必然會是真的。下面附上兩則讚歎「楞嚴咒」的記載，作為本節的結尾。

　　《大佛頂如來放光悉怛多般怛羅大神力都攝一切咒王陀羅尼經大威德最勝金輪三昧咒品》讚歎云：

　　「爾時佛告觀世音菩薩言：『我有佛神咒，名曰：佛頂如來放光摩訶悉怛多般多羅攝一切咒王最勝金輪帝殊羅金剛大道場陀羅尼，極大尊重，為利益一切眾生，更無有上，唯佛與佛共相傳說，汝等應當一心受持，生希有想（註503）』」。

　　蕅益大師之「化持大佛頂神咒序」云：

「五會神咒，密詮如來藏心，顯密雖殊，心性理一，全心成咒，全咒傳心，故名心咒，亦名咒心耳。解天禪人廣勸信力行之士，或全持、或全寫，以自供佩及轉施人，期借神力顯發自心一振末世之僞，同登灌頂之記，阿難爲眾重請，如來放光重說，護法述願請加，金剛藏王曠劫隨逐，收功皆在此矣（註504）」。

四、小結

有謂阿難與摩登伽在《楞嚴經》中所扮演的角色，究竟是「示墮」？「誤墮」？「真墮」？一般分析阿難墮婬的原因大致認為有五點：

第一：摩登伽女五百世與阿難為妻（詳於《虎耳經》），故宿世業習猶在，今日「因緣」會遇即立刻爆發。

第二：阿難具有佛的三十二相莊嚴相。

第三：阿難被「先梵天」咒術所縛。

第四：阿難一向多慈，不分卑賤，且多聞少定。

第五：阿難是初果聖人，未得「無漏」，故受女難。

主張「真墮」的人認為：若真是「示墮」的話，則阿難被提獎歸來「頂禮悲泣，恨無始來，一向多聞，未全道力」就成了「虛文」，則神咒之作用為何？文殊的提獎就白費了，甚至後面的「七番破妄、十番顯見、四淨誨、五十陰魔」……等都是「示現」？這是痴猿救月的說法，何以佛說「應當直心，酬我所問」？若阿難的「示墮」非真，則如來之遣救皆假，縱阿難可容假而啼哭歸如來，而如來豈容「假意」斥責哉？且文殊亦警之曰：「欲漏不先除，畜聞成過誤（註505）」亦「假言」之也？

從諸多經文的資料顯示，阿難未離「欲地」，故未證「無漏」；既在「學地」，所以阿難「真墮」又有何妨？且從《楞嚴經》全部經文來看，阿難確實未得「四果

註 504 見《蕅益大師全集》頁 1115—1116。

註 505 《楞嚴經・卷六》，《大正藏》第十九冊頁 131 上。

阿羅漢」，故阿難墮「婬室」不妨是一種「真墮」！

　　主張「示墮」的人又舉出《涅槃經・卷四十》載阿難具足「八法」，能持「十二部經」（十二分教），故稱阿難為「多聞藏」。阿難所具的八法是「信根堅固、其心質直、身無病苦、常勤精進、具足念心、心無憍慢、成就定意、從聞生智」等，又謂阿難有八不思議「不受別請、不受故衣、見佛如時、不生欲心、法不再問、知佛入定、知眾得益、知佛說法」，故斷定阿難為「古佛」再來；位等文殊、觀音，今阿難墮婬室，無非只是大權「示現」而已，故主張阿難是「示墮」的。

　　其實若從阿難的「因地」來說，已是「古佛」，不只從阿難的「因地」說，佛在世跟隨他的大弟子、羅漢都是「大權」示現，因為「一佛出世，千佛護持」。所以站在「因地上、本位上、法性」上來說，阿難不妨為「示墮」！

　　主張「誤墮」的又認為：阿難乞食，不照規矩，依大小戒法所製；是不能到「酒家、婬女、屠家、官宦」等家去托食，阿難欲學菩薩「平等」慈悲之心，所以「不擇微賤」的去乞食，故阿難被婬術所縛，乃屬「誤墮」也。且佛制大小戒，弟子皆不得受「別請」，但「遠行、作衣、施衣、有病（註506）」時可受「別請」，今屬「施衣」之時，波斯匿王（Prasenajit）在未請佛僧之前，阿難已受別人請去供養，故一個人「落單」，所以才有「誤墮」一事！

　　筆者以為：《楞嚴經》所要顯出的重點無非是「多聞成過」，如卷六云：「汝聞微塵佛，一切秘密門，欲漏不先除，畜聞成過誤（註507）」。「汝雖歷劫憶持如來秘密妙嚴，不如一日修無漏業，遠離世間憎愛二苦（註508）」。《楞嚴經》強調「捨識用根」，故阿難的「多聞少定」是造成「墮落」的原因。墮落前，故事也許是真的，覺醒後，故事卻是假的，經文言：「卻來觀世間，猶如夢中事，摩登伽在夢，誰能留汝形（註509）」？所以：不妨是「示墮」、是「誤墮」、是「真墮」；亦不妨非「示墮」、非「誤墮」、非「真墮」。「雙非雙是、雙是雙非」全是「如來藏妙真如性」！「欲

註 506 如《彌沙塞五分戒本》云：「若比丘受別請眾食，波逸提。除因緣。因緣者，病時、衣時、施衣食、作衣食、行路時、船上行時、大會時、沙門會時，是名因緣」。《大正藏》第二十二冊頁 197 中。

註 507 《大正藏》第十九冊頁 131 上。

註 508 《楞嚴經・卷四》，《大正藏》第十九冊頁 122 上。

註 509 《楞嚴經・卷六》，《大正藏》第十九冊頁 131 上。

漏不先除，畜聞成過誤（註510）」是《楞嚴經》之「本」，而「示墮」、「誤墮」、「真墮」皆屬「迹」；「本」是一，而「迹」則視眾生根機深淺所見不同，故不必執「迹」而昧「本」也。

　　本節對《楞嚴經》中整個「摩登事變」的考察，不敢說有所創見，但也為《楞嚴經》的這段故事提出澄清說明。呂氏、從氏、馮氏三位疑偽之說，幾乎都是片面之詞，於經論事實的客觀分析是不合的。

註　510　《楞嚴經・卷六》，《大正藏》第十九冊頁131上。

第二節　登伽與楞嚴壇場之疑

經文：「若有宿習不能滅除，汝教是人，一心誦我佛頂光明摩訶薩怛多般怛囉無上神咒。斯是如來無見頂相，無為心佛從頂發輝，坐寶蓮華所說心咒。且汝宿世與摩登伽，歷劫因緣恩愛習氣，非是一生及與一劫。我一宣揚，愛心永脫，成阿羅漢。彼尚婬女，無心修行，神力冥資速證無學，云何汝等在會聲聞，求最上乘決定成佛，譬如以塵揚於順風，有何艱險（註511）」？

經文：「每以食時，若在中夜，取蜜半升，用酥三合。壇前別安一小火爐。以兜樓婆香，煎取香水，沐浴其炭，然令猛熾。投是酥蜜於炎爐內，燒令煙盡，享佛菩薩（註512）」。

經文：「阿難！若此比丘本受戒師，及同會中十比丘等，其中有一不清淨者，如是道場多不成就。從三七後，端坐安居，經一百日。有利根者，不起於座，得須陀洹。縱其身心聖果未成，決定自知成佛不謬。汝問道場，建立如是（註513）」。

一、歷代疑偽之說

從文：「這是外道異學更進一步引誘，若燒一指節滅罪之法，學者不信也不敢嘗試，則持神咒最為穩當，摩登伽女尚無心於修行，卻受神力冥資即得成證阿羅漢。若學者有心於修行，更不在話下，一持神咒快得成就。果真如此，如來也應使用神力令阿難證得阿羅漢果，因為阿難比摩登女急於成阿羅漢，而且還有無量無邊有心於成就阿羅漢果的學人，如來也應使用其神力冥資，令速證無學。事實上，無如此事，外道異學於阿羅漢道不學無知，不知阿羅漢道一詞只是三乘道之一，聲聞道之異名，阿羅漢只是阿羅漢道中的最高果位，摩登伽女得阿羅漢道並非得阿羅漢果，只是入阿羅漢道，意謂入道。外道誤會摩登伽女聽一席佛法即得成阿羅漢果，延續其錯誤知見於《楞嚴經》，甚至貶損摩登伽女的成就，歸功於神力冥資，用為高

註　511　《楞嚴經・卷七》，《大正藏》第十九冊頁133上。
註　512　《楞嚴經・卷七》，《大正藏》第十九冊頁133中。
註　513　《楞嚴經・卷七》，《大正藏》第十九冊頁133下。

推神咒不可思議。於是外道異學冠冕堂皇，公然於《楞嚴經》中介紹外道異學，結界建立密教道場之法，無非假借佛名宣揚密教，令佛教徒不知不覺的日日誦習外道異學（註514）」。

呂文：「又云『中夜食時，焚燒酥蜜於小火爐以爲供養』。實則中夜非行道時（《大日經・卷七》等）。又焚酥蜜應是二七日作法訖時，護摩儀式，今乃誤爲先設。其僞六十五」。（註515）

呂文：「『從三七日後端坐百日得須陀洹』。按陀羅尼所求悉地，有世出世，此下咒文全是世間悉地所用，(參照《陀羅尼集經》、《大日經・卷七》及《疏》)，鄭重說爲成佛不謬，已爲矛盾。至云『百日得須陀洹』，仍屬小果，又何益於成佛？蓋撰經者於此等分別全不明晰也。其僞六十八」。

二、登伽證果之釋

《楞嚴經》卷四云：「何須待我佛頂神咒，摩登伽心婬火頓歇，得阿那含……如摩登伽宿爲婬女，由神咒力銷其愛欲，法中今名性比丘尼（註516）」。摩登伽初聞「楞嚴咒」就得三果「阿那含」是很明確的，而到卷六經文言：「性比丘尼聞說偈已，成阿羅漢（註517）」，可見摩登伽聽聞文殊簡選圓通的「偈頌」以後才證四果「阿羅漢」的。到經文卷七初，世尊云：「且汝宿世與摩登伽，歷劫因緣恩愛習氣，非是一生及與一劫。我一宣揚，愛心永脫，成阿羅漢。彼尚婬女，無心修行。神力冥資速證無學（註518）」。經文明顯的說「我一宣揚，愛心永脫」，宣揚什麼呢？宣揚阿難與登伽宿世恩愛的「習氣」，這是指「聞法」得解脫成四果阿羅漢，故卷四言：「與羅候（Rāhula）母耶輸陀羅（Yaśodharā）同悟宿因，知歷世因貪愛爲苦，一念熏修無漏善故，或得出纏（註519）」。可知歷世因「貪愛」爲苦，而後的「神力冥資，速證無學」明指「楞嚴咒」的「神力」。

註 514 引自《我從迷信出走》頁193第七行—頁194第六行。
註 515 《呂澂佛學論著選集》第一冊頁376。
註 516 《大正藏》第十九冊頁122上。
註 517 《大正藏》第十九冊頁131中。
註 518 《大正藏》第十九冊頁133上。
註 519 《大正藏》第十九冊頁122上。

　　故摩登伽並非專靠「咒語」而成道的，她是由「聞咒」而得「阿那含」，再經「密咒和聞法」的「內資外薰」功夫才證得四果「阿羅漢」的。明・傳燈大師《楞嚴經圓通疏・卷一》就這麼說：「慧因定發，定藉戒成，三無漏學，事無躐等，仰冀後賢於此法門而無惑者。內既資乎聞薰聞修之理觀，外必藉乎佛力咒力之事修，宿習既驅，現行不作，便可飽餐甘露以延年，不致過傷醍醐而早夭，以此而續佛慧命，以此而廣佛化儀，使人人悟心地之無生，各各證菩提之不妄（註520）」。其實從《楞嚴經》經文來看，摩登伽本人並無持誦「楞嚴咒」，主要是佛以「楞嚴咒」的「神力冥資」於摩登伽身上，「由神咒力銷其愛欲」的方式讓她速證「無學」，因為她原屬「無心修行」的人。這裡並不是在倡導「無惡不作」的人，只要唸唸楞嚴咒就可證果，經文的用意是強調「楞嚴咒」的「神力」乃不可思議。

　　又從文將「阿羅漢」與「阿羅漢道」分開解說，認為「摩登伽女得阿羅漢道並非得阿羅漢果，只是入阿羅漢道，意謂入道」。從文這樣的說法應該主要是據《俱舍論・卷二十四》中對「阿羅漢」（梵 arhat 巴 arahant）一詞的解釋（註521）。一般皆作「狹義」之解釋，專指小乘佛教中所得之最高果位而言。若廣義言之，則泛指「大、小乘佛教」中之最高果位，如《成唯識論・卷三》載，「阿羅漢」通攝三乘之無學果位，故為「佛」之異名，亦即「如來十號」之一（註522）。以狹義言，「阿羅漢」為小乘之極果，意譯作「應供」、「應真」、「無學」……等，還分為「阿羅漢向」和「阿羅漢果」二種。

　　「阿羅漢向」（arhat-pratipannaka 巴 arahatta-paṭipannaka）指尚在修行階段，而趨向於「阿羅漢果」者，又作「無學向」。或指已證得「不還果」之聖者，入於「阿羅漢道」，雖尚未證入其果位，但以其趣向於第四果，故稱「阿羅漢向」。

　　而「阿羅漢果」（arhat 巴 arahat）即指「第四果」，又作「極果」、「無學果」。指已斷盡「色界、無色界」之一切「見惑、修惑」，而永入涅槃，不再有生死流轉之階位。證入「阿羅漢果」之聖者，已超出三界，「四智」已經圓融無礙，已無法可學，故稱為「無學」。

註　520　《卍續藏》第十九冊頁403上—下。
註　521　詳於《大正藏》第二十九冊頁126中—下。
註　522　詳於《大正藏》第二十九冊頁13上。

依據上面的資料分析可知：「阿羅漢道」可說是介於「三果阿那含」和「四果阿羅漢」之間的一個修學位。

如果從早期《金剛經》譯本上的「阿羅漢」字詞來說，《金剛經》云：「若阿羅漢作是念，我得阿羅漢道，即爲著我人眾生壽者（註523）」。這個「道」字解釋，古來註家解釋的人並不多，清‧溥畹大師《金剛經心印疏》認為「道」字是近於「佛的覺道」，因為對二乘人來說，除了「四果阿羅漢」外就是佛陀了，也是就證「阿羅漢果」的人已經近於「佛之覺道」，故又名「阿羅漢道」（註524）。但近代高僧道源老和尚對這種說法不讚同，老和尚說如果站在小乘的果位上，得「阿羅漢果」的人是不敢說他已「近於佛道」這句話的。「阿羅漢道」是指小乘位上最高果位上的「道」，他得到了，這叫「無學位」。前面的「須陀洹果、斯陀洹果、阿那含果」都稱「果」，是屬「分位」的「不究竟果」，這不能說得到了最高最極的「無生之道」，要等到了「四果」，才算是得了真正究竟的「道」法，所以佛讚歎這究竟之果，故而稱之為「道」（註525）。故從《金剛經》的「阿羅漢道」字詞來看，「阿羅漢果」跟「阿羅漢道」是同指「四果大阿羅漢」之果位，只是解釋深淺開合不同，非必為從所言之「得阿羅漢道並非得阿羅漢果，只是入阿羅漢道，意謂入道」不可。

若從《楞嚴經》的經文來考查，《楞嚴經》的全部經文並沒有任何一句是說摩登伽證得「阿羅漢道」，只有說「成阿羅漢、速證無學」的字詞。而在《摩登女經》上載佛為摩登女說「不淨法」；「女即自思念，身中惡露，便自正心得『阿羅漢道』（註526）。《摩登女解形中六事經》云：「女即自思惟，惡露形中，所有正心，則得『阿羅漢道』（註527）。《摩登伽經‧卷上》云：佛為女說「四眞諦法」，時比丘尼（指摩登女）豁然意解悟「四聖諦」；「即於座上，得『羅漢道』，更不退轉……佛言：解脫生死得『阿羅漢』，亦爲甚難，如斯難事，汝已得之（註528）。《鼻奈耶‧卷三》則說：世尊為說「四聖諦法」，則其「父母得『阿那含道』，女得『須陀

註 523 《大正藏》第八冊頁 749 下。

註 524 大師云：「不言『果』而曰『道』者，以顯證極此理而與覺道相近故，不言『羅漢果』而曰『羅漢道』也」。見《卍續藏》第四十冊頁 383 下。

註 525 詳於道源法師《金剛經講錄》頁 181—182。台北浩鼎印刷。80、5。

註 526 《大正藏》第十四冊頁 895 中—下。

註 527 《大正藏》第十四冊頁 896 中。

註 528 《大正藏》第二十一冊頁 401 上—中。

洹道』……後大愛道即與女剔髮爲道，授具足戒，教威儀禮節，得八解脫禪，得『阿羅漢道』（註529）。《毗尼母經・卷一》載摩登祇女來到佛所；「佛即爲説法，深悟法性，得『須陀洹果』」，才求佛出家（註530）。《經律異相・卷十五》同《鼻奈耶・卷三》之説，只是後面少了「道」字，只言摩登伽「得阿羅漢（註531），這些經文都明證摩登伽女「得阿羅漢」的事實。

如果我們再查《楞嚴經》的經文，全經中有出現「阿羅漢道」字詞的幾乎都是同指「阿羅漢」之果位，如卷五末：「月光童子（Candra-prabha）……今我已得『阿羅漢道』，久離病緣。云何今日忽生心痛，將無退失（註532）？卷六末言：「謂前人言，我今已得須陀洹果、斯陀含果、阿那含果、『阿羅漢道』、辟支佛乘、十地地前諸位菩薩（註533）。另外在二十五聖圓通中，證入「四果阿羅漢」名為「阿羅漢」的有：

六塵圓通：陳那、優波、香嚴、藥王、跋陀、迦葉。
五根圓通：那律、周利、憍梵、畢陵、空生。
六識圓通：鶖子、孫陀、滿慈、波離、目連。（普賢菩薩除外）。
七大圓通：烏芻、持地（回小向大）、月光童子（得阿羅漢道）。

其中只有月光童子是以「阿羅漢道」字詞，其它都是「阿羅漢」名詞，證明《楞嚴經》中的「阿羅漢」與「阿羅漢道」字詞幾乎是不分的，所以摩登伽的證「阿羅漢道」，就是得「四果羅漢」，這兩個名詞在《楞嚴經》中是不必強作分別的。

三、楞嚴壇場之釋

從文又言：「公然於《楞嚴經》中介紹外道異學，結界建立密教道場之法，無非假借佛名宣揚密教，令佛教徒不知不覺的日日誦習外道異學」。

註　529　《大正藏》第二十四冊頁864中—下。
註　530　《大正藏》第二十四冊頁803中。
註　531　《大正藏》第五十三冊頁81上。
註　532　《大正藏》第十九冊頁127下。
註　533　《大正藏》第十九冊頁132下。

從文認為「密教」是「外道之學」，所以《楞嚴咒》是密教外道異學。本文在此並不打算探討「密教佛說不佛說」的問題（註534），試舉經典與近代大師之說。如《佛頂放無垢光明入普門觀察一切如來心陀羅尼經·卷下》載南印度有城名廣圓滿，有婆羅門名曰無垢，為人宣說陀羅尼咒，時光明長者先有多人歸仰，恐失利而生惡心，興惡心已，便得癩病，受大苦惱直至命終，墮於無間地獄中，受大諸苦，後生為人無雙目，又遇無垢婆羅門，為之宣說密咒，後死生天上等事（註535），這是毀謗「咒語陀羅尼」的果報。

又《千手千眼觀世音菩薩廣大圓滿無礙大悲心陀羅尼經》明確的說：「此陀羅尼是過去九十九億恆河沙諸佛所說……若有謗此咒者，即為謗彼九十九億恆河沙諸佛，若於陀羅尼生疑不信者，當知其人永失大利，百千萬劫常淪惡趣，無有出期，常不見佛、不聞法、不睹僧（註536）」。

個人以為：不學密咒、不學密宗、不持咒語都可以，但如果認為咒語是非佛說，這不只在佛學研究上站不住，在宗教立場上也是不能認同的。如淨土第十三祖印光就如此說：「一句佛號，包括一大藏教，罄無不盡。修淨業者，有專修、圓修，種種不同，譬如順水揚帆，則更為易到。亦如吃飯，但吃一飯，亦可充飢，兼具各蔬，亦非不可。能專念佛，不持咒，則可。若專念佛，破持咒，則不可。況『往生咒』，係淨土法門之助行乎（註537）」。

當代禪宗泰斗虛雲老和尚云：「密法確實是釋迦牟尼佛的法，但是西藏戒律廢弛了，不行了，所以有的形成賣法（註538）」、「至於密宗，是由不空尊者金剛智等傳入中國，經一行禪師等努力，才發揚光大的，但這些都是佛法，應當互相揚化，不得分別庭戶，自相摧殘（註539）」。

曾閱三次《大藏經》的印光大師亦讚密宗云：「密宗道理，不可思議，而今

註 534 其實認為咒語非佛說的觀點都是因誤解《阿含經》上的禁咒經文，筆者另撰「試論《阿含經》之咒術觀」一文可參閱。

註 535 《大正藏》第十九冊頁 724 中—下。

註 536 《大正藏》第二十冊頁 108 下—109 上及頁 111 下。

註 537 《印光法師文鈔三編·卷二》頁 450。復卓智立居士書三。

註 538 轉自黃念祖《心聲錄》頁 263—264。

註 539 《虛雲老和尚年譜法彙增定本》頁 217。

之傳密宗，學密宗者，各以神通爲事，未免失其本旨（註540）、密宗法門，不可思議，而今之傳者學者，多失其宗（註541）、密宗實爲不可思議之法門，實有現身成佛之事，彼宏密宗者，皆非其人，有幾個眞上根？皆自命爲上根耳（註542）、「密宗以三密加持，能令凡夫現生證聖，其功德力用，不可以心思，不可以言議，故云不思議力用（註543）」。又弘一大師初謗密宗，後深入研究後始知密宗確是高深不可思議（註544）。

　　《楞嚴經》中「楞嚴壇場」所表之法，不全是密教之用，而是「顯密」互用，如「壇場形式」和「壇場莊嚴」皆表「性修之法」，「所獻供養」表「耳根圓通」，所奉尊像表「楞嚴神咒」（註545），「清淨律儀」爲顯行，「壇儀心咒」爲密行。有顯有密，顯中有密，密中有顯，顯密圓融，正是《楞嚴經》之特色。如經云：「十方薄伽梵，一路涅槃門（註546）」是「顯說」；「出生十方一切諸佛（註547）」是「密說」。「顯說」是「令解而生慧」，「密說」是「令誦而生福」；又「顯說」令人「因解而絕解」，「密說」令人「因無解而絕解」，顯密都不離《楞嚴經》「離即離非，是即非即；離一切相，即一切法」之旨，定慧相資，佛果因之而生，道果因之而成！

　　明・傳燈大師一生精於建立「楞嚴壇場」，尤以所建「楞嚴壇」之「東方不瞬堂」爲盛（註548），其徒盛歎曰：「夫經之流通貴在得旨，得旨又貴在建壇修進此經（指《楞嚴經》），自入支那海內，未聞有建壇之者，惟今大師（指傳燈）于幽溪蘭若，依經建立，莫不中規中矩，非建壇之難乎，然而建壇方是事相莊嚴，進修又貴在

註　540　《印光法師文鈔三編上・卷二》頁308。復謝慧霖居士書二十四。

註　541　《印光法師文鈔三編上・卷二》頁548。復石金華居士書。

註　542　《印光法師文鈔三編下・卷三》頁593。復溫光熹居士書一。

註　543　《印光法師文鈔三編下・卷三》頁971。復丁福保居士書十。

註　544　大師曾云：「在大乘各宗中，此宗之教法最爲高深，修持最爲眞切。常人未嘗窮研，輒輕肆毀謗，至堪痛歎。余於十數年前，唯閱密宗儀軌，亦嘗輕致疑議。以後閱《大日經疏》，乃知密宗教義之高深，因痛自懺悔。願諸君不可先閱儀軌，應先習輕教，則可無諸疑惑矣」！《弘一大師講演錄》頁68。高雄淨宗學會印。86、4。

註　545　詳於錢謙益之《楞嚴經解蒙鈔卷末・佛頂圖像》之「楞嚴結壇十三種表法圖」與「首楞嚴持咒結壇十事表法圖」，見《卍續藏》第二十一冊頁704—705。或見白聖編、慧律校之《楞嚴經表解》頁130—132。

註　546　《楞嚴經・卷五》，《大正藏》第十九冊頁124下。

註　547　《楞嚴經・卷七》，《大正藏》第十九冊頁136下。

註　548　詳於傳燈大師《楞嚴經圓通疏・卷一》，《卍續藏》第十九冊頁403下。

見道修道（註549）。故知壇場只是一種「事相」上的莊嚴，真正的修行是在「見諦修道」上，如世尊在讚歎完神咒功德後，阿難聞已，不云「我當如何一心持咒」？卻問如來：「云何爲乾慧之地（śukla-vidarśanā-bhūmi），四十四心，至何漸次，得修行目，詣何方所，名入地中，云何名爲等覺菩薩（註550）」？可見咒爲「修道之力」，「乾慧」之至「等覺」才是真正修行成佛之大綱大要。以上諸說皆准於溥畹大師《楞嚴經寶鏡疏·卷六》（註551）、交光大師《楞嚴經正脈疏·卷六》（註552）及蓮池大師之《楞嚴經摸象記》（註553）等。

　　咒既爲修道之助，則自然可治宿世的「婬愛」之習，何以故？因咒體既稱爲「摩訶薩怛多般怛羅」，全是不思議的三德力，「所持的咒體」即法身遍一切處，則「能持之心性」亦即法身遍一切處，如是「能持、所持」無非「法身」，那有「法身」還有能容有「宿習」的呢？依《楞嚴經》之旨「即一切法，離一切相；離即離非、是即非即（註554）」，可見其「宿習」當體亦即是「法身」，「宿習」與「法身」當體亦是不二，故以「持咒」治「宿習」，正是「不治自治」，「不破而破」，而無所不破也。且「宿習」藏之於「心」，非「心咒」而弗能改；宿習之於「爲」，非「無爲」而莫能治，今以「摩訶薩怛多般怛羅」之「體相用」三密加之，則有何「宿習」不能滅？

　　表面上看《楞嚴經》這段經文是「勸持咒」而滅「宿習」，其實佛早已做了精密的安排，在宣講勸修「楞嚴咒」之前，佛已明令「四種清淨明誨」爲修道之正路，修習「二種決定義」；若還力不敵魔，則以一心觀佛持誦此咒；也就是先「持戒攝心」建立「理道場」而治「內魔」；講完「理道場」後才建立治「外魔」的「事道場」，勸令誦咒，以咒治婬習，這是表「理事不二」，內外諸魔均治之法要！

　　經文中言「一心誦我佛頂光明」，「一心」是何意？蓮池大師《彌陀疏鈔·卷

註　549　傳燈大師《楞嚴經圓通疏·卷一》，《卍續藏》第十九冊頁401上。
註　550　《大正藏》第十九冊頁138上。
註　551　如云：「以持戒誦咒爲助修之行也，蓋前佛對當機一往發明如來藏心，由耳根圓通悟理直入者乃爲正修也……然助有二，一、惑重者，先持禁戒，以制斷發業無明，二習重者，兼持祕咒，令熏斷俱生無明」。《卍續藏》第九十冊頁781上。
註　552　如云：「加四戒以爲反聞之前方便，加道場持咒以爲正反聞時之助行也」。《卍續藏》第十八冊頁684下。
註　553　詳於《卍續藏》第十九冊頁29上。
註　554　此二句分別見《楞嚴經·卷八》頁142下及《楞嚴經·卷四》頁121上。《大正藏》第十九冊。

三》中曾對「一心」下註曰：「即此一心，全體是佛（註555）」。《那先比丘經‧卷上》則云：「諸善之中，獨有一心，最為第一，一其心者，諸善隨之（註556）」。「一心」包括「事一心」和「理一心」。事則以能持之心，及所持之咒，能所分明，相續不斷，專誠一意，不摻雜念，是名「事一心」；理則以能持所持，唯是一心，能所雙亡，咒即心，心即咒，念而無念，無念而念，心咒不二，即謂之「理一心」。以此「事一心、理一心」不亂的功夫去持咒，則何「宿習」不能「滅」呢？《金光明經‧卷一》云：「千劫所作，極重惡業，若能至心，一懺悔者，如是眾罪，悉皆滅盡（註557）」，至心懺悔即滅罪，況「至心持咒」？故從文之疑應可從本節的分析而得到釐清。

　　至於呂文所疑的二點。一是「又云『中夜食時，焚燒酥蜜於小火爐以為供養』。實則中夜非行道時（《大日經‧卷七》等）。又焚酥蜜應是二七日作法訖時，護摩儀式，今乃誤為先設。其偽六十五」。筆者的解釋是：呂氏云經文是「中夜食時」，其實根本就引錯經文，何能解對經義？原經文應是「每以食時，若在『中夜』，取蜜半升，用酥三合。壇前別安一小火爐。以兜樓婆香，煎取香水，沐浴其炭，然令猛熾（註558）」，這並非指在中夜「食」。呂文又舉《大日經‧卷七》中言「中夜」並非「行道」之時，其實這都是片面不正確的見解。

　　如經上雖云「中夜」（madhyama-yāma，巴 majjhima-yama）是休息睡眠時（為午後十時至翌日午前二時之間），但佛也曾在「中夜」鼓勵行道，亦讚歎在「中夜」行道的人。

①如《佛垂般涅槃略說教誡經》云：「晝則勤心修習善法，無令失時，初夜、後夜亦勿有廢，『中夜』誦經以自消息。無以睡眠因緣令一生空過；無所得也（註559）」。

②《出曜經‧卷三》之「無常品下」載：「習禪定生盡無熱惱，清旦日中向暮初夜、『中夜』、後夜。佛告比丘：若行若坐，若來若去，若睡若覺，當念行此

註　555　《卍續藏》第三十三冊頁447下。
註　556　《大正藏》第三十二冊頁698上。
註　557　《大正藏》第十六冊頁337中。
註　558　《楞嚴經‧卷七》。《大正藏》第十九冊頁133中。
註　559　《大正藏》第十二冊頁1111上—中。

三昧，使無漏失（註560）」。

③《出曜經·卷五》之「無放逸品第四上」載一比丘「行滿德充，六時行道，無毫釐減失，初夜、『中夜』、後夜，精懃汲汲，斯須不惓（註561）」之事。

④《出曜經·卷九》之「戒品第七」云：「意常覺寤，晝夜力學晝習夜亦爾夜習晝亦爾，初夜、『中夜』、後夜亦復如是。持心專一無他異念，唯從於道思惟心所念法（註562）」。

⑤佛讚歎優波斯那「中夜」誦《法句經》而得毘沙門天王往聽（註563）。

⑥《大智度論·卷四》更載佛常居中道之故，故「兜率天於六天及梵之中。上三下三，於彼天下必生中國，『中夜』降神，『中夜』出迦毘羅國行中道，得菩提中道，為人說法，『中夜』入無餘涅槃，以好中法故。中天上生（註564）」。

⑦密教部的記載則有《慈氏菩薩略修愈誐念誦法·卷下》之「護摩品」所載之四種念誦法。其中第二就是「降伏諸魔念誦」，須於「中夜」持念（註565）。

⑧《護諸童子陀羅尼經》載欲求子，須於每月之八日、十五日受持八戒，清淨沐浴、穿新淨衣，禮拜十方諸佛，至「中夜」取少許芥子置於自己頂上，誦大梵天王所說陀羅尼咒，當令此女人能如所願，所生小孩安穩無患（註566）……等等。

所以就算修行者於「中夜」行道並非「偽說」。

呂文所疑的第二點是「『從三七日後端坐百日得須陀洹』。按陀羅尼所求悉地，有世出世，此下咒文全是世間悉地所用，（參照《陀羅尼集經》、《大日經·卷七》及《疏》），鄭重說為成佛不謬，已為矛盾。至云『百日得須陀洹』，仍屬小果，又何益於成佛？蓋撰經者於此等分別全不明晰也。其偽六十八」。呂文說《楞嚴》此文是「參照《陀羅尼集經》、《大日經·卷七》及《疏》……蓋撰經者於此等分別全不明晰也」。

註　560《大正藏》第四冊頁626中。
註　561《大正藏》第四冊頁637上。
註　562《大正藏》第四冊頁655下。
註　563　《經律異相·卷三十八》載「優波斯那求從佛受，即得五戒，佛復以《法句經》與令諷誦。是時中夜誦《法句經》，有毘沙門天王，從數千夜叉欲至南方毘婁勒叉所，聞誦經聲尋皆住聽。讚言：善哉姊妹善說法要」。《大正藏》第五十三冊頁202下。
註　564　《大正藏》第二十五冊頁89下。
註　565　《大正藏》第二十冊頁598中。
註　566　詳於《大正藏》第十九冊頁742中。

若說經文內容「參照」《陀羅尼集經》則有可能，因為唐・阿地瞿多（Atikūṭa 意譯無極高，中印度人）曾於慧日寺浮圖院建陀羅尼普集會壇，沙門玄楷等請師譯法會之典據，遂於永徽五年（654）譯成《撮要鈔譯集》十二卷，即今《陀羅尼集經》（註567）。它是比《楞嚴經》早譯了五十年。但若說參照《大日經》及《大日經疏》則有「年代」先後不合的問題。因為《大日經》（Mahā-vairocanābhisaṃbodhi-vikurvitādhiṣṭhāna-vaipulya-sūtrendra-vāja-nāma-dharmaparyāya，又作《毘盧遮那成佛經》、《大毘盧遮那成佛神變加持經》、《大毘盧遮那經》）據《開元釋教錄・卷九》載此經於開元十二年（724）奉詔於長安大福先寺；由善無畏、一行、寶月等譯出（註568）。也就是《大日經》在《楞嚴經》705 年之後才譯出，既在《楞嚴》之後，《楞嚴》何能先引「未來」之經論？呂文言「撰經者於此等分別全不明晰也」，《楞嚴》此文既是「杜撰」，則又何能先「參照」到預先「未來」之經論？

又呂文謂「百日得須陀洹，仍屬小果，又何益於成佛」？筆者以為「百日得果」只是佛勉勵眾生修行之語，並非只須得「須陀洹」即可，不須「迴小向大」。《楞嚴經》卷四云：「何須待我佛頂神咒，摩登伽心婬火頓歇，得阿那含（註569）。可見登伽女是靠「神咒」得證到「三果」的阿那含。然而佛在卷七又說：「彼尚婬女，無心修行，神力冥資速證無學，云何汝等在會聲聞，求最上乘決定成佛，譬如以塵揚於順風，有何艱險（註570）？意即「無心修行」的婬女尚能藉咒而成「無學」位；更何況在座的聲聞阿難等眾，你們都是要「求最上乘決定成佛」的果位，更有何難呢？

另外卷七又說「經一百日，有利根者，不起於座，得須陀洹。縱其身心，聖果未成，決定自知，成佛不謬」。從這三段經文即可知「百日得果」只是「一時說」；是勉勵未得任何果位的眾生說；不是專為阿難說（因阿難此時已是初果以上之聖者）；亦不是勸阿難只須求證「小果」即可。經文明言阿難是「五濁惡世誓先入，如一眾生未成佛，終不於此取泥洹（註571）」的大乘菩薩發心；又「縱其身心，聖果未成，

註 567 《大正藏》第十八冊頁 785 上。
註 568 《大正藏》第五十五冊頁 572 上。
註 569 《大正藏》第十九冊頁 122 上。
註 570 《楞嚴經・卷七》，《大正藏》第十九冊頁 133 上。
註 571 《楞嚴經・卷三》，《大正藏》第十九冊頁 119 中。

決定自知，成佛不謬」之句都是「迴小向大」心，句句都證明《楞嚴經》是「諸菩薩萬行首楞嚴」的「大乘」精義，並非呂文所言的「蓋撰經者於此等分別全不明晰也（指撰經者不明大小乘之別）」。

關於「百日得須陀洹果」之類的用詞，在密教經典是處處可見，亦非《楞嚴》「獨說」。

❶ 如《獲諸禪三昧一切佛法門陀羅尼》載：若能一日之中誦千偈，則得「他心智」。若有四眾於寂靜處，至心持此陀羅尼，不過七日即「獲於四禪」，壞欲界得「十方佛如意證三昧」（註572）。

❷ 《大方等陀羅尼經‧卷三》載：持此咒，於七日得「隨意生」（註573）。

❸ 《佛心經品亦通大隨求陀尼羅‧卷上》載：故若「欲求佛位者、欲求菩薩位者、欲求金剛位者」……欲求十方自在生者……唯當至心思惟自念事，「日念千遍，七日之間即能得至，一離世界更不往來（註574）。

❹ 《成就妙法蓮華經王瑜伽觀智儀軌》載：若修行者為求法華三昧，「現世入初地」，決定求證無上菩提者，應一七日、三七日，乃至七七日或「三箇月」，應依儀軌隨其力分持咒便得（註575）……等等。

佛說法是隨眾生心的，故「法無定法」，不可「斷經取義」、或「斷章取義」。任何觀點應有客觀的經論輔證，加上「三法印」及「四依止」才能正確理解佛意，方不致誤解才是。

四、小結

或有人質疑《楞嚴經》中摩登伽為何榮登「四果」？阿難反居「初果」？錢謙益《楞嚴經解蒙鈔‧卷四之一》解釋云：「一約權實：阿難示跡，現多聞無功，故在初果。登伽實人，顯咒力功大，速證第三。二約根行：阿難圓頓根發，前文

註 572 《大正藏》第二十一冊頁 617 中。
註 573 《大正藏》第二十一冊頁 653 下。
註 574 《大正藏》第十九冊頁 4 下。
註 575 《大正藏》第十九冊頁 596 上。

悟解或入信住。登伽小機，雖得第三，望圓頓位，霄壤有異（註576）」。而傳燈大師認為此段顯出「神咒之勝」有四義，茲舉如下：

①宿習厚薄不同。摩登伽女恩愛習氣非是一生，其習則厚。汝等在會，身為比丘，其習則薄。

②人品貴賤不同。登伽婬女為人則賤，汝為佛子為品則貴。

③心志勝劣不同。摩登伽婬女無心修行，其心則劣。汝等比丘求最上乘，其心則勝。

④邪定正定不同。登伽婬女宗先梵天，屬邪定聚。汝等比丘決定成佛，屬正定聚，是故汝等誦咒以除習，譬如順風以揚塵。摩登蒙咒以證果，譬如逆風以聞香。經喻則取風以比咒，塵以比習。私謂則取風以比習，香以比咒也（註577）」。

　　筆者的看法是：阿難在《楞嚴經》中所扮演的角色是菩薩道的「留惑潤生（註578）」，如卷三末云：「伏請世尊為證明，五濁惡世誓先入，如一眾生未成佛，終不於此取泥洹（註579）、《卷九》末云：「汝今未須先取寂滅。縱得無學，留願入彼末法之中，起大慈悲，救度正心深信眾生，令不著魔，得正知見……汝等必須將如來語，於我滅後，傳示末法。遍令眾生，開悟斯義（註580）」。也就是阿難是自己發願「如一眾生未成佛，終不於此取泥洹」及被佛所咐屬的「未須先取寂滅」的大慈大悲行者，所以「無心修行」的摩登伽女尚可藉咒力及聞偈頌而榮登「四果阿羅漢」，何況已發「菩提心」欲修成「妙覺佛果」的阿難？只是阿難願「住」於「有學位」罷了，並不是咒只冥助摩登而不惠於阿難，或咒只讓摩登伽證果，無法讓阿難也證果，這有個人宿世的「願力」與「修行」的因緣在，不可以文義批判聖者之意。

註　576　《卍續藏》第二十一冊頁350下。

註　577　傳燈大師《楞嚴經圓通疏・卷七》，《卍續藏》第十九冊頁730下—731上。

註　578　又作「誓扶習生」。為天台宗顯示三乘「通教」第十地中之第九地菩薩修相之語。「通教」菩薩為成佛之故，必利益三界之眾生而修利他行，然既已於第七地斷除見思二惑，故不再生於三界，是以必須立誓，憑其願力扶持殘餘之習氣，生於三界而救度眾生，成就利他行，此即「扶習潤生」。至於「藏教」之菩薩，雖已制伏見思二惑，猶未斷之，故仍有生於三界之因；「別、圓」二教之菩薩，雖已斷除見思二惑，但由於無明惑之力，仍須生於三界。故「扶習潤生」，僅限於「通教」之菩薩。見《佛光大辭典》頁2947。

註　579　《大正藏》第十九冊頁119中。

註　580　《大正藏》第十九冊頁151中。

　　前面二位祖師大德(傳燈大師與錢謙益)說得是，登伽只是榮登「小乘」之極果，而阿難在修行的菩薩道上，不只是要證「四果」，且要證「大乘」圓滿之「妙覺佛果」。經文是凸顯「咒力之勝」，但卻因個人願力與修行而有著不同的感應，如卷七的「金剛藏菩薩」也已「久成菩提」，然亦「不取涅槃」的護持眾生，這些都是「大權示現」之教，讀經者須善會之！

第三節　楞嚴咒與其咒心之疑

經文:「出生十方一切諸佛。十方如來,因此咒心,得成無上正遍知覺。十方如來,執此咒心,降伏諸魔,制諸外道。十方如來,乘此咒心,坐寶蓮華,應微塵國。十方如來,含此咒心,於微塵國轉大法輪。十方如來,持此咒心,能於十方摩頂授記。自果未成,亦於十方蒙佛授記。十方如來,依此咒心,能於十方拔濟群苦。所謂地獄餓鬼畜牲,盲聾瘖啞,怨憎會苦、愛別離苦、求不得苦、五陰熾盛,大小諸橫同時解脫。賊難兵難、王難獄難、風火水難、飢渴貧窮,應念銷散。十方如來,隨此咒心,能於十方事善知識,四威儀中供養如意。恆沙如來會中,推為大法王子。十方如來,行此咒心,能於十方攝受親因,令諸小乘聞祕密藏,不生驚怖。十方如來,誦此咒心,成無上覺,坐菩提樹,入大涅槃。十方如來,傳此咒心,於滅度後付佛法事,究竟住持,嚴淨戒律,悉得清淨(註581)」。

一、歷代疑偽之說

呂文:「《白傘蓋陀羅尼》一篇係撰者別有所受,雜抄入經,較之當時流行之梵字本音譯本(舊傳為不空譯,但《貞元錄》記不空譯籍最詳,並無此種,殆係後人誤歸之不空耳),又較之西藏譯本,訛略既多,句讀尤謬(另有考證),本不堪持頌也。且就咒文音譯觀之,與經大有出入(如咒譯『路他伽多』而經譯『怛闥阿竭』;咒譯『婆伽婆』,而經譯『薄伽梵』;咒譯『薩怛多』,而經譯『悉怛多』;咒譯『勃地』,而經譯『菩提』;咒譯『阿芻鞞』,而經譯『阿閦』等)。可證經咒之文非出一手。如認咒文有據,即可反證經文之出撰述,今乃有人以咒成經,謂其俱實,誠顛倒矣。其偽六十九(註582)」。

呂文:「咒文有意義可尋者,為陀羅尼楞嚴經咒是也,今乃謂為伽陀(頌)。又佛頂心咒謂短咒,大咒乃謂長咒(見《集經》。又一般通例如是),今乃混稱為『咒心』。又建壇結界,供養祈求,咒本有別,今亦混為一談。至於結界之法,較為繁雜,作者不能詳知,遂使阿難有問,佛無其答。其偽七十(註583)」。

註　581　《楞嚴經・卷七》,《大正藏》第十九冊頁136下—137上。
註　582　《呂澂佛學論著選集》第一冊頁387。
註　583　《呂澂佛學論著選集》第一冊頁387—388。

從文:「如文中說,十方如來即是仰賴咒語而成佛,這是外道異學貶損如來的成就。意謂有成就的人都仰賴一種密語密術,並非憑藉個人的精勤努力可竟其事業。易言之,宇宙間有一主宰支配著一切世間的運行,我們若要成辦世間事出世間事,都得事奉此一主宰,持其密語密術,承其神力冥資。果真如此,我們便不必尋求福德智慧,但當欽仰於主宰神,而置善惡業報於不顧。這是咒語中第一大陷阱。事實上,一切如來都以苦集滅道四聖諦,顯發十二因緣法而成等正覺 (見《雜·二八七經》),並非以神咒而成佛。學者一旦信外道異學以為真實,便再也不知精勤於修習法律,反而踐踏真正可以成佛的正法律。如來入滅後,外道異學侵入佛法中,學者都只忙著誦咒,談起佛法來也只知荒誕不經的外道異學,於正法律,如苦集滅道四聖諦,十二因緣,五陰,六入處,四食,三十七道品,等等反而一問三不知。正法律滅去,就是學者掉入咒語的陷阱中 (註584)」。

二、楞嚴長咒之釋

「以咒成經」之說,是指《楞嚴經》乃由阿難遭摩登女的幻術所縛,後佛敕「楞嚴咒」去救醒阿難,等文殊菩薩「提獎」二位歸來佛所時,佛才開始宣講這部《楞嚴經》。也就是《楞嚴經》的起經因緣是——阿難、摩登伽女及楞嚴咒。如果沒有阿難與登伽的故事,佛就不需用「楞嚴咒」去救;沒有「楞嚴咒」去將邪咒破壞,就沒有文殊菩薩將兩人「提獎」回佛所的事;這一切若都沒有發生的話,就沒有佛宣講《楞嚴經》的因緣。近代高僧宣化大師嘗言:

> 「佛說《楞嚴經》,其因緣為阿難被摩登伽女,用『先梵天咒』所迷,婬躬撫摩,將毀戒體,佛敕文殊持咒往護,攝阿難還,故知『楞嚴咒』乃《楞嚴經》之主體,若無『楞嚴咒』,則不應有《楞嚴經》(註585)」。

呂文云「以咒成經是顛倒說」,這是太過武斷之說,缺乏客觀的經論分析。又呂文以為《貞元新定釋教目錄》並無載此咒,是後人「誤歸」之於不空,這也是

註 584 引自《我從迷信出走》頁195第七行—頁196第五行。
註 585 《楞嚴咒疏》一書之「序文」。台北大乘講堂印。81、9。

缺乏證據的說法。《楞嚴經》共十卷，「楞嚴咒」是在經文的第七卷，而「楞嚴咒」全名則有多種，（前文已提過，故底下略去出處），如：

①依卷八云：「大方廣妙蓮花王十方佛母陀羅尼」。

②<u>不空</u>譯名為「大佛頂如來放光悉怛多缽怛囉陀羅尼」。

③梵文名是 Stathāgatoṣñīṣāṃ Sitāta Patraṃ Aparājitaṃ Pratyuñgiraṃ Dhāraṇī
　स्तथागतोष्णीषामं सितात पत्रमं अपराजितमं प्रत्युञगिरमं धारणी

④「大佛頂大陀羅尼」。

⑤「佛頂光聚悉怛多般怛囉祕密伽陀微妙章句」。

⑥「大佛頂如來頂髻白蓋無有能及甚能調伏陀羅尼」。

⑦「薩多二合他孽姤烏瑟尼二合莎悉多引多缽多藍二合阿波羅爾擔缽囉二合登擬覽陀羅尼」。

⑧「大佛頂如來頂髻白蓋無有能及甚能調伏總持」。

⑨「佛頂光聚般怛囉咒」。

⑩「悉怛多缽怛囉」。

⑪「佛頂光明摩訶薩怛多般怛囉」即是密教的「大白傘蓋陀羅尼」。

⑫<u>高麗國</u><u>指空</u>（1289—1363）大師曾收集了楞嚴神咒出像圖集，但卻標名為「梵文熾盛光佛頂陀羅尼諸尊圖會」。又<u>高麗</u>本首標「大佛頂如來放光悉怛多缽怛囉菩薩萬行品灌頂部錄出，一名『中印度那爛陀曼荼羅灌頂金剛大道場神咒』（註586）或謂「釋迦佛」即是「沙羅樹王佛」，「沙羅樹王佛」即是「熾盛光佛頂」，所以「熾盛光佛」即同於「釋迦佛」（註587）？

⑬根據<u>金剛智</u>大師的「大佛頂大陀羅尼啓請法附」，可知「楞嚴咒」全名高達九十五字➡「大佛頂如來・廣放光明聚・摩訶悉怛多缽怛囉・最勝金輪頂・自在力王・無比大威德・總集百千旋陀羅尼・性海都攝一切明王・更無有上・最勝金剛三昧・帝祖（音殊）羅施・十方如來・清淨海眼・祕密伽陀・微妙章句・金剛無礙大道場・白傘蓋・頂輪王・大陀羅尼」。

註　586　參閱<u>正見學會</u>編《消災吉祥法集》頁1。又《大白傘蓋佛法彙》頁1說：「大正藏圖像
　　第四冊收集有『梵文熾盛光佛頂陀羅尼諸尊圖會』，言此咒四百二十，唵字去方是正咒，又
　　並列『大威德熾盛光如來吉祥陀羅尼』。圖會內容即楞嚴咒諸佛菩薩金剛神眾之出像圖集，
　　可知『消災吉祥咒』之主尊<u>熾盛光如來</u>與<u>釋迦牟尼佛</u>佛頂化佛，必有甚深因緣」。台北正見
　　學會。83、5。

註　587　同上頁3。

以上都是「楞嚴咒」的譯名。

如果單以「**白傘蓋陀羅尼**」之名來說，則《貞元釋教錄》中確實無此名，但若以《楞嚴經·卷七》所出的「楞嚴咒」，則《貞元新定釋教目錄》所記則多矣（詳於本書第二章之「源流與傳譯」）。呂文認為《貞元釋教錄》記不空的資料最詳，並無「**白傘蓋陀羅尼**」一名。但「**白傘蓋陀羅尼**」只是「楞嚴咒」眾多譯名中的一種，且咒語內容並不完全相同。若依《大正藏》第十九冊所載，不空所翻的「楞嚴咒」名為「**大佛頂如來放光悉怛多缽怛囉陀羅尼**」或「**大佛頂大陀羅尼**」，並不是呂文所謂的「**白傘蓋陀羅尼**」之名。

《楞嚴經》中的「楞嚴咒」譯本有數種，前人陳燕珠之《房山石經中遼末與金代刻經之研究》之「一切如來白傘蓋大佛頂陀羅尼經之探討」曾將慈賢與不空所譯之「楞嚴咒」做詳細的校勘與比對（註588）。底下將譯本及「楞嚴咒」著疏資料略整理如下：

❶ 唐·般剌密帝譯《大佛頂如來放光悉怛多缽怛囉菩薩萬行品灌頂部錄出一名中印度那爛陀曼荼羅灌頂金剛大道場神咒》（此陀羅尼，宋、元、明三本與麗本大異，計439句）。此咒內容以「**麗本**」稱之。詳於《大正藏》第十九冊頁134上—136下。

❷ 唐·般剌密帝譯《楞嚴經·卷七》之「楞嚴咒」（此陀羅尼依明本載之，以宋本、元本對校之。計分五會，427句，2620字）。此咒內容以「**明本**」稱之。詳於《大正藏》第十九冊頁139上—141中。

❸ 唐·不空（705~774）譯《大佛頂如來放光悉怛多缽怛囉陀羅尼》一卷。收於《大正藏》第十九冊頁100上—102下。另《房山石經》亦有不空所譯之咒，共刻六石十二紙，咒文481句（註589）。此咒於《南藏》、《北藏》、《徑山藏》、《龍藏》、《高麗藏》均未載。在《至元法寶勘同總錄·卷六》中有著錄：「《白傘蓋大佛頂陀羅尼經》一卷，今編入錄，唐天竺三藏大廣智不

註 *588* 詳於陳燕珠撰《房山石經中遼末與金代刻經之研究》之肆拾貳「『丁』帙慈賢譯與『感』帙不空譯《一切如來白傘蓋大佛頂陀羅尼經之探討》」頁458—473。台北覺苑文教基金會印。1995、6。

註 *589* 見於《房山石經·遼金刻經·濟~丁》頁390上。中國佛教協會編。中國佛教圖書文物館出版。1991、5。

空譯（註590）」。

❹約為<u>唐</u>末<u>五代</u>時期的<u>契丹</u>國師<u>慈賢</u>大師（生卒年不詳）所譯之《一切如來白傘蓋大佛頂陀羅尼》一卷。刻於<u>金・皇統</u>六年（1146），共刻有七石十四紙，咒文 536 句（註591）。此咒於《<u>南藏</u>》、《<u>北藏</u>》、《<u>徑山藏</u>》、《<u>龍藏</u>》、《<u>高麗藏</u>》、《<u>大正藏</u>》及其他各藏均未載。在《<u>至元法寶勘同總錄・卷六</u>》中有著錄：「《<u>大佛頂陀羅尼經</u>》一卷，今編入錄，宋中天竺三藏慈賢譯。梵云 麻訶毋羅二合帝　薩囉　拏麻陀羅尼（註592）」。

❺<u>靈雲寺</u>版普通真言藏《大佛頂大陀羅尼》悉曇體古梵文一卷。收於《<u>大正藏</u>》第十九冊頁 102 下—105 中。

❻<u>日本・南忠</u>於<u>承和</u> 14 年(公元 947)撰《註大佛頂真言》，<u>南忠</u>的序言寫著：「吾<u>靈巖</u>和尚入於巨唐請益此眞言釋(指《大佛頂咒》的釋義)。於日國傳持彼尊儀軌(指<u>靈巖</u>和尚在日本傳授大佛頂法的種種儀軌)，於是<u>南忠</u>在受法，次被授彼釋(<u>南忠</u>的《大佛頂》法和咒語祕釋都是由<u>靈巖</u>和尚傳授給他的)……尋即被和尚印可，取<u>不空</u>梵本，橫書梵漢兩字梵語，豎記科段，別釋句義」。詳於《<u>大正藏</u>》第六十一冊頁 602 上。從序言可得知<u>南忠</u>的《註大佛頂真言》是來自<u>靈巖</u>和尚的傳授，這可能是第一位註解「楞嚴咒」的人。

❼<u>日本・明覺</u>於<u>嘉保</u>三年(公元 1096 年)撰《大佛頂陀羅尼勘註》。詳於《<u>大正藏</u>》第六十一冊頁 608 上。這可能是第二位為「楞嚴咒」再加註解的人。

❽<u>高麗國</u>的<u>指空</u>大師（1289～1363）所收藏的「梵文熾盛光佛頂陀羅尼諸尊圖會（註593）」，其內容竟是《楞嚴經》中的五會「楞嚴咒」，咒文內容就是<u>般刺密帝</u>所翻的「楞嚴咒」，共 427 句。這些「楞嚴咒」的圖像集，在每句之下皆有作一些解釋。

❾<u>清・慈雲 續法</u>大師《楞嚴經灌頂疏》（全二十六卷計二十五冊）之《楞嚴咒疏》。大師將「楞嚴咒」分為 554 句，計 2622 字，並逐句解釋翻譯，成為自古解「楞嚴咒」之第三人也。詳於<u>台北 大乘講堂</u>印。81、9。或見<u>台北 正見</u>學會印《唐譯密咒注疏》。81、2。

❿「日、漢」對譯之《大佛頂陀羅尼》。內容附上大佛頂陀羅尼之『啟請法附』

註 *590* 《昭和法寶總目錄》第二冊頁 212 下。

註 *591* 見於《房山石經・遼金刻經・濟~丁》頁 500 上。中國佛教協會編。中國佛教圖書文物館出版。1991、5。

註 *592* 《昭和法寶總目錄》第二冊頁 212 下。

註 *593* 詳於《大正藏》『圖像部』第四冊頁 1—81。這是京都東寺寶菩提院藏本。

和「回向法附」。詳於台北慈心佛經流通處印之《珍藏梵文咒本》。82、6。

❶ 藏譯本。內容大致與元·真智之《佛說大白傘蓋總持陀羅尼經》譯相同。收於《漢滿蒙藏四體合璧大藏全咒》第三套第一卷，乃以《大佛頂首楞嚴經·卷七》所載之陀羅尼為主，而以藏譯本對照校訂，補其缺佚所成。

❷ 近代圓寂不久的「為仰宗」高僧宣化大師，曾著作《楞嚴咒句偈疏解》一書。這是大師在 1979 至 1987 年所講述，共講了八年，大師對全咒 554 句，逐句以「七言詩」解之，並白話述之，真可謂空前絕後的作品，這應是歷代解釋「楞嚴咒」的第四人。大師嘗為他的《楞嚴咒句偈疏解》說：「用四句偈來解釋每一句咒語也是解釋不完的，因為咒的妙義是無窮無盡的，四句偈只是拋磚引玉的大概說一說而已。這四句偈頌看起來很簡單，但它是從我心裡流出來的，也可以說是等於我的血，我的汗，並不是尋章摘句，從其他的書本上抄來的」、「我現在給你們講楞嚴咒，這楞嚴咒百千萬劫也沒有人講一次，也不容易講一次，在我給各位講時，我知道沒有人聽得懂，就是有人自以為懂得，也不是真懂！可是十年、百年、千年後有人見到這樣淺的註解，那時對楞嚴咒就會深深的明瞭了（註594）」。

相傳自唐·大通 神秀（605—706）之後，禪院為祈禱安居期間平安無事而讀誦此「楞嚴神咒」，至宋·真歇 清了大師（1089—1151）之後，尤相沿成習（註595）。而日僧瑩山 紹瑾大師（1268—1325）撰《瑩山清規》所記，在「楞嚴會、涅槃會、灌佛會、成道會」等法會之中，均讀誦此咒（註596）。此外，此陀羅尼古來亦曾被刻成經幢，如朝鮮平安北道龍川郡邑東面東部洞、黃海道海州郡泳東面清風里，皆有「大佛頂陀羅尼幢」。大唐青龍寺內亦供有曇貞所建不空音譯的「大佛頂陀羅尼」碑（註597）。日本近代學者板內龍雄在其所撰之《真言陀羅尼》書中，曾載有對此咒的解說及梵文羅馬字拼音。近代學者賴世培居士亦編《古梵音大悲咒·楞嚴咒·安樂妙寶諸咒範本》，以日文、羅馬拼音、英文、梵文、悉曇

註 594 以上請參見上人著《楞嚴咒句偈解》第一冊頁 81 和第三冊頁 29。1982 年中美佛教總會法界大學出版。

註 595 南宋之真歇 清了在補陀山，於夏中為病僧作普迴向文而誦咒，即為「楞嚴會」之始。於「楞嚴會」上，大眾坐位之圖，稱「楞嚴圖」。詳於《禪林備用清規·卷三楞嚴會》，《卍續藏》第一一二冊頁 76 上—79 下。或見於《續傳燈錄·卷十七》，《大正藏》第五十一冊頁五七九下—五八〇下。

註 596 詳於《大正藏》第八十二冊頁 427 下—447 中。

註 597 詳於《大正藏》第六十一冊頁 606 下。

體、天承體等語言詳細解說咒音，也有<u>簡豐祺</u>《古梵文楞嚴咒(附 CD)》（註598）……
等等。

下面將<u>且</u>人所整理關於「楞嚴咒」的目錄及敦煌遺書的「楞嚴咒」目錄整理如
下，從目錄中可看出「楞嚴咒」及其註疏的流向資料。

（一）、日僧入唐所集之目錄：

①日本・<u>最澄</u>（767～822）大師撰《傳教大師將來台州錄》（在大唐<u>貞元</u>二十一年
805 記）。其目錄載：「《新譯梵漢兩字大佛頂陀羅尼》一卷。《大佛頂通用曼
茶羅》一張（註599）」。可見在<u>最澄</u>大師來<u>唐</u>時（即 805 年）時，梵本的「楞嚴
咒」都尚流傳。

②日本・<u>空海</u>（774～835）大師製的《御請來目錄》，在<u>大同</u>元年（806）歸返
本國所製。其目錄中即有「《大佛頂如來放光悉怛他缽陀羅陀羅尼》一卷。《梵
字大佛頂眞言》一卷（註600）」。

③日本・<u>惠運</u>（800～871）大師撰《惠運禪師將來教法目錄》（在<u>承和</u>十四年 847
撰）；其目錄載：「《大佛頂如來大道場法》一卷。《大佛頂陀羅尼》一卷。《注
大佛頂陀羅尼》一卷（註601）」。又其所撰的《惠運律師書目錄》（在<u>承和</u>十
四年 847 撰）；目錄亦載：「《大佛頂如來大道場儀軌》一卷。《印大佛頂陀羅
尼》一卷。《注大佛頂陀羅尼》一卷。《大佛頂眞言》一卷（註602）」。《大佛
頂如來大道場法》儀軌一書首次在《惠運禪師將來教法目錄》中出現，及
注釋「楞嚴咒」（大佛頂陀羅尼）的書也陸續出爐。

④日本・<u>圓珍</u>（814～891）大師撰《日本比丘圓珍入唐求法目錄》（唐<u>大中</u>十一
年 857 記）；其目錄謹載：「《梵字大佛頂眞言》一卷（註603）」。

⑤日本・<u>宗睿</u>大師撰《新書寫請來法門等目錄》（在大唐<u>咸通</u>六年 864 撰）。其目錄
載：「《大佛頂陀羅尼成就方法決》（無集者二十張說持咒功能）（註604）」。又其

註　598　大千出版社。2006 年 10 月。
註　599　《大正藏》第五十五冊頁 1057 中。
註　600　分別見於《大正藏》第五十五冊頁 1061 下、頁 1063 中。
註　601　《大正藏》第五十五冊頁 1088 上—中。
註　602　分別見於《大正藏》第五十五冊頁 1090 中、下。頁 1091 上、中。
註　603　《大正藏》第五十五冊頁 1098 下。
註　604　分別見於《大正藏》第五十五冊頁 1108 中、頁 1110 中。

所撰的《禪林寺宗睿僧正目錄》（在大唐咸通六年 864 記）亦出現《大佛頂陀羅尼成就方法決》一書。

⑥日本・安然（841～？）大師撰《諸阿闍梨真言密教部類總錄・卷上》（在延喜二年 902 記）；其目錄載了相當多有關「楞嚴咒」的書目，如：「《大佛頂如來大道場儀軌》一卷（運）。《大佛頂如來放光悉陀他缽陀羅尼》一卷（海運）。《注大佛頂陀羅尼》一卷（運）。《梵字大佛頂眞言》一卷（海是不空智譯）。《新譯梵漢大佛頂陀羅尼》一卷（澄是金剛智譯）。《梵唐兩字大佛頂結護》一卷（仁）。《梵唐語對註譯大佛頂眞言》一卷（忠和上述以不空梵本加注經漢字漢語）。《大佛頂碑》一卷（叡）（註605）」；又其《諸阿闍梨真言密教部類總錄・卷下》亦載：「《梵唐兩字大佛頂根本讚》一卷（仁）（註606）」。

上述目錄資料載「楞嚴咒」的有《傳教大師將來台州錄》、《御請來目錄》、《惠運禪師將來教法目錄》、《惠運律師書目錄》、《日本比丘圓珍入唐求法目錄》、《新書寫請來法門等目錄》、《禪林寺宗睿僧正目錄》、《諸阿闍梨真言密教部類總錄》等共八家。

註 605 《大正藏》第五十五冊頁 1118 中。
註 606 《大正藏》第五十五冊頁 1130 上。

（二）、敦煌遺書殘卷目錄：

「明本」是現在通行的楞嚴咒本子，計四百二十七句。「不空」是指<u>不空</u>大師梵譯的另一種楞嚴咒本。

	《敦煌寶藏》冊數	所在頁碼	內容	版本
斯 1326 號	10	244 下—246 上	完整	明本
斯 2326 號	18	312 下—316 下	完整	明本
斯 3782 號	31	364 下—368 下	完整	明本
斯 6680 號	50	271 下—276 上	完整	明本
北 7417 號(闕 090)	106	155 上—159 下	完整	明本
北 7433 號(潛 100)	106	248 上—250 上	完整	明本
北 7434 號(昃 004)	106	250 下	殘缺	不詳
北 7435 號(昃 007)	106	251 上	殘缺	不詳
北 7436 號(歲 085)	106	251 下—254 下	不全	不空
北 7437 號(號 064)	106	255 上—下	不全	明本
北 7438 號(珍 008)	106	256 上—257 下	不全	明本
北 7439 號(官 060)	106	258 上—259 上	不全	不空
北 7440 號(人 025)	106	259 下—269 下	不全	不空
北 7441 號(人 012)	106	270 上—272 上	不全	不空
北 7442 號(宇 022)	106	273 下—277 下	不全	不空
北 7671 號(帝 089)	107	284 下—285 下	不全	明本

附：<u>列寧格勒</u>所藏<u>敦煌</u>卷子目錄——孟 00818 號(弗 92)亦有收「楞嚴咒」（詳見《敦煌遺書最新目錄》頁 811）。又，筆者另集「楞嚴咒敦煌寫本彙集」可供參考。

從上面二個目錄來看，<u>圓照</u>大師《貞元新定釋教目錄》無載<u>不空</u>譯的《白傘蓋陀羅尼》，然而《貞元新定釋教目錄》是在 799 唐<u>德宗</u>之敕命所撰。就在幾乎同時的日本・<u>最澄</u>師撰《傳教大師將來台州錄》（在大唐貞元二十一年 805 記）；其目錄即載：「《新譯梵漢兩字大佛頂陀羅尼》一卷。《大佛頂通用曼荼羅》一張（註

607）」。可見在 805 年時，不空大師梵本的「楞嚴咒」已出現。隨後日本‧空海製的《御請來目錄》（在大同元年（806）歸返本國所製）其目錄中即有「《大佛頂如來放光悉怛他缽陀羅陀羅尼》一卷。《梵字大佛頂眞言》一卷（註*608*）」。

　　往後《惠運禪師將來教法目錄》（在承和十四年 847 撰）亦載不空的梵本「楞嚴咒」，如日本‧南忠所撰的《注大佛頂眞言》其序文即云：「吾靈嚴和尚入於巨唐請益此眞言釋。□於日國傳持彼尊儀軌，於是南忠在受法次被授彼釋……尋即被和尚印可取不空梵本，橫書梵漢兩字梵語，豎記科段別釋句義……承和十四年（847）歲次丁卯夏女月註矣（註*609*）」。這些日僧入唐所請回的目錄，幾乎沒有不載不空譯「楞嚴咒」的目錄。既如此，為何《貞元新定釋教目錄》中會漏掉？成為呂文所說的「《貞元錄》記不空譯籍最詳，並無此種，殆係後人誤歸之不空耳」？關於這點，筆者另有看法，試說明如下：

　　《貞元新定釋教目錄》載不空譯經共「一百十」部，但尚有「六十」餘部（註*610*），自古以來皆以不空為譯名流傳，所以不是只有「楞嚴咒」是《貞元錄》所遺。然而也許有人會認為中國目錄不見不空譯「楞嚴咒」，為何日本從唐請回朝時就會「有」？筆者以為：記載不空譯「楞嚴咒」的消息；早在大唐青龍寺內已供有曇貞所建不空音譯的「大佛頂陀羅尼」碑（註*611*）。不過本人也不排除是「誤歸」的可能性，但日僧請回的目錄不是只有一處之說（詳於前面的日僧所集目錄），不太可能「一抄再抄」或「一誤再誤」，應有異本之說，或提出證據說明不空未譯「楞嚴咒」之記載。

　　不只是不空譯「楞嚴咒」在《貞元錄》未載，就連金剛智、善無畏所譯之經亦有如此情形。如善無畏之譯經，《開元錄》、《貞元錄》皆只舉四部（註*612*），然日本所傳竟還有「二十」餘部之多，其中有假托的，亦有確實為善無畏所譯（註*613*）。另外金剛智譯的亦有十餘部全署他的名下，這十餘部亦不見《開元、貞元》

註　*607*　《大正藏》第五十五冊頁 1057 中。

註　*608*　分別見於《大正藏》第五十五冊頁 1061 下、頁 1063 中。

註　*609*　《大正藏》第六十一冊頁 602 上。

註　*610*　詳於小野玄妙著《佛教經典總論》頁 143 下。台北新文豐印。72、1。

註　*611*　詳於《大正藏》第六十一冊頁 606 下。

註　*612*　《大正藏》第五十五冊頁 875 上。

註　*613*　此論證具詳於小野玄妙著《佛教經典總論》頁 140 下。

兩錄所收。

　　這種有記或無記的情形，依小野玄妙的解釋是：「密教經軌有將本文隱略，以口訣表示者，爾後口訣書為文字，而流傳時或有署以原三藏名之情形。此類經軌，傳經者確為善無畏、金剛智，而筆錄者則為後來之阿闍梨，故三藏其人之譯經目中無其名，亦是理所當然之事（註614）」。所以不空所譯之「楞嚴咒」不見於《貞元錄》，很可能就如同小野玄妙所說的情形「傳經者確為善無畏、金剛智，而筆錄者則為後來之阿闍梨，故三藏其人之譯經目中無其名」。故呂文僅以《貞元新定釋教目錄》無載不空譯《白傘蓋陀羅尼》之說來判斷是「撰者別有所受，雜抄入經」之語，是失於詳細考察之論。

　　從日僧所作的目錄與中國《敦煌遺書目錄》來看所有相關「楞嚴咒」記載的資料，「楞嚴咒」確是整部《楞嚴經》的第七卷，決不是「雜抄入經」之說。試舉《敦煌藏》編號北 7433 號(潛 100)的寫本楞嚴咒，其卷尾書上「《大佛頂陀羅尼經》有十卷，咒在第七卷內，弟子張球手自寫咒，終身頂戴，乞願　加儕中和五年五月十八日寫訖（註615）」（附圖 E—五）。文中的「中和五年」是唐僖宗的年號，正是公元 885 年。筆者由此可推斷：在唐末時的敦煌寫本《楞嚴經》，就已書上「《大佛頂陀羅尼經》有十卷，咒在第七卷內」；說明了「楞嚴咒」與《楞嚴經》的關係應是一體的，不是「雜抄入經」。雖然敦煌本的《楞嚴經》也有一些是獨立的「楞嚴咒」殘卷，但大部份都是從《卷七》開始，起文不久即接「楞嚴咒」文，乃至《敦煌藏》編號斯 6691 號的《楞嚴經音義》本（附原文資料於後），其卷七的「音義」部份皆連著「楞嚴咒」，不是獨立分開的（註616）。呂氏之疑可從敦煌本《楞嚴經》中獲得一些合理的解釋。

三、楞嚴咒心之釋

　　一般來說，「楞嚴咒」的「咒心」有一些異議，有者以為是全咒末後的十句，如「跢姪他・唵・阿那隸・毗舍提・鞞囉・跋闍囉・陀唎・槃陀槃陀你・跋闍囉謗尼泮・虎𤙖都嚧罋泮・莎婆訶」三十七字；有者以為是「悉怛多缽

註 614 小野玄妙著《佛教經典總論》頁 141 上。

註 615 引見《敦煌寶藏》第一○六冊頁 250 上，文末最後三行。

註 616 引見《敦煌寶藏》第五○冊頁 389 上。

怛囉」六字；有者以為應是密教「大白傘蓋」的心咒「唵・阿南略・阿南略・畢夏
打・畢夏打・班打・班打・班打你班打你・肺拉發幾拉叭你，怕特・吽・布倫・
怕特・司乏哈（上述咒語純粹是譯音）……等等。「楞嚴咒」的「咒心」究竟是那一個，
本文在此不打算深入探討這個問題。

　　如果就「咒心」的解釋名詞上來說，咒心者，咒為心佛所說，全心是咒，全
咒是心，故曰「咒心」。明・傳燈大師云「全咒是佛，全佛是咒（註617）」，由此咒
心，覺性乃能現前，無此咒心，則不成無上正覺，故《楞嚴經》言「十方如來，
因此咒心，得成無上正遍知覺」。而從文所言的「十方如來即是仰賴咒語而成佛，
這是外道異學貶損如來的成就」，這句話實在令人不敢領教。試舉經藏所提的咒
語功德說明：

①《大般涅槃經・卷五》云：「諸佛世尊唯有密語，無有密藏（註618）」。

②《大般涅槃經・卷二十》又云：「如來密語不可思議（註619）」，再再明言如
　　來確實是有「密語」之說。

③《廣大寶樓閣善住祕密陀羅尼經・卷上》云：「此陀羅尼神咒，能轉無上最
　　大法輪，能入菩提道場，是諸如來祕密明心，是諸如來眞實如理……若不
　　遇此陀羅尼大明咒王，終不能成無上正覺（註620）」。

④《小品般若波羅蜜經・卷二》言：「過去諸佛因是明咒（指般若波羅蜜咒），得
　　阿耨多羅三藐三菩提；未來諸佛亦因是咒，當得阿耨多羅三藐三菩提；今
　　十方現在諸佛亦因是咒，得阿耨多羅三藐三菩提（註621）」。

⑤《摩訶般若鈔經・卷二》言「般若波羅蜜者，極大咒、持尊之咒，學是咒者，
　　善男子善女人，不自念惡，亦不念他人惡，都不念惡，爲人中之雄，自致
　　作佛，當護一切人，學是咒者，疾成得佛」。又云「是咒，過去怛薩阿竭阿
　　羅訶三耶三佛，皆從是咒自致作佛，甫當來諸怛薩阿竭阿羅訶三耶三佛，
　　皆學是咒自致得佛，今現在諸佛，皆從是咒，自致作佛（註622）」……等。

註　617　《楞嚴經玄義・卷一》，《卍續藏》第二十冊頁 8 下。
註　618　《大正藏》第十二冊頁 390 中。
註　619　《大正藏》第十二冊頁 480 下。
註　620　《大正藏》第十九冊頁 640 中。
註　621　《大正藏》第八冊頁 543 下。
註　622　詳於《大正藏》第八冊頁 514 上—515 下。

　　這些經文都證明持神咒能得「**無上菩提涅槃之法**」，「**持咒**」是十方諸佛如來之「**密語**」，是佛法正道，不是外道邪說。

　　關於「楞嚴咒」的「咒心」功德利益說，個人以為：自古諸家註此經文唯蕅益大師釋之最詳，亦最精彩，試以圖表說明如下：（註623）

註　623 詳於《楞嚴經文句・卷七》，《卍續藏》第二十冊頁 661 下—663 上。

	如實空義 空如來藏性	如實不空義 不空如來藏性	如實空不空義 空不空如來藏性	
❶因如來藏咒心	得成實智菩提無上正遍知覺。	得成方便菩提無上正遍知覺。	得成真性菩提無上正遍知覺。	遍知屬果，對果說因，所謂不生不滅為本修因，如來密因也。
❷執此咒心	降伏界內凡聖同居土，分段四魔，制諸見思四見外道。	降伏界外方便有餘土，變易四魔，制諸塵沙四見外道。	降伏實報無障礙土，變易四魔，制諸無明四見外道。	降魔制外，必執寶杵，今此咒心喻如金剛王劍，故言執也。
❸乘此咒心	坐寶蓮華，應凡聖同居微塵國土。	坐寶蓮華，應方便有餘微塵國土。	坐寶蓮華，應實報無障礙微塵國土。	自有所乘，以此度人，如乘大車，故言乘也。
❹含此咒心	於凡聖同居微塵國轉四種四諦法輪。	於方便有餘微塵國轉三種四諦法輪。	於實報莊嚴微塵國轉二種四諦法輪。	說法是吐，對吐言含，所說如行也。
❺持此咒心	能於十方摩頂授實智菩提之記。	能於十方摩頂授方便菩提之記。	能於十方摩頂授真性菩提之記。	自既受持不忘，亦能持此以授人也。
❻依此咒心	能於十方拔濟凡聖同居分段生死八難之苦。	能於十方拔濟方便有餘變易生死八難之苦。	能於十方拔濟實報莊嚴變易生死八難之苦。	猶如拯溺必依舟航。自既依止三德祕藏，能為一切作大歸依處。
❼隨此咒心	能於十方凡聖同居土事善知識，四威儀中，財法二施供養如意。	能於十方方便有餘土事善知識，乃至供養如意。	能於十方實報莊嚴土事善知識，乃至供養如意。	由能隨順三德祕藏，即是隨順一切知識也。
❽行此咒心	能於十方攝授親因，令諸小乘聞般若德祕密藏，不生驚怖。	能於十方攝授親因，令諸小乘聞解脫德祕密藏，不生驚怖。	能於十方攝授親因，令諸小乘聞法身德祕密藏，不生驚怖。	為實施權，開權顯實，自行化他，具足方便，故曰行也。
❾誦此咒心	成無上覺，坐菩提樹，入圓淨涅槃。	成無上覺，坐菩提樹，入方便淨涅槃。	成無上覺，坐菩提樹，入性淨涅槃。	誦者從也，不忘失也。始終示現，不離祕藏故也。
❿傳此咒心	於滅度後，付佛般若德法事，究竟住持，嚴淨真諦戒律，悉得清淨。	於滅度後，付佛解脫德法事，究竟住持，嚴淨俗諦戒律，悉得清淨。	於滅度後，付佛法身德法事，究竟住持，嚴淨中諦戒律，悉得清淨。	以心印心，更無別法。故曰傳也。

蕅益大師全部以《楞嚴經》的「如來藏性」旨去配對「心咒功德利益」說，一

是「如實空」（即空如來藏性）、一是「如實不空」（即不空如來藏性）、一是「如實空不空」（即空不空如來藏性）。大師之意乃以「全顯即密」、「全密即顯」之說相配，因為經文是如來藏性的「顯說」，咒文是如來藏性的「密說」，故以此咒心功德利益相配三「如來藏性」，正表達出整部《楞嚴經》「顯密不二」的如來藏性。

四、小結

筆者以為就算「楞嚴咒」如呂文言「非出一手，雜抄入經」，然中國祖師自百丈 懷海開始，即將「楞嚴咒」訂為佛門早課必誦之大咒，稍後，世稱「彌陀化身」蓮宗六祖的唐末・永明 延壽禪師，日行百八佛事，持誦真言達二十七種，「楞嚴咒」是其中的一門功課（註624）。北宋・真歇 清了（1089—1151）禪師及南宋・普菴 印肅（1115—1169）禪師亦力倡「楞嚴咒」。明・蕅益大師有「化持大佛頂神咒序」，此後之明、清諸高僧祖師、大德居士，無一不信受奉行。私人認為：居然沒有「明眼」的再來人、或大善知識、或再來的大菩薩看出此咒是「偽」、是「假」、是「雜抄」？「楞嚴咒」究竟是真耶？偽耶？

明・憨山大師最重「楞嚴咒」，認為「楞嚴咒」是此經之體，它的門徒曾為此而云：「舍咒心而談真心，是增益多聞，非世尊意，亦非憨師之意矣」。原文很長，試節錄如下，並做為此小節之結尾。

> 「昔者阿難與摩登伽乘此咒心，一念薰修，超有漏而證無學。世尊將欲敷演大陀羅尼，先順其多聞之習，種種開示。復劇落其所聞於佛，如語四眾文殊大慧比丘等種種多法，使之泰然蕩然，皎然了然，而終則快然，於此金剛三昧聞薰修之祕，此惟能說神咒。若觀世音始為當機，故歷選圓通，取其梵音潮音，一形一咒，可從中修證者為法耳。如是修，如是證，獲金剛心中初乾慧地，地地皆以金剛觀察，而此金剛心，金剛觀察，乃金剛三昧。自旦至暮音聲相聯，從耳根入者也，因門而入，得陀羅尼，入佛知見。不然心有未通，佛為妄語矣！魔有未降，咒為唐捐矣！獨不觀世尊自立之五名乎，曰『寶印』曰『救獲』曰『密因』，而終之曰『陀羅尼咒灌頂章句』。所云『灌頂者』，經中凡三四見焉。岳師判為天竺『灌頂部』，誠有見於三藏所傳，

註　624　詳於《智覺禪師自行錄》第一百零二願，詳於《卍續藏》第一一一冊頁165上。

必爲密宗。此之圓圓果海，詎有時量，而可以一時一教收之耶。或謂五密部中無此顯説，殊不知彼云『夜哪』，即『如是我聞』，我已聞佛金口誠言，曰『灌頂章句』矣，而難信受奉行，豈不謬哉！是故憨（憨山大師）師信受而標《懸鏡》也。得此咒心，無論登刀入火，雖安公破句讀經，珪公詆佛妄說，無不可者。舍咒心而談眞心，是增益多聞，非世尊意，亦非憨師之意矣（註625）」！

第四節　遠諸魔事與護法之疑

經文:「汝等有學,未盡輪迴,發心至誠取阿羅漢,不持此咒而坐道場,令其身心遠諸魔事,無有是處(註626)」。

經文:「阿難當知。是咒常有八萬四千那由他恆河沙俱胝金剛藏王菩薩種族。一一皆有諸金剛眾而為眷屬,晝夜隨侍。設有眾生,於散亂心,非三摩地,心憶口持。是金剛王,常隨從彼諸善男子。何況決定菩提心者?此諸金剛菩薩藏王,精心陰速,發彼神識。是人應時心能記憶八萬四千恆河沙劫,周遍了知,得無疑惑。從第一劫乃至後身,生生不生藥叉羅剎,及富單那,迦吒富單那,鳩槃茶,毗舍遮等,并諸餓鬼,有形無形、有想無想、如是惡處(註627)」。

一、歷代疑偽之說

從文:「事實上,學者應以慈心護持身心,慈心宛如寶劍,一切眾生修習慈心,身心宛如寶劍,若有諸惡鬼神欲往伺求其短,不能得其間便(見《雜・一二五五經》)。真正能保護我們身心的是慈心,不是咒語。我們若信以為持咒可護身,反而丟棄護身寶貝,就如同把身家財寶拿去和金光黨徒交換磚塊。這是學者掉入咒語的陷阱,不死也重傷(註628)」!

從文:「事實上,能護衛我們的是每個人持戒布施的福德,不墮三惡道去也是持戒布施的福德,不是神咒能竟其功。如前文中說,慈心是護身寶劍,如果我們散亂心時,毫無慈心可護身,但由於有慈心所作諸布施功德及持戒功德,散亂心時仍有持戒布施之功德為後盾,無論日常生活中,或命終,惟有福德如影隨身,不墮三惡道。若不以慈心為護身,卻信以為持咒可如《楞嚴經》中說,受金剛藏王菩薩種族隨侍保護,平日不知慈心行布施持戒,惡行多善行少,即使有八萬四千億恆河沙數諸金剛族保護,仍不免下墮三惡道,即使有八萬四千億恆河沙數諸佛,也無法令惡行多的人不墮三

註　626　《楞嚴經・卷七》,《大正藏》第十九冊頁137上。
註　627　《楞嚴經・卷七》,《大正藏》第十九冊頁137上—中。
註　628　引自《我從迷信出走》頁196第八行—第十二行。

惡道。譬如大石頭投入湖底，任誰都無法命令大石頭不下沈（見《中阿含‧十七經》）。因爲善有善報，惡有惡報，諸佛仍不昧因果，無法因惡人持咒而得救拔。咒語令人誤會，可以持咒之力突破善惡業報的勢力，所以持咒叫做邪見，持咒者只能和邪見鬼神相應，邪見者與邪見類共鳴，欲撿咒術之便宜，反下墮地獄畜牲餓鬼道去，這是學者掉落咒語陷阱中的後果（註629）」。

二、遠諸魔事之釋

從文言「眞正能保護我們身心的是慈心，不是咒語。我們若信以爲持咒可護身，反而丟棄護身寶貝，就如同把身家財寶拿去和金光黨徒交換磚塊。這是學者掉入咒語的陷阱，不死也重傷」。基本上筆者亦同意此說，不過這個「慈心」有多少人能真正做到「慈心」？連智慧第一的舍利弗 Śāriputra 尊者亦未真正得「慈心三昧」，如《（北）大般涅槃經‧卷二十八》和《大智度論‧卷十一》同載「鴿鳥」仍恐畏舍利弗（註630）。深具慈心的阿難（註631）在《增一阿含經‧卷九》則：「見醉象來，在世尊後，不自安處（註632）」。可見「慈心三昧」應是護身的「顯說」，「咒力三昧」則是護身去魔的「密說」，顯說的「慈心」在諸大羅漢（舍利弗、阿難……）行者尚不「真正得力」，況我凡夫？所以必藉「密說」之咒以護。以密而達顯，以顯而致密，正是顯密雙彰的「全密即顯」、「全顯即密」，此亦降魔之妙訣。

交光大師在《楞嚴經正脈疏‧卷七》中亦曾對咒力的功效做出詳細的解釋，大師云：「咒有神功，令其先生自力，又假呼請爲緣，且咒如天子之敕，故領敕者，尊勝幹國，諸王臣無不護之。否則卑劣無幹，莫之護也。又持咒如讀書人，必爲世用，王臣無不作養薦拔之，不讀無用，則養薦何施？又行人如戰士，咒如利刃甲冑，諸聖如助戰之人，故甲兵具者可以助其必勝，不具，則助何益哉？略述少義，足明咒護須兼，持者可勿疑矣（註633）」！大致持咒是兵器（外），但持兵器的人也要會用它（內在修養），否則再好的兵器（神咒）也發揮不出功效；而再

註 629 引自《我從迷信出走》頁197第六行—頁198第五行。

註 630 詳於《大正藏》第十二冊頁529上及《大正藏》第二十五冊頁138下。鴿之所以會怕舍利弗，乃因舍利弗「三毒習氣未盡」。

註 631 如《長阿含經‧卷四》云：「汝（阿難）侍我（如來）以來，身行有慈，無無量，言行有慈，意行有慈，無無量」，詳於《大正藏》第一冊頁25下。

註 632 《大正藏》第二冊頁590下。

註 633 《卍續藏》第十八冊頁720下。

會用兵器的人，若無兵器（神咒）加之，則亦是不能發揮。這都是顯密雙用之道。

以持咒的力量「遠離魔事」已是大乘經共同的特色，不只《楞嚴經》中如此說，如：

①智顗大師《摩訶止觀・卷八上》云：「若鬼魔二病，此須深觀行力，及大神咒乃得差耳」（註634）。

②智顗大師《修習止觀坐禪法要・覺知魔事八》亦云：「當誦大乘方等諸經治魔咒，默念誦之，存念三寶，若出禪定，亦當誦咒自防」（註635）。

③《法華經・卷七》中恐有講誦修習法華者，有魔障起，故說「陀羅尼品」令除「惡魔」（註636）。

④《合部金光明經・卷三》云：十地菩薩猶須誦持陀羅尼咒，得度一切怖畏，一切惡獸虎狼師子，一切惡鬼人非人等（註637）。

⑤《大乘莊嚴寶王經・卷四》載：諸佛如來尚求祕密陀羅尼（註638）。

⑥觀音有「六字大明陀羅尼」，乃至「一切如來皆不知其所得之處」（註639）。

⑦《華嚴經・卷五十三》云：「菩薩摩訶薩有十種陀羅尼」（註640）。

⑧《大方廣菩薩十地經》則云從「初地」菩薩一直到「十地」菩薩皆得不同之陀羅尼，如「十地（菩薩）得恆河沙陀羅尼，出生無量陀羅尼為首」（註641）。

這些大乘經典一致認為諸佛如來、十地菩薩皆肯定咒語、重視咒語的力量，故《楞嚴經》云：「不持此咒而坐道場，令其身心遠諸魔事，無有是處」，不是毫無根據之說。交光大師曾云：「今世現見山中靜修叢林多廢持咒，往往發瘋發顛，縱不成顛，亦多見於怖人媚人境界，皆此弊也，聖言豈虛乎（註642）」？大師直

註 634 《大正藏》第四十六冊頁108上。

註 635 《大正藏》第四十六冊頁471上。

註 636 詳於《大正藏》第九冊頁58中—59中。或有學者疑此咒乃近人添附而疑其偽，實不然也。《神僧傳・卷二》就載唐大顛和尚（寶通法師）梵行精修，長誦《法華經》之「陀羅尼品」具大靈驗，行咒去鬼。《大正藏》第五十冊頁960下。

註 637 《大正藏》第十六冊頁376中。于其卷四亦有相同的話，見頁421中。

註 638 詳於《大正藏》第二十冊頁60上。

註 639 《大乘莊嚴寶王經・卷四》。詳於《大正藏》第二十冊頁59中。

註 640 《大正藏》第十冊頁281下。

註 641 《大正藏》第十冊頁964中。

註 642 見《楞嚴經正脈疏・卷七》，《卍續藏》第十八冊頁713下。

以為叢林靜修者「多廢持咒」是招「魔」之因。

筆者以為：以「楞嚴咒」降魔，正表「首楞嚴三昧」力究竟堅固，無礙不破，無魔不縛的力量。在《首楞嚴三昧經‧卷下》（梵 Śūraṃgama-mahā-sūtra）（註643）中舍利弗（Śāriputra）問佛：修「首楞嚴三昧」是否可遠離「魔境」？佛遂放光明，現一切「魔境」，而以「首楞嚴三昧」降伏之（註644）。

❶《大智度論‧卷四十七》明白的說：「首楞嚴三昧者，秦言『健相』。分別知諸三昧行相多少深淺，如大將知諸兵力多少。復次，菩薩得是三昧，諸煩惱魔及魔人無能壞者，譬如轉輪聖王主兵寶將，所往至處，無不降伏」（註645）。

❷《楞嚴經‧卷十》一再重複的說：「若諸末世愚鈍眾生，未識禪那，不知說法，樂修三昧，汝恐同邪，一心勸令持我佛頂陀羅尼咒。若未能誦，寫於禪堂，或帶身上，一切諸魔，所不能動。汝當恭欽十方如來，究竟修進最後垂範……阿難！若有眾生，能誦此經（楞嚴經），能持此咒（楞嚴咒），如我廣說，窮劫不盡。依我教言，如教行道，直成菩提，無復魔業」（註646）。

❸《大智度論‧卷五》又云：「菩薩得陀羅尼力故，一切魔王、魔民、魔人無能動、無能破、無能勝，譬如須彌山，凡人口吹不能令動（註647）」……等等。

❹其餘在《菩提場莊嚴陀羅尼經》、《佛說一切如來烏瑟膩沙最勝總持經》、《大寶廣博樓閣善住祕密陀羅尼經》、《大陀羅尼末法中一字心咒經》……等二十餘經皆明確表示「持咒」可遠離「魔事」之說。

所以從文之「真正能保護我們身心的是慈心，不是咒語。我們若信以為持咒可護身，反而丟棄護身寶貝，就如同把身家財寶拿去和金光黨徒交換磚塊。這是

註 643 凡二卷。略稱《首楞嚴經》或《舊首楞嚴經》，別本為《大佛頂首楞嚴經》。六朝時代頗受重視，如《法顯傳》：「佛昔於此說《首楞嚴》，法顯生不值佛，但見遺跡處所而已，即於石窟前誦《首楞嚴》，停止一宿」。（《大正》五十一冊頁 863 上），本經自古盛行於印度，近來於新疆發現本經之梵文斷片。

註 644 《大正藏》第十五冊頁 637 中。

註 645 《大正藏》第二十五冊頁 398 下。

註 646 《大正藏》第十九冊頁 155 上。

註 647 《大正藏》第二十五冊頁 96 上。

學者掉入咒語的陷阱，不死也重傷」；進而反對咒語之論，自是缺乏經論依據的！

三、金剛護法之釋

經言：「楞嚴咒」有八萬四千那由他恆河沙俱胝金剛藏菩薩來擁護，這是「金剛藏菩薩」在擁護「神咒」，因為「咒在即佛在」，諸大乘經皆云：經典所有之處，即「如來舍利」之身，即為有佛，故受金剛藏的護持，且「晝夜隨侍」這個神咒法寶。若有人能持此咒，且持念咒的眾生是「散亂心，非三摩地，心憶口持」，亦可得金剛藏王所「常隨從彼」，這個不能專心、正定的持咒者，只要他仍能「心憶神咒、口持密語」，亦得金剛菩薩「常隨從彼」，何況是「決定菩提心」的修行者？

經文雖提：「決定菩提心」，其實是很難做到的，至少也要做到省庵大師《勸發菩提心文》中的條件（註648）。既能發「菩提心」再「設壇持咒」，則此等「金剛藏菩薩」必然以其同體大悲之心，冥中加被修行者，疾發彼「神識」蘊藏的內在智慧，使人能應時「神識」通明，心能記憶八萬四千恆河沙劫事，此即所謂的「宿命通」。要注意的是：這段經文是指已「決定菩提心」的修行者持咒，才得「金剛菩薩」加被而得「宿命通」，始能「周遍了知，得無疑惑」，並非指一味「散亂心，非三摩地」的唸咒行者，就可得「金剛菩薩」護持而獲「宿命通」。後面經文說得更明白：「八萬四千那由他恆河沙俱胝金剛藏王菩薩……常隨此咒，救護末世修三摩提正修行者。世尊！如是修心求正定人，若在道場及餘經行，乃至散心遊戲聚落，我等徒眾，常當隨從侍衛此人。縱令魔王大自在天，求其方便，終不可得（註649）。也就是：要真「發心求正定、欲修行得三摩提」者，誦咒才會得護法菩薩的真正「救護」之力，這是很重要的一個關鍵！《楞嚴》經文一路描述「金剛藏菩薩」是「晝夜隨侍」、「常隨從彼」到「救護末世修三摩提正修行者」，句句都有著嚴密的組織與目的，不是我們凡人所能推測「偽造」出來。

《楞嚴》經文又言：「從第一劫乃至後身」，這「第一劫」是指證得「宿命通」以後，從這個時候才開始所謂的「第一劫」，一直到最後的成佛之身，如是中間，

註　648　大師認為菩提心須發十種的心：一者念佛重恩故。二者念父母恩故。三者念師長恩故。四者念施主恩故。五者念眾生恩故。六者念生死苦故。七者尊重己靈故。八者懺悔業障故。九者求生淨土故。十者為念正法久住故。詳於《卍續藏》第一〇九冊頁593上。

註　649　《楞嚴經‧卷七》，《大正藏》第十九冊頁138上。

捨身受身,生生不墮以下之諸惡趣,這是因已證得「宿命通」,覺而不迷,所以當然不會再墮落惡處。

　　或有人質疑,「楞嚴咒」傳入中國以來千餘年,持此咒者,亦數千萬人,未聞有人「發神識」能記憶八萬四千劫中事,因而認為咒語非佛說,全是鬼話連篇,不足信。佛是「真語者、實語者、不妄語者」,何以無一人相應?《楞嚴經・卷七》說:「未來世諸修行者,依我壇場如法持戒,所受戒主,逢清淨僧,持此咒心,不生疑悔(註650)」。佛明白的宣示持咒之四條規矩:(1)建壇如法、(2)如律持戒、(3)戒主清淨、(4)於咒斷疑。若能如此持咒,則所做皆成,無福不致,無罪不消。試分析:光一條「如律持戒」就很難做到,何況更須「於咒斷疑」?並非光靠嘴巴唸唸咒就把罪消掉、或得無量功德,這是要有條件的。《楞嚴經》對持咒「前後」的經文做出如此「嚴密」的安排組識,正顯出《楞嚴經》真正不可思議的地方!

　　世人常說,星星之火,能燒萬里長城。不知者,亦謂其言之太過。若以星星之火,燒觸彼城牆,試問能燃否?若不能,是火之因?亦是薪之因?若以星星之火,觸於硝磺,不只能燒萬里長城,亦燒盡三千大千世界。《楞嚴》經文舉性比丘尼,一聞神咒,頓悟宿因,如火觸於硝磺,一燒即發,頓得羅漢果。所以:火無二火,燒與不燒,薪之故也;咒無二咒,靈與不靈,持者之故也。茲舉《宋高僧傳・卷十七》中的崇惠大師來說,大師專誦「大佛頂楞嚴咒」,一日與外道較法,大師能蹈烈火、探油湯而無傷,代宗讚歎賜號曰「護國三藏」,世稱為巾子山隆魔禪師(註651),這是持楞嚴咒而達「火不能燒,水不能溺」之史實。

　　從文云:「善有善報,惡有惡報,諸佛仍不昧因果,無法因惡人持咒而得救拔」。其實神咒與護法菩薩雖能保護持咒者,但持咒者若有宿業應當受報,咒神亦不能私心護持。這個道理就如同國家法律,立法委員就算犯法,亦不得享「豁免權」,仍須制以法律。世間法尚如此,何況以「因果」為準則的無上佛法。所以:金剛藏菩薩的護持是護持「戒」及「無過」的修行者,若有他人欲誣陷「持咒者」,護法菩薩必定護「持咒者」免其受害,這是真正的「護持」義。若是持咒者有宿業當受報,不要說是護法菩薩,連佛都不能代眾生受果報,佛法究竟是「自作自報」

註 650 《大正藏》第十九冊頁137下。
註 651 《大正藏》第五十冊頁816下—817上。

的因果定律。如：

① 《雜阿含經‧卷十三》上說：「**有業報而無作者**（註652）」，這是說「作者」並
　非真實存有，而「業與果報」卻是絲毫不爽的。

② 《維摩詰所說經‧卷上》也說：「**無我無造無作者，善惡之業亦不亡**」（註653）。

③ 《大寶積經‧卷五十七‧入胎藏會》云：「**假使經百劫，所作業不亡，因緣
　會遇時，果報還自受**」（註654）。

④ 《光明童子因緣經‧卷四》云：「**一切眾生所作業，縱經百千劫亦不忘，因
　緣和合於一時，果報隨應自當受**」（註655）。

⑤ 大乘經上所說的「**罪性本空**（註656）」指的是罪性非真實可得，但也非「完全
　虛無」，「罪性」是「非有非無」的，並非完全沒有因果論。

　　再者，佛法以「心」宗，是心能生萬法，「**是心是佛，是心作佛**」；是咒是佛，
是咒亦作佛。若有人能至心持咒，瞋心息滅，則火即不能燒；貪心息滅，則水不
能溺。如是一心持咒，萬德具足，自然諸惡消滅。如此「金剛藏菩薩」不護自護、
不持自持；咒即心，心即咒，「咒」即「金剛菩薩」，「金剛菩薩」即「咒」，二而不二，
不二而二，是絕對圓融的不思議法！故從文言「**持咒是與邪見鬼神相應，反下墮
地獄畜牲餓鬼道去**」。純是個人推測之說，與經論是不合的。

四　、　小　結

　　《楞嚴經》中云「楞嚴咒」有八萬四千金剛藏菩薩護持，其實亦非《楞嚴經》
獨作此說。如：

❶ 《佛說文殊師利法寶藏陀羅尼經》云：有此陀羅尼流行之處，能擁護國王

註　652　《大正藏》第二冊頁92下。

註　653　《大正藏》第十四冊頁537下。

註　654　《大正藏》第十一冊頁335中。

註　655　《大正藏》第十四冊頁862下。

註　656　如《父子合集經‧卷第十三》云：「若起諸惡業，內心非所思，了『罪性本空』，此為
　　　　證法者」。詳於《大正藏》第十一冊頁955上。如《佛說未曾有正法經‧卷第五》亦云：「我
　　　　今得悟『罪業性空』，不生怖畏。我今樂欲於佛法中出家修道，持於梵行」。詳《大正藏》
　　　　第十五冊頁445上。

王子，復於國內獲十種果報，如國中無刀兵劫、無諸橫死、無惡鬼神……等（註657）。

❷《寶星陀羅尼經》云：此陀羅尼所在之地，一切國土鬥諍飢饉他方怨敵，非時風雨寒熱疫病，我當除斷令無有餘，亦云若有諸鬼神作惱亂者，得惡報，頭破七分及以命終（註658）。

❸《十住斷結經・卷八》亦云菩薩當修諸「總持門」，經中例舉百種總持之法，並言所獲之功德利益（註659）。

❹《勝天王般若波羅蜜經・卷六》云：「陀羅尼能伏眾魔，破諸外道及憎嫉法人，滅煩惱火，然般若燈，擁護法師，令至涅槃，調伏自心，善化外眾，美身威儀，見者歡喜（註660）」……等等。

這些經文並不是「無善惡論」的持咒說，而是顯佛咒之威德，令人以咒制伏妄心而達清淨三業的目的。《華嚴經・卷三十九》說得明白：「如來祕密藏，大法明，大法照，大法雨，亦復如是，唯除第十地菩薩，餘一切眾生，聲聞獨覺，乃至第九地菩薩，皆不能安，不能受，不能攝，不能持（註661）」。故諸佛之「祕密真言陀羅尼」不是我們凡夫所能妄測，亦非我們凡夫所能推翻！

註 657 《大正藏》第二十冊頁 796 下—797 上。

註 658 《大正藏》第十三冊頁 567 下。

註 659 《大正藏》第十冊頁 1024 上—1025 中。

註 660 《大正藏》第八冊頁 720 上。

註 661 《大正藏》第十冊頁 206 下。

第五節　善惡業報與滅罪之疑

經云：「是善男子，若讀若誦、若書若寫、若帶若藏，諸色供養，劫劫不生貧窮下賤不可樂處。此諸眾生，縱其自身不作福業，十方如來所有功德，悉與此人。由是得於恆河沙阿僧祇不可說不可說劫，常與諸佛同生一處。無量功德，如惡叉聚。同處熏修，永無分散。是故能令破戒之人，戒根清淨。未得戒者，令其得戒。未精進者，令得精進。無智慧者，令得智慧。不清淨者，速得清淨。不持齋戒，自成齋戒（註662）」。

經云：「阿難！是善男子持此咒時。設犯禁戒於未受時。持咒之後。眾破戒罪，無問輕重，一時銷滅。縱經飲酒，食噉五辛，種種不淨，一切諸佛菩薩金剛天仙鬼神不將為過。設著不淨破弊衣服。一行一住悉同清淨。縱不作壇，不入道場，亦不行道，誦持此咒，還同入壇行道功德，無有異也。若造五逆無間重罪，及諸比丘比丘尼四棄八棄，誦此咒已，如是重業，猶如猛風吹散沙聚悉皆滅除，更無毫髮。阿難！若有眾生，從無量無數劫來，所有一切輕重罪障，從前世來未及懺悔。若能讀誦書寫此咒，身上帶持，若安住處莊宅園館。如是積業，猶湯銷雪。不久皆得悟無生忍（註663）」。

一、歷代疑偽之說

從文：「若如所說，縱其自身不作福業，十方如來所有功德悉與此人，意謂他人可替代我們修福，不作福業的人只需念咒語，即得十方如來所有功德，所謂「有善惡業，有善惡業報」之正見即時毀壞，這是外道信口說說的甜言蜜語，誘使佛教徒墮落成為「無善惡業，無善惡業報」之邪見人，若學者信此說，即與邪見人同類相應，不墮畜牲類也難。再說，如果諸佛可替代我們修福，若我們廣修慈悲善行，只因不持咒語，便不得十方如來所有功德，顯而可見，十方如來善惡不分，可知此說不如理說，而我們居然不知不見此種荒謬，這是咒語的陷阱（註664）」。

註 662 《楞嚴經‧卷七》，《大正藏》第十九冊頁137中。

註 663 《楞嚴經‧卷七》，《大正藏》第十九冊頁137中。

註 664 引自《我從迷信出走》頁198第十二行—頁199第五行。

　　從文：「若如所說，持咒的人從此不再行持戒，也不必修福，只需早晚通讀
此咒。難怪中國人不重視戒律，也不忌畏犯戒，犯了不可悔罪也不必還俗，
也從來沒有僧團行布薩，不必發露懺悔，也不必如法修行。可是事實上，
此種知見乃梵志之邪見。世尊成佛六年後，出家學眾有犯有罪有漏，乃隨
彼有漏而制戒，有犯若不如法發露懺悔便不得清淨，若犯不可悔罪便驅出，
若覆藏不可悔罪，每待一日於僧眾中便得一日賊住。若持咒術便可滅除一
切重罪，世尊只須教誦此咒。由於無如此事，若學者信外道說，以為持此
咒，即時猶湯消雪滅除不可悔重罪，實際上卻日日增長賊住。豈不可怕！
外道異學作此說只是為滅佛，為使佛教徒日日誦習外道異學，學者持此咒，
不知日日增長惡業，還以為日日增長殊勝功德，這是咒語的陷阱（註665）」。

二、善惡業報之釋

　　經文言「不清淨者，速得清淨，不持齋戒，自成齋戒」並非教人不需要持齋
戒、淨律，只要念咒就好了。筆者前面說過了，在持咒前需「嚴持戒律」，守「四
淨誨」，「三漸次」，若有宿習而造成不得力，則誦咒密助，必可速得「齋戒清淨」
之願，這是《楞嚴經》教說持咒者的本意。除此外，他經亦多有此理，如《楞伽
經・卷四》明示說：「不應食肉，令諸咒術不成就（註666）」。《請觀世音菩薩消伏
毒害陀羅尼咒經》云：「眾生聞者，獲大安樂，應當聞誦，若欲誦之（陀羅尼），應
當持齋，不飲酒、不噉肉，以灰塗身、澡浴清淨，不食興渠五辛，能熏之物悉不
食，婦女穢污皆悉不往（註667）」。《大方等陀羅尼經・卷四》更嚴格的說持咒的
條件云：「佛告文殊師利：如汝所念，行者應修五事，持諸戒境界。所謂不犯陀
羅尼義、不謗方等經、不見他過、不毀大乘、不毀小乘、不離善友、常說眾生妙
行如是五事（註668）」。所以若欲修淨行，而力不從心者，加持密咒，必可得佛咒
之冥助而速成清淨齋戒，非教人「不需持戒」，只需一味念咒就得成菩提之理。

　　又《楞嚴經・卷十》明言：「若諸末世愚鈍眾生，未識禪那，不知說法，樂

註　665　引自《我從迷信出走》頁199第十四行—頁200第十行。
註　666　《大正藏》第十六冊頁513下。
註　667　《大正藏》第二十冊頁35下。
註　668　《大正藏》第二十一冊頁656中。

修三昧，汝恐同邪，一心勸令持我佛頂陀羅尼咒（註669），這是須「樂修三昧」，而「恐同邪」，所以藉持楞嚴咒加護之。筆者要強調的是：《楞嚴經》從頭到尾都是一直在強調「因果」、「戒律」，每每佛強調持咒之勝時，必加以「須持淨戒」為後盾，下面經文就是明證：卷七云「若其不遇真清淨僧，汝戒律儀必不成就。戒成已後，著新淨衣，然香閒居，誦此心佛所說神咒一百八遍（註670）。卷七云「心滅貪婬，持佛淨戒，於道場中發菩薩願。出入澡浴，六時行道……令其開悟（註671）。卷七云「若此比丘本受戒師，及同會中十比丘等，其中有一不清淨者，如是道場多不成就。從三七後，端坐安居，經一百日。有利根者，不起於座（持楞嚴咒），得須陀洹。縱其身心聖果未成，決定自知成佛不謬（註672）。卷七云「十方如來，傳此咒心，於滅度後付佛法事，究竟住持，嚴淨戒律，悉得清淨（註673）。卷七云「未來世諸修行者，依我壇場如法持戒，所受戒主，逢清淨僧，持此咒心，不生疑悔（註674）。所以：「不清淨者，速得清淨，不持齋戒，自成齋戒」之語並非從文所說的「無因果、無善惡、無戒律」的邪見論。

經文又言「縱其自身不作福業，十方如來所有功德，悉與此人」。這段文意是指「心咒不二」、「心佛不二」之說。咒即佛即如來藏，故心、佛、咒三無差別，既無差別，則心、佛、眾生亦三無差別，持咒者即是持自己之「如來藏性」，「如來藏性」乃具足萬德莊嚴，則有何福能不獲？《止觀輔行傳弘決・卷三之一》云：「一切眾生皆悉盡有『首楞嚴定』，首楞嚴定亦名『般若』，亦名『金剛三昧』，亦名『師子吼』，亦名『佛性』（註675）。《大般涅槃經・卷二十七》亦云：「一切畢竟而得堅固名首楞嚴，以是故言『首楞嚴定』名為『佛性』（註676）。所以持誦「楞嚴咒」，持至「心咒不二、心佛不二」，即得「首楞嚴三昧定」，得楞嚴三昧定即得「佛性」、即得「如來藏性」，則何福不致？何難不能除？

註 669 《大正藏》第十九冊頁 154 中。
註 670 《大正藏》第十九冊頁 133 上。
註 671 《大正藏》第十九冊頁 133 上。
註 672 《大正藏》第十九冊頁 133 下。
註 673 《大正藏》第十九冊頁 137 上。
註 674 《大正藏》第十九冊頁 137 下。
註 675 《大正藏》第四十六冊頁 221 上。
註 676 《大正藏》第十二冊頁 525 上。

三、滅罪得福之釋

經文中提到佛以咒滅「五逆重罪」之說，關於此說，我們從「原始原典」來詳細說起，到底佛的「經咒」有沒有「滅罪」之功德理論？茲舉《根本說一切有部毘奈耶》的內容來說明，如：

① 《根本說一切有部毘奈耶·卷三》「Mūula-sarvāastivāada-vinaya」中載有口誦禁咒的「偷盜伏藏咒法」（註677）。

② 《卷二十三》載「誦三啟經」能獲得「戰事」的勝利（註678）。

③ 《卷二十七》載「誦三啟經」能使「樹神」移到別處去（註679）。

④ 《卷四十三》中鄔陀夷（kaḷudāyī）化作「醫師」誦咒，稱三寶名號，「眾病」皆除（註680）。

⑤ 《卷四十四》云：「每食了時，說『鐸歌挐伽他』稱彼二龍王名字，為作咒願，令捨惡道生善趣中」（註681）。

　　以上都是以咒力超薦祈福之說。

⑥ 《卷五十》中則有「誦『阿利沙伽他』，咒之三遍，授與彼人，或洗或飲，能除萬病」（註682）。

⑦ 《根本說一切有部目得迦·卷八》云：「一人於上座前，唱『三鉢羅佉多』（saṃprāgata），由是力故，於飲食內諸毒皆除」（註683）……等。

從上述經典可看出誦經、持咒可以消災、治病、得吉祥，得種種利益，是「根本說一切有部」Mūla-sarvāstivādin 的「律藏」所共傳，這是無庸置疑的！

念誦經文、咒語可消災、治病、卻魔的事實除了在部派佛教中有所流行，

註 677　《大正藏》第二十三冊頁 639 上。

註 678　《大正藏》第二十三冊頁 753 下—754 上。「三啟經」是指三段落即：初，讚歎三寶；中，誦經；末，迴向咒願。《大正藏》第二十三冊頁 753 下—754 上。

註 679　《大正藏》第二十三冊頁 776 上。

註 680　《大正藏》第二十三冊頁 861 中。

註 681　《大正藏》第二十三冊頁 867 下。

註 682　《大正藏》第二十三冊頁 903 中。

註 683　「三鉢羅佉多，譯為正至，或為時至，或是密語神咒，能除毒故，昔云僧跋者，訛也」。《大正藏》第二十四冊頁 445 中。

在「南傳佛教」也是一件不容置疑的事情，如錫蘭（SINHLA）、泰國（THAILAND）、緬甸（BURMA）等的南傳佛教國家，如果有疾病、死亡、災難、魔難等諸事，他們就會讀誦這些 parittaṃ 式的護經，如《小部》中有名的《小誦》，內有九部（註684），其作用與祈福卻魔有相當大的功效。而現在的泰國地區，在每年正月初一都會聚集僧眾誦持『長部經』第三十二的《阿吒曩胝經》，巴利名 Āṭānaṭā，又作《阿吒那劍》、《阿吒筏底》等名（註685）。足見大小乘佛教對誦經咒祈福的事是一致的，這也是佛教慈悲攝化眾生的本懷。

《楞嚴經》這段經文是如來大開方便之門，云：若有飲酒食辛之人，偶得聞此咒，深心信仰，則諸佛不將為「過」，何故？此乃不以「飲酒食辛」而塞其持咒之「善路」，以有「深信心」，故不為「過」！前文言：持咒之人須常著「新衣」，並不是念咒時一定要講究穿「新衣」，而是表其恭敬，若有人以「至誠」之心持咒，則不得以其無「新淨衣」而阻其「發心」持咒；但若故意著「不淨衣」，則褻慢有罪矣，故經云：「縱經飲酒，食噉五辛，種種不淨，一切諸佛菩薩金剛天仙鬼神不將為過。設著不淨破弊衣服，一行一住悉同清淨」。此處並非「鼓勵」大家「不持戒、不戒葷、不著淨衣」，只要一味的持咒就可萬事俱了。這個「縱」字在交光大師的《楞嚴經正脈疏・卷七》中曾做出三種明確的解釋：

「一、觀經之一字，似未持之前經過之事（指飲酒食噉五辛），持咒之後，悉皆宥（原諒也）之，非持咒之人縱恣無度也。

二、或持咒人有不得已，偶經此事，並可宥之，亦非縱恣也。

三、或真慈開許不能具齋戒者，亦聽持之，旋可消罪，如水投湯之喻，顯咒殊勝而已」（註686）。故《楞嚴經》的這段文意千萬不可誤解。

至於經文說造「五逆無間」罪，一經持此咒即可滅除，何故？《首楞嚴三昧經・卷下》明白的說：「世尊，人寧作五逆重罪，得聞說是『首楞嚴三昧』，不入法位作漏盡阿羅漢，所以者何？五逆罪人聞是『首楞嚴三昧』，發阿耨多羅三藐三

註　684　這九部是《三皈文》、《十戒文》、《三十二身分》、《問沙彌文》、《吉祥經》、《三寶經》、《戶外經》、《伏藏經》等。詳於《南傳藏》第二十三冊頁1。

註　685　此經在漢譯的《長阿含經》中是沒有的。

註　686　《卍續藏》第十八冊頁716下—717上。

菩提心已,雖本罪緣墮在地獄,聞是三昧善根因緣,還得作佛(註687),這與《楞嚴經》云「設犯禁戒於未受時,持咒之後,眾破戒罪,無問輕重,一時銷滅」正不謀而合。不只密教經典載咒能滅五逆十惡重罪,連「顯教」經典亦同作此說。如:

❶《賢劫經·卷六》云:「聞諸佛名,除一切罪,無復眾患」(註688)。

❷《千佛因緣經》云:「聞千佛名,歡喜敬禮,以是因緣,超越九億那由他恆河沙劫生死之罪」(註689)。

❸《八吉祥神咒經》云:「若有持是經,八佛國土名……億劫阿僧祇,行惡悉消除」(註690)。

❹《稱揚諸佛功德經》處處皆說「卻八十劫生死之罪」(註691)。

❺《灌頂(拔除過罪生死得度)經·卷十二》云:「聞我說藥師琉璃光佛名字之者,一切罪過自然消滅」(註692)。

❻《大乘寶月童子問法經》舉十方十佛說:「若人聞已,恭敬受持、書寫、讀誦、廣為人說,所有五逆等一切罪業,悉皆消除」(註693)……等等。

從言「中國人因持咒後而多不重視戒律,也不必修福,只需早晚讀誦此咒」。其實《楞嚴經》從頭到尾就是要人依「四淨誨」而「攝心持咒」,怎會說成「不重戒律」呢?(詳於前文所舉之經證)。試舉密宗大師重視「持戒」的事實如下:

① 西藏密宗黃教祖師宗喀巴(藏名 Tsoṅ-kha-pa 1417~1478)大師,提倡嚴守獨身主義之戒律佛教,他最重要的著作為概說顯教「甚深觀派」(藏 Zab-mo lta-ba)與「廣大行派」(藏 Rgya-chenspyod-pa)等教義之《菩提道次第論》(藏 Byan-chub-lam-rim),及概說「密教加持祈禱派」(藏 Ñams-len byin-rlabs)教義之《祕密道次第論》(藏 Sṅag-rim,又稱《密宗道次論》)。此二書乃宗喀巴為闡明顯密兩宗之修行次第,及強調不分顯密均須恪守戒律之重要主張而

註 687 《大正藏》第十五冊頁 643 上。
註 688 《大正藏》第十四冊頁 50 上。
註 689 《大正藏》第十四冊頁 68 中。
註 690 《大正藏》第十四冊頁 72 下。
註 691 《大正藏》第十四冊頁 104 上。
註 692 《大正藏》第二十一冊頁 534 中。
註 693 《大正藏》第十四冊頁 109 中。

撰者。

②唐密教祖師<u>金剛智</u>「泊登戒法，遍聽十八部律，又詣西<u>印度</u>學小乘諸論及瑜伽三密陀羅尼門，十餘年全通三藏」（註694）。

③<u>天竺</u>沙門<u>寶意</u>大師「曉經律，時人亦號三藏。常轉側數百貝子，立知凶吉，善能神咒」（註695）。

④<u>隋</u>・<u>闍那崛多</u>大師「遍通三學，偏明律藏（註696）」和「遍學五明兼閑世論，經行得道場之趣，總持通神咒之理，三衣一食終固其誠」（註697）。

⑤乃至近代得<u>康薩仁波切</u>直傳的漢人<u>能海</u>大師亦云：「密法本來在戒律中，戒律即是密傳，故應結合而修。大乘戒為密乘戒根本，密戒是大乘戒之方便，二者不可分，初學密者，應專學下二部，尤要與『別解脫戒』結合」（註698）。

⑥除此外尚有《宋高僧傳・卷三》之<u>寶思惟</u>（Maṇicinta 或 Ratnacinta？～721）律師。大師「專精律品，慧解超群，學兼真俗，尤擅長咒術（註699），<u>肅宗</u>譽之為「執律捨縛，護戒為儀」（註700）。

⑦《宋高僧傳・卷十四》的<u>善無畏</u>大師，嚴持戒律，<u>李華</u>（<u>善無畏</u>之徒）碑文謂大師乃「不捨律儀」（註701）。

⑧《全唐文・卷二二六》載<u>張說</u>之「盧舍那像贊」謂沙門<u>履徹</u>大師「見虛空界，劃縵荼壇，知定慧手，結剛印（註702），蓋言<u>履徹</u>大師行持密教又嚴持戒律……等。

不只密教行人重視「持律」，且律宗行人亦多持「密咒」、盛讚「密咒」。如：

❶廣譯密咒的唐・<u>義淨</u>（635～713）大師是「雖遍翻三藏，而偏攻律部」（703）。

註 694 《宋高僧傳・卷一》，《大正藏》第五十冊頁711中。

註 695 《高僧傳・十四卷》，《大正藏》第五十冊頁345上。

註 696 《續高僧傳・卷二》，《大正藏》第五十冊頁433中。

註 697 《續高僧傳・卷二》，《大正藏》第五十冊頁434中。

註 698 詳於《能海大師傳》頁54—55。

註 699 詳於《大正藏》第五十冊頁720上。

註 700 見<u>肅宗</u>之「加不空開府封肅國公制書」。

註 701 詳於《大正藏》第五十冊頁791上—中。載<u>善無畏</u>大師來至東夏朝謁<u>道宣</u>律師，宣持禁豎牢，們蝨以綿紙裹投於地，<u>無畏</u>大師曰：撲有情於地之聲也。正示<u>無畏</u>之重律。或有人謂此事非實也。

註 702 見《全唐文及捨遺(二)》頁1020中。台北大化書局。76、3。

註 703 宋・<u>贊寧</u>的《宋高僧傳・卷三》中大讚<u>義淨</u>是「淨師大譯諸經，偏精律部，自高文彩，

❷唐・智通大師「律行精明……天皇永徽四年復於本寺出《千囀陀羅尼觀世音菩薩心咒》一卷、《觀自在菩薩隨心咒》一卷、《清淨觀世音菩薩陀羅尼》一卷，共四部五卷」（註704）。

❸唐・道宣（596～667）律師云：「陀羅尼門亦有九十二億，處處宣說種種名稱，功德無量，威神不可測。至如婆藪之拔地獄，波旬之發菩提，花聚之獲神通，雷音之脫掩蔽，莫不因斯章句承茲業力，亦有四部弟子十方眾生，聞一句而發心，聽一說而悟道，故知一切諸法無非眞妙」（註705）。

❹唐・道世（？～683）律師（註706）云：「夫神咒之爲用也，拔曀昧之信心，啓正眞之明慧，裂重空之巨障，滅積劫之深病……咒是三世諸佛所說，若能至心受持，無不靈驗」（註707）。

❺《全唐文・卷五〇一》載權德輿之「唐故寶應寺上座內道場臨壇大律師多寶塔銘序」中即謂圓敬律師「受具於白馬寺本律師……故尸羅毘尼以攝妄想，五部四分是爲扃鍵……賜律院以居，授瑜伽灌頂密契之法」（註708）。

❻宋代贊寧（919～1001）律師（註709）云：「密藏者，陀羅尼法也，是法祕密，非二乘境界，諸佛菩薩所能游履也」（註710）。

❼《全唐文・卷五二〇》戴梁肅之「越州開元寺律和尚塔碑銘序」謂曇一（692～771）律師「從印度沙門善無畏受菩薩戒（註711），律師並盛贊密咒（註712）。

❽撰《梵網菩薩戒經義疏》的隋・天台智者（538～597）大師「得宿命通，廣

最有可觀」（《大正》五十冊頁725中）。而淨師所譯的密教經典有《一字咒王》、《莊嚴王陀羅尼》、《孔維王經》、《勝光天子香王菩薩咒》、《稱讚如來功德神咒》……等經。詳於《宋高僧傳・卷一》，《大正藏》第五十冊頁710中—711上。

註 704 《宋高僧傳・卷三》，《大正藏》第五十冊頁719下。

註 705 見道宣律師《廣弘明集・卷二十八》，《大正藏》第五十二冊頁334上—中。

註 706 師字玄惲，深研律學，博通敏記，與道宣律師共揚律學，尤善辭章。曾撰《四分律討要》、《四分律尼鈔》、《論觀記律儀》一百七十四卷及《法苑珠林》。詳於《宋高僧傳・卷四》，《大正藏》第五十五冊頁726下—727上。

註 707 詳於《法苑珠林・卷六十》，《大正藏》第五十三冊頁734下—735上。

註 708 見《全唐文及捨遺(二)》頁2291下。

註 709 律師博涉三藏，尤精南山律，時人以「律虎」譽稱之。復旁通儒道二家之典籍，文辭頗善，聲譽日高，備受當世王侯名士仰敬。吳越 錢弘俶欽慕其德，任之為「兩浙僧統」，復賜以「明義宗文大師」之號。其後宋太宗亦禮遇有加，賜以「通慧大師」之號。另詳於《佛祖統紀・卷四十四》、《釋氏稽古略・卷四》和《律苑僧寶傳・卷八》。

註 710 引見《大宋僧史略・卷上》，《大正藏》第五十四冊頁240中—下。

註 711 見《全唐文及捨遺(三)》頁2374中。

註 712 詳於《宋高僧傳・卷十四》，《大正藏》第五十冊頁798中。

示持咒軌儀」（註713）。

❾唐末永明 延壽（904～975）大師嘗撰《梵網菩薩戒儀》（註714），日行「百八佛事，持誦眞言達二十七種，《佛頂尊勝陀羅尼》、《大悲咒》，六時常誦」（註715）。

❿撰有三種（註716）關於菩薩戒經的明‧蓮池（1532～1612）大師，除了廣引經咒外，更是《水陸法會》及《燄口施食》諸密壇儀軌的闡釋者（註717）。

⓫撰有五種關於菩薩戒經（註718）的明‧蕅益大師嘗持《地藏菩薩滅定業眞言》達數千萬遍、《準提咒》百萬、《大悲咒》、《藥師咒》、《往生咒》各逾十萬（註719）……等等。

　　筆者以為：唐代僧徒大抵兼學密宗，而密宗與律宗亦多關聯，故謂「持密咒者必不重視戒律，修律者必不持咒之說」……等這些理論都是個人的憶測之詞，與佛典的經義、高僧的行誼自是有相違背的！

四 、 小 結

　　經過上述的經論舉證後，下面再多舉中國歷代高僧大德對「咒語」之釋義、及「持咒」的開示。試舉如下：

註　713 諸如《修習止觀坐禪法要》云：「當誦大乘方等諸經治魔咒，默念誦之，存念三寶，若出禪定，亦當誦咒……若是鬼病，當用疆心加咒以助治之（頁471上、472上）」。《釋禪波羅蜜次第法門‧卷四》云：「三、咒術治病者，萬法悉有對治，以相厭禳，善知其法術用之，無不即愈。咒法出諸修多羅及禪經中，術法諸師祕之，多不妄傳（頁506上）」。《法界次第初門‧卷下之下》云：「陀羅尼是西土之言，此土翻云能持……陀羅尼者，略說則有五百，廣明則有八萬四千，乃至無量，悉是菩薩諸佛所得法門，名義皆不與二乘人共也（頁692中）」。以上皆引《大正藏》第四十六冊。

註　714 詳於《卍續藏》第一〇五冊頁16。

註　715 詳於《智覺禪師自行錄》，詳於《卍續藏》第一一一冊頁157上—165上。

註　716 三種是《梵網菩薩戒經發隱》、《梵網菩薩戒經義疏發發隱事義》、《梵網菩薩戒經義疏發隱問辯》。

註　717 《水陸儀軌》及《修設瑜伽集要施食壇儀》二書皆見《蓮池大師全集》第五冊。

註　718 五種是《梵網經玄義》、《梵網經合註》、《梵網經懺悔行法》、《菩薩戒本箋要》、《菩薩戒羯磨文釋》。

註　719 蕅益大師持誦數種咒語之說，多見於其《靈峰宗論》內，如「持咒先白文」、「持準提咒願文」、「起咒文」、「楞嚴壇起咒及回向二偈」、「結壇持大悲咒偈」、「結壇持往生咒偈」、「持咒文」、「滅定業咒壇懺願文」……等等。或取材自金慧暢編《安樂妙寶》一書後附錄問答。

①隋・慧遠（523～592）大師（註720）云：「咒詞何故不翻？翻改失用，多不神驗，所以不翻，又復咒詞未必專是天竺人語，翻者不解，是以不譯……咒皆能令除滅怖畏」（註721）。

②隋・吉藏 嘉祥（549～623）大師（註722）云：「聲聞法中不說陀羅尼，菩薩欲遍持一切行令經身不失歷劫逾明，故在菩薩心中名陀羅尼，陀羅尼有無量門，今咒是陀羅尼……一切法中各有增上，如水力增上能滅火，火得增上復能消水，今神咒力能除諸惡亦爾」（註723）。

③唐・華嚴賢首 法藏國師亦云：「咒是諸佛祕語，非因位所解，但當誦持除障增慧」（註724）。

④民國・印光大師云：「持咒以不知義理，但止至誠懇切持去，竭誠之極，自能業消智朗，障盡福崇，其利益有非思議所能及者（註725）」，又云：「印光對於密宗持咒之法，竊以借此可以消除罪業，切不可妄求神通，務望大家留意」（註726）。

所以《楞嚴經》這段經文是「顯咒」之勝義，非教人不修福慧，或專持咒即可，經文明言「縱」字，「縱」字不是「否定詞」，而是「假使、即使」之意，亦是指

註 720 師博覽大小乘經典，曾從大隱習《四分律》。後值北周 武帝滅齊，敕命廢經毀像，並令沙門還俗。師諷誦《法華》、《維摩》等經，以期遺法之不墜。曾建淨影寺，專事講學，故又稱師為「淨影寺慧遠」、「淨影」，以別於廬山 慧遠。師屬地論宗南道派，晚年又就曇遷稟受《攝大乘論》，博綜當代諸學，亦精通文理，世稱釋義高祖。著有《大乘義章》、《十地經論義記》、《華嚴經疏》、《大般涅槃經義記》、《法華經疏》、《維摩經義記》、《勝鬘經義記》、《無量壽經義疏》等凡二十部百餘卷。其中《大乘義章》堪稱為「佛教之百科全書」，對隋、唐佛教之研究影響甚大。

註 721 慧遠大師《大般涅槃經義記・卷一》，《大正藏》第三十七冊頁 626 下—627 上。

註 722 師曾與當時著名之三國論師僧粲辯論，師應對如流，雙方徵問往還四十餘次，師最後取勝，聲譽隆顯一時。師一生解行並重，如大業初年至隋末，師書寫《法華經》二千部，又造二十五尊像，竭誠禮懺，另置普賢菩薩像，與之對坐而觀實相之理。唐 武德元年（618），高祖在長安選拔十大德，以統領僧眾，師亦在其列。師生平講說《三論》一百餘遍，《法華經》三百餘遍，《大品經》、《華嚴經》、《維摩經》、《大智度論》等各數十遍。著作甚豐，有《中觀論疏》、《十二門論疏》、《百論疏》、《三論玄義》、《大乘玄論》、《法華玄論》、《法華義疏》等等，尚有《法華》、《涅槃》、《勝鬘》、《大品》、《金光明》、《維摩》、《仁王》、《無量壽》等諸大乘經典之註釋書及略論。

註 723 見吉藏《法華義疏・卷十二》，《大正藏》第三十四冊頁 629 中—下。

註 724 法藏大師《般若波羅蜜多心經略疏》，《大正藏》第三十三冊頁 555 上。

註 725 《印光法師文鈔・上冊》頁 241。復張雲雷居士書二。

註 726 《印光法師文鈔三編下・卷四》頁 881。世界佛教居士林釋尊聖誕日開示法語。

欲修福慧者卻「不得力」之修行者，可藉持佛咒之力而獲福慧，不是教人不須修福慧。

又，持咒可增福慧，免災難，亦不是《楞嚴經》中才獨說。在其它密教經典亦作如此說。如《佛說聖六字大明王陀羅尼經》、《觀自在菩薩說普賢陀羅尼經》、《曼殊師利菩薩咒藏中一字咒王經》……等十五餘部經皆說，真言行人能除種種身心病苦。《如意輪陀羅尼經》亦云：真言行人現能增長一切福慧。又自然通曉一切經律論，並世間典籍，或得總持不忘，日記千頌（註727）……等。

世間藥餌，尚能令人去除睡眠增長精神，豈佛之「神咒」不能令人生智慧耶？當然這些都必須建立在「誠信不疑」和「嚴持戒律」上。《千手千眼觀世音菩薩大悲心陀羅尼》上說：「唯除不善、除不致誠，於咒生疑者，乃至小罪輕業亦不得滅（註728）」，乃至《不空羂索陀羅尼自在王咒經・卷中》詳細說：「持咒之人不應放逸，常修精進不應懈怠，於尊重處常勤供養，恆不忘失菩提之心，於施戒忍精進定慧，應常修習，遠離慳吝污戒塵垢，於生死中常生怖畏，深懷慚愧，心常正念，不得散亂智慧觀察，若如是作，即能成辦一切咒業（註729）」。

上來所舉的這些佛典經籍及祖師大德之說應可對從文之疑難獲得適當的澄清，亦期讀者能善識持咒之「真義」。

註　727　詳於《大正藏》第二十冊頁189下。
註　728　《大正藏》第二十冊頁116上。
註　729　《大正藏》第二十冊頁424中。

第六節　隨心滿願與酬還之疑

經文：「復次阿難。若有女人，未生男女，欲求孕者。若能至心憶念斯咒。
或能身上帶此悉怛多般怛囉者。便生福德智慧男女。求長命者，即得長命，
欲求果報速圓滿者，速得圓滿。身命色力，亦復如是。命終之後，隨願往
生十方國土。必定不生邊地下賤，何況雜形（註730）」。

經文：「若諸比丘，不服東方絲綿絹帛，及是此土靴履裘毳，乳酪醍醐。如
是比丘，於世真脫，酬還宿債，不遊三界。何以故？服其身分，皆爲彼緣。
如人食其地中百穀，足不離地。必使身心，於諸眾生若身身分，身心二塗，
不服不食，我說是人真解脫者。如我此說，名爲佛說。不如此說，即波旬
說（註731）」。

一、歷代疑僞之說

從文：「事實上，善有善報，惡有惡報，所求如不如願，決定於學者的善惡
行，不決定於咒語。若學者多行布施持戒，即得依有施有齋有說，而求其
所願，若福德已具足，不必持咒所求即得如願，若有持咒而如願以償，這
是往昔所造福德的功能，咒語只是狐假虎威，並非持咒能所求如願。若學
者身口意行惡，持此咒也不得所求如願，若有所求如願之事，也只是往昔
所造福德於此時現前，咒語只是狐假虎威，令人誤會咒語殊勝。學者若信
其外道異學之說，以爲持此咒能所求如願，不知「諸惡莫作，眾善奉行」，
只精動於念誦咒語，就是畫餅充飢的邪見人，這就是咒語的陷阱，令人顛
倒行事，不知奉行正法律（註732）」。

呂文：「至說比丘不服乳酪醍醐，《涅槃‧卷七》明言此是魔說，今乃誣爲
佛說，其僞五十七（註733）」。

註　730　《楞嚴經‧卷七》，《大正藏》第十九冊頁137中—下。
註　731　《楞嚴經‧卷六》，《大正藏》第十九冊頁132上。
註　732　引自《我從迷信出走》頁201第一行—第九行。
註　733　《呂澂佛學論著選集》第一冊頁384。

從文：「此說不如理，爲什麼？我們所作殺生偷盜邪淫妄語諸惡業，自害害他，自害則增長貪恚邪見，害他則斷他命，偷他財寶，淫他妻女，損他慧命。即使我們都不用動物身上物，於己則不救濟貪恚邪見，於他則無濟已被殺之眾生命，也無濟於被盜被淫被妄語等諸受害人，何由而得酬還宿債呢？如我姦殺很多小女孩，然後從此不用動物身上物質，何曾酬還了那些無辜小女孩的貞節及生命呢？楞嚴經如是說則是外道異學尼乾，用苦行來滅罪之法（見《中阿含·十八經十九經》），如來所呵責。由於我們不會分別法非法義非義，又急著消滅罪障永脫苦患，看到這種說法，都信受奉行（註734）」。

二、隨心滿願之釋

楞嚴咒是「離一切相，即一切法」的如來藏性。能離一切相故「無諸苦事」；能即一切法故「所求皆遂」，這是如來藏性不可思議的妙用！《楞嚴經》有云：「空生大覺中，如海一漚發（註735）」。「一切世間諸所有物，皆即菩提妙明元心，心精遍圓，含裹十方（註736）」。觀世音菩薩在耳根圓通上甚且說：「（觀音之十四無畏）十三者，六根圓通，明照無二，含十方界。立大圓鏡空如來藏，承順十方微塵如來，秘密法門，受領無失。能令法界無子眾生，欲求女者，誕生端正福德柔順，眾人愛敬有相之女……（觀音之四妙德）四者，我得佛心，證於究竟。能以珍寶種種，供養十方如來，傍及法界六道眾生。求妻得妻，求子得子。求三昧得三昧。求長壽得長壽。如是乃至求大涅槃得大涅槃（註737）」。這些經文都是如來藏性不可思議的妙用！

從文言：「若有持咒而如願以償，這是往昔所造福德的功能，咒語只是狐假虎威，並非持咒能所求如願」。個人認為這句話是有語病的，因為如果有「如願以償」的事，都是「往昔所造福德的功能」，這不就也否定了「今生」的善業論？中國人常說：「命由己造，相由心生」，宿世的業力固可以控制今生，但今生的善業力亦可左右今生的果報，如儒家《詩經》尚云：「永言配命，自求多福」，《了凡四

註 734 引自《我從迷信出走》頁191第十行—頁192第三行。
註 735 《楞嚴經·卷六》，《大正藏》第十九冊頁130上。
註 736 《楞嚴經·卷三》，《大正藏》第十九冊頁119中。
註 737 《楞嚴經·卷六》，《大正藏》第十九冊頁129中—下。

訓》云：「夫血肉之身，尚然有數，義理之身，豈不能格天」？所謂「精誠所至，金石爲開」，這是由「誠」而轉變了命運。故「如願以償」的事並非專由「宿世」所決定，從文實乃爲反對咒語而反對也。《了凡四訓》中雲谷（1500～1579）禪師對了凡說：「汝未能無心，但能持準提咒，無記無數，不令間斷，於持中不持，於不持中持，到得念頭不動，則靈驗矣（註738）」！雲谷禪師一方面教「修福積德」以超越宿命（是顯修），一方面又教唸「準提咒」（是密修），顯密雙修，則何願不成？何障不消？

　　也許有人會問諸佛本意令人斷貪瞋癡，爲何令人求「世事名利」？《顯密圓通成佛心要・卷下》解釋云：「謂有眾生不肯直求菩提，且隨其所樂，令持咒求之，由神咒不思議力，所求之事盡得遂心，一切罪業亦得消滅，自然超凡入聖，如小兒有病不肯服藥，被有智醫人塗有母乳，其小兒本食母乳，不覺服著良藥除卻病苦（註739）」。《勝天王般若波羅蜜經・卷六》亦云：「總持如妙藥，能療眾惑病，猶彼天甘露，得者永不死（註740）」。這就是諸佛「先以欲利勾牽，後得令入佛智」的方便教化。佛教中也常說：「無財不養道，有財障修道」，正當的追求財富不能說是貪財犯戒，沒有道場、佛像、經書、油米，試問如何修道？所以一切的「方便欲利」也只不過是爲了「成就佛道」。就如流行的藥師法門、準提法門中的「求財」法，都是諸佛的方便教化。歷代讀誦《藥師經》、《藥師咒》、《準提咒》的祖師大德，也都常能「如願以償」，這不能一味的只歸功於「宿世」的福德。

　　佛法一如大海，無有不驗，無有不靈，它除了告訴我們了脫生死之道外，在世間法上它仍然是「恆順眾生」的一種「滿眾生願」佛法，但由「誠」和「善」二字爲其「滿願」關鍵。《千手手眼觀世音菩薩大悲心陀羅尼》云：「誦持大悲心神咒者，於現在生中一切所求，若不果遂者，不得名爲大悲心陀羅尼也，唯除『不善』除『不至誠』（註741）」。「善」與「誠」字義簡單，但函義不只深廣，亦爲一《大藏經》之入門關鍵，何故？佛法爲「信」能入、爲「善」能入、爲「誠」能入，命終尚能使眾生隨願往生，何況世間所求而不能獲？《華嚴經・卷六十》云：「聞此法

註　738　明代僧。俗姓懷，字雲谷。初習儒業，博通經史，專習天台小止觀法門。憨山大師與明代通儒袁了凡等，皆從師受教悟旨。師平日常坐不臥，四十年如一日。開示學人時，特以「唯心淨土」法門爲修行之要。每至一道場講習，必先舉揚百丈規矩，時人稱爲「禪道中興之祖」。
註　739　《大正藏》第四十六冊頁 1001 上。
註　740　《大正藏》第八冊頁 720 下。
註　741　《大正藏》第二十冊頁 116 上。

歡喜，信心無疑者，速成無上道（註742）」及《華嚴經·卷十四》云：「信爲道元功德母，長養一切諸善法，斷除疑網出愛流（註743）」。故從文之說是為反咒語而反對《楞嚴》經義，非正確之論！

三、酬還宿債之釋

《楞嚴經》此文言「不服東方絲綿絹帛，及是此土靴履裘毳，乳酪醍醐」。呂澂以《涅槃經》文而反證其為魔說，究竟《楞嚴經》這段經文是不是「魔說」？這要透過經論的分析後才能論斷。試分析之。

（一）、絲綿與絹帛

「絲綿絹帛」是東方所產的一些絲綢絹緞，即蠶絲所造一類的絲緞。既是蠶所造的絲物，自有害命之嫌，故佛嚴禁之。如：

① 《四分律·卷六》載六群比丘將「野蠶綿臥具」索成綿，即被佛嚴斥：「(佛)呵責六群比丘言：汝所爲非·非威儀、非沙門法、非淨行、非隨順行，所不應爲。云何六群比丘，求索蠶繭作新臥具（註744）」。

② 《四分律·卷二十五》中載：「若比丘尼，持兜羅綿貯，作繩床木床若臥具坐具，波逸提六十九（註745）」。

③ 《十誦律·卷七》載：「諸比丘乞綿、乞縷、乞衣、乞繭，擘治引貯，多事多務，妨廢讀經、坐禪、行道，是中我等失利供養，是難滿、難養、無厭足人（註746）」。

④ 《十誦律·卷十八》載：「佛以種種因緣呵責，云何名比丘，以兜羅綿貯臥

註 742 《大正藏》第九冊頁 788 上。
註 743 《大正藏》第十冊頁 72 中。
註 744 《大正藏》第二十二冊頁 614 上。又《四分律·卷二十九》佛亦斥云：「若用毳、若劫貝、若俱遮羅、若乳葉草、若舅摩、若野蠶綿一切物……(犯)波逸提（《大正》二十二冊頁 770 中）。《十誦律·卷七》佛亦同樣的說：「佛以種種因緣呵責，云何名比丘，作新憍施耶敷具，此國綿貴縷貴衣貴繭貴，多殺蠶故。佛如是種種因緣呵已（《大正》二十三冊頁 47 下）。這些律文在在都說明佛禁用有生命的蠶綿，因此乃是──殺生也。
註 745 《大正藏》第二十二冊頁 736 下。
註 746 《大正藏》第二十三冊頁 47 下。

具。種種因緣呵已語諸比丘，以十利故與比丘結戒，從今是戒應如是説。若比丘自以兜羅綿貯臥具，若使人貯波逸提（註747）」。

⑤《十誦律·卷三十七》載：「佛言，從今不聽比丘以幣帛繩樹葉樹皮木白鑞鉛錫作耳圈著，著者突吉羅（註748）」。

⑥《根本說一切有部毘奈耶·卷二十》載：「若復苾芻用新高世耶絲綿作敷具者，泥薩祇波逸底迦（註749）」。

⑦《五分律·卷五》載：「若比丘新憍賒（蠶所作綿）作臥具，泥薩耆波逸底迦（註750）」。

⑧乃至《摩訶僧祇律·卷九》（註751）……等等。

可見「絲綿絹帛」在所有律部中是明禁的。既然「絲綿絹帛」是「東方」所產，又如何運送到達印度呢？據《舊唐書·卷一百九十八》所載「天竺國」云：

「五天竺，其一曰中天竺。二曰東天竺。三曰南天竺。四曰西天竺。五曰北天竺。地各數千里，城邑數百。南天竺際大海。北天竺拒雪山，四周有山爲壁，南面一谷，通爲國門。東天竺東際大海，與扶南、林邑鄰接。西天竺與罽賓、波斯相接。中天竺據四天竺之會，其都城週迴七十餘里。」

可知由印度到中國的路線，較便捷之路有三條：

一、由西天竺走絲路入新疆。
二、由東天竺及南天竺泛舟至廣州 交趾一帶。
三、由北天竺入西藏。

在北魏·孝明帝時有位僧人名為宋雲（註752），他在印度烏萇國（梵 Uḍḍiyāna

註 747 《大正藏》第二十三冊頁 127 下。
註 748 《大正藏》第二十三冊頁 268 上。
註 749 《大正藏》第二十三冊頁 735 下。
註 750 《大正藏》第二十二冊頁 34 下—35 上。
註 751 詳於《大正藏》第二十二冊頁 303 中。
註 752 宋雲（生卒年不詳），北魏敦煌人，曾和惠生（亦作慧生）同赴西域求經。為侍應胡太后的主衣子統。撰有《魏國以西十一國事》、《家記》等。

或 Udyāna，就是烏仗那國，位於今北印度 健馱羅國北方之古國名)與國王談話時（註753），曾向這位國王「具說周、孔、莊、老之德，次序蓬萊山上銀闕金堂，神僊聖人，並在其上。說：管輅善卜、華陀治病、左慈方術。如此之事分別說之。王曰：若如卿言即是佛國，我當命終願生彼國……」等等（註754）等等。可見中國僧人至外國弘法也會順便介紹自己中國的傳統文化思想。如《舊唐書·卷一百九十八·天竺傳》載：

> 「五天竺所屬之國數十，風俗物產略同，有伽沒路國，其俗開東門以向日。王玄策(唐將)至，其王發使，貢以奇珍異物及地圖，因請『老子像』及《道德經》」。

唐·道宣撰《集古今佛道論衡·卷丙·太宗詔令奘法師翻老子為梵文事第十》亦云：

> 「貞觀二十一年，西域使李義表還奏，稱『東天竺』童子王所，未有佛法，外道宗盛。臣已告云：支那(中國)大國未有佛教已前，舊有『得道人』說經在俗流布，但此文不來。若得聞者，必當信奉。彼王言：卿還本國，譯爲『梵言』，我欲見之……勅令玄奘法師與諸道士對共譯出。於時道士蔡晃、成英二人李宗之望，自餘鋒穎三十餘人。並集『五通觀』。日別參議，詳覈《道德》。奘乃『句句披析』，窮其義類，得其旨理，方爲譯之。諸道士等，並引用佛經《中、百》等論(指龍樹的《中論》與《百論》)，以通玄極。」（註755）

由上述記載可知中國很多思想確已在唐朝之前與印度有互相「交流」，最在近新疆吐魯番「阿斯塔那古墓群」(墓葬年代為西晉到唐代中葉，約於公元第二世紀下半葉到第九世紀初)

註 753 宋雲在北魏明帝神龜元年（518年）十一月，受胡太后之命，與崇立寺沙門惠生、法力等出訪天竺。至洛陽起，經吐穀渾、鄯善、左末（今新疆且末）、捍（媲摩，Phema）、于闐等地，進入西域。宋雲等謁見嚈王之後，經波斯、賒靡國、鉢盧勒國，於神龜二年（519年）入烏場國，晉見烏萇國王，為國王講述孔子、老子、莊子學說。此後，宋雲、惠生在天竺廣禮佛跡，正光元年四月訪問乾陀羅、那迦羅阿國等地。正光三年（522年），攜「大乘經論」共一百七十部返回洛陽，宅居洛陽聞義裡。以上資料請參閱《佛祖統紀·卷第三十八》，詳《大正藏》第四十九冊頁355下。或《北魏僧惠生使西域記》，詳《大正藏》第五十一冊頁866下。或《洛陽伽藍記·卷第五》，詳《大正藏》第五十一冊頁1018上。
註 754 以上詳元魏·楊衒之撰《洛陽伽藍記·卷五》。《大正藏》第五十一冊頁1018中。
註 755 詳《大正藏》第五十二冊頁386中—386下。

出土的文物中，竟發現了「桃人木牌」及「急急如律令」之道教用語（註756），更證明了中國的「民間道學」有傳往印度的跡象。既然如此，那麼「東方」的「絲綿絹帛」也會傳往印度是同理可證的。

　　或有人質疑世尊初成道時，大梵天王亦曾施世尊「絹僧伽梨」用，但此絲是「化出」，非是「繰繭」而來，在《道宣律師感通記》中有詳細的解釋：「我成道至涅槃，唯服麤布僧伽梨，及白氎三衣，何爲惡比丘等，謗讟我云：『毗尼教中開，許著（指著絲絹衣）』。我於三藏教中，雖聽用繒綵供養佛法僧，此閻浮提及以大洲之外，千八百大國並有繒帛絲綿，遂從女口出之，非蠶口出，由不殺害眾生故，福業所感（指女口出之一事）。如何謗我害生取絲絹用（註757）」？故唐·道宣律師云：「肉食蠶衣，爲方未異，害命天生，事均理一（註758）」。這是說「肉食」與著「蠶衣」都是兼帶有殺業的。故為佛所禁。

（二）、靴履與裘毳

　　「靴履裘毳」是指一些皮靴、或狐裘鳥毛等禽獸羽毛所制成的衣履。這亦是牽連到眾生的血肉，所以佛禁之。律上的記載如：

❶《四分律·卷七》云：「六群比丘作新雜野蠶綿臥具·彼索未成綿·或索已成綿·或索已染未染·或索新者·或索故者……雜者若毳、若劫貝拘遮羅乳葉草·若芻摩、若麻，若比丘自用雜野蠶綿作新臥具成者，尼薩耆波逸提（註759）」。

❷《四分律·卷二十九》佛斥云：「若用毳、若劫貝、若俱遮羅、若乳葉草、若芻摩、若野蠶綿一切物……(犯)波逸提（註760）」。

❸《四分律·卷三十九》云：「六群比丘持絹布作革屣帶·佛言不應畜……著劫貝紵革屣，佛言不應畜……以弊帛紵革屣，佛言不應畜……以芒草、婆

註　756　詳見柳洪亮《吐魯番阿斯塔那古墓群新發現的「桃人木牌」，文刊《考古與文物》，一九八六年一期
註　757　《卍續藏》第二十一冊頁476下。或見《大正藏》第五十三冊頁980下—981上。
註　758　見道宣律師《釋門章服儀》，《大正藏》第五十四冊頁835下—836上。
註　759　《大正藏》第二十二冊頁613下—614上。
註　760　《大正藏》第二十二冊頁770中。

婆草、舍羅草、漢陀羅草革屣，佛言不應畜。六群比丘癡人，是我所遮，便更作餘事，自今已去，一切貯革屣不應畜（註761）」。

❹《十誦律·卷五十三》載：「若乞氀得突吉羅（註762）」。

❺《十誦律·卷二十五》載：「…兜羅紵屣、氀紵屣、劫貝紵、殺羊毛紵、殺羊毛縷縫、殺羊角革屣、廣前革屣、孔雀筋縷縫、孔雀翅雜革屣。一切種種雜色莊嚴縷繡革屣不應著。若著犯突吉羅罪（註763）」……等等。

❻「阿含部」的記載則有《央掘魔羅經·卷四》云：「**文殊師利白佛言：世尊！珂貝蠟蜜皮革繒綿，非自界肉耶？佛告文殊師利**，勿作是語，如來遠離一切世間。如來不食，若言習近世間物者，無有是處（註764）」。

律文載「踏殺生草」都是在佛所制禁戒內（註765），何況服用動物身上的「蠶絲羽毛」等物？《楞嚴經指掌疏》云：「此雖不致殺生，過貽亦能傷牛，況夫奪犢之食，以資己身，豈慈悲者之所宜乎……絲綿絹帛等，雖非全身，亦其身之少分，服著服食，皆能為彼牽連之緣（註766）」，這都是有互相「牽連」的因緣。

（三）、乳酪與醍醐

討論「乳酪」與「醍醐」（梵語 maṇḍa，巴利語同；或梵語 sarpir-maṇḍa，巴利語 sappi-maṇḍa）是「律家」最難決定的事，亦是眾說紛紜。蕅益大師言：「若絲綿絹帛，大小二乘，並皆嚴禁，以其由此害多命故。若靴履裘氀，小乘一向聽許，大乘亦不全遮，以其非專為此而害命故。若乳酪醍醐，大小並許，乃至《大涅槃經》，仍復開聽（註767）」。也就是「乳酪醍醐」是大小乘皆許可食用之物。但真修道人，亦有不服用者，因為「身血肉，骨髓也；身分裘氀，乳酪也。身服食，心

註 761 《大正藏》第二十二冊頁 847 上—中。

註 762 《大正藏》第二十三冊頁 389 上。

註 763 《大正藏》第二十三冊頁 182 上。

註 764 《大正藏》第二冊頁 540 下—541 上。

註 765 如《四分律·卷二十六》載：「佛呵責六群比丘尼：汝所為非，非威儀、非沙門法、非淨行、非隨順行，所不應為。云何六群比丘尼，春夏冬一切時人間遊行，遇雨河水汎漲漂失衣物踏殺生草」？《大正藏》第二十二冊頁 746 上。

註 766 《卍續藏》第二十四冊頁 564 上。

註 767 蕅益大師《楞嚴經文句》，《卍續藏》第二十冊頁 645 下。筆者以為這是蕅益大師對「乳酪醍醐」的「大略」之說。因在律部中確實有佛禁止食用「乳酪」之說，唯除病人方可食用。詳見下文述說。

貪求，二途並須斷也（註768）。這是說既戒殺生不食肉，則「身」亦不應服用動物的乳酪之物。經云「不服」是「充類至盡之意，言能不服，則彌善耳（註769）」之意。

　　雖然《楞嚴經》在「四淨誨」中申明不服「絲綿、絹帛、靴履、裘毳」。但在經文卷三言卻又說「酥酪醍醐」是為「上味」（註770）；卷七中又取「白牛乳」奉佛（註771）。對此前後不定矛盾的情況，蕅益大師曾解釋道：「以其但分餘潤，不害命故（註772）」，蓮池大師亦有獨見說：「前文乳酪皆捧，今取乳供養者何也？此有二意。一者心異，二者物異。心異者，前是奉己，今乃奉佛。如絹帛等，比丘禁服，然亦奉佛故。物異者，前是常牛，今乃白牛，白牛之乳最潔淨故。又此牛雖出雪山，雪山亦不恒有蓋瑞物也，故可糞可用塗地（註773）」。錢謙益《楞嚴經疏解蒙鈔》則解釋云：「權教許開乳酪，實教遮禁。今復取享奉者，表融權實之法喜，隨行施設（註774）」。

　　個人的看法是：佛在「四淨誨」中所教導的是「第一」的「決定清淨明誨」，既是「第一」，又是「決定清淨」，所以「乳酪醍醐」對真修道人，真求解脫三界者，應全部斷盡。至於卷三讚「酥酪醍醐」是為「上味」，觀其文意——並非「鼓勵」之詞，只是讚美它的味道，並沒有「鼓勵」行者服用。而卷七以「白牛乳」奉佛事，誠如蓮池大師說的，是「奉佛」，並非「奉己」。觀此文意——也沒有「鼓勵」人服用它之意。

　　當然！完全反對服用「乳酪醍醐」的觀點也有。如宋・戒環大師有著嚴厲的說詞：「而今人多取牛乳助齋，大嚼恣啗，不避羶穢，是誠何心哉？靜揣其來，乃腥臊交遘所發膿血，雜亂餘液，是欲惡之精，脂肉之腴，出於糞穢形軀，爲不

註　768　交光大師《楞嚴經正脈疏》，《卍續藏》第十八冊頁680下—690上。

註　769　蕅益大師《楞嚴經文句》，《卍續藏》第二十冊頁645下。

註　770　經文言：「阿難！汝常二時，眾中持砵，其間或遇酥酪醍醐，名爲上味」。《大正藏》第十九冊頁116上。

註　771　經文言：「取白牛乳，置十六器。乳爲煎餅，并諸砂糖、油餅、乳糜、蘇合、蜜薑、純酥、純蜜。於蓮華外，各各十六圍繞華外。以奉諸佛及大菩薩」。《大正藏》第十九冊頁133中。

註　772　《卍續藏》第二十冊頁645下。

註　773　《卍續藏》第十九冊頁27下。

註　774　《卍續藏》第二十一冊頁486下。

淨之至也，噉其精則眞味欲惡，食其腴又何異脂肉，清淨眞脫者，固如是耶（註775）？民國·印光大師則較中道的說：「牛奶食之無礙，然亦取彼脂膏，補我身體，亦宜勿食（註776）」、「牛乳取之於牛，雖不傷生害命，然亦有損於牛，固宜不食，食亦不涉犯戒之咎（註777）」。

從文質疑經文「若諸比丘，不服東方絲綿絹帛，及是此土靴履裘毳，乳酪醍醐。如是比丘，於世眞脫，酬還宿債」之語，進而認爲這是「外道異學尼乾的苦行滅罪之法」。其實《楞嚴經》這段經文並非「獨創」，前經已有諸多明例。如《長阿含經·卷二十二·世紀經世本緣品》中記載「光音天人」福盡命終下降至此人間，後「取粳米食之（註778）」即「失神足」，遂回不去光音天去。這是服食閻浮提的「粳米」導致在此娑婆輪迴的原因。服食「粳米」只是一件極輕微不足道的事，然卻能導致「失神足」而輪迴於娑婆？其實理由很簡單，經文又言「取粳米食之，其身麤醜有男女形，互相瞻視，遂生欲想，共在屏處，爲不淨行（註779）」。既有「不淨行」（男女婬事），則必有輪迴。所以光是一件食「粳米」事便讓人不能脫離三界。當然這之中也必有食「粳米」而內心清淨，不犯「梵行」的修行者，這都不能以偏概全的。而《長阿含經》的這段記載與《楞嚴經》言不服「絲綿絹帛，靴履裘毳，乳酪醍醐」就可脫離三界是一樣的義理。

但筆者要提出的是：不能「斷章取義」、「以文害義」。因《楞嚴經》十卷經文皆教修入「三摩地、成聖位、二十五圓通、證五十五聖果、三漸次、四淨誨」……等。何能直以「解脫三界」之事就是不服「絲綿絹帛，靴履裘毳，乳酪醍醐」？如果只須如此修便可出離三界，那《楞嚴經》十卷的其餘了生死經文不就全都是「多餘」了（註780）？故從文之疑自是對經文缺乏全面性的理解。

至於呂澂之疑「至說比丘不服乳酪醍醐，《涅槃·卷七》明言此是魔說，今

註 775 《楞嚴經要解·卷十二》，《卍續藏》第十七冊頁 809 下。

註 776 《印光大師文鈔續編·卷上》頁 81。復鮑衡士居士書。

註 777 《印光大師文鈔三編下·卷四》頁 1024。復卓智立居士書七。

註 778 見《大正藏》第一冊頁 148 上。

註 779 見《大正藏》第一冊頁 148 上。

註 780 諸如二十五圓通法，法法皆是入三摩地入聖位之法。又四淨誨言「婬心、殺心、盜心、妄心不除，塵不可出」，故戒殺盜婬妄是出三界之道。修「三漸次第」亦是出三界之道。「捨識用根」亦是出三界之道。修「如來藏性」亦是出三界之道……等等。

乃詆爲佛説，其僞五十七」。我們先看《(北)大般涅槃經・卷七》的原經文是這樣
説的：「我唯聽食五種牛味及油蜜等，聽著革屣憍奢耶衣。我説四大無有壽命，
若有經律作是説者。是名佛説。若有隨順佛所説者，當知是等眞我弟子。若有不
隨順佛所説者，是魔眷屬。若有隨順佛經律者，當知是人是大菩薩（註781）。其
實《楞嚴經》提倡不服「乳酪醍醐」之文也非「獨創」，在律部中佛是曾提到過，
沒有病的比丘是不能食「乳酪」的，如：

①《四分律・卷十五》載：「若得好美飲食，乳酪、魚及肉，若比丘如此美飲
　食，無病自爲身索者波逸提（註782）」。
②《四分律・卷三十》載：「無病而乞酥食，一咽一波羅提提舍尼，比丘突吉
　羅……乞油若蜜、若黑石蜜、若乳、若酪、若魚若肉，如乞酥無異（註783）」。
③《四分律・卷四十二》載：「自今已去，聽諸比丘，有病因緣，聽服五種藥：
　酥油、生酥、蜜、石蜜，諸病比丘，得種種肥美食，至中不能食（註784）」。
④《十誦律・卷十三》亦載：「若比丘不病，白衣家中有如是美食，乳酪、生
　酥（梵 navanīta，巴同）、熟酥油（梵 ghṛta，巴 ghata）、魚肉脯。自爲索如
　是食者波逸提……若比丘不病，自爲索乳，得者波逸提。不得突吉羅，不
　病自爲索酪、生酥、熟酥油，魚肉脯，得者波逸提（註785）」。

　　雖然筆者尚未發現律部禁止服食「醍醐」之文，但《四分律・卷四十三》中
有段文提到「如牛出乳，乳中出酪，酪中出生酥，生酥中出熟酥，熟酥出醍醐，
最精第一（註786）。亦即「醍醐」與「乳酪」有密切的關係，至少「醍醐」是由「乳
酪」所提煉出的。所以《楞嚴經》爲求徹底解脱故將「醍醐」與「乳酪」皆部「斷盡」，
何得説是「魔説」呢？若是「魔説」則律部諸文亦爲魔説矣！

　　然而《涅槃經》何以説「我唯聽食五種牛味及油蜜等，聽著革屣憍奢耶衣」？
「憍奢耶」（梵 kauśeya，巴 kosseyya），係指「野蠶」之繭，以「野蠶」之絲作衣，

註　781　《大正藏》第十二冊頁 406 中。或見《(南本)涅槃經・卷七》，《大正藏》第二十五冊
　　　　頁 647 上。
註　782　《大正藏》第二十二冊頁 664 中。
註　783　《大正藏》第二十二冊頁 778 中。
註　784　《大正藏》第二十二冊頁 869 下。
註　785　《大正藏》第二十三冊頁 97 上。
註　786　《大正藏》第二十二冊頁 854 下。

稱為「憍奢耶衣」、「絹衣」。又作「憍賒耶衣」、「高世耶衣」、「憍施耶衣」、「憍舍耶衣」、「俱舍衣」。意譯為「蟲衣」、「蠶衣」。個人以為：《涅槃經》之文意是佛亦聽食「牛味油蜜」、亦聽著「革屣憍奢耶衣」，此與《十誦律·卷三十七》中的義理一樣。其經文說「過去諸佛讚歎納衣、聽著納衣，我亦讚歎納衣、聽著納衣（註787）」，這「五法」是「過去諸佛所共讚歎」，佛是不可能反對它的，但佛又說「亦聽著居士衣……亦聽請食……亦聽再食……亦聽房舍住……亦聽噉三種淨肉（註788）」。佛之意認為提婆的「盡形壽」嚴持「五法」並非「公允」，因為佛制戒不是永遠死死的，它是有「開遮持犯」的條例。佛的答案是「懇定」著「納衣、乞食、一食、露地、不食魚肉」之「五法」；嚴持「五法」是對的，但若盡形壽死死的非守此「五法」不可，且必以此「五法」才能得「涅槃」之說，也非諸佛之教化。諸佛真正的教化是「八正道」、是「四聖種」，以「八正道」為趣涅槃是正道，以「五法」趣涅槃是輔道（不是非道、邪道）。（關於「五法」的討論，詳於第九節「食肉殺生與因果之疑」）。

　　《涅槃經》雖出現「聽食五種牛味、油蜜，聽著革屣憍奢耶衣」並不影響到佛在大小乘律部戒經中勸捨「乳酪」、勸著「糞掃衣」之戒文，這完全是佛「隨機制戒」、「開遮持犯」的度眾之道。如《大般涅槃經·卷四》佛即表達他制戒之道云：「如來所制一切禁戒各有『異意』，異意故聽食三種淨肉（註789）」。

　　再者，《涅槃經》雖開出「聽食五種牛味、油蜜，聽著革屣憍奢耶衣」之說。但對「掘地刈草斫樹」等戒亦同《四分律·卷二十六》中「踏殺生草（註790）」戒。如《大般涅槃經·卷十六》云：「云何名殺？善男子！有人掘地刈草斫樹，斬截死屍罵詈鞭撻。以是業緣墮地獄不。迦葉菩薩白佛言：世尊，如我解佛所說義者應墮地獄。何以故？如佛昔為聲聞說法，汝諸比丘於餘燋木莫生惡心，何以故？一切眾生因惡心故墮于地獄。爾時佛讚迦葉菩薩，善哉善哉（註791）」。所以《涅槃經》之說，有者「開」、有者「遮」，並不能代表佛陀一切戒法的「唯一」准則。

　　若必謂「不服乳酪醍醐是魔說」（呂文）。那成為「魔說」的事也太多了，如《華

註 787 《十誦律·卷三十七》，《大正藏》第二十三冊頁264下。
註 788 《大正藏》第二十三冊頁264下。
註 789 《大正藏》第十二冊頁368上—中。
註 790 詳於《大正藏》第二十二冊頁746上。
註 791 《大正藏》第十二冊頁460上。

嚴經・卷五十八》云：「忘失菩提心修諸善根，是爲魔業（註792）。只要未發「菩提心」，則修再多的「善根」，依舊是「魔業」。《法華玄義・卷八上》云：「大乘經但有一法印，謂諸法實相名了義經，能得大道。若無『實相印』，是魔所說（註793）」。蓋如來所說諸大乘經皆以「實相」之理印定其說，外道不能雜，天魔不能破。所以若有「實相印」，即是佛說，若無「實相印」，即是魔說。《大智度論・卷九》更云：「除諸法實相，餘殘一切法，盡名爲魔（註794）」……等。故呂文的說法自有「斷章取義」之嫌！

四 、 小 結

　　雖然《涅槃經》有「聽食五種牛味、油蜜，聽著革屣憍奢耶衣」等文，但並不能以此證明若不食「牛味、油蜜」；不著「革屣憍奢耶衣」就是——「魔說」。《涅槃經》此文後面雖有云：「若有不隨順佛所說者，是魔眷屬。若有隨順佛經律者，當知是人是大菩薩」。經文並沒有明指「不食」牛味、油蜜，「不著」革屣憍奢耶衣就是「魔說」，只是云「有不隨順佛所說者，是魔眷屬」之語。下文又說「若有隨順佛經律者，當知是人是大菩薩」。何謂「佛經律者」？此語並不代表佛指向——不食「牛味、油蜜」，不著「革屣憍奢耶衣」是「非佛經律」。若是，則佛所在律部中一再制戒的「蠶絲絹衣」不就統統要推翻了？是故從文、呂文之難應可從律部經戒上得到如理的澄清。

　　附：律部之文本非居士過問，亦非居士之長。但從、呂之質疑，進而認爲《楞嚴經》此文爲「魔說」。爲申《楞嚴》正義，爲澄清觀念，只好冒然「開戒」，「略閱」律部禁文。若有誤解，當請學界、教界先進指教，以免筆者誤解佛意。甚幸！

註 792 《大正藏》第十冊頁 307 下。
註 793 《大正藏》第三十三冊頁 779 下。
註 794 《大正藏》第二十五冊頁 99 中。

第七節　燒身爇臂與燃指之疑

經文言：「若我滅後，其有比丘發心決定修三摩提，能於如來形像之前，身然一燈，燒一指節，及於身上爇一香炷。我說是人無始宿債，一時酬畢，長揖世間，永脫諸漏。雖未即明無上覺路。是人於法已決定心。若不為此捨身微因，縱成無為，必還生人，酬其宿債。如我馬麥正等無異（註795）」。

一、歷代疑偽之說

呂文：「盜戒中說修定人於佛前燃身燒指，可酬宿債，此正唐人陋習，律家所痛非者（《寄歸傳‧卷四》），今乃撰為佛說，其偽五十八（註796）」。

從文：「這是外道譏嘲世尊受馬麥之食，不知用苦行滅罪法滅除宿業，引誘佛教徒奉行外道異學。果如所說，學者於佛像前燒一指節可減宿債，不在話下，應也已減除現世殺盜邪淫妄語罪。譬如我劫殺了很多小女孩，只需在佛像前受燒一指節之苦，諸小女孩就活該被我劫殺，都不來告發我罪，警察也眼睜睜不來捉拿我，即使請上法院，法官也以禮相待不判我罪，有如此荒唐事嗎？若現前都不能證明宿債已減，期待不可知的未來已滅罪業，豈非太迷信了（註797）」？又云：「如諸戒文中言（指《梵網經》之四十八輕第十六戒），食肉者斷大慈悲佛性種子，卻要求菩薩割自身肉賣給他人吃，捨身肉供餓鬼畜牲吃，燒身臂指供佛，欲陷他人斷大慈悲佛性種子，自相矛盾。而且，重戒第一殺戒，若佛子自殺、教人殺、方便殺、讚歎殺，便得不可悔罪，於此卻教菩薩自殺身命供養眾生，顛顛倒倒教誡，處處違背世間法律人情，也違背世尊正法律，令人倍覺佛教徒愚癡迷信。事實上，不吃肉，燒身臂指，以身肉飼餓鬼畜牲，賣自身肉，賣男女，剝人皮刺血析骨，都是外道尼乾苦行法，盲目修苦行無濟於自利利他。《梵網經》分明就是外道異學，只為使學者難以依法奉行而愁憂悲苦，是故說菩薩戒非佛說（註798）」。又云：「譬如燒身供養，諸佛又不吃烤人肉，有用之身命不用

註　795　《楞嚴經‧卷六》，《大正藏》第十九冊頁132中。
註　796　《呂澂佛學論著選集》第一冊頁384－385。
註　797　見從信《我從迷信出走》頁192第九行—193第一行。
註　798　見從信《我從迷信出走》頁259第十三行—260第七行。

來精進辦道，白白燒毀身命，那怕只燒一個疤也是輕賤生命，若燒死了，自殺便得重罪……若燒身徒令人怪異教徒迷信愚癡，反令佛法快速滅亡。殘身即是殺身，無濟於永盡貪瞋癡，若殘身供養不若捐助器官，救人一命勝造七層浮屠，求福不厭倦，饒益有情才能自饒益，不用迷信燒身自殘」。又云：「燒身燒臂燒指是自殺的行爲，菩薩不可殺生不可食眾生肉，卻又不可不燒身臂指供養諸佛，只許諸佛食菩薩肉，不許菩薩食魚肉。處處不如理說，不只上述五端，但由此數端已可知，不食魚肉非佛說，乃是提婆達多的餘續（註799）。

二、外道苦行之釋

從文認爲「燒身臂指，以身肉飼餓鬼畜牲，賣自身肉，賣男女，剝人皮刺血析骨，都是外道尼乾苦行法」。關於這個問難，應先從「燒身臂指」、「外道」、「尼乾子」、「苦行」等名詞釋義來理解。

所謂「苦行」，梵語 duṣkara-caryā 或 tapas。即斷除肉體欲望，堪忍諸種難忍之苦行，主要指印度諸外道爲求生天而行諸苦行。而佛教中之布施、慈悲等，以佛道爲目的之「難行」，亦稱作「苦行」。又寺內之「淨人」，也有名爲「苦行」的，如《景德傳燈錄・卷二十七》云：「本寺廚中有二苦行，曰寒山子、拾得（註800）」。佛教之「苦行」，一般稱爲「頭陀 dhūta」，「頭陀」在《增一阿含經・卷四十六》中舉有十一種苦行方式，即：

(1)阿練若 araṇya（無諍聲，適修行之閑處）（註801）。

(2)乞食 paīṇḍapātika。

(3)一處坐。

(4)一時食。

(5)正中食。

註 799 引見從信《戒律學疑難》頁98 第二行及頁132 第三行。

註 800 《大正藏》第五十一冊頁433 中。

註 801 又《寶梁經》云：「彼比丘若欲至阿蘭若處，應當思惟八法，何等八？一者我當捨身。二者應當捨命。三者當捨利養……是名八法」。可知在阿蘭若修行的比丘必思「捨身」及「捨命」之法。詳見《大正藏》第十一冊頁644 中。

(6)不擇家食。

(7)守三衣 trīṇicīvarāṇi。

(8)坐樹下。

(9)露坐閑靜處。

(10)著補衲衣。

(11)在塚間。

　　行者若能於十一年間行此法，現身即成就阿那含，來生必能成就阿羅漢（註802）」。

　　關於「頭陀」的功德利益則詳載於《法苑珠林・卷八十四》（註803），可參閱之。

　　另一種「苦行」是指古代印度專修苦行之六種外道。尤其是「六師外道」中之第四「阿耆多翅舍欽婆羅」和第六之「尼犍陀若提子」。第四「阿耆多翅舍欽婆羅」（梵名 Ajitakeśakambala，乃巴利名「Ajitakesakambala」之音譯，又作「阿市多雞舍甘跋羅」、「阿浮陀翅舍金披羅」、「稽舍今陂梨」，略稱「阿耆多」，意譯「無勝髮褐」），它的苦行方式如《維摩經義疏・卷三》云「其人著弊衣拔髮，五熱炙身，以苦爲道（註804）」；及《維摩經略疏・卷四》云：「今以苦行拔熏鼻鹿衣代之（註805）」。第六「尼犍陀若提子」（梵名 Nirgrantha-jñātaputra，巴利名 Nigaṇṭha-nātaputta），亦是多行苦行的另一種外道。《雜阿含經・卷三十五》曾描述這些外道的修行方式是：「或拔髮、或拔鬚、或常立舉手、或蹲地、或臥灰土中、或臥棘刺上、或臥杵上、或板上、或牛屎塗地而臥其上、或臥水中、或日三洗浴、或一足而立身隨日轉。如是眾苦精勤有行，尸婆！是名自害。他害者，或爲他手、石、刀、杖等種種害身，是名他害（註806）」……等等。《(北)大般涅槃經・卷十六》也對這些外道歸納分析爲：

(1)自餓外道，斷食而忍饑餓者➡彼等不羨飲食，長忍飢虛，執此苦行以爲得果之因。

註 802 以上簡言之，原文詳於《大正藏》第二冊頁 795 上—中。

註 803 《大正藏》第五十三冊頁 903 上—904 上。

註 804 《大正藏》第三十八冊頁 941 中。

註 805 《大正藏》第三十八冊頁 621 上。另《注維摩經・卷三》亦同此說，詳於頁 351 上。

註 806 《大正藏》第二冊頁 252 下。

(2)投淵外道，寒時入深淵，忍受凍苦者➡彼等入寒深淵，忍受凍苦，執此苦行以爲得果之因。

(3)赴火外道，以五熱燒炙其身者➡彼等身常炙熱，及熏鼻等，甘受熱惱，執此苦行以爲得果之因。

(4)自坐外道，不分寒暑，裸身坐於露地者➡彼等常自裸形，不拘寒暑，坐於露地，執此苦行以爲得果之因。

(5)寂默外道，住於屍林塚間，默而不語者➡彼等以屍林塚間爲住處，寂默不語，執此苦行以爲得果之因。

(6)牛狗外道，持守牛戒、狗戒，盼得生天者➡彼等自謂由前世牛狗中而來，故持牛狗戒，齔草噉污，唯望生天，執此苦行以爲得果之因（註807）。

又據《大慈恩寺三藏法師傳・卷四》云：「以灰塗體用爲修道，遍身艾白……露質標奇拔髮爲德……以髑骨爲鬘裝頭桂……披服糞衣飲噉便穢……爾等以此爲道，豈不愚哉（註808）」？及《大毘婆沙論・卷百一四》（註809）、《俱舍論・卷十九》（註810）、《大智度論・卷五、卷八》（註811）、《大明三藏法數・卷二十七》、《百論・卷上》（註812）、《大般涅槃經・卷七》（註813）……等諸經論所載。似乎是看不出「燒身臂指，以身肉飼餓鬼畜牲，賣自身肉，賣男女，剝人皮刺血析骨」是一種外道的苦行法。或許「五熱炙身」這項苦行會被比做是「燒身燃臂」的外道苦行，其實就算如此，在佛教大乘法中，它還是「正教、正法、正律」。何故？

《大般涅槃經・卷十三》云：「有名無實（義）者即是世諦。有名有實（義）

註 807 以上簡言之，原文詳於《大正藏》第十二冊頁 462 上或《(南本)大般涅槃經・卷十五》頁 704 中。

註 808 《大正藏》第五十冊頁 245 上—中。

註 809 《大正藏》第二十七冊頁 590 上—中。

註 810 云：「投水火等種種邪行，非生天因……非解脫道」。《大正藏》第二十九冊頁 100 上—中。

註 811 詳於《大正藏》第二十五冊頁 100 上和 119 上。云：「汝等以灰塗身，裸形無恥，以人髑髏盛糞而食，拔頭髮，臥刺上，倒懸熏鼻，冬則入水，夏則火炙，如是種種所行非道，皆是狂相」。

註 812 云：「誦尼乾子經言：五熱炙身，拔髮等受苦法」。《大正藏》第三十冊頁 168 中。

註 813 云：「投淵赴火……五熱炙身」，《大正藏》第十二冊頁 406 上。

者是第一義諦（註814）」。外道的「五熱炙身」是一種有名無實義的外道，而佛教的「燒身燃臂」是一種「有名有實義」的正道。試舉《華嚴經・卷六十四》載勝熱婆羅門常行「登刀山，投身入火」的婆羅門外道之行，卻是大菩薩、大善知識之示現，何故？因為勝熱之「投身入火」乃為「欲竭一切貪愛海、欲截一切邪見網，欲燒一切煩惱薪，欲照一切惑稠林，欲斷一切老死怖，欲壞一切三世障（註815）」的一種「有名有實義」的第一義諦苦行。又《華嚴經・卷六十八》的婆須蜜多女則是以「色欲」來攝化眾生，似乎同於外道「魔女」行，她的目的亦是「凡有眾生親近於我，一切皆得住離貪欲（註816）」的一種「有名有實義」的菩薩行。這兩位菩薩乃是「行於非道，而通達佛道」的例子，如果他們沒有深入體會到「魔界與佛界不二（註817）」之理，沒有通達「法性平等」，怎能令無量眾生得證三昧？

　　所以《梵網》、《法華》、《楞嚴》的「燒身燃指臂」行，縱然被說是外道魔說，更何所疑（註818）？宋・宗曉大師之《樂邦文類・卷四》說得好：「而又若不燒身臂指，非出家菩薩，《梵網》之誡明然。捨身命財，是真法供養，《法華》之文煥矣。《楞嚴》燃香一炷，宿債俱酬。輪王剜身千燈妙果斯克。故知初心後位，上聖下凡，皆可遵修，並彰至教，但存正解，自免邪修。以知性火真空，豈有能燒之相，所燒心忘也。又知佛體圓妙，豈存所供之人，則能供亦寂矣。兩重能所既泯，一切功德斯成（註819）」。大師強調「燒身臂指」是從「初發心」直至「聖賢」皆都可尊修的一種法門，但須心存「正解」以免「邪修」。所謂的「正解」是指燒身者須了解「能燒、所燒兩重能所皆雙泯」，如此燒身臂指才能真正圓滿一切的功德。

註 814 《大正藏》第十二冊頁443上。

註 815 《大正藏》第十冊頁346中─下。

註 816 《大正藏》第十冊頁365下─366上。

註 817 這個道理，試舉《摩訶止觀》云：「即此魔事，具十界百法，在一念中，一切法趣魔。如一夢法，具一切事。一魔一切魔，一切魔一魔，非一非一切。亦是一魔一切魔，一佛一切佛，不出佛界即是魔界，不二別。如此觀者，降魔是道場（見《大正》第四十六冊頁116中）。又云：「魔界即佛界，而眾生不知，迷於佛界，橫起魔界，於菩提中而生煩惱，是故起『悲』。欲令眾生於魔界即佛界，於煩惱即菩提，是故起『慈』。慈無量佛，悲無量魔，無量慈悲，即無緣一大慈悲也」（出處同上）。

註 818 以上之論乃參照《四明尊者教行錄・卷五》之說，詳於《大正藏》第四十六冊頁900中─901上。

註 819 此為宋・四明 尊者之說，詳於《大正藏》第四十七冊頁203上。

三、燒身燃指之釋

（一）燃指與爇臂

「燃指」是即燃燒「手指」，又稱為「燒指供養」，或「燃指供養」，一般以燃「小指」或「無名指」為主，亦有燃掉一指、三指、五指、六指、八指，乃至十指皆燃盡者。如唐・無染大師「**十指燃盡（註820）**」。唐・息塵大師燃八指（註821）。宋・法宗大師然五指（註822）。宋・介然大師燃六指（註823）。唐・慧明大師然三指（註824）。除此外尚有南齊・法凝大師（註825）。北齊・僧範大師（註826）。梁・憑尼大師（註827）。隋・慧斌大師（註828）。隋・僧昕大師（註829）。唐・法恭大師（註830）。唐朝的光湧大師燃指報法恩、親恩（註831）。近代則有清・如會大師燃六指（註832）。清・省庵大師（註833）、寄禪大師（註834）、虛雲大師（註

註 820 詳於《宋高僧傳・卷二十三》，《大正藏》第五十冊頁 856 上。

註 821 詳於《宋高僧傳・卷二十三》，《大正藏》第五十冊頁 858 上。

註 822 詳於《淨土聖賢錄・卷三》，《卍續藏》第一三五冊頁 258 下。

註 823 詳於《淨土聖賢錄・卷三》，《卍續藏》第一三五冊頁 260 下。

註 824 詳於《宋高僧傳・卷二十三》，《大正藏》第五十冊頁 859 下。

註 825 文載大師：「初燒一指，晝夜不動，火燃及臂，諸人與弟子欲往撲滅，及有叫喚者，復有禁止不聽者，臂然火焰彌熾，遂及身」。《續高僧傳・卷二十七》，詳於《大正藏》第五十三冊頁 678 中。

註 826 文載大師：「思附法門燒指而修供養」。《續高僧傳・卷八》，《大正藏》第五十冊頁 483 中。

註 827 文載大師：「菜蔬一食戒行精苦，燒六指供養，皆悉至掌」。《比丘尼傳・卷四》，《大正藏》第五十冊頁 946 中。

註 828 文載大師：「誦《法華經》，初誦經竟，即燃左手第四指，以為供養……身亡以後，形體長大，倍於平昔。斂以舊衣，三分蔽一，道俗驚異，莫詳其理」。《弘贊法華傳・卷七》，詳《大正藏》第五十一冊頁 33 下。

註 829 文載大師：「解衣為懺燒指為燈，竟夕供養」。《續高僧傳・卷二十六》，《大正藏》第五十冊頁 673 中。

註 830 文載大師：「幽居於武丘山焉，燒指供心，痛惱之情頓遣」。《續高僧傳・卷十四》，《大正藏》第五十冊頁 535 下。

註 831 （850～938）。又稱光通，五代僧，光湧燃第三指以報法，燃第二指以報親。詳於《禪林僧寶傳・卷八》、《五燈會元・卷九》、《聯燈會要・卷十》、《全唐文・卷八七〇》。《卍續藏》第一三七冊頁 475 上。

註 832 詳於《淨土聖賢錄・卷六》。《卍續藏》第一三五冊頁 303 下。

註 833 大師禮阿育王塔，嘗以佛涅槃日大合緇白，廣修供養燃指，佛前發四十八大願。詳於《淨土聖賢錄・卷六》。《卍續藏》第一三五冊頁 312 上。

註 834 （1851～1912）。湖南 湘潭人，大師於岐山下阿育王寺禮佛舍利，自割臂肉，復燃左手兩指，自稱「八指頭陀」。參見《八指頭陀詩集》所附傳略及《佛光大辭典》頁 288。

835）、振光大師（註836）……等等諸師傳記中，皆載有「燒指供養」之行。

「燃臂」是在手臂上燃香，一般是在受菩薩戒時才燃臂，有燃一柱、三柱、九柱、二十一柱、四十九柱，乃至百柱以上。如民國戒心大師共燃臂香九十六柱（註837）。亦有燃於胸前（註838）或背上者。或有人質疑「燃臂香」究竟是不是佛說？亦是外道之法？筆者從經論中是找到了一些相關「燒臂」的經文。如《悲華經‧卷九》載世尊昔為燈光明轉輪王時，曾燒手臂七日七夜照亮道路，讓失道的五百商人得以獲救，經云：「以是善根因緣，今燃此臂為示道故。令是諸商安隱得還閻浮提中，燃臂乃至七日七夜，此諸商人尋便安隱還閻浮提。善男子！我於爾時復作善願，若閻浮提無諸珍寶，若我必成阿耨多羅三藐三菩提（註839）」。另外《賢愚經‧卷六》（Damamūka-nidāna-sūtra）也有類似的故事，世尊往昔做「薩簿」時，曾自纏「兩臂」以「酥油」燒之成火炬，照亮黑暗，進而整救了五百賈客（註840）。

在史傳部中記載燃臂的高僧也很多，如《續高僧傳‧卷二十五》載隋‧慧雲大師知梁朝國將亡盡，為救愍兵災劫難，竟「燃臂為炬」，期能攘斥災禍（註841），慧雲大師的「燃臂為炬」與《悲華經》和《賢愚經》記載世尊往昔行菩薩道的故事相似。唐‧慧雲大師「於像前以刀解臂，蠟布纏骨而燒焉（註842）」。隋‧法朗（507～581）大師甚至「燃臂腳及手，申縮任懷，有若龜藏」（註843）。而南朝梁

註 835 （1840～1959）。湖南 湘鄉人。大師於五十八歲時，因重病時而發願燃指報母恩。詳於《虛雲老和尚年譜法彙增定本》頁50。

註 836 （1927～1988）。湖南 岳陽人。曾在佛前二度燃指，並多次刺血，書成經咒數部，及佛門警語八十餘幅。參見《佛光大辭典》頁4116。

註 837 詳於《淨土聖賢錄‧下冊》頁30。台中蓮社印。79、3。

註 838 如近代美國萬佛聖城已圓寂的開山祖師宣化大師。其燃卍字於胸前。詳見《宣化老和尚追思紀念專集》第二冊頁40。

註 839 《大正藏》第三冊頁227中。或同見於《經律異相‧卷二十四》，《大正藏》第五十三冊頁130中—下。文末標示出於《過去香蓮華佛世界經》。

註 840 經文載：「是時薩簿，即以白氈，自纏兩臂，酥油灌之，然用當炬，將諸商人。經於七日，乃越此闇，時諸賈客感戴其恩，慈敬無量，各獲安隱，喜不自勝，佛告阿難，爾時薩簿豈異人乎！我身是也」。詳於《大正藏》第六冊頁393中。或見《經律異相‧卷四十三》之「薩薄然臂濟諸賈客六」。《大正藏》第五十三冊頁224上。

註 841 詳於《大正藏》第五十冊頁650中。

註 842 《續高僧傳‧卷二十九》，詳於《大正藏》第五十冊頁699上。或見於《法苑珠林‧卷三十三》，《大正藏》第五十三冊頁546下。

註 843 《續高僧傳‧卷二十五》，詳於《大正藏》第五十冊頁650下。

代禪宗著名之尊宿傅翕（497～569）大士(即善慧大士)，一生徒眾甚多，講經說法不輟，卻每率徒眾「焚指燃臂」以供佛之舉（註844）。乃至明朝蕅益大師一生燃臂無數（註845）……等等。

　　從經論上來說，從史傳高僧的行誼來說，「燃指燒臂」確是存在佛法中的一項行門，亦是大乘菩薩修行的菩薩行之一，這與外道無益的苦行是有所區別的。(詳於下文分析)

（二）燒身與捨身

　　燒身，梵語 ātma-parityāga 指「捨棄身命」。又作「遺身」、「亡身」，以捨身供養佛等，或布施身肉等予眾生，乃布施行為之最上乘。「燒身」之說究竟是不是佛法？筆者試著查早期的經典記載，如：

❶ 《一切智光明仙人慈心不食肉經》載佛陀的本生故事為「母兔」，見「仙人」（即彌勒菩薩）七日不食，為令法久住，遂投身火中而「燒身供養」。仙人見此，發願道：「願我世世生生不起殺想，恆不噉肉」。亦投身火坑（註846）。

❷ 《雜寶藏經・卷二》載世尊本生為兔時，曾「燒身供養大仙」（註847）。

❸ 《菩薩念佛三昧經・卷一》中則記載師子王「燒身供養佛陀，後恆住梵世值五千佛」之說（註848）。

❹ 又《菩薩念佛三昧經・卷三》載：「無數諸菩薩，常能為眾生，作諸利益事，燒身發光明，以求道因緣」（註849）。

註 844 （497～569）。經上載：「太清二年（549）大士誓不食，取佛生日焚身供養，至日白黑六十餘人代不食燒身，三百人刺心瀝血和香，請大士住世，大士愍而從之」。詳於《善慧大士語錄》、《景德傳燈錄・卷二十七》、《神僧傳・卷四》。《大正藏》第五十一冊頁430下。

註 845 大師於《蕅益大師全集》頁10280中自述：「持滅定業（咒）五萬，亦然臂六炷，加被願如心。又為十一友（人），持滅定業咒，共計九十萬，供臂香七炷。又為報恩繼志心、追薦已往度脫心、勸請轉法隨喜心、代除邪謬悲救心、為諸友朋宏濟心、為諸檀護宏法心、從來緣會慈念心，欲持三百二十萬，故然臂香復七炷，令我七心皆得成」。另外《印光法師嘉言錄》頁197亦提及「靈峰老人日持《楞嚴》、《梵網》二經，故於燃香一事頗為頻數」。

註 846 《大正藏》第三冊頁458中—下。

註 847 《大正藏》第四冊頁454中—下。

註 848 《大正藏》第十三冊頁796上—797下。

註 849 《大正藏》第十三冊頁812上。

❺另《大方等大集經菩薩念佛三昧分・卷六》亦云菩薩為眾生「剜身肉」燃燈之事，云：「我又睹身見十方剎，有諸菩薩常辛勤，自剜身肉燃多燈，彼爲菩提光明故（註850）」……等。

除了這些經典之說外，最受「燒身行者」重視的就是《法華經・藥王菩薩本事品》的故事（註851）。藥王菩薩（Bhaiṣajya-rāja）燃自身供養佛一千二百年，命終後復化生於淨德王之家，受日月淨明德如來之付囑，於彼佛滅度後造八萬四千塔，其自身亦於七萬二千年間，燃臂供養其塔。

另外在其他經論中也記載不少世尊的本生及諸阿羅漢們其臨終是以「自焚燒身」的方式入涅槃的，如：

①《佛說興起行經》載辟支佛在眾前現十八變大神通，之後「即於空中燒身滅度」（註852）。

②《大寶積經・卷七十九》載世尊的前生——「人藥王子」，亦是以「燒身滅度」的（註853）。

③《阿閦佛國經・卷上》載有阿羅漢「身中自出火，還燒身而般泥洹（註854）」的典故。

④《阿閦佛國經・卷下》則載阿閦佛「身中自出火，還燒身已便作金色，即碎若芥子，不復還復（註855）」的事蹟。

⑤《阿闍世王經・卷下》亦有：「佛言：從意如所欲，是『化比丘』（佛的化身）飛去地二十丈，在於虛空便般泥洹，從身火出還自燒身，其殺母者見是人已般泥洹（註856）」……等等。

註 850 《大正藏》第十三冊頁 852 上。

註 851 經文詳於《大正藏》第九冊頁 53 中。

註 852 《大正藏》第四冊頁 165 中。或見《法苑珠林・卷五十九》，《大正藏》第五十三冊頁 729 中。

註 853 如經云：「『人藥王子』於何燒身？問知所在趣其燒處……目連！汝謂爾時『人藥王子』，豈異人乎？勿作是念，即我身是」。詳於《大正藏》第十一冊頁 451 下。或見《經律異相・卷三十二》，《大正藏》第五十三冊頁 177 上。

註 854 《大正藏》第十一冊頁 757 下。

註 855 《大正藏》第十一冊頁 761 上。

註 856 《大正藏》第十七冊頁 403 中。

　　史傳上的記載，計有《梁高僧傳·卷十二》之「亡身篇」僧群以下十一人。《續高僧傳·卷二十七》之「遺身篇」法凝以下正傳十二人、附見二人。《宋高僧傳·卷二十三》之「遺身篇」僧藏以下正傳二十二人、附見二人等。《法苑珠林·卷九十六》則舉九人（註857）。日本佛教亦屢見不鮮。唐末·永明 延壽大師其《萬善同歸集·卷中》亦記載不少，如：

> 「僧崖菩薩燒身云：代一切眾生苦，先燒其手，眾人問曰：菩薩自燒，眾生罪熟？各自受苦，何由可代？答：猶如燒手，一念善根，即能滅惡，豈非代耶？又告眾曰：我滅度後，好供養病人，並難可測其本，多是諸佛聖人乘權應化⋯⋯天台宗滿禪師，一生講誦《法華經》⋯⋯後焚身供養《法華經》。智者門人淨辯禪師，於懺堂前焚身，供養普賢菩薩⋯⋯大聖真慈終不虛誑，是以八萬法門無非解脫，一念微善皆趣真如⋯⋯善須知時自量根力，不可評他美惡強立是非，言是禍胎自招來業。且如得忍菩薩，雖證生法二空，為利他故，破慳貪垢，尚乃燒臂焚身（註858）」。

　　大師例舉燒身的諸大菩薩，如僧崖、宗滿、淨辯、得忍等，且亦評此「燒身」之事是：「善須知時自量根力，不可評他美惡強立是非，言是禍胎自招來業。且如得忍菩薩，雖證生法二空，為利他故，破慳貪垢，尚乃燒臂焚身」。

　　唐朝律宗聲望最高的祖師道宣律師，其《續高僧傳卷·二十八》中不但不反對「燒身」事，且盛讚曰：「若夫厚生所寶極貴其形，就而揍之，其實惟命，大聖成教豈虛構哉？故藥王上賢焚體⋯⋯大志剒臂以熱鐵神操逾新。玄覽致命於中流，雖出還沒。法安亡形於縲絏，放免來投。是知操不可奪、行不可掩，誠可嘉乎！難行事矣！復有引腸樹表條肉林中，舒顏而臨白刃，含笑而受輕辱，並如本紀。又可嘉哉（註859）」！

註 857 詳於《大正藏》第五十三冊頁 991 下。

註 858 《大正藏》第四十八冊頁 971 中。又僧崖菩薩者，乃北周人，曾於周武成元年六月於益州西路首，以布裹左右五指燒之。時人同號以為「僧崖菩薩」。其臨終焚身，道俗十餘萬眾擁輿而哭，後燒畢全心不壞。詳於《續高僧傳·卷二十七》，《大正藏》第五十冊頁 678 中—680 中。又得忍菩薩（即北魏的玄高 402—444 大師）的事蹟詳於《高僧傳·卷十一》，《大正藏》第五十冊頁 397 上—398 中。

註 859 詳於《大正藏》第五十冊頁 684 下—685 下。

　　近代則有寶松（註860）大師、來果禪師的割肝療父疾（註861），及圓寂不久禪宗溈仰第九代宣化上人，其住世時，一再重複其願力（註862）：若活至百歲，願焚身供佛，可惜眾生福薄，上人已在七十八歲圓寂，但其皈依剃度出家的弟子果舜法師就是一名焚身供佛者，焚完身數日身軀坐立如生，且心臟不壞（註863）。

　　從這些經論史料來說，實在很難推斷出──燒身是「非佛說」、是「非法」、是「非律」。就連玄奘大師去印度留學亦將佛陀行菩薩道時「燒身」的事蹟詳細記載，如《法苑珠林・卷六十四》之「唐奘法師行傳云」：「婆羅痆斯國內有列士池，池西有三獸塔，是如來修菩薩行時燒身之處（註864）」。而在《佛說處處經》中也有段如來為何要「燒身」的解釋，經云：「佛度世燒身。有三因緣：一者腐爛故。二者虫蛾生故。三者人以香華持資來得福（註865）」。

　　如果「燒身」是外道邪法、是非佛說，那不只《法華經》要改寫、《菩薩念佛三昧經》、《大方等大集經菩薩念佛三昧分》、《大智度論》等諸經論亦要修正，連諸《高僧傳》的內容也要一併刪除，以及糾正諸祖宗師的燒身「陋習」，以免這些「邪法」誤人，讓後人習而學之。（關於此說，筆者將在後文再詳引經論說明之）。

　　「捨身」有點不同於「燒身」，它不一定是用「燒」的方式來供養佛，而是以割肉、飼虎、捐器官……等方式來供養。記載「捨身」說的經論也不少，如：

❶最常聞的《金光明經・卷四》載佛陀的「捨身飼虎（註866）」之事。
❷《大般涅槃經・卷十四》則有「捨身聞偈（註867）」之事。

註　860　（1892～1967）。福建長樂人。發願啟建千臺焰口，以超薦陣亡戰士。為祈求世界和平，於圓滿日偕徒捨身自焚。詳於《佛光大辭典》頁6764。

註　861　（1881～1953）。民國禪宗大德，湖北黃岡人。詳於《來果禪師語錄》頁4。台南和裕印。85、6。

註　862　上人於民國三十三年七月十五日率領一些弟子於佛前燃香發願：若能活到百歲，將焚身供佛。見《宣化上人事蹟》頁113。

註　863　圖片及文字詳於1950年10月22日之香港《華僑日報》，或見於《宣化上人事蹟》頁113─115。

註　864　《大正藏》第五十三冊頁780上。或見於《續高僧傳・卷四》之「玄奘傳」，《大正藏》第五十冊頁450中。

註　865　《大正藏》第十七冊頁524中。

註　866　詳於《大正藏》第十六冊頁354中─356下。

註　867　詳於《大正藏》第十二冊頁450上─451上。

❸《大唐西域記》中則舉了不少佛陀本生捨身之事蹟遺址，如《卷二》之犍馱羅國（Gandhāra；Gāndhāra；Gandha-vati）載千生捨眼、蘇達拏太子施象施男女（註868）。

❹《大唐西域記・卷三》之呾叉始羅國（Takṣaśilā）載有月光王千生施頭（註869）。鳥仗那國（Udyāna）載釋尊聞半偈捨身、忍辱仙人被割身體、析骨寫經、尸毘王代鴿、化蟒療疾、孔雀王啄石出泉、慈力王刺血飼五藥叉（註870）。僧訶補羅國（Siṃhapura）載薩埵王子投身飼虎（註871）。

❺《大智度論・卷十一》載「內布施」是不惜「身命」施諸眾生（註872）。

❻《大丈夫論・卷上》之「捨身命品」（註873）。

❼《大寶積經・卷八十、卷百一十一》（註874）。

❽《菩薩投身飴餓虎起塔因緣經》（註875）。

❾《本生鬘論・卷一至三》（註876）。

❿《龍施菩薩本起經》（註877）。

⓫《六度集經・卷六》（註878）。

⓬《經律異相・卷三十一》（註879）。

⓭《弘贊法華傳・卷六》（註880）。

⓮《大乘悲分陀利經・卷七》（註881）……等等。

註 868 詳於《大正藏》第五十一冊頁 881 上—中。

註 869 詳於《大正藏》第五十一冊頁 884 下。

註 870 詳於《大正藏》第五十一冊頁 882 中—883 中。

註 871 詳於《大正藏》第五十一冊頁 885 下。

註 872 詳於《大正藏》第二十五冊頁 143 中—下。

註 873 《大正藏》第三十冊頁 261 中—262 上。

註 874 如經文云：「慈悲歡喜割股肉，及以血施心無悔」、「皮肉骨髓及以血，以施一切諸眾生」。「我為諸眾生，墮墮無間獄，多劫猶能忍，何沿於身血」、「我於往昔行菩薩道，捨身骨髓不可稱計」。詳於《大正藏》第十一冊頁 461 中—463 上。及頁 629 下—631 中。

註 875 《大正藏》第三冊頁 424 中—427 下。

註 876 《大正藏》第三冊頁 332 中—340 上。

註 877 《大正藏》第十四冊頁 910 下。

註 878 《大正藏》第三冊頁 32 上—34 中。

註 879 載有：「曇摩紺為法燒身，火坑變為花池」，詳於《大正藏》第五十三冊頁 162 下—163 上。

註 880 載一女晝夜念誦《法華經》，後自焚身，舌頭不壞，猶如生前。詳於《大正藏》第五十一冊頁 26 上—中。

註 881 經云：「我以如是身於一一方滿十千年，以身血肉皮膚眼耳鼻舌唇齒及髮，充滿眾生勸以三乘，若人夜叉羅剎及諸畜牲有四大者，噉肉飲血乃至餓鬼，我當充足於彼一切，如我一

雖如此，經論上亦有反對的聲音，如：

①《未曾有因緣經・卷下》載提違婆羅門女「徒苦焚燒，安能滅罪」之事（註882）。

②《四分律・卷二》曾述及教唆「自殺」之比丘觸犯戒律之事（註883）。

③梁・慧皎（497～554）大師雖節錄「亡身篇」，但對此修行方式並不鼓勵。
如云：

「考而爲談，有得有失，得在忘身，失在違戒……佛説身有八萬戶蟲，與人
同氣。人命既盡，蟲亦俱逝，是故羅漢死後，佛許燒身，而今未死便燒，
或於蟲命有失……夫三毒四倒乃生死之根栽，七覺八道實涅槃之要路，豈
必燔炙形骸，然後離苦（註884）」？

④唐・義淨（635～713）大師《南海寄歸內法傳・卷四》之「燒身不合」中對
燒身之事乃不讚同。云：

「斷惑豈由『燒』已，破重戒而隨自意，金口遮而不從，以此歸心誠非聖教」、
「詳爲勸死，在前亡者自獲偷蘭，末後命終定召夷罪（註885）」。

⑤北宋・贊寧（919～1001）大師對捨身、燒身之說沒有反對或制止，但對一
般「燒指燃臂」（除了捨身之外）的行為，並未給予較高的評價。如云：

「遺身者必委棄全軀，如薩埵王子是歟，今以指爲燈，以肱擎炷，何遇斯例，
莫過幸否，通曰：煉指斷肱是遺身之加行也，況復像末猶成難事，其猶守
少分之廉隅（註886）」。

外典對佛教徒「燒身、燃指、熱臂」……等苦行；反對的記載亦有：

❶如韓愈上書極諫言：

「今聞陛下令群僧迎佛骨於鳳翔……皆云天子大聖，猶一心敬信，百姓微
賤，於佛豈合惜身命。所以灼頂燔指，百十爲群，解衣散錢，自朝至暮，

佛刹中以身血肉濟諸眾生」。詳於《大正藏》第三冊頁282中。

註　*882*　詳於《大正藏》第十七冊頁582上。此事又同引於《經律異相・卷三十八》，詳於《大
正藏》第五十三冊頁204中。

註　*883*　詳見《大正藏》第二十二冊頁576下。

註　*884*　《高僧傳・卷十二亡身篇》，《大正藏》第五十冊頁406上—中。

註　*885*　詳於《大正藏》第五十四冊頁231中—下。

註　*886*　詳見《宋高僧傳・卷二十三》，《大正藏》第五十冊頁858下。

轉相倣效，唯恐後時，老幼奔波，棄其生業。若不即加禁過，更歷諸寺，必有斷臂臠身以爲供養者。傷風敗俗，傳笑四方，非細事也（註887）。

❷唐末五代之後唐·明宗及後周·世宗均禁絕燒煉的行爲，如顯德二年後周·世宗肅教時，頒令：

「僧尼俗士，自前多有捨身、燒臂、鍊指、釘截手足、帶鈴掛燈、諸般毀壞身體、戲弄道具、符禁左道、妄稱變現還魂坐化、聖水聖燈妖幻之類，皆是聚眾眩惑流俗，今後一切止絕。如有此色人，仰所在嚴斷，遞配邊遠，仍勒歸俗，其所犯罪重者，準格律處分。每年造僧賬兩本，其一本奏聞，一本申祠部，逐年四月十五日後，勒諸縣取索管界寺院僧尼數目申州，州司攢賬，至五月終以前文帳到京，僧尼籍帳內無名者，並勒還俗。其巡禮行腳，出入往來，一切取便（註888）。」

❸到了北宋·徽宗之大觀四年亦頒令：

「二月庚午朔，禁然頂、煉臂、刺血、斷指。庚辰，罷京西錢監。甲申，詔自今以賞進秩者……（註889）。」

❹南宋的朱熹亦反之云：

甘吉父問「仁者愛之理，心之德」。時舉因問：「釋氏說慈，即是愛也。然施之不自親始，故愛無差等」。先生曰：「釋氏說『無緣慈』。記得甚處說：『融性起無緣之大慈』。蓋佛氏之所謂慈，並無緣由，只是無所不愛。若如愛親之愛，渠便以爲有緣；故父母棄而不養，而遇虎之飢餓，則捨身以食之，此何義理耶（註890）。

「燒身」一事在不同時代雖受到不同的異議，但它仍受到不少超級大師人物的支持，如：

①早期的唐·吉藏（549～623）大師之《法華義疏·卷十一》則謂「問：依毘

註 887 《新校本舊唐書·列傳·卷一百六十列傳第一百一十·韓愈》頁4199—4200。台北鼎文書局。民國72。

註 888 見《新校本舊五代史·周書·卷一百一十五周書六·世宗本紀二·顯德二年》頁1530—1531。台北鼎文書局。民國72。

註 889 《新校本宋史·本紀·卷二十本紀第二十·徽宗趙佶二·大觀四年》頁383。台北鼎文書局。民國72。

註 890 詳《朱子語類·朱子語類·卷第一百二十六釋氏》頁3031—3032。宋·黎靖德編、王星賢點校。世華出版社。

尼結戒，燒身得偷蘭遮（罪），燒臂者得突吉羅（罪），此菩薩將不犯罪耶？答：此或可在家菩薩，不預犯戒之例，設令出家適時而化，如身子與須達共載一車而不犯罪也（註891）」。吉藏認為「燒身」是出家眾「適時而化」的一種方式，並「不犯罪」也。

②隨後唐末・永明 延壽（904～975）大師明云：「小乘執相，制而不開。大教圓通，本無定法。《菩薩善戒經》云：聲聞戒急，菩薩戒緩，聲聞戒塞，菩薩戒開。又經云：聲聞持戒是菩薩破戒，此之謂也。若依了義經，諸佛悅可，執隨宜說。眾聖悲嗟，祇可歎大襃圓，自他兼利，豈容執權滯小，本跡雙迷（註892）」？永明大師的觀點乃以「大乘」自居，認為「祇可歎大襃圓，自他兼利，豈容執權滯小，本跡雙迷」，不可執著停留在「小乘戒」上而連「本跡」都雙迷失去了。

③北宋・從義（1042～1091）大師《法華經三大部補注・卷十》亦大力支持《梵網經》燒身之說云：「然則經中事存導俗，己身尚勸供養，何況諸餘外物？若乃出家局乎律藏，於戒有違，未見其可然！眾生喜見斯乃俗流，燒身臂等誠其宜矣！……若約小乘，何得辨眾生喜見耶？若約大乘，何不引《梵網》？而卻用小乘律藏耶？諒是未讀《梵網》戒耳，近代誠師要覽亦不引《梵網》，可謂惑亂之深矣（註893）」！從義大師不只支持燒身，甚至認為何不引用大乘《梵網經》戒，而偏局於「小乘律藏」？更批評不引《梵網戒》的諸師是「惑亂之深」。

④除了北宋的從義大師外，如北宋・慈雲 遵式（964～1032）大師（註894）、北宋・法智 知禮（960～1028）大師（註895）等諸位大師都「讚成」《梵網》燒身之說。仍至近代清・徹悟（1741～1810）大師（註896）及民國・印光

註 891 《大正藏》第三十四冊頁 620 下。

註 892 見《萬善同歸集・卷中》，《大正藏》第四十八冊頁 969 下。

註 893 《卍續藏》第四十四冊頁 314 上。

註 894 大師名遵式，宋真宗賜號「慈雲大師」。曾於國清寺 普賢像前燒一指，誓傳天台宗教學。詳於《佛祖統記・卷十》，《大正藏》第四十九冊頁 207 上。

註 895 宋真宗賜號「法智大師」，後被尊為天台宗第十七祖，又以長住四明 延慶寺，故世稱「四明尊者」。其讚成燒身說詳於《四明尊者教行錄・卷五》，《大正藏》第四十六冊頁 900 中—901 上。另附：四明尊者曾被蕅益大師盛讚為：「佛子羅㬋再來，專修密行。依天台教觀，創立大悲三昧行法，十科行道，十乘觀心，並是佛祖祕要，萬法總持」。詳見《蕅益大師全集（十七冊）・靈峰宗論卷五之三》頁 11044 之「祖堂幽棲禪寺大悲壇記」一文。

註 896 見《省庵法師語錄・卷下》之「然指問辯」，《卍續藏》第一〇九冊頁 616 上—617 下。

（1862～1940）大師（註897）……等諸師亦都「讚成」燒身說。

《南海寄歸內法傳·卷四》上雖反對燒身之事，但我們卻要注意其結尾之語亦云：「必有行菩薩行，不受律儀，亡己濟生，固在言外耳（註898）」。義淨大師其實也很清楚，如果是有真菩薩，為「亡己濟生」，則當然是「不受律儀」，是在大師所論之外。又前文引慧皎大師雖對燒身有所批評，但大師末後亦云：「若其位鄰得忍，俯跡同凡，或時為物捨身，此非言論所及。至如凡夫之徒，鑒察無廣，竟不知盡壽行道，何如棄捨身命，或欲邀譽一時，或欲流名萬代……（註899）」。這是批評是針對「求名譽博得美名」的凡夫燒身行為，但若對於「大菩薩」的燒身行為，則此亦「非言論所及」。

關於呂澂引義淨大師前面評駁「燒身」之過的內容，進而認定《楞嚴經》中其「身然一燈，燒一指節，及於身上爇一香炷」的經文是「義理之偽」。筆者認為：淨大師雖是反對燒身，但其文末並未反對「亡己濟生」的燒身菩薩行，呂文對淨大師的「全文」自有「斷章取義」之嫌。再者淨大師是 635～713 年人，是在咸亨二年（671）自廣州至印度留學，學成歸國途中於南海 尸利佛逝國（Śrībuja；Śrīvijaya）撰寫《南海寄歸內法傳》本書的，也就是淨師之說是在《楞嚴經》翻譯之前（公元 705），不是在其之後。並非淨師見著《楞嚴經》才反對「燒身」之事。又本書前文所舉的「燒身爇臂燃指」的諸大師高僧，其年代決大多數都是在《楞嚴經》705 之「前」，也就是諸高僧進行「燒身爇臂燃指」的方式，並非源頭來自《楞嚴經》，多數都是受了《法華經》的影響（故天台宗尤盛行之）。這點是要分別清楚的。

「燒身」除了「事相」上的供養外，其實它背後有很深的意義。如：

❶唐·湛然（711～782）大師以燒身乃「實相真法」之用，其《法華文句記·卷十下·第三十八釋藥王品》云：「真法供養者，當是內運智觀，觀煩惱因果，皆用空慧蕩之，故言真法也。又觀若身、若火、能供、所供皆是實相，

註 897 詳於《印光法師文鈔·上冊》頁 114—115 之「復丁福保居士論臂香書」一文。
註 898 同上。
註 899 《大正藏》第五十冊頁 406 中。

誰燒、誰然、能供、所供皆不可得，故名眞法也（註900）」。

❷《文殊師利問經・卷下》則強調捨身布施乃「無爲我義」之極致，經云：「我所說法無爲我義，何以故？昔於三阿僧祇劫，施頭目髓腦手足支節國城妻子奴婢象馬，種種布施，如來於彼無求報心，如來不求世間果報，何以故？我說諸法無爲我義（註901）」。

❸《大智度論・卷三十》則讚歎云：「身體、肌肉、皮膚、骨血、頭目、髓腦、耳鼻、手足，如是等施甚爲難有，是故諸佛讚歎其德，若菩薩入法位得神通行、苦行不足爲難，以是菩薩生身肉眼志願弘曠，有大悲心愛樂佛道，行如是事，甚爲希有（註902）」。

但話說回來，「捨身燒身」的確是大菩薩所行之事，凡夫不可輕易行之，《楞伽師資記》曾謂「捨身」之道云：「凡捨身之法！先定空空心，使心境寂靜，鑄想玄寂，令心不移（註903）」。這畢竟是一種很高境界的菩薩道！

另外如果從大乘的角度來說，爲眾「燒身捨身」的菩薩行是無罪的，如《文殊師利問經・卷下》言「殺自身無罪」，經云：

「若殺自身無有罪報，何以故？如菩薩殺身唯得功德，我身由我故。若身由我得罪果者，剪爪傷指便當得罪，何以故？自傷身故，若身自死眾生得食，本無施心，既不得福亦無有罪。何以故？諸菩薩捨身非是無記，唯得福德，是故煩惱滅故心則滅……諸陰滅故不相續，不相續故，心意識無處，心意識無處，故得清淨（註904）」。

《法苑珠林・卷九十六》亦支持此說，云：「問：菩薩捨身得自殺罪否？答曰：依《律》，未捨命前得方便小罪偷蘭遮，若捨命已無罪可屬，所以不得殺人大罪。若依大乘菩薩，厭離生死爲供養佛，及爲一切眾生興大悲心，無害他意，

註　900　《大正藏》第三十四冊頁143中。
註　901　《大正藏》第十四冊頁502中。
註　902　《大正藏》第二十五冊頁283中。
註　903　《大正藏》第八十五冊頁1289上。
註　904　《大正藏》第十四冊頁503上。

反招其福，何容得罪（註905）」？也就是若為一切眾生所給與的大悲佈施，「燒身、捨身」都是無罪的！

筆者以為：必定責難「燒身」之過，甚至論斷其乃「外道之說」，這種言論可說是否定了一切大乘經。何故？試舉如下經典：

① 《華嚴經·卷十二》云：「**菩薩即作是念，今我此身，亦當如彼會應歸死，無一饒益，宜時捨身以濟其命，念已歡喜施彼眾生，是為菩薩內施法**」（註906）。

② 《華嚴經·卷十七》云：「**菩薩摩訶薩，見如是已，自捨身命救彼苦難，猶如持來菩薩勝進王菩薩等諸大菩薩，自捨己身受眾楚毒，以救眾生，作如是言。我當捨身以代彼命，設使苦痛過彼無量，悉當代受令其解脫**」（註907）。

③ 《華嚴經·卷二十九》云：「**或以頭目并手足，或持身肉及骨髓，悉遍十方無量剎，普施一切令充遍，無量劫中所修習，一切功德盡迴向，為欲救度諸群生，其心畢竟不退轉**」（註908）。

④ 《大般若波羅蜜多經·卷四百二十四》云：「**若復有來乞男與男……乞頭目與頭目、乞耳鼻與耳鼻……乞血肉與血肉、乞骨髓與骨髓……如是一切有隨其所求，內外之物悉皆施與**」（註909）。

吾人不禁要問：這些捨身的菩薩行難道都是「外道異學」？《大智度論·卷四十八》云：「**釋迦文佛本為菩薩時，名曰樂法。時世無佛，不聞善語。四方求法精勤不懈，了不能得。爾時魔變作婆羅門，而語之言：我有佛所說一偈，汝能以皮為紙，以骨為筆，以血為墨，書寫此偈，當以與汝。樂法即時自念，我世世喪身無數，不得是利，即自剝皮曝之令乾，欲書其偈，魔便滅身。是時佛知其至心，即從下方涌出，為說深法，即得無生忍**（註910）」這種為求法捨身的精神，縱使是「外道異學」，是魔王所誘之學，但為法而捨命的「愚行」（正人行邪法，邪法

註 905 《大正藏》第五十三冊頁 991 中—下。
註 906 《大正藏》第九冊頁 476 中—下。
註 907 《大正藏》第九冊頁 507 下。
註 908 《大正藏》第十冊頁 160 中。
註 909 《大正藏》第七冊頁 130 下。
註 910 《大正藏》第二十五冊頁 412 上。

也是正）卻感得佛為說法證無生忍。菩薩所行、祖師之德，絕對不無其道理的。

大乘菩薩的燃身供佛，畢竟境界是太高了，不是凡夫或聲聞學者能想像得到的，套句話說：「若佛出世，若未出世，此法常住，法住法界（註911）」。捨身布施、燃身供佛是十方三世諸佛所共行，所共讚歎，此法是「常住」的！

下面附上北周・靜藹（534～578）大師臨終自割身肉，以刀割心，捧之而卒的「手書」之偈，讀此偈來，感慨萬分，令人涕淚！

> 諸有緣者，在家出家，若男若女，皆悉好住於佛法中，莫生退轉。若退轉者，即失善利。吾以三因緣捨此身命。一、見身多過。二、不能護法。三、欲速見佛。偈云：（註912）

> 無益之身，惡煩人功，解形窮石，散體巖松。
> 天人修羅，山神樹神，有求道者，觀我捨身。
> 願令眾生，見我骸骨，煩惱大船，皆爲覆沒。
> 願令眾生，聞我捨命，天耳成就，菩提究竟。
> 願令眾生，憶念我時，具足念力，多聞總持。
> 此報一罷，四大凋零，泉林徑絕，巖室無聲，
> 普施禽獸，乃至昆蟲，食肉飲血，善根內充。
> 願我未來，速成善逝，身心自在，要相拔濟。
> 此身不淨，底下屎囊，九孔常流，如漏陡塘。
> 此身可惡，不可瞻觀，薄皮裹血，垢汙塗漫。
> 此身臭穢，猶如死狗，六六合成，不從化有。
> 觀此臭身，無常所因，進退無免，會遭蟻螻。
> 此身難保，有命必輸，狐狼所噉，終成蟲蛆。
> 天人男女，好醜貴賤，死火所燒，暫見如電。
> 死法侵人，怨中之怨，吾以爲讎，誓斷根源。
> 此身無樂，毒蛇之篋，四大圍遶，百病交涉。

註　911　《雜阿含經・卷十二》，《大正藏》第二冊頁84中。
註　912　詳於《續高僧傳・卷二十三》之「釋靜藹」。《大正藏》第五十冊頁627中—628中。

有名苦聚，老病死藪，身心熱惱，多諸過咎。

此身無我，以不自在，無實橫計，凡夫所宰。

久遠迷惑，妄倒所使，喪失善根，畜牲同死。

棄捨百千，血乳成海，骨積太山，當來兼倍。

未曾爲利，虛受勤苦，眾生無益，於法無補。

忍痛捨施，功用無邊，誓不退轉，出離四淵。

捨此穢形，願生淨土，一念華開，彌陀佛所。

速見十方，諸佛聖賢，長辭三途，正道決定。

報得五通，自在飛行，寶樹餐法，證大無生。

法身自在，不斷三有，殄除魔道，護法爲首。

十地滿足，神化無方，德備四勝，號稱法王。

願捨此身已，早令身自在，法身自在已，在在諸趣中。

隨有利益處，護法救眾生，又復業應盡，有爲法皆然。

三界皆無常，時來不自在，他殺及自死，終歸如是處。

智者所不樂，應當如是思，眾緣既運湊，業盡於今日。

四、小結

　　《梵網經·卷下》言：「若不燒身、臂、指供養諸佛，非出家菩薩（註913）」，意即若不燒身則「非出家菩薩」。佛以「身肉」布施非於《梵網經》獨言，《賢愚經·卷八》即載世尊往昔「以身肉充彼五人，令得濟活（註914）」之說。筆者以爲：大小乘之說皆如來隨機說法，或「開」或「禁」，理本無二致，如二人見月，一東一西，各隨所見，月並無二向，是各人所見方有東西之別。儒家常言「受之父母，不敢毀傷」（《孝經·開宗明義章》）是近「小乘」；而孔子卻又稱其「泰伯斷髮」爲「至德」（《論語·泰伯篇》）。又如比干之「剖心」，《論語》則又美其「爲仁」（《論語·微子篇》），是又近乎「大乘」。

　　可見儒釋二教，論其「本」則同，論其「跡」則各有所異。所以因該果海，果徹因源，因果本自融通，小乘與大乘何嘗有矛盾之見？故必執燒身爲犯戒而毀謗

註 913 《大正藏》第二十四冊頁1006上。

註 914 詳於《大正藏》第四冊頁402上—中。

大乘燒身說，是為不通佛法權實、本跡之理；若執大乘燒身而徒燒其「事相」不明其「理性」，則亦犯「執事昧理」之咎。心正則邪法亦正，心邪則正法亦邪。邪正在心，燒與不燒亦在發心而定，非由「事相」決定。但真站在「事相」上來說，終究「順小乘不燒則易，從大乘燒之則難」，所以本人還是讚成大乘菩薩的「燒身、捨身」之說。誠如蕅益大師對「燒身然臂」的讚歎云：

> 「《法華》、《楞嚴》深歎然臂指及然香功德，亦以此耳。或謂斷煩惱臂，然無明身，豈在區區血肉間？不知眾生結習濃厚，虛幻血肉，如瞖眼中脂，當體即是無明煩惱。僧問紫柏，如何是生死根本？曰：只汝身是。云：怎麼則死了便出生死。師震威一喝，嗚呼！大人作用，豈義學所知。蓋實從半偈悟徹，故示人自親切也。人能刺血然香，縱未明理，亦破敵前茅，儻高談理性，不入行門，身見高山，何由摧碎？予每見此妙行，必深心隨喜（註915）」。

> 《大智度論・卷十二》云：「又如眾生喜見菩薩，以身為燈，供養日月光德佛。如是等種種，不惜身命，供養諸佛，是為菩薩上布施（註916）」。

呂氏之疑、從氏之難，這兩位學者的說法是從「小乘」的戒律觀來看燒身，甚至直接認定「燒身然臂」就是「外道尼乾子」的無益苦行。透過本節的分析，從大小乘客觀的戒律來看，從歷代祖師高僧的行誼來看，燒身捨身熱臂燃指是有其經論依據，不是外道苦行之說。

最後要附帶說明的是：這節內容不是在鼓勵大家燒身燃指熱臂，也不是在說行菩薩者必燒身不可；只是要澄清「燒身燃指熱臂」確是為佛陀的教法，它是佛教大乘菩薩的修行之道，它不是外道無益苦行之邪說。

註 915 《蕅益大師全集（十八）・靈峰宗論卷七之一》頁 11247—11248 之「寄南開士血書法華經跋」。
註 916 《大正藏》第二十五冊頁 150 中。

第八節 食肉殺生與因果之疑

經文:「我滅度後末法之中,多此鬼神,熾盛世間,自言食肉得菩提路。阿難!我令比丘食五淨肉。此肉皆我神力化生,本無命根。汝婆羅門,地多蒸濕,加以砂石,草菜不生。我以大悲神力所加,因大慈悲假名為肉,汝得其味。奈何如來滅度之後,食眾生肉,名為釋子。汝等當知。是食肉人,縱得心開似三摩地,皆大羅刹,報終必沈生死苦海,非佛弟子。如是之人,相殺相吞,相食未已,云何是人得出三界(註917)」。

一、歷代疑偽之說

呂文:「安立道場,先說四戒,全同小乘,固無論矣。殺戒之中,佛本說三淨肉,而撰為五比丘食有五,嚼食根莖葉花果,其類繁多。此即蔬菜而撰為『婆羅門地,草菜不生』……其偽五十七(註918)」。

從文對《楞嚴經》戒肉食之責難非常多,略舉如下:

「有說,《楞嚴經》中說,比丘所吃五淨肉是佛神力所化生,本無命根,並非真肉食,末世眾生學佛不應食眾生肉,若食眾生肉非佛弟子,報終必沈生死苦海。此說不如理說,為什麼呢?若食眾生肉非佛弟子,報終必沈生死苦海,世尊便不應以神力化生眾生肉令比丘貪吃肉味,也令末世眾生貪吃肉味墮生死苦海。既然草菜不生,可以用神力化生為眾生肉,自也可以化生為穀物蔬果給諸比丘食用,不此做,反而化生為眾生肉令比丘貪吃,然後再以此辱罵諸比丘,顯然可見,這是歪纏的外道法假冒佛說,是提婆達多破僧滅法的餘續。再說,世尊住世時,印度有九十六種外道,單單世尊及其隨身眾千二百五十人,在草菜不生的地方如何能得一日食呢?況九十六種外道也日日要乞食。宗教活動熾盛,這是生活富裕的社會活動,一如台灣目前的現況,各種宗教都受歡迎,印度當時並非「汝婆羅門地多蒸濕,加以沙石草菜不生。」有時因天災人禍,乞食困難,世尊並不許阿羅漢

註 917 頁132上。
註 918 《呂澂佛學論著選集》第一冊頁384。

以神力從他方世界取食物來給諸比丘食用⋯⋯諸比丘素食也肉食，並非肉食不可，即使世尊要神力化生食物也不必化生爲衆生肉，何況世尊不聽用神力左右宿業。彼《楞嚴經》中所說此段文句一無是處，只是外道延續提婆達多破僧所說的言論，因爲我們凡夫沒有智慧分別『殺生』和『肉食』的分際，果如提婆達多之所願，僧破法也滅，佛教徒都用相似文句來攻訐正法律，以訛傳訛，流傳至今，智者應自覺，大慈大悲心無關吃不吃魚和肉，絕無食肉斷大慈悲種性及沈生死苦海的歪理（註919）」。

「提婆達多惡名昭彰幾無害佛之可能，但他利用宗教信仰來滅佛，其高明處，直到如今我們還未察覺，還不知爲什麼提倡素食竟能滅佛⋯⋯在中國已不知所由，反而以爲不食魚肉是大乘法，小乘才吃魚肉，提婆達多在地獄中若知道此事，一定擊掌稱快⋯⋯釋迦牟尼佛住世期間，一切僧衆信衆及世尊本人都依法奉行，不遮吃魚肉，不素食。外道才奉行素食主義，尤其護生主義者往往譏嘲佛教，一經提婆達多主張五法，其中盡形壽不食酥鹽及魚肉，使一向不辨法非法義非義的人傾倒，無不擁護聲援⋯⋯世尊入滅後，僧團四分五裂，佛法也快速滅亡了，在中國我們看不見吃魚肉的比丘比丘尼，可知佛法滅無餘⋯⋯素食，這是提婆達多的餘威，知否？中國佛教是提婆達多的聲援團體，發心學佛不知要學釋迦牟尼佛法，反而掉入提婆達多的設計中，怎不令人掉淚呢？⋯⋯佛制一切僧衆信衆都可吃三淨肉，不可吃殺生肉，若主張盡形壽不食魚肉，便推翻了佛制⋯⋯自從提婆達多主張五法之後，雖經釋迦牟尼佛呵責糾正，已擋不住惡法流布，事過境遷，愚癡衆生不知所由，提婆達多的餘力夾雜在大乘經典中傳誦，大小乘交惡，大乘學者造菩薩戒，又把提婆達多的主張編進去，大乘佛法流布地區奉行菩薩戒，『四聖種』果眞如釋迦牟尼佛所說已被斷絕，不食魚肉便失去乞食之可能⋯⋯由於提婆達多的主張夾雜在大乘經律中，不食魚肉的知見誤導學者學佛的取向，竟致僧破法滅。大乘學者奉行《菩薩戒》掉入提婆達多的圈套中，若不及早覺悟，無論出家在家，學佛終將一無所獲⋯⋯不食魚肉非佛說，乃是提婆達多的餘續⋯⋯取向錯誤只學牛羊素食，無濟於解脫煩惱，宜應捨《菩薩戒》，但學世尊正法律⋯⋯素食並非佛法，不能

註 919 見《我從迷信出走》頁61第十行—63第四行。

只以不食魚肉不用動物身上物質爲有道有成就……（註920）」。

二、殺生食肉之理

　　從文對《楞嚴經》戒殺肉食的責難非常多，主要的理由是從文舉「素食」是提婆達多外道的主張，進而認爲《楞嚴經》的這段經文是「一無是處」，「只是外道延續提婆達多破僧的言論」罷了！又說提倡素食主義才是真正滅掉佛教的原因；又說食肉與殺生完全是兩回事，跟本不能混爲一談。最後主張「不必堅持不吃魚肉，沾到油腥味之素食可吃，肉邊菜可吃，三淨肉也可吃，不爲純素而受素食所縛」。從文既動用了大批的文字來駁斥《楞嚴經》的「戒肉文」（上面筆者只是舉從文的重點節錄，欲見全文者請自行參閱其書），那麼筆者也將動用大量文字來解釋《楞嚴經》這段經文，究竟是不是佛說？亦是外道說？亦是提婆達多的破僧理論？以及提倡素食竟真會導致「滅佛」？下面分別從「食肉殺生的理論」、「慈心不殺的理論」、「小乘經典的理論」、「大乘經典的理論」、「文明演化的理論」等這五個理論來探討這個問題。

（一）、食肉殺生的理論

　　「食肉」究竟與「殺生」是否同罪？如果按因果的定律來說，也許食肉者當受「被食」之報，殺生者必受「被殺」之報。食肉與殺生若是兩回事，食肉與殺生罪完全無關？殺生罪也與食肉者完全無關？試舉古德常云：「欲得天下無兵劫，除非眾生不食肉」，又云：「欲知世上刀兵劫，但聽屠門夜半聲（註921）」。近代高僧印光大師云：「近世殺劫之慘，實爲千古未聞，若推其根源，皆由食肉所致（註922）」、又云：「吃肉乃結殺業，將來以身命償，忍令所愛之眷屬，罹此苦果乎（註923）」？虛雲老和尚亦云：「葷食造殺害生，大違慈旨，令人智昧神昏，增長貪瞋婬慾，身後業案如山，冤怨債報，寧有了日（註924）」？爲何刀兵劫（殺生）必與食肉有關？難道它們倆之間就一定有罪業牽連？筆者暫先舉儒書《呂氏春秋・當

註　920　節錄自《戒律學疑難》之「提婆達多主張素食」，頁123—133。
註　921　這兩句話已司空慣見，或引自《印光法師文鈔・下冊》頁438。重刻安士全書序二。
註　922　《印光法師文鈔・下冊》頁745。寧波功德林蔬食處開辦廣告。
註　923　《印光法師文鈔三編上・卷一》頁239之「復陳飛青居士書三」。
註　924　（復星洲 卓義成居士）。《虛雲老和尚年譜法彙增訂本》頁680。

務》中的故事來說明。書中曾載齊國有二勇士，一人住東郭，一人住西郭，有天相遇，沽酒共飲，結果「無肉」不能成歡，當去買肉。一人曰：你的肉就是我的肉，何須更去買肉。於是兩人就抽刀相割其肉而食，結果終卒至亡。這是古書中記載「食肉與殺生」同一之故事（註925）。

　　回過頭來看佛教的經典記載，早期《增一阿含經・卷二十六》載琉璃王（Virūḍhaka）之誅滅釋迦族。眾比丘問佛陀今此釋種昔日作何因緣而今為琉璃王所殺害？佛陀誠懇的答：「（昔日）爾時釋種坐取魚食，由此因緣無數劫中入地獄中，今受此對（註926）」。從這段經文可發現「吃魚肉」者與「被殺」究有何關係？「吃魚肉」應遭「被反吃」之報，竟遭「殺戮」？佛陀應該照我們凡夫所想的「因果定律」說：昔日的釋迦族必定攻打誅滅過琉璃王國，故今生受其「反誅滅」之報。然而佛卻不這麼回答，竟言是宿世釋迦族人「好魚肉而食」，故今日受「誅滅」之報。這個《阿含經》的真實故事，實在值得我們深思！

❶其次是《法句譬喻經・卷四》（Dharmapadāvadāna-sūtra）中載一長者思「美食」，令其妻殺「肥雞」食之，後佛即化一「沙門」與長者曰：「案上雞者是卿先世時父，以慳貪故常生雞中爲卿所食……妻者是先世時母，以恩愛深固，故今還與卿作婦，今卿愚癡不識宿命，殺父養怨以母爲妻，五道生死輪轉無際……愚者不知豈不慚羞（註927）」？這段經文佛陀亦清楚的說明「人與畜牲」六道輪迴的真相，殺其「雞」即是食其「父」；也可看出食肉與殺生是有一定關係的。

❷《法句譬喻經・卷一》又云：「佛告諸母人，諸佛之法不以肉食……夫人生世所食無數，何以不作有益之食，而殘害群生以自濟活。死墮惡道，損而無益。人食五穀當愍眾生蠕動之類，莫不貪生，殺彼活己，殃罪不朽，慈仁不殺，世世無患（註928）」。經文說諸佛之法是不以肉為食的，且世人所可食的物品無數，何以一定要殘害群生以濟己之活命？這段經文也點出食肉與殺生的關係。

註 925 《呂氏春秋・當務》云：齊之好勇者，其一人居東郭，其一人居西郭，卒然相遇於途曰：「姑相飲乎？」觴數行。曰：「姑求肉乎？」一人曰：「子肉也，我肉也，尚胡革求肉而爲？」於是具染而已，因抽刀而相啖，至死而止。勇若此，不若無勇。

註 926 《大正藏》第二冊頁 693 中—下。

註 927 《大正藏》第四冊頁 602 上—中。

註 928 《大正藏》第四冊 581 中。

❸本緣部的《一切智光明仙人慈心因緣不食肉經》則載釋迦佛的前生是「兔」時曾以「入火捨身命」供養「法」，後仙人（即彌勒菩薩）得知即說偈曰：「寧當然身破眼目，不忍行殺食眾生，寧破骨髓出頭腦，不忍噉肉食眾生……願我生生世世不起殺想，恒不噉肉，入白光明慈三昧，乃至成佛制斷肉戒（註929）」。經文言「不忍行殺食眾生」及「不起殺想、恒不噉肉」之句都是食肉與殺生關係的句詞。

❹《大莊嚴論經・卷二》載一化比丘勸婆羅門勿食肉殺生之偈曰：「汝今憐一羊，猶尚不欲殺，後若為國王，牛羊與豬豕，雞犬及野獸，殺害無有量，汝在御座上，廚宰供汝食……汝今憐一羊，方欲多殺害，若實有悲心，宜捨求王意（註930）」。經文言殺害「牛羊豬豕雞犬」而供「食」，亦是殺生與食肉關係之句。

❺《大莊嚴論經・卷十四》又載世尊前世為「鹿王」捨肉身之事，從其文亦可看出食肉與殺生的關係，如經云：「王語鹿王，我須鹿肉食。鹿王答言：王若須肉我當日日奉送一鹿，王若頓殺，肉必臭敗不得停久。日取一鹿，鹿日滋多，王不乏肉」（註931）。

❻《大莊嚴論經・卷十五》亦云：「賣肉成殺生，羊稻俱有命，食稻不成殺（註932）」。經文直接說「賣肉」就是「殺生」，就與「殺生」有關係，何況「食」之？

❼《賢愚經・卷一》載世尊往捨身餵虎時，其二兄弟報曰：「若得新殺熱血肉者，乃可其意（註933）」。經文亦明言「血肉」是從「殺生」而得。

從上述經典來看：食肉與殺生「毫無關係」的理論實在難以成立。而且也可看出世尊雖在《阿含》的小乘時示現「葷食」，但從世尊「本生因緣」故事來看，「不噉肉、不殺生」絕對是釋迦佛的本懷，亦是十方三世一切諸佛之本懷！

殺生與食肉是有一定的因果關係，兩者並不是各自獨立的罪名，殺生與食肉決不能用「世間邏輯」方式去推斷，應該從「事實」客觀的因果報應及經論來談，佛法它畢竟是超越世俗的第一義諦，不能用世間邏輯方式將它的道理給推翻掉。

註　929　《大正藏》第三冊頁458中─下。
註　930　《大正藏》第四冊頁264中。
註　931　《大正藏》第四冊頁338上。
註　932　《大正藏》第四冊頁343下。
註　933　《大正藏》第四冊頁352下。

我們可以再舉後期的經典，如：

①《佛說處處經》云：「佛言：阿羅漢不食肉者，計畜牲從頭至足，各自有字，無有肉名，辟支佛計本精所作不淨，故不食肉（註934）。經文略帶諷刺的說畜牲從頭到腳，都各自有其稱呼、有其名字，並沒有「肉名」，所以理當「不食肉」。

②《諸經要集·卷十七》云：「肉是斷大慈之種，大聖知其殺因，所以去腥臊淨身口，噉蔬菜戀心神，招慈善感延年，故俗禮記云：見其生不忍其死，聞其聲不食其肉，斯亦不殺之義也。若使噉食酒肉之者，即同畜牲豺狼禽獸，亦即具殺一切眷屬，食噉諸親及讎怨報，歷劫長夜無有窮已」（註935）。經文明白的說噉肉者即是「具殺一切」的「眷屬」。

③《受十善戒經》云「一切愛眼目，愛子亦復爾，愛壽命無極，是故不殺生，名為梵行最，不殺無殺想，亦不噉於肉，見殺者如賊，必知墮地獄，噉肉者多病」（註936）。

④《諸經要集·卷十七》又云：「眾生身內有八十萬戶蟲，若斷一眾生命，即斷八十萬戶蟲命，若炙若煮，若淹若暴，皆有小蟲，飛蛾蠅蛆而附近之，如是輾轉傍殺無量生命，離不自手而殺，然屠者不敢自食，皆為食肉之殺人，故知食肉之人，即兼有殺業之罪（註937）。是故「戒殺斷肉」是十方諸佛如來共宣的教理，亦是諸經論一致所說。

⑤除了經論證據外，再舉南齊·僧宗大師云：「夫『殺』傷大慈，而『噉』傷小慈，因小得大，故小慈是大慈種也。又釋云，果為大慈，因為小慈，是則因慈，為果慈種也，今既噉肉，違因地之慈，故言（噉肉）斷慈種也」（註938）。

⑥梁·寶亮大師亦云：「昔時眾生習腥穢來久，不得頓制，至今經教，人心純熟，識理分明，覺此腥穢，自然薄賤，是以今時斷肉，其事必行也……受不殺戒，而今猶復肉食，便是自有傷慈之行」（註939）。

註 934 《大正藏》第十七冊頁528中。
註 935 《大正藏》第五十四冊頁155中—下。
註 936 《大正藏》第二十四冊頁1024中。
註 937 《大正藏》第五十四冊頁161中。
註 938 見寶亮集《大般涅槃經集解·卷十一》，《大正藏》第三十七冊頁428上。
註 939 見寶亮集《大般涅槃經集解·卷十一》，《大正藏》第三十七冊頁427下。

佛制既然「不殺生」，那麼猶復肉食，便有傷「仁慈」之行為，所以在一切的大乘經即嚴格說：「殺生與食肉同罪」。如《大乘入楞伽經・卷六》明白的說：「凡殺生者，多爲人食，人若不食，亦無殺事，是故食肉與殺同罪（註940）」。所以《楞嚴經》的戒肉文也只是在承襲前經文之說，並非《楞嚴經》「新創」殺生與食肉同罪，這是要特別澄清說明的！如果我們從《楞嚴經・卷二》上的經文來看：「世尊亦曾於楞伽山，爲大慧等敷演斯義（註941）」。則《楞嚴經》的經典結集應在佛宣講《楞伽經》之後，所以《楞嚴經》的食肉與殺生同罪之說，也只是承襲《楞伽經》之說。所以若我們懷疑《楞嚴經》（指戒肉文），那就等於也反對《楞伽經》，反對《楞伽經》即否定了佛所有的「心髓禪法」及「頓悟成佛」之教。連達摩祖師用以印心的《楞伽經》尚且是假，則何來佛法之「真」？《大乘入楞伽經・卷六》云：「若有癡人，謗言如來聽許食肉，亦自食者，當知是人惡業所纏，必當永墮（註942）」！

（二）、慈心不殺的理論

「慈心不殺」之說乃是三世諸佛的本懷，真慈心就是「不殺」，「不殺」就是「慈心」的一種。我們從《阿含經》中就可看出佛陀對它的重視。如：

❶《雜阿含經・卷三十二》云：「如來應等正覺明行足善逝世間解無上士調御丈夫天人師佛世尊，出興於世，常爲眾生呵責殺生，讚歎不殺」（註943）。

❷《雜阿含經・卷三十二》云：「如來法中殺生不清淨，如來法中亦不殺生（註944）」。

❸《雜阿含經・卷三十七》云：「我作是念，若有欲殺我者，我不喜，我若所不喜，他亦如是，云何殺彼，作是覺已，受不殺戒，不樂殺生」（註945）。

❹《增一阿含經・卷十二云》云：「何智者成就身三行？於是智者思惟身行，

註　940　《大正藏》第十六冊頁624上。

註　941　《大正藏》第十九冊頁112下。

註　942　《大正藏》第十六冊頁624中。又《入楞伽經・卷八》批評食肉主義者言：「彼愚癡人成大罪障，長夜墮於無利益處、無聖人處、不聞法處，亦不得見現在未來賢聖弟子，況當得見諸佛如來」？《大正藏》第十六冊頁564上。

註　943　《大正藏》第二冊頁232上。

註　944　《大正藏》第二冊頁234下。

註　945　《大正藏》第二冊頁273中。

無所觸犯。然復智者自不殺生，亦不教人殺生，見人殺者心不喜樂」（註946）。

❺《增一阿含經·卷三十六》云：「諸有眾生好喜殺生，便生黑繩地獄中，其有眾生屠殺牛、羊及種種類，命終之後生等害地獄中（註947）」……等等。

❻後期經典有《辯意長者子經》云：「一者慈心，不殺群生，悉養物命，令眾得安」（註948）。

❼及《演道俗業經》亦云：「一日慈心，恩仁不殺」（註949）……等。

總歸佛制不殺戒之意有三：「一、由斷生命，業道重故，所負此重業，不堪入道。二、違害大悲心，尚須為物捨身，況斷彼命。三、有背恩養，六道眾生，皆我父母，故制戒防之（註950）」。

那麼「慈心不殺」與「食肉食素」究有何關係？惠誕大師解釋說：「食肉障生厚集根之小慈也，何有能生種性以上之大慈耶（註951）」？東晉·道生大師亦云：「慈味之濃，莫深肉食。肉食苟濃，必忘慈惻。慈惻之大，謂之種也。種既斷，長壽理絕也（註952）」。在《諸經要集·卷十七》又云：「諸聲聞人等常所應食，米麵油蜜等能生淨命。非法貯畜非法受取，我說不淨，尚不聽食，何況聽食肉血不淨耶（註953）」？

筆者以為：一位大慈大悲的修行者，嘴巴所食都是眾生的「血肉」，不離雞鴨魚肉，成天與雞鴨魚肉會和「三次」（吃三餐），即與畜牲「結肉緣」三次，這樣的食法能不離畜牲的業報輪迴嗎？這就像食物鏈一樣，獅子、老虎吃人，而人亦吃獅肉、虎肉，相殺相食，這樣是離不開畜牲的六道輪迴。一位要出三界六道輪迴的修道人，連雞鴨魚肉都捨不下？何成佛之論？誠從文所言「吃素者不一定能成佛」，然而吃葷者豈必有成佛之理？不知是否亦有吃眾生肉而成佛的佛？《四分律·卷六》載「六群比丘」將野蠶綿臥具索成綿，即被佛嚴斥：「(佛)呵責六群比

註 946 《大正藏》第二冊頁 608 上。
註 947 《大正藏》第二冊頁 748 上。
註 948 《大正藏》第十四冊頁 837 中。
註 949 《大正藏》第十七冊頁 837 中。
註 950 見《梵網經菩薩戒本疏》，《大正藏》第四十冊頁 609 下。
註 951 見寶亮集《大般涅槃經集解·卷十一》，《大正藏》第三十七冊頁 428 上。
註 952 見寶亮集《大般涅槃經集解·卷十一》，《大正藏》第三十七冊頁 428 上。
註 953 《大正藏》第五十四冊頁 159 中。

丘言：汝所爲非‧非威儀、非沙門法、非淨行、非隨順行，所不應爲。云何六群比丘，求索蠶繭作新臥具（註954）？乃至連「踏殺生草」都是在佛所制禁戒內（註955）。況有生命之動物，食之，殺之，焉能無罪？唐‧道宣律師云：「肉食蠶衣，爲方未異，害命夭生，事均理一」（註956）。「肉食」與著「蠶衣」都是兼帶有殺業的。

　　「慈心不殺」是三世諸佛的教化，那麼「斷肉戒殺」就是三世諸佛的教化，《觀無量壽佛經》云：「諸佛心者，大慈悲是」（註957），是故大慈悲者是——見其生不忍食其肉，聞其聲亦不忍食其肉也！

（三）、小乘經典的理論

　　在「阿含部」裡處處說「不殺生、不噉魚、不食肉」之文，雖有些是外道之語（註958），但也不乏是佛教之語。如：

①《般泥洹經‧卷下》之大臣發願云：「從今日始，身自歸佛、自歸道法、自歸聖眾，受清信戒，身不殺、不妄取、不婬佚、不欺僞、不飲酒、不噉肉（註959）」。

②《佛開解梵志阿颰經》云沙門之戒有二百五十，終身清淨，不能中道而廢，其中一條就是「沙門不得飲酒嗜肉思嘗氣味，不得服藥酒及詣酒家（註

註　954　《大正藏》第二十二冊頁614上。又《四分律‧卷二十九》佛亦斥云：「若用氍、若劫貝、若俱遮羅、若乳葉草、若芻摩、若野蠶綿一切物……(犯)波逸提（《大正》二十二冊頁770中）。《十誦律‧卷七》佛亦同樣的說：「佛以種種因緣呵責，云何名比丘，作新憍施耶敷具，此國綿貴縷貴衣貴繭貴，多殺蠶故。佛如是種種因緣呵已（《大正》二十三冊頁47下）。這些律文在在都說明佛禁用有生命的蠶綿，因此乃是——殺生也。

註　955　如《四分律‧卷二十六》載：「佛呵責六群比丘尼：汝所爲非，非威儀、非沙門法、非淨行、非隨順行，所不應爲。云何六群比丘尼，春夏冬一切時人間遊行，遇雨河水汎漲漂失衣物踏殺生草」？《大正藏》第二十二冊頁746上。

註　956　見道宣律師《釋門章服儀》，《大正藏》第五十四冊頁835下—836上。

註　957　《大正藏》第十二冊頁343下。

註　958　如《長阿含經‧卷八》（頁47下）、《長阿含經‧卷十一》（頁66下）、《長阿含經‧卷十六》（頁103下）、《佛說尼拘陀梵志經‧卷上》（頁223中）、《中阿含經‧卷四》（頁441下）、《中阿含經‧卷二十六》（頁592中）。

註　959　《大正藏》第一冊頁184上。

960）」。

③《增一阿含經・卷三十六》則詳細說「殺生之過」，云：「諸有眾生好喜殺生，便生黑繩地獄中，其有眾生屠殺牛、羊及種種類，命終之後生等害地獄中（註961）」……等等。

④在《央掘魔羅經・卷三》佛則嚴厲的說：「我於無量阿僧祇劫恆河沙生，捨離一切魚肉美食，亦教眾生令捨離故（註962）」。

⑤《央掘魔羅經・卷四》又云：「**文殊師利白佛言：世尊，因如來藏故，諸佛不食肉耶？佛言：如是，一切眾生無始生死，生生輪轉，無非父母兄弟姊妹，猶如伎兒變易無常，自肉他肉則是一肉，是故諸佛悉不食肉……一切眾生界、我界，即是一界，所食之肉即是一肉，是故諸佛悉不食肉（註963）」**。

⑥在《賢愚經・卷四》世尊即制戒云：「比丘諸不淨肉，皆不應食。若見聞疑，三不淨肉，亦不應食，如是分別應不應食，時優婆夷聞佛世尊，正由我故，制諸比丘不得食肉（註964）」……等等諸經文。

　　這些小乘經典關於「不食魚肉」的記載都與後期大乘經典強調「素食」的義理是完全一樣的，甚至佛在《央掘魔羅・卷四》中早已有「未來自立不食肉」的「預言」，經文載：「**文殊師利白佛言：世尊！世間久來亦自立不食肉？佛告文殊師利，若世間有隨順『佛語』者，當知皆是『佛語』……世尊！世間亦說我不食肉，彼等無我亦無不食肉，唯世尊法中，有我決定不食肉（註965）」**。

　　總之，「不殺生、不食魚肉」是三世諸佛所共宣說，不能將佛陀在《阿含》的方便教（指食三淨肉）視為「真實教」。且「不食魚肉」也不是大乘經典所專主，過去諸佛亦如此說，未來諸佛更是如此說；若將佛在《阿含》時所說之「方便教」視為「究竟、真實」教；將佛在《阿含》無倡導「純素」之說而認為——「不揀葷素」才是如來究竟真實之教……等的這些理論，可說都是對佛法失於「正見」的認知。

註 960 《大正藏》第一冊頁 261 中。
註 961 《大正藏》第二冊頁 748 上。
註 962 《大正藏》第二冊頁 536 下—537 上。
註 963 《大正藏》第二冊頁 540 下。
註 964 《大正藏》第四冊頁 375 下。
註 965 《大正藏》第二冊頁 541 上。

（四）、大乘經典的理論

大乘佛法一本佛陀「慈愛與樂，悲愍拔苦」之精神對待眾生，更為護生而制律「戒殺」。此「戒殺」即為慈悲精神之實踐，故提倡「素食」，在大乘經典如《梵網經》、《金光明經》、《涅槃經》、《楞伽經》……等諸經中皆大力倡導不殺生、不食肉之說。試舉《入楞伽經‧遮食肉品》云：「大慧！我觀眾生從無始來，食肉習故，貪著肉味，更相殺害，遠離賢聖，受生死苦；捨肉味者，聞正法味，於菩薩地，如實修行，速得阿耨多羅三藐三菩提（註966）」。《梵網經‧菩薩心地戒品》載：「若佛子故食肉，一切肉不得食。斷大慈悲佛性種子，一切眾生見而捨去，是故一切菩薩不得食一切眾生肉。食肉得無量罪，若故食者，犯輕垢罪（註967）」。《大乘入楞伽經‧卷六》更明顯的說：「凡殺生者多為人食，人若不食，亦無殺事，是故食肉與殺同罪（註968）」。

在小乘部派佛教時代，佛陀雖仍准許比丘吃「三淨肉」，但到《涅槃經》時則一切肉皆禁斷之。如《四分律刪繁補闕行事鈔‧卷下二》云：「諸律並明魚肉為時食，此是廢前教。《涅槃》云：『從今日後，不聽弟子食肉，觀察如子肉想（註969）』」。而《(北)大般涅槃經‧卷四》亦云：「『善男子！從今日始，不聽聲聞弟子食肉，若受檀越信施之時，應觀是食如子肉想』。迦葉復白佛言：『世尊！云何如來不聽食肉』？『善男子！夫食肉者，斷大慈種』。迦葉又言：『如來！何故先聽比丘食三種淨肉』？『迦葉！是三種淨肉隨事漸制（註970）』」……等等。

大乘經典的「戒殺斷肉」之說在《法苑珠林‧卷九十三》中則彙成「食肉十過」之說，試節錄如下：

(1)眾生是己親，謂一切眾生輪迴於諸道，互相生育而遞為眷屬，以此因緣，故所食之肉無非親屬。

註　966　《大正藏》第十六冊頁 561 中。
註　967　《大正藏》第二十四冊頁 1005 中。
註　968　《大正藏》第十六冊頁 624 上。
註　969　《大正藏》第四十冊頁 118 上。
註　970　《大正藏》第十二冊頁 386 上。

(2)見生驚怖，一切眾生皆護身惜命，若遇食肉之人則驚怖遠離。

(3)壞他信心，世間行善之人若見僧者食肉，即生毀謗之心，以爲佛門中無有眞實修梵行者。

(4)行人不應食，菩薩爲求出離生死，當修慈悲之行而少欲知足，故不應食肉。

(5)羅刹習氣，羅刹，即速疾鬼；習氣，即先世餘習之氣分。謂沙門於宿世中曾做羅刹之眷屬，今雖出家在佛門中，然因往昔之餘習，故見食肉者歡喜親近。

(6)學術不成，學道之人若好食肉，則污染梵行，於如來無上聖道、出世解脫等，不得成就。

(7)生命同己，學道之人應起慈心，諦觀一切眾生之惜命畏死與己無別，故當護惜之。

(8)天聖遠離，食肉之人，諸天聖人皆厭惡遠離而不喜親近。

(9)不淨所出，一切畜牲以宿因不淨之業，而成不淨之身，其所食噉又多不淨；學道之人欲修梵行而食彼肉，則亦爲不淨。

(10)死墮惡道，食肉者必常殺害牲畜之性命，惡業日積，故命終後應墮惡道（註971）……等等。

　　中國是大乘佛教國家，沒有實行「南傳」小乘國家的「乞食」制，所以對食物即嚴格要求「純素食」，此乃從南朝梁武帝撰的「斷酒肉文」開始（註972）。經文非常動人，試節錄其「吃肉是九不及外道」之說（註973）：

　　「凡出家人所以異於外道者，正以信因信果信經。所明信是佛說經言，行十惡者受於惡報，行十善者受於善報，此是經教大意。如是若言，出家人猶嗜飲酒噉食魚肉，是則爲行同於外道，而復不及。何謂同於外道？外道執斷常見，無因無果無施無報，今佛弟子酣酒嗜肉，不畏罪因不畏苦果，即是不信因不信果，與無施無報者復何以異？此事與外道見同，而有不及外道……

❶《涅槃經》言：迦葉我今日制諸弟子，不得食一切肉。而今出家人猶自噉

肉，戒律言：飲酒犯波夜提，猶自飲酒無所疑難，此事違於師教，一不及外道。

❷外道雖復邪僻持牛狗戒，既受戒已後必不犯。今出家人既受戒已，輕於毀犯，是二不及外道。

❸外道雖復五熱炙身投淵赴火窮諸苦行，未必皆噉食眾生。今出家人噉食魚肉，是三不及外道。

❹外道行其異學，雖不當理各習師法無有覆藏。今出家人噉食魚肉，於親所者乃自和光，於所疏者則有隱避。如是爲行四不及外道。

❺外道各宗所執各重其法，乃自高聲大唱云，不如我道眞，於諸異人無所忌憚。今出家人或復年時已長，或復素爲物宗，噉食魚肉極自艱難或避弟子，或避同學，或避白衣，或避寺官，懷挾邪志崎嶇覆藏，然後方得一過噉食，如此爲行五不及外道。

❻外道直情逕行，能長己徒眾惡，不能長異部惡，今出家人噉食魚肉，或爲白衣弟子之所聞見，內無慚愧，方飾邪說云。佛教爲法本存遠因，在於即日未皆悉斷，以錢買肉非己自殺，此亦非嫌，白衣愚癡聞是僧說謂眞實語，便復信受自行不善增廣諸惡，是則六不及外道。

❼外道雖復非法說法法說非法，各信經書死不違背。今出家人噉食魚肉，或云肉非己殺猶自得噉，以錢買肉亦復非嫌，如是說者是事不然。《涅槃經》云：一切肉悉斷及自死者，自死者猶斷，何況不自死者。《楞伽經》云：爲利殺眾生以財網諸肉，二業俱不善死，墮叫呼獄，何謂以財網肉，陸設罘水設網罟，此是以網網肉，若於屠殺人間以錢買肉，此是以財網肉，若令此人不以財網肉者，習惡律儀捕害眾生，此人爲當專自供口，亦復別有所擬，若別有所擬，向食肉者豈無殺分？何得云我不殺生，此是灼然違背經文，是則七不及外道。

❽外道同其法者和合，異其法者苦治，令行禁止莫不率從。今出家人或爲師長，或爲寺官，自開酒禁噉食魚肉，不復能得施其教戒，裁欲發言他即譏刺云，師向亦爾，寺官亦爾，心懷內熱默然低頭，面赤汗出不復得言，身既有瑕不能伏物，便復摩何直爾止住，所以在寺者乖違，受道者放逸，此是八不及外道。

❾外道受人施與如己法，受鳥戒人受鳥戒施，鹿戒人受鹿戒施，鳥戒人終不覆戒，受鹿戒施鹿戒人終不覆戒，受鳥戒施。今出家人云，我能精進我能苦行，一時覆相誑諸白衣，出即飲酒開眾惡門，入即噉肉集眾苦本，此是

九不及外道」。

讀了梁武帝之文，素食是「外道主義」之說，卓實難以成立！

（五）、文明演化的理論

人類的文明發展，就中國來說，是從葷腥到漸素食的，也就是吃「植物」是文化進步的象徵。如 國父孫中山之《民生主義・第三講》云：「人類謀生的方法進步之後，才知道吃植物，中國是文化很老的國家，所以中國人多是吃植物，至於野蠻人多是吃動物」，又說「原始時代的人類和現在的野蠻人都是在漁獵時代，謀生的方法只是打魚獵獸，捉水陸的動物做食料。後來文明進步，到了農業時代，便知道種五穀，便靠植物來養生」。其實 國父之說也不是新創，而是承襲中國之古聖賢說。如：

①陸賈《新語・道基第一》言：「民人食肉飲血，衣皮毛：至於神農，以爲行蟲走獸，難以養民，乃求可食之物，嘗百草之實，察酸苦之味，教人食五穀（註974）」。

②《孟子・梁惠王上》云：「五畝之宅，樹之以桑，六十者可以衣帛矣。雞豚狗彘之畜，無失其時，七十者可以食肉矣」。照《孟子》說，則五十九歲前所著之衣宜「布」矣！六十九歲前所食之物宜「蔬」矣！

③又《列子集釋》亦云：「（解）夫食肉之類，更相吞噉，滅天理也，豈天意乎？鮑子之言，得理之當也。嘗有俗士言伏羲爲網罟，燧人熟肉而食：彼二皇者，皆聖人也，聖人與虎食肉何遠耶？釋氏之經非中國聖人約人爲教，利人而已矣。釋氏是六通，聖人約識爲教，通利有情焉，今《列子》之書乃復宣明此指，則大道之教未嘗不同也（註975）」。

筆者舉這些「外典」之說，無非是要證實佛最初轉法輪所教導的「可食三淨肉」即是與中國古老「伏羲爲網罟，燧人熟肉而食（註976）」的方式一樣，後孔、孟諸

註 974 《新語》頁10。北京中華書局。

註 975 詳於楊伯峻《列子集釋・卷第八說符篇》頁270。中華書局。

註 976 關於「網罟」二字，明・蓮池大師對此有新說，筆者認為非常有道理，附提如下：「網罟制於伏羲，蓋因獸之傷稼。設爲網罟者，禦之也。非捕之也。故曰『佃』曰『漁』，皆有『田』

聖又進一步倡「見其生不忍其死，聞其聲不食其肉，草木斬伐有時，麛卵不得妄犯，漁不竭澤，佃不燎原，釣而不網，弋不射宿，肉食蠶衣皆須耆齒，牛羊犬豕無故不殺（註977）」之說，這無非就是大乘佛教實行的「斷葷戒殺」理論。在二千年前的孟子就已提倡近乎「三淨肉」的「見其生不忍其死，聞其聲不食其肉」的素食主義，何況二千年後的今天，能再重返「伏義網罟，烝人食肉」的理論而吃起「生肉」？或說倡導素食是外道之邪說？那麼中國古賢聖哲之提倡「戒殺、戒葷」，亦是否有提倡「外道之說」之「嫌」？或是否提倡「戒殺、戒葷」就會導致「亡國」（因為從文言「滅佛」，故此亦引為「亡國」之語）？唐・願雲禪師詩偈云：「千百年來碗裡羹，冤深如海恨難平，欲知世上刀兵劫，但聽屠門夜半聲」。真正亡國的是——殺生食肉。

《廣弘明集・卷五》中載齊・沈約之「均聖論」一文，廣引儒家聖賢「漸斷殺肉」之說，讀來令人感慨萬分。「外典」之說尚如此，況自稱「內典」之佛門，豈能倡導「葷食」之說而無慚？茲將沈約之「均聖論」部份內容節錄如下，供堅持「葷食主義」者參考：

「……烝人火化變腥爲熟，腥熟既變，蓋佛教之萌兆也。何者？變腥爲熟其事漸難，積此漸難可以成著。迄乎神農復垂汲引，嘉穀肇播民用粒食。嗛腹充虛非肉可飽，則全命減殺於事彌多。自此以降矜護日廣，春蒐免其懷孕，夏苗取其害穀，秋獮冬狩所害誠多，頓去之難已備前說。周 孔二聖宗條稍廣，見其生不忍其死，聞其聲不食其肉，草木斬伐有時，麛卵不得妄犯，漁不竭澤，佃不燎原，釣而不網，弋不射宿，肉食蠶衣皆須耆齒，牛羊犬豕無故不殺，此則戒有五支……一者害獸，獸爲生品之末，上聖開宗宜有次第，亦由佛戒殺人爲業最重也。內聖外聖義均理一，而蔽理之徒封著外教，以爲烹羊炰豕理固宜然。或者又云：若如釋氏之書，咸有緣報之業，則禹 湯 文 武並受刳剔，周公 孔子俱入鼎鑊，是何迷於見道若斯之篤

字隱隱在中……或曰炎帝始爲稼穡，故號神農氏，伏義時未有稼，而網罟將奚爲？予乃用前意而廣之曰：古雖未稼，或食草木之實，猶稼也。況人畜以強弱相勝，設爲網罟，使獸畏而避之，但教民遠其害，非教民食其肉也。捕而食之，後世之流弊也，非聖人意也」。詳於《蓮池大師全集(七)》頁 3922—3923。

註　977 詳於唐・道宣撰《廣弘明集・卷第五・齊 沈約「均聖論」》。《大正藏》第五十二冊頁121 中

耶？試尋斯證，可以有悟矣（註978）」！

　　本文只從上述五種理論來談食肉與殺生之事，有些都是簡單帶過，並無詳論。其實素食的觀念及其科學理論非常多，或有從醫學上談素食、從人類牙齒、腸胃上談、從科學上談、從營養學上談……等等，這在其個別的「專書著作」上已詳細剖析，故此不再重復。欲詳細研究者，可參考其餘素食之專業書籍，相信佛教中葷食與素食之理是「界限分明」的！

三、戒律因果之論

（一）、提婆五法的理論

　　提婆的「五法」之說，從早期部派佛教到律部的記載都各有出入。個人以為：從文直取《四分律》之文而強加認同素食是提婆「外道」的主義，非佛陀之教義，這是「斷章取義」、「以文害義」之說。試逐一申論如下：

❶早期的《出曜經・卷十六》載調達之「五法」是「盡形壽常守三衣、常當乞食、不得食肉飲血、常當樹下露宿、不得獲持金銀寶物（註979）」。經文未提及「四聖種」，卻詳言調達欲以「五法」破壞如來聖眾，乃宿世如來之「業報」。經云往昔宿世調達之五百弟子歸順如來，調達「極興恚怒」而發誓願：「此人今日誘我弟子壞我門徒，正使此人後成無上等正覺時，我當壞彼徒眾如今無異（註980）」。

❷到了部派諸論又改說；如《順正理論・卷四十三》所舉「五法」為：「不應受用乳等、斷肉、斷鹽、應被不裁衣服、應居聚落邊寺眾（註981）」。這裡並未提到「盡形壽」持此「五法」之文，也沒提到世尊對此的反應與處理方式，亦未言其「宿世本生」故事。

❸而《大毘婆沙論卷・一一六》所舉的「五法」則為：「盡壽著糞掃衣、盡壽常乞食食、盡壽唯一坐食、盡壽常居迴露、盡壽不食一切魚肉血味、鹽、酥、

註　978　《大正藏》第五十二冊頁 121 下—122 上。

註　979　《大正藏》第四冊頁 696 中。

註　980　《大正藏》第四冊頁 696 上。

註　981　《大正藏》第二十九冊頁 588 上。

乳等，是謂破羯磨僧、破法輪僧前別（註982）」……等等。

如果以《四分律》之說為准，再與一般經論對照，可以歸納成一圖表如下：

～**提婆**五法差異表一（以《四分律》與一般經論對照）～

	《四分律》	《出曜經》	《順正理論》	《大毘婆沙論》
著糞掃衣	✓		✓	✓
守三衣		✓		
衣留長縷績				
乞食	✓	✓		✓
一坐食				✓
不受用乳等			✓	✓
不食肉飲血		✓		✓
不食魚及肉	✓		✓	✓
樹下露宿	✓	✓		✓
居聚落邊寺			✓	
不持金銀寶物		✓		
不食酥鹽	✓		✓	✓

由圖表可看出，《出曜經》多了「守三衣」和「不持金銀寶物」二條，少了「著糞掃衣」和「不食酥鹽」。《順正理論》少了「乞食」，卻多了「居聚落邊寺」。《大毘婆沙論》則加上「一坐食」。

註 982 《大正藏》第二十七冊頁602下。

　　如果從律部的經論來看，亦有些不同，如：

① 《十誦律・卷四》和《卷三十六》載<u>提婆達多</u>乃欲以「五法」破壞沙門瞿曇
（Gautama 或 Gotama）和合僧，壞轉法輪。世尊知道後乃「<u>自約敕提婆達</u>
<u>多令捨是事</u>」，後來<u>提婆</u>「<u>聞佛口教暫捨是事</u>」（註983），其「五法」是「著納
衣、乞食法、一食法、露地坐、斷肉法」，又於《卷三十七》中言世尊與<u>調</u>
<u>達</u>的本生故事（註984）。

② 《五分律・卷二十五》載「五法」是：「一、不食鹽。二、不食酥乳。三、不
食魚肉，若食善法不生。四、乞食。若受他請，善法不生。五、春夏八月
日露坐，冬四月日住於草菴，若受人屋舍，善法不生」。目的是為了破和合
僧（註985），沒有提到「四聖種」之事，又云<u>調達</u>成就「八非法」故破僧，「八
非法」是「利、不利、稱、無稱、敬、不敬、樂惡、隨惡知識（註986）」，又
廣說調達與世尊宿生之「怨仇輕慢嫉妒」之事。

③ 《四分律・卷五》以「五法」是「盡形壽乞食、著糞掃衣、露坐、不食酥鹽、
不食魚及肉」，目的為「破壞其僧輪」（註987）。

④ 《根本說一切有部毗奈耶破僧事・卷十》云「五法」是「不食乳酪、不食魚
肉、不食其鹽、衣留長縷績、住村舍」。「四聖種」未提（註988），有言世尊
與調達宿世之事（註989），但到了《卷十一》又改說「不住阿蘭若、樹下坐、
常行乞食、畜三衣、著糞掃衣（沒有「不食魚肉」這條）」等「五法」（註990），到
了《卷二十》又云：「乞食、糞掃衣、三衣、露坐（沒有「不食魚肉」這條）」等
「四法」（註991）。

⑤ 《薩婆多毗尼毗婆沙・卷三》載<u>調達</u>以「五法」誘諸年少比丘「令生異見，
破僧之要」；又云「問曰：此五法佛常自讚歎，何故名為非法」？世尊說：「佛
所以讚歎者云，四聖種能得八聖道成沙門四果。今<u>調達</u>倒說云，八聖道趣

註　983　《大正藏》第二十三冊頁 24 下—25 中和頁 259 上—下。

註　984　《大正藏》第二十三冊頁 266 上—中。

註　985　《大正藏》第二十二冊頁 164 上—中。

註　986　《大正藏》第二十二冊頁 166 上。

註　987　《大正藏》第二十二冊頁 594 上—中。

註　988　《大正藏》第二十四冊頁 149 中。

註　989　詳於《大正藏》第二十四冊頁 152 下—153 上。

註　990　詳於《大正藏》第二十四冊頁 153 中—下。

註　991　詳於《大正藏》第二十四冊頁 202 下。

向泥洹反更遲難，修行五法以求解脫其道甚速（註992）」。那「五法」並沒有說明，亦未提其「宿世」之因。

⑥《毘尼母經・卷四》則載「五法」為：「盡形壽乞食、糞掃衣、不食酥鹽、不食肉魚、露坐（註993）」。

⑦《善見律毘婆沙・卷十三》談及調達「為破和合僧」之事，至於那「五法」並沒有說明（註994）……等等。

同樣的，我們也將《四分律》與其它「律部」經論做一個對照表解如下：

註　992　《大正藏》第二十三冊頁524上。
註　993　《大正藏》第二十四冊頁823上。
註　994　詳見於《大正藏》第二十四冊頁768下—769上。

～**提婆五法差異表二**（以《四分律》與律部經論對照）～

	《四分律》	《十誦律》	《五分律》	《毘尼母經》	《根本說一切有部毘奈耶破僧事》
著糞掃衣	✓	✓		✓	
守三衣					
衣留長縷績					✓
乞食	✓	✓	✓	✓	
一食法		✓			✓
不受用乳等			✓		✓
不食肉飲血					
不食魚及肉	✓	✓	✓	✓	✓
樹下露宿	✓	✓	✓ 註995	✓	
居聚落邊寺					✓
不持金銀寶物					
不食酥鹽	✓		✓	✓	✓

　　由上來圖表可知，《十誦律》多了「**一食法**」，少了「**不食酥鹽**」。《五分律》沒有「**著糞掃衣**」。《根本說一切有部毘奈耶破僧事》少「**著糞掃衣**」、「**乞食**」和「**樹下露宿**」，多了「**衣留長縷績**」和「**不受用乳**」二條，但在其《卷十一》和《卷二十》又少了「**不食魚肉**」這條。另外南傳的《銅鍱律》載「**五法**」則是「**常乞食、糞掃衣、樹下坐、不食魚肉、常住阿蘭若**」。

　　從這二個圖表中，大致可以確定的是：「**不食魚肉**」這條是諸「經律論」所共載的「**五法**」之一。

　　我們再將二個圖表作進一步的比對整理。如：

註　995　《五分律》並非盡形壽的露坐，而是八月露坐，四月住草庵。

❶《出曜經・卷十六》言「盡形壽」受持此「五法」，則必可早得解脫，何假佛陀之「八正道」之修？佛說調達之壞僧事乃其宿世與調達之「業報」。佛並沒有「公開」說此「五法」不對，佛只是反對調達說以此「五法」趣向涅槃為「速」，而以「八正道」趣向涅槃為「遲」、為「難」（註996），而且佛認為今調達會以此「五法」來惑亂僧眾，乃是佛與調達之「宿業」所感，這是佛無可奈何之事。

❷《順正理論・卷四十三》這裡並未提到「盡形壽」受持此「五法」之文，也沒提到世尊對此的反應與處理方式，亦未言其宿世與調達本生的故事，但經文卻交待了一句話：「聖道被遮暫時不轉，言邪道者，提婆達多妄說五事為出離道，一者不應受用乳等……若忍許彼所說時名破法輪，亦名僧破（註997）」。此文言下之意應不離《出曜經》之說；即提婆以此「五法」為究竟「出離」得涅槃之大道（妄說五事為出離道），而真正的「八正」聖道「被遮暫時不轉」。所以如來並不是正面反對「五法」之非，而仍以「八正道」是涅槃道，「五法」是修道之助，不能將「五法」提昇為正，而取代了「八聖道」之法。

❸《大毘婆沙論・卷一一六》佛於中亦言此事乃佛過去無量劫前破壞提婆之「五百仙人」之果報（註998）。經文中提婆明確的說「五法是道，非喬答磨所說八支聖道，所以者何？若能修習是五法者，速證涅槃，非八支道（註999）」。「五法」是「盡形壽受持」。佛並沒有說「五法」不對，只是認為提婆以「五法」為正道而非「八正道」的作法是錯誤的，是「先破僧後斷善根」的。且提婆立此「五法」後竟誑言「我是大師，非沙門喬答」，可見其背後有「名聞利養、嫉忌」的心態在。佛恐眾比丘會誤以為「五法」為正道，「八聖道」為非道，故嚴呵彼「勿破僧、勿起極重惡不善業，勿趣非愛大苦果處（註1000）」！《大毘婆沙論》的說法仍不出《出曜經》之論。

❹《十誦律・卷四》和《卷三十六》有點新說，描述提婆所要破壞的對象是「年

註　996　詳於《大正藏》第四冊頁 696 中。
註　997　《大正藏》第二十九冊頁 588 上。
註　998　《大正藏》第二十七冊頁 603 中—下。
註　999　《大正藏》第二十七冊頁 602 中—下。
註　1000　《大正藏》第二十七冊頁 603 中。

少弟子，新入法出家不久（註1001）」的弟子，不是包含佛所有的長老弟子。提婆並且明白說「盡形壽受持五法，則可疾得涅槃」；又對諸長老上座比丘說破「和合僧」的法，如彼云：「非法說法，法說非法；（註1002）非律說律，律說非律；非犯說犯，犯說非犯；輕說重，重說輕；有殘說無殘，無殘說有殘；常用法說非常法，非常所用法說是常法；非教說教，教說非教」。

另在《十誦律·卷三十七》中佛即公開說明提婆的「五法」之「過失」在何處？佛說「亦聽著居士衣……亦聽請食……亦聽再食……亦聽房舍住……亦聽噉三種淨肉（註1003）」。佛之意認為提婆的「盡形壽」嚴持「五法」並非「公允」，因為佛制戒不是永遠死死的，它是有「開遮持犯」的條例，佛的答案是「懇定」著「納衣、乞食、一食、露地、不食魚肉」之「五法」。佛是「沒有理由」反對的，因為經文中明確的說「過去諸佛讚歎納衣、聽著納衣，我亦讚歎納衣、聽著納衣」，這「五法」是「過去諸佛所共讚歎」，佛怎可能反對它？佛只是說嚴持「五法」是對的，但若盡形壽死死的非守此「五法」不可，且必以此「五法」才能得涅槃之說，也非諸佛之教化。諸佛真正的教化是「八正道」、是「四聖種」，以「八正道」為趣涅槃是「正道」，以「五法」趣涅槃是「輔道」（不是非道、邪道）。這點已很明顯的說出佛至始至終都未曾否定過「五法」，且明言「五法」亦是「過去諸佛所共說、共讚歎」！文中又說，佛雖聽噉「三淨肉」，但所謂的「大祠、象祠、人祠、昆耶祠、三若波陀祠、隨意祠等世會中，不聽沙門釋子噉肉，何以故？是大祠世會，皆爲客故（註1004）」！也就是「三淨肉」還是有一定的條件的，只要是「祠會類」的都一律不准吃肉。

在《十誦律·卷三十七》經文中，佛除了沒有否定「五法」外，佛到底反對什麼？經文清楚的交待說：「調達以八邪法覆心，不覺破僧，何等八？利衰毀譽稱譏苦樂惡知識惡伴黨（註1005）」，這「邪法」的內容跟《十誦律·卷四》所提的「非法說法，法說非法……教說非教」是完全一樣，佛亦勸「汝莫非法說法，法說非法……」。所以佛根本反對的是提婆的「八邪法」和「以

<hr />

註 1001 《大正藏》第二十三冊頁24下。
註 1002 或加上「善說非善，非善說善」之句，見《大正藏》第二十三冊頁264下。
註 1003 《大正藏》第二十三冊頁264下。
註 1004 《大正藏》第二十三冊頁265上。
註 1005 《大正藏》第二十三冊頁265中。

五法取代八聖道爲速得涅槃」之說（註1006），且<u>提婆</u>的心態仍是「好名聲流布四方（註1007）」和「破和合僧」，佛亦言這是宿世與<u>調達</u>的「業報」，故亦無可奈何也！至此《十誦律》之說也未離《出曜經》之說。

❺《五分律・卷二十五》亦云「盡形壽持五法」，目的是為了「破和合僧」（註1008），沒有提到「四聖種」之事，佛也沒有否定過「五法」，只云<u>調達</u>成就「八非法」故「破和合僧」，這也是佛特別要破斥的地方。這「八非法」是「利、不利、稱、無稱、敬、不敬、樂惡、隨惡知識（註1009）」，也詳細提到前面一再重複的「非法說法，法說非法……教說非教（註1010）」之經文。又廣說<u>調達</u>與世尊宿生之「怨仇輕慢嫉妒」之事。故《五分律》亦未離上述之說！

❻《四分律・卷五》亦云「盡形壽持五法」，且對像是「年少比丘」，與《十誦律》之說相符，<u>提婆</u>的心態仍是「死後可得名稱言（註1011）」。《四分律》的記載卻少了「八邪法」之說，以及以「五法取代八正道爲速得涅槃」之說。但佛卻在此宣說了「四聖種」（四聖種於下面詳述之），這「四聖種」基本上與《十誦律・卷三十七》中佛公開說明<u>提婆</u>「五法」之過；「亦聽著居士衣……亦聽請食……亦聽再食……亦聽房舍住……亦聽噉三種淨肉（註1012）」是相同的。所以《四分律》雖少「八邪法」及「以五法取代八聖道爲速得涅槃」之說，但所提的「四聖種」與《十誦律》之說相合，這是不影響佛的說詞；因為佛也沒有在《四分律》中公然否定「五法」，只是以「四聖種」之說來解釋<u>提婆</u>「盡形壽嚴持五法」是「不公允」的；這在前面《十誦律》中佛已解釋過了：「過去諸佛讚歎納衣、聽著納衣，我亦讚歎納衣、聽著納衣」，這「五法」是「過去諸佛所共讚歎」，佛怎可能反對它？筆者以為：研讀佛經必須「依智不依識、依義不依語」，不能斷章取義，以凡測聖，依文解義，何止三世佛冤？

❼《根本說一切有部毘奈耶破僧事》對「五法」的記載很不齊，《卷十》只云「五

註　1006　因<u>調達</u>在前經文中已經說：「若比丘行是五法，疾得泥洹」。
註　1007　《大正藏》第二十三冊頁265中。
註　1008　《大正藏》第二十二冊頁164上—中。
註　1009　《大正藏》第二十二冊頁166上。
註　1010　詳於《大正藏》第二十二冊頁166上—中。
註　1011　《大正藏》第二十二冊頁594上。
註　1012　《大正藏》第二十三冊頁264下。

法」是「不食乳酪、不食魚肉、不食其鹽、衣留長縷績、住村舍」，並沒有「八邪法」和「以五法取代八聖道」之說，經文廣言世尊與調達宿世之事（註1013）。但到了《卷十一》又改說「不住阿蘭若、樹下坐、常行乞食、畜三衣、著糞掃衣（沒有「不食魚肉」這條）」等「五法」（註1014）。到了《卷二十》又云：「乞食、糞掃衣、三衣、露坐（沒有「不食魚肉」這條）」等「四法」（註1015）。所以以有限的經文來看，《根本說一切有部毘奈耶破僧事》中無法得知佛否定「五法」之說，但卻有世尊為提婆授記云：「世尊記汝，受斯罪竟，終得證悟鉢刺底迦佛陀，名為『具骨』（註1016）」之事。

❽《薩婆多毘尼毘婆沙・卷三》載調達以「五法」誘諸「年少比丘令生異見，破僧之要，以五法為根本」，此與《十誦律》、《四分律》之說相符。又云：「問曰：此五法佛常自讚歎，何故名為非法」？世尊回答說：「佛所以讚歎者云，四聖種能得八聖道成沙門四果。今調達倒說云，八聖道趣向泥洹反更遲難，修行五法以求解脫其道甚速，是故說為非法（註1017）」。至於那「五法」？並沒有說明，佛這個回答仍不離第一個《出曜經》之說——佛反對「以五法取代八聖道為速得涅槃」之說。除此外，佛在此詳細解說反對的原因，佛說「八聖道是法說言非法……八聖道是律說言非律……八聖道是常所用法，而說是非常所用法……五法是非常所用法，而說是常所用法（註1018）」。

　　至此，我們可以很清楚的看出佛所要表達的意思——「五法並非外道、邪法，而是不能以五法為得涅槃之正道，不能將五法說是常所用法。反以八正道為非法、非律、非常用法」。佛的這段說明是上面所舉經論中所未明言的部份，故我們從「依義不依語」的原則下可以推出——「五法」是過去現在未來諸佛所說，所讚歎，但若以「五法」為得解脫之唯一最勝、最速之法，反忽略「八聖道」、「四聖種」之正道修法，則「五法」亦是「非法、非律、非佛所教」。

註　1013　詳於《大正藏》第二十四冊頁152下—153上。
註　1014　詳於《大正藏》第二十四冊頁153中—下。
註　1015　詳於《大正藏》第二十四冊頁202下。
註　1016　《大正藏》第二十四冊頁150下。
註　1017　《大正藏》第二十三冊頁524上。
註　1018　《大正藏》第二十三冊頁524上—中。

❾《毘尼母經・卷四》中則簡單記載其「五法」，未言「四聖種」，亦未言佛陀
之反應與處理方式，然經文卻明白的說：「此破僧犍度中廣明，上提婆達多
五法不違佛說，但欲依此法壞佛法也（註1019）」。可見「五法不違佛說」，「五
法」是過去現在未來三世諸佛所說。佛陀言下之意仍不離前文的結論──「五
法是佛說，五法不違佛說，但若欲盡形壽依此五法取代八聖道為得涅槃之
速，則此五法會壞佛法也」。

❿《善見律毘婆沙・卷十三》中，佛更清楚的表達說：「我若許調達五法者，
多有善男子出家，若受此法，則於道有難，是故律本中說，止止，調達！
勿建此法，若善男子，或在阿蘭若處，或在聚路，隨心所樂，各不障道」。
對「食魚肉」的看法亦是「三疑不食，即見、聞、疑」，若比丘得肉食，應問
然後食，為欲分別淨不淨得食故。調達說：「沙門亦有此法，不盡形壽，我
今盡形壽受持此法」。而調達目的仍不離「為破和合僧」也（註1020）。

　　從《善見律毘婆沙》中我們可得知「五法」的對像是「年少比丘」，經文
明言「多有善男子出家，若受此法，則於道有難」。佛以為剛出家之年少弟
子就教他盡形壽嚴持「五法」，且大力宣揚此「五法」是得涅槃之最速、最勝
之法，而忽略或取代「八聖道」、「四聖種」之「正修」。這樣的教法是佛陀堅
決反對的，故佛云：「止止，調達！勿建此法，若善男子，或在阿蘭若處，
或在聚路，隨心所樂，各不障道」。

　　下面還要詳加解釋《四分律・卷五》中：「我常以無數方便說衣服趣得知足……
飲食床臥具病瘦醫藥趣得知足……提婆達多今日欲斷『四聖種』（註1021）」的這段
經文。經文所言的「四聖種」（catvraārya-vaṃśāḥ）在諸經論中所作的詮釋略有簡
繁。基本上是指「四種能生眾聖之種子」。如：

　　(1)「衣服喜足聖種」（巴 itarītara-cīvara-santuṭṭhiyāvaṇṇa-vādī）、
　　(2)「飲食喜足聖種」（巴 itarītara-piṇḍa-pāta-santuṭṭhiyāvaṇṇa-vādī）、

註　1019　《大正藏》第二十四冊頁823上。
註　1020　詳見於《大正藏》第二十四冊頁768下─769上。
註　1021　《大正藏》第二十二冊頁594中。

(3)「臥具喜足聖種」（巴 itarītara-senāsana-santuṭṭhiyāvaṇṇa-vādī）、

(4)「樂斷樂修聖種」

（巴 bhāvanārāmohotibhāvanāratopahānārāmohotipahānāratovaṇṇa-vādī）。

前三者是為隨得「食、衣、住」之喜悅而滿足，均令人知足少欲。後一種則言「斷煩惱、修聖道」之欣悅，從而引生「聖果」，故稱為「聖種」（註1022）。

在《毘尼母經·卷一》中則云「四聖種」是：

「一者、隨前所得糞掃衣以為足想。

二者、見前人所著糞掃衣亦讚歎之。

三者、自見所著糞掃衣不自恃譏彼。

四者、得飲食乃至病瘦湯藥隨所得以為足想。……佛告迦葉，四聖種住應
如是學（註1023）」。

後來在《摩訶僧祇律·卷二十三》提到的「四聖種」又名「四依」云：

「盡形壽能堪忍持糞掃衣不……乞食不……樹下坐不……服陳棄藥不……
（註1024）」。

「四依法」（catvāroniśrayāḥ）詳細說即：

(1)盡形壽樹下坐（vṛkṣa-mūla）。

(2)盡形壽著糞掃衣（paṃsukūla）。

(3)盡形壽乞食（piṇḍa-pāta）。

(4)盡形壽病時服陳棄之藥（pūtimuktabhaiṣajya）。

「四依法」又稱「四賢聖族」。為與「法四依」和「人四依」有所區別，故又特稱

註 1022 詳於《中阿含卷·二十一》，《大正藏》第一冊頁 563 下。或見《大毘婆沙論·卷一八一》，《大正藏》第二十七冊頁 908 上—909 上。

註 1023 《大正藏》第二十四冊頁 804 下。

註 1024 《大正藏》第二十二冊頁 414 下—415 上。

為「行四依」（註1025）。以此「四依法」能生聖道，為聖道之種子，故亦稱「四聖種」，是入道之緣，為上根利器所依止。據《大乘義章・卷十一》所載，佛陀宣說此「四法」之原因：

(1)為破除比丘對飲食所生起之惡欲，故說常行乞食。

(2)為破除比丘對衣服所生起之惡欲，故說著糞掃衣。

(3)為破除比丘對房舍臥具等所生起之惡欲，故說依樹下坐。

(4)為破除比丘對醫藥所生起之惡欲，故說服陳棄藥（註1026）。

《四分律刪補隨機羯磨疏・卷三下》則另外說：「涅槃具顯治本，故彼文云出家之人有四種病，由是不得四所門果，為有衣欲，乃至為有欲。有四良藥能療是病，謂糞掃衣、乞食、樹下坐、身心寂靜，治有惡欲，故名『四聖行』也（註1027）」。

從上面諸經論可知，提婆所立之「五法」竟與佛所說的「四依、四聖種」之正法極為相似，實在很難分辨出究竟誰正誰邪？如季羨林的「提婆達多問題」（載《季羨林學術論著自選集》）、加藤周一著・緯遠譯「從另一個角度談提婆達多」（載《諦觀》雜誌第五十五期）、木川敏雄著「破僧した後の提婆について」、丸山孝雄著「四眾經 Catupariatstra 及び根本說一切有部毘奈耶出家事・破僧事の佛傳とその特質」、五島清隆著「大乘經典にみる破僧伽」及近代高僧印順法師之「論提婆達多之破僧文」（載《華雨集》第三冊）……等等，都對此問題詳細研討過。

筆者在此略有不同的看法，試述說之：據《大乘義章・卷七》對調達的「五法」解釋說：「前三相似，後二妄語，以此五種翻違正法，故名為破……調達破僧，應說五諦翻違四諦，以說五邪翻四依故（註1028）」，所謂「前三相似」是說「乞食、糞掃衣、露坐」相似於佛之教法。後二「不食酥鹽、不食魚肉」是「妄語」。又根據《佛光大辭典》之說：佛雖有「糞掃衣」之制，而裁縫為袈裟，提婆之法則不許裁縫。佛弟子乞食嚴守一定之時間，提婆之法則不分晝夜，以滿為限。佛弟子日中以後不食，提婆之法則不定時。佛雖聽許露地坐，亦許住於房舍，提婆之法則

註　1025　「四依」之說於諸經論中分為五種，「法四依、行四依、人四依、說四依、身土四依」。

註　1026　詳於《大正藏》第四十四冊頁680中。

註　1027　《卍續藏》第六十四冊頁445上。

註　1028　《大正藏》第四十四冊頁608中—下。

不然。佛雖不許食不淨肉，於淨肉則許之，<u>提婆</u>則斷然不許食肉。如是妄立「**五法**」而惑眾，以非法為法，以法為非法，以非律為律，以律為非律，以重為輕，以輕為重，故為邪法（註1029）。

　　<u>提婆</u>的「**五法**」是絕對的「**苦行主義**」，盡形壽的奉行而毫無變通，佛雖也提倡似於「**五法**」的「**四依**」，但不是一定非苦不可，有時也可「**受請食、住房舍、食魚肉**」等等「視機」而變的修行方式！所以佛陀沒有反對過這「**五法**」，只是若用此「**五法**」作為外相上的「**苦行方式**」而盡其形壽毫無變通，甚至取代「**八聖道**」之修行，這才是佛陀反對的；如果佛陀真的反對「**五法**」的話，那麼「**乞食、露坐、著糞掃衣**」……等的頭陀行不就全都成了「外道」行？那麼終身實行頭陀行的<u>迦葉</u>尊者恐怕會是第一尊「外道」的大首領？當然，這是大為不敬的話語。

　　《大般涅槃經·卷十三》云：「**有名無實（義）者即是世諦。有名有實（義）者是第一義諦**（註1030）。故外道的「**盡形壽奉行五法**」可說是一種「**有名無實義**」的外道，只取其苦行的「**外相**」之修，而不知回歸自性的「**不苦不樂**」，不知回歸「**四聖種**」。反觀佛教的「**五法**」是一種「**有名有實義**」的正道，不離「**苦行**」、不捨「**苦相**」而獲得其「**不苦不樂**」之妙旨，亦即佛法是「**不離五法而證四聖**」、「**不離四聖而修五法**」的。「**四聖**」與「**五法**」從究竟上來說仍是一致的。<u>迦葉</u>尊者盡形壽實行「**十二頭陀行**」，在苦行中體會「**不苦不樂**」之中道義，是「**不離五法而證四聖**」的聖者，而且<u>迦葉</u>還是位「**不食魚肉**」的苦行主義者（註1031）。

　　中國佛法實行了近二千年的素食主義（如果從<u>梁武帝</u>開始算的話），如果「素食」這樣的修法是「違背」佛說，是在修習「外道」的學說。那麼吾人不禁要問：為何還有那麼多素食成就的高僧大德？而不是修到變成「外道」的首領去？這些「嚴持齋戒」的高僧大德難道因此都「未能」證悟佛所倡之「四聖種」之修嗎？以他們的大智大慧，竟不知「嚴持齋戒」或修「頭陀行」是「外道」之說嗎？<u>從文以為：必須實行「不揀葷素」才符合佛之「四聖種」之義；或必不能「純素」才能達「四聖種」之修</u>……等這些觀念；都是失於「正道」之說及缺乏全盤的「經論」證據之說。

───────────────

註 1029 詳於《佛光大辭典》頁4959。

註 1030 《大正藏》第十二冊頁443上。

註 1031 如在《鴦掘魔羅經·卷一》中載：「上座<u>迦葉</u>，棄捨種種甘膳之食，捨肉味食，受持修行不食肉法，家家乞食不惡惡想，始終常一苦樂無變」。《大正藏》第二冊頁521中。

（二）、律部經典的理論

在所有五部律文中，佛陀嚴制「無病」是不得聽索「食肉」的，這也明示「食肉」非如來之正道。如下律文所舉：

①「大眾部」所傳的《摩訶僧祇律・卷十七》云：「若諸家中有如是美食——酥、油、蜜、石蜜、乳酪、魚肉。如是美食，不病比丘為身索者，波逸提（註1032）」。

②原為印度「上座部」系統「法藏部」所傳之《四分律比丘戒本》云：「若比丘。得好美食——乳酪、魚、肉，若比丘如此美食，無病自為己索者，波逸提（註1033）」。《四分律・卷十五》亦云：「若有如是美食，乳酪魚及肉，若比丘如是美食，自為身索食者，波逸提（註1034）」。

③為「薩婆多部」（部派佛教「說一切有部」）之廣律的《十誦律・卷十四》云：「若比丘。不病，白衣家中有如是美食——乳酪、生酥、熟酥、油、魚、肉脯，自為己索如是食者，波逸提（註1035）」。

④「化地部」之《彌沙塞部和醯五分律・卷八》云：「若比丘、若諸家中有如是美食——乳酪、酥、油、魚、肉。若比丘無病為己索得食者，波逸提（註1036）」。

⑤《根本說一切有部毘奈耶・卷三十七》云：「如世尊說，上妙飲食——乳酪、生酥、魚及肉。若苾芻無病為己詣他家乞取食者，波夜底迦（註1037）」。開緣亦有四：「若病人自乞。若為病人乞或乞得而食。若己為彼或彼為己。若不乞而得」凡此四種都屬「無犯」的開緣戒，但是「若自身買肉，亦無病因緣、非不乞而得」卻不在「開緣」所攝中。

從上面五部律經來說，「不食魚肉」（除非生病）是佛陀在律部中一致之說教。或有人問小乘專求出生死，何故反許可「五淨肉」及「靴履」等諸皮物？大乘以度生為務，何故反嚴遮「五淨肉」及「靴履」？這個問題暫引明・蕅益大師的解釋，

註　1032　《大正藏》第二十二冊頁361下。
註　1033　《大正藏》第二十二冊頁1019上。
註　1034　《大正藏》第二十二冊頁664中。
註　1035　《大正藏》第二十三冊頁97上。
註　1036　《大正藏》第二十二冊頁55中。
註　1037　《大正藏》第二十三冊頁828上。

大師說：

> 「小乘但求自度，止須不造殺業，不障出世足矣。喻如舉家遠逃之人，則小
> 債可弗償也。大乘須在三界廣化眾生，喻如鄉國大乘長者，設有分毫負人，
> 便有慚色，不能自在設化矣，行菩薩道者思之（註1038）」。

這是說小乘人專求自己涅槃了生死，所以「小債」(指食五淨、三淨肉)可「弗償」
（開緣也），而大乘菩薩是在「三界內」度化眾生，是不容「分毫負人」的。這也是
行菩薩道的共同准則。

（三）、乞食托缽的理論

佛在世時，托缽一律是「不拘葷腥」的，那是因佛在世以「托缽」為生，乃為
眾生種福德，出家人不事炊食，乃欲令其專心修道，這是佛在當時「不制戒肉」
的背景因素。但佛也不曾公開鼓勵大家儘量的吃「三淨肉」，而只是准「生病」的
比丘方便服用之（詳於「律部經典的理論」中）。今若必效佛在世之「不揀葷素」而行
之，這種關念是有待進一步商榷的。

佛在世，「原則」上諸弟子們一天謹「食一餐」（註1039），托缽若超過「七家」
仍無食，則不得再托（註1040）。「行乞」也有一定的方法與威儀，如《顯揚聖教
論‧卷七》和《根本說一切有部毗奈耶‧卷十二》皆云：比丘乞食，有五處不可
往（註1041），以避嫌疑。其中第五就是「旃陀羅」的屠者之家，乃因此處殺心盛
大，惱害眾生，見者傷慈，壞善根本，故不可往。從這裡可看出佛對「殺生葷物」
之處是「嚴戒」的，而對所乞之食若違反「三淨肉」之「規則」亦不應食。眾弟子為

註 1038 《卍續藏》第二十冊頁 646 上。

註 1039 如《摩訶僧祇律‧卷十七》云：「如來以『一食』故，身體輕便，得安樂住，汝等亦應
『一食』……若比丘非時食，波夜提……非時者，若時過如髮瞬，若草葉過，是名非時」。
詳於《大正藏》第二十二冊頁 359 中—360 上。或見《增一阿含經‧卷四十七》載：「爾時
世尊告諸比丘，我恒一坐而食，身體輕便，氣力強盛。汝等比丘亦當一食」。《大正藏》第
二冊頁 800 中。

註 1040 詳於《佛開解梵志阿颰經》，《大正藏》第一冊頁 261 中。

註 1041 (一)唱令家(二)婬女家(三)酤酒家(四)王宮(五)旃陀羅羯恥那家。詳於《大正藏》第
三十一冊頁 512 中。和第二十三冊頁 689 下。

了不擾信施，故給葷吃葷、給素吃素，乃為培養其「**不貪珍味，美惡均等；為破我慢，於富貴貧賤等家皆無揀擇；慈悲平等，大作利益（註1042）**」的心。

而今日我們是「自由」的去餐廳、自助餐、大飯店吃飯，亦「自由」的任君挑選其喜好之「食」，就算吃素，也未必就能做到「**不貪珍味，美惡均等**」這一條戒。筆者以為：如果今日有人必學「**不揀葷素**」，那應該也要「**遵守佛戒**」，親自「**入城托缽**」、過「**七家**」無食則不得再乞食，還需「**日中一食、不貪珍味，美惡均等**」……的戒規。

如果照前文所討論的「提婆五法的理論」，則「乞食」亦屬「五法」之一，亦為提婆達多「外道」所屬的修行法之一。從文以為「素食」為外道主義，那麼佛一再重視的「乞食」是否也成外道之修？我們可舉經論中佛對「乞食」的重視以及它的代表意義。「乞食」（paiṇḍapātika）又作「**團墮**」（即取置食物於缽中之義）、「**分衛**」、「**托缽**」、「**行乞**」等，是印度僧人為資養色身而乞食於人之一種行儀，是佛制十二頭陀行之一，它的原始意義有二，即：(1)自利。為杜絕俗事，方便修道。(2)利他。為福利世人，予眾生種福機會。故「乞食」屬僧人清淨之「**正命**」；若「**自作種種生計**」以養其身，則為「**邪命**」。

在《十住毘婆沙論・卷十六》及《四分律刪繁補闕行事鈔卷下之三》更說「乞食」有十種利益，即：

(1)所用活命，自屬不屬他。
(2)眾生施我食者，令住三寶，然後當食。
(3)若有施我食者，當生悲心，我當勤行精進，令善住布施，作後乃食。
(4)順佛之教行。
(5)易滿易養。
(6)行破驕慢之法。
(7)招感三十二相中無見頂相之善根。
(8)見我乞食，則其餘有修善法者亦當效我。

註　*1042* 詳於《增一阿含經・卷四十七》、《十住毘婆沙論・卷十六》廣載如來乞食之意。見《大正藏》第二十六冊頁111下。

(9)不與男女、大小有諸因緣事。

(10)次第乞食，於眾生中生平等心（註1043）。

另外《寶雨經・卷八》載，菩薩以成就十種法而行乞食，稱為「乞食十為」（註1044）……等等。

「乞食」可說是十方諸佛的教法之一，但於末法的今天，除了泰國、緬甸南傳等佛教國家外，中國及台灣幾乎已見不到「乞食」的比丘、比丘眾等。既然不再「乞食」；就得改奉行佛陀在大乘經上的教誨——奉行純素食主義。雖南傳諸乞食的佛教國家仍舊維持「不揀葷素」的傳統，但這並不能說他們才是佛教的「真面目」——不揀葷素，也不能說他們非正統佛教、非如法佛教。究竟「時空、地理、人文」的不同，不能相併為一談。佛法是「應病與藥」的，是「隨眾生心，應所知量」的，故南傳佛教嚴持「乞食」制而「不揀葷素」，於佛最初說法（為小乘人說）的本懷上說仍是「如法合理」的。但對中國及台灣佛教的「純素食化」及不行「乞食」制；也不能這樣是屬於「非法非律非佛說」，乃至說「純素食」是為「外道」之說。前面筆者已說過了，能嚴持「佛制」而「乞食」，那麼「不揀葷素」是必然的行為。不能實行「乞食」，做不到佛要求「乞食」時所應履行的「條件」，則必需嚴持「清淨齋戒」，尤其是「自己」煮、「自己」選，餐廳、飯店、自助餐、歐式素食……絕不缺乏的台灣，更應該執行「齋戒」。

《六祖壇經》曾云「心平何勞持戒（註1045）」，佛在世時，追隨的比丘眾有佛親自領眾入城乞食，想必當時大眾的修行功夫必是不差（至少是佛住世，是正法），又因是「拖缽」，不擾信眾，學習「心平」之下；則無嚴持「純素」戒律之需。然今末法時代，佛滅度已過二千多年，「人心」不古，道德淪亡，個個「人心不平」，就算是吃素，亦罕達「心平」之境，何談「開素食葷」呢？且葷食總是帶了腥味與濁氣，與修行人是背道而馳的。尤其在當今末法時代，人心諸多「不平」，故必須以「持戒」為師，以「清淨齋戒」為師，堅決奉行純素食主義。

註 1043 《大正藏》第二十六冊頁111下。

註 1044 詳於《大正藏》第十六冊頁316中。即：（一）為攝受諸有情故。（二）為次第故。（三）為不疲厭故。（四）為知足故。（五）為分布故。（六）為不耽嗜故。（七）為知量故。（八）為善品現前故。（九）為善根圓滿故。（十）為離我執故。我國自古則稱「乞食」為「托缽」，托缽時當心念威儀，專注於道，若無道心而僅存形式，則與一般乞者無異。

註 1045 《大正藏》第四十八冊頁352中。

（四）、假名為肉的理論

《楞嚴經》云：「我以大悲神力所加，因大慈悲假名為肉，汝得其味。奈何如來滅度之後，食眾生肉，名為釋子」。從文卻說：「若食眾生肉非佛弟子，報終必沉生死苦海，世尊便不應以神力化生眾生肉令比丘貪吃肉味，也令末世眾生貪吃肉味墮生死苦海。既然草菜不生，可以用神力化生為眾生肉，自也可以化生為穀物蔬果給諸比丘食用，不此做，反而化生為眾生肉令比丘貪吃，然後再以此辱罵諸比丘，顯然可見，這是歪纏的外道法假冒佛說，是提婆達多破僧滅法的餘續」。

經文言「因大悲假名為肉」，乃是佛方便說。因為佛如果專化做「草菜」讓比丘吃素，那麼比丘一定無法接受這樣的「素菜」，因為佛知道當時眾生是以「葷」為食，無法改口為「素」，故倡「三淨肉」之說，是為方便眾生之開示。由「假肉」之示現令眾生各得飲食上的安穩，令不起煩惱。且佛觀當時眾生之機，非得要示現「肉」不可。誠如蕅益《楞嚴經玄義》之所釋：「佛順時宜，不立異故，此地既本不生草菜，而今忽生，則人將以為怪。又復如來滅後，設遇草菜不生，又將奈何？是故佛及比丘，遇世饑荒，目連請願番取地味，及取北洲自然梗等，佛皆不許。而云：『後世無目連時，又將奈何』（註1046）」。

並且佛也做了「預言」，在佛滅末法時「一定」會有人「假毘尼律」之說而倡言「如來聽言食肉」。佛在世時有佛方便度眾之機，佛滅後必以「戒」為師，不能再恣逸的吃起佛當初方便允准的「三淨肉」、「五淨肉」。這個道理就好像初讀小學時，老師交待不可一個人單獨去交遊、游泳、露營、爬山，等到讀大學或出社會時，難道還一定遵守當年小學生的規定：回家要寫作業、幾點以後不可看電視、必須要三人以上才能去爬山、露營、野遊……等等。《道宣律師感通錄》中有一段「四天王」親自的訓說解釋佛當初允吃「三淨肉」的事由，云：「四天王等告宣師曰：……我（佛）初成道時，離開毘尼中聽食三種淨肉。亦非四生之類，是諸禪定之肉，是不思議肉，非汝所知，何故謗黷我教……若有惡比丘導毘尼教中聽食魚肉聽著蠶衣者，此是魔說（註1047）」！

註　1046　《卍續藏》第二十冊頁645上。
註　1047　《大正藏》第五十三冊頁980下—981上。

從文又言：「印度當時並非『汝婆羅門地多蒸濕，加以沙石草菜不生』。有時因天災人禍，乞食困難，世尊並不許阿羅漢以神力從他方世界取食物來給諸比丘食用……諸比丘素食也肉食，並非肉食不可，即使世尊要神力化生食物也不必化生爲眾生肉，何況世尊不聽用神力左右宿業。彼《楞嚴經》中所說此段文句一無是處，只是外道延續提婆達多破僧所說的言論」。

筆者亦要試問：二、三千年前的印度，誰能證明其「婆羅門地」是否真的「草菜不生」？不能就此斷定當時印度婆羅門地非「草菜不生」？但如果就佛教聖地附近的恆河流域來說，恒河流域為全印度最熱之地，熱季氣溫經常高達攝氏四十九度，在這樣的高溫之下，想必定應是「草菜不生」之地。除了這種推測外，底下就舉印度當時多「沙石」、「草菜不生」之地的記載。

①據《大唐西域記·卷二》中載：「五印度之境，周九萬餘里，三垂大海，北背雪山，北廣南狹，形如半月，畫野區分七十餘國，時特『暑熱』，地多『泉濕』（註1048）」。

②摩竭陀為當時中印度之強國，首都為王舍城（Rājagṛha），其地是：「土地『墊濕』，邑居高原，孟夏之後，仲秋之前，平居流水，可以泛舟（註1049）」。

③疏勒（Khāsa）又作沙佉國，是：「多『沙磧』少壤土（註1050）」。

④于闐國（Ku-stana）是：「『沙磧』太半，壤土隘狹（註1051）」。

⑤蘇剌佗國（Surāṣṭra）為西印度古國名，其地是：「地土鹹鹵，『花果』希少（註1052）」。

⑥瞻波國（Campā）位於中印度 吠舍離國南方之古國，其都城位於恆河南岸，是：「土地『墊濕』，稼穡茲盛（註1053）」。

⑦三摩呾吒（Samataṭa）為東印度之古國名，是：「濱近大海，地遂『卑濕』（註1054）」。

註 1048 《大正藏》第五十一冊頁875中—下。。
註 1049 《大唐西域記·卷八》，《大正藏》第五十一冊頁910下。
註 1050 《大唐西域記·卷十二》，《大正藏》第五十一冊頁942下。
註 1051 《大唐西域記·卷十二》，《大正藏》第五十一冊頁943上。
註 1052 《大唐西域記·卷十一》，《大正藏》第五十一冊頁936下。
註 1053 《大唐西域記·卷十》，《大正藏》第五十一冊頁926下。
註 1054 《大唐西域記·卷十》，《大正藏》第五十一冊頁927下。

⑧<u>僧訶補羅國</u>（Siṃhapura），位於<u>北印度</u>之古國，西臨<u>印度河</u>，是：「依山據
　嶺，堅峻險固，『農務』少（註1055）」……等等。

　　然從文又言：「一切僧眾信眾及世尊本人都食魚肉，此一事跡遍見於四阿含
及一切戒經，不容置疑，若世尊一面教他食魚肉也自食魚肉，又另一面教說不可
食魚肉，如此捉弄人並非師長的行誼（註1056）」。從文知道世尊是「食肉」的，但
世尊到底是食什麼肉？是真肉？是假肉？是示現肉？是方便肉？是隨緣肉？是
三淨肉？是五淨肉……等。其實不管是吃葷吃素，我們必須知道佛陀已證得無上
正覺，早已是「禪悅為食」，何來乞食？吃肉呢？只不過佛是「由人而佛、由佛而
人」，不妨是人、不妨是佛的「隨眾生心，應所知量」。故世尊也乞食、也同大眾
吃肉、生老病死……等。《法集經・卷一》云：「諸佛如來無有飢渴大小便利，身
無羸損疲乏病苦，為眾生故現行乞食，然諸眾生謂如來食，而諸如來實不食也，
示現教化諸眾生事，於一切事無所分別自然成故（註1057）」。

　　所以若以如來在「小乘」教時示現的「食肉相」而斷定「不揀葷素」是世尊「真
正」的教誨，那便是過於主觀之說。如：

❶《諸經要集・卷十七》詳云：「此之一教，亦有權實，言權教者，據《毘尼
　律》中，世尊初成道時，為度麤惡凡夫，未堪說細，且於漸教之中，說三
　種淨肉，離見聞疑……從麤後細，漸令離過，是別時之意，不了之說，若
　據實教，始從得道，至涅槃夜，大聖慇懃，始終不開（食肉）（註1058）」。
❷《諸經要集・卷十七》又云：「菩薩不習食肉，為度眾生示現食肉，雖現食
　之其實不食，但諸眾生有執見者，不解如來方便說意，便即偏執毘尼局教，
　言佛聽食三種淨肉，亦謗我言，如來自食，彼愚癡人成大罪障，長夜墮於
　無利益處（註1059）」。
❸乃至<u>道宣</u>律師的《道宣律師感通錄》云：「四天王等告<u>宣</u>師曰：我（佛）之正
　法滅後，多有諸比丘執我小乘教跡，不解毘尼意，導我聽諸比丘食肉，於

註　1055　《大唐西域記・卷三》，《大正藏》第五十一冊頁885中。
註　1056　節錄自《戒律學疑難》之「<u>提婆達多</u>主張素食」頁131。
註　1057　《大正藏》第十七冊頁612上。
註　1058　《大正藏》第五十四冊頁159中。
註　1059　《大正藏》第五十四冊頁159中。

是諸比丘等，在僧伽藍內，殺害眾生，猶如獵師屠肆之處⋯⋯告諸比丘，我（佛）於無量劫來，捨頭目髓腦，或於飢饉世作大肉身施彼餓者，或內外財施未曾吝惜，從初發心，乃至成佛，豈教弟子噉眾生肉耶？我既得涅槃，諸惡比丘，次補我處，為天人師，開導眾生，令得道果，豈有天人之師口噉眾生肉耶（註1060）？

經文中對佛陀食肉提出最佳的解釋云：「豈有天人之師口噉眾生肉耶」！是故如來真面目應是——不食眾生肉的。

世尊既然成道，已無飲食、大小便利之穢物，但為度眾生故示現飲食，雖食；其實「不食」也。總之，因如來的「方便」說教，而偏執成「不揀葷素、不全純素」才是如來之正教理論，這些「邪說」都是缺乏經論的審慎思量。

（五）、因果循環的理論

《楞嚴經》中所倡導的「齋戒」不外乎是「戒肉」、「戒殺」，尤其《楞嚴經》上將「食肉」與「殺生」劃上等號，這是「因果不昧」的果報。如：

①卷四云：「以人食羊，羊死為人，人死為羊，如是乃至十生之類，死死生生，互來相噉，惡業俱生，窮未來際（註1061）。
②卷六明確的說：「是食肉人，縱得心開似三摩地，皆大羅剎，報終必沈生死苦海，非佛弟子。如是之人，相殺相吞，相食未已，云何是人得出三界？汝教世人修三摩地，次斷殺生。是名如來先佛世尊，第二決定清淨明誨（註1062）。
③卷八云：「阿難！如是眾生入三摩地，要先嚴持清淨戒律。永斷婬心，不餐酒肉，以火淨食，無噉生氣。阿難！是修行人，若不斷婬及與殺生，出三界者，無有是處（註1063）。
④卷八又云：「殺彼身命，或食其肉，如是乃至經微塵劫，相食相誅，猶如轉

註 1060 《大正藏》第五十三冊頁980下—981上。
註 1061 《大正藏》第十九冊頁120中。
註 1062 《大正藏》第十九冊頁132上。
註 1063 《大正藏》第十九冊頁141下。

輪，互為高下，無有休息。除奢摩他及佛出世，不可停寢……是等皆以宿債畢酬，復形人道。皆無始來業計顛倒，相生相殺。不遇如來，不聞正法，於塵勞中法爾輪轉，此輩名為可憐愍者（註1064）」……等等。

　　《楞嚴經》在卷四、卷六、卷八都詳細說到「相殺相吞」的道理，這些都是佛陀所強調的「因果罪報」。以六道輪迴來說，人死為羊遭人所食，羊死為人又食羊肉，仔細思量是「人吃人」。近代圓寂禪宗高僧<u>宣化</u>大師曾做過一偈云：「<u>肉字裡邊兩個人，裡邊連著外邊人，眾生還吃眾生肉，仔細思量人吃人</u>」。其實中國人所造的「肉」字與《楞嚴經》所說的「人死為羊，羊死為人，相生相殺相吞」的道理幾乎是一致的。舉凡葷食之物必兼帶有「殺氣」之味，譬如畜牲臨死時必定全身充滿怨氣與殺氣，畢竟人畜同類，都是貪生怕死的，所以在臨死時必定是帶著極仇恨的殺氣而絕。肉身既然亡了，還遭煎煮炒炸之熬，再送入饕客的嘴巴中。試想：這些畜牲肉的「中陰身（註1065）」將如何看待「食肉者」？對食己肉者的饕客一定沒有怨恨心、殺心、報復心嗎？所以「相殺相吞」、「殺生與食肉」是有一定的因果罪報的。

　　其實食肉者所食的肉，看似一塊不足為奇的肉，但卻不知裡頭含藏多少「怨氣與殺氣」。如《諸經要集・卷十七》云：「若噉眾生父肉，眾生亦噉父肉；若噉眾生母肉，眾生亦噉母肉。如是姊兄弟妹男女六親，並有相對，怨怨相讎，未可得脫（註1066）」！這是如來真正的教化，是令眾生出離生死的真正教法。所以殺生與食肉的因果關係不是用世間的邏輯推理方式所能推翻的（詳於前文所言「食肉殺生的理論」）！

四、小結

註　1064　《大正藏》第十九冊頁145中。

註　1065　所謂「中有」，梵文為 Antarābhava（अन्तरा-भव），舊譯為「中陰」。根據《大乘義章・卷八》所釋：「兩身（指前後世）之間所受陰形，名為中有」。《俱舍論・卷八》則云：「死生兩有中，五蘊名中有」（見《大正》二十九冊頁44中）。所以「中有」是有意識、有知覺的一種生命形態，如《俱舍論・卷九》云：「此一業引故，如當本有形。本有謂死前，居生剎那後。同淨天眼見，業通疾、具根，無對、不可轉，食香非久住，倒心趣欲境，濕化染香處。天首上三橫，地獄頭歸下」。見《大正》二十九冊頁45下—46上。

註　1066　《大正藏》第五十四冊頁161中—下。

調達所創的「五法」，它背後的心態究竟是什麼？大約講有「嫉忌、破和合僧、輕慢、求名聞利養、世尊宿世與調達之業緣」。它並不是真正為了「滅佛」（因為提婆他自己也很清楚想滅掉佛是不可能的），而是那顆「好勝、嫉忌、名聞、要取得領導地位」心在作怪。

從文言：「在中國我們看不見吃魚肉的比丘比丘尼，可知佛法滅無餘」、「大乘學者奉行《菩薩戒》掉入提婆達多的圈套中，若不及早覺悟，無論出家在家，學佛終將一無所獲……不食魚肉非佛說，乃是提婆達多的餘續」。筆者亦要試問：難道佛法必需吃魚肉才不會滅掉？或不吃魚肉的佛教國家才是造成「滅法」的原因呢？結果中國自從梁武帝提倡素食以來，到現在上千年，佛教不只沒滅掉，且唐、宋、元、明、清，代代出高僧，世世出嚴持戒律、清淨齋戒之律師大德。從文直以為「素食」能滅佛，其實「葷食」更能滅佛、不只滅佛，更加速整個娑婆世界之滅亡！再說佛講「四聖種」之修法並不是要你「不揀葷素」才能修得「飲食喜足聖種」，如果「不揀葷素」是代表修「飲食喜足聖種」的方式，那麼「不別男女，不拘男女」是否也代表在修「色慾喜足聖種」？恐怕這個邏輯上就有很大的問題了！而「飲食喜足」也不是光靠「不揀葷素」來完成的；「衣服喜足」也不是光靠「不揀粗蔽」來完成。它是對物質的一種滿足、知足，「不過不及」的「中道」思想。但它必須也「有條件」的約束，如吃素食，卻不揀別其「味」；如乞食，卻不揀別其「貴賤」，而達到其「四喜足聖種」的修道境界。

所以不是教你必須在「不揀葷素」中修「無分別心」，或修「喜足聖種」，而是必須在「斷葷純素」的「條件」下修「喜足聖種」。就算是修到「無分別相」，仍不能大開「葷酒戒」（除非菩薩刻意示現特殊因緣）而破壞「戒相」。我們可以從《金剛經》上可得知：佛已證「四聖種」，仍不離「托缽、乞食、吃飯、著衣」的戒相。不是說為了要實踐「四聖種」，所以必須「不揀葷素」，也不是說達到「四聖種」後就可以隨緣的破壞「戒相」。在中國大乘佛法的出家僧人，不知有多少盡形壽奉行「五法」而得到「四聖種」之境的高僧大德（註1067）。連諸多「小乘」法師也是主張「素

註 1067 僅例舉如下：《法苑珠林·卷九十四》唐·隱禪師「從出家即頭陀乞食，常一食齋。未嘗暫報」（《大正》五十三冊頁980上）。《宋高僧傳·卷二十六》之唐·玄朗（673～754）大師是「行十二頭陀，獨坐一室，三十餘秋。麻紵爲衣，糲蔬充食」（《大正》五十冊頁875下）。《高僧傳·卷十三》之晉·慧力大師「常乞食蔬，苦頭陀修福」（頁410上）。《高僧傳·卷十一》之法緒大師「德行清謹，蔬食修禪。後入蜀於劉師塚間頭陀山谷，虎兕不傷」（頁396下）。

食」主義的，如：

❶翻譯《雜阿含經》的劉宋・求那跋陀羅（394～468 Guṇabhadra）自幼以來皆「蔬食終身」的（註1068）。

❷隋・那連提黎耶舍（490～589 Narendrayaśas）是「勸持六齋，羊料放生，受行素食」（註1069）。

❸東晉小乘高僧支道林（314～366）亦是「蔬食終身」（註1070）。

❹晉・竺僧朗（又稱竺法朗）是「常蔬食布衣」（註1071）。

❺東晉・竺僧顯是「蔬食誦經業禪爲務」（註1072）。

❻支曇蘭是「蔬食樂禪」（註1073）。

❼支曇籥是「少出家清苦蔬食」（註1074）。

❽甚至北宋・天竺沙門覺稱云：「吾國（指天竺）食肉五辛者，驅出城外，故國中爲賤此……西竺舉國不食肉（註1075）」……等。

諸西域、印度沙門高僧大多都是奉行「素食」，所以若必須奉行「不揀葷素」或「無需純素」才符合佛的「四聖種」之說，在理論與修行上是絕對不通之論。

或許素食確實為當時的外道所主，而佛在世並無強烈要求沙門必素食，也許佛有意揀別沙門與外道之不同，故不專主素食；而同意可食「三淨肉」（佛並非「專提倡」一定要吃三淨肉不可）。然而我們要順帶討論提婆達多究竟是「外道」？亦是「佛門釋子」？就算提婆是「外道」，「邪人行正法，正法亦邪」；而佛教卻是「正人行邪法，邪法亦正」，何來素食是外道邪說？

且先從提婆（Devadatta）的本生故事來說，提婆為釋尊叔父斛飯王

註　1068　《高僧傳・卷三》，《大正藏》第五十冊頁345上。

註　1069　《續高僧傳・卷二》，《大正藏》第五十冊頁432下。

註　1070　《高僧傳・卷四》，《大正藏》第五十冊頁349下。

註　1071　《高僧傳・卷五》，《大正藏》第五十冊頁354中。

註　1072　《高僧傳・卷十一》，《大正藏》第五十冊頁395中。

註　1073　《高僧傳・卷十一》，《大正藏》第五十冊頁396下。

註　1074　《高僧傳・卷十三》，《大正藏》第五十冊頁423下。

註　1075　詳於《佛祖統紀・卷三十三》頁323中、《佛祖統紀・卷四十四》頁403上、《釋氏稽古略・卷四》頁863中。以上皆見《大正藏》第四十九冊。

（Droṇodana）之子，是阿難之兄弟（註1076）。幼時與釋尊、難陀共習諸藝，其技優異，常與釋尊競爭。佛陀成道後，隨佛陀出家（註1077），於十二年間善心修行，精勤不懈。後因未能得聖果而退轉其心，漸生惡念，欲學神通而得利養，佛陀不許，遂至十力迦葉（Daśabala-kāśyapa）處習得「神通力」，受摩揭陀國阿闍世太子之供養。由是，提婆愈加憍慢，欲代佛陀領導僧團，然卻未得佛陀允許。從此後提婆即率五百徒眾脫離僧團，自稱「大師」，制定「五法」，以此為速得涅槃之道，遂破僧伽之和合。

　　古來皆以「破和合僧、出佛身血、放狂象、殺蓮華色（Utpalavarṇā）比丘尼、十爪毒手」等五事為提婆之「五逆」，又特稱「破僧、傷佛、殺比丘尼」三事為「三逆」。以這樣的一位「異人」的身份卻在其餘的經典有驚人的說法，如：

① 《增一阿含經卷・四十七》中提婆被佛授記為：「成辟支佛，名曰『南無』（註1078）」。

② 在《根本說一切有部毘奈耶破僧事・卷十》中佛對提婆云：「世尊記汝，受斯罪竟，終得證悟缽剌底迦佛陀，名為『具骨』（註1079）」。

③ 到了大乘經上更直接歌頌提婆云：「佛告諸比丘，由提婆達多善知識故，令我具足六波羅蜜、三十二相、八十種好……提婆達多卻過無量劫，當得成佛號曰：『天王如來』（註1080）」。

④ 《薩曇分陀利經》云：「調達是我善師，善師恩令我得滿六波羅蜜、三十二相、八十種好……當得作佛，號名『提和羅耶』（天王佛）（註1081）」。

⑤ 《大寶積經》中亦廣讚提婆是如來的「善知識」（註1082）……等等。

　　所以若必以提婆永遠為「外道」者，亦非公允之論；必以素食為「外道主義」

註 1076 另有為甘露飯王（Amṛtodana）、白飯王（śuklodana）或善覺長者（Suprabuddha）之子等異說。

註 1077 詳於《大方便佛報恩經・卷四》，《大正藏》第三冊頁147上。

註 1078 《大正藏》第二冊頁804下。

註 1079 《大正藏》第二十四冊頁150下。

註 1080 《法華經・卷四》，《大正藏》第九冊頁34上—35上。或見《正法華經・卷六》（九冊105中）。或見《添品妙法蓮華經・卷四》（九冊頁169中）。

註 1081 《大正藏》第九冊頁197中。

註 1082 詳於《大寶積經・卷二十八》、《卷百八》，《大正藏》第十一冊頁155下和607中。

者，更非佛教正義。《楞嚴經》的戒殺食肉文不只是大乘佛典的共同特色，亦是三世諸佛所共同教化的內容。

　　附：有人問難云：<u>孔子</u>既是聖者，為何不制斷肉食？個人的看法是：《論語》中云「**釣而不綱**」、「**弋不射宿**」。《禮記》中載「**田獵不合圍。不掩群、不殺胎、不覆巢**」，又說「**諸侯無故不殺牛、大夫無故不殺羊、士無故不殺豚**」之理。<u>孔子</u>雖是世間聖人，但順世法用「仁慈」來方便限制，並非如<u>釋迦</u>是「世出世聖」之人，故孔子未嚴制「禁殺」之理。又漢儒<u>鄭康成</u>在註《禮記》時，曾云「**孔子雖有聖德，不敢改先王之法**」；且<u>孔子</u>亦說自己是「**述而不作**」的。<u>孔子</u>既取法「古德」，故無「絕肉、斷殺」之說，這是從<u>孔子</u>「**雖有聖德，不敢改先王之法，述而不作**」的態度來說的。

第九節　情想升沈與戒淫之疑

一、歷代疑偽之說

呂文：「經說眾生昇沈以情想區分情類。愛欲是生死因，固無輪迴不涉於情，『想』爲『遍行』，無心不具，亦何有能外於想者。今乃說爲『純想即飛，純情即墮』。其僞七十九（註1083）」。

呂文：「經說十因六報，按婬貪實一煩惱而分二習詐訟諸名，亦爲臆造。生死業因，貪瞋癡三，不可缺一。今說十習，獨遺愚癡。其僞八十（註1084）」。

馮氏攻擊《楞嚴經》的「戒婬說」最多說詞，茲舉一些如下：

「佛教原始只五戒而已，也沒有特別指出邪惡的性行爲須用女字邊或專指責女子？未知是否從《楞嚴經》漢文本開始，有了摩登伽女引誘阿難的一段緋聞，從此佛教戒『淫』，就寫成戒『婬』？由於《楞嚴經》的漢譯者是大儒房融，不免令我懷疑他的譯文是否老實存眞？抑或整部《楞嚴經》都是由他所杜撰？或者部份是譯，另部份是僞造（註1085）？

「佛陀原始五戒，言簡意賅，說戒淫，原意是戒『邪淫』，並未指出什麼是『正淫』、什麼是『邪淫』，也未指出女子是邪淫的罪魁！是後世弟子借題發揮，把簡單的『戒邪淫』發揮到成爲千萬字也講不完的『戒律』細節，大大的發揮了岐視女子，於是，把五戒發展爲八戒、九戒、二十五戒，都以戒淫爲重心，更強調以婦女爲戒淫的對象……實在應該予以改良或全部取締……再說，倘若所有的人都戒『淫』，人類不就絕種了嗎？若無眾生，何來的佛？任何生物，無不天然本能去傳宗接代延綿其種，人爲什麼要自絕其種呢？戒絕了性行爲（『淫』行）就是修行，就能成佛嗎？那麼太監們人人早就是佛爺啦！……而且，我愚見認爲『任何』宗教均應廢除獨身禁婚制度，以符人

註　1083　《呂澂佛學論著選集》第一冊頁390。
註　1084　《呂澂佛學論著選集》第一冊頁390。
註　1085　詳見《佛乘世界》月刊第八期頁12上—下。馮氏《學佛推理隨筆》之十三。台北佛乘界。1997、12。

道及不違反天然！與其人人去出家絕種，何如人人在家實行佛法，家家戶戶信佛行慈悲，子孫世世代代奉行佛法（註1086）」？

二、婬先殺後之理

（一）生死根本

《楞嚴經》的故事從阿難墮摩登伽的婬室才開始，是佛用了「楞嚴咒」救回阿難後才開始宣說《楞嚴經》的，也就是若無「楞嚴咒」的因緣，無阿難幾毀婬戒的因緣，就沒有《楞嚴經》，這是一個很重要的觀念。《楞嚴經》就在佛以「化身」宣說「楞嚴咒」，後派文殊師利菩薩持咒救阿難的這一段「行門公案」中講完整部《楞嚴經》，何故？佛「頂放百寶光明」以「化身」說咒（無人知其頂相及其咒的內容），這是「離一切相」也；遣文殊持咒往救是「即一切法」也。「離一切相，即一切法」正是《楞嚴經》的中心主軸——「離即離非，是即非即」的如來藏思想。

佛以無見頂相的「化身」相說咒；正反射一切的「色相」亦是虛假，所謂的「男女相、色相、婬心」亦皆是虛假也。故「色相、婬心」當體即是「空」，無染法可得。雖其本體（理體）是「空性」，卻不壞「作用」（事相），故文殊持咒往救正是「表法」，以明「理事無礙」、「空有不二」、「婬性本是淨性因(理)，除婬即是淨法身(事)（註1087）」之理。當阿難歸來見佛，即對佛請法說：「十方如來得成菩提，妙奢摩他，三摩，禪那，最初方便（註1088）。世尊暫先默而不答這個「妙奢摩他」的問題，反對阿難問第一個問題說：「汝我同氣，情均天倫。當初發心，於我法中，見何勝相，頓捨世間深重恩愛」（世尊問誰為見？誰為愛？世尊要阿難當下識取本來面貌，若能回光返照，覓見其了不可得，一切愛染亦原無根株，當下即頓入首楞嚴大定也）？世尊接著說：「一切眾生，從無始來，生死相續，皆由不知常住真心，性淨明體，用諸妄想，此想不真，故有輪轉（註1089）」。之後佛又對阿難問「使汝流轉，心目為咎。吾今問

註 1086 詳見《佛乘世界》月刊第八期頁 13 上—14 下。馮氏《學佛推理隨筆》之十三。台北佛乘界。1997、12。

註 1087 語出《六祖壇經・附屬第十》，《大正藏》第四十八冊頁 362 上。

註 1088 頁 106 下。

註 1089 頁 106 下。

汝，唯心與目，今何所在（註1090）」？佛問了這些問題後卻要阿難以「應當直心，酬我所問」，要以「直心」回答，不能以「識心」作答。

其實《楞嚴經》在前面「佛說咒文殊往救」後已明示「色相」本空，當下即可超越「根、塵、識」之染。然而眾生根機陋劣，不解如來之意，於是佛才又問阿難是見何「勝相」才發心出家的？當佛問完「唯心與目，今何所在」之語，其實正是在為不解「佛說咒文殊往救」此公案的「眾生根機」說的。何故？

使我們生生世世流轉的原因就是「心」與「目」，什麼是真心？妄心？「心」與「目」之間、「目」與「色」之間究竟有什麼關係？如何從「色」與「目」的虛妄中解脫出來？這是世尊所問的大問題。佛的言下之意並沒有正面回答「妙奢摩他」是如何修，佛意以為：若不知「常住真心」？亦不知「心目所在」？及心究在內外何處？縱然問「妙奢摩他」法；又如何能得之？接著阿難「代眾生」遍尋「七處」皆找不到「真心」，既然「真心」找不到，證明「真心」是遍一切處，是無所不在的。那麼其實「染污心」、「婬慾心」亦是找不到的，亦是遍一切處的，所謂「言妄顯諸真，妄真同二妄（註1091）」。

個人以為「七番破妄」的公案講完，這節長達五萬多字的內容也就到此為止，所謂的「生死根本」及「戒婬之法」及「斷婬之功」都是「文字般若」罷了。因為《楞嚴經》是以當下頓悟的「心法」超越的。這節雖要討論「生死根本」，其實亦是在討論「真妄、染淨、心目」之說，大善根者已知「生死根本」故不必再說，但這是論文不是「禪機」，是在寫「文字般若」不是「實相般若」，所以筆者將逐步從《楞嚴經》經文上來詳細解說「生死根本」的問題。

在阿難七番遍找「真心」後，佛又對阿難開示說：「……皆由不知二種根本，錯亂修習，猶如煮沙，欲成嘉饌，縱經塵劫，終不能得。云何二種。阿難！一者，無始生死根本。則汝今者，與諸眾生，用攀緣心，為自性者。二者，無始菩提涅槃元清淨體。則汝今者識精元明（註1092）」。什麼是「無始生死根本」？今「心目為咎」即是，今「攀緣心」即是。詳細說，攀緣心就是攀緣「五欲六塵」之心，不

註　1090　頁107上。
註　1091　語出《楞嚴經・卷五》，頁124下。
註　1092　頁108下。

知「捨識用根」，不知「反聞聞性」，故有輪轉。所有一切的「三毒四魔、聲色名利、殺盜婬妄、七情六欲」等；都無一不是生死根本，然而諸生死根本均以「婬慾」為首，所有一切的貪瞋癡慢疑都是以「婬慾」為主導。《楞嚴經》卷四即云：

> 「以諸眾生從無始來，循諸色聲，逐念流轉，曾不開悟性淨妙常……想相爲塵，識情爲垢，二俱遠離，則汝法眼應時清明，云何不成無上知覺（註1093）」？

卷六亦云：「汝聞微塵佛，一切秘密門，欲漏不先除，畜聞成過誤（註1094）」。

故一切攀緣心以攀緣「色境」為最過，連阿難當初出家亦是「攀緣」於佛的三十二「色相」莊嚴而出家（註1095）。三世諸佛修行之祕訣亦以斷除「色相」的「欲漏」為先，所以《楞嚴經》便直指「婬慾」是生死根本。在卷四即言：「汝愛我心，我憐汝色，以是因緣，經百千劫，常在纏縛（註1096）」、卷六云：「六道眾生，其心不婬，則不隨其生死相續……婬心不除，塵不可出（註1097）」、卷八又云：「若不斷婬及與殺生，出三界者，無有是處（註1098）」。近代高僧太虛大師在其《楞嚴經之研究》中云：「本經始終唯令持心戒永斷婬愛業……非戒婬爲修首楞嚴三昧，而戒婬即是證首楞嚴三昧也（註1099）」。虛雲老和尚亦解釋說：「《楞嚴》一經，由阿難發起，作我們的模範。全經著重說『婬』字，由這『婬』字，說出很多文章來（註1100）」、又云「全經前後所說，著重在一個『婬』字……看《楞嚴經》若不歸宗(指「婬」字)，跑馬看花，就不中用（註1101）」。足見《楞嚴經》的緣起確實是由「婬」而起，而且由「婬」主導而貫通全經，這在《楞嚴經》中佔了最重要的角色。

註 1093 頁124上—中。
註 1094 頁131上。
註 1095 卷一經文云：「佛告阿難：汝我同氣，情均天倫。當初發心，於我法中，見何勝相，頓捨世間深重恩愛？阿難白佛：我見如來三十二相，勝妙殊絕，形體映徹猶如琉璃……是以渴仰，從佛剃落」。頁106下—107上。
註 1096 頁120中。
註 1097 頁131下。
註 1098 頁141下。
註 1099 《楞嚴經研究》頁141。
註 1100 《虛雲老和尚年譜法彙增定本》頁354。
註 1101 《虛雲老和尚年譜法彙增定本》頁367。

　　或有人懷疑以「婬慾」為生死根本只是《楞嚴》一經所強調，它經未聞，其實以「婬慾」為生死根本是三藏十二部經所共宣、十方諸佛所共闡、三世諸祖大德所共倡，諸如：

❶早期《雜阿含經・卷三十五》云：「愛為網、為膠、為泉、為藕根、能為眾生障；為蓋、為膠、為守衛……為亂草、為絮，從此世至他世，從他世至此世，往來流馳，無不轉時」（註1102）。

❷《出曜經・卷四》云：「婬之為病，受映無量，以微積大，漸致燒身，自陷於道亦及他人，不致究竟。猶自飲毒復飲他人，是故說婬不可從」（註1103）。

❸《大莊嚴論經・卷五》云：「色縛於凡夫，五陰悉羈繫，生能縛於物，死縛亦復然，今身至後世，未始不繫縛，輪迴羈縛中，數數受生死」（註1104）。

❹乃至《圓覺經》更清楚的說：「若諸世界，一切種性；卵生、胎生、化生、濕生，皆因婬欲而正性命，當知輪迴，愛為根本，由有諸欲，助發愛性，是故能令生死相續。欲因愛生，命因欲有，眾生愛命，還依欲本，眾欲為因，愛命為果（註1105）」……等等。

　　一切大小經藏都以「婬慾」為生死輪迴根本，這是有其依據的，因為眾生每每在「中陰身」準備投胎時，所看見的幻相就是男女行婬之境，若彼時愛其女體，則中陰身就會驅前代其男與女行婬而成為男子；若彼時愛其男體，則中陰身就會代其女而與男行婬而成為女子。《大寶積經・卷五十六》即詳云：「若是男者於母生愛於父生憎，若是女者於父生愛於母生憎（註1106）」。《瑜伽師地論・卷一》更明白的說：「爾時見其父母共行邪行所出精血，而起顛倒……見己自行，見自行已便起貪愛，若當欲為女，彼即於父便起會貪；若當欲為男，彼即於母起貪亦爾……死生道理如是應知（註1107）」。所以如果在臨投胎之境，對「婬事」不起心動念，則自然就無投胎輪轉諸事。故《楞嚴經》在卷四描述「生死相續」的道理云：「見明色發，明見想成。異見成憎，同想成愛。流愛為種，納想為胎。交遘

<hr>

註　1102　《大正藏》第一冊頁256中。
註　1103　《大正藏》第四冊頁627下。
註　1104　《大正藏》第四冊頁283上。
註　1105　《大正藏》第十七冊頁916中。
註　1106　《大正藏》第十一冊頁328中。
註　1107　《大正藏》第三十冊頁282下。

發生，吸引同業。故有因緣生羯羅藍遏蒲曇等，胎卵濕化，隨其所應，卵唯想生，胎因情有，濕以合感。化以離應，情想合離更相變易，所有受業，逐其飛沈。以是因緣，眾生相續（註1108）」。

這段經文大致上是說，我們靈明的覺性，看見「色相」就會起心動念打妄想，如果所見的不同，就會互相憎恨；如果想念相同，就互為一種情愛的力量。一旦愛情交合，產生流質精液，就成為種子，同時吸收妄念，就成為胎胞。男女彼此互相交媾，牽引相同的業力，以這種種的因緣作用，故產生胞胎的人類與動物。也就是眾生入胎時需有四緣具足，如：

(1)、自性妄動業力所生的識心種性，是入胎的「親因緣」（hetu-pratyaya）。

(2)、交媾的精蟲卵子是「增上緣」（adhipati-pratyaya）。

(3)、胎胞須待母體的種種營養生長，以及出生後教育等等，是「所緣緣」（ālambana-pratyaya）。

(4)、由生命存在的善惡作為等，又產生增加新的善惡業力，生死死生，是「等無間緣」（samanantara-pratyaya）。

父母與自己識心種性的「中陰身」，三緣和合，才能投胎生而為人。而「中陰身」入胎以後到出生之二六六日間，次第分為五個階段，名之為「結胎五位」，這五位是：

(1)、「羯剌藍」（kalala）：即雜穢之義，又作「歌羅羅、羯羅藍」，意譯為「凝滑、雜穢」。指初受胎後之七日間，狀如凝酥，稱為「揭邏藍」。

(2)、「頞部曇」（arbuda）：又作「阿部曇」，意譯為「皰、皰結」，指第二個七日間。狀如瘡痂，稱為「頞部曇」。

(3)、「閉尸」（peśī）：又作「蔽尸、萆尸」，意譯為「凝結、肉段」。指第三個七日間，狀如厚肉，稱為「閉尸」。

(4)、「鍵南」（ghana）：又作「健男」、「羯南」，意譯為「凝厚、硬肉」，指第四個七日間，狀漸堅硬，稱為「健南」。

(5)、「缽羅奢佉」（praśākhā）：意譯為「支節、枝枝」，乃手足已形成之位，

註 1108 頁120上—中。

即受胎後第五個七日至第三十八個七日（出生之時）之間，四肢及諸根具足，稱為「鉢羅賖佉」（註1109）。

完成「胎內五位」後還有所謂的「胎外五位」之說（註1110），佛法將人類生死相續投胎的情形描述的這樣清楚詳細，絕不輸給現代高科技的醫學知識。

《楞嚴經》卷四中又繼續說：「想愛同結，愛不能離，則諸世間父母子孫，相生不斷，是等則以欲貪為本（註1111）。經文指「欲貪」二字是生死相續的根本，若依《瑜伽師地論・卷三十六》中來說則有五種欲貪，云：「貪有五種，一於內身欲欲欲貪。二於外身婬欲婬貪。三境欲境貪。四色欲色貪。五薩迦耶欲薩迦耶貪。是名五貪（註1112）。這五種貪欲在《楞嚴經》中是以「婬慾」為首，亦為眾罪之本，如卷八云：「欲愛乾枯，根境不偶。現前殘質，不復續生（註1113）」，如果能斬掉這條「婬慾」，則「不復續生」。

卷八又詳細說：「因諸愛染，發起妄情。情積不休，能生愛水……心著行婬，男女二根，自然流液。阿難！諸愛雖別，流結是同，潤濕不升，自然從墜，此名內分（註1114）」。由於愛染一切，發生妄有之情，這種情意不斷的累積，則會產生「愛水」，以現代醫學名詞則叫「內分泌作用」。如果眾生妄想婬慾之事，則男女二根就會流出「液體」，雖然愛欲的心理與對像有種種不同的差別（註1115），卻同是「業力」之流結連綿不斷所致，這些「流結」都是同以「濕潤」為性，就像人心想「香味」，就會流口水，眼耳對親眷亡者就會「流淚」一樣，一個人的內心被「愛

註　*1109*　參考《俱舍論・卷九》，《大正藏》第二十九冊頁 47 上—下。或《增一阿含經・卷三十》，《大正藏》第二冊頁 714 上。

註　*1110*　《順正理論・卷四十》將人自出生後之一生，分為五段。即：(一)自出生後至六歲間為「嬰孩」。(二)七歲至十五歲為「童子」。(三)十六歲至三十歲為「少年」。(四)三十一歲至四十歲為「中年」。(五)四十一歲以後為「老年」。(見《大正藏》第二十九冊頁 571 中)。《大毘婆沙論・卷一一四》則謂「初生、嬰孩、童子、少壯、衰老」為五位，即將「初生」與「嬰孩」分開，合少年與「中年」為「少壯」，計五位。數論外道則將少年時與中年時合稱為少壯時，故僅有四位。(見《大正藏》第二十七冊頁 595 下)

註　*1111*　頁 120 中。

註　*1112*　《大正藏》第三十冊頁 429 上。

註　*1113*　頁 142 上。這裡是指「乾慧地」（初地菩薩）已欲愛乾枯，永不再輪轉三界六道。

註　*1114*　頁 143 中。

註　*1115*　世間所說的七情六欲，其實就是七種愛欲，如喜則投合所愛、怒則侵犯所愛、哀則亡失所愛、愛則順從所愛、惡則妨礙所愛、欲則縱恣所愛，這七種都是以「愛欲」為本。

心、婬心」所潤濕，則始終不能昇華而愈陷愈深的墮落下去。何以故？以「愛心、愛水」為重故。既然「重」，則必墮輪迴（此事詳論於後面的「情想有無業報」），故「婬慾」為生死輪迴之一大關頭，亦是《楞嚴經》所明示之生死觀。

（二）婬先殺後

婬殺二事，自古以來都被立為二大罪惡之源，在一切罪惡中之最重者無過於「殺生」，如果在修道方面，最大的障礙無過於「婬慾」。但此說亦見人見智，佛因機說法，有時說「婬先殺後」，有時說「殺先婬後」，如：《大方廣如來藏密藏經‧卷下》就說：「迦葉！如汝所問，十惡業道何者為重？迦葉！如人有父得緣覺道，子斷父命，名殺中重。奪三寶物，名盜中重。若復有人，其母出家得羅漢道，共為不淨，是婬中重。若兩舌語壞賢聖僧，是兩舌中重……邪見中重，謂之邊見（註1116）。如果就佛經上所常說的「三毒」、「三火」、「三不善根」，大多以「婬怒癡」的名詞為譯，如《增一阿含經‧卷二十》：「或有一人，三結使盡，『婬怒癡』薄，成斯陀含果（註1117）、《修行道地經‧卷六》云：「吾何方便除『婬怒癡』，令滅無餘，得盡漏禪，然後安隱如淨居天（註1118）」……等等。

後來中國的譯經師，覺得「婬怒癡」這名詞較不文雅，遂將之換成「貪瞋癡」之名，雖如此，但在佛典中，還是以「婬怒癡」的名詞說得最多，流傳的最廣。三毒中以「婬」為首，而不以「怒、癡」為首，這是釋迦佛說法的本懷，亦是要勸眾生「除慾為先」的教法。如《楞嚴經‧卷五》中的優波離就說：「我親隨佛踰城出家，親觀如來六年勤苦，親見如來降伏諸魔，制諸外道，解脫世間貪欲諸漏（註1119）」。如來的六年雪山修道，就是為了「解脫世間貪欲諸漏」（註1120），乃至在成道前是降伏了諸「魔女」的誘惑方成正覺的（註1121）。

註 1116 《大正藏》第十七冊頁 844 下。
註 1117 《大正藏》第二冊頁 653 下。
註 1118 《大正藏》第十五冊頁 221 中。
註 1119 頁 127 上。
註 1120 《本事經‧卷四》上亦云：「一切如來應正等覺，憐愍世間出興於世，為欲永斷除捨二法，轉於賢聖無上法輪……一者無明，二者有愛……若能永斷除捨一切所有無明及諸有愛，令其永盡，無有遺餘，便能永斷一切煩惱諸雜染法，是則名為出諸坑塹……」，《大正藏》第十七冊頁 681 下—682 上。
註 1121 詳於《釋迦譜‧卷一》，《大正藏》第五十冊頁 31 下。

　　大致上說，佛在大小戒經中無論在家戒或出家戒，第一條均為「不殺生」。「不殺生」才能免生死輪迴，《楞嚴經》卷四明言：「以人食羊，羊死為人，人死為羊，如是乃至十生之類，死死生生，互來相噉，惡業俱生，窮未來際，是等則以盜貪為本。汝負我命，我還汝債，以是因緣，經百千劫，常在生死（註1122）」，殺生必招生生世世之冤冤相報，決定無法使人出離三界，所以「殺戒」是生死根本。

　　如果為欲超越世間，了生脫死，則應以「淫戒」為第一，「淫慾」不斷，想生到「色界、無色界」也辦不到。禪定功深者，煩惱未斷，可用定功伏住，不起現行，往生到「色界、無色界天」。如想修行證果，就非斷淫不可，絕無「淫怒癡」未斷而能證「斯陀含果」或「阿羅漢果」者。所以《楞嚴經》以「淫戒」為首，也就是真心想超出三界了生死，這一條「淫戒」應列為第一，如《楞嚴經》卷六云：「汝教世人修三摩地，先斷心淫是名如來先佛世尊，第一決定清淨明誨（註1123）」。

①唐・清涼大師曾解釋「淫先殺後」的問題說：「小乘四戒，淫戒最前。一者，此戒人之喜犯。二者，劫初起過，此為最先，餘之三戒，亦皆次第。三者，淫愛惑業，招潤生死，二乘厭離，故制在先」（註1124）。

②《四分律含注戒本疏行宗記》對四戒中的「淫戒」亦以其為「障道之極」，云：「四戒皆重，何有優降？但各專一義，互望為劣，如淫障道之極，餘三則輕，盜則違惱，殺損道器，妄取周時」（註1125）。

③永明 延壽大師《宗鏡錄・卷三十六》則解釋云：「經云：縱得妙悟皆是淫根。以生死根本不斷故，直須保護浮囊方渡業海……是以若犯此篇其過尤重，非唯有障大道不出塵勞。以惡業相酬果牽地獄，十習因既作，六交報寧亡，皆是一念惡覺心生顛倒想起。對境作因成之假，隨情運相續之心，不以智眼正觀，遂陷凡夫業道，雖則一期徇意，罔思萬劫沈身，是以一切如來同宣，審宜刻骨，十方菩薩皆懼，實可驚心」（註1126）！

註　1122　頁120中。
註　1123　頁131下。
註　1124　《卍續藏》第二十一冊頁472下─473上。
註　1125　《卍續藏》第六十二冊頁295下。
註　1126　《大正藏》第四十八冊頁625中─下。

如果不想出三界，只想得人天福報，那麼「不殺生」戒應列為第一，因「慈心不殺」可得健康長壽的果報。若想出離三界，則必以「婬戒」為最重第一，然而佛教化眾生的本懷是欲令一切眾生皆「出輪迴」，不受三界六道輪轉，所以以「婬戒」為出生死第一大關鍵是必然的。

《楞嚴》一經以阿難墮婬室為大教之起緣，亦即以「婬」為主導而貫通全經，如卷四的「四淨誨」是以「婬」為先、「殺盜妄」為後排列，到卷八亦重複的以「婬先殺後」為列，如經云：「如是眾生入三摩地，要先嚴持清淨戒律。永斷婬心，不餐酒肉，以火淨食，無啖生氣。阿難！是修行人，若不斷婬及與殺生，出三界者，無有是處（註1127）。直到卷十上的「五十種陰魔」亦不離婬慾事。這種「婬先殺後」的排列法不只見於《楞嚴經》，亦見於其他經典，如：

❶ 《月上女經》云：「汝等昔或作我父，我或與汝昔為母；互作父母及兄弟，云何於此生『欲心』？我或往昔殺汝等，汝等或復殺我來；各作怨讎互相殺，云何於此生『欲想』」（註1128）？

❷ 《出曜經·卷五》亦云：「『愛者』眾病之首，猶如城郭，聚集人民憑地自怙，云何愛眾病之首？如佛所說，泥梨受苦，其數無量，皆由愛所造。凡在地獄受諸苦惱，皆由『愛病』。諸殺生者，亦由『愛』致。不與取、婬佚、妄語、十不善行，亦復如是。皆由『愛心』，造斯諸惡」（註1129）。

❸ 《大智度論·卷三十五》亦強調說：「若『婬欲』者，譬如膠漆，難可得離，所以者何？身受欲樂，婬欲根深，是故出家法中，『婬戒』在初，又亦為重」（註1130）！

❹ 《楞嚴經正脈疏·卷六》則釋曰：「諸經戒殺居首，謂設化以慈悲為先，此經『婬戒』居首，為真修以離欲為本」（註1131）。

❺ 《宗鏡錄·卷四十》亦云：「又如阿難多聞不明實相，遭『婬席』所縛，為文殊所訶，應須先入正宗（指戒婬）後修福智」（註1132）。

註 1127 頁 141 下。

註 1128 《大正藏》第十四冊頁 618 下。

註 1129 《大正藏》第四冊頁 636 中。

註 1130 《大正藏》第二十五冊頁 317 中。

註 1131 《卍續藏》第十八冊頁 685 上。或見《楞嚴經寶鏡疏·卷六》，《卍續藏》第九十冊頁 781 下。

註 1132 《大正藏》第四十八冊頁 652 中。

　　所以要想真正在這一生得到成就解脫生死輪迴，必須以「斷婬」為根本，無量劫的生死輪轉皆因「婬慾」所害，這一條亦是五逆十惡的根本，吾人應該痛切的認識它，正視這個生死的「大魔頭」，所謂「擒賊先擒王」，「婬慾」正是一切賊王之首，三毒之頭，《圓覺經》上云：「**眾生欲脫生死免諸輪迴，先斷貪欲，及除愛渴**（註1133）」。所以斷除「婬慾」是諸佛教化眾生的根本之道！

　　經上又說，就算修「世間禪定」也必須斷婬，有婬心即不能到「初禪」，修的再好也只能生到六欲天的「他化自在天」，只配作「魔王、魔民、魔女」去，《楞嚴經》卷六經文云：「**如不斷婬，必落魔道。上品魔王、中品魔民、下品魔女……若不斷婬修禪定者，如蒸砂石，欲其成飯，經百千劫祇名熱砂**（註1134）」，十方世界六道眾生之所以不能了生死出三界，其根本原因即是「婬根」不斷，其餘如「殺、盜、大妄語」都不能出三界。但是比較之下，「習氣」最重、害人最深的莫過於——婬欲。此段經文佛先用比喻說，如煮飯用米做，蒸砂不可能做成飯。如想超越「三界」證大菩提，有婬心絕修不成。修得再好，上品修成「魔王」，中品「魔民」，下品「魔女」。不但不能超越三界，也絕不能超越「欲界」，最高只生到「欲界第六天」作魔王。故《楞嚴經》堅決且明確的說：「**汝以婬身，求佛妙果，縱得妙悟，皆是婬根。根本成婬，輪轉三塗，必不能出。如來涅槃，何路修證？必使婬機身心俱斷，斷性亦無，於佛菩提斯可希冀。如我此說，名為佛說，不如此說，即波旬說**（註1135）」。

　　戒法中以「婬戒」為先，不只《楞嚴經》如此說，中國人即常言：「**萬惡婬為首，百善孝為先**」，婬是一切萬惡的根本，亦是儒家最為重視的「人倫禮記」之說（註1136），這句話站在儒家的立場是二分的，何以故？儒家一方面重「保身節欲」之說，一方面又重「無後為大」之人倫孝悌之道。如果站在佛家麼場來說，婬與

註　1133　《大正藏》第十七冊頁916中。

註　1134　頁131下。

註　1135　頁131下。

註　1136　茲舉「戒之在色賦文」詳云：「個個《中庸》記得，九經忘遠色之經；人人《論語》讀完，三戒昧少時之戒。《傳》曰『男有室，女有家』，毋相瀆也；《禮》云『內外亂，禽獸行』，則必滅之。放【鄭聲】而有訓，此語應聞；思【魯頌】以無邪，其言猶在！『非禮勿動』，衾影中浩浩其天；『反身而誠』，倫紀中賢賢易色」。見《壽康寶鑑》頁46。台北福峰印刷公司。83、6。

孝是「雙顯雙彰」，是「全戒婬即孝」，「全孝即戒婬」的，這句話怎麼說？《五母子經》中載：

> 昔有沙彌，年七歲，出家得道，自識宿命，因而歎曰：吾之一身，累五母悲惱。爲第一世母子時，鄰家亦生，我獨短命，母見鄰子長成，即生悲惱。爲第二母子時，我復早夭，母若見人乳兒，即生悲惱。爲第三母子時，十歲即亡，母見他兒飲食類吾，即生悲惱。爲第四母子時，未娶而死，母見同輩娶婦，即生悲惱。今當第五世，七歲出家，我母憶念，復生悲惱。五母聚會，各說其子，咸增哀苦。吾念生死輪迴如此，當勤精進修道（註1137）。

這是說吾人與父母的關係是生生世世不相捨離的，父母一生精血，大半為人子耗盡。所謂懷胎十月，乳哺三年，以及推燥就濕之苦，多為母親所受。吾人從無量劫來，所飲母乳，多於大海之水；大小便利，汙及於親者，亦多於大海之水；甚至生而不壽早夭，累及親眷哭泣，所出的目淚，亦多於大海之水，這些都是因「生死輪迴、輾轉投胎」之故。所以縱使世世「盡孝」，得親歡心，終不若不「投胎輪迴」而連累其雙親為愈。《大寶積經·卷四十一》明云：

> 「菩薩觀諸眾生，愚癡顛倒，耽嗜婬欲，於母姊妹尚生凌逼，況復於彼餘眾生等？菩薩摩訶薩觀是事已，作如是念：苦哉世間！乃能容止非聖之聚，惡業無愧，充滿其中。復作是念：咄哉苦哉！如是眾生，曾處母胎，臥息停止，生由產門，如何無恥，共行斯事（註1138）」？

《大寶積經·卷四十四》更詳云：「若有眾生味著男女妻妾諸女色欲，當知即是味著礫石之電，即是味著利刀之刃，即是味著大熱鐵丸，即是味著坐熱鐵床，即是味著熱鐵机凳……若有攝受妻妾男女諸女色欲，當知即是攝受一切眾苦憂愁悲惱之聚（註1139）」。

佛門中的「斷慾去愛」即是不婬一切生生世世「六親眷屬」的「純淨孝法」，是一切「孝」之極致，是尊重一切「具足佛性」之眾生，是不染污三世一切眾生之佛

註 1137 原文詳於《大正藏》第十四冊頁 906 中—907 中。
註 1138 《大正藏》第十一冊頁 236 中—下。
註 1139 《大正藏》第十一冊頁 258 中。

性，故云「全戒婬即孝」、「全孝即戒婬」。《諸經要集・卷四》云：「流轉三界中，恩愛不能脫；棄恩入無為，真實報恩者（註1140）」。婬戒不難守，只要淨心觀一切男子是父，一切女人是母，作法侶想，作蓮胎骨肉想，則何忍一剎那起於慾心？而況從事？若或從事，即為魔法，即為地獄畜牲種，可不戒此婬戒乎？《菩薩處胎經・卷五》佛就曾嚴斥云：「婬為穢惡，死入惡道，刀山劍樹，火車爐炭，鐵觜地獄，黑繩地獄，沸尿地獄，冰山地獄，受無量苦，或入蓮花優缽獄中，風吹火炙，骨節分離（註1141）」。

　　如果我們以現代的社會亂相來說，終究「婬業」仍勝於「殺業」，舉凡情殺、姦殺、外遇邪婬、離婚再婚、綁票劫色、兒童性侵害、同性戀乃至午夜牛郎女郎、脫衣夜總會、摸摸茶、情色網路、援交、夜店……等等色情氾濫，無不是均以「婬事」為冠，殺業為次。若以《修行道地經・卷二》上所說凡人情「有十九輩」亦以「婬」為居首，亦佔了大半（註1142），故《楞嚴經》在論「十種習因」，即首標「婬習」，如卷八云：「是故十方一切如來，色目行婬，同名欲火。菩薩見欲，如避火坑（註1143）」，末後才述貪、慢、瞋、詐、誑、怨、見、枉、訟等惡習。因此佛一再的勸說：「歷劫憶持如來秘密妙嚴，不如一日修無漏業，遠離世間憎愛二苦（註1144）」、「汝聞微塵佛，一切秘密門，欲漏不先除，畜聞成過誤（註1145）」。這是《楞嚴經》佛一再重複訓誡的地方，讀此經者不可不知。是故——「萬惡婬為首，死路不可走」！

（三）婬慾之害

　　《楞嚴經》上除了詳明婬慾是生死根本外，還詳言婬慾之害，這節就要來探討婬慾究竟有何害處？首先舉卷八<u>寶蓮香</u>的故事，經文云：「<u>寶蓮香比丘尼</u>，

註　1140　《大正藏》第五十四冊頁 29 中。
註　1141　《大正藏》第十二冊頁 1037 中。
註　1142　這十九輩是「一曰貪婬、二曰瞋恚、三曰愚癡、四曰婬怒、五曰婬癡、六曰癡恚、七曰婬怒愚癡、八曰口清意婬、九曰言柔心剛、十曰口慧心癡、十一者言美而懷三毒、十二者言麤心怒、十三者惡口心剛、十四者言麤心癡、十五者口麤而懷三毒、十六者口癡心婬、十七者口癡懷怒、十八者口心俱癡、十九者口癡心懷三毒」。《大正藏》第十五冊頁 192 中。
註　1143　頁 143 下。
註　1144　《楞嚴經・卷四》頁 122 上。
註　1145　《楞嚴經・卷六》頁 131 上。

持菩薩戒，私行婬欲。妄言行婬非殺非偷，無有業報。發是語已，先於女根生大猛火，後於節節猛火燒然，墮無間獄（註1146）」。寶蓮香也跟我們凡夫作如是想，婬慾事非殺非偷，何罪業之有？剛作是言，即「現身」墮無間地獄受「現報」，豈不畏哉？或許有人認為此段經文過於誇張而疑偽，實不然也，諸佛經中亦多載此事。如：

① 《大般涅槃經·卷三十三》即載善星比丘讀誦十二部經獲得四禪，後因親近惡友退失四禪，而作是言：「無佛無法無有涅槃（註1147）」，生此邪惡之心後，故「生身陷入，墮阿鼻獄」中。

② 《大唐西域記·卷四》載毘末羅蜜多羅（唐譯為無垢友）論師，才云：「我當製諸論，令贍部洲諸學人等絕大乘稱滅世親名」之語，即「心發狂亂，五舌重出，熱血流涌，知命必終」（註1148）。

③ 《大唐西域記·卷十一》又載：大慢婆羅門「憤恚深罥苾芻，謗毀大乘，輕蔑先聖，言聲未靜，地便拆裂，生身墜陷（即生身陷入地獄）」（註1149）。

④ 乃至《宋高僧傳·卷四》中的順璟法師，因不信大乘生大毀謗，時「地則徐裂，璟身俄墜，時現生身陷地獄焉，于今有坑（註1150）」……等，這些史料及真人真事的記載（連遺跡都在）是足以取信的！

有人認為婬慾是「兩相情願」之事，是不擾眾生，何罪之有？《大智度論·卷四十六》云：

「婬欲雖不惱眾生，心繫縛故，立爲大罪，以是故戒律中婬欲爲初（註1151）」。

《出曜經·卷四》亦詳云：「婬火熾盛，便能燔燒諸善之本。婬荒之士，不識善惡，亦復不別清白之行，不知縛解出要之道。如斯輩人，遂無慚愧，寧喪親族分受形辱，不關婬性以違其志。或因婬欲，殺害父母、兄弟、姊妹，

註 1146 頁 143 上。
註 1147 《大正藏》第十二冊頁 561 下。
註 1148 《大正藏》第五十一冊頁 892 中。
註 1149 《大正藏》第五十一冊頁 936 上。
註 1150 《大正藏》第五十冊頁 728 上。
註 1151 《大正藏》第二十五冊頁 395 下。

斯受其殃；或因婬逸，罪及五逆，王者所戮，死受惡報。猶野火行，傍樹爲燋，既罪自深，復及宗親。人由婬欲，違佛慢法，謗毀聖眾，爲諸聖賢之所嗤笑（註1152）」。

　　吾人須明瞭，一切眾生由「婬慾」主導而殺害父母，造五逆十惡之罪，都是由「婬事」所起的，故《大智度論》說就算婬慾事不惱害眾生，亦「立爲大罪」，這是有其深意的。而佛以寶蓮香爲例以訓末世眾生，千萬不能以「婬事」無罪業報而恣情縱慾，這不但是生死根本，亦將得無量無量的地獄果報，《大智度論・卷三十五》即云：「婬欲爲諸結之本。佛言：寧以利刀割截身體，不與女人共會。刀截雖苦不墮惡趣，婬欲因緣，於無量劫數，受地獄苦。人受五欲，尚不生梵世，何況阿耨多羅三藐三菩提（註1153）」？

　　《楞嚴經》闡述「婬慾之害」不遺餘力，卷八的「十習因」，「第一習因」即開始說「婬習交接，發於相磨。研磨不休，如是故有大猛火光，於中發動，如人以手自相摩觸，煖相現前。二習相然，故有鐵床銅柱諸事，是故十方一切如來，色目行婬，同名欲火。菩薩見欲，如避火坑（註1154）。當男女二根「婬習交接」，就會有「大猛火光」，這在《大智度論》中亦有說明，卷三十五云：「欲爲熾然者，若未失時，三毒火然，若其失時，無常火燒，二火燒故，名爲熾然，都無樂時（註1155）」。民間俗語不也常說「慾火焚身」之話嗎？所以「婬習交接」導致「大猛火光」而產生「鐵床銅柱」地獄就是「慾火焚身」的道理。《四十二章經》就如是說：「愛欲之人，猶如執炬，逆風而行，必有燒手之患（註1156）」、《大智度論・卷十四》亦載述婆伽捕魚師爲求「王女」不得；而「婬火內發，自燒而死（註1157）」，只是我們從來沒有去研究「慾火」會導致「焚身」的道理，故《楞嚴經》即詳明此理。

　　《楞嚴》經文又說婬慾會導致「鐵床銅柱」地獄，經文中並沒有詳細介紹是怎樣的地獄，我們可以從《觀佛三昧海經・卷五》中得知「銅柱地獄」是屬於犯

註　1152　《大正藏》第四冊頁627上。
註　1153　《大正藏》第二十五冊頁317中。
註　1154　頁143下。
註　1155　《大正藏》第二十五冊頁317下。
註　1156　《大正藏》第十七冊頁723中。
註　1157　《大正藏》第二十五冊頁166中。

邪婬行、非處非時行不淨業所感得的地獄果報（註1158），為引眾誡，不妨簡述之，即：

好婬之人在地獄時，死者神識生於一根狀如火山的銅柱頂上，銅柱之下有大猛火，火上有鐵床，床上有刀輪，又有鐵嘴蟲、鐵嘴鳥，這時犯婬戒的罪人會被火燒的痛苦萬分，忽然看見鐵床上有美女（若罪人是女人則會看見美男子），於是心生愛慾就從銅柱滑下滾到鐵床上，即時他們的男女根同時都發生猛火焰，鐵嘴蟲也就鑽入男女根中，出出入入令人痛苦萬分，如是一日一夜間，死九百億次，生九百億次。所以十方如來視行婬一事，異口同聲都稱為「欲火」，而菩薩視婬慾就如猛火坑，避之惟恐不及的遠遠離開！故《八師經》云：

「婬為不淨行，迷惑失正道。精神魂魄馳，傷命而早夭。受罪頑癡荒，死復墮惡道。吾用畏是故，棄家樂林藪（註1159）」。

《大乘日子王所問經》更呵斥云：「婬慾臭穢根不淨，過後常增業苦深。譬如廣大不淨坑，滿盛糞壞多臭穢。亦似塚間脝脹屍，婬慾之人亦如是。復似蠅蟲呞瘡腫，驢馬奔眠糞穢中。豬狗食啖臭魚等，耽愛女人亦如是（註1160）」。

前面說的是「十習因」的第一習因——貪婬之習，接著《楞嚴經》又繼續說「六交報」之果報，表面上好像與貪婬之報無關，其實「六交報」的第一「見報」，就是導致「色目行婬」的主要原因，因為眼見「色」就被色相所轉，再和其它五根交接，如見美色而生愛心，耳聽其（女人）語，鼻聞其（女人）香，舌欲吻其唇，身欲觸其身，意亦生不淨想，因此造成所謂的「婬業」，故「六交報」的第一個「見報」亦是「行婬」人的果報。經文云：

「見報招引惡果。此見業交，則臨終時，先見猛火滿十方界。亡者神識，飛墜乘煙，入無間獄。發明二相。一者明見，則能遍見種種惡物，生無量畏。二者暗見，寂然不見，生無量恐。如是見火，燒聽，能為鑊湯烊銅。燒息，能為黑煙紫燄。燒味，能為焦丸鐵糜。燒觸，能為熱灰爐炭。燒心，能生星

註 1158 原經文詳於《大正藏》第十五冊頁 672 下—673 上。

註 1159 《大正藏》第十四冊頁 965 中。

註 1160 《大正藏》第十二冊頁 73 下。

火迸灑，煽鼓空界（註1161）」。

這段敘述跟「鐵床銅柱」的業報差不多（詳於《觀佛三昧海經・卷五》），只是強調「一根造業，六根受報」的道理。如生前所見的花容月貌，現則變成銅柱鐵床；生前耳朵所聞的鶯聲燕語、鼓樂絃歌，化成鑊湯湧沸、鎔銅灌口的聲音；鼻所嗅的芳香、龍涎、麝香，化為烏煙紫燄之氣；舌所嚐的甜蜜滋味、珍羞美味，成為鐵丸鐵汁。所觸摸的嫩肌玉體，成為紅炭熱灰；心中所愛戀的婬慾、吳姬越艷，成為火星四射，煽滿虛空各處。這都是貪婬的地獄果報。經文下面的「五交報」亦是如此，此不再多述。

好婬的人受完「鐵床銅柱」的罪報後，即成為「魃鬼」，卷八經文云：「貪色為罪，是人罪畢，遇風成形，名為魃鬼（註1162）」。「魃鬼」是一種女妖之鬼，又名「旱鬼」，它所到之處，就大旱不雨，因此鬼多婬，故感陰陽不調，妖風能令雲雨失調。《神異經》云：「魃鬼長二、三尺，其行如風，所現之處必大旱，蓋以酷婬則致陰陽不合，妖風能令雲雨不成也（註1163）」。在《正法念處經・卷十七》中又名之為「欲色餓鬼」、「迦摩餓鬼」（註1164）。這個鬼到了五十陰魔境中「受陰境」的第二境亦再次「現身」，它仍然是扮演著「婬亂」的角色，如卷九經文云：

「其人亦不覺知魔著，亦言自得無上涅槃……是人愚迷，惑為菩薩。婬逸其心，破佛律儀，潛行貪欲。口中好言諸佛應世。某處某人，當是某佛化身來此。某人即是某菩薩等，來化人間。其人見故，心生傾渴，邪見密興，種智銷滅。此名『魃鬼』，年老成魔，惱亂是人。厭足心生，去彼人體。弟子與師，俱陷王難。汝當先覺，不入輪迴。迷惑不知，墮無間獄（註1165）」。

「魃鬼」在《楞嚴經》中一再扮演著婬亂的角色，專門恣行婬慾。故好婬的人受完地獄果報後即輪為「魃鬼」的業報。

註　1161　頁144中。

註　1162　頁145上。

註　1163　《卍續藏》第二十四冊頁689下。

註　1164　詳於《大正藏》第十七冊頁97下。

註　1165　頁149中—下。

　　受完「魃鬼」報後，經文又云：「風魃之鬼，風銷報盡，生於世間，多為咎徵，一切異類（註1166）」，婬習遇風成形的「旱魃鬼」，風銷報盡，形滅苦終，轉生世間，因貪色餘習未盡，故多為不吉祥的「咎徵禽獸」或惡行災異的「商羊舞水、江豚拜風」等，或成為「好婬之禽獸」，如《正法念處經·卷三十四》云：「慾心增上，謂孔雀鳥、俱翅羅鳥、鳩鴿雞雀、鵝鴛鴦眾蜂魚等（註1167）」之類的動物。《修行道地經·卷二》則云：「然後得出，復作婬鳥，鸚鵡、青雀及鴿鴛鴦、鵝鶩、孔雀、野人獼猴（註1168）」。之後再繼續輪轉「彼咎徵者，酬足復形，生人道中，參合異類（註1169）」。這大致是說會輪轉成「胎兒並體」，「二頭四足」、「雙性不男不女」或「六根不正常」……等等之人，《修行道地經·卷二》云：「設還作人，多婬放逸，輕舉卒暴（註1170）」。這個由婬慾輪迴的果報，我們可以將它整理成：

　　婬習交接➡大猛火光➡鐵床銅柱➡遇風成形為魃鬼(鬼道)➡
　　風銷報盡為咎徵異類(畜牲道)➡酬足復形為參合異類(人道)。

　　貪婬人受「地獄果報」後再轉受其它的果報，除《楞嚴經》的說法外，諸經有異說，試舉《正法念處經·卷十二》描述好婬之人受完地獄業報後所生的畜牲道情形，如云：

「若惡業盡，彼地獄處爾乃得脫，既得脫已，復於無量百千世中，於食自肉餓鬼中生，自食身肉，雖自食肉而復不死。以作業時，自姊妹等，行非梵行，自受樂故，於餓鬼中自食身肉。若脫彼處，生畜牲中，常作牝豬，自食其子，如人中時，於親等中行婬業故。彼人彼處若得脫已，難得人身，如龜遇孔。若生人中同業之處，彼人常有人根惡病，如是人根惡病急故，自割人根。彼業因緣，若自有妻，為下賤人之所侵逼，不相應人共行婬欲，以作業時，犯他妻故，一切惡中，邪見邪行，最為深重，此不善業，於世出世皆不相應（註1171）」。

註　1166　頁145上。
註　1167　《大正藏》第十七冊頁201中。
註　1168　《大正藏》第十五冊頁194下。
註　1169　頁145中。
註　1170　《大正藏》第十五冊頁194下。
註　1171　詳於《大正藏》第十七冊頁69中—下。

　　《出曜經・卷六》更將貪婬人從地獄受完果報後再分成「畜牲」、「餓鬼」、「人」、「天」等的業報情形，茲舉如下（註1172）：

❶ 若復貪婬之人墮畜牲中，或有時節婬起，或無時節婬起，婬有時節眾生輩，雖犯於婬不犯他妻，婬意偏少，不大慇懃婬起。或無時節眾生者，在人間時婬意偏多，犯他婦女，今爲畜牲，欲意甚多，以是之故，婬無時飾，生在畜牲，受罪如是。

❷ 貪婬眾生墮餓鬼中，爲婬婬故，共相征伐，乃至阿須倫與諸天共爭，皆由貪婬。犯他妻婦，生餓鬼中，受罪如此。

❸ 貪婬之人生人中者，己婦妻女，姦婬無度，遊蕩自恣不可禁止，若復強犯，越法婬婬，或尊或卑，不避親疏，雖得爲人，亦無男根。或有兩形或無形者，或者一形，亦不成就，如此婬婬之類，皆由犯婬無高下故。

❹ 貪婬之人若生爲天，遭五災疫，瑞應之變，己天王女與他娛樂，天子見己，內懷憂感，如被火然，我身猶婬玉女離索，心意熾然，生不善念，於彼命終，生地獄中，斯由不福利行，生五道中，隨形受苦，其罪不同。

　　婬慾除了導致「鐵床銅柱」、「魃鬼」、「咎徵異類」、「參合異類」外，在卷八中更詳細的說「情重與否」與「墮落三塗」的關係（這段應在「十習因六交報」之前，現移至此說，乃筆者先強調貪婬之害，再談情重與否所造成的果報）。基本上《楞嚴經》認為婬愛愈重，墮落則愈深，如「純情無想」墮地獄。「九分情一分想」墮餓鬼。「八分情二分想」墮畜牲。「六分情四分想」在阿修羅道。「情想各半」在人道。「四分情六分想」在天道。如經文云：

　　「情多想少，流入橫生，重爲毛群，輕爲羽族。七情三想，沈下水輪，生於火際，受氣猛火，身爲餓鬼，常被焚燒，水能害己，無食無飲，經百千劫。九情一想，下洞火輪，身入風火二交過地，輕生有間，重生無間，二種地獄。純情即沈，入阿鼻獄。若沈心中，有謗大乘，毀佛禁戒，誑妄說法，虛貪信施，濫膺恭敬，五逆十重，更生十方阿鼻地獄。循造惡業，雖則自招。眾同分中，兼有元地。阿難！此等皆是彼諸眾生自業所感，造十習因，受六交報

（註1173）」。

這個「想」字是澄心觀想、淨想之意，「情」是染情意。

下面就將它整理成圖表：

～情想有無業報圖～

❶ 純想無情　→　必生天上，若飛心中，兼福兼慧，及與淨願，自然心開，見十方佛，一切淨土，隨願往生。

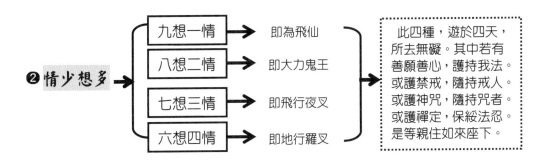

❷ 情少想多

九想一情	→	即為飛仙
八想二情	→	即大力鬼王
七想三情	→	即飛行夜叉
六想四情	→	即地行羅叉

此四種，遊於四天，所去無礙。其中若有善願善心，護持我法。或護禁戒，隨持戒人。或護神咒，隨持咒者。或護禪定，保綏法忍。是等親住如來座下。

❸ 情想均等　→　不飛不墜，生於人間，想明斯聰，情幽斯鈍。
（五情五想）

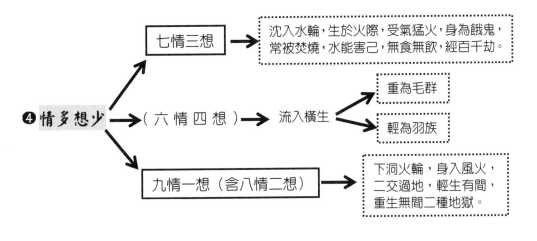

❹ 情多想少

七情三想　→　沈入水輪，生於火際，受氣猛火，身為餓鬼，常被焚燒，水能害己，無食無飲，經百千劫。

（六情四想）→　流入橫生　→　重為毛群
　　　　　　　　　　　　　　　→　輕為羽族

九情一想（含八情二想）→　下洞火輪，身入風火，二交過地，輕生有間，重生無間二種地獄。

❺ 純情無想　→　純情即沈，入阿鼻獄。若沈心中，有謗大乘，毀佛禁戒，誑妄說法，虛貪信施，濫膺恭敬，五逆十重，更生十方阿鼻地獄。

又卷八中載十種鬼「怪鬼、魃鬼、魅鬼、蠱毒鬼、癘鬼、餓鬼、魘鬼、魍魎

鬼、役使鬼、傳送鬼（註1174）」亦都是由「純情墜落」來的，經文言「阿難！是人皆以純情墜落，業火燒乾，上出為鬼。此等皆是自妄想業之所招引，若悟菩提，則妙圓明本無所有（註1175）」。

這小段著墨不少，乃因《楞嚴經》大力闡述婬禍至詳故，這是《楞嚴經》的「經眼處」，《賢愚經·卷三》說得好：「夫婬欲者，譬如盛火，燒于山澤，蔓延滋甚，所傷彌廣。人坐婬欲，更相賊害，日月滋長，致墮三塗，無有出期。夫樂家者，貪於合會、恩愛、榮樂因緣：生、老、病、死、離別、縣官之惱，轉相哭戀，傷壞心肝，絕而復穌。家戀深固，心意纏縛，甚於牢獄（註1176）」。願共勉之！

二、制斷戒淫之用

（一）制婬之法

（1）念觀音

《楞嚴經》卷六中述觀音獲十四種無畏功德。其中第一和第九即「於我身心，獲十四種無畏功德……令彼十方苦惱眾生，觀其音聲，即得解脫（註1177）」、「熏聞離塵，色所不劫，能令一切多婬眾生，遠離貪欲（註1178）」。這是觀音修「反聞聞自性，性成無上道」所獲得的「十四無畏」功德。觀音菩薩由於能熏聞「不生不滅」之聞根自性，所以能遠離諸塵，諸塵不再障礙自性，故曰「色所不劫」。吾人無始劫來，見色則貪，即為色所劫，今觀音已離卻前塵，於色已不相應，了知色性本性即如來藏性，與諸「聞性」元無二性。外境無法「以聞劫聞」、「以色劫色」，就如初生之孺子，不知色為何事，故不受色所劫，即能達「無能貪」與「無所貪」之境。

觀音菩薩獲得這種無畏功德後，若有眾生稱念「觀世音菩薩」名號時，即可

註 1174 頁 145 上。
註 1175 頁 145 上。
註 1176 《大正藏》第四冊頁 367 中。
註 1177 頁 129 上。
註 1178 頁 129 中。

得彼菩薩大威神力加被冥助而解脫「婬慾」之害。如《妙法蓮華經・卷七》云：「若有無量百千萬億眾生受諸苦惱，聞是觀世音菩薩，一心稱名，觀世音菩薩即時觀其音聲皆得解脫（註1179）」、「若有眾生多於婬慾，常念恭敬觀世音菩薩，便得離慾（註1180）」。這種道理是說，任何一位多婬慾的眾生，在一心一意虔誠稱念觀世音菩薩聖號時，則其欲望就會減低或消滅，觀音菩薩會將其「十四無畏」、「三十二應」的功德默默迴向加被稱其名號的人。

　　談到「念觀音」聖號制婬似乎簡略了些；但若真以觀音「初於聞中，入流亡所」的功夫去「除色」，也未免「境界太高」，並不適合「初學者」來對制婬慾，故本段在此並無詳述觀音真正的「內修聞性」功夫，只選「稱名持號」的簡易法門為介紹，願大眾常唸「觀世音菩薩」聖號，便得漸離慾。此法以「唯信恭敬」得度，明・紫柏大師曾就「稱聖號除淫」一法明確的開示說：

　　「予讀《法華・普門品》，至若有眾生多於淫欲，常念恭敬觀世音菩薩，便得離欲。不覺置卷嗟歎久之。眾生之大患，患莫過於淫慾，苟能常念恭敬觀世音菩薩，便得離欲。佛言不妄，今天下恭敬念觀世音菩薩者，在處有之。乃稱名而離欲者，何其寡哉？則佛言亦有妄乎！嗚呼！淫欲恭敬，初非兩物，果能至誠常念菩薩，即恭敬現而淫欲沒。稱名少懈，則淫欲現而恭敬沒。如此境界深淺，氣力生熟，予亦驗之屢矣。佛語不妄，人無恒志，自墮疑網凡（註1181）」。

印光大師亦云：「竭誠盡敬」稱念聖號，必得斷慾，妙！妙！妙！妙！（註1182）

（2）誦神咒

　　近代圓寂不久的高僧宣化大師言：「佛說《楞嚴經》，其因緣為阿難被摩登伽女，用先梵天咒所迷，婬躬撫摩，將毀戒體，佛敕文殊持咒往護，攝阿難還，

註　1179　《大正藏》第九冊頁 56 下。
註　1180　《大正藏》第九冊頁 57 上。
註　1181　《紫柏尊者全集・卷十五》，《卍續藏》第一二六冊頁 900 上—下。
註　1182　《印光法師文鈔三編上・卷一》頁 17 之「復明性大師書」。

故知『楞嚴咒』乃《楞嚴經》之主體，若無『楞嚴咒』，則不應有《楞嚴經》(註1183)」。大師之說，直把「楞嚴咒」視為一部《楞嚴經》之主體，這是有根據的。《楞嚴經》的緣起的確是由摩登伽女用「先梵天咒」惑住阿難，彼將婬犯阿難，導致佛派文殊菩薩持「楞嚴咒」前往救護，待「提獎歸來」來才開始宣講《楞嚴經》之理，如卷一經文云：「於時世尊，頂放百寶無畏光明，光中出生千葉寶蓮，有佛化身，結跏趺坐，宣說神咒，敕文殊師利將咒往護 (註1184)」。佛在卷一中是用「化佛」說咒，是「密說」，這「密說」只有佛與佛才能證知，如《大佛頂如來放光悉怛多般怛羅大神力都攝一切咒王陀羅尼經大威德最勝金輪三昧咒品》即云：「我有佛神咒，名曰：佛頂如來放光摩訶悉怛多般多羅攝一切咒王最勝金輪帝殊羅金剛大道場陀羅尼，極大尊重，為利益一切眾生，更無有上，唯佛與佛共相傳說，汝等應當一心受持，生希有想(註1185)」。說後即遣文殊往救，但這個咒的內容一直到卷七佛才「正式」向大眾宣說，經云：「雖蒙如來佛頂神咒，冥獲其力，尚未親聞 (註1186)」。在卷七說了神咒後，一直到卷十都不離讚「楞嚴咒」之功德與勸修之事 (在下面將一一說明之)。

　　縱觀此經前後，不只「楞嚴咒」是《楞嚴經》之主體，亦是佛一再強調作為「斷婬、除魔、證道」之法，如《楞嚴經》卷四末云：「何須待我佛頂神咒，摩登伽心婬火頓歇，得阿那含……如摩登伽宿為婬女，由神咒力銷其愛欲，法中今名性比丘尼 (註1187)」。摩登伽初聞「楞嚴咒」就得「阿那含果」是很明確的。卷七初世尊又云：「彼尚婬女，無心修行，神力冥資速證無學 (註1188)」，經文直說「我一宣揚，愛心永脫」，而後的「神力冥資，速證無學」明指是由「楞嚴咒」的「神力」威德使摩登伽捨離婬愛而得證果。

　　太虛大師於《楞嚴經研究》云：「本經始終唯是持佛頂咒永脫魔邪障 (註1189)」，其實《楞嚴經》經題就是「大方廣妙蓮花王十方佛母陀羅尼咒·灌頂章

註 1183 見《楞嚴咒疏》一書之「序文」。台北大乘講堂印。81、9。
註 1184 頁106下。
註 1185 《大正藏》第十九冊頁181下。
註 1186 頁133下。
註 1187 頁122上。
註 1188 頁133上。
註 1189 太虛大師對《楞嚴經》整理了「十門」，即「十意」之說，其中第八門即是此門。見太虛大師《楞嚴經研究》頁141。台北文殊出版。78、9。

句諸菩薩萬行首楞嚴」，就已經將「楞嚴咒」含在其中，後佛由頂光寶蓮「化佛」說咒，到卷七則重複說咒內容及功效：「十方如來，傳此咒心，於滅度後付佛法事，究竟住持，嚴淨戒律，悉得清淨（註1190）」。一直到卷十云：「若有眾生，能誦此經，能持此咒，如我廣說，窮劫不盡。依我教言，如教行道，直成菩提，無復魔業（註1191）」、「一心勸令持我佛頂陀羅尼咒。若未能誦，寫於禪堂，或帶身上，一切諸魔，所不能動。汝當恭欽十方如來，究竟修進最後垂範（註1192）」。經文一再重複「楞嚴咒」乃是釋迦如來「究竟修進最後垂範、究竟住持」，足證《楞嚴經》從頭到尾「始終唯是持佛頂咒永脫魔邪障」。

　　或有人問，持楞嚴咒是「降魔」用，與「斷婬愛」有何關係？答案很簡單，我們看五十陰魔境的經文就會認同一句話：「魔者不離色，色者不離魔」、「魔即是色，色即是魔」。不只佛經上常用「魔女」一詞，就連中國人也常說「魔女」，而不說「魔男」之詞。如：

①經文前面卷六云「縱有多智，禪定現前。如不斷婬，必落魔道。上品魔王、中品魔民、下品魔女、彼等諸魔，亦有徒眾，各各自謂成無上道。我滅度後末法之中，多此魔民，熾盛世間，廣行貪婬，爲善知識，令諸眾生落愛見坑失菩提路（註1193）」。

②卷九受陰之「空魔」則：「常於信心檀越，飲酒噉肉，廣行婬穢（註1194）」。

③受陰之「慾魔」則：「其行婬者，名持法子。神鬼力故，於末世中攝其凡愚（註1195）」。

④乃至「想陰十魔」各各都是「讚歎婬欲，破佛律儀。先惡魔師，與魔弟子，婬婬相傳。如是邪精魅其心腑，近則九生，多踰百世，令眞修行，總爲魔眷。命終之後，必爲魔民，失正遍知，墮無間獄（註1196）」。

　　足證《楞嚴經》中「魔者乃不離色，色者亦不離魔」之理，持「楞嚴咒」除「魔

註 1190 頁 137 上。
註 1191 頁 155 上。
註 1192 頁 154 中。
註 1193 頁 131 下。
註 1194 頁 149 上。
註 1195 頁 149 上。
註 1196 頁 151 中。

障」，正是在「斷除婬愛」的魔業。故《首楞嚴三昧經·卷下》即說若有人能住於「首楞嚴三昧」，則就算與天女娛樂，亦不受其婬慾之害（註1197）。故《楞嚴經》堅決的說：「不持此咒而坐道場，令其身心遠諸魔事，無有是處（註1198）」，不是沒有道理的！

除了經上的力勸與讚歎外，明·憨山大師亦盛讚「楞嚴咒」說：

「現行易制，宿習難除，是須誦我無上佛頂心咒，此則顯密雙修，三慧並運，庶幾三障可破，三惑可除，而三界可超，三身可證矣，況此神咒功力速疾冥資，但能依教加持，破惑如霜遇日……妙圓之行，誠在斯矣，歸真之要，妙在茲乎！是故宣揚神咒使眾咸聞，廣顯功能，策令諦信，方盡修道之門，統收妙圓之行耳」（註1199）。

明·紫柏大師亦讚云：「深思婦人婬業重，堅固難拔等須彌。須彌可傾婬難斷……皆先戒殺後婬欲。先婬後殺惟《楞嚴》，是故報母應仗此。南無無上楞嚴咒，消母婬業如天風」（註1200）。

是以持「楞嚴咒」除婬愛業是本經所說，亦是諸祖大師所共倡！

（3）持齋戒

另外一種降伏婬心的方法是如法的「齋戒」，「齋戒」二字廣義言之，指清淨身心，而慎防身心之懈怠；狹義而言，則指「八關齋戒」（aṣṭāṅga-samanvāgatopavāsa），或特指「過午不食」之戒法。「齋」之梵語是upoṣadha，巴利語作 uposatha，音譯為「烏逋沙他」、「布薩陀婆」，略譯為「布薩」。原是為古印度之祭法，即每隔「十五日」舉行一次集會，令各自懺悔罪過、清淨身心；於此日，祭主並行「斷食」而住於「清淨戒」之法。到佛陀時代，「尼乾子」

註 1197 原經文云：「住首楞嚴三昧，神力自在……與諸天女現相娛樂，而實不受婬慾惡法」。《大正藏》第十五冊頁 640 上。
註 1198 頁 137 上。
註 1199 《楞嚴經懸鏡》，《卍續藏》第十九冊頁 66 上。
註 1200 《卍續藏經》第一二六冊頁 975 下。

等外道亦沿用此風，集會一處而持「斷食」等四戒，之後佛陀亦允於僧團中採用此一行事，此乃僧團「布薩」之由來。原本「齋」之本意是「清淨」之意，後漸轉指「過午不食」之法，能持守此法者，稱為「持齋」。大多佛教徒便將「素食」慣稱為「吃齋」、「持齋」；但嚴格言之，其與戒律中「齋」之本意並無直接關係。

　　本段在此不打算深入「八關齋戒」的功德與持戒問題，只談談「少慾知足」與伏婬之法。中國人常說：「飽暖思淫慾」，多吃必然多慾。《長阿含經・卷二十二・世紀經世本緣品》中記載「光音天人」福盡命盡下降至此人間，後「取粳米食之，其身麤醜有男女形，互相瞻視，遂生欲想，共在屏處，爲不淨行（註1201）」。古語常說：「飲食男女」，可語淫慾乃來自於過量的飲食，所以佛在《處處經》說如果修行人能「過午不食」，則有五種福德：「一者少婬，二者少臥，三者得一心，四者無有下風，五者身安隱亦不作病。是故沙門道士知福不食（註1202）」。其中「少婬」就是「過午不食」的果報。

　　《楞嚴經》中所倡導的「齋戒」不外乎是「戒肉」、「戒殺」，尤其《楞嚴經》是將「食肉」與「殺生」劃上等號，如：

❶ 卷四云：「以人食羊，羊死爲人，人死爲羊，如是乃至十生之類，死死生生，互來相噉，惡業俱生，窮未來際（註1203）」。

❷ 卷六明確的說：「是食肉人，縱得心開似三摩地，皆大羅刹，報終必沈生死苦海，非佛弟子。如是之人，相殺相吞，相食未已，云何是人得出三界？汝教世人修三摩地，次斷殺生。是名如來先佛世尊，第二決定清淨明誨（註1204）」

❸ 乃至卷八云：「如是眾生入三摩地，要先嚴持清淨戒律。永斷婬心，不餐酒肉，以火淨食，無噉生氣。阿難！是修行人，若不斷婬及與殺生，出三界者，無有是處（註1205）」、「殺彼身命，或食其肉，如是乃至經微塵劫，相

註　1201　見《大正藏》第一冊頁148上。
註　1202　見《大正藏》第十七冊頁527下。
註　1203　頁120中。
註　1204　頁132上。
註　1205　頁141下。

食相誅，猶如轉輪，互爲高下，無有休息（註1206）」。

　　經文一再訓勉大眾要「戒殺生、戒食肉」，這是最根本的「齋戒」入道之門，斷婬之道亦復如是，故決定要戒食肉而清淨素食。吃葷是增長婬心的一個「增上緣」，甚至「食五辛」亦是長增婬心的一個重要關鍵。《入楞伽經·卷八》明白的說：「酒肉蔥韭蒜，佛言是不淨，一切不聽食……是障聖道分……修行常遠離……肉食長身力，由力生邪念，邪念生貪欲，貪心致迷醉，迷醉長愛欲，不解脫生死（註1207）」；故《楞嚴經·卷八》即云：「是五種辛，熟食發婬，生啖增恚。如是世界食辛之人，縱能宣說十二部經，十方天仙，嫌其臭穢，咸皆遠離。諸餓鬼等，因彼食次，舐其唇吻，常與鬼住，福德日銷，長無利益。是食辛人修三摩地，菩薩天仙，十方善神，不來守護。大力魔王得其方便，現作佛身，來爲說法，非毀禁戒，讚婬怒癡（註1208）」。吃五辛的人，縱使他能宣說上三藏十二部經，也無功德，且得「五失之過」（註1209）：一為「生過」、二為「天遠」、三為「鬼近」、四為「福消」、五為「魔業」。讀經者能不戒此「五辛」之戒乎！

　　或有人問佛尚准食「三淨肉、五淨肉」，何故嚴禁「五辛」？且「五辛」是植物，非動物，亦非有殺生，何嚴禁之？何以「五辛」必能殺「三毒」？何來「五失之過」？

　　五辛，梵語是 parivyaya，西藏語為 spod（藥味之義），是指五種有辛味之蔬菜，又作「五葷」，與酒、肉同為佛弟子所禁食之物。准《翻譯名義集》所說：蒜（laśuna）、蔥（latārka）、小根菜（palāṇdu）、韭（grñjana）、興渠（hivgu）等五種辛（註1210）。又《大明三藏法數·卷三十一》則舉出：蔥、薤、蒜、韭、胡荽等五種。食五辛得重罪，諸經論皆有同樣的看法。如：

①《如來在金棺囑累清淨莊嚴敬福經》中記載云：「飲酒食肉五辛之徒，不依聖教，雖造經像數如塵沙，其福甚少，蓋不足言，劫燒之時，不入海龍王

宮，勞而少功，不敬之罪，死入地獄（註1211）」。

② 《(北)涅槃經・卷四》云：「如人噉蒜，臭穢可惡，餘人見之聞臭捨去，設遠見者猶不欲視，況當近之（註1212）」？

③ 《(北)涅槃經・卷十二》云：「不食肉不飲酒，五辛能熏悉不食之。是故其身無有臭處，常為諸天一切世人恭敬供養尊重讚歎（註1213）」。

④ 《阿彌陀鼓音聲王陀羅尼經》云欲修此法者需：「當處閑寂，洗浴其身著新淨衣，飲食白素，不噉酒肉及以五辛，常修梵行（註1214）」始可成就。

⑤ 據《佛說穰麌梨童女經》記載，穰麌梨（Jāṅgulī）乃觀自在菩薩化身之一，以此尊為本尊之修法可驅除「藥毒、咒毒、蟲毒、魅毒」等各種毒害，然行者修此法時，必須先禁斷「五辛、鹽、油」等（註1215）……等等。

⑥ 某些道家亦將「韭、薤、蒜、芸薹、胡荽」等五辛列為禁食，「練形家」則以「小蒜、大蒜、薤、芸薹、胡荽」等五辛為禁食。雖然「禁食五辛」之戒律為修行者所應嚴格持守，然若因「重病」而非食「五辛」不得痊癒者，佛陀亦特別開許。

⑦ 據《諸經要集・卷二十》所引《僧祇律》、《十誦律》及《五分律》等之記載，因病「食蒜」之比丘，應在七日中別居於一僻靜之小房內，不得臥僧「床褥」，復不得至大眾「方便處、講堂處、佛塔、僧堂」等處，亦不得就佛禮拜，僅能在「下風處」遙禮，於七日滿後，需「澡浴熏衣」，方得入眾（註1216）。

⑧ 《大智度論・卷六十七》曾云：「北方有雪地，雪山冷故，藥草能殺諸毒，所食米穀，三毒不能大發，三毒不能大發故，眾生柔軟，信等五根皆得勢

註 *1211* 詳於《大正藏》第八十五冊頁1305中。或參見於《諸經要集・卷八》，《大正藏》第五十四冊頁75下。

註 *1212* 《大正藏》第十二冊頁386中。

註 *1213* 《大正藏》第十二冊頁432下。或見於《(南)涅槃經・卷十二》云：「不食肉不飲酒，五辛葷物，悉不食之，是故其身無有臭穢，常為諸天一切世人恭敬供養尊重讚歎」。《大正藏》第十二冊頁674中。

註 *1214* 《大正藏》第十二冊頁353上。

註 *1215* 詳於《大正藏》第二十一冊頁293下。

註 *1216* 詳於《大正藏》第五十四冊頁189中。另外《十誦律・卷三十八》載：「佛告諸比丘，比丘不得噉蒜，若噉者，突吉羅」（《大正》二十三冊頁275中）。《十誦律・卷三十八》亦載：「噉蒜者，不應近佛，乃至和尚、阿闍梨，一切上座佛塔，聲聞塔、溫室講堂，僧食廚下，不得近僧坊，外門立，不得入僧廁大小便，不得入僧浴室，不得入眾入坐處，當於屏房住」（《大正》二十三冊頁275中—下）。又據《五辛報應經》云：「七眾等不得食肉熏辛，讀誦經論得罪，有病開在伽藍外白衣家，服已滿四十九日，香湯澡浴竟，然後許讀誦經論不犯」。亦同見《大正藏》第五十四冊頁189中。

力，如是等因緣，北方多行般若波羅蜜（註1217）」。這段文意指其雪山的「藥草」，其力能殺「三毒」，能長「五根」（信根、進根、念根、定根、慧根），促使多行「般若波羅蜜」；那麼「五辛」亦屬「草木」之類，則熟食能增婬，生時長恚，亦殺法身障聖道，又有何不能呢？

現代醫學證明「蔥蒜」有助於身體健康，甚致有「防癌」的作用，遂鼓勵人多食用，這是「世間學」的說法。若按照佛宣講的《楞嚴經》，則以蔥蒜「熟食」會增長人類的荷爾蒙，激發婬心；若「生吃」則會增長火氣，激發怒氣；不知蔥蒜有害身體與修道，就是一種「愚癡」。這麼一來，為了貪吃「蔥蒜」而一併也將三毒「婬怒癡」都造盡了。《楞伽阿跋多羅寶經·卷四》中佛曾呵斥「蔥蒜」云：

「一切肉與蔥，及諸韭蒜等，種種放逸酒，修行常遠離……飲食生放逸，放逸生諸覺，從覺生貪欲，是故不應食，由食生貪欲，貪令心迷醉，迷醉長愛欲，生死不解脫……酒肉蔥韭蒜，悉為聖道障（註1218）」。

《梵網經·卷下》則云吃「五辛」之罪報，云：「若佛子不得食五辛，大蒜、革蔥、慈蔥、蘭蔥、興蕖，是五種一切食中不得食，若故得食者，犯輕垢罪（註1219）」。

乃至《楞嚴經》卷八經文云：「修菩提者永斷五辛，是則名為第一增進修行漸次（註1220）」，將「永斷五辛」視為「第一增進修行漸次」，正與卷四中「四淨誨」以「婬」為第一清淨明誨相呼應。一個以「婬」為四大清淨之首，一個以會使人「增婬長恚」的「五辛」為第一修行次第，這亦是《楞嚴經》從頭到尾始終教人永斷「婬、肉、五辛」的一貫說法。《楞嚴經》經文組織之嚴密，直教人讚歎再三！

（4）不淨觀

《楞嚴經》中有提到「不淨觀」修法只有兩處，都在第五卷，一是優波尼沙

陀，經文云：「我亦觀佛最初成道。觀不淨相，生大厭離，悟諸色性。以從不淨白骨微塵，歸於虛空，空色二無，成無學道（註1221）」。一是烏芻瑟摩（Ucchuṣma），經文云：「有佛出世，名曰空王。說多婬人，成猛火聚。教我遍觀百骸四肢諸冷煖氣。神光內凝，化多婬心成智慧火。從是諸佛皆呼召我，名爲火頭。我以火光三昧力故，成阿羅漢……我以諦觀身心煖觸，無礙流通，諸漏既銷，生大寶燄，登無上覺，斯爲第一（註1222）」。另外卷八則提到：「當觀婬欲，猶如毒蛇，如見怨賊（註1223）」。

　　優波尼沙陀是修「不淨白骨觀」成就的，「白骨觀」（asthi-saṃjñā）又作「想相生」、「骨想」、「枯骨想」。為九想觀法中的「骨想觀」，觀想死屍之筋斷骨離，形骸分散，白骨狼藉不淨之狀，藉以知「無常」而除卻「貪欲執著」之念。

　　「不淨觀」（a-śubhā-smṛti，巴 asubhānupassin），又作「不淨想」，為「五停心觀」之一。即觀想自他肉體之骯髒、齷齪，以對治貪欲煩惱之觀法。人的屍體隨時間而變化為醜惡之形狀，故在諸經典中皆舉有多種不淨之觀屍法，以治貪欲之心。《大乘義章・卷十二和十三》中將不淨觀分為厭他身而「觀他不淨」與厭自身而「觀自不淨」二種（註1224），現將「不淨九想觀」略述如下：

(1)青瘀想（vinīlaka-saṃjñā）：又作「想相壞」、「青想」，觀想風吹日曬，死屍變黃赤色，復又發黑青。

(2)膿爛想（vipūyaka-saṃjñā）：又作「想相爛」、「絳汁想」，觀想死屍皮肉糜爛，自九孔出膿生蟲。

(3)蟲噉想（vipaḍumaka-saṃjñā）：又作「想相蟲啖」、「食不消想」，觀想蛆蟲、鳥獸之食屍。

(4)膨脹想（vyādhmātaka-saṃjñā）：又作「想相青胖」，觀想死屍之膨脹。

(5)血塗想（vilohitaka-saṃjñā）：又作「想相紅腐」、「膿血想」，觀想死屍之膿血溢塗。

(6)壞爛想（vikhāditaka-saṃjñā）：又作「想相蟲食」，觀想皮肉之破裂、腐爛。

註　1221　頁125下。
註　1222　頁127上—中。
註　1223　頁141下。
註　1224　詳於《大正藏》第四十四冊頁697下—698下和頁735中—736中。

(7)敗壞想（vikṣiptaka-saṃjñā）：又作「想相解散」，觀想皮肉爛盡，僅存筋骨，七零八落。

(8)燒想（vidagdhaka-saṃjñā）：又作「想相火燒」，觀想死屍燒為灰燼。

(9)骨想（asthi-saṃjñā）：又作「想相生」、「枯骨想」，觀想死屍成為一堆散亂之白骨。

以上九種名稱之順序亦各有異說。又據《俱舍論・卷二十二》載，修「不淨觀」可對治「顯色貪、形色貪、妙觸貪、供奉貪」等四種貪（註1225）。

《治禪病祕要法・卷上》上則教修「男根不淨」和「女根不淨」之法，大致是（註1226）：

男根不淨

「男子周身四百四脈，皆從眼根布散，流注諸腸，生臟之下，熟臟之上；於其兩邊，盛青色膿，如野豬精，臭惡難近。至陰藏處，分為三支，如芭蕉葉紋，有一千二百脈，一一脈中，皆有風蟲，細於秋毫；風蟲之外，有筋色蟲，七萬八千，圍繞如環。眼觸於色，風動於心，心根一動，四百四脈皆動，八萬戶蟲，一時張口，眼出諸淚，其色青白，化成為精，從小根出」。

女根不淨

「若有眾生，貪婬風動，晝夜思慾，如救頭然，當疾治之；治之之法，先觀『子臟』，『子臟』者，在『生臟』之下，『熟臟』之上，有九十九重膜，如死豬胞，滿盛惡露，形如馬腸，上圓下尖，直至產門。中有一千九百細節，如芭蕉紋，八萬戶蟲，周匝圍繞；人飲水時，散布四百四脈，諸蟲食之，即吐敗膿，其色如血，復有細蟲，遊戲其內。積之一月，無可容受，所以女人必有經水」。

註　1225　詳於《大正藏》第二十九冊頁117中—下。

註　1226　此處只是大約簡說，原文請詳閱《大正藏》第十五冊頁335下—336上。

此外《天台四教儀集註》還有「七種不淨」之說，乃對自他「身分」貪著所說之七種不淨。即：

(1)種子不淨，煩惱業因之內種，與父母遺體之外種，皆為不淨。

(2)受生不淨，父母交媾赤白和合之不淨。

(3)住處不淨，於不淨之女體胎處十月。

(4)食噉不淨，胎中食母血之不淨。

(5)初生不淨，十月生時之腥穢狼籍。

(6)舉體不淨，即薄皮之下盡為穢物。

(7)究竟不淨，死亡後置於塚間之不淨流溢。

南傳佛教則認為有十種觀想，稱為「十不淨」（梵 daśa-aśubha，巴 dasa-asubha），此說廣載於《清淨道論‧卷一》、《解脫道論‧卷三》、《說法明眼論‧卷上》……等等。

至於卷八中所提到的：「當觀婬欲，猶如毒蛇，如見怨賊（註1227）」，亦是「不淨觀」的一種。《大智度論‧卷三十五》云：「欲如怨者，失人善利，亦如刺客，外如親善，內心懷害……是故說欲如怨，怨家之苦，不過一世，著五欲因緣，墮三惡道，無量世受諸苦毒（註1228）」。《楞嚴經義疏注經‧卷八之一》則云：「菩薩觀愛有九種過患，一如債有餘。二如羅刹女婦。三如妙華莖有毒蛇。四如惡食性所不便而強食之。五如婬女。六如摩樓迦子。七如瘡中息肉。八如暴風。九如慧星（註1229）」。所以當觀婬慾如「毒蛇、猛獸」，如冤親債主，則婬心必淡矣。

《楞嚴經‧卷十》云「五陰」最初生起從「阿賴耶識」，變起「見相」二分，以此色心二法和合而成五陰之眾生，故云「生因識有」，今若返妄歸真，則需以破「色陰」為先，破「識陰」為後，卷十經云：「生因識有，滅從色除（註1230）」。既然需先從「色」除，則教修「不淨觀」是一個非常重要的法門，能以「不淨」觀「色欲」，

註 1227 頁141下。

註 1228 《大正藏》第二十五冊頁318上。

註 1229 《大正藏》第三十九冊頁925下。或見於錢謙益《楞嚴經解蒙鈔‧卷八之一》，《卍續藏》第二十一冊頁519下。

註 1230 頁155上。

進而「破色欲」而達「非染非淨」之極境。卷六不也說：「卻來觀世間，猶如夢中事，摩登伽在夢，誰能留汝形（註1231）？摩登伽亦是「夢中之色」，一切「色相」都只是「當處出生，隨處滅盡」的「幻妄稱相（註1232）」罷了！《大智度論·卷十二》訓云：「如一美色，婬人見之，以爲淨妙，心生染著；不淨觀人視之，種種惡露，無一淨處；等婦見之，妒瞋憎惡，目不欲見，以爲不淨。婬人觀之爲樂，妒人觀之爲苦，淨行人觀之得道，無豫之人觀之，無所適莫，如見土木。若此美色實淨，四種人觀，皆應見淨；若實不淨，四種人觀，皆應不淨。以是故知，好醜在心，外無定也（註1233）。經文「好醜在心，外無定也」即是修不淨觀之理！

（5）修三觀

「空、假、中」三觀乃天台宗之觀法，亦爲天台宗基本教義之一，又稱「圓融三觀」、「不可思議三觀」、「不次第三觀」。「一心」爲能觀之心；「三觀」即「空、假、中」三諦。知「一念之心」乃不可得、不可說，而於「一心」中圓修「空、假、中」三諦者，即稱「一心三觀」，此爲「圓教」之觀法，係不經次第而圓融者。《摩訶止觀·卷五上》上載：

> 若「一法一切法」，即是「因緣所生法」，是爲「假名假觀」；
> 若「一切法即一法」，「此法即是空」，是爲「空觀」；
> 若「非一非一切」者，即是「中道觀」。
> 一空一切空，無「假、中」而不「空」，是爲「總空觀」；
> 一假一切假，無「空、中」而不「假」，是爲「總假觀」；
> 一中一切中，無「空、假」而不「中」，是爲「總中觀」（註1234）。

此即《中論》所說不可思議之「一心三觀」。其中，所謂：

> 「一法一切法」，指「真如」隨緣形成一切現象，皆不實在，故爲「假」，觀此
> 則稱「假觀」；

註 1231 頁 131 上。
註 1232 頁 114 上。
註 1233 《大正藏》第二十五冊頁 148 上。
註 1234 詳於《大正藏》第四十六冊頁 55 中。

「一切法即一法」，指一切現象皆真如顯現，無獨立之實體，故為「空」，觀此
　　則稱「空觀」；

「一切現象非一非一切」，同時具有上述兩種性質，此為「中道」，觀此則稱「中
　　道觀」。

　　如作「空觀」，則「假、中」亦「空」，以三觀悉能「蕩相破著」之故。

　　如作「假觀」，則「空、中」亦「假」，以三觀皆有「立法之義」故。

　　如作「中觀」，則「空、假」亦「中」，以三觀之當處為「絕對」之故。

　　以此觀於「空、假、中」三諦之任何一諦，而三諦無不圓具，故稱「一心三觀」。
所以這種不思議法，甚深微妙，其觀慧門，難解難入，故為「圓教」利根菩薩所
修習者。以上是「三觀」之簡介。

　　《楞嚴經》前三卷半闡述「如來藏性」的「離即離非、是即非即、非因非自
（註1235）」之理，依天台學家來說，多是用「空、假、中」或「四句推撿」來解說
的（註1236）。而這「三觀」亦可用來破除我們對「女色」及「婬慾」的執著，經文
前三卷半中的「五陰、六入、十二處、十八界」個個都是制婬法之妙修，尤其是「能
見是心非眼」可以破除我們對色相的執著，其餘「色陰本是虛妄、眼入同是菩提、
見色俱無處所、眼色識界不可得」等無一都不是令人破除虛妄的色相，「五陰、六
入、十二處、十八界」說穿了，都只是「當處出生，隨處滅盡（註1237）」的「幻妄
稱相」罷了，那有真實的男女相、婬慾相呢？下面僅舉「眼色處俱無處所」來說明
這個道理。

　　卷三經文云：「阿難！汝且觀此祇陀樹林，及諸泉池。於意云何。此等爲是
　　色生眼見，眼生色相。阿難！若復眼根，生色相者。見空非色，色性應銷。
　　銷則顯發一切都無。色相既無，誰明空質。空亦口是。若復色塵，生眼見
　　者，觀空非色，見即銷亡。亡則都無，誰明空色。是故當知見與色空，俱
　　無處所。即色與見，二處虛妄。本非因緣，非自然性（註1238）」。

註　1235　《楞嚴經・卷四》，頁121上。

註　1236　以《中觀》之「空、假、中」和「四句推撿」方式來解《楞嚴經》之如來藏性是天台家
　　　　　解《楞嚴經》之共同特色。

註　1237　頁114上。

註　1238　頁115下。

眼生色相➜喻「自生」。

❶ 如果是由眼睛生出「外境之色相」，那麼眼睛就具有「生」色相之性，當你用眼睛在看虛空時，虛空並沒有任何的色相！既然虛空沒有色相，那就表示「色相的性」消滅了，那麼那個能生出「色相」的性（指眼根）也應該同時消滅才對。

❷ 既然一切的色相都無（消滅）了，誰又能明白或知道那個是虛空呢？（如果虛空根本是什麼色相都沒有，那又拿什麼叫虛空呢？）所以──能見「色相」的性能是非從「眼根」的「自生」中來的。

色生眼見➜喻「他生」。

❶ 如果是因外界的「色相」而生出眼睛看見的性能，那麼，觀看虛空並沒有「色相」，這個能看見的性能也應該消滅才對。

❷ 眼根的見性既然消滅了，那就一切不存在了，誰又能明白何者是「虛空」？何者是「色相」呢？所以──可以看見的性能（見）與外界的色相和虛空（色），都沒有固定的所在，兩者都是虛妄的暫有現象，既不屬於「因緣」所生，也不是「自然界」的本能。

若依天台學的關點相配於《中論》之三觀即如下四點：

(1)「觀此祇陀樹林，及諸泉池」之句是明《中觀》之「因緣所生法」，即總示前文之「一切浮塵，諸幻化相」。

(2)「於意云何……亡則都無，誰明空色」之句，是明《中觀》之「我說即是空」（因緣即『空』），即總示前文之「當處出生，隨處滅盡，性真常中，求於去來，迷悟生死，了無所得」。

(3)「是故當知見與色空，俱無處所。即色與見，二處虛妄」之句，是明《中觀》之「亦為是假名」（因緣即『假』），即總示前文之「因緣和合，虛妄有生，因緣別離，虛妄名滅，幻妄稱相」。

(4)「本非因緣非自然性」之句，是明《中觀》之「亦是中道義」（因緣即『中』），即總示前文之「其性真為妙覺明體，本如來藏」。正顯「惟是隨緣不變，不變隨緣之藏性也，惟其色處即空、假、中，故優波尼沙陀悟之，塵色既盡，妙色

密圓（註1239）」。

「眼處」分析下來就是「非因緣非自然」的一種幻相，二十五圓通中的優波尼沙陀就是修「色塵」獲證的，他的方法是修「白骨觀」（前面已介紹過）。這「白骨觀」看來很簡單，其實非常的難，光「塵色既盡，妙色密圓（註1240）」這八句經文就很難體悟。《楞嚴經宗通》曾解釋說：

> 「豈離塵色，而別有所謂妙色者乎？豈空其色相，而能空者，即爲妙色乎？豈色相有生滅而色性無生滅，即爲妙色乎？抑豈心無貪著，而一切色皆妙色乎？此尼沙陀悟處，應難以口吻宣述，但謂之曰『妙』、曰『密』、曰『圓』而已（註1241）」。

「色相」是有生滅性的，而「色性」是無生滅性的，只要心不貪著色相，則一切色皆妙色，一切「女色」亦皆妙色矣。《楞嚴經・卷五》中說得好：「自心取自心，非幻成幻法（註1242）」。世間之色相都是自心之幻造，都是虛妄不實的，豈有「淨」與「不淨」、「女相」與「男相」、「婬慾相」與「非婬慾相」之別？《長者女菴提遮師子吼經了義經》云：「若心得久離，畢竟不生見，誰爲作女人，於色起不淨？若論色久離，法本不自有，畢竟不曾污，將何爲作惡（註1243）」？《大寶積經・卷二十九》亦云：「女人如幻化，愚者不能了。妄見女相故，生於染著心。譬如幻化女，而非實女人。無智者迷惑，便生於欲想。如是了知已，一切女無相（註1244）」。所以《心經》上說「色不異空、空不異色、色即是空、空即是色」正是「不淨觀」和「一心三觀」要達到的最高境界。

（二）斷婬之功

（１）得解脫

註　1239　以上均見蕅益大師《楞嚴經文句・卷三》，《卍續藏》第二十冊頁522上—下。

註　1240　頁125下。

註　1241　《卍續藏》第二十五冊頁172上。

註　1242　頁124下。

註　1243　《大正藏》第十四冊頁964下。

註　1244　《大正藏》第十一冊頁159中—下。

　　斷婬之功廣載於諸經論中，基本上斷婬者可「得涅槃」、「出塵羅漢」、「必得道矣」、「當得宿命」……等等。如在《雜阿含經‧卷三十六》云：「欲能縛世間，調伏欲解脫。斷除愛欲者，說名得涅槃（註1245）」。《大乘日子王所問經》云：「佛與菩薩眾，緣覺及聲聞。悉皆離女色，愚者不能知。普被魔羅降，離女色染污。能得身安樂，究竟得解脫（註1246）」。《四十二章經》明白的說：「情愛於色，豈憚驅馳……透得此門，出塵羅漢……學道之人，不為情欲所惑，不為眾邪所嬈，精進無為，吾保此人，必得道矣……斷欲無求，當得宿命（註1247）」。

　　《楞嚴經》中首說「斷婬之功」是出現在卷六中之觀音三十二應，梵天王以「欲心明悟」；便與前面「佛身」、「獨覺身」、「緣覺身」、「聲聞身」四應等同稱「解脫」之名（註1248）。其餘「二十七種」應，只名「成就」而已。觀音菩薩第五應的經文云：「若諸眾生，欲心明悟，不犯欲塵，欲身清淨。我於彼前現梵王身，而為說法，令其解脫（註1249）」。這「諸眾生」是指在「欲界」之眾生。「欲心明悟」是深達「婬慾」為眾苦之本，欲由愛生，身又由欲而有，身之所以為眾苦所集，無非都是「婬慾」之所招修。故持戒修身，不犯欲塵，令此欲身，而得清淨。這「清淨」是生梵天之因，故觀音菩薩會現「梵王身」，為說「四無量心」及「出欲論」。如《合部金光名經‧卷五》云：「如諸梵天說『出欲論』（註1250）」，並教修離欲之定，此若有成，必可以超出欲界，令得真「解脫」。

　　或有人問前面「四應」乃是「出世間」之「佛身、獨覺身、緣覺身、聲聞身」，名為「解脫」可矣，但「梵王」雖統三界，猶未離三界，名之為「解脫」似名不相符？

　　關於這個問題，首先看「梵天」的地位。佛教中將「梵天」（Brahmā）列為「色界」之「初禪天」。一般分為三種：「梵眾天」（Brahma-pārisadya）、「梵輔天」（Brahma-purohita）與「大梵天」（Mahā-brahman），總稱為「梵天」。其中「大梵

註　1245　《大正藏》第二冊頁264中。
註　1246　《大正藏》第十二冊頁73上。
註　1247　《大正藏》第十七冊頁722上—下。
註　1248　詳於頁128中—下。
註　1249　頁128下。
註　1250　《大正藏》第十六冊頁384下。

「天王」統御「梵眾」之人民、「梵輔」之輔弼臣。又准《楞嚴經・卷九》云：「欲習既除，離欲心現，於諸律儀，愛樂隨順，是人應時能行梵德。如是一類，名『梵輔天』。身心妙圓，威儀不缺，清淨禁戒，加以明悟，是人應時能統梵眾，爲『大梵王』。如是一類，名『大梵天』（註1251）」。故知「大梵天」至少已達「離欲心現」的地步；經文又繼續說：「此三勝流，一切苦惱所不能逼，雖非正修眞三摩地。清淨心中，諸漏不動，名爲初禪」。這是指初禪是已達「清淨心中，諸漏不動」的境界，雖未全得解脫「三界」，但名之爲「解脫欲界」亦無不可。明・傳燈大師則詳細解釋這個問題，云：

> 「梵王天者，乃清昇之元首，出欲之先容，雖未出世間，能爲離世本，故其爲言諄切著，明曰『欲心明悟』曰『不犯欲塵』曰『欲身清淨』。蓋『身』爲欲之偶塵、爲欲之對，而『心』又爲欲之機，故冀求脫其欲者，莫先乎解其機。『欲心明悟』則已得乎色界初禪。心一悟而欲機亡，欲機亡而於塵無所取，果得無所取，則身同乎木雞。而欲塵無所偶，故菩薩現身說法，令其解脫乎欲界之身心也。初禪既然後之三禪轉轉超勝，經不云『應者』，舉一而弊諸也，無色無身，故不云『應』，欲天異此，故但只云『成就』（註1252）」。

筆者的看法是：經文只是在強調「婬欲」是一切生死根本，若能將「欲心明悟」者，早晚都必得解脫的。就如摩登伽婬女，一聞世尊開示及「神咒」冥助，即超越輪迴而得「阿羅漢道」，這也是在強調「欲心明悟」之功效。一旦反迷歸眞，捨婬歸淨，則「婬性」亦爲「淨性」因，皆如來藏性之妙法。卷四經文不也云：「知歷世因貪愛爲苦，一念薰修無漏善故，或得出纏，或蒙授記。如何自欺，尚留觀聽（註1253）」、「想相爲塵，識情爲垢，二俱遠離，則汝法眼應時清明，云何不成無上知覺（註1254）」？所以不必在「梵天」爲何不云「成就」而名「解脫」上強加分別，且經文明言是觀音菩薩現「梵天」相而爲說法，既是「大菩薩」示現，則必可令其斷愛慾、出三界！

（2）無生忍

註 1251 頁146上。
註 1252 《卍續藏》第十九冊頁686上—下。
註 1253 頁122上。
註 1254 頁124中。

這節是要說明卷八經文中重要的「三種漸修次序」，這三種漸修分別是「一者修習，除其助因。二者眞修，刳其正性。三者增進，違其現業（註1255）」。這三種漸修將「斷婬」視為最重要法門，乃至到第三種漸修云「是人即獲無生法忍」。

首先從第一的「除修習助因」即倡言「斷五辛」，因食五辛長婬慾，與鬼神魔業為伍，所以若能斷五辛即可免「五失過」（詳於前文）之弊，這是以「戒定」為主。

第二「眞修正性」即教人「嚴持清淨戒律，永斷婬心，不餐酒肉，觀婬慾如毒蛇」。如果能斷「婬殺」，則不須另得「天眼通」，就以此父母所生的肉身，也自然可以看見十方世界，親見諸佛而聽法（天耳通），能得大神通，遊於十方世界（神足通）而得宿命通，這亦是以「戒定」為主。經文云：「父母肉身，不須天眼，自然觀見十方世界，睹佛聞法，親奉聖旨，得大神通，遊十方界，宿命清淨，得無艱險（註1256）」。這種「天眼」宿命的果報亦如《法華經·卷六》云：若能受持、讀誦、書寫是《法華經》者，是人當得「六根清淨」，能于「父母所生清淨肉眼，見於三千大千世界，內外所有山林河海，下至阿鼻地獄上至有頂，亦見其中一切眾生，及業因緣果報生處，悉見悉知（註1257）」。

第三「增進善業」亦教人須「清淨持禁戒、心無貪婬、不流逸於六塵」。因為能收攝塵緣，回歸到自性的本元，返還到一靈不昧，純真無漏的境界，則一切佛圓明清淨微妙的密意，都會在這種境界中明白顯現，如此就可得「無生法忍」，這是由「戒定」而達「戒定慧」圓滿的極果。經文云：「如是清淨持禁戒人，心無貪婬，於外六塵不多流逸。因不流逸，旋元自歸，塵既不緣，根無所偶。反流全一，六用不行。十方國土，皎然清淨。譬如琉璃，內懸明月。身心快然，妙圓平等，獲大安隱。一切如來密圓淨妙，皆現其中。是人即獲無生法忍，從是漸修，隨所發行，安立聖位，是則名為第三增進修行漸次（註1258）」。這三種漸修都不離「斷婬」，且皆各有其功德說明。

註 1255 頁 141 中。
註 1256 頁 141 下。
註 1257 《大正藏》第九冊頁 47 下。
註 1258 頁 141 下—142 上。

它的功德如下圖所說：

～三種增進修行漸次圖～

	第一增進修行漸次	第二增進修行漸次	第三增進修行漸次
重點	修習。除其助因 （五辛乃助惡之因） 不離斷婬	真修。刳其正性 （婬殺酒肉「正是性業之罪」，當刳而挖空之） 不離斷婬	增進。違其現業 （六根追逐六塵，感生死果報，故當違而離之） 不離斷婬
方法	斷世間五種「辛菜」。 「熟食」發婬， 「生噉」增恚。	嚴持清淨戒律，永斷「婬心」，不餐「酒肉」。 以火淨食，無噉「生氣」。 觀「婬欲」猶如毒蛇，如見怨賊。 持聲聞「四棄、八棄」。 不行偷劫。	心無「貪婬」，於「外六塵」不多「流逸」。 旋元自歸，「塵」既不緣，「根」無所偶，「反流」全一，「六用」不行。
功效	無增婬長瞋之失。 天仙皆近。 餓鬼遠離。 福德不銷。 大力魔王不得其便。	於父母肉身，不須「天眼」，自然觀見十方世界（似天眼通），覩佛聞法（似天耳通），親奉聖旨（似他心通），得「大神通」遊十方界（似神足通），「宿命」清淨（似宿命通），得無艱險。	十方國土皎然清淨，譬如琉璃內懸明月。 身心快然，妙圓平等，獲大安隱。 一切如來「密圓淨妙」皆現其中。 是人即獲「無生法忍」，安立聖位。
總功效	1、斷除十二類眾生之顛倒輪迴： 　如《卷八》經云：「阿難！如是眾生一一類中，亦各各具十二顛倒。猶如捏目亂華發生，顛倒妙圓真淨明心，具足如斯虛妄亂想。汝今修證佛三摩提，於是本因元所亂想，立三漸次，方得除滅」。（頁141中） 2、成就五十五位菩提聖路： 　如《卷八》經云：「如是皆以三增進故，善能成就五十五位真菩提路」。（頁142下）		

從上圖可知修三漸次下可斷「十二類眾生顛倒輪迴」，上可成就「五十五位菩提」。而第三增進漸次本身即可達「無生法忍」之境。「無生法忍」（anutpattika-dharma-kṣānti अनुत्पत्तिक-धर्म-क्षान्ति）者，諸經論皆有異說，茲

舉懷感《釋淨土疑論·卷六》云:「《仁王般若》說無生法忍在七、八、九地,諸論之中說,無生法忍在於初地,或在忍位。《菩薩瓔珞本業經》說無生法忍在十住位,《華嚴經》說無生法忍在十信。《占察經》說無生法忍在十信前凡夫位……無生忍有六位,(1)聞慧在十信前。(2)生勝解在十信後。(3)思慧在十住後。(4)修慧在煖後。(5)證得在初地。(6)相續在八地,此在因中,佛果圓滿(註1259)。」今准《楞嚴經正脈》、《楞嚴經解蒙鈔》、圓瑛大師《楞嚴經講義》……等註疏,皆言「無生忍」即同「初住」,通指徹於「等覺」也。

　　蕅益大師曾對這三種漸修提出精銳的觀點云:第一、二漸修是躡前文道場方法而為「助行」,今此「第三漸次」則是躡前文圓通根本而為正行,由此「一正二助」乃能成就下文的「五十五位真菩提路」。大師又將此「第三漸次」之文配合「觀音耳根圓通章」之經文,這樣的配法,至少能讓我們更加明瞭因「斷婬」而達「無生法忍」的最高境界。大師原文欠詳,經筆者重新整理如下圖所示(註1260):

註　1259　《大正藏》第四十七冊頁67中。
註　1260　詳於《卍續藏》第二十冊頁680下—681上。

～第三增進善業修行漸次與觀音耳根圓通章圖～

❶ 如是清淨持戒人 ━━━━→ 正顯必由前「二漸次」，成今之「第三漸次」，
　　　　　　　　　　　　　即由「助行」而成正行；由「方便」而成正修也。

❷ 於外六塵，不多流逸 ━━→ 即所謂「心尚不緣色香味觸」（卷七）。
　　　　　　　　　　　　　仍是方便助行之力。

❸ 因不流逸，旋元自歸 ━━→ 乃所謂「初於聞中，入流亡所」之妙修。
　　　　　　　　　　　　　動結。破 色陰 。

❹ 塵既不緣，根無所偶 ━━→ 即相似「動靜二相，了然不生」。
　　　　　　　　　　　　　靜結。破 色陰 。

❺ 反流全一，六用不行 ━━→ 即相似「如是漸增，聞所聞盡」。
　　　　　　　　　　　　　根結。破 受陰 。

❻ 十方國土，皎然清淨 ━━→ 即相似「盡聞不住，覺所覺空」。
　　 譬如琉璃，內懸明月　　　覺結。破 想陰 。

❼ 身心快然，妙圓平等 ━━→ 即相似「空覺極圓，空所空滅」。
　　 獲大安隱。　　　　　　空結。破 行陰 。

❽ 一切如來，密圓淨妙 ━━→ 即相似「生滅既滅，寂滅現前」。
　　 皆現其中，獲無生忍　　　滅結。破 識陰 。

（3）證聖位

這段「證聖位」是承續前段文之說。經云：「阿難！是善男子，欲愛乾枯，根境不偶，現前殘質，不復續生。執心虛明，純是智慧，慧性明圓，鑒十方界，乾有其慧，名乾慧地。欲習初乾，未與如來，法流水接（註1261）」。此段經文如果配合第六卷之「四淨誨」來說明，則前文「心無貪婬」是屬「身心俱斷」，至此的「欲愛乾枯」則是屬「斷性亦無」故曰「乾枯」。這位修行者的欲愛念已徹底乾枯，「六根」與「六境」已不相偶合，只剩目前有限的「殘生」，已不會再有「後身」的發生，故曰「欲習初乾」。這時已不再受「微細的欲愛」所牽引，達到「純是智慧」的境界；從此後「五十五聖位」等都不再受愛欲所累，而漸入「妙覺佛位」。《勝思惟梵天所問經論·卷一》即明云：「諸菩薩等，以何義故名法王子？以初發心來常斷婬慾法故，初發心者已入菩薩定心正位（註1262）！

「違生死之業，順涅槃之業」是為「十地」之因心。上文之「三漸次」，其重要在獲「無生忍」，故為以下「五十五位」菩提聖位之因心。若無此「三漸次」之因心，則不成「五十五位」之果。亦即欲成「五十五位」之果，必先成「三漸次」之因心。初地菩薩之「乾慧地」（śuklavipaśyanā-bhūmi शुक्लविपश्यना-भूमि）亦是由「欲愛乾枯」而起，乃至後面「十信、十住、十行、十迴向、四加行、十地」等「五十五位」聖位階次，都是由「三漸次」力所成就的。

卷八經文云：「如是皆以三增進故，善能成就五十五位真菩提路（註1263）」。此「乾慧地」有慧而無定，相當於「聲聞」之「三賢位」，又作「過滅淨地」、「寂然雜見現入地」、「超淨觀地」、「見淨地」……等。三乘聖人初修「五停心」、「別相念處」、「總相念處」等三觀，雖有觀慧，然未全得「真諦」法性理水，故稱為「乾慧地」。諸《楞嚴經》註疏對此「乾慧地」位異論頗多（詳於錢謙益《楞嚴經解蒙疏·卷八之一》），今謹據《大智度論·卷七十五》載，「乾慧地」有二種，即：

(1)聲聞：乃獨求涅槃，故勤精進、持戒，或習觀佛三昧、不淨觀，或行慈悲、無常等觀，集諸善法，捨不善法等。雖有智慧，不得禪定水，

則不能得道，故稱「乾慧地」。

(2)菩薩：則爲「初發心」，乃至未得「順忍菩薩」地者（註1264）。

所以不論如何定「乾慧地」之位，他仍就是已「出離三界」的聖人！

另外《楞嚴經・卷八》末則指「六欲天」皆來自於對「婬愛」薄重而分，亦即婬愛愈薄則解脫愈高。如下圖而分：

四天王天 ——→ 未能捨諸妻妾恩愛，於邪婬中，心不流逸，澄瑩生明。

忉利天 ——→ 於己妻房，婬愛微薄。於淨居時，不得全味。

夜摩天 ——→ 逢欲暫交，去無思憶。於人間世，動少靜多。

兜率陀天 ——→ 一切時靜，有應觸來，未能違戾。

化樂天 ——→ 我無慾心，應汝行事。於橫陳時，味如嚼蠟。

他化自在天 ——→ 無世間心，同世行事。於行事交，了然超越。

而在卷九之首亦云「世間一切所修心人，不假禪那，無有智慧。但能執身不行婬慾。若行若坐，想念俱無，愛染不生，無留欲界。是人應念身爲梵侶，如是一類，名梵眾天，欲習既除，離欲心現，於諸律儀，愛樂隨順。是人應時能行梵德，如是一類，名梵輔天（註1265）」，也都是在說「婬慾」淺薄與天數高低的關係。

交光大師《楞嚴經正脈疏・卷八》云：「婬爲上首，故約婬之重輕以分下上次第（註1266）、又明云：「夫婬欲乃墮縛根本，六欲以輕而漸升，四禪以絕而高舉，是則不捨欲心，上界猶不可希，況望出三界，修三摩地耶？所以阿難必緣是而起教也（註1267），故古德常說：「三界輪迴婬爲本，六道往還愛爲基；六道輪

註　1264 原文詳於《大正藏》第二十五冊頁 585 下—586 上。

註　1265 頁 146 上。

註　1266 《卍續藏》第十八冊頁 802 上。

註　1267 見《楞嚴經正脈疏・卷八》，《卍續藏》第十八冊頁 804 下。

迴婬爲其本，三界流轉愛爲之基（註1268）」，誠實言也！

（4） 除魔境

交光大師《楞嚴經正脈疏·卷六》云：「婬欲無礙，即魔王親來，速當驚避矣，廣如陰魔中辯（註1269）」。此語足以說明「五十陰魔」的要害，仍不出「婬欲」。下面就五十陰境有關婬慾事略舉如下：

❶受陰中的「空魔」➜「飲酒噉肉，廣行婬穢」。

　　　　「欲魔」➜「一向說欲爲菩提道，化諸白衣平等行欲，其行婬者名持法子」。

❷想陰中的「怪鬼」➜「破佛律儀，潛行貪欲」。

　　　　「魃鬼」➜「婬逸其心，破佛律儀，潛行貪欲」。

　　　　「魅鬼」➜「破佛律儀，潛行貪欲」。

　　　　「蠱毒厭勝惡鬼」➜「破佛律儀，潛行貪欲」。

　　　　「厲鬼」➜「破佛律儀，潛行貪欲」。

　　　　「山林土地城隍川嶽鬼神」➜「或有宣婬，破佛戒律，與承事者潛行五欲」。

　　　　「天地大力山精，海精風精河精土精，一切草木積劫精魅、或復龍魅、或壽終仙，再活為魅」➜「讚歎行婬，不毀麤行。將諸猥媟，以爲傳法」。

　　　　「日月薄蝕精氣，金玉芝草，麟鳳龜鶴，經千萬年不死為靈」➜「得空寂，潛行貪欲。受其欲者，亦得空心，撥無因果」。

　　　　「住世自在天魔」➜「食彼精氣，或不因師，其修行人親自觀見，稱執金剛與汝長命。現美女身，盛行貪欲，未逾年歲，肝腦枯竭」。

　　佛的附屬：「阿難當知！是十種魔，於末世時，在我法中出家修道。或附人體，或自現形，皆言已成正遍知覺。讚歎婬欲，破佛

註　1268 此語參見《虛雲老和尚年譜法彙增定本》頁355、頁599。

註　1269 《卍續藏》第十八冊頁686下。

律儀，先惡魔師，與魔弟子，婬婬相傳。如是邪精魅其心腑，近則九生，多踰百世，令眞修行，總爲魔眷。命終之後，必爲魔民。失正遍知，墮無間獄（註1270）」。

❸識陰中云「又善男子窮諸行空，已滅生滅，而於寂滅精妙未圓。觀命互通，卻留塵勞，恐其銷盡。便於此際坐蓮華宮，廣化七珍，多增寶媛，恣縱其心生勝解者，是人則墮眞無眞執。吒枳迦羅成其伴侶，迷佛菩提，亡失知見。是名第八發邪思因，立熾塵果，違遠圓通，背涅槃城，生天魔種（註1271）」。這是說有人修行到已滅了「生滅」的境界，但於「寂滅精妙」之理還未能圓滿明瞭。他已知道世間一切「塵勞」均與「識陰」有關，生命的本元都是一體的，可以互相通達，只是殊途同歸罷。因此若不留住世間「五欲塵勞」諸事，則恐它將「銷殞淨盡」，怕塵世之快樂不能久享，所以趁其桑榆之晚景，大飽其樂，以何爲樂？經文言「多增寶媛」，就是多增美麗的女人，縱意恣情，窮奢極其慾事，以免辜負大好人生，進而更以此爲超勝之解，則不知已墮入「眞無眞執」的陷井，「識陰」非真，以妄爲真，故名爲「眞無眞執」，此後即與「吒枳迦羅」天魔爲其伴侶，迷惑菩提正覺的佛性，亡失了正知正見。此正所謂修禪者，若不斷「婬心」，必仍墮於「魔種」，就算修到「識陰」第八之「已滅生滅，而於寂滅精妙未圓」境，仍是「背涅槃城」，且還會「生天魔種」，吾人可不懼哉！

　　《楞嚴經》五十陰境，以「婬愛」爲導，乃至「識陰」垂盡「多增寶媛，縱恣其心」，仍是「婬根魔種」。太虛大師曾說：「剋實論之，唯佛一人號究竟持戒者，故永斷婬愛者，亦唯是佛，生一念法愛者，皆婬愛也……無邊功德，皆眞戒相，無上菩提，唯眞戒體，故成佛度生，盡未來際，除持淨戒斷婬愛外，更無餘事（註1272）」！好一個「除持淨戒斷婬愛外，更無餘事」之語，故《楞嚴經》到卷九亦一再重複云：「汝勗修行，欲得菩提，要除三惑。不盡三惑，縱得神通，皆是世間有爲功用。習氣不滅，落於魔道（註1273）」，這三惑就是「殺盜婬」三業，如果不斷除「殺盜婬」的習氣（尤其是婬習），則縱然修得「神通」，依舊會墮入到魔道去的，可不戒哉！

註　1270　頁151中。
註　1271　頁154上。
註　1272　太虛大師《楞嚴經研究》頁141。
註　1273　頁147上。

（5）生淨土

生淨土與斷婬有關嗎？答案是千真萬確的。佛門中常說：「愛不重不生娑婆，念不一不生淨土」，就算修帶業往生的淨土法門，也必定要戒婬的，如《楞嚴經・卷八》明白的說：「純想即飛，必生天上。若飛心中，兼福兼慧，及與淨願，自然心開，見十方佛，一切淨土，隨願往生（註1274）」，這是指修行者若具十分「淨想」，全無雜染「妄情」，則不受「中陰」，即飛「天上」。若此「純想心」中，兼有佈施等「福德」和「般若」等智慧，加上「生淨土」的願心，則飛心中，自然心光開朗，則十方諸佛清淨國土，隨其願心，皆得自由往生一切國土。照經文的說法是：願往生淨土者，必須「無染情」加上「福慧力」與「願力」，方可成就。茲舉淨土宗祖師對「戒婬」與「生淨土」的開示，如：

①第九祖蕅益大師之「戒婬文」云：「不然縱有多智禪定現前，必落魔道，永無出期，矧世智辯聰，曾非大器。隨業直墜，百劫千生，受諸燒煮，尚不成魔，安能成佛？尚失人道，安能往生（註1275）」？

②第十祖截流大師云：「今時淨業人，終日念佛懺罪，發願而西方，尚遙往生。弗保者無他，愛樁未拔，情纏猶牢故也……煩惱無盡，而生死根本，則唯貪愛能漂溺行人，障往生法。是故先佛經中，處處訶責，但情愛一分疏淡，則淨業一分成熟，于生死岸頭，庶得解脫也（註1276）」。

③第十一祖省庵大師云：「念佛無難事，所難在一心。一心亦無難，難在斷愛根（註1277）」。

④第十三祖印光大師亦云：「即念佛法門，雖則帶業往生。然若婬習固結，則便與佛隔，難於感應道交矣（註1278）」。

⑤近代高僧廣欽老和尚云：「如果情執不斷，嘴裡念佛，念念還是墮娑婆，如果懇切至誠，放下萬緣。那麼，一念之間，便能到西方。萬緣牽扯，割捨

註　1274　頁143中。

註　1275　詳於《蕅益大師全集》第十七冊頁10860之「戒婬文」。

註　1276　示耕野居士，詳於《卍續藏經》第一〇九冊頁394下—395上。

註　1277　《卍續藏經》第一〇九冊頁604上。

註　1278　復甬江某居士書，詳於《印光大師文鈔菁華錄》頁93。

不下。那麼，百年萬年還是在三界內（註1279）」……等等。

所以如果修念佛法門達到一心不亂，若還有婬欲的念頭就是障礙，絕對不能往生的。

《楞嚴經》卷八經文雖說「一切淨土，隨願往生」，並無說明生到那國去，不過到了《楞嚴經》卷十收尾的時候卻透露了「安樂國」極樂世界的字眼，經文云：「若復有人，身具四重十波羅夷，瞬息即經此方他方阿鼻地獄，乃至窮盡十方無間，靡不經歷。能以一念將此法門，於末劫中開示未學。是人罪障，應念銷滅，變其所受地獄苦因，成安樂國（註1280）。這個法門是指什麼？當然是指修「首楞嚴大定」法門，而「婬戒」卻又是修楞嚴大定的重要關鍵。交光大師《楞嚴經正脈懸示》云：

「欲談大定而知婬愛為定門之冤賊……婬心固為亂定之冤賊，而大定亦為破欲之將軍，與其怖欲魔而沈緬於聞，孰若拜禪將以剿絕於欲哉（註1281）」！

太虛大師亦說：「非戒婬為修首楞三昧，而戒婬即是證首楞嚴三昧也（註1282）」。

所以「戒婬」不只是修「首楞嚴大定」之法，亦為「往生成佛」之大法。底下有三部經亦如是說，如：

❶《月燈三昧經・卷七》云：「良由愛慾故，令戒有漏缺，斷除於慾相，得於不逸定。常行寂滅定，不著於定味，無著無放逸，不為世所染，出過於世間，能往諸佛國，所謂安樂土，得見彌陀佛（註1283）」。

❷《受十善戒經》云：「欲得見諸佛，聞法證道果，具足六神通，遊諸十方國，

註　1279　見《廣欽老和尚事蹟續編》頁32。台北承天禪寺編印。83、3。
註　1280　頁155上。
註　1281　《卍續藏》第十八冊頁295下。
註　1282　太虛大師《楞嚴經研究》頁141。
註　1283　《大正藏》第十五冊頁597中。

持心如諸佛，當持不婬戒（註1284）」。

❸《正法念處經·卷三十五》亦云：「若人心無相，厭離於愛慾，離垢及曠野，到安樂彼岸（註1285）」。

又《楞嚴經》全部最重要的法門不外乎「二十五圓通」，而「二十五法門」中又以「觀音耳根」和「大勢念佛」最為殊勝。觀音的「聞性」正是如來要告訴阿難「欲漏不先除，畜聞成過誤」的「反聞聞自性、性成無上道」法。而大勢至念佛法是要告訴我們「都攝六根、淨念相繼」之往生成佛大法，「都攝六根」正是以「持名念佛」來都攝六根對六塵的攀緣和放逸，亦如觀音法中「執持觀音聖號」的降婬之道。如果能將這些法門（尤其觀音、大勢）開示於未來的一切眾生（當然包括戒婬一法），則是人所有的罪障必為消滅，當生必可往生「安樂國」之極樂世界。在《十住斷結經·卷五》中有一段「戒婬」與求生「極樂世界」的經文，如下云：

「……是時座上有四億眾，見此瑞應各生患厭，心自思惟，夫生有死皆由因緣，死此生彼牽連不斷，『婬』之為源，斯由『貪愛』，我等願生無欲國……是時世尊，知來會者心中所念而告之曰：西方去此無數佛土，有佛名無量壽，其土清淨無『婬怒癡』，悉同一心皆由蓮華中生，不因父母『情欲』生也，純是童男童女形，無大小便……時四億眾即於座上，同心發願求生彼土（註1286）」。

此段經文正反射「婬」為娑婆眾生輪迴之大病，故世尊勸生阿彌陀佛極樂淨土以求解脫，可知若能「除婬」即是「莊嚴佛土」也。

或有人問《楞嚴》經文云：「變其所受地獄苦因，成安樂國」，非定指為「極樂世界」。這裡要稍澄清一下，「安樂國」在經論上都是指稱「極樂世界」，為西方極樂世界之別名，如「安樂國」、「安樂世界」、「安樂淨土」等諸稱都同是指「西方極樂世界」。「安樂」二字在早期的《悲華經·卷三》就已出現，云：「是時世界轉名安樂，汝於是時當得作佛號無量壽如來（註1287）」。《大乘悲分陀利經·卷三》

註　1284　《大正藏》第二十四冊頁1027上。

註　1285　《大正藏》第十七冊頁207上。

註　1286　《大正藏》第十冊頁999中—下。

註　1287　《大正藏》第三冊頁185上。185下又云：「是時世界名曰安樂，大王成佛號無量壽」。

亦云：「彼世界當名安樂，汝無量淨，於中當成阿耨多羅三藐三菩提，名阿彌陀如來（註1288）」。後來大乘經典《華嚴經》、《大寶積經》也都如是說，如：

① 《華嚴經・卷二十九》云：「此娑婆世界釋迦牟尼佛刹一劫，於安樂世界阿彌陀佛刹爲一日一夜」（註1289）。

② 《華嚴經・卷四十六》云：「我若欲見安樂世界無量壽佛，隨意即見」（註1290）。

③ 《華嚴經・卷八十》云：「或見如來無量壽，與諸菩薩授尊記，而成無上大導師，次補住於安樂刹」（註1291）。

④ 《大寶積經・卷十八》云：「若有諸菩薩，志求清淨土，了知法無我，願生安樂國。復次阿難！極樂世界所有菩薩，於無上菩提皆悉安住一生補處」（註1292）。

⑤ 《大寶積經・卷七十六》云：「得生安樂國，面奉無量壽，住安樂國已，無畏成菩提」（註1293）。

⑥ 後來《觀世音菩薩授記經》亦直接的說「西方過此億百千刹，有世界名『安樂』，其國有佛，號阿彌陀如來」（註1294）。

⑦ 釋尊在楞伽山懸記如來入滅後，南天竺有大德比丘名龍樹，宣說大乘無上之法，初證歡喜地，往生「安樂國」，如《楞伽經・卷九》云：「有大德比丘，名龍樹菩薩，能破有無見，爲人説我乘，大乘無上法，證得歡喜地，往生『安樂國』」（註1295）。

⑧ 《無量壽經・卷下》則云：「宜各勤精進，努力自求之，必得超絕去，往生『安樂國』」（註1296）……等等。

　　所以《楞嚴經》上的「安樂國」爲「極樂世界」確定是無異議的。

註 *1288* 《大正藏》第三冊頁 250 下。
註 *1289* 《大正藏》第九冊頁 589 下。
註 *1290* 《大正藏》第九冊頁 694 下。亦同見於《華嚴經・卷六十三》，《大正藏》第十冊頁 339 下。
註 *1291* 《大正藏》第十冊頁 443 中。
註 *1292* 《大正藏》第十一冊頁 98 中。
註 *1293* 《大正藏》第十一冊頁 433 下。
註 *1294* 《大正藏》第十二冊頁 353 下。
註 *1295* 《大正藏》第十六冊頁 569 上。或見於《大乘入楞伽經・卷六》頁 627 下。
註 *1296* 《大正藏》第十二冊頁 274 中。

　　《楞嚴經》最終以「生安樂國」極樂世界為它的流通分，這種說法在其它大乘經典亦不少，如：

❶《妙法蓮華經·卷六》云：「若有女人聞是經典，如說修行，於此命終，即往生安樂世界阿彌陀佛大菩薩眾圍繞住處」（註1297）。

❷《阿惟越致遮經·卷下》云：「講說是經典，則至安樂國，得睹平等覺，阿彌陀無念」（註1298）。

❸《廣博嚴淨不退轉輪經·卷六》云：「應流布是經，得往安樂界，得見彌陀佛，光明不可議」（註1299）。

❹《大法鼓經·卷上》云：「汝童子名『一切世間樂見離車童子』。佛涅槃後，正法欲滅，餘八十年，作比丘，持佛名，宣揚此經，不顧身命。百年壽終，生安樂國，得大神力，住第八地」（註1300）。

❺《三曼陀跋陀羅菩薩經》：「持是功德，令一切（眾生）與某（我）……生有佛處，有菩薩處，皆令生須阿摩提阿彌陀佛剎」（註1301）！

❻《太子刷護經》：「後作佛時，當如阿彌陀佛。……聞是經信喜者，皆當生阿彌陀國」（註1302）。

❼《月上女經》：「受持彼佛正法已，然後往生安樂土；既得往見阿彌陀，禮拜尊重而供養」（註1303）。

❽而《華嚴經》末後之「普賢菩薩行願品」導歸「極樂世界」，且《文殊師利發願經》亦云：「願我命終時，除滅諸障礙，面見阿彌陀，往生安樂國（註1304）」……等等。

　　足明示多數大乘經典於「流通分」中勸進生「極樂阿彌陀佛」的跡象，這也是

註　1297　《大正藏》第九冊頁54下。亦同見於《正法華經·卷九》頁126下云：「壽終生安養國，見無量壽佛」。《添品妙法蓮華經·卷六》頁189中云：「於此命終，即往安樂世界阿彌陀佛大菩薩眾圍遶處」。

註　1298　《大正藏》第九冊頁223中。

註　1299　《大正藏》第九冊頁282上。

註　1300　《大正藏》第九冊頁294上—下。或見頁298下—299上。

註　1301　《大正藏》第十四冊頁668上。

註　1302　《大正藏》第十二冊頁154下—155上。

註　1303　《大正藏》第十四冊頁623上。

註　1304　《大正藏》第十冊頁879下。

《楞嚴經》上「四處」導歸「淨土極樂世界」的重要地方（註1305）；是研究《楞嚴經》者不容忽視的。

（三）婬戒圖表

這個圖表是將《楞嚴經》從頭到尾有關婬戒與其相關問題作一個簡單的「流程圖」。

→卷一之阿難歷經婬室，遭摩登伽婬術所縛。

→佛使文殊持楞嚴咒往救，故「楞嚴咒」為伏婬制魔之功。

→阿難緣如來三十二相好而出家，言其著「色相」也。

→佛言「一切眾生，從無始來，生死相續，皆由不知常住眞心，性淨明體，用諸妄想，此想不眞，故有輪轉」又言「使汝流轉，心目爲咎」又言「無始生死根本，則汝今者，與諸眾生，用攀緣心，爲自性者」，言其「不知常住眞心」、「心與目」是流轉生死因，而以「攀緣心」為生死根本，尤以攀緣「色塵、色相」為最大之致命點。

→前三卷半暢談如來藏性「離即離非，是即非即」之理，即是以「三觀」法觀「男女相、色相、婬慾相」，皆是幻化虛妄也，如卷二云「色陰虛妄，本非因緣非自然性」。

→卷三云「眼入虛妄，本非因緣非自然性」又云「見與色二處虛妄，本非因緣非自然性」又云「眼色爲緣，生眼識界，三處都無。則眼與色，及色界三，本非因緣，非自然性」。

→卷四描述生死相續的道理云「見明色發，明見想成。異見成憎，同想成愛。

註 1305 一處是「大勢至菩薩念佛圓通章」，二處是「乾慧地」中云「現前殘質，不復續生」。天台宗立圓教之行位有八，「五品弟子位」即其中第一位。「十信」以前之外凡位區別為「五品」，在「六即位」中則相當於第三之「觀行即」（觀行五品位），此說詳於《天台四教儀》和《天台四教儀集註・卷下》。所以「乾慧地」榮登「五品觀行即」，已圓伏「五住煩惱」，故當捨穢土而超生「同居淨土」，智者大師是其明證（詳閱蕅益《楞嚴經文句・卷八》，《卍續藏》第二十冊頁682上）。三處是卷八「純想即飛，必生天上。若飛心中，兼福兼慧，及與淨願，自然心開，見十方佛，一切淨土，隨願往生」。前面之「乾慧地」猶屬聖位，此則屬博地凡夫，「純想」之心，便往生有份，乃彌陀大願力所攝。四處是流通分中的「變其所受地獄苦因，成安樂國」。以上四處之說詳於《徹悟禪師語錄・卷下》，《卍續藏》第一〇九冊頁780上—下。

流愛爲種，納想爲胎。交遘發生，吸引同業。故有因緣生羯羅藍遏蒲曇等，胎卵濕化，隨其所應，卵唯想生，胎因情有，濕以合感。化以離應，情想合離更相變易，所有受業，逐其飛沈。以是因緣，眾生相續」。

→卷四中又繼續說「想愛同結，愛不能離，則諸世間父母子孫，相生不斷，是等則以欲貪爲本」。

→又云「汝愛我心，我憐汝色，以是因緣，經百千劫，常在纏縛」。

→卷四中云「何須待我佛頂神咒，摩登伽心婬火頓歇，得阿那含……如摩登伽宿爲婬女，由神咒力銷其愛欲，法中今名性比丘尼」，是強調「楞嚴咒」除婬之功。

→卷四又云「歷劫憶持如來秘密妙嚴，不如一日修無漏業，遠離世間憎愛二苦」，故遠離「憎愛」二苦為首要之急也。

→又云「知歷世因貪愛爲苦，一念熏修無漏善故，或得出纏，或蒙授記。如何自欺，尚留觀聽」，是言其「貪愛」爲眾苦之本也。

→卷四末云「以諸眾生從無始來，循諸色聲，逐念流轉，曾不開悟性淨妙常……想相爲塵，識情爲垢，二俱遠離，則汝法眼應時清明，云何不成無上知覺」，強調追逐「聲色」與「識情」是爲生死流轉之大垢患也。

→卷五明示「不淨觀」與「白骨觀」是除婬之道，一是優波尼沙陀一是烏芻瑟摩。

→卷五中優波離云「我親隨佛踰城出家，親觀如來六年勤苦，親見如來降伏諸魔，制諸外道，解脫世間貪欲諸漏」，明示世尊六年勤苦亦以解脫世間「愛欲貪欲」為主。

→卷六觀音菩薩第五應的經文云「若諸眾生，欲心明悟，不犯欲塵，欲身清淨。我於彼前現梵王身，而爲說法，令其解脫」，此是言若有眾生「明悟」婬慾為大患而除之，觀音菩薩即現「梵王身」令其得真解脫，永斷生死輪迴。

→又觀音菩薩十四無畏之第九云「熏聞離塵，色所不劫，能令一切多婬眾生，遠離貪欲」，是故勸持觀音聖號而得離婬慾，此亦爲「觀世音菩薩普門品」所力倡也。

→卷六之文殊菩薩對大眾說偈云「汝聞微塵佛，一切秘密門，欲漏不先除，畜聞成過誤」，明示除「欲漏」爲微塵數諸佛如來之祕密法門也。

→ 又云「摩登伽在夢，誰能留汝形，如世巧幻師，幻作諸男女」，是為「不淨觀」或「三觀」之制淫妙法門。

→ 卷六之「四種清淨明誨」，首以「淫戒」為第一清淨明誨，云「六道眾生，其心不淫，則不隨其生死相續……淫心不除，塵不可出」。

→ 卷七初世尊又云「若有宿習不能滅除，汝教是人，一心誦我佛頂光明摩訶薩怛多般怛囉無上神咒……且汝宿世與摩登伽，歷劫因緣恩愛習氣，非是一生及與一劫。我一宣揚，愛心永脫，成阿羅漢。彼尚淫女，無心修行，神力冥資速證無學」。以經文前後相配，則恩愛之宿習亦為眾生無始流轉之因，故勸持「楞嚴咒」以消淫愛之宿習，且舉摩登伽乃「無心修行」之女，蒙「楞嚴咒」冥加，即速證「無學」之位，何況吾人有心修行，若持楞嚴咒以助，何有不靈？何有不驗？

→ 又云「如是末世清淨比丘，若比丘尼，白衣檀越，心滅貪淫，持佛淨戒。於道場中發菩薩願，出入澡浴，六時行道，如是不寐，經三七日，我自現身至其人前，摩頂安慰，令其開悟」亦是以「心滅貪淫」為修楞嚴咒之必要條件。

→ 又云「遭彼梵天邪術所禁……雖蒙如來佛頂神咒，冥獲其力，尚未親聞」明示楞嚴咒破解淫術之用。

→ 後勸持楞嚴神咒的功效。

→ 卷八首標修行的「三種增進漸次」，若依此三種則可斷除「十二類眾生」之顛倒輪轉，而此三種皆不離「斷淫」，第一是戒「五辛」，因熟食增淫，生食長恚。第二云「永斷淫心，不餐酒肉，以火淨食，無啖生氣。阿難！是修行人，若不斷淫及與殺生，出三界者，無有是處」。又云「當觀淫欲，猶如毒蛇，如見怨賊」，是勉修不淨觀也。第三云「心無貪淫，於外六塵不多流逸……是人即獲無生法忍」，明白的說依此而修可致最高的「無生法忍」境界。

→ 卷八云「欲愛乾枯，根境不偶。現前殘質，不復續生……名乾慧地」，真斷淫，則登「乾慧地」之聖位，永脫三界六道之縛。

→ 又云「五十五位真菩提路」皆以能持守「三增進漸次」為主，否則無以達成聖位也。

→ 卷八舉寶蓮香的故事警告吾人勿以淫慾「無罪」而恣行，此乃招生身墮入

「無間獄」之報。

→ 又云男女行婬之愛水能令墮落，云「因諸愛染，發起妄情。情積不休，能生愛水……心著行婬，男女二根，自然流液。<u>阿難</u>！諸愛雖別，流結是同，潤濕不升，自然從墜，此名內分」。

→ 卷八更詳細說「情重與否」與「墮落昇浮」三界六道的關係，首先云「純想即飛，必生天上。若飛心中，兼福兼慧，及與淨願，自然心開，見十方佛，一切淨土，隨願往生」，明示「純想」斷婬之功，若加福慧與願力，則十方佛土，隨願往生，故欲生「淨土」者亦必需斷婬。

→ 卷八言「婬習」乃「十習因」之第一因，又云好婬者得「鐵床銅柱」之獄報，是故「十方一切如來，色目行婬，同名欲火。菩薩見欲，如避火坑」，「斷婬」及「避婬慾」是十方如來所共行之道。

→ 又「六交報」亦為行婬者之報，經文言「六根互報」之理，即一根造罪，六根皆受報。故眼根造婬，六根亦皆受報，耳根造婬，鼻根造婬……亦復如是。

→ 卷八云貪婬者之報，如婬習交接⇨大猛火光⇨鐵床銅柱⇨遇風成形為魅鬼(鬼道)⇨風銷報盡為咎徵異類(畜牲道)⇨酬足復形為參合異類(人道)。

→ 卷八末則指「六欲天」皆來自於對「婬愛」薄重而分，亦即婬愛愈薄則解脫愈高。

→ 卷九之首即云「世間一切所修心人，不假禪那，無有智慧。但能執身不行婬欲。若行若坐，想念俱無，愛染不生，無留欲界。是人應念身為梵侶，如是一類，名梵眾天，欲習既除，離欲心現，於諸律儀，愛樂隨順。是人應時能行梵德，如是一類，名梵輔天……」亦明「不行婬慾」之功能得「梵天」以上之報。

→ 又云「汝勗修行，欲得菩提，要除三惑。不盡三惑，縱得神通，皆是世間有為功用。習氣不滅，落於魔道」，故不滅貪瞋癡，不斷婬慾，則縱得「神通」，依舊只是落於「魔道」罷了。

→ 受陰中的「空魔」「欲魔」和想陰中的「怪鬼」「魅鬼」……等十鬼皆是「讚歎婬欲，破佛律儀，先惡魔師，與魔弟子，婬婬相傳」之婬魔。

→ 卷十識陰中云「觀命互通，卻留塵勞，恐其銷盡。便於此際坐蓮華宮，廣化七珍，多增寶媛，恣縱其心生勝解者，是人則墮真無真執。吒枳迦羅

成其伴侶，迷佛菩提，亡失知見」。雖然識陰將滅盡，但卻仍留「塵勞」，
而仍貪「女色」，是為五十陰魔仍不離婬魔也。

→ 又云「一心勸令持我佛頂陀羅尼咒。若未能誦，寫於禪堂，或帶身上，一
切諸魔，所不能動。汝當恭欽十方如來，究竟修進最後垂範」，佛再次勸
修楞嚴咒。

→ 末又云「生因識有，滅從色除」一再明示以除「色」為先，是為了生死輪迴
之關鍵也。

→ 又云「能以一念將此法門，於末劫中開示未學，是人罪障，應念銷滅，變
其所受地獄苦因，成安樂國」，即指「首楞嚴大定」之法門，而「戒婬」即
是證首楞嚴大定，非戒婬無以成就首楞嚴大定，且可得生安樂世界之國
土。

→ 經尾云「若有眾生，能誦此經，能持此咒，如我廣說，窮劫不盡。依我教
言，如教行道，直成菩提，無復魔業」，是佛悲心切切，願諸眾生誦此經、
持此咒，依教奉行，斷慾去愛，持「四淨戒」，修「三漸次」也。

　　以上的這張「流程圖」足以印證古大德說的：「本經始終唯令持心戒永斷婬愛
業（註1306）」、「全經著重說『婬』字，由這『婬』字，說出很多文章來」、「全經前後
所說，著重在一個『婬』字……看《楞嚴經》若不歸宗（指「婬」字），跑馬看花，
就不中用（註1307）」。

四、小結

　　這節論文可說從頭到都在講男女、講戒婬、講染污法，似乎是與「清淨」的
佛法不相應？其實「婬性本是淨性因（註1308）」、「婬欲即是道（註1309）」，一般人
只知佛法的「清淨」面，不知「染污」與「清淨」是一體二面的，不見《中論・卷四》
云：「涅槃與世間無有少分別，世間與涅槃亦無少分別（註1310）」；「煩惱」與「菩

註　1306　太虛大師《楞嚴經研究》頁141。
註　1307　《虛雲老和尚年譜法彙增定本》頁354、頁367。
註　1308　語出《六祖壇經・附屬第十》，《大正藏》第四十八冊頁362上。
註　1309　語出《大智度論・卷六》，《大正藏》第二十五冊頁107下。
註　1310　《大正藏》第三十冊頁36上。

提」是一不是二,「若能轉物,則同如來(註1311)」。故本節雖以男女的婬慾為研究主題,其實正是在凸顯出「清淨的修道」與「純淨的佛法」。

尤其《楞嚴經》所倡的「頓斷」法門,全部直指「人心」,教人從「心」修起、從「心」超越、從「心」斷除一切的貪、瞋、癡,故《楞嚴經》每有「婬心不除、殺心不除、盜心不除、妄心不除,塵不可出」的嚴格戒律之語,這也是《楞嚴經》的講求「心法」的一大特色。筆者曾思惟為何《楞嚴經》如此重視「斷婬」?而且必定要「身心俱斷」才是究竟出離輪迴,莫非此娑婆國人「婬染」心重?連與娑婆世界最有緣的觀音菩薩,都要以「女身」示現而救之(註1312),先以欲利勾牽,後得令入佛智?如下經典說:

❶ 《悲華經・卷六》上曾說此娑婆世界是:「多行貪婬瞋癡……是一千四佛所放捨者,所謂眾生厚重煩惱。五濁惡世能作五逆……專行惡業,如是眾生,諸佛世界,所不容受。是故擯來集此世界(指娑婆世界)以離善業,行不善業行,於邪道重惡之罪,積如大山(註1313)」。

❷ 《無量壽經・卷下》及《觀無量壽經》亦形容說:「心常念惡,口常言惡,身常行惡,曾無一善(註1314)」、「不樂閻浮提濁惡世也。此濁惡處(指娑婆世界),地獄、餓鬼、畜牲盈滿,多不善聚(註1315)」。

❸ 《大方等大集經・卷三十五・日藏分陀羅尼品第二之一》云:
「善男子!彼佛世界(指釋迦牟尼佛所在之娑婆世界)諸眾生等,有種種惡多諸渴愛。為諸煩惱之所繫縛,猶如廁豬,樂處不淨。諸女人等身體醜陋,自謂端正。猶如醉人,不自覺知。種種臭穢,自言清淨。兩舌惡口,遠離實語。常樂『婬欲』,行『非梵行』……彼土眾生有得禪定獲身通者,或有具足得『五通』者,或有久修『四禪定』者。如是智慧丈夫為諸『女人』之所惑亂,心隨染著為『欲』所使,猶如僮僕。於一念頃退失是等諸妙功德,當墮惡道……彼佛

註 1311 語出《楞嚴經・卷二》,《大正藏》第十九冊頁111下。

註 1312 這只是大略說,因唐朝時的觀音相都是「男相」,但唐後則以「女相」為多,是否是離佛越遠,越接近末法時代,則娑婆眾生婬染心越重?明・蓮池大師曾詳云:「娑婆欲染偏重,故觀音即女以轉其心……娑婆不淨,女人乃其一端,《十疑論》廣說不淨,而意重女人耳」。詳於《卍續藏》第一○八冊頁396下和頁397下。

註 1313 《大正藏》第三冊頁204下—295上。

註 1314 《大正藏》第十二冊頁277上。

註 1315 《大正藏》第十二冊頁341中。

世界(娑婆世界)有如是等種種諸惡（註1316）」。

❹乃至《金色王經》中更說：「有一人過去已經四十劫來行菩薩行，乃至到此娑婆世界，於異林中見兩眾生母子二人共行婬慾。時彼菩薩如是見已，心即歎曰：如是眾生極惡煩惱住其脅中，飲其乳已，作其是事，何處更有如是惡法（指此娑婆世界亂倫的惡法）（註1317）」。

娑婆眾生「婬染」諸事讀之著實令人禁寒！難怪連「娑婆」二字都被冠上「女」字旁，想這是佛在《楞嚴經》中所以勸阿難及末世眾生必須「斷婬」之故吧！

《楞嚴經》一經是成佛之頓斷大法，它經有云「正婬」、「邪婬」，唯獨此經「婬心」全斷，毫無「方便」可言。又《楞嚴經》的當機眾是阿難，是僧人，故「全斷婬心」是理所當然。故不得謂此經何以無「方便邪婬」之理，卷四經文詳云：「想愛同結，愛不能離，則諸世間父母子孫，相生不斷，是等則以欲貪為本（註1318）」。

筆者以為《楞嚴經》從「七番破妄」開始就已「趕盡殺絕」，砍殺的片甲不留，讓人找不著「真心」，故本經於「戒婬」之事亦是不留「方便」，一律全斷，此乃佛之「真語、實語」，欲令眾生直入「如來知見」，欲令眾生頓超五濁，是故本文非筆者對戒婬有「獨斷」之詞，請君詳閱《楞嚴》一經，以息「斷婬」之疑！

最後要附上幾則祖師大德的開示，尤其是憨山大師對《楞嚴經》「生死根本」的一番開示，這篇開示很長，謹節錄部份，希望能帶給讀者對《楞嚴經》「斷欲去愛」理論有更大的信心。

有人問憨山大師曰：「此經理開藏性，行依大定，教屬頓圓，而以阿難示墮婬室淺近之事發之者何耶」？憨山大師答曰：「此如來說法有深意也，經云：佛以一大事因緣故出現於世，所謂一大事，乃一真法界如來藏清淨真心，此心乃諸佛眾生均賦而同稟者也，以眾生迷之，故如來特因此出世開示眾生，令其悟入，故此實最大一事也。然眾生既稟此心，所以常寢生死，久溺輪迴，永劫不得出離者，皆由愛欲牽纏故也。以其生死界中，獨與真為

註　1316　《大正藏》第十三冊頁239上。
註　1317　《大正藏》第三冊頁389上。
註　1318　頁120中。

對者，亦唯此一事爲大耳，是爲生死根本也。故曰：賴有一矣，若使二同，普天之人無能爲道者。今欲返妄歸眞，必須先拔生死根本，故《梵網戒經》以斷殺爲先，此經以斷婬爲首，以此患最深，非大定不足以破之，故阿難示墮婬室以發端，及歸來見佛，先以大定爲請也……毒哉此欲，生死牢關，長羈三界之囹圄，永壞涅槃之安宅者，無尚此矣！苟非密嚴利器，付之勇猛丈夫，又何以拔之哉！由此欲習最極幽深，故世尊先放頂光以照之，無爲化佛祕密心咒以破之，文殊大智以拔之，斯則往救之由，以示全經大定之體矣！由是觀之，因愛欲爲生死之根，大定爲成佛之本。意謂非大覺不足以破大夢，非大法不足以除大患，斯實眞妄兩途，覿體無二者矣（註1319）」！

千經萬論所陳。

若不去婬，斷一切清淨種。

若不去酒，斷一切智慧種。

若不去盜，斷一切福德種。

若不去肉，斷一切慈悲種。

三世諸佛，同口敷宣。天下禪宗，一音演暢。

如何後學，略不聽從。自毀正因，反行魔説。

只爲宿熏業種，生遇邪師，善力易銷，惡根難拔。

—永明 延壽禪師垂誡。宋‧子昇錄《禪門諸祖師偈頌‧卷四》。《卍續藏》第一一六冊頁 975 上。

相見論修道，更莫著婬慾。婬慾暫時情，長劫入地獄。

縱令得出來，異形人不識。或時成四足，或是總無足。

可惜好人身，變作醜頭畜，今日預報知，行行須努力。

—善慧大士開示。見《龐居士語錄‧卷中》。《卍續藏》第一二〇冊頁 62 上—下。

註 1319 詳於憨山大師《楞嚴經通議‧卷一》《卍續藏》第十九冊頁 93 上—94 下。

第四章 本經目錄與評價

第一節 本經目錄總覽

一、日僧入唐之集錄

　　日本僧人入唐時收集眾多相關《楞嚴經》的目錄，此最早乃由日人普照大師入唐攜回的，攜回後帶給日本佛教界一時的盛況，如玄睿大師《大乘三論大義鈔‧卷三》云：「經本東流，眾師競諍（註1320）」。普照大師是在勝寶六年（754）歸日本的。而《楞嚴經》也在此時流入日本。之後日本僧人陸陸續續來唐學法，故也將唐朝的佛經目錄一一的請回去。下面將日人所整理關於《楞嚴經》、「楞嚴咒」的目錄全部抄錄如下，從這目錄中也可看出《楞嚴經》及其註疏的流向，提供更多相關《楞嚴經》來龍去脈的資料！

❶日本‧最澄（767～822）大師撰《傳教大師將來台州錄》（在大唐貞元二十一年805記）。其目錄載：

　　①《新譯梵漢兩字大佛頂陀羅尼》一卷。

　　②《大佛頂通用曼荼羅》一張。（註1321）

　　可見在最澄大師來唐時（即805年）時，梵本的「楞嚴咒」都尚流傳。

❷日本‧空海（774～835）大師製的《御請來目錄》，在大同元年（806）歸返本國所製。其目錄中即有：

　　①《大佛頂如來放光悉怛他缽陀羅陀羅尼》一卷。

　　②《梵字大佛頂真言》一卷。（註1322）

❸日本‧常曉（？～865）大師撰《常曉和尚請來目錄》（在承和六年839記）。其目錄中有：

　　①「《大佛頂經疏》一部（下面註明弘抗法師造）。

註 1320 《大正藏》第七十冊頁 151 中。

註 1321 《大正藏》第五十五冊頁 1057 中。

註 1322 分別見於《大正藏》第五十五冊頁 1061 下、頁 1063 中。

②《大佛頂經疏玄贊》一部三卷（下面註明惟愨法師造）。

下面又說：「空有兩宗論真性理，《大佛頂經》以為本模，經本雖先來，其疏
未有，於義難決。如今以此將正空有兩家諍論義，夫一翼若闕，
空行何飛？況乃一乘奧理，義與文違，不假疏記，微言無顯，
雖有勞載車，兼以此俾補乎聖典（註1323）」。

常曉大師所請的《大佛頂經疏玄贊》一書下面註明惟愨法師造，可證明就是
唐·崇福寺惟愨師撰的《楞嚴經疏玄贊》三卷。所以崇福寺惟愨師撰的《楞嚴
經疏玄贊》在常曉大師入唐時還在，即在839年時本子還在。後北宋之子璿大師
（965～1038）所著《楞嚴經撰義註疏》亦是多擷取惟愨師撰的《楞嚴經疏玄贊》
書。

❹日本·圓行（800～853）撰《靈巖寺和尚請來法門道具等目錄》（在承和六年839
撰）。其目錄亦云：

《大佛頂經疏》一部三卷（下面註明惟愨法師述）。（註1324）

❺日本·圓仁（794～864）大師撰《日本國承和五年入唐求法目錄》（在大唐開成
四年839撰）。其目錄云：

①《大佛頂諸菩薩萬行品灌頂部錄出中印契別行法門》一卷。

②《梵漢兩字大佛頂根本讚》一卷。

③《梵漢兩字大佛頂結讚》一卷。（註1325）

❻日本·圓仁（794～864）大師撰《慈覺大師在唐送進錄》（在承和七年840撰）。
其目錄亦云：

①《梵漢兩字大佛頂根本讚等諸雜讚》一卷。

②《大佛頂如來灌頂部錄中出印契別行法門》一卷。（註1326）

❼日本·圓仁（794～864）大師撰《入唐新求聖教目錄》（在承和十四年847撰）。

註 1323 《大正藏》第五十五冊頁1069上—中。

註 1324 《大正藏》第五十五冊頁1073上。

註 1325 分別見於《大正藏》第五十五冊頁1074中、頁1074下。

註 1326 分別見於《大正藏》第五十五冊頁1076下、頁1077上。

其目錄亦云：

　①《大佛頂疏隨文補闕鈔》一卷。

　②《大佛頂隨疏科文》一卷。

　③《大佛頂如來密因修證了義諸菩薩萬行品灌頂部錄中出印契別行法門》
　　一卷。

　④《唐梵兩字大佛頂根本讚》一卷。

　⑤《唐梵兩字大佛頂結讚》一本。（註1327）

　　從圓仁《日本國承和五年入唐求法目錄》中可看出梵漢對照的《大佛頂根本讚》和《大佛頂結讚》的書目不少，而《楞嚴經》的全部「長名」譯本也在此時出現，如《大佛頂如來灌頂部錄中出印契別行法門》和《大佛頂如來密因修證了義諸菩薩萬行品灌頂部錄中出印契別行法門》等經名。

❽日本・惠運（800～871）大師撰《惠運禪師將來教法目錄》（在承和十四年 847撰）。其目錄載：

　①《大佛頂如來大道場法》一卷。

　②《大佛頂陀羅尼》一卷。

　③《注大佛頂陀羅尼》一卷。（註1328）

❾日本・惠運（800～871）大師撰《惠運律師書目錄》（在承和十四年 847 撰）。其目錄亦載：

　①《大佛頂如來大道場儀軌》一卷。

　②《印大佛頂陀羅尼》一卷。

　③《注大佛頂陀羅尼》一卷。

　④《大佛頂真言》一卷。（註1329）

　　《大佛頂如來大道場法》儀軌一書首次在《惠運禪師將來教法目錄》中出現，及注釋「楞嚴咒」（大佛頂陀羅尼）的書也陸續出爐。

❿日本・圓珍（814～891）大師撰《日本比丘圓珍入唐求法目錄》（唐大中十一年

註　1327 分別見於《大正藏》第五十五冊頁 1083 中、頁 1085 下、頁 1086 上。

註　1328 《大正藏》第五十五冊頁 1088 上—中。

註　1329 分別見於《大正藏》第五十五冊頁 1090 中、下。頁 1091 上、中。

857 記）。其目錄謹載：
①《梵字大佛頂真言》一卷。（註1330）

❶ 日本・宗睿大師撰《新書寫請來法門等目錄》（在大唐咸通六年 864 撰）。其目錄載：
①《小字大佛頂經》一部十卷（複二卷是舊經也）。
②《加字尊勝并大悲真言及大佛頂真言》合三卷。
③《大佛頂陀羅尼成就方法決》（無集者二十張說持咒功能）。
④《大佛頂疏》一部三卷。（註1331）

❷ 日本・宗睿大師撰《禪林寺宗睿僧正目錄》（在大唐咸通六年 864 記）。在這目錄中出現：
①《大佛頂陀羅尼成就方法決》一書。

❸ 日本・安然（841～？）大師撰《諸阿闍梨真言密教部類總錄・卷上》（在延喜二年 902 記）。其目錄載了相當多有關「楞嚴經」的書目，如：

①《大佛頂如來密因修證了義諸菩薩萬行首楞嚴經》十卷（貞元 圓覺梵釋云《大佛頂首楞嚴經》十卷）。
②《大佛頂如來密因修證了義諸菩薩萬行品灌頂部中出印契別行法門》一卷（仁）。
③《大佛頂如來大道場儀軌》一卷（運）。
④《大佛頂如來放光悉陀他缽陀羅尼》一卷（海運）。
⑤《注大佛頂陀羅尼》一卷（運）。
⑥《梵字大佛頂真言》一卷（海是不空智譯）。
⑦《新譯梵漢大佛頂陀羅尼》一卷（澄是金剛智譯）。
⑧《梵唐兩字大佛頂結護》一卷（仁）。
⑨《梵唐語對註譯大佛頂真言》一卷（忠和上述以不空梵本加注經漢字漢語）。
⑩《小佛頂真言》一本（叡）。

註 1330 《大正藏》第五十五冊頁 1098 下。
註 1331 分別見於《大正藏》第五十五冊頁 1108 中、頁 1110 中。

⑪《大佛頂碑》一卷（叡）。（註1332）

⑫《大佛頂玄贊》三卷（行曉）。

⑬《大佛頂經疏》三卷（行曉云六卷）。

⑭《大佛頂隨疏科文》一卷（仁）。

⑮《大佛頂疏隨文補闕抄》一卷（仁私云上四宜傍見之）。（註1333）

⓮ 日本・安然（841～？）大師撰《諸阿闍梨真言密教部類總錄・卷下》亦載：

①《梵唐兩字大佛頂根本讚》一卷（仁）。（註1334）

⓯ 日本・永超大師撰《東域傳燈目錄》（在寬治八年1092記）。其目錄載：

①《大佛頂經疏》三卷。同經疏三卷（唐院東唐院）。

②《大佛頂經疏》六卷（弘流寶□坊）。同經疏三卷（惟愨）（註1335）。此外又
另題「《首楞嚴記》一卷。《首楞嚴經註解》（帛遠）（註1336）」。這部《首楞
嚴經》很明顯的是指舊的《首楞嚴三昧經》，因為帛遠 法祖大師是魏晉時
代的僧人，那時的《楞嚴經》根本還未東渡翻譯。且帛遠確實有註解過
這部舊的《首楞嚴經》。其事詳於《高僧傳・卷十四》。（註1337）

⓰ 高麗・義天（1055～1101）大師撰《新編諸宗教藏總錄・卷一》（在北宋元祐六
年1091記）。其目錄載《首楞嚴經》的所有註疏（註1338），雖用《首楞嚴經》
之名，但確指為《大佛頂楞嚴經》，不是舊的《首楞嚴三昧經》，大約有十九
家。如下所列：

①《玄贊》二十卷（全寫經文隨科贊釋與六卷本大同）、《玄贊》六卷（標舉科節
者略經文或三卷）——唐・惟愨述。

②《玄贊科》三卷——遼・非濁述。（？～1063）

註 *1332*　《大正藏》第五十五冊頁1118中。

註 *1333*　《大正藏》第五十五冊頁1118中。

註 *1334*　《大正藏》第五十五冊頁1130上。

註 *1335*　《大正藏》第五十五冊頁1152中。

註 *1336*　《大正藏》第五十五冊頁1154中—下。

註 *1337*　《大正藏》第五十冊頁327中。

註 *1338*　詳於《大正藏》第五十五冊頁1169中—下。

③《顯贊鈔記》十四卷——宋·智圓述。（976～1022）

④《鈔》十卷——亡名。

⑤《集要鈔》三卷——亡名。

⑥《資中疏證真鈔》六卷——宋·洪敏述。

⑦《義疏注經》二十卷、《科》二卷、單《科》一卷——以上宋·子璿述。
　　（965～1038）

⑧《手鑑》五卷——宋·道觀述。

⑨《搜玄鈔》十二卷（或云《搜微》）——元約述。

⑩《釋要鈔》六卷——宋·懷遠述。

⑪《進退合明章》一卷——道璘述。

⑫《疏》十卷、《谷響鈔》五卷、《科》六卷——以上宋·智圓述。

⑬單《科》一卷——曇永述。

⑭《注》十卷——法朗述。

⑮《集解》十卷、《文句》二卷、《熏聞記》五卷、《說題》一卷、《說題科》
　　一卷——以上宋·仁岳述。

⑯《說題通要》二卷——慈梵述。

⑰《禮誦儀》一卷——宋·仁岳述。

⑱《道場修證儀》一卷——宋·淨源述。（1011～1088）

⑲《新解》十卷——王氏述。

　　如果我們比對清·通理大師《楞嚴經指掌疏懸示》和錢謙益《楞嚴經解蒙鈔》
中所集的目錄（註1339），發現高麗·義天大師所集的目錄有些是他們兩家都未
提到的，如：非濁、道璘、曇永、法朗、慈梵、王氏六家皆是。

二、昭和法寶之目錄

第一冊

❶【宮內省圖書寮一切經目錄】：

《大佛頂首楞嚴經》。唐般刺密帝譯。一～一〇。十帖。紹興十・九。（頁767中）。

❷【寶寺經藏一切經目錄】：

《大佛頂如來密因修證了義諸菩薩萬行首楞嚴經》。十卷。附音釋一帖。一帙。（頁800上）。

❸【南禪寺經藏一切經目錄】：

《大佛頂如來密因修證了義諸菩薩萬行首楞嚴經》。十卷。麗本絲帙。一帙。（頁832下）。

❹【上醍醐寺藏一切經目錄】：

《首楞嚴經》。十卷。詩第百九十七。音義一卷。（頁861中）。

❺【知恩院一切經目錄】：

《大佛頂如來密因修證了義諸菩薩萬行首楞嚴經》。十卷。中天竺般刺密帝譯。（頁890下）。

❻【安吉州思溪法寶資福禪寺大藏經目錄卷上】：

《大佛頂如來密因修證了義諸菩薩萬行首楞嚴經》。一部十卷。（頁913上）。

❼【平江府磧砂延聖院新雕藏經律論等目錄卷上】：

《大佛頂如來密因修證了義諸菩薩萬行首楞嚴經》。一部十卷。（頁932上）。

❽【石山寺一切經目錄卷上】：

《大佛頂如來密因修證了義諸菩薩萬行首楞嚴經》。十卷。般刺密帝譯。一百四十三紙。（頁988中）。

❾【東寺一切經目錄卷上】：

《大佛頂如來密因修證了義諸菩薩萬行首楞嚴經》。十卷。一帙。一百四十三紙。（頁1007上）。

❿【御譯大藏經目錄】：

　　《大佛頂如來密因修證了義諸菩薩萬行首楞嚴經》。十卷。(頁 1029 上)。

⓫【敦煌本古逸經論章疏并古寫經目錄】：

　　① 《大佛頂如來密因修證了義諸菩薩萬行首楞嚴經》。七卷。卷第二·三。
　　　　卷第八·二卷。卷第九·一卷。卷第十·一卷。(頁 1061 上)。

　　② 《大佛頂首楞嚴經》。卷第一·一卷。唐末寫。(頁 1061 上)。

第二冊

❶【緣山三大藏總目錄卷上】：

　　《大佛頂如來密因修證了義諸菩薩萬行首楞嚴經》。十卷。唐般刺密帝譯。(頁
　　26 下)。

❷【大藏目錄卷上】：

　　《首楞嚴經》。十卷。唐天竺沙門般刺密帝譯。(頁 100 上)。

❸【唐本一切經目錄卷上】：

　　《大佛頂首楞嚴經》。十卷。一帙。(頁 128 下)。

❹【三緣山輪藏目錄卷上】：

　　《萬行首楞嚴經》。九。(頁 159 中)。

❺【至元法寶勘同總錄卷五】：

　　《大佛頂如來密因修證了義諸菩薩萬行首楞嚴經》。十卷。蕃疑折辨入藏。
　　唐循州沙門懷迪共梵僧於廣州譯。上一經十卷。一帙。蕃本闕。陰字號。(頁
　　207 上)。

❻【杭州路餘杭縣白雲宗南山大普寧寺大藏經目錄卷二】：

　　《大佛頂如來密因修證了義諸菩薩萬行首楞嚴經》。十卷。(頁 249 上)。

❼【大明三藏聖教北藏目錄卷第二】：

《大佛頂如來密因修證了義諸菩薩萬行首楞嚴經》。十卷。(頁280中)。

❽【大明三藏聖教北藏目錄卷第四】：

《首楞嚴經義海》。三十卷。(頁297中)。

❾【藏版經直畫一目錄】：

① 《大佛頂如來萬行首楞嚴經》。十卷。二本。(頁306下)。

② 《大佛頂萬行首楞嚴會解》。二十卷。四本。(頁321下)。

③ 《楞嚴經正脈》。十二卷。十二本。

④ 《楞嚴經圓通疏》。十卷。十本。

⑤ 《楞嚴經文句》。十卷。六本。

⑥ 《楞嚴經要解》。二十卷。四本。

⑦ 《楞嚴經義疏》。二十卷。四本。

⑧ 《楞嚴經玄義》。四卷。共二本。

⑨ 《楞嚴經合論》。十卷。四本。

⑩ 《楞嚴經疏解蒙鈔》。十四本。

⑪ 《楞嚴懺儀》。二般。(以上皆頁322下—323中)。

❿【藏版經直畫一目錄】：

① 《楞嚴經如說》。(頁328中)。

② 《楞嚴經直指》。洞宗三十四丹霞沙門甬是天然疏。(頁329下)。

⓫【大明三藏聖教南藏目錄】：

① 《大佛頂如來密因修證了義諸菩薩萬行首楞嚴經》。(頁337下)。

② 《首楞嚴經義海》。(頁355中)。

⓬【大清三藏聖教目錄卷第二】：

《大佛頂如來密因修證了義諸菩薩萬行首楞嚴經》。十卷。(頁369中)。

❸ 【東叡山寬永寺一切經目錄卷第二】：

《大佛頂如來密因修證了義諸菩薩萬行首楞嚴經》。十卷。一名中印度那爛陀大道場經於灌頂部錄出別行。天竺沙門般剌蜜諦烏長國沙門彌伽釋譯語。房融筆受。（頁 403 中）。

❹ 【大日本校訂縮刻大藏經目錄】：

① 《大佛頂如來放光悉怛多缽怛囉陀羅尼》。一卷。唐不空譯。（頁 459 下）。
② 《大佛頂如來密因修證了義諸菩薩萬行首楞嚴經》。十卷。唐般剌蜜帝譯。（頁 464 下）。

❺ 【大日本校訂藏經目錄】：

《大佛頂如來密因修證了義諸菩薩萬行首楞嚴經》。十卷。唐般剌蜜帝譯。（頁 483 下）。

❻ 【扶桑藏外現存目錄】：

《大佛頂如來放光悉怛多缽怛囉陀羅尼》。一卷。不空譯。未詳眞僞。此未決定。（頁 561 上）。

❼ 【大藏經綱目指要錄卷五上】：

《大佛頂如來密因修證了義諸菩薩萬行首楞嚴經》。十卷。（頁 668 中）。

❽ 【大藏聖教法寶標目卷第五】：

《大佛頂如來密因修證了義諸菩薩萬行首楞嚴經》。十卷。（頁 804 中）。

第三冊

❶ 【大日本佛教全書總目錄】：

① 《大佛頂法》。一卷。（頁 642 中）。
② 《大佛頂法》。一卷。（頁 644 中）。

❷ 【日本大藏經目錄】：

① 《首楞嚴經蠡測》。十卷。<u>連山交易</u>撰。(頁655中)。

② 《首楞嚴經略疏折衷》。十卷。<u>德嚴養存</u>補方等部章疏五。(頁655中)。

③ 《大佛頂略念誦法》。一卷。弘法<u>空海</u>撰。(頁663中)。

❸【湖州思溪圓覺禪院新雕大藏經律論等目錄卷上】：

《大佛頂如來密因修證了義諸菩薩萬行首楞嚴經》。一部十卷。(頁672中)。

❹【福州東禪大藏經目錄】：

① 《大佛頂首楞嚴經》。十卷。(頁687上)。

② 《御降楞嚴義海》。共三十卷。(頁690上)。

❺【唐本一切經目錄卷上】：

《大佛頂首楞嚴經》。十卷。自第一至十。加音義一帖。(頁697中)。

❻【神護寺經藏一切經目錄甲】：

《大佛頂首楞嚴經》。十卷。一帙。(頁732上)。

❼【豐山勸學院宋本大藏目錄】：

《大佛頂如來密因修證了義諸菩薩萬行首楞嚴經》。(頁753下)。

❽【禪林寺入藏目錄】：

① 《大佛頂如來放光悉怛多缽怛囉陀羅尼》。一卷。(頁755下)。

② 《大佛頂眞言》。一卷。(頁756下)。

③ 《大佛頂如來大道場儀軌》。一卷。(頁758上)。

④ 《註大佛頂陀羅尼》。一卷。(頁758上)。

⑤ 《大佛頂如來灌頂部錄中出印契別行法門》。一卷。(頁759中)。

⑥ 《大佛頂根本讚等諸雜讚》。一卷。(頁759中)。

⑦ 《大佛頂根本讚》。一本。(頁759中)。

⑧ 《大佛頂碑本》。一卷。(頁761上)。

❾【山王院藏】：

① 《唐梵對書大佛頂陀羅尼》。一卷。菩提三藏譯。短紙。(頁762中)。

② 《大佛頂陀羅尼》。一卷。加尊勝、立杖印咒、軍荼梨三眞言。(頁765中)。

③ 《大佛頂如來密因修證了義諸菩薩萬行品灌頂部錄出印契別行法門》。一卷。(頁766中)。

④ 《大佛頂陀羅尼》。一卷。大興善譯。(頁766中)。

⑤ 《大佛頂別行法門》。一本兩卷。(頁768中)。

❿ 【東寺一切經藏之內請來錄內儀軌等五函目錄】：

① 《大佛頂如來放光悉怛多缽怛囉陀羅尼》。一卷。(頁787中)。

② 《梵字大佛頂眞言》。(頁788上)。

⓫ 【東寺觀智院聖教目錄】：

① 《大佛頂首楞嚴經》。十卷。(頁790中)。

② 《大佛頂》。一卷。(頁791中)。

③ 《首楞嚴經》。一部十卷。(頁794上)。

④ 《大佛頂陀羅尼》。一卷。(頁794下)。

⑤ 《大佛頂陀羅尼啓請法》。一帖。(頁801上)。

⓬ 【東寺觀智院本目錄】：

《大佛頂口決》。中觀上人。(頁804下)。

⓭ 【東寺寶菩提院經藏諸儀軌目錄】：

① 《大佛頂陀羅尼成就方法決》。(頁806上)。

② 《大佛頂儀軌》。(頁807下)。

③ 《大佛頂陀羅尼》。唐本。(頁808下)。

④ 《大佛頂陀羅尼啓請法》。(頁808下)。

⓮ 【石山寺藏中聖教目錄】：

① 《梵字大佛頂眞言》。一卷。(頁817中)。

② 《大佛頂陀羅尼經》。四帖。(頁821上)。

③ 《大佛頂眞言滅罪法》。一帖。(頁821上)。

④ 同次第。理傳。一帖。(頁 821 上)。

⑤ 同法。一帖。(頁 821 上)。

⑥ 同陀羅尼。一卷。(頁 821 上)。

⑦ 《註大佛頂陀羅尼》。一卷。(頁 821 上)。

⑧ 《梵漢大佛頂陀羅尼》。一卷。(頁 821 上)。

❶❺【仁和寺經藏聖教目錄】：

① 《大佛頂陀羅尼》。漢字一冊。(頁 857 上)。

② 《大佛頂修行次第》。一帖。(頁 842 中)。

③ 《大佛頂陀羅尼》。一卷。(頁 843 中)。

④ 《大佛頂》。付隨求。一卷。(頁 845 中)。

❶❻【勸修寺大經藏聖教目錄】：

① 《大佛頂法》。一卷。(頁 881 中)。

② 《大佛頂法》。一卷。(頁 881 中)。

③ 《大佛頂》。一冊。(頁 883 下)。

④ 《大佛頂私次第》。應德二年。義範注進。興然。一卷。(頁 898 下)。

❶❼【高山寺聖教目錄卷上】：

① 《首楞嚴疏》。二十卷。子璿。(頁 912 上)。

② 《首楞嚴經義疏釋要抄》。六卷。(頁 913 上)。

③ 《大佛頂功能》。私出。(頁 918 下)。

❶❽【高山寺經藏聖教內真言書目錄】：

① 《大佛頂如來放光悉怛多鉢怛囉陀羅尼》。一卷。(頁 926 上)。

② 《大佛頂陀羅尼注》。二卷。此內一卷欠。(頁 926 上)。

③ 《大佛頂次第》。一卷。(頁 928 中)。

④ 《大佛頂法》。五紙一卷。見在。(頁 929 中)。

❶❾【方便智院聖教目錄】：

① 《大佛頂次第》。(頁 934 中)。

② 《大佛頂次第》。一帖。(頁934下)。

③ 《大佛頂》。二卷。(頁939中)。

④ 《大佛頂略念誦法》。一帖。(頁941中)。

⑤ 《大佛頂加持水事》。一卷。(頁943上)。

❷⓿ 【法鼓臺聖教目錄】：

① 《大佛頂陀羅尼》。三本。二本梵字。一本漢字。不空譯。(頁947下)。

② 《大佛頂陀羅尼註》。一卷。同經一卷。不空譯。(頁948下)。

③ 《大佛頂次第》。一卷。(頁952下)。

④ 《大佛頂經要文》。一卷。(頁956中)。

⑤ 《大佛頂經開題》。(頁957下)。

❷❶ 【法鼓臺聖教目錄】：

① 《首楞嚴經》。二部。各十卷。(頁968上)。

② 《首楞嚴經》。一部。二冊。(頁968上)。

③ 《楞嚴義海》。一部。三十卷。(頁968中)。

❷❷ 【建仁寺兩足院藏書目錄】：

① 《楞嚴經疏解蒙鈔》。錢謙益。三十。

② 《大佛頂首楞嚴經文句》。智旭。十。

③ 《大佛頂首楞嚴經玄義》。智旭。二。

④ 《楞嚴經略疏》。元賢。四。

⑤ 《楞嚴義疏疏考》。寫。房融。五。

⑥ 《麗藏楞嚴咒》。寫一。

⑦ 《首楞嚴義疏注經》。子璿集。十。

⑧ 《首楞嚴義疏注經》。子璿集。十。

⑨ 《大佛頂經文句講錄》。光謙。六。

⑩ 《首楞嚴義疏注經》。子璿集。十。

⑪ 《首楞嚴別考》。寫三。

⑫ 《楞嚴經注》。寫三。

⑬ 《楞嚴經》。寫。般刺密帝譯。(以上皆頁973上)。

❷❸【閱藏知津總目錄卷第二】：

　　① 《大佛頂如來密因修證了義諸菩薩萬行首楞嚴經》。十卷。(頁1013下)。

　　② 《首楞嚴經義海》。三十卷。(頁1025中)。

　　③ 《大佛頂首楞嚴經會解》。二十卷。(頁1025中)。

❷❹【閱藏知津卷第十一】：

　　《大佛頂如來密因修證了義諸菩薩萬行首楞嚴經》。十卷。(頁1086上)。

❷❺【閱藏知津卷第三十六】：

　　① 《首楞嚴經義海》。三十卷。前有曾懷咸輝二序。(頁1210上)。

　　② 《大佛頂首楞嚴經會解》。二十卷。(頁1210中)。

三、敦煌遺書之目錄

編號	冊數	所在頁碼	卷數	內容
斯 0264	二	523 下—526 下	卷六	不全
斯 0314	三	60 下—68 下	卷五	完整
斯 0353	三	218 下—221 上	卷四	殘缺
斯 0836	七	64 上—下	卷四	殘缺
斯 0919	七	471 上—下	卷六	殘缺
斯 1362	十	240 下—263 上	卷六到卷十	完整
斯 1707	十三	18 上—下	卷十(誤)，應卷六	殘缺
斯 1919	十四	504 上—505 上	卷一	殘缺
斯 2266	十七	610 上—620 下	卷三	完整
斯 2279	十八	13 下—21 上	卷六	完整
斯 2305	十八	190 下—198 上	卷六	完整
斯 2326	十八	312 下—321 下	卷七	完整
斯 2486	二十	155 上—159 上	卷十	不全
斯 2762	二三	200 上—210 下	卷四	完整
斯 2803	二三	499 下—506 上	卷十	不全
斯 2990	二五	136 下—141 下	卷二	不全
斯 3052	二五	420 上—431 下	卷二	完整
斯 3077	二五	571 上—579 下	卷一	完整
斯 3102	二六	35 下—43 下	卷五	完整
斯 3103	二六	44 上—48 下	卷一到卷二	不全
斯 3532	二九	309 下—316 下	卷三	不全
斯 3782	三一	362 下—373 下	卷七	完整
斯 3785	三一	400 下—401 下	卷八	殘缺
斯 4077	三三	521 下—522 下	卷八	殘缺
斯 4354	三五	462 下—471 下	卷三	不全
斯 4359	三五	495 下—496 下	卷一	不全
斯 4797	三八	34 下—37 下	卷四	殘缺
斯 5177	四十	487 上—494 下	卷五	完整

編號	冊數	所在頁碼	卷數	內容
斯 5302	四一	528 上—539 下	卷九	完整
斯 5312	四一	593 上—603 上	卷二	完整
斯 5378	四二	283 下—284 上	卷八	不全
斯 6447	四六	593 上—603 下	卷九	完整
斯 6680	五十	271 上—281 下	卷七	完整
斯 6691	五十	385 上—391 下	音義	完整
斯 6696	五十	428 上—435 下	卷六	完整
斯 6782	五一	517 上—522 上	卷一	完整
斯 6927	五三	592 下—594 上	卷一	不全
斯 7550	五五	225 下—226 上	卷一	不全
北 7386 號(雨 087)	一〇六	12 下—14 下	卷一	不全
北 7387 號(閏 011)	一〇六	15 上—21 上	卷一	不全
北 7388 號(餘 028)	一〇六	21 下—24 上	卷一	不全
北 7389 號(荒 037)	一〇六	24 下—28 上	卷一	不全
北 7390 號(乃 047)	一〇六	28 下—29 下	卷一	不全
北 7391 號(陽 080)	一〇六	30 上—37 上	卷二	不全
北 7392 號(雨 025)	一〇六	37 下—47 上	卷二	完整
北 7393 號(成 046)	一〇六	47 下—57 上	卷二	完整
北 7394 號(雲 049)	一〇六	57 下—60 上	卷二	不全
北 7395 號(雲 050)	一〇六	60 下—63 下	卷二	不全
北 7396 號(衣 082)	一〇六	63 下—66 上	卷二	不全
北 7397 號(河 059)	一〇六	66 下—68 下	卷二	不全
北 7398 號(致 044)	一〇六	69 上—70 上	卷二	不全
北 7399 號(衣 002)	一〇六	70 下—73 上	卷二	不全
北 7400 號(雲 003)	一〇六	73 下—74 下	卷二	不全
北 7401 號(餘 047)	一〇六	75 上—80 下	卷三	不全
北 7402 號(乃 058)	一〇六	81 上—下	卷四	不全
北 7403 號(列 022)	一〇六	82 上—89 下	卷五	完整
北 7404 號(荒 082)	一〇六	90 上—98 上	卷五	完整

編號	冊數	所在頁碼	卷數	內容
北 7405 號(岡 091)	一〇六	98 下—99 上	卷五	不全
北 7406 號(龍 022)	一〇六	99 下—100 下	卷五	殘缺
北 7407 號(致 099)	一〇六	101 上—108 上	卷五	完整
北 7408 號(宙 051)	一〇六	108 下—115 上	卷五	不全
北 7409 號(冬 016)	一〇六	115 下—120 上	卷五	不全
北 7410 號(荒 024)	一〇六	120 下—126 下	卷六	完整
北 7411 號(菜 080)	一〇六	127 上—133 上	卷六	不全
北 7412 號(菜 066)	一〇六	134 上—141 上	卷六	不全
北 7413 號(菜 090)	一〇六	141 下—142 上	卷六	不全
北 7414 號(致 013)	一〇六	143 上—146 下	卷六	不全
北 7415 號(帝 062)	一〇六	147 上—147 下	卷六	不全
北 7416 號(調 026)	一〇六	149 上—153 上	卷六	不全
北 7417 號(闕 090)	一〇六	153 下—164 下	卷七	完整
北 7418 號(柰 091)	一〇六	165 上—175 下	卷七	完整
北 7419 號(夜 046)	一〇六	176 上—185 上	卷八	完整
北 7420 號(帝 031)	一〇六	185 下—187 上	卷八	不全
北 7421 號(辰 068)	一〇六	187 下—196 下	卷九	完整
北 7422 號(閏 082)	一〇六	197 上—207 上	卷九	不全
北 7423 號(崑 002)	一〇六	207 下—210 下	卷九	不全
北 7424 號(結 084)	一〇六	211 上—218 下	卷十	完整
北 7425 號(推 029)	一〇六	219 上—下	卷十	不全
北 7426 號(號 009)	一〇六	220 上—224 上	卷十	不全
北 7427 號(雲 021)	一〇六	224 下—231 上	卷十	不全
北 7428 號(致 081)	一〇六	231 下—238 下	卷十	完整
北 7429 號(潛 097)	一〇六	239 上—240 下	卷十	不全
北 7430 號(麗 017)	一〇六	241 上—244 上	卷十	不全
北 7431 號(帝 066)	一〇六	244 下—246 下	卷十	殘缺
北 7432 號(出 098)	一〇六	247 上—下	卷十	殘缺
北 7433 號(潛 100)	一〇六	248 上—250 上	楞嚴咒	不全
北 7434 號(昃 004)	一〇六	250 下	楞嚴咒	不全

編號	冊數	所在頁碼	卷數	內容
北 7435 號(昃 007)	一〇六	251 上	楞嚴咒	不全
北 7436 號(歲 085)	一〇六	251 下—254 下	楞嚴咒	完整
北 7437 號(號 064)	一〇六	255 上—下	楞嚴咒	殘缺
北 7438 號(珍 008)	一〇六	256 上—257 下	楞嚴咒	不全
北 7439 號(官 060)	一〇六	258 上—259 上	楞嚴咒	不全
北 7440 號(人 025)	一〇六	259 下—269 下	楞嚴咒	不全
北 7441 號(人 012)	一〇六	270 上—272 上	楞嚴咒	不全
北 7442 號(宇 022)	一〇六	272 下—277 下	楞嚴咒	不全
北 7671 號(帝 089)	一〇七	284 下—285 下	楞嚴咒	不全
北 8641 號(結 082)	一一一	74 上—77 下	卷八	不全
伯 2152 號	一一五	473 上—490 上	卷一到卷五	完整
伯 2220 號	一一七	454 上—455 下	卷五	不全
伯 2229 號	一一七	509 上—518 上	卷三	不全
伯 2251 號	一一八	79 下—89 上	卷九	完整
伯 2349 號	一一九	492 上—505 下	卷一到卷五	完整
伯 3354 號	一二七	586 上	卷八	殘缺
伯 3429 號	一二八	290 上—293 下	音義	殘缺
伯 5560 號	一三五	506 下	卷八	殘缺
伯 5595 號	一三五	641 上—643 上	卷六	不全
散 1087 號	一三七	495 上—500 上	卷一	不全

按：「不全」、「完整」、「殘缺」只是大略上的歸納。

「不全」是指經文有但不夠齊全，有的前面少後面齊全，有的是前面齊全，
　　後面不全，有的是中間不全。

「殘缺」大致是東一塊西一塊，沒有整齊的文字。

「完整」是指大致上的經文都齊全，偶爾有一些是看不清、或漏了一兩句。

總之：這樣的分類都只是粗略的參考，並不一定完全客觀。

敦煌本大小約有「一百二十六件」（據筆者初步估計）。除上述百件敦煌本可見

外，尚有二十件寫本資料是《敦煌寶藏》沒有收錄的，所以亦無法一睹全文。茲將這二十件的目錄附於下：

簡字代表意義：

孟：孟列夫（L.N.Menshikov）
弗：弗勒 K.K.flug
舊：指舊有編號

「列寧格勒博物館」：
編號孟 00814(舊 1478 號)。《楞嚴經》卷第一。
編號孟 00815(舊 512 號)。《楞嚴經》卷第一。
編號孟 00816(弗 138 號)。《楞嚴經》卷第一。
編號孟 00817(弗 90 號)。《楞嚴經》卷第二。
編號孟 00818(弗 92 號)。《楞嚴經》卷第七。
編號孟 00819(弗 93 號)。《楞嚴經》卷第八。
編號孟 00820(舊 834 號)。《楞嚴經》卷第八。
編號孟 00821(弗 91 號)。《楞嚴經》卷第九。
編號孟 00822(弗 89 號)。《楞嚴經》卷第九。
編號孟 02409(舊 1953 號)。《楞嚴經》。(未名第幾卷？)
編號孟 02410(舊 1688 號)。《楞嚴經》卷第五。
編號孟 02411(舊 2318 號)。《楞嚴經》卷第六。
編號孟 02412(舊 1808 號)。《楞嚴經》卷第二。

「中央圖書館」：
編號 0101。《楞嚴經》卷第一。

「旅順博物館」：
編號 0083。《楞嚴經》卷二、卷四、卷六、卷八、卷九、卷十。
編號 0154。《楞嚴經》卷第十。

「李氏鑒敦煌寫本目錄」：
編號 0308。《楞嚴經》卷第四卷五(卷四末起)殘經卷(中有硃校一行)

編號 0420。《楞嚴經》卷第三、四(由卷三尾起至第四卷止)

「李木齋舊藏敦煌名跡目錄」：
編號 0626。唐寫本《楞嚴經》卷第九(首尾全，共四六八行，長卷)

「日本諸私家所藏敦煌寫經目錄」：
編號 1087。《楞嚴經》卷一(唐末寫本)——清野謙次藏

第二節　歷代祖師對本經之評價

前言：《楞嚴經》於公元 705 年譯成，故以此年之後為記要。

唐・百丈 懷海大師之引用：（720—814）

大師是最早將《楞嚴經》與《楞嚴咒》納入叢林之朝暮課誦內容。大師所訂的清規，世稱「百丈清規」，天下叢林無不奉行，為禪宗史上創下劃時代之功績，亦為《楞嚴經》的流傳跨出歷史性的第一步！

——詳於《敕修百丈清規》。《大正藏》第四十八冊頁 1111 中—1159 下。徵引《楞嚴經》文亦見《古尊宿語錄・卷二》，《卍續藏》第一一八冊頁 172 上。

唐・馬祖 道一禪師之引用：（709—788）

馬祖禪師對《楞嚴經》之引用並不明確，下有二處可證明：

(1)馬祖曾見大珠 慧海所撰的《頓悟入道要門》而讚曰：「越州有大珠，圓明光透，自在無遮障（註1340）」。而《頓悟入道要門》內即明確的徵引《楞嚴經》之文（註1341）。據上文便可推知馬祖亦應知曉《楞嚴經》。

(2)《馬祖禪師語錄》中云：「對迷說悟，本既無迷悟，亦不立一切」暗合《楞嚴經・卷三》文：「此迷無本，性畢竟空。昔本無迷，似有迷覺。覺迷迷滅，覺不生迷」。又云：「佛無知見，知見乃魔」暗合《楞嚴經・卷五》文：「知見立知，即無明本。知見無見，斯即涅槃」。

——詳見《江西馬祖道一禪師語錄》，《卍續藏》第一一九冊頁 811 下和 816 下。

唐・大珠 慧海大師之引用：（約為 709—788）

俗姓朱，世稱大珠和尚、大珠 慧海。生卒年雖不詳，但可確定與馬祖同時

註　1340 以上皆詳於《景德傳燈錄・卷六》，《大正藏》第五十一冊頁 246 下。
註　1341 徵引《楞嚴經》文見於《頓悟入道要門論・卷上》，《卍續藏》第一一〇冊頁 841 下。

代之人。曾遊諸方，參謁馬祖 道一（709—788），曾事奉馬祖六載，撰有
《頓悟入道要門》一卷。大師之《頓悟入道要門》即徵引《楞嚴經》。

——徵引《楞嚴經》文見於《頓悟入道要門論·卷上》，《卍續藏》第一一
　　○冊頁841下。

唐·烏龍 少康大師之精誦：（？—805）（蓮社宗第五代祖師）

善導大師滅後，慕其遺風者興起倡導淨土法門，尤以法照、少康二師大力
提倡，世人乃以「後善導」稱美少康大師。如《宋高僧傳·卷二十五》之「少
康傳」載：「時號後善導（註1342）」。大師其年十五歲即精通《法華》、《楞嚴》
等大經。足證其善根之深厚，亦明《楞嚴經》之地位！

——按：少康大師十五歲精通《法華》、《楞嚴》之事詳載於《淨土往生傳·
卷下》、《往生集·卷一》（註1343）和《佛祖統紀卷·二十六》（註1344）。
少康大師生於何時未詳，但查蓮宗三祖唐·承遠大師是712—802年之人，
而蓮宗第四祖為唐·法照大師，生卒年亦不詳，但史上卻有載其於大曆元
年（766），至彌陀臺發每夏九旬勤修「般舟三昧」之願，同年又受「五會念
佛」誦經之法。由以上三祖、四祖之資料推測，少康大師之生年當在《楞嚴
經》傳譯之後（705年）而無疑！亦當生於三祖、四祖之後（若生於其前，則
列入第五祖恐不妥）。而其稍後之唐·慧琳國師（737—820）已將《楞嚴經》
十卷作「梵漢音義」處理，故少康大師時代所精誦之《楞嚴經》必為《楞嚴
經》無疑，非以前之《首楞嚴三昧經》也。

唐·慧琳國師《一切經音義》之引釋：（737—820）

唐·慧琳國師。師事不空三藏，內持密藏，外究儒學，精通聲明與訓詁之
學。引用《字林》、《字統》、《聲類》、《三蒼》、《切韻》、《玉篇》、《諸經》、
《雜史》，並參合佛意，詳察是非，撰成《一切經音義》百卷，世稱《慧琳
音義》。據《宋高僧傳·卷五》載，其成書年代為貞元四年（788）至元和

註 1342 《大正藏》第五十冊頁867下。或見於《淨土往生傳·卷下》，《大正藏》第五十一
　　　冊頁123下。
註 1343 《大正藏》第五十一冊頁123中、頁131上。
註 1344 《大正藏》第四十九冊頁264中。

五年（810），歷時二十餘年（《楞嚴經》於705年譯成，距離很近）。慧琳國師精通梵漢，苂讀三藏，目光如炬，善分真贗，於訛偽經藏，多經辨明，抉發隱微，毫不假借，如其《一切經音義・卷二十五》之《大般涅槃經・卷八》書末云：「東晉　義熙十一年，曇無讖法師，於姑臧依龜茲國　胡本文字，翻譯此經，遂與中文音旨不同……龜茲與中天相去遠隔，又不承師訓，未解用中天文字，所以乖違，故有斯錯，哀哉！已經三百八十餘年，竟無一人，能正此失（註1345）」。為慧琳乃西域　疏勒國人（非中國人），既是西域人，又曾師事於不空三藏，且他對經藏的態度是「參合佛意，詳察是非（註1346）」。慧琳對三百八十餘年來的《大般涅槃經》訛誤處尚能明證，足證其嚴謹治學之功力。大師對《楞嚴》此部經堅決不疑，並於《一切經音義・卷四十二》中親釋《楞嚴經》，並多次徵引此書，決不懷疑！

——釋《楞嚴經》之文詳於《大正藏》第五十四冊頁585中——587下。

唐・神清大師之虔誦：（？—820）

大師昌明（四川　彰明）人，俗姓章，字靈庾，少習儒典，多聞強記，工詩文。於開元寺出家，致力經論史傳，虔誦《法華》、《維摩》、《楞伽》、《佛頂》等經。曾撰《北山參玄語錄》十卷，都計百餘軸，最為南北鴻儒名僧高士之所披翫焉。

——《宋高僧傳・卷六》。《大正藏》第五十冊頁740下。

唐・神湊大師之專弘：（743—817）

大師一生志在《楞嚴經》，行在《四分律》。講法三十年，一盂而食，一榻而居，衣縫枲麻，坐薦槁桔，每夜捧籃秉燭行道禮佛，徇十二時，少有廢闕。元和十二年示疾，九月二十六日儼然坐終于寺。

——詳於《宋高僧傳・卷十六》。《大正藏》第五十冊頁807上——中。

唐・圭峰　宗密大師之引釋：（780—841）（賢首宗第五祖）

註　1345　《大正藏》第五十四冊頁470下
註　1346　《大正藏》第五十冊頁738上——中。

宗密的《禪源諸詮集》和《禪藏》二書，皆是闡明《楞嚴經》之作（註1347）。其《禪源諸詮集》收錄禪宗諸家之言句偈頌，別稱《禪那理行諸詮集》，凡百卷，後遇會昌法難（845）與唐末五代之亂而佚失，今僅殘存《都序》，即是本書。

唐·黃檗 希運禪師引述：（? —850）

唐代僧。福州閩縣人，姓氏不詳。學通內外，人稱黃檗 希運。曾謁百丈 懷海，並大開心眼，得百丈所傳心印，後於黃檗山鼓吹直指單傳之心要，四方學子雲集而來。諡號「斷際禪師」。禪師語錄廣引《楞嚴經》文。

——詳於《黃檗禪師傳心法要》，《卍續藏》第一一九冊頁 828 上下，或見於《大正藏》第四十八冊頁 382 上。《黃檗斷際禪師宛陵錄》，《卍續藏》第一一九冊頁 844 下、頁 845 上、頁 846 上。

唐·玄沙大師之引悟：（835—908）

《宋高僧傳·卷十二》載：「玄沙乘《楞嚴》而入道，識見天珠（註1348）」。《景德傳燈錄·卷十八》載：「福州 玄沙 宗一大師，法名師備……閱《楞嚴經》發明心地，由是應機敏捷，與修多羅冥契。諸方玄學有所未決定，必從之請益。至若與雪峰和尚（822—908）徵詰，亦當仁不讓。雪峰曰：『備頭陀其再來人也』（註1349）」。其著有《玄沙師備禪師廣錄》凡三卷，詳稱《福州玄沙宗一大師》廣錄，又作《玄沙廣錄》。收於《卍續藏》第一二六冊。

註 1347 據 Jan Yun-hua.P.H.D.Mcmaster university,Canada, Two Problems of Tsung-Mi's（宗密）Compilation of the CH'ANTSANG（禪藏）一書謂：「宗密的《禪藏》已失佚，但其大部份內容，都已收錄於延壽的《宗鏡錄》中」（見於一九七四年國際東方學者會議紀要第十九卷）。或參見近人聖嚴法師著《明末中國佛教之研究》頁434載：「據常盤大定的意見所示：雖然《楞嚴經》於中唐以後，是調和華嚴、天台、密教、禪宗的骨幹，但其具體論證，該是宗密的《禪藏》等著作，以及延壽的《宗鏡錄》等，最具影響力」。

註 1348 《大正藏》第五十冊頁 782 下。

註 1349 詳於《大正藏》第五十一冊頁 343 下—344 上。

唐・乾峰大師之引悟：（約為 850—900 之間）

唐末曹洞宗僧。生卒年不詳。為曹洞宗之祖洞山 良价（807—869）之法嗣，住於越州（浙江），大師以「乾峰一路」之公案與「乾峰二光三病」之法語而知名禪林。有一僧至乾峰處，以《首楞嚴經・卷五》云：「**十方薄伽梵，一路涅槃門**」之經文，請問「**十方諸佛一路涅槃門**」究竟在何處，乾峰以拄杖劃一線，答說「在這裏」。此乃表示不須遠求，事事物物之當體皆為佛作佛行、涅槃之一道。（乾峰的公案參見《從容錄・第六十一則》、《無門關》第四十八則、《景德傳燈錄・卷十七》、《五燈會元・卷十三》）。

——《聯燈會要・卷二十三》。《卍續藏》第一三六冊頁 807 上—808 上。

唐・景岑 招賢大師之徵引：（不詳，約為 800—900 之人）

唐代禪僧。生卒年不詳。住湖南 長沙山，大宣教化，時人稱為長沙和尚。師機鋒峻峭，與仰山 慧寂（807—883 唐代禪僧）對話中，曾踏倒仰山，仰山謂如大蟲（虎）之暴亂，故諸方稱其為「岑大蟲」。

——其引釋《楞嚴經》文見《景德傳燈錄・卷十》。《大正藏》第五十一冊頁 274 下—275 下。

唐末五代・雲門 文偃禪師之徵引：（864—949）

唐末五代僧。為「雲門宗」之祖。南漢王 劉龑敕賜「匡真禪師」。二年四月十日上表辭王，垂誡徒眾，端坐示寂，世壽八十六，僧臘六十六。北宋乾德四年（966），太祖復追諡「大慈雲匡真弘明禪師」。師之機鋒險峻，門風殊絕，世稱「雲門文偃」。

——大師徵引《楞嚴經》之文詳見於《雲門匡真禪師廣錄・卷中》。《大正藏》第四十七冊頁 558 中。

唐末五代・道丕大師之禮拜：（889—955）

師為唐之宗室，俗姓李。天祐三年（906），濟陰王賜紫衣，後唐莊宗賜號「廣智」。凡大內建香壇應制談論，師多居首席。後晉天福三年（938），入梁苑

為左街僧錄，又任傳法阿闍梨<u>昭信</u>大師。大師好禮經，於後周<u>世宗</u>時，沙汰僧尼、毀僧寺、化銅佛。大師力禮《楞嚴經》，二年禮畢，結果毀教滅佛之舉並未太深，此皆大師禮拜《楞嚴經》之德。大師於<u>顯德</u>二年示寂，示寂前云：「有首楞嚴菩薩，眾多相迎，令鳴椎俄然而化」。世壽六十七。

——詳於《宋高僧傳·卷十七》。《大正藏》第五十冊頁819中。

唐末五代·<u>義楚</u>大師之持誦：（生卒不詳，史上載大師於宋<u>開寶</u>年間（968—976）入寂，世壽七十四）

大師曾閱藏達三次，撰《釋氏六帖》（又名《義楚六帖》）。禪居時曾「誦《大悲》、《佛頂》咒俱一億遍（註1350）」。按：筆者認為此億遍似乎不可能是持「全咒」，應是持大悲心咒、楞嚴心咒較可能也。

唐末五代·<u>永明</u> <u>延壽</u>禪師《宗鏡錄》之引釋：（904—975）（蓮社宗第六代祖師）

《宗鏡錄》成書於宋<u>太祖</u> 建隆二年（961）。本書廣收大乘經論六十部，及<u>印度</u>、<u>中國</u>聖賢三百人之著作等彙編而成。其內容詳述諸佛之大意與經論之正宗。全書立論重在頓悟、圓修，所謂「禪尊達摩，教尊賢首」為其中心思想，為昭示禪教一致之修禪要文集。<u>錢謙益</u>之《楞嚴經解蒙鈔》云：「禪師會三宗學者，集錄大乘經論諸家語錄，撰《宗鏡錄》一百卷，折衷法門，會歸心要，多取證於《楞嚴》，所引古釋即愨、振、沇三家之説也。《長水疏經》裁決要義用《宗鏡》爲詮準。而寂音《僧寶傳》，發明<u>永明</u>，撰述以微心直指爲緣起。古師弘法確有淵源，今人習而不察，間有採剟徒取駢偶之詞，資爲旁證而已」。又云「《宗鏡》全序，皆發揚《首楞嚴》宗妙」。

——詳於《卍續藏》第二十一冊頁82下和頁777上。

北宋·<u>文遂</u>大師之深究：（生卒年不詳，史載其人於乾德二年964遷長慶寺）

<u>文遂</u>禪師，<u>杭州</u>人，嘗深究《楞嚴經》，謁己師述己之所業心得，深符經旨。

註 1350 詳於《宋高僧傳·卷七》。《大正藏》第五十冊頁751中。

師云：《楞嚴》豈不是有八還義？遂云：是。師云：明還甚麼？遂云：明還日輪。師云：日還甚麼？遂憒然無對，師誠令其焚其所注之文。自此服膺請益，始忘知解。

——詳於《大正藏》第四十七冊頁 591 中—下。或見於《景德傳燈錄・卷二十五》，《大正藏》第五十一冊頁 411 下。

北宋・汾陽 善昭大師之徵引：（947—1024）

宋代臨濟宗僧。住汾陽太子院，廣說宗要，以三句、四句、三訣、十八唱等機用接化學人，名震一時。師足不出戶達三十年之久，道俗益重，不敢直呼其名，而以「汾陽」稱之。宋仁宗 天聖二年示寂，世壽七十八。諡號「無德禪師」。

——其徵引《楞嚴經》之文詳於《汾陽無德禪師語錄・卷中》。《大正藏》第四十七冊頁 611 中及 618 下。

北宋・長水 子璿大師云：（965—1038）（賢首宗第八祖）

「《大佛頂密因了義首楞嚴經》者，乃竺乾之洪範，法苑之寶典也。昔能仁以出震五天，獨尊三界，假金輪而啓物，現玉毫而應世，觀四生之受苦也，惠濟庶物，愍群機之未悟也……則斯經也，可以辯識諸魔破滅七趣，謂止及觀，修圓教妙明之心，發真歸源，證上乘至極之說」。

——《大正藏》第三十九冊頁 823 上。

北宋・孤山 智圓大師云：（976—1022）

「《楞嚴》一經，劇談常住真心，的示一乘修證，為最後垂範之典」。

——《佛祖統記・卷十》。《大正藏》第四十九冊頁 205 上。

按：大師為天台宗山外派大師。于乾興元年二月作祭文挽詩，泊然示寂，世壽四十七。遺命以陶器斂遺骸，藏於所居之巖。後十五年，積雨山頹，門人開視陶器，肉身不壞爪髮俱長，唇微開露，齒若珂玉，乃更

襲新衣，屑眾香散其上而重瘞之（註1351）。大師嘗撰《首楞嚴經疏》十卷和《首楞嚴經疏谷響鈔》五卷。以大師肉身不壞之功德還印證《楞嚴經》之真偽，明矣！

北宋·楊岐 方會禪師之徵引：(996—1049)

楊岐 方會禪師乃北宋臨濟宗「楊岐派」之開山祖師。
——其引《楞嚴經》之文見於《楊岐方會和尚後錄》頁647上。《大正藏》第四十七冊。

北宋·晉水 淨源大師云：(1011—1088)（賢首宗第九祖）

「《大首楞嚴經》者，乃九界交歸之要門，一乘冥會之妙道也。徵誦咒則六時圍繞，辨證果則百日宴坐。雖事儀而沖邃，實理觀以融明者也。若夫修三觀而均七大，黜魔境說歷聖位，則近古章句，亦云備足」。
——《首楞嚴壇場修證儀》。《卍續藏》第九十五冊頁1074上。

北宋·法演禪師之徵引：(1024？—1104)

北宋臨濟宗「楊岐派」僧。世稱「五祖法演」。
——其引《楞嚴經》之文見於《法演禪師語錄·卷中》頁659中。《大正藏》第四十七冊。

北宋·圓悟 克勤禪師之徵引：(1063—1135)

北宋代僧。至五祖山參謁法演，蒙其印證。從文照法師學講說，又從敏行授《楞嚴》。與佛鑑 慧懃、佛眼 清遠齊名，世有「演門二勤一遠」之稱，被譽為叢林三傑。政和初年至荊州，當世名士張無盡禮謁之，與之談論華嚴要旨及禪門宗趣。後又被敕賜紫服及「佛果禪師」之號。高宗幸揚州時，詔其入對，賜號「圜悟」，世稱「圜悟克勤」。後歸成都 昭覺寺。紹興五年示寂，

世壽七十三，諡號「真覺禪師」。荼毗舌齒不壞，舍利五色無數（註1352）。弟子有大慧 宗杲、虎丘 紹隆等禪門龍象。曾於夾山之碧巖，集雪竇重顯之頌古百則，編成《碧巖錄》十卷，世稱禪門第一書。一日大師偶見寂音尊者所著的《楞嚴尊頂法論》歎曰：「此真人天眼目也，即施長財，百緡勸發（註1353）」。

──大師徵引《楞嚴經》非常多，詳見於《佛果圓悟禪師碧巖錄‧卷四》頁 172 上。《卷八》頁 205 上及頁 206 下─207 上。《卷十》頁 217 中─下（以上皆見《大正藏》第四十八冊）。又其《圓悟佛果禪師語錄‧卷十二》頁 768 中。《卷二十》頁 805 下（以上皆見《大正藏》第四十七冊）。

北宋‧德洪 寂音尊者云：（1071—1128）

「《首楞嚴經》者，開如來藏之要樞，指妙明心之徑路，了根塵之妙訣，照情妄之玄猷。真所謂入一乘之坦途，闢異見之宏略」。

──宋‧德洪尊者造論、宋‧正受大師會合《楞嚴經合論‧卷一》。《卍續藏》第十八冊頁 1 下。

北宋‧宏智 正覺禪師所徵引：（1091—1157）

──大師廣引《楞嚴經》之事詳於《宏智禪師廣錄‧卷一》頁 7 上、《卷二》頁 26 中、《卷八》頁 94 上─中及頁 97 下。詳見《大正藏》第四十八冊。

北宋‧戒環大師云：（生卒不詳，但其書之跋及序皆云建炎年，即南宋初 1127—1130 年。註1354）

「論三經大致，無非為一大事因緣，而必先藉《般若》發明，次由《楞嚴》脩證，終至《法華》印可，然後盡諸佛能事序固如是也。然則，導達禪乘決

___

註 1352 詳於《釋氏稽古略‧卷四》，《大正藏》第四十九冊頁 882 上─中。或見《續傳燈錄‧卷二十五》，《大正藏》第五十一冊頁 633 下─635 中。
註 1353 詳於《卍續藏》第十八冊頁 186 上。
註 1354 詳於《卍續藏》第十七冊頁 901 下。

擇正見，莫尚《楞嚴》矣。」

——《新續高僧傳·卷三》。《佛教藏》第一六一冊頁 103—106。

「又況二經（指《法華》與《楞嚴》）以智立體，以行成德，放光現瑞，全法界之眞機，融因會果，開脩證之捷逕，凡所設法，意緒並同，二經相宗，亦足見聖人說法始終一貫。果唯一事無有餘乘，旨趣稍馴幸無深誚也。」

——《新續高僧傳·卷三》。《佛教藏》第一六一冊頁 103—106。

按：釋戒環，溫陵人，而佚其姓字。賦性恬澹，不溽世味，寄身空寂，研精梵誼，深造道妙。嘗病《法華》、《楞嚴》舊釋詞義淵微，初學罕喻，因於禪暇作二經《要解》，而《楞嚴》尤為翔曉。《開元寺志》稱戒環所撰《要解》，皆能痛去名相繁蔓，使人無泥枝葉，入佛知見，直發明秘要寶藏者也。至今學者多宗之，殆不誣也。

南宋·法雲大師《翻譯名義集》引釋：(1088—1158)

法雲大師，九歲剃度。政和七年二十九歲（1117），住持松江 大覺寺。帝即賜號「普潤大師」。於高宗 紹興十三年（1143），收集資料前後歷二十年，再經增刪整理而成佛教之梵漢辭典，名《翻譯名義集》。其內容係將佛典中重要梵語二○四○餘辭，類別為六十四篇，而加以解說。各篇開頭均有總論，敘述大意，次出音譯梵文，並一一舉出異譯、出處、解釋。所據資料，除經論外，另又旁採音義、注疏，或由其他之佛教著述（如《宗鏡錄》）轉引而來。此外亦引用世書經史之類，舉出作者姓名、稱某說等等。引用書籍多達四百餘種，作者百餘人。其《翻譯名義集》中對《楞嚴經》多次徵引，亦決不懷疑！

——徵引《楞嚴經》文詳見於《大正藏》第五十四冊頁 1060 下、1072 上、1080 中、1108 中、1112 中、1161 下等。

南宋·大慧 普覺禪師之徵引：(1089—1163)

南宋的大慧 普覺禪師（即大慧 宗杲禪師）在答覆孫知縣居士所問的「梵本」問題時，亦曾做出如下的開示：

「既無梵本，便以臆見刊削聖意。則且未論招因帶果毀謗聖教墮無間獄。恐有識者見之，卻如左右（指孫知縣居士此人）檢點諸師之過，還著於本人矣。古人有言：交淺而言一深，招尤之道也……六朝翻譯諸師，皆非淺識之士。翻譯場有譯語者，有譯義者，有潤文者，有證梵語者，有正義者。有唐梵相校者，而左右尚以爲錯譯聖意，左右既不得梵本，便妄加刊削，卻要後人諦信，不亦難乎（註1355）」！

——大慧 普覺禪師之語錄中多次引用《楞嚴經》之文，詳於《大慧普覺禪師語錄‧卷十》頁 855 中。《卷十一》頁 856 下。《卷十二》頁 861 下。《卷十六》頁 879 下。《卷十八》頁 886 下。《卷二十二》頁 905 中——下。《卷二十三》頁 907 上。《卷三十》頁 940 中。上述皆見《大正藏》第四十七冊。

南宋‧萬松 行秀禪師之徵引：（1166—1246）

南宋曹洞宗僧。禪師世稱「萬松老人」，或「報恩老人」。金章宗明昌四年（1193），帝賜師錦綺大僧衣。著《從容錄》六卷，傳曹洞宗禪風，又著《請益錄》二卷，二錄迄今風行於禪林，為禪宗語錄之代表作。另著有《祖燈錄》、《釋氏新聞》、《鳴道集》、《四會語錄》等。大師引用《楞嚴經》之文非常多，可說全部六卷皆以《楞嚴經》為主軸，其《從容錄》之第八十八則公案即是以「楞嚴不見」為主。

——大師徵引《楞嚴經》文詳於《萬松老人評唱天童和尚頌古從容庵錄‧卷一》頁 228 下——229 中及頁 234 上——中。《卷二》頁 238 中、頁 241 上、頁 245 上、頁 248 上。《卷三》頁 255 上、頁 256 中。《卷四》頁 262 上、頁 264 上——265 中。《卷五》頁 269 中。《卷六》頁 280 下——281 中、頁 283 上——中、頁 284 上——下、頁 291 下——292 上。以上皆見《大正藏》第四十八冊。

南宋‧虛堂 智愚禪師之徵引：（1185—1269）

註 1355 《大慧普覺禪師語錄‧卷三十》，《大正藏》第四十七冊頁 940 中。

宋代臨濟宗「楊岐派」禪僧。浙江 象山人，俗姓陳。號虛堂、息耕叟。十六歲從普明寺師蘊出家。先後遊學於雪竇、淨慈等諸師之門下。為宋理宗、度宗歸依師，教化鼎盛。咸淳五年示寂，世壽八十五。有《語錄》十卷行世。

——禪師徵引《楞嚴經》文詳於《虛堂和尚語錄・卷四》頁 1014 下—1015 上。《卷五》頁 1019 下。《大正藏》第四十七冊。

元・天如 惟則禪師云：（1284—1354）

「《首楞嚴經》者，諸佛之慧命，眾生之達道，教觀之宏綱，禪門之要關也。世尊成道以來，五時設化，無非為一大事因緣。求其總攝化機，直指心體，發宣真勝義性，簡定真實圓通。使人轉物同如來，彈指超無學者，無尚《楞嚴》矣」！

——天如 唯則禪師撰《大佛頂經序》。《卍續藏》第九十冊頁 480 上—483 下。或《卍續藏》第二十一冊頁 738 上—下。

明・蓮池 袾宏大師云：（1532—1612）（蓮社宗第八代祖師）

昔日有人以《楞嚴經》之真偽來求決於蓮池大師。大師云：

「世有愚人，言佛經皆後代『才人』所作，非真佛說，此訛也。所云『才人』，不知是何等人，乃能為此等語言，說此等道理？設若能之，我說是人即名為佛。且古今『才人』之極，孰有踰於孔 孟者乎？而佛經皆孔 孟所不及道，餘可知矣！其說甚鄙，不足多辯」！

——《蓮池大師全集（七）・正訛集》頁 4078。

曾有人說《楞嚴經》是房融所作，大師嚴斥云：

「有見《楞嚴》不獨義深，亦復文妙，遂疑是丞相房融所作。夫譯經館，番漢僧及詞臣居士等，不下數十百人，而後一部之經始成。融不過潤色其文，非專主其義也。設融自出己意，創為是經，則融固天中天，聖中聖矣。而考諸唐史，融之才智尚非柳、韓、元、白之比，何其作《楞嚴》也？乃超

孔孟老莊之先耶？嗟乎！千生百劫，得遇如是至精至微至玄至極之典，不死心信受，而生此下劣乖僻之疑，可悲也夫！可悲也夫」！

　　——《蓮池大師全集（六）・竹窗隨筆》頁 3720。

「看教如讀醫書，心地用功如服藥，先明醫書自是正理，學道人貴在審辨邪正大小偏圓而已，今無暇遍覽，只看《楞嚴》一經亦可。」

　　——《蓮池大師全集（八）・遺稿三答問》頁 4664。

「《楞嚴》最有次第，故人宜看」。

　　——《蓮池大師全集（八）・遺稿三雜答》頁 4702。

　　附：大師著有《楞嚴經摸象記》一卷。詳於《卍續藏》第十九冊頁 1—56。

明・交光 真鑑大師云：(生卒不詳，但《楞嚴正脈》于萬曆丙申冬 1596 書畢。註1356)

「是則斯經也，一乘終實，圓頓指歸。語解悟，則密因本具，非假外求；語修證，則了義妙門，不勞肯綮，十方如來得成菩提之要道，無有越於斯門者矣夫」！

　　——《楞嚴經正脈疏序》。《卍續藏》第十八冊頁 259 上。

「然《法華》與斯經雖皆攝末歸本之真詮，而《法華》但以開其端，而斯經方以竟其說矣！我故嘗敘斯經（楞嚴經）為《法華》堂奧、《華嚴》關鍵，誠有見於是耳」。

　　——《楞嚴經正脈疏懸示》。《卍續藏》第十八冊頁 289 上。

「夫諸佛出世，本只為說《華嚴》，而四十年後，乃稱《法華》為一大事者，以《法華》於施權之後，復攝諸教歸《華嚴》耳。今斯經前五因緣（指「畢竟廢立、的指知見、發揮實相、改無常見、引入佛慧」等五因緣），圓《法華》不了之公案，啟《華嚴》無上之要關，所謂莫大之因緣，豈小小哉」？

　　——《楞嚴經正脈疏懸示》。《卍續藏》第十八冊頁 289 上—下。

註 1356 《卍續藏》第十八冊頁 261 下。

明·紫柏 真可大師云：（1543—1603）

「首楞嚴，此言一切事究竟堅固，一切事究竟堅固，即《法華》觸事而真也，
第名異而實同……倘能悟此，則《楞嚴》與《法華》字字皆實相頂佛也」。
　　——《紫柏尊者全集·卷十四》。《卍續藏》第一二六冊頁 875 下—876 上。

「七處徵心心徵心，八還辨見見辨見，
　從教猛風蕩釣舟，一任吹去水清淺」。
　　——《紫柏尊者全集·卷十八》。《卍續藏》第一二六冊頁 956 下。

「十卷楞嚴一柄刀，金牛不見眼中毛。
　試將智刀游心馬，積劫無明當下消」。
　　——《紫柏尊者全集·卷二十》。《卍續藏》第一二六冊頁 993 下。

「我本母生不及養，寸心耿耿實難化。
　期酬至德無所從，慶我離塵爲佛子。
　深思婦人婬業重，堅固難拔等須彌。
　須彌可傾婬難斷，津梁苦海須聖力。
　佛說諸經度眾生，皆先戒殺後婬欲。
　先婬後殺惟楞嚴，是故報母應仗此。
　南無無上楞嚴咒，消母淫業如天風。
　片晌之間不可得，戒珠清淨光無缺。
　見佛聞法得自心，一切萬法悉堅固。
　我發此願等法性，見者聞者皆出苦」。
　　——《紫柏尊者全集》。《卍續藏經》第一二六冊頁 975 下。
　附：大師著有《釋楞嚴經》。詳於《紫柏尊者全集·卷十一》。《卍續藏》
　　　第一二六冊頁 833 下—838 下。

明·憨山 德清大師云：（1546—1623）

「原夫《首楞嚴經》者，乃諸佛之祕藏，修行之妙門，迷悟之根源，真妄之

大本」。

——《首楞嚴經懸鏡序》。《卍續藏》第十九冊頁 58 下。

「此經說如來藏性功德無窮，咒乃諸佛心印，印持無盡，顯密雙修，成佛眞要，故說不能盡，若依教修行直成菩提，無復魔業，是謂最勝法門也」。

——《楞嚴經通議・卷十》。《卍續藏》第十九冊頁 336 下。

「《首楞嚴經》者，諸佛如來大總持門，祕密心印，統攝一大藏教，五時三乘、聖凡眞妄、迷悟因果，攝法無遺。修證邪正之階差，輪迴顛倒之情狀。了然目前，如觀掌果，可謂澈一心之源，該萬法之致，無尚此經之廣大悉備者。如來以一大事因緣出現世間，捨此別無開導矣……良以此經，摧九界之邪鋒，拆聖凡之執壘，靡不畢見」。

——《首楞嚴經通議序》。《卍續藏》第十九冊頁 86 上—下。

「《首楞嚴》一經，統攝一代時教迷悟修證因果，徑斷生死根本，發業潤生二種無明，名結生相續，頓破八識三分，故設三種妙觀，攝歸首楞嚴大定，是爲最上一乘圓頓法門，直顯一眞法界如來藏性，稱爲妙圓眞心」。

——《楞嚴通議補遺》。《卍續藏》第十九冊頁 337 上。

「如來最極之至聖，集凡聖同居之法會，現無量光明之瑞相，演祕密難思之神咒，說微妙難思之法門，斷歷劫生死之愛根，銷五陰邪思之魔業，得見所未見，幸聞所未聞」。

——《楞嚴經通議・卷十》。《卍續藏》第十九冊頁 336 下。

附：憨山大師一生宣講《楞嚴經》的記錄按其《年譜》中所記，共三次。於二十九歲即被請講《楞嚴經》，但未說（《年譜》頁 32）。三十一歲開悟後即展《楞嚴經》印心（頁 35）。四十一歲著《楞嚴經懸鏡》（頁 54）。六十九歲以五十日完成《楞嚴經通議》（頁 103）。七十一歲講《楞嚴經通議》（頁 105）。七十一歲講《楞嚴經》（頁 124）。七十七歲講《楞嚴經》（頁 128）。大師最後示現肉身不壞，誠為一大菩薩應世也，後世讚為「肉身古佛中興曹溪憨山祖師」，其對《楞嚴經》之讚歎、護持與印心，豈是虛耶？故吾人應深信《楞嚴經》而無疑也！下面附上大師由《楞嚴經》開悟之事蹟：

「四年，丙子，予三十一歲，發悟後，無人請益，乃展《楞嚴》印證，初未聞講此經，全不解義，故今但以現量照之，少起心識，即不容思量，如是八閱月，則全經旨趣，了然無疑」(見《憨山大師年譜疏》頁35)。下又記云：「徵聞初祖以《楞伽》四卷印心，今憨祖以《楞嚴》全部印心，先聖後聖，其揆一也」(見《憨山大師年譜疏》頁38)。其入「楞嚴大定」之境為：「一夕靜坐，夜起，見海湛空澄，洞然一大光明藏，了無一物。即說偈曰：『海湛空澄雪月光，此中凡聖絕行藏，金剛眼突空花落，大地都歸寂滅場』。歸室中，案頭見《楞嚴經》，忽展開，即見汝心汝身，外及山河虛空大地，咸是妙明真心中物，則全經觀境，了然心目，隨命筆述《楞嚴懸鏡》一卷，燭纔半枝已就，時禪堂在方開靜，即喚維那入室，為予讀之。自亦如聞夢語也……又一夕坐，入身世俱空，海印發光，山河震動境界，得相應慧，有頃，悟入《楞嚴》著緊處，恍然在目，急點燭書之，手腕不及停，盡五鼓漏，而《楞嚴懸鏡》已竟矣！侍者出候，見殘燭在案，訝之，嗟乎！凡此並光明藏中事，非可著意揣求。後段事義一符，而辭筆雙妙，並讀之，可悟道，兼可悟文，要識所紀兩則，乃是盧祖作我，非我作盧祖。《楞嚴》印我，非我印《楞嚴》也。慎錄之意如此 (見《憨山大師年譜疏》頁54—55)。

明・幽溪 傳燈大師云：(1554—1627)

「佛之知見也，蓋一代時教，統為《法華》佛知見而設，獨《楞嚴》一經，明佛知見最親。而謂之意別者，《法華》雖曰諸佛如來為大事因緣，開示悟入佛之知見，經文初未嘗見一言道及此義」。

——《楞嚴經圓通疏前茅・卷上》。《卍續藏》第八十九冊頁492上。

「此經如來金口親宣，祕在印土，至大唐 神龍間始度支那……智者大師預聞西天有《楞嚴經》，由是西望十八載……如來說之于先，智者闡之于後，智者揭之，于今二經 (指《楞嚴經》與《摩訶止觀》)，印之于古，一佛一祖，以心傳心，能遵乎此，是為續佛慧命，毀謗乎此，是為斷人間佛種，可不慎哉！可不慎哉」！

——《楞嚴經圓通疏前茅・卷上》。《卍續藏》第八十九冊頁 494 下—495 下。

「大矣哉！《首楞嚴》之爲經也，無法不具，無教不收，狂心若歇，歇即菩是，勝淨妙明，不從人得，謂之華嚴圓頓可也……可謂明心見性之妙門，成佛作祖之祕典也」。

——《楞嚴經圓通疏‧卷一》。《卍續藏》第十九冊頁 403 上。

附：大師著有《楞嚴經玄義》四卷、《楞嚴經圓通疏》十卷、《楞嚴經圓通疏前茅》二卷。大師解行相資，莫不雙依《楞嚴經》，台宗之徒並盛讚傳燈是「可以稱《楞嚴》之中興，可以滿大師（指智顗大師）之久望」。（以上皆見傳燈大師《楞嚴經圓通疏‧卷一》。《卍續藏》第十九冊頁 401 上—下）。

明‧蕅益 智旭大師云：（1599—1655）（蓮社宗第九代祖師）

「是誠一代時教之精髓，成佛作祖之祕要，無上圓頓之旨歸，三根普被之方便，超權小之殊勝法門，摧魔外之實相正印也」。

——《楞嚴經玄義‧卷上》。《卍續藏》第二十冊頁 390 下。

「至矣哉！《大佛頂經》之爲教也，依妙性而開妙悟，起妙行而歷妙位，成妙果而歸妙性，永超七趣沈淪，不墮修心岐徑，戒乘俱急，頓漸兩融，顯密互資，事理不二，誠教海之司南，宗乘之正眼也……已春，與博山 無異師伯盤桓百日，深痛末世禪病，方乃一意研窮教眼，用補其偏。然遍閱大藏，而會歸處不出《梵網》、《佛頂》二經」。

——《楞嚴經文句‧卷十》。《卍續藏》第二十冊頁 759 上。

「又復應知，非行之艱，知之更艱。不知而行，墮坑落塹。《佛頂》十卷，最勗修行，而以先開圓解爲最初方便。《圓覺經》文殊、普賢二章，亦先開解。《大乘止觀》、《摩訶止觀》等書，無不皆然……《紫柏全集》，幸見觀之。得此法印，可辨邪正，不被今時邪師所誤矣」！

——《靈峰宗論‧卷五之二》。《蕅益大師全集》第十七冊頁 10967。

「既未深明道路，又無眞師，必洞徹教理，方死參究。雖不能通三藏眾典，《楞嚴》一部，不可不精熟也，譬如獨自遠行，若不預問路程，斷斷必有錯誤」！

——《靈峰宗論‧卷四之三》。《蕅益大師全集》第十七冊頁 10878。

附：大師一生數度講演此經。如其在「重刻大佛頂經玄文自序」中云：「旭
未薙髮，曾研此典，每翻舊註，迷悶實多，後因雙徑坐禪，始解文字
之縛，復因數番講演，深理葛藤之根」（詳於《蕅益大師全集》頁11151）。
嘗著《楞嚴經玄義》二卷、《楞嚴經文句》十卷、「大佛頂經二十二問」、
「楞嚴經二十五圓通頌三十一首」、「楞嚴壇起咒及回向二偈」、「蓮洲書
佛頂經跋」、「去病書大佛頂經跋」、「化持大佛頂神咒序」、「大佛頂經玄
文後自序」、「重刻大佛頂經玄文自序」、「重刻大佛頂經玄文自序」、「勸
持大佛頂經序」等。

明·通潤大師云：（生卒不詳，但書撰於明天啟龍飛辛酉年1621。註1357）

「《楞嚴》一經，統萬法爲兒孫，攝群經爲眷屬。文雖十卷，實大藏之都序
也。有志教法者，不可不先讀，又不可不熟讀，熟則心目口齒間，隱隱隆
隆，自有入路，不必借人頷煩，拾人涕唾，若果先明經義，回視諸家註疏，
涇渭立見。否則爲註疏奪心，而經義反晦矣」！
——《卍續藏》第二十二冊頁272下。

明·柴紫 乘旹大師云：（生卒不詳，但書撰於明天啟壬戌年1622。註1358）

「此經不獨該通五教，亦且圓攝三宗，蓋《法華》、《華嚴》等經，互貫諸經
之堂奧者也。而《楞嚴》一經兼貫《法華》等經之脈絡者也。非遍閱諸經
者，詎識此經之微妙？非熟諳此經者，又詎知其爲諸經之綱領乎」？
——明·乘旹大師《楞嚴經講錄·卷一》。《卍續藏》第八十九冊頁890上。

明·鍾伯敬《楞嚴經如說》云：（生卒不詳，但書撰於明天啟甲子年1624。
註1359）

「《楞嚴經》，儒佛同歸，因果全了」。

註 1357 《卍續藏》第二十二冊頁273上。
註 1358 《卍續藏》第八十九冊頁891上。
註 1359 《卍續藏》第二十冊頁763下。

——清・淨範之「重刻《楞嚴經如說》跋」。《卍續藏》第二十一冊頁 71 下。

明・戒潤大師云：（生卒不詳，但書撰於明崇禎十七年 1644。註*1360*）

「雄文十卷，一線穿珠，理貫事而義貫文，織錦貫花，未足爲喻」。
——戒潤大師《楞嚴貫珠》頁 10。

明・大韶大師云：（不詳）

「《楞嚴經》者，如來縱橫妙辯吐納，虛空舌底鋒鋩神奇，變化綿綿密密如空谷響，全體是楞嚴大定，全體是大寂滅海中流出。恣肆汪洋，語言揮灑如激，懸河埋鋒發穎。每變每奇，莫測其淺深；融心融見，迷者之所忙然。心無是非之域，見無是非之境，即心是非雙忘也……」。
——明・大韶大師《楞嚴經擊節》。《卍續藏》第二十二冊頁 929 上。

清・劉道開居士云：（生卒不詳，但書撰於大清康熙七年戊申秋八月 1668。註*1361*）

「《法華》爲佛全身，此經爲如來頂，顯斯經爲《法華》中精要之義也」。
——劉道開《楞嚴經貫攝・卷一》。《卍續藏》第二十三冊頁 97 下。

「《蓮華》、《楞嚴》尤爲教乘至寶，然《蓮華》爲佛全身，而《楞嚴》爲佛之頂，則以此經究竟堅固，始乾慧以迄等覺，莫不因頂薰修，直踏毘盧頂上，爲大覺最尊勝之法，蓋作佛之淨梁，而《蓮華》之精要也。開佛知見，舍此莫由」。
——清・徐元文之「《楞嚴經貫攝》序」。《卍續藏》第二十三冊頁 91 下。

清・夢東 徹悟大師云：（1741—1810）（蓮社宗第十二代祖師）

註 *1360* 明・戒潤大師《楞嚴貫珠》頁 10。
註 *1361* 《卍續藏》第二十三冊頁 95 下。

「首楞嚴者，稱性大定之名也，以如來藏心而爲體性，以耳根圓而爲入門，以窮極聖位而爲究竟，此依藏性之理，起稱性之行，還復證入藏性全體，一經大旨，義靈於斯」。

——夢東 徹悟大師之「跋禪人勇建血書楞嚴經莊嚴淨土」。《夢東禪師遺集・卷下》。《卍續藏》第一〇九冊頁 780 上。

「花香鳥語圓通性，水綠山青常住心，一部《楞嚴》渾漏泄，不須低首更沈吟」。

——夢東 徹悟大師之「開講楞嚴頌」。

——《夢東禪師遺集・卷下》。《卍續藏》第一〇九冊頁 782 上。

附：夢東禪師嘗著「跋禪人勇建血書楞嚴經莊嚴淨土」、「頌楞嚴經十首」、「楞嚴二決定義」、「楞嚴頓歇漸修說」、「楞嚴知見無見說」等。見《卍續藏》第一〇九冊頁 776 上—781 上。

清・楊仁山居士云：(1837—1911)

「《楞嚴經》，祕密說，善會通，不可執。注曰：《楞嚴》經文，隱含地球之意，當知佛語，皆是活句，若執此非彼，則自生窒礙矣……迺來地球之說，世人以爲實，遂疑佛經所說爲非，而不知《楞嚴經》中，早已隱而言之，經文深密善巧，後人若會其意，自能行住坐臥，如處虛空，不作質礙想，并不作虛空想矣」！

——《楊仁山居士遺著・佛教初學課本注》頁 53。

「《楞嚴經》，無法不備，無機不攝，學佛之要門也」。

——《楊仁山居士遺著・等不等觀雜錄卷二》頁 10。

「《起信論》者，馬鳴菩薩之所作也，馬鳴菩薩爲禪宗十二祖，此論宗教圓融，爲學佛之要典，再看《楞嚴正脈》、《唯識述記》，《楞嚴》、《唯識》既通，則他經可讀矣」！

——《楊仁山居士遺著・等不等觀雜錄卷四》頁 21。

近代禪宗泰斗虛雲老和尚開示：(1840—1959)

「秀才是孔子的罪人，和尚是佛的罪人。也可說：『滅佛法者，教徒也，非異教也；亡六國者，六國也，非秦也；卒秦者，秦也，非六國也。』經上所說末法時期的種種衰相到處可見，如和尚娶老婆，尼姑嫁丈夫，袈裟變白衣，白衣居上座……等。還有歐陽竟無居士，用他的知見，作《楞嚴百偽說》，來反對《楞嚴》；遠參法師說《華嚴》、《圓覺》、《法華》等經和《起信論》都是假的，這都是末法的現象」。

——《虛雲老和尚年譜法彙增訂本》頁 278—279。

有人也對虛雲老和尚提過，說：「《楞嚴經》有人說是偽造的」老和尚說：

「這末法怎麼叫末法呢？就因為有這一班人，弄得魚目混珠，是非分不清楚，教你這人都迷了，瞎人眼悶，令人認不清楚佛法了。他在那兒把這個真的，他當假的；假的他又當真的了。你看這一些個人，又是這個人寫一部書，人也拿著看；那一個人寫一部書，他也拿著看，真正佛所說的經典，人都把它置諸高閣，放到那個書架子上，永遠也不看。所以這也就看出來眾生的業障是很重的，他若聽邪知邪見，就很相信的；你講正知正見的法，說了他也不信。為什麼呢？就是善根不夠，根基不夠的關係，所以對正法有一種懷疑的心，有一種狐疑不信的心」。

——轉自宣化大師《楞嚴經五十陰魔淺釋》頁 628—630。

「《楞嚴經》此經幾無法不備，無機不攝，究佛學哲學者，均不可不參究」。

——《虛雲老和尚年譜法彙增訂本》頁 104。

「現在是末法時代，你到那裡訪善知識呢？不如熟讀一部《楞嚴經》，修行就有把握，就能保綏哀救，消息邪緣，令其身心。入佛知見，從此成就，不遭歧路」！

——《虛雲老和尚年譜法彙增訂本》頁 367。

「以我的愚見，最好能專讀一部《楞嚴經》，只要熟讀正文，不必看註解，讀到能背，便能以前文解後文，以後文解前文。此經由凡夫直到成佛，由無情到有情，山河大地，四聖六凡，修證迷悟，理事因果戒律，都詳詳細

細的說盡了，所以熟讀《楞嚴經》很有利益」。

——《虛雲老和尚年譜法彙增訂本》頁 304。

「方纔有幾位詢問《楞嚴經》意旨，茲乘大眾在此機緣，略說概要。此經原有百卷，而此土所譯祇有十卷。初四卷示見道，第五第六卷示修行，第八第九卷漸次證，最後並說陰魔妄想」。

——《虛雲老和尚年譜法彙增訂本》頁 598。民國三十二年一月十七日在重慶 慈雲寺開示，侍者惟因筆錄，時虛老已一百有四歲。

附：虛老一生宣講《楞嚴經》的「史料」，有記載之處謹四次，自己亦親註《楞嚴經玄要》一書，但於雲南事變後佚失（詳見《虛雲老和尚年譜法彙增訂本》頁 473）。近代高僧宣化老和尚亦曾云：「虛老活了一百二十歲，他一生，旁的什麼經典也沒註解過，只有註解這部《楞嚴經》。註解《楞嚴經》這個稿子，他是很注意地來保存，保存了幾十年，結果以後在雲門事變時，就丟了，這是虛老一生一個最大遺憾的事情。他主張我們身為一個出家人，都應該把《楞嚴經》讀得能背得出來，由前邊背到後邊，由後邊背到前邊，順背倒背，順倒都能背得出來，這是他的主張。那麼我知道虛老一生之中，對《楞嚴經》是特別重視的」。（詳見宣化大師著《楞嚴經五十陰魔淺釋》頁 628）。虛老於光緒二年時三十七歲，於浙江 天童寺聽講《楞嚴宗通》。光緒二十三年時五十八歲，於揚州 焦山聽通智大師講《楞嚴經》。光緒二十六年時六十一歲，於陝西 終南山講《楞嚴經》。光緒三十年時六十五歲，於昆明 筇竹寺講《楞嚴經》。宣統二年時七十一歲，於滇西 雞足山之護國祝聖禪寺講《楞嚴經》，曾感得古栗生出數十朵優曇華。民國九年時八十一歲，於祝聖禪寺講《楞嚴經》。

——上面資料依次見於《虛雲老和尚年譜法彙增訂本》頁 48、57、76。和知定大師之《虛雲老和尚略史》頁 20、頁 29。

近代蓮社宗第十三代祖師印光大師嚴斥云：（1862—1940）

「接手書知閣下衛道之心，極其真切。而彼（指歐陽竟無）欲為千古第一高人之地獄種子，極可憐憫也。《起信論》之偽，非倡於梁任公。乃任公承歐陽竟無之魔說，而據為定論，以顯己之博學，而能甄別真偽也。歐陽竟無乃

大我慢魔種。借弘法之名以求名求利，其以《楞嚴》、《起信》爲僞造者，乃欲迷無知無識之士大夫，以冀奉已爲大法王也。其人借通相宗以傲慢古今。凡台賢諸古德所説，與彼魔見不合，則斥云『放屁』。而一般聰明人，以彼通相宗，群奉之以爲『善知識』。相宗以『二無我』爲主，彼唯懷一『我見』，絕無相宗無我氣分。而魔媚之人，尚各相信，可哀也」。

——（復李覲丹居士書）。《印光法師文鈔三編下‧卷四》頁 940。

「不但世間正人之可爲極庸劣人，即古之出格聖賢，亦可爲極庸劣人，所以有《法華》、《楞嚴》、《起信》等爲僞造之説，若不究是非，唯以所聞者爲是，則三教聖賢經典，皆當付之丙丁矣」！

——（復唐大圓居士書二）。《印光法師文鈔三編下‧卷三》頁 733。

「汝之知見，不異流俗，不究是非，但據傳聞以爲定據……上而謂《法華》、《楞嚴》、《起信》之爲僞者。否則韓退之所謂爲史者，述人善惡失實，不有人禍，必有天殃。汝發大菩提心，欲度盡眾生，而謬傳此誣人之語於《海潮音》，得毋汙《海潮音》與傷汝之菩提心乎！以汝謬以光爲師，故不禁戒勖，若謂不然，請即絕交」！

——（復唐大圓居士書三）。《印光法師文鈔三編下‧卷三》頁 734。

由此書信可知，大師對不明是非而宣揚《法華》、《楞嚴》、《起信》爲偽者，非常痛心。引史書中說：如果善惡失實，不有人禍，必有天殃！甚至言若不改其謬誣之說，則「請即絕交」！

「凡人總須務實，彼倡異毀謗《楞嚴》、《起信》者，皆以好名之心所致，欲求天下後世，稱彼爲大智慧人，能知人之所不知之虛名，而不知其現世被明眼視爲可憐憫者，歿後則永墮惡道，苦無出期，名之誤人，有如此者」。

——（復陳士牧居士書九）。《印光法師文鈔三編上‧卷二》頁 405。

「智者作《止觀》，即與《楞嚴》六根功德義相符，復聞梵僧稱其合《楞嚴》義，故有拜經祈早來，以證己説之不謬。汝（指恆慚師）云何不能遽決六根功德優劣乎？爲是自立章程，以屈智者，作如是説。爲是不知所以，妄聽人言，以爲如此也。拜經之事，蓋有之矣。若云，日日拜，拜多年之説，則後人附會之詞耳」。

——（復恆慚法師書二之第四問）。《印光法師文鈔三編上·卷一》頁 38。
由此書信可知昔日有人評智者作《止觀》時，竟不能遽決六根功德優劣，
而卻於拜經臺上拜般剌蜜諦未譯來東土之《楞嚴經》，故因而認為智者禮拜
十八年之《楞嚴經》事乃全出於杜撰也。印光大師此番之說可為吾人警惕
矣！

「人貴自知，不可妄說過分大話。觀汝之疑議，看得譯經絕無其難，只要識
得外國文，就好做譯人，譯人若教他譯經，還是同不懂外國話的一樣。你
要據梵本，梵本不是鐵鑄的，須有能分別梵本文義、或的確、或傳久訛謬
之『智眼』，方可譯經。然非一人所能，以故譯經場中許多通家，有譯文者，
有證義者，其預譯場之人，均非全不通佛法之人。汝完全認做為外國人譯
話，正如譯書人識字。『聖人深奧之文，了不知其是何意義』，此種妄話，切
勿再說，再說雖令無知識者誤佩服，難免有正見者深痛惜！光一向不以為
悅人耳目而誤人，若不以光言為非，則守分修持，否則不妨各行各道他日
陌路相逢，交臂而去，不須問你是何人，我是誰」？
——（復王子立居士書一）。《印光法師文鈔三編上·卷二》頁 524。
大師之說正破斥：以《楞嚴經》乃中國人所譯之經而疑偽，以印度外國諸
師所譯之經即真經、真佛說。須知「梵本不是鐵鑄的」，譯經師也不是「不通
佛法之人」，譯經師各各精通三藏、精通梵漢，其修持果位證位亦深深不可
測，何能以現代人眼光妄說大話，而竟以「無梵本」之經為偽耶？而竟以祖
師大德所譯之經為邪耶？

「古者凡屬佛書，皆用梵本，光在京曾見《楞嚴會解》、《華嚴疏鈔》流通本，
皆梵冊。不但此也，即沈士榮所著之《廣原教論》亦梵本。可知古時佛典
概用梵冊也，自方冊流行以後，人皆圖便，遂無論經律著述，皆用方冊，
此刻藏緣起」。
——（復丁福保居士書四）。《印光法師文鈔三編下·卷四》頁 963。

「若欲作大通家，須從通途佛學而論。則《起信論》、《楞嚴經》最為切要，
當專攻之。以為自利利人，上求下化之本」。
——（復汪夢松居士書）。《印光法師文鈔·上冊》頁 147。

「上海爲全國樞要之地，諸居士欲普布佛化，於講經念佛外，季出林刊以期推廣。今又取深經奧論，以淺顯之語言發揮之。若《起信論》、《楞嚴經指要》，俾初機之人易於領會，庶扞格不入之苦，悉獲因指見月之益，從茲相續刊布，以揚佛日之光。俾一切同人，同悟本具之天眞佛性。庶不負如來出世之一大事因緣，而挽回世道人心，亦以是爲根據。凡我同倫，各宜資助，以期遍界流通云」。

——（《楞嚴經指要》之序文）。印光大師開示。《佛教藏》第一二一冊頁 2—3。

附：印光大師生平曾講過一次《楞嚴經》，是在一八九四年南海 法雨寺住持化聞老和尚，敦請印光老法師住錫，開講《楞嚴經》。時會泉法師二十一歲，即是在印老座下聽講《楞嚴》。詳見《會泉大師簡譜》頁9。

近代天台四十三祖諦閑大師云：（1858—1932）

「此大佛頂法，是十方如來，及大菩薩，自住三昧，是故最尊無上，名之曰大佛頂，亦名第一義諦，亦名勝義中眞勝義性，亦名無上覺道，亦名無戲論法，亦名阿毗達摩，亦名眞實圓通，亦名無等等阿耨多羅三藐三菩提心……皆即表示此最勝之法，所謂依最勝理，說最勝教；依最勝教，起最勝行；依最勝行，還契此最勝理。教行理三悉名大佛頂」。

——《諦閑大師遺集》第五編之「大佛頂經玄義輯略」頁 8—9。台南 南天台般若精舍印。77、1。

「斯經高妙極致，非文言句義而能盡述。唯有退藏密機，虛懷仰讚而已，凡後之志學之士，苟能惜人身，得之不易。悟大教，值之倍難，或即生欲發眞歸元者，欲明心見性者，宜應於此一經，盡其心力，赤體荷擔，坐臥經行，澄心體究，語默動靜，反照提撕，其或宿種忽芽，大開圓解，如初春霹靂，蟄戶頓開」。

——《諦閑大師遺集》第一編之「大佛頂經序指味疏」頁 1102—1103。

「大哉教乎！如來金口誠言，祖師悲心詮解，求其妙而得入，深而易悟者，無如憨山大師著釋《楞嚴經》之《通議》也」。

——《諦閑大師語錄》頁六二八之「重刻首楞嚴經通議序」

附：大師一生教在《法華》，行在《楞嚴》之本，一生講《楞嚴經》達十三

次之多，並著《大佛頂經序指味疏》、「勢至菩薩聖誕開示」及「七處徵心之發隱」。

——見於《諦閑大師語錄》頁2、61—72、468—473、952—953、956—963、969、982。台南和裕出版。八十五年。

近代太虛大師云：（1889—1947）

「此皆辨妄明眞之眞心論，全部經文中，有一貫的中心思想，即是常住眞心，故本經以常住眞心爲基本。『信解』，即明常住眞心之理；『修行』，即除常住眞心之障；『證果』，即證常住眞心之德……惟《楞嚴經》確是佛說，僅根據點有異而已。眾生世界，即是如來成佛眞體，譬如全海成風浪，風浪即在全海，法身成有情無情，則有情無情均即法身。故曰：『情與無情，皆成佛道』」。

——轉引自斌宗法師《楞嚴義燈》頁四。見《斌宗法師遺集》一書。台北中華佛教文獻編撰社。1992、2、19。

附：大師著有《楞嚴經攝論》及《楞嚴經研究》二書。

「本經於震旦佛法，得大通量（吾別有論，嘗謂震旦佛法，純一佛乘，歷代宏建，不出八宗……約其行相別之，則禪、淨、律、密、淨是也。然一部中兼該禪、淨、律、密、教五，而又各各專重，各各圓極，觀之諸流通部既未概見，尋之一大藏教蓋亦希有，故唯本經最得通量。雖謂震旦所宏宗教，皆信解本經，證入本經者可也），未嘗有一宗取爲主經，未嘗有一宗貶爲權教，應量發明平等普入，觀之不妨互異」。

——太虛大師《楞嚴經攝論》頁7—8。

近代潙仰宗禪師宣化大師云：（1918—1995）

「《楞嚴經》這是佛教裡一部照妖鏡的經，所有天魔外道、魑魅魍魎，一見到《楞嚴經》都現原形了，他無所遁形，什麼地方他也跑不了。所以在過去，智者大師聽說有這一部經，就向印度遙拜，拜了十八年，以十八年這種懇切至誠的心，求這一部經到中國來。過去的大德高僧，所有這一些有智慧的高僧，沒有哪一個不讚歎《楞嚴經》的。所以《楞嚴經》存在，佛法就存在；《楞嚴經》如果毀滅了，佛法也就毀滅了。怎麼樣末法呢？末法

就是《楞嚴經》先毀滅了。誰毀滅的呢？就這一些個天魔外道。這些天魔外道一看見《楞嚴經》，就好像眼中的釘、肉中的刺一樣，坐也坐不住，站也站不穩，所以他必須要創出一種邪說—說是《楞嚴經》是假的。我們做佛教徒應該認識真理，《楞嚴經》上所講的道理，每一個字都是真經真典，沒有一個字不是講真理的。所以我們現在研究這五十種陰魔，更應該明白《楞嚴經》這種重要性，其他這些邪魔鬼怪最怕的就是《楞嚴經》」。
——宣化大師《楞嚴經五十陰魔淺釋》頁 626—628。

「一般的學者，說《楞嚴經》是假的，不是佛說的，又有什麼考證，又有什麼記載。這都是他怕《楞嚴經》，沒有辦法來應付《楞嚴經》的道理。《楞嚴經》中令他們最怕的就是『四種清淨明誨』，這『四種清淨明誨』就是照妖鏡，所有妖魔鬼怪都給照得現原形了。還有『五十陰魔』。這『五十陰魔』把天魔外道他們的骨頭都給看穿了，把妖怪的這種相貌都給認識了。哪一位能把《楞嚴經》背得出來，那是真正佛的弟子。《楞嚴經》在佛法末法的時候，是最先斷滅的。為什麼它斷滅？就因為這一些學者啊，又是什麼教授啊，甚至於出家人，都說它是假的。這種的言論，久而久之，被人以訛傳訛，就認為他們所說的是對的，所以認為《楞嚴經》是假的了，佛教徒也認為它是假的了。久而久之，這個經就沒有了。所謂經典斷滅，也就是這樣子，因為大家不學習，它就沒有了，就這樣斷滅了」。
——宣化大師《楞嚴經五十陰魔淺釋》頁 638。

「所以《楞嚴經》裡所講的道理，是非常正確的，非常有邏輯學的，再沒有比它說得更清楚了。所以整部《楞嚴經》就是一部照妖鏡，照妖鏡一懸起來，妖魔鬼怪都膽顫心驚。我方才所說的話，所解釋的《楞嚴經》和『楞嚴咒』的道理，如果不合乎佛的心，不合乎經的義—如果《楞嚴經》是假的，我願意永遠永遠在地獄裡，再不到世上來見所有的人。我雖然是一個很愚癡的人，可是也不會笨得願意到地獄去，不再出來。各位由這一點，應該深信這個《楞嚴經》和『楞嚴咒』」。
——宣化大師《楞嚴經五十陰魔淺釋》頁 640。

「有人讀誦《楞嚴經》，要我盡形壽供養這樣的修道人，我也願意的……有人要學《楞嚴經》，我願意盡形壽來供養這樣的人」。

——宣化大師《楞嚴經五十陰魔淺釋》頁642。

附：宣化大師於 1946 年在天津 大悲院聽倓虛大師講《楞嚴經》。於 1953 年在香港 西樂園寺講《楞嚴經》。於 1968 年在美國開講九十六天的《楞嚴經》，及舉辦多次的《楞嚴經》研討會。又於 1979 年至 1987 年宣講《楞嚴咒句偈疏解》，此乃繼元·指空大師、清·慈雲 續法大師之《楞嚴咒疏》之作，成為中國佛教史以來第三位釋「楞嚴咒」之大師。——詳於《宣化老和尚追思紀念專集（一）》頁 12—15。台北法界佛教印經會印。1995、8、28。

近代天台斌宗大師云：(1911—1958)

「歷代高僧大德，對於《楞嚴經》的批判，確認為佛說的闡明真心常住之真理，誰能有此本領，托於經文，以欺騙天下後世？⋯⋯所以《楞嚴經》一經，決非唐朝代的佛教徒竊取先秦思想之所為，是很明顯的。以上歷代高僧大德，對《楞嚴經》之批判，實在是甚為平實，由此足知中國的固有文化思想與《楞嚴》的道理，實在較為接近，視《楞嚴》為偽書一說，誠不攻自破矣」！
——《楞嚴義燈》頁 5。見《斌宗法師遺集》一書。
附：大師生前講《楞嚴經》達三次，著有《楞嚴義燈》一書。

「《楞嚴經》乃世尊一代法門之精髓，成佛作祖之要道。為宗、教之指南，性、相之總綱。諸佛依之為成佛正因，眾生依之為解脫要訣！在如來三藏聖典中，求其徹底闡明心性，徹底破妄顯真，使人轉物同如來，彈指超越無學者，楞嚴妙法是矣」！
——《楞嚴義燈》頁 15。見《斌宗法師遺集》一書。

近代李炳南居士云：(1889—1986)

「問：清代袁枚說《楞嚴經》大抵是六朝人偽造，故「西域轉無此書」(見『小倉山房尺牘與程綿莊書』)，如何駁正袁說？(沈鍾五)
答：袁子才只是一文學家耳，於佛學及考據，皆是門外，說之不足輕重。然

此經眞僞之辯，佛門大有其人，至今諍議未息，又何必忽臟腑之疾，而專問癬疥耶？

——《李炳南老居士全集・佛學問答類編（上）》頁 12 下。

「問：《楞嚴經》眞僞之辯亦迄未能決，而觀諸歷代具有大智慧、大神通之高僧大德不乏其人，憑他們的智慧，不能給予正確的答案嗎？（陳平章）？

答：《楞嚴經》眞僞，非無正確解答，只在閱者不能決斷耳。主張眞者，如各宗之祖師加注解者是，不信其眞，何與加注？主張僞者，多爲一般學者派，摭拾若干資料而懷疑者。此又是見仁見智問題。區區之所知，自古依《楞嚴》而證道者，大有人在，既能證道，何得云僞？豈止此也。而小乘派，又何嘗不偏識大乘耶？寧信大乘皆非佛説耶？此不過就跡相隨順而辯，若就實説，説眞説僞，皆是戲論。

——《李炳南老居士全集・佛學問答類編（上）》頁 99 下—100 下。

第五章　結論

《法滅盡經》云：「《首楞嚴經》、《般舟三昧》，先化滅去，十二部經尋後復滅，盡不復現，不見文字，沙門袈裟自然變白（註1362）」。佛陀預言《楞嚴經》將在末法時第一部先滅去的經，不禁為《楞嚴經》的命運深感悲愴！在本書中曾提到遼・通理 恆策大師（1031—1107）所鑄刻的《楞嚴》石經，此經于1093年最先被通理大師選刻，亦為大師刻三藏石經的第一部。如果我們取整數來看，《楞嚴經》在一千年前已被通理大師所「預見」此經會「先滅」，所以早在一千年前，古德選刻經時早已列入最重要、最急切、最需要的一部大經（註1363）。《梵網經古迹記・卷上》曾記載《梵網經》要東渡漢地的事云：「法藏師云：西域有十萬頌六十一品，具譯成三百餘卷，此經序云：可有一百二十卷，又上代諸德相傳云：真諦三藏將菩薩律藏擬來此，時於南海上船，船即欲沒，省去餘物，仍猶不起，唯去律本，船方得進。真諦嘆曰：菩薩戒律，漢地無緣，深可悲矣（註1364）」！

或許《楞嚴經》真如虛雲老和尚所說「此經原有百卷，而此土所譯祇有十卷（註1365）」，是否亦是「漢地無緣，深可悲矣」！而般刺密帝三次偷挾，三次被追返，最後以「割臂藏經」偷藏入漢，是否亦是「此國人麤，豈有堪為菩薩道器（註1366）」？

《楞嚴經》的「傳譯、梵本、源流」及「作者」之疑至今延續了一千三百年（註1367）。究竟其真相如何？本書對此的研究結果是：

❶ 據《開元釋教錄》、《續古今譯經圖記》、《貞元錄》、《宋高僧傳》、《釋氏稽古略》、《佛祖歷代通載》、《房山石經・楞嚴經》、《楞嚴經敦煌寫本》……等諸經藏一致的記載。

註 *1362* 《大正藏》第十二冊頁1119中。

註 *1363* 關於通理先選刻《楞嚴》事詳於陳燕珠編《房山石經中通理大師刻經之研究》頁180。台北覺苑出版。1993、4。

註 *1364* 《大正藏》第四十冊頁689中。

註 *1365* 《虛雲老和尚年譜法彙增定本》頁598。

註 *1366* 此話轉借新羅・太賢大師《梵網經古迹記・卷上》中其對《梵網經》不堪為漢人根機之語。見《大正藏》第四十冊頁689中—下。

註 *1367* 從《楞嚴經》譯畢時間算，公元705—1998，約近一千三百年。

❷據《光孝寺志》、《廣州府志》、《南海百詠》、《高州府志》、《廣東通志》……等諸「寺志」不斷的傳載之說。

❸據《蘇東坡後集》、《猗覺寮雜記》、《全唐詩》、《宋史》、《文獻通考》、《南海山水人物古蹟記》……等外典之說對《楞嚴經》的作者皆予肯定的傳載。

❹房融的「筆授軒」、「洗硯池」遺跡尤可尋；宋·蔣之奇重建「筆授軒」之史實尚可考；宋·方信儒載「卞山老人記筆授軒」之記不贗；元·吳萊之《南海山水人物古蹟記》亦有筆授之「大硯」資可證。

❺敦煌寫本之《楞嚴經》均有般剌密帝、懷迪、房融三人之抄記，亦有廣州制止寺之書記。

❻彌伽釋迦此人據《續古今譯經圖紀》、《開元釋教錄·卷九》、《貞元新定釋教目錄·卷十四》皆云：「烏萇國沙門彌伽釋迦」，其後又「補述」釋迦稍訛，正云鑠佉，此曰雲峰。既有「補述」之詞，足見記載此彌伽釋迦事的真實慎重性。

❼據太虛大師考究的結果：《楞嚴經》如果沒有梵本，是偽造杜撰，何以能欺在當時唐 宋往來頻繁的印度沙門與中國高僧？筆者亦舉唐·慧琳國師（西域 疏勒國人）的《楞嚴經音義》。唐·不空大師（南印度 師子國人）譯「楞嚴咒」。約為唐末五代時期的契丹國師慈賢大師（生卒年不詳，是中印度 摩揭陀國人）譯之《一切如來白傘蓋大佛頂陀羅尼》。元·沙羅巴（西域 積寧人）譯《楞嚴》為蒙文。指空大師（中印度 摩竭提國王子，依那爛陀寺 律賢披剃）傳藏「楞嚴咒圖像」……等皆印度 西域沙門，皆無疑偽經之記載。

❽據蓮池大師考究，房融之才「非柳、韓、元、白之比，何其作《楞嚴》也？乃超孔 孟 老 莊之先耶」？筆者亦考房融之「才力」於一到二月之間能獨立杜撰十卷經文，甚難！甚難！

❾ 據南宋・大慧 普覺禪師結論：「既無梵本，便以臆見刊削聖意。則且未論招因帶果毀謗聖教墮無間獄……六朝翻譯諸師，皆非淺識之士。翻譯場有譯語者，有譯義者，有潤文者，有證梵語者，有正義者。有唐梵相校者……」。又據印光大師之說：「你要據梵本，梵本不是鐵鑄的，須有能分別梵本文義、或的確、或傳久訛謬之『智眼』，方可譯經。然非一人所能，以故譯經場中許多通家，有譯文者，有證義者，其預譯場之人，均非全不通佛法之人」。不能以梵本有無斷定其偽。

❿ 與《楞嚴經》交涉的作者皆有史證、物證。透過這些文獻史料的客觀分析，《楞嚴經》由般剌密帝將梵本攜來，與彌伽釋迦對譯梵本、懷迪證義、房融筆授的結論自是可以確定成立的。

前人對《楞嚴經》的「義理之偽」在本書中也只挑選幾點來做研究，懷疑其義理者，有者從戒律上說、有者從「他經未有此說」來懷疑、有者從法相宗的立場來懷疑（如歐陽漸、呂澂等），有者從「抄襲他經」上說……等。經本書例舉大量經藏論疏來「以經證經、以經解經」；證明《楞嚴》之義理並非「獨說」，他經亦有此說。又以「聲韻、訓詁、義理考據、語言翻譯、歷史地理」……等諸多方法，證明《楞嚴經》的義理確是佛說，非外道說，亦非杜撰。加上歷代祖師如百丈 懷海、烏龍 少康、慧琳國師、永明 延壽、孤山 智圓、長水 子璿、晉水 淨源、圓悟 克勤、蓮池 袾宏、幽溪 傳燈、紫柏 真可、憨山 德清、蕅益 智旭、夢東 徹悟、印光、虛雲、太虛、倓虛、宣化……等諸師一再對《楞嚴經》推薦、印證、讚歎、護持；證明《楞嚴》確是佛說。是──「澈一心之源，該萬法之致，無尚此經之廣大悉備者。如來以一大事因緣出現世間，捨此別無開導矣（註1368）」、是──「千生百劫，得遇如是至精至微至玄至極之典（註1369）」。

關於呂澂或法相宗等諸學者均以其「法相」的立場來反對《楞嚴經》的「如來藏性」之說。這點可借引蕅益大師之釋來做說明：

「性相二宗，猶波與水，不可分隔，其流弊也。至分河飲水，此豈文殊 彌

註　1368 語出憨山 德清大師《首楞嚴經通議序》。《卍續藏》第十九冊頁 86 上──下。
註　1369 語出《蓮池大師全集（六）・竹窗隨筆》頁 3720。

勒之過？亦豈馬鳴 護法之旨哉？謂真如受熏，譬劫火洞然，虛空安得獨冷？謂真如不受熏，譬劫火洞然，虛空何嘗爛壞？故知得其語，合則雙美；失其宗，離則兩傷。《大佛頂》云：『虛空體非群相，不拒諸相發揮』。只此一言，兩疑冰釋。善夫智者大師有言：偏執法性生一切法，何異自生？偏執黎耶生一切法，何異他生？例而推之，縱謂法性、黎耶和合生一切法，何異共生？非法、非黎耶生一切法，何異無因緣生？此之四句，無非是謗。儻妙達無生，不起性計，四句雖不可說，有四悉檀因緣，亦可得說。謂真如不思議熏生一切法；黎耶是可熏性生一切法，皆無不可。乃知智者，真悟權實祕要，於經未來，懸合旨趣。若此經來，智者不可作。習台宗者昧唯識，習法相者迷圓理。所以眾解，咸失綱要（註1370）」。

全波即水，全水即波。水是「性」，波是「相」，波與水兩者是「不一不異」的關係。又如水與火，水雖能滅火，然水必需藉火來燒、來煮，水與火之間就是「相即相成」、「雙破雙成」的關係。若必執「法相」而非「法性」，或執「法性」而非「法相」，正如「水火不容」，皆非佛道實相義。性、相二宗應是「非一非異」、「雙破雙成」、「雙遮雙照」之理。

末了，筆者對這本研究專書並不就此滿足，因為仍有許多問題需待來日進一步開發與研究。如研究中國《楞嚴經》的發展史、敦煌本《楞嚴咒》的譯文考校、敦煌本《楞嚴經》的音義校釋及理論……等。來日或有時間與更多的經論資料，筆者會再將本書不足之處做更多更詳細的補充研究。

註 1370 蕅益大師《大佛頂經玄文序》，《卍續藏》第二十冊頁389上—下。

第六章　參考資料影印

第一節　本書所引重要資料

四庫未收書提要　　　　　　孽經室外集卷三

南海百詠一卷　提要

1205〜1207

宋方信孺撰信孺字孚若莆田人以蔭補閩中
假朝奉郎使金三往返應淮東轉運判官知真州至
廣西漕所著有好還游戲詩境集未見是編乃其官
番禺浸尉時所作賦南海古蹟每一事為七言絕句
一首每題之下各詞其題末注中多記五代南漢劉
氏事所引沈懷遠南越志郭熊番禺雜志近多不傳
氏詩紀事載劉后序信孺詩文云一云羽協詩語
經緯靡密子其亦足見其一斑矣

安徽藏祝別　　　　　　　江蘇古籍出版社

一〇四　　　南海古詠

筆受軒

千山老人作記云昔制止錄剛藏詩彌釋
迦對譯楞嚴經於此唐相國房融筆授之後
將穎叔以筆授名其軒有石硯乃祝為得於
族孝方家至今尚存軒今在光孝寺中蓋鄉
公譔所後且有雲龕筆公邦書牓及
相國胡僧刻之於石
制止遺蹤底慶尋相傳筆授此叢林試廬四萬八千
人　　　詩海百詠
秦正要墨池如許深

（附圖Ａ－１）

國學基本叢書

王雲五 主編

蘇東坡集

（三）

蘇軾 著

臺灣商務印書館印行

39352

遷過虔
二千餘
有六年
怗於進
此文以
平五月

書柳子厚大鑒禪師碑後

釋迦以文教其譯于中國必託於儒之能言者然後傳遠故大乘諸經至楞嚴則委曲精盡勝妙獨出者以房融筆授故也柳子厚南遷始究佛法作曹谿南嶽諸碑妙絕古今而南華今無刻石者長老重辯師儒釋兼通道學純備以謂自唐至今頌述祖師者多矣未有通亮簡正如子厚者蓋推本其言與孟氏合其可不使學者盡見而伉誦之故具石請子書其文唐史元和中馬揔自虔州剌史遷安南都護徙桂管經略觀察使人爲刑部侍郎今以碑考之蓋自安南遷海南非桂管也韓退之祭馬公文亦云自交州抗節番禺曹紛諡號決非桂帥所當請以是知唐史之誤當以碑爲正紹聖二年六月九日

書金光明經後

軾之幼子過其母同安郡君王氏諱閏之字季章享年四十有六以元祐八年八月一日卒于京師氏所

（附圖Ａ‑２）

景印文淵閣四庫全書 第一二○九册

元·吳萊之《淵穎集》共十二卷。

南海山水人物古蹟記

南海蓋禹貢揚州之南境春秋戰國時地本百越至秦
始通而尉佗王者五世漢元鼎中南越平立南海等郡
屬交州治蒼梧建安中徙治南海吳孫權初割交州立
廣州而南海郡立廣州永嘉後嶺南五管悉隸廣府咸

瑜訪佗莫能得獨得王嬰齊墓珠襦玉匣玉璽金印

三十六銅劍三爛若龍文悉螭玉押金飾後瑜携嗣經
贛上飛入江水
南越王弟建德故宅在西城内吳虞翻移交州時有園
池唐六祖慧能剃髮受戒寺有壇壇有菩提樹房相國
融譯楞嚴經有筆授軒大硯融自刻大唐神龍改元七
月七日天竺僧般剌密諦自廣譯經出此硯堅潤可愛
藏嚴内有屈眴布西天衣繡内相大如兩指、

空去

南海廣利王廟在番禺南廟有唐韓文公碑玉簡玉舄
象鞭精緻鄭細出鎮時林霭守高州獻銅鼓面潤五尺
臍隱起海魚蝦蟆周匝今藏廟中宋真宗賜南海玉帶
蕃國刻金書袞龍牙火浣存並存
浮丘山在菊海西本羅仙朱明之都庐浮生火神蕎陰木

中太守素彦伯求其後裔之

欽定四庫全書
淵穎集
卷九

馬鞍山在番禺北秦時望氣者言南海有王氣發卒千
人鑿山狀如馬鞍漢伏波將軍馬援嘗駐兵山岡每風
雨晦冥聽之若有軍聲殷然
盧循故城在番禺南城南水洲狀如方壺蓋循故居處
今盧亭夷人男女椎髻俗採魚螺藤竹又有龍戶一曰
蜑戶舊傳循守元龍山恐循遺種五月一日禁水蜑戶
不設網罟

欽定四庫全書
淵穎集
卷九

1209-164

1209-165 (附圖A--3)

一司前期取度牒驗訖聽供帳候
員取度牒對帳驗寔申發所屬
曰司於度牒後連紙批書所給公
以狀批評定二年衡改本條不行諸
以僧道帳若度牒有偽冒失於驗
司杖一百所供官減一等與右詐偽
心條翔立詔仍先以施行先是吉
用僧偽作度牒守臣徐宇有請故
一年壽望八月二十四日礼部言
剕披戴僧尼女冠除過天申節受
督慶節依例逐州開壇受戒令都
六十五
甲於行從之

●宋會要箑受譯經

宋會要輯稿　第二百冊　道釋二

道釋二之三

楊家駱主編。歷代會要第二期書。世界書局印行。民國六十六年五月再版。

（附圖A-4）

●宋會要箑受譯經

太平興國七年六月譯經詔梵字僧筆文縒大七月詔左方街戒學情
評定十二月選梵學沙門一人為筆受義學沙門十人為證義其後以推
淨為梵學筆受自此其始也誤范曰譯經常以梵僧後令惟淨同譯經覺
學笔受一人譯經綴文二人證義八人唐世翻譯有筆受官以朝臣為之
佛佗多羅之譯圖覺經也房融為笔受是矢皇朝太宗始用梵學僧也

七八九〇

道釋二之四

文淵閣四庫全書

第四六八冊·史部·地理類

欽定四庫全書

卷三十四 元和郡縣志

英山

大歷十一年置東西北三面並枕侯溪水南面接延陵

將軍楊僕下湞水咸會番禺誅佗玄孫建德及相呂嘉
遂定越地以為南海蒼梧鬱林交趾九真日南珠崖儋
耳郡按漢南海郡即秦南海故郡也屬交趾刺史獻帝

欽定四庫全書 元和郡縣志 卷三十五

末孫權以步騭為交州刺史遷州于番禺即今州理是
也孫皓時以交州土壤太遠乃分置廣州理番禺交州
徙理龍編晉代因而不改義熙中盧循自稱平南將軍
廣州刺史用徐道覆計舉兵建業軍敗單舸走廣州
為晉將杜慧度所破投水而死隋開皇九年平陳于廣

欽定四庫全書

元和郡縣志卷三十五

唐 李吉甫 撰

嶺南道一

廣州 南海中都督府

開元戶六萬四千二百五十
元和戶七萬四千九百七十九
鄉一百九十四
鄉九十一

今為嶺南節度使理所管廣州韶州循州潮州端州康
州羅州高州潘州辯州封州瀧州勤州春州新州端州
振州儋州萬安州 宗管縣及都管戶數傳寫俱缺

所列州目與唐書方鎮表元和時嶺南節度使領
二十二州相合今映春州新以下十五州志文春州

八到
西北至上都取郴州路四千二百一十里取虔州
西北至東都取郴州路四千一百一十里取虔州
正南至大海七十里
正北至韶州路五千七百八十五里
西南至恩州水路六百里
西北至賀州八百七十六里
東北至端州沿泝相東二百四十里

貢賦
開元貢
沈香 甲香 鐘乳 石斛 山薑
竹布 綀布 蕉布 蚺蛇膽 鼇皮

元和貢
荔枝煎 餘甘子 占臘香 好落麻 今是志以蕉布
綀布六典 廣道厥賦蕉紵好落麻 今是志以蕉布
綀作麻布為廣州及潮端康封詔等州之貢當因
傳寫晚去賦字誤移作貢非李吉甫之原本也

管縣十三

468-567   468-566 (附圖Ａ--5)

復興書局印行

全唐詩

逸人歌贈李山人
上有堯兮下有由眠松陽兮瀨潁流其貌古其心必浩浩
歌一曲兮林容秋道險可驚兮人莫用樂天知命兮守
嚴洞時擊磬兮嗟鳴鳳吾欲知往古之不可追自悠悠
於凡夢

房融
房融河南人則天時為相神龍元年貶死高州好浮屠
法嘗於嶺外筆受楞嚴經詩一首

讀南海過始興廣勝寺果上人房（一作過題州廣界身）
零落嗟殘命蕭條託勝因方燒三界火遠洗六情塵
嶺天花發凌空月殿新誰令鄉國（一作夢）於此學分身

身

呂太一
呂太一景雲中為洹水令魏知古表奏之又嘗興中考
舍人苗延嗣考功員嘉靖侍御史崔訓皆為張嘉貞所
厲時語曰令君四俊苗呂員訓詩一首
擢擢當軒竹青青重歲寒心貞徒見賞籜小未成竿
詠院中叢竹

張紘
張紘
遺贈許州司戶詩三首

【全唐詩】　呂太一　張生

和呂御史詠院中叢竹
聞君庭竹詠幽意歲寒多歡息為死小良工將奈何
閨怨
去年離別雁初歸今夜裁縫螢已飛征客近來（一作去來音）
信斷不知何處寄寒衣
行路難
君不見溫家玉鏡臺提攜抱握九重來君不見相如綠
綺琴一撫一拍鳳凰音人生意氣須及早莫負當年行
樂心荊王楚曲起如歌曲歌終夜將半朱樓銀閣正

（附圖Ａ--６）

全唐詩 卷一百 裴總會 房融 呂太一 駱駝

✓

逸人歌贈李山人

上有巖洞兮下有由，眼松陽兮漱頴泚。兮守巖洞，時整弦兮整鳴鳳。吾欲知住古之不可追，自悠悠於凡夢。道險可數兮人其用。樂天知命。

✓ 房融

房融，河南人。則天時爲相，神龍元年，貶死高州，好浮屠法。嘗於嶺外親受楞嚴經。詩一首。

✓ 讀南海過始興廣勝寺果上人房〔一作過州廣外寺〕

霧落嶺殘命，齊條託勝因。方燒三昧火。遠洗六情塵。隔嶺天花發。凌空月殿新。誰令鄉國〔一作故鄉〕夢〔一作移〕從此學分身。

呂太一

呂太一〔裴總中爲祖水令。〕時語曰：令君四校，苗呂員。詠院中藥竹太一釋〔疑〕擺擺當軒竹。青青重歲寒。心

〔張柬〕作偵

張說，久觀中發第，與呂太一和呂御史詠院中藥
行路難
君不見溫家玉鏡臺。提攜抱年行樂心。荆王臺曲變妃歡。日相酒能幾時。春風吹盡嫌。定。誰保容顏無是非。
閒君庭竹詠。幽意歲塞多。計

鄭蜀賓

鄭蜀賓，滎陽人。卷五賓詩
別親朋將新期云。期質
長途方萬里。生涯近百年。二

清聖祖御製

新校

標點

全唐詩（上）

宏業書局印行

全唐詩 卷一百一 宋務光 李嶠伯

宋務光〔作宋光〕

宋務光，字子昂，一名烈，苏州西河人。舉進士及第，調洛陽尉。監察御史巡察河南遺〈疑〉考殿，進殿中右台御史。詩一首。

海上作

曠哉潮汐池。大矣乾坤力。浩浩去無際。汪汪深不測。崩騰實衆流。洪沱漲中國。鱗介錯殊品。氛霧蒸麗色。天波混眞分。島樹焉能識。漢主探靈怪。秦王態遊跡。搜奇大壑東。練驂成山北。方術徒相誤。蓬萊安可我適休。法謾極。

（附圖A--7）

宏業書局印行
女二册 民66、6、

昔日<u>般刺密諦</u>、<u>彌伽釋迦</u>、<u>懷迪</u>與<u>房融</u>共譯《楞嚴經》之<u>制止</u>寺（即今之<u>光孝寺</u>）

彩图1　光孝寺

广州市文物志

编　著	《广州市文物志》编委会
出　版 总发行	岭南美术出版社
制　印	深圳粤海旭日印刷包装有限公司
版　次	1990年2月第一版第一次印刷
规　格	16开（183×258mm）28.25印张
ISBN	7—5362—0475—2/J・0476
定　价	精装50元　平装40元

（附圖B--1）

清·同治三年重刊本
陳昌齋 等 撰
中國省志彙編之十
華文書局股份有限公司印行

廣東通志

●廣東通志卷二百六五 藩屬錄四

逃竄獲免聞行歸長安及中宗復位韋氏復爲皇
后其日追贈元貞爲上洛郡王尋又追贈太師雍
州牧益州大都督遣使迎元貞及崔氏喪柩歸京
師又遣廣州都督周仁軌率兵討斬衛承兄弟以
其首祭於崔氏及元貞等柩將至上與后登長樂
宮望喪而泣加贈元貞爲鄅王〔舊唐書〕
李泰授中宗神龍元年三月八日詔自垂拱以來
枉濫殺人者李泰授曹仁哲并與嶺南惡處〔舊唐書來〕
〔俊臣傳〕

●房融河南人武后時以正諫大夫同鳳閣鸞臺平
章事神龍元年〔房琯傳〕以親附張易之兄弟元鼎
〔新唐書〕

●廣東通志卷二百六五 藩屬錄四

二月甲寅配流欽州〔新唐書紀長安末嘗知
南銓在廣州時值天竺僧般刺密諦三藏持楞嚴
經梵本浮南海而至融就光孝寺譯出而筆授之
今寺中有筆授軒云神龍元年五月經成入奏適
武后崩融長流欽州徒高州死後僧神秀入道場
見所奏經本錄傳於世府志高州
李福業桓彥範爲武三思所誣遭周利貞矯制殺
之御史李福業者嘗與彥範參謀及被殺福業亦流
番禺後亡匿吉州參軍敬元禮家吏捕得元禮俱
坐死彥範傳
王無兢字仲列世徙東萊權下筆成章科調蘂城
尉三遷監察御史改殿中會朝宰相宗楚客楊再
思離立偶語無兢揚笏日朝禮尚敬公等大臣不
宜慢常無兢客怒徒無兢太子舍人神龍初訊權
倖出爲蘇州司馬張易之等誅坐常交往貶廣州
仇家矯制榜殺之本傳
崔神慶明經擧長安中累轉禮部侍郎依歷司刑
司禮二卿常受詔推張昌宗而竟寬其罪神龍初
昌宗等伏誅神慶坐流於欽州都督本傳
被流貶者伏誅神慶坐流於欽州尋卒明年緣昌宗
韋月將京兆人上書訟三思潛通宮掖將爲禍患
之漸三思諷有司奏月將大逆不道中宗特令誅

(附圖B—2)

4394

中有米堅如石煎湯服之可已瘟疫傳爲洗夫人陳倉

米志　乾隆

唐越國公馮盎世據南越極一時富貴宰相許敬宗以女
嫁其子敬宗卒議諡以女嫁蠻落諡曰繆　舊唐書

房融河南人聰慧好佛武后時以正諫大夫同平章事長
安末嘗知南銓在廣州而至融天竺僧般刺密諦三藏持
楞嚴經梵本浮南海而至融就此筆授之
令寺中有筆授軒云神龍元年五月經成入奏適武后
崩融長流欽州從高州死後僧神秀入道場見所奏經
本錄傳於世　志乾隆

高州府志　卷五十四　紀述七　雜錄　三

房千里博士初上第遊嶺徼留別趙氏詩序云有進士韋
滂者自南海遯趙氏而來爲余妾西上京都調於天官
乃與趙別約中秋爲會期趙極悵戀予乃抒詩寄情曰
鸞鳳分飛海樹秋忍聽鐘鼓越王樓只應霜月明君意
綵撫瑤琴送我愁山遠莫教雙淚盡雁來空寄幽
相如若返臨邛市畫舸朱軒萬里遊萬里謂蜀州橋也
房至襄州逢許渾御赴宏農蕃陽之命乃以恩情相
託許到府邸遷入訪之則趙氏已從韋英許寄房詩曰
春風白馬紫絲韁正值鸞眠未採桑五夜有心隨暮雨
百年無計待秋霜重尋繡帶朱藤合卻認羅裙碧草長
爲報西遊減恨阮郎纔去千里貶端州李
華玉留別詩云俱來海上歡烟波君佩銀魚我觸羅經
國才微甘放蕩專城年少豈蹉跎應憐旅夢千重共
悵離心一曲歌惟有管絃知客意分明吹出感恩多千

中華民國五十六年十二月臺一版

高州府志　全一冊

定價：新台幣四八〇元正

發行人：黃　成　助

出版者：成文出版社
臺北郵政信箱二二六〇五號
電話：九二二二六〇一〇號

印刷者：正大印製廠
三重市長生街二號之一

內政部登記證內版臺業字第一一四七號

女人著緋衣擎二子偕行同登山顛行人相駐叫噪見
是赤狸大蠱三母子也遶巡與韋分路而去韋終不覺
是持經之力也　太平廣記

潘之南七十里至辯州爲陵水郡辯之守曰胡湔故准西
吳少誠之卒鴟張荒阪多法河朔牧將所爲且好蹴鞠
南方馬癉小不善馳騁湔每召將吏鞠且患馬之不習
便更命夷民十餘輩肩輿湔揮杖肩者且走且擊旋
瓊如風稍愈湔卽以策叩其背亞鞭亞走用爲笑樂嘻
湔一皷卒耳彼雖夷獠天子之民也天意豈使可封者

廣東通志卷二百二十九 古蹟署十四 寺觀一

廣州府

南海縣

光孝寺在南海縣西北一里一統志大清虞翻廟在南海縣西北三里元和郡縣志寺乃南越趙建德之宅虞翻之園圃也相傳六祖祝髮于此圖經云本乾明法性二寺後併爲一又有訶子取西廊羅漢院井水煎湯頗能療疾如此則又有羅漢當不止乾明法性二寺也方信彌南吳隩翻居此多植蘋婆訶子樹名曰虞菀晉隆和中僧罽賓創

訶子樹曰此西番訶梨勒果之林宜曰訶林遂創爲王園寺志黃宋永初間陀羅三藏飛錫至此指戒壇預讖曰後當有肉身菩薩於此受戒梁天監元年智藥三藏自西竺國持菩提一株植於壇前唐儀鳳元年六祖慧能祝髮樹下因論風幡建風幡堂宋太祖改爲乾明禪院紹興二十年改爲報恩廣孝寺後易今名咸淳五年重修宗禮有重修法寶輪藏殿元明廣慶修建有瘞佛閣記載金石器

國朝順治六年僧今盈修康熙十一年東莞人蔡元真以寺頹廢請平靖兩藩重新之有碑記寺又名法性寺有米元章書三世佛名稍北爲六祖殿

前爲菩提壇壇側爲髮塔其東南爲達摩井西爲五祖殿循廊而東爲風幡堂前有池泓然又東有瘞漢錢塔又東爲譯經臺洗硯池房融筆授楞嚴處西廂復有一塔古樸殊平他刹六朝以還名以光孝寺爲第一氣象古僧居此者雲摩耶舍郵羅政陀智藥三藏初祖六祖印宗法師波羅末陀般刺密諦仰山通智禪師懇山德清法師天然函昰禪師唐釋法才光孝寺士王士禎三藏毗耶薩婆訶求那跋陀羅建

廣東通志卷二十九　古蹟略十四

欲趨孝行同光孝寺詩一為
灌水木士禔碧藻綱元三更
浮佛蓮花紅艷耀衣鉢白
如廣仲翔左慈瑠偶蒲衣諸使
此盛慧文向儔晉昔迷踪黃孝
獨留陶師青衲晨庸朝交扶府
鷲外寄容張橫赤麻清池鳴
　同中鳥燭王宅同

何維柏菩提寶詩清僧
栢相心先動北方秋寂
黃梅番仍僞動別知月生
浮木士禎與元三東海夜
　　　　　　　笑性運還風幡著樹

朱門陳五子升過光孝寺詩浩劫虞翻宅一為
欲尊不可知可則明復至虛觀更更孝寺開詩一為
門大夕侵我忘通法空池水幽深日色照孝寺
諸上諸何夕城西隅再踏臺通迴苑壁面開幢幡動
返勝程不剌羈浮遠開士導我行深風惹憧泉定還
可羞君若浮圖鳥天際觀變螺偃當年愚面懽泉清
　演勿喧鐘磬音一徑松篁晚

筆授軒卞山老人作記云昔制止鉢剌密諦牖伽
釋迦對譯楞嚴經於此唐相國房融筆授之後蔣
穎叔以筆授名其軒有石硯乃祁豁得于張季方
家至今尚存軒今在光孝寺中益蔣林向公子譁
所復且有雲龕李公邸書牓及畫相國胡僧刻之
于石　南海百詠
華林寺在西南一里梁普通七年達摩從西竺國
泛重溟三周寒暑至此始建
國朝順治十一年宗符禪師重修環植樹木成叢林
　郡志今名西來初地　勝海名
淨慧寺千佛塔在州西淨慧寺端拱中郡人林修

廣東通志卷二十九　古蹟略十四

郡民表登
紫薇泉香形紛
簾民表登六榕寺浮圖詩寶鐸搖寒漢通
明志繁秀拱九級寫頂簷高
開月吐輝伶佾雲若柳小入海見山稀側建相藏隱
觀心機承岧金柱天花
洪朝劫擬社領凳無到君看滿院生佛笏疑晝
蘇名王士自六塔浮圖詩六榕不可見地以大
宴裳王敬歐人上假南旟到君若滿院詩六榕
　　嚴天秋王愷敞欲社住雨翼海日山雄

建古井九環列基外有巨甌藏劒二銘一疾佛立
於其下劉氏長壽寺也劉之宗女為尼居之塔高
二十七支　紀勝地在府西北半里卽符資莊嚴寺
有舍利塔大同三年創寺唐高宗時重修宋端
拱中攺今名塔後毀元祐間郡人林修建千佛塔
　黃志謹案宋趙子器名於石器紹聖中蘇軾顏曰六榕明
　有千佛塔記載金石畧
洪武六年毀其半以建永豐倉啟門東向仍曰六
榕　金志二十八年併入西禪寺永樂九年復為本寺
八年僧堅慮愈於塔東重創佛殿啟門東向曰六
榕　金志

謹案六榕寺塔粤人名曰花塔蘇書六榕
額二字今尚存
孤園寺在廣州陳廣州刺史歐陽紇反宣帝令徐
儉持節喻旨紇懼俎衆不許八城詆儉於孤園
　南史徐　東西南北二十八寺列布四方偽劉所建
　後傳
上應二十八經尚大半無恙今各以寺名為詩東
七寺詩慈度天王更覺華嚴龍東角梵王家普...

廣州府志卷八十六
古蹟略六　寺觀二

南海縣

光孝寺在南海縣西北一里（按元和郡縣志乃南越趙德故宅也）吳虞翻為孫權騎都尉以數諫爭謫居此多植蘋婆訶子樹名曰虞苑死後又稱虞翻廟晉隆和中僧曇摩耶舍創為王園寺劉宋永初訶間陀羅三藏飛錫至此指訶子樹曰此西番訶梨勒果之林宜曰訶林遂創戒壇預識日後當有肉身菩薩於此受戒梁天監元年智藥三藏自西竺國持菩提一株植於壇前唐儀鳳元年六祖慧能祝髮樹下因論風幡建風幡堂宋太祖改為乾明禪院又名法性寺紹興二十年改為報恩廣孝寺方信孺引圖經云本乾明法性二寺後併為一

廣州府志【卷八十八】　古蹟略六　【一】

又云園有訶子取西廊羅漢院井水煎湯頗能療疾如此則又有羅漢之名當不止乾明法性二寺也元明屢屢經修建化二年易今名寺有唐寶曆石幢宋米元章書三世佛名寺廊有偽漢鐵塔又東為譯經臺洗硯池房融筆授懸跡西廊復有一塔規制差小舅城內外古道場以光孝寺為第一氣象古樸殊平他利

華林寺在西南一里梁普通七年達摩從西竺國泛重溟三周寒暑至此始建

廣州府志【卷八十八】　古蹟略六　【二】

國朝順治十一年宗符禪師重修環植樹木成叢林亦名西來初地（據嶺海名勝記參修）

淨慧寺在廣州西北半里舊名寶莊嚴寺梁大同三年創唐高宗時廣州都督李某重修南漢為長壽寺其宗女為尼者居之宋端拱改以今名寺有舍利塔一名千佛塔亦唐年曇裕法師奉武帝命求釋迦舍利創後毀宋元祐間郡人林修建高二十七丈古井九環其基外有巨鼎藏劍一鏡一其半以建永豐倉惟存塔及觀音殿宋大同三癉佛牙於其下紹聖中蘇軾顏寺額曰六榕明洪武六年毀創佛殿啟門東向仍曰六榕二十八年併入西禪寺永樂九年復為本寺

國朝咸豐六年塔因颶風圮其頂同治十三年編修史澄等

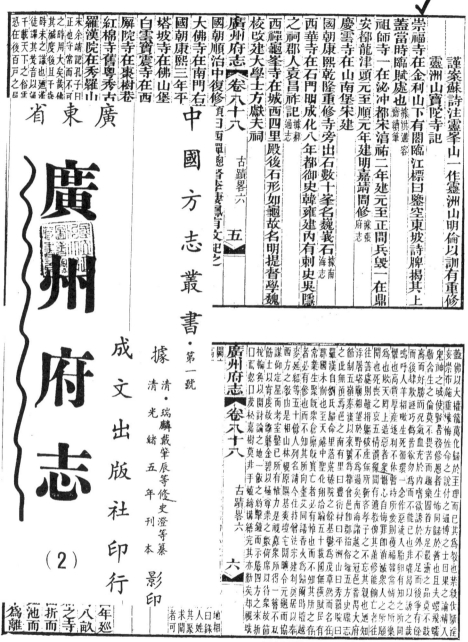

廣州府志〈卷八十八〉　古蹟畧六　五

謹案蘇詩注靈峯山一作靈洲山明倫以訓有重修
靈洲山寶陀寺記
崇福寺在金利山下有閣臨江標曰鑒空東坡詩牌揭其上
蓋當時臨賦處也
祖師寺一在泌沖都宋淳祐二年建元至正間兵毀一在鼎
安都龍津元至順元年建明嘉靖間修
慶雲寺在山南堡朱建
國朝康熙乾隆重修寺旁出石數十峯名魏叢石
西華寺在石門明成化八年都御史韓雍建內有刺史吳隱
之祠郡人袁昌祚記
西禪龜峯寺在城西四里殿後石形如龜故名明提督學魏
校改建大學士方獻夫祠
國朝順治中復修
大佛寺在南門右
國朝康熙三年平
塔坡寺在佛山堡
白雲寶震寺在西
屏院寺在棗樹巷
紅棉寺舊粵秀古寺
羅漢院在秀羅山

廣東
省

廣州府志

中國方志叢書‧第一號

據
清‧瑞麟戴肇辰等修　史澄等纂
清‧光緒五年刊本　影印

成文出版社印行

（2）

廣州府志〈卷八十八〉　古蹟畧六　六

蔣之奇字穎叔宜興人以伯父蔭得官擢進士第應集賢殿
修撰知廣州妖人岑探善幻聚黨二千人謀取新興略番禺
包據嶺表之奇遣鈐轄楊從先致討生擒之加寶文閣待制

廣州府志【卷一百四】宦績一

南海饒實貧爲吏者多貪聲之奇取前代牧守有清節者吳
隱之宋璟盧奐興李勉等十八繪其像建十賢堂祀之冀變其

725

廣州府志【卷一百四】宦績一

以城西之學與尼寺相比不合古制乃謀遷於城東番山之
前日與學士諸生講論六經嘗告諸生曰大學不力不足以
成德善不明不足以充擴其性命死生之說小禍富貴則何
無至誠好善之實而不知性命死生之說一本諸心而已矣諸
足以爲君子儒哉文章可學而工也議論之所貴彼
所以力取也富貴利達可以苟達也皆世俗之所貴彼
殊級可以君子謂之所以異於人者以其存心之
所謂貴者非苟貴也君子謂之惑循虛名而忘實行君子謂之
家至於治國平天下之道一本諸心而已矣諸生其勉焉夫
喪其心以逐外物君子謂之惑循虛名而忘實行君子謂之
盜盜可爲乎哉諸生其與師友朝夕講論德誼
息心以明善孟變如魯之國是太守之所望也諮平素以交

726 （附圖B--8）

（上欄）

房融
乾隆志云高州長史流於房融大史祝融為長史后武時懷州河內人融為正諫名達率皆不言官長案唐書中宗本紀神龍元年敕龍融於高州房琯父祝死時州房樓父祝皆在懷州高州長史人也為正諫同上

竇羣玉
大史中隆任化州刺史然則化州刺史亦和隆任改卽欲真官貶名為寶羣玉耳案開元敕州柳公瓘說柳公瓘其元和間任刺史黃志云開化州有柳公橋參唐書道光志

柳公瓘
羅州刺史元和柳公瓘遷羅州刺史無攷大抵因地有柳公橋

南漢

刺史
高州刺史有傳
謝傑
令
南漢

鍾福
羅州刺史劉附張時
李僕
俱道光志

南漢官制多承唐舊其所轄地有在今之廣東廣西湖南者廣東境內有州凡三十刺史如其數九十八縣令如其數（院志通）

案道光志云閩臣章仔鈞傳乾寧時王審知爲福建觀察副使仔鈞詣軍門上謁投戰攻守三策審知大喜奏授高州刺史以功加光祿大夫持節高州諸軍事時高州不屬閩仔鈞鎮浦城未至高州係遙領之職又吳越世家梁救授王子傳懿銀青光祿大夫檢校司徒守竇州刺史亦是遙領非實任也

高州府志〈卷十八〉職官一　宋　圭

宋
馬步軍都總管以節度使充副總管以觀察以下充有止一州者有數州爲一路者有帶兩路三路者或以文臣知州則管勾軍馬事舊相重臣亦爲都總管慶歷三年詔

（下欄）

自今路分總管鈴轄以上許與都總管司同議軍事路分都監以下並聽都總管等節制七年析河北四路分置都總管一員如無止以安撫使總制諸州部署並改總管紹興二年詔郡守臣罷帶兵諸路副總管可依舊改充路分鈴轄五年詔諸路副總管紹興二年詔郡守臣罷兵職南多事合要近上兵官總領軍政乃詔兩浙江南荊湖福建廣東可依三路置總管於帥府七年淮東置總管十二年諸路並置州總管（文獻通考）

宋初革五季之患分命朝臣出守列郡號權知軍州事謂兵州謂民政爲其後文武官參爲知州軍事二品以（文獻通考）

團練使無定員（團練副使從五品）（刺史正任官從五品）凡未落階官者爲遙郡（通考）除落階官者爲正任

高州府志〈卷十八〉職官一　宋　芄

上及帶中書樞密院宣撫使職事稱判太守掌總理郡政宣布條教導民以善而糾其奸慝歲時勸課農桑旌別孝弟其賦役錢穀訟獄之事兵民之政皆總焉凡法令條制悉意奉行以率其所屬有秋則以時宣讀而頒告於境擧行祀典察郡吏德義材能而保任之若疲軟不任事或奸貪冒法則按劾以聞遇水旱以法賑濟安集流亡無使失所其屬官有無及員數多寡皆視郡之繁簡而置之建炎元年詔要郡文臣帶本路兵馬鈴轄武臣副之（文獻通考）

其地望之高下與職務之繁簡而置之路兵馬都監武臣副之（文獻通考）

宋浴五代之制州置通判官各一人政和初自判官至諸曹改爲士戶儀兵刑工曹掾建炎復舊制爲同上

又投荒錄云林州以綏懷林邑名振州以漢臨古
縣而名則八州非無所據又舊唐書地理志武德四
年平蕭銑置高州都督府管高春羅辯雷崖儋新八
州考是年馮盎未降舊書誤也

武德六年羅州徙治石城　新唐書地理志
是年移羅州於石城縣於舊所置南石州　同上

丁亥　貞觀元年冬十月馮盎遣子智戴入朝
嶺南酋長馮盎談殿等选相攻擊久未入朝諸州奏稱
盎反前後以十數上命將軍藺謩等發江嶺數十州兵
討之魏徵諫曰中國初定嶺南瘴癘遠不可以宿大
兵且益反狀未成對曰告者道路不絕何云
反狀未成對曰盎若反必分兵據險攻掠州縣今告者

高州府志【卷四十八　紀述一　事紀　七

己數年而兵不出境此不反明矣諸州既疑其反陛下
又不遣使鎮撫彼畏死故不敢入朝若遣信臣示以至
誠彼喜於免禍可不煩兵而服上乃罷兵遣員外散騎
侍郎李公掩持節慰諭之盎遣其子智戴隨使入朝
上曰魏徵令我發一介之使而嶺表遂安勝十萬之師
不可不賞賜徵絹五百匹　通鑑
案新唐書南蠻傳武德六年高州首領馮暄反蓋亦
諸酋选相攻擊非反也附辯於此

辛卯　貞觀五年春正月馮盎入朝
時羅竇諸峒獠反勅盎率所部二萬為諸軍前鋒獠皆
走因縱兵斬首千餘級太宗美其功厚加賞賚　通鑑

癸巳　七年冬十二月從上皇置酒未央宮命南蠻酋長馮智

戴詠詩
上校獵少陵原邊宮從上皇置酒故漢未央宮上皇命
突厥頡利可汗起舞又命南蠻酋長馮智戴詠詩既而
笑曰胡越一家自古未有也帝奉觴上壽曰今四夷入
臣皆陛下教誨非臣智力所及昔漢高祖亦從太上皇
置酒此宮妾自矜大臣所不取也上皇大悅殿上皆呼
萬歲　通鑑
案阮通志道光志皆據高祖紀作八年三月通鑑考
異據太宗實錄八年正月頡利可汗死因從唐歷作

庚子
七年冬十二月今從通鑑改
十四年三月羅竇二州獠反廣州總管黨仁宏敗之　太
宗紀

高州府志【卷四十八　紀述一　事紀　八

己亥
戊庚　貞觀二十三年高州徙治良德　地理志
貞觀元年復置潘州　同上
貞觀入年改南宕州為潘州後徙治茂名後廢地入高
州至是乃復置
案寰宇記勝云貞觀二十三年高州總管馮盎卒子
智戴又為刺史　元和
智戴卒為刺史薛寶積析高州所
勅遣太常丞薛寶積以撫其人仍移
管縣為恩潘二州分盎諸子為刺史　志
高州理於良德縣　元和郡縣志在貞觀二十三年
新唐書古同

乙巳　神龍元年二月流房融於高州　中宗紀
亥辛　二年十月竇冠邊桂州都督劉伯英敗之　新書古同
午丙　二年六月貶袁恕己竇州司馬　上同
巳己　開元十七年七月貶吏部侍郎齊澣為高州良德丞　通鑑

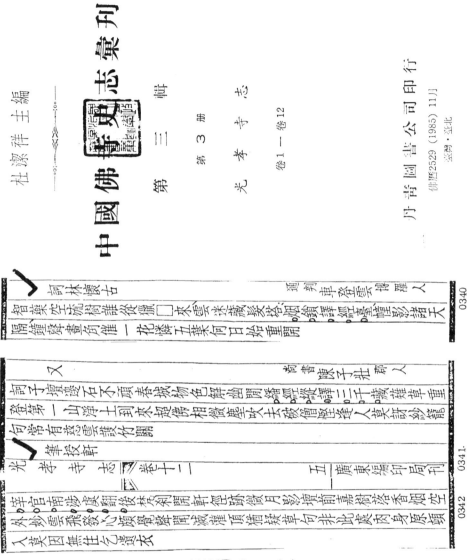

（附圖 C -- 1 ）

序

光孝寺自曇摩耶舍求那羅跋陀〔二尊者創建道場而後初祖
六祖後先顯跡於此一時寶坊淨域爲震旦稱首于數百年來
宗風遠布既於開剏而一花五葉寶繼此方爲峴源之始達等然
則此寺之所繫不曾僅閒門閭里非十方常住飯鐘瑯玕之地也
寺本爲廣苑又曰訶林衷晉爲王園寺唐爲乾明法性寺未改
爲崇寧萬壽等文改爲報國廣孝而光孝之稱則自明成化年
始也歷劫塵縷綿剌舉未殫闡選遺之堂箑投之軒參方者至此圓得
門洞然寂爾南法咸人無不立登聖地於拈槌豎拂之外若更有得
然光氏寺自業歷有年所丙戊之春移寺廣州公餘休沐禮足足
祖庭于時寶陀圓公以人天大師求住法席余瓜留客流連往事
得謁認宗正十二三年南時張君怂所謀寺志一業惜其詮丽路終顯
重修相與商権考證受其繁珩相其闕謀絢日十一業亦如之諱於

光孝寺志序 廣東潮州同知印同刊 0007

支那謀述末始向而於去乘之義閥誠無識焉夫名山林先陰
之志所在有之故寺爲南天佛土
皇朝列聖祝釐之地百有餘年是志乃成豈非法施之盛事有
待今日乎物光更有志願者談山天然兩大師開堂嗣席於今
未遠圓公然非別子而光子談山民有因緣比於私淑今其吹
毛擟夫微言具在願與圓公入精進林求向上一事則鏡銃樹風
乾隆三十有四年十月湖韶議大夫知廣州府事仁和顧光謀

〔附圖C-2〕

0008

序

曩源下帷光孝寺時復流覽名勝若訶子林菩提樹風幡堂諸處皆古尊者聖僧之遺跡而張穉攄所撰寺志記載弗詳未厭所聞矧自明迄今又踰百數十年勝事遺文散焉無紀若目視而不見其睫者竊心怍之欲爲補綴眇見寡聞且方攻舉業未遑也歲丙戌我

夫子涑園顧公來守廣州戊子試士順德以源冠一軍因得執經問業是秋源膺鄉薦明年計偕罷歸而　公修光孝志竣且請告將旋授源雠校乃得而卒業焉　公在郡政簡刑清百廢具舉暇日至光孝寺與圓上人玄言妙諦往返扣擊針芥相投因檢閱舊志歎其簡略慨然與何君厚宣編纂重修蓋　公心性之學儒釋同參故能運此智慧菩提隨地流注於政事經濟而外梵頌禪藻略露一班斯志之作亦可以見其宿蘊矣顧舊志脫漏不一若瀹瀹軒見通志達摩井硯池碑概多失載茲皆

光孝寺志　序　一　廣東編印局刊

0009

象罔索之勒成法門金鑰精校詳明足垂不朽昔賢於淸淨之邦多有著述如驂鸞錄入蜀記尚且留嵌後世況此名山勝業有禪史乘將見智炬慧燈永燦千古君子之道德文章殆莫踰此源深慤弗類自惟龕誦二年緣深香火而訶林亦鄉先輩講學結社地豈敢以濡翰勺水視之曩心之所作欲有爲而未果者一旦與於斯役快覩其成功輟浸灌以沛時雨滿天曼陀發我筆花其爲愉快當何如耶爰應公教而弁其簡首

時

乾隆三十有四年十月望日紫峰受業温聞源謹識

0010

（附圖C－3）

原序之一　　　　　　　　　　　　　　　　南海葉恭綽撰

鎮南名勝羅浮洞天峽山福地久矣字內他如西樵石室珠海中

金山諸剎為祝聖之地選佛之場六祖雄聚愛受具實後此始泛今風奉

幡不動苦提無樹侯翻荷子之苑房識譯授文軒版依者儼奉

靈山之別曰頭者頭主吾底之達放以志乘要寥參無聞訖訝非千

餘年之蹟典待人而與乎張君群摟孝友凌賣芳通二三氏之學

為諸主祭酒不選以如兩上人禪林曰民雅去志清純所以成書淡

結文字緣與一二同社飲然劄始授賞信個各近學許以成書淡

句而就也言之無文行之不遠文而無傷謙謀全評評余以作之諸

者而子失之灞諸而不失之頃其而有膝脛信而可懷訟作之諸

罪與摟摟諸君子為事現及詞林賣其結社語和之沪亦示諸

先幸幸吉己巳年　　　　　　　　　五臨築菓經印局沪印

　　　　　　　　　　　　　　　　　　　　　　　　　0015

有吴書也尺為山門不朽而羅浮峽山諸名勝不待詩等失於前

懂為之旨而行之郵乎再引訓子昆多言字同自郵其新失。

0016

（附圖C--4）

原序（二）

夫洞天福地載在白玉上經亦猶國之女邑之人余向於鐎
京闕呢瞻葛公所鍊金陵洞朮玄觀一主志拔拓詳穎可謂良工
若心者尊雖在法荒眠乎如羅浮峽山石室盎慶度業已礦縷述之
獨非林未生識爲閣其畠以近慶閣閣不能現山河大地載主
豫巒遑之麁金書閒門西始爲尊王捷德國法度慶翻南從種肯子
於中故務肯林吾僧改曰王國寺智樂從西紇攝菩提一技來
樹禎志曰後有肉身菩薩受我於此就而慧能師椎髮其下果
符昔識明東山法明不獨緇白歸依印神物亦爲阿護今廁樹
久而潤茂與孔林之檜相莝斯亦肯夬朋良房相國筆役涗巖
末眞示頒朋大識寶輪琅珢函昭灼日月沈矗頌聖吉此地尤於
有與東修抑禪堂以待來學閒與籍紳居士開社講誦詩共於東林
十入賢坊佛近之矣寺基原延家廣長日嗣韵使偶居十之四

光 寺 寺 志 序　　　　　　　六 廣東緝印局刊

五門十子潰菩虔曰十之六七嘗獨不民龍門之魚乎騰
尾條而天飛豈亦尙回顧泷騰升斗之水泥向示人不牏地
其明識洞有功於鹿苑苑者不溺遠陷爲之引其彗林志不朽于

（附圖Ｃ－５）

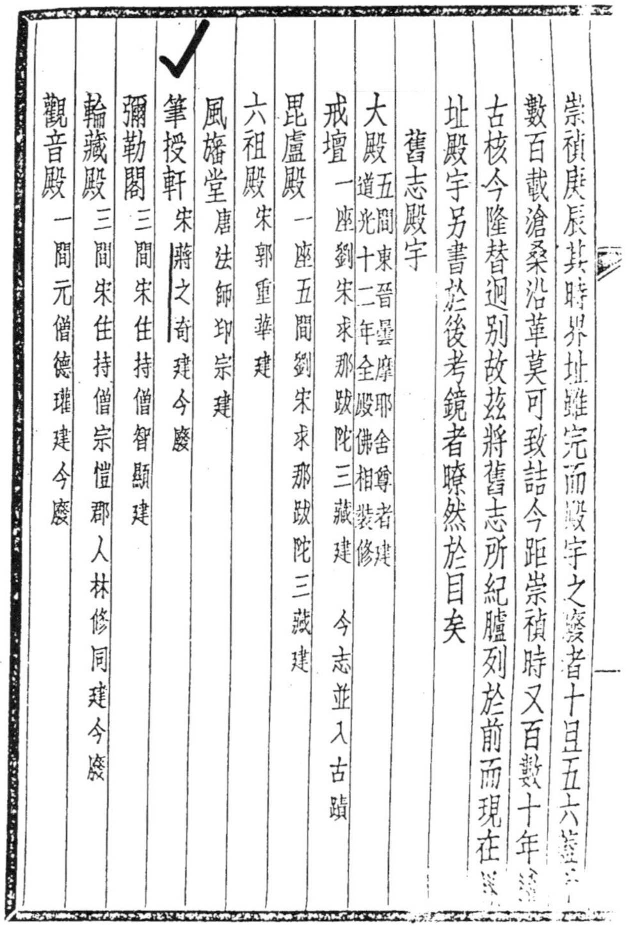
崇禎庚辰其時界址雖完而殿宇之廢者十且五六
數百載滄桑沿革莫可致詰今距崇禎時又百數十年
古核今隆替迥別故茲將舊志所紀臚列於前而現在
址殿宇另書於後考鏡者瞭然於目矣
舊志殿宇
大殿 五間東晉曇摩耶舍尊者建道光十二年全殿佛相裝修
戒壇 一座劉宋求那跋陀三藏建 今志並入古蹟
毘盧殿 一座五間劉宋求那跋陀三藏建
六祖殿 宋郭重華建
風旛堂 唐法師印宗建
筆授軒 宋蔣之奇建今廢
彌勒閣 三間宋住持僧智顯建
輪藏殿 三間宋住持僧宗愷郡人林修同建今廢
觀音殿 一間元僧德璀建今廢
0036

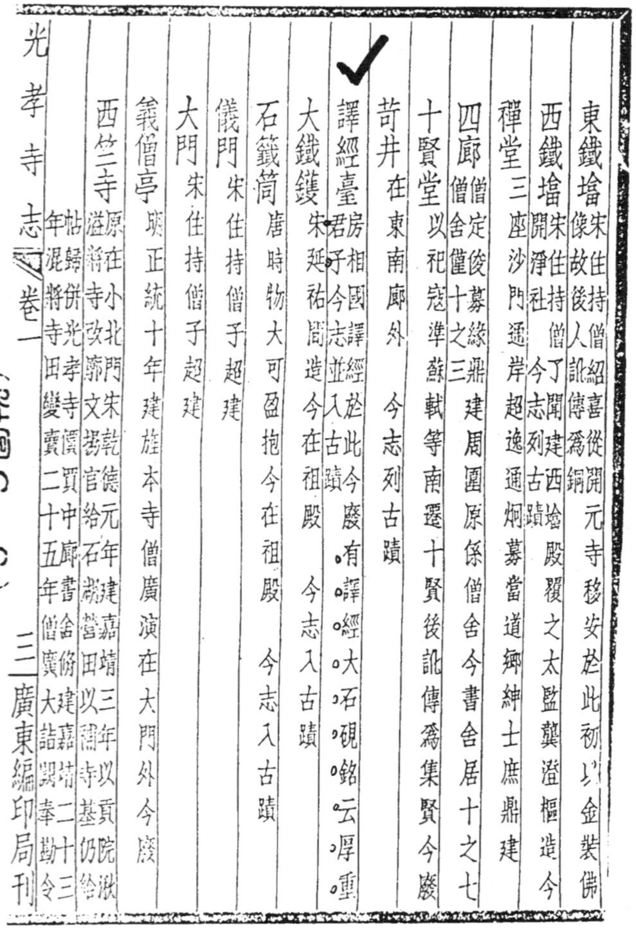
東鐵塔 宋住持僧紹喜從開元寺移安於此初以金裝佛像故後人訛傳爲銅
西鐵塔 宋住持僧了聞建西塔殿覆之太監龔澄樞造今開淨社 今志列古蹟
禪堂 三座沙門通岸超逸通炯募當道鄉紳士庶鼎建
四廊 僧定俊募緣鼎建周圍原係僧舍今書舍居十之七僧舍僅十之三
十賢堂 以祀寇準蘇軾等南遷十賢後訛傳爲集賢今廢
苛井 在東南廊外 今志列古蹟
譯經臺 房相國譯經於此今廢有譯經大石硯銘云厚重君子 今志並入古蹟
大鐵鑊 宋延祐間造今在祖殿 今志入古蹟
石鑊筒 唐時物大可盈抱今在祖殿 今志入古蹟
儀門 宋住持僧子超建
大門 宋住持僧子超建
義僧亭 明正統十年建旌本寺僧廣演在大門外今廢
西竺寺 原在小北門宋乾德元年建嘉靖三年以貢院湫溢將寺改爲文場官給石瑤營田以補寺基仍給帖歸併光孝寺價買中廊書舍僑建嘉靖二十三年混將寺田變賣二十五年僧實大詰謁奉勘令
光孝寺志 卷一 三 廣東編印局刊
0039

（附圖C－6）

0046

唐太宗貞觀十九年改制止王國寺為乾明法性寺

高宗儀鳳元年六祖慧能雄辯菩提樹下遂開東山法門

六祖先於龍朔年間至寺混跡旅中至是會論風幡為印

宗法師契悟遂請示衣鉢集諸禪師為六祖雄髮受戒法

遂住持僧法才建塔瘞髮立碑記之

則天神龍元年西域般剌蜜諦三藏于此譯楞嚴經中國文

為烏長國法師彌伽釋迦譯語相國房

融筆授

佛大僧五臺般剌蜜諦神月寺剌出諸之遂秀法譯經內而三筆宗謁入成……

0060

堂者後今號也

唐儀鳳元年印宗法師為六祖立

舊志稱印宗法師契悟並非當時原有此堂因六祖論

風幡義為印宗所契悟說為六祖雄辯具遂以名堂并

非創建也事應紀實故易其名

宋慶元間住持僧祖榮重修

元大德五年僧德瓘董修

明萬曆二十一年住持僧通炯等修復

國朝順治六年天然禪師住此修飾選堂宇今仍書相

其上

筆授軒今廢

宋元祐五年冬知廣州府蔣之奇為相國房融筆授

咸淳五年住持僧祖中蔡絲重建

（1086～1094）

（附圖 C -- 7）

仰遠遵為堂止也
明天啟六年沙門通炯等募檀越何相國等鼎建詳見禪堂
緣起
今仍為禪堂
十賢堂久廢
創建未詳原以祀宋寇準蘇軾南遷十賢後訛為集賢已
廢
譯經臺久廢
宋元祐間知廣州府蔣之奇為唐相國房融立
咸淳五年冬同六祖殿筆授軒詠風亭閱一時燬於火住持僧
祖中募緣重建今已廢
韋馱殿在東廊外毘盧殿前
國朝順治初天然禪師改建
乾隆□□□年本寺僧如至重裝韋馱金身一尊

0068

碑立有匾亦彭絡園僧道岸記現植壁間
白蓮池在風幡堂前水亭下
寬約一畝相傳唐時則有之
國朝雍正年間住持比邱敬言建水亭其上清風連漪殊增
勝槩采學使惠公天牧於亭上題妙演南宗扁額柱間有邪
陳恭尹聯曰東土耶西土耶古木靈根不二風動也幡動
也清池碧水湛然
羅漢橋舊志載在白蓮池中今廢
譯經臺本唐相國房融譯經處已廢
舊志載臺為宋經略蔣之奇建有譯經大石硯銘二五厚重
君子以無去
洗硯池碑今在水亭左白蓮池邊
舊志未載相傳房融譯經有洗硯池在今東菜園內池已
廢尚存一碑廣一尺許長二尺鐫洗硯池三大字傍鐫廣

0086

露二小字大字隸體小字草體書甚廣露不知何許人今碑
移入白蓮池左側壁間

0087

（附圖 C－8）

左以爲後世好善君子奉佛比邱所取法乎神垂佛默祐善捨
者子孫蕃盛福壽增崇居家協吉老少咸安在寺海衆壇門清
淨法眷康寧慧日高懸宗風廣播勒此芳名以爲後鑒

重修光孝寺大殿碑記 順治十一年 釋今釋

仙城地勢南盡大海晚據之力直抵印度菩提達磨初至震旦大
乘之風十周寒暑泛重溟而至首蹟此邦別子爲祖繼別爲宗
一華五葉枝條徧寓內大鑒開東山法門於菩提樹下雖廣化
曹溪而發祥光孝楞嚴了義五天祕重般剌密諦祖譯寺中房
融筆授冠絕今古蓋王園遺構自晉及今垂二千年道有汚隆
時興時廢近代以來憨山清之唱教天然昰正之說宗雖能興復
訶林未及崇嚴寶殿豈非弘護乘權故有待于現身大士耶平
靖二王應新運而謀爲名世底定嶺表百廢具興以爲福國庇
民陰翊王化無有過於大雄氏者願茲剎宗風領袖天下不有
作新何慰物望於是首發府金爲衆善倡而寶安有長者蔡艾
光孝寺志 卷十 十六 廣東編印局刊 0263

真民敎然請以獨力肩之庀材鳩工夜思早作不計費勞智巨細 0264
並營費踰萬金時越六載殿成而化鈐蔡君未竟究窆賢子京克繼
先志述而終之謚政命二昆季韙翊翊厲爲崧之世世與印以勞定國
以死勤事之流也子京請樹豐碑傳之世世非敢伐先人之微
善其忍泯丙賢王之大德乎惟如來示現正法運窮則象教是
賴舍衛精藍之初開也祇陀太子施林給孤長者報地互相
儹力諸化淮鑪將之人王雖貴亦善於素封庶士行檀以承流
於高位允若光孝氣叶其相乎藩靖諸之正其比蔡文蔡子之
值其終不特外護之芳標抑亦邦家之赤幟矣真諦傳云過去
拘留孫佛拘那含牟尼佛迦葉波佛乃至釋迦牟尼佛皆有此
長者皆用此園造此寺奉之爲佛住處自釋尊寂後起其廢而
新之則旃盲迦王之師迦王以刹天王之子下爲國王皆復此
寺護此法習此僧流通此佛像教由此觀之地無並梵人無先
後金剛淨剎亦無大小其現身大士莊嚴福德智慧之海常令

佛種相續不斷其願力則一也予故隨喜讚歎而爲之記勒諸
檀越爵里姓字將使三災不得除滅與布髮掩身龍書寶印之 0265
蹟並傳焉

（附圖C－9）

今復美輪而美奐矣昔爲佛祌毓秀者今則鐘響雲端煙橫香界矣有創以開其始有脩以落其後辛未初秋書之以記創述之功并張佛法天人相感之速及勸諸信士芳名共垂不朽矣

光孝寺重脩山門碑記　仁和顧光廣州知府

乾竺之教流衍東土梵宇精藍崇奉而保護之所以令一切有情生敬信心知歸依有地也况乎靈區福地真佛間出顯迹於此衣鉢常存堂搆斯在尤當崇飾莊嚴作人天瞻仰者已廣州光孝寺自曇摩耶舍求那羅跋陀二尊者刱建道場剌密帝譯經於此若初祖達磨大師泛重溟至震旦廣演大乘而六祖慧能大師受黃梅衣法度嶺南來風旛妙義心契印宗演無上乘度無量衆一花五葉枝條徧寓內然則經義宗風通門圓海皆此寺爲之發軔非他方常住叢林偶然棲衆比也名僧輩出橫置梵函敕經樓閣卷軸駢羅聿資禪誦慭山天然兩大師繼請發明至教翊衛祖庭慧燈普照歷刼常明固真佛於此發祥法

0270

侶於此嚮往者乎龍漢淯經興廢不一近年以來日就傾頹丙戌之春予來嶺郡上座圓德方住錫寺中圓德智珠在握宗門賢裔繼體之休於是焉繫乃相與周覽低徊發願更新予作引首倡圓德攜持短冊布告十方凡諸檀越如響應聲諏日命工經始于乾隆之己丑年二月越半載而竣舊職一新悉復其始圓德曰是不可以無記予曰佛之剎土皆爲虛空若欲修行不由在寺梵宇精藍直其具也而因地求佛地以佛重保世滋大端由法嗣况佛法最初之地不飾莊嚴何慰瞻仰且夫大法流轉時節因緣使然非關人力何煩文字更與表彰第妙法重宣此其嘉會過此以往鐘魚作禮之白齋心將以一燈傳千百燈則曹溪之源不竭卽寶樹之葉長生守先待後於圓公負荷甚鉅而予所樂爲援筆紀事以致跂望者也至寺舊爲訶林晉唐宋元至明始改爲光孝寺名蹟班班方修葺寺志謹考覈採入又前人碑記述之詳矣不復覼縷云

光孝寺志卷十　二十一　廣東編印局刊

0271

(附圖C－10)

公邑侯孫公路諱□□嚴綽□□分而部侍御□從因□諭於此卜
居虛幽□□□□□□里余不佞亦疏志□則以老之四月舒舍
於訶林智若一長老與焉獻花供茗品畫評書樂解色空之塵
微及天人之諦風旛鏡樹證無上于南宗虞苑居軒識前身之
初地昔沃洲遊好妙義斯興廬社往還高賢並著今昔之樂不
殊而同況心心而談法之城處處拋度人之筏塵談半日梵響
中天可無禪草之拔或缺名言之留乎顧公先詩後會各依留
成篇書勝付主僧

光孝寺東禪堂募飯僧田疏 順治年　釋今釋

光孝建於東晉智若手植菩提爲六祖風旛說法之地亦□□嚴
所自譯也宗教冠冕克擅絕古今垂一千□譯吾師天然和尚開法
訶林十方衲子之所奔湊迨十餘年叢林稍稍具體矣同學吾
盛公久總院務願力才望一衆所推風雨拔括功亦不細猶
以香積時匱糧粥無長悲乃發勝心謀諸護法置十方常住田以

垂久遠嗚呼雖有聖智必假色力以資道業故雲水高流亦無
所求而大心菩薩爲法供養則亦有所求以其不爲己求爲施
者有福求爲受者有道求也夫一餐食迴施或濟一日世有權子
母之利者其子不窮其母不動子母相生用之不盡若以無住
相布施爲吾法久住計功德之母亦不動功德之子亦不窮子
母相生亦報之不盡歟之滿鉢一餐貪米幾世日劫遠矣豈待
龍吾石勒石於與天壤相敝乎願諸檀越共勉之

（附圖C－11）

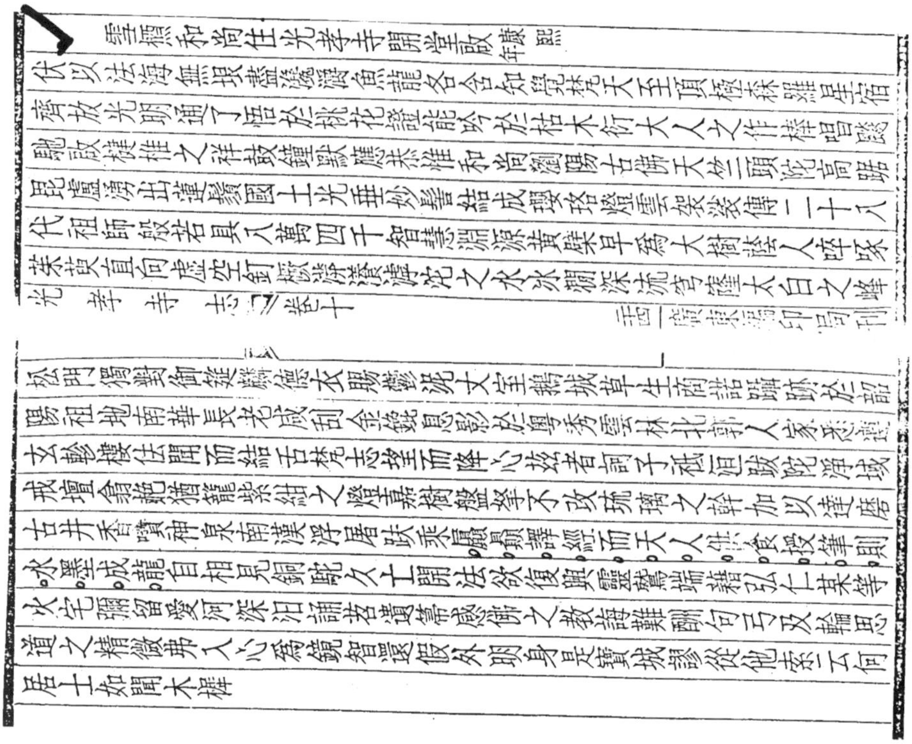

0279

0280

（附圖C－12）

諸義了證修因蜜來如頂佛大　號二五一二伯

此張為局部放大。　P. 473上

（附圖 E - 1）

資料來源：《敦煌寶藏》第115冊。台北新文豐影印。

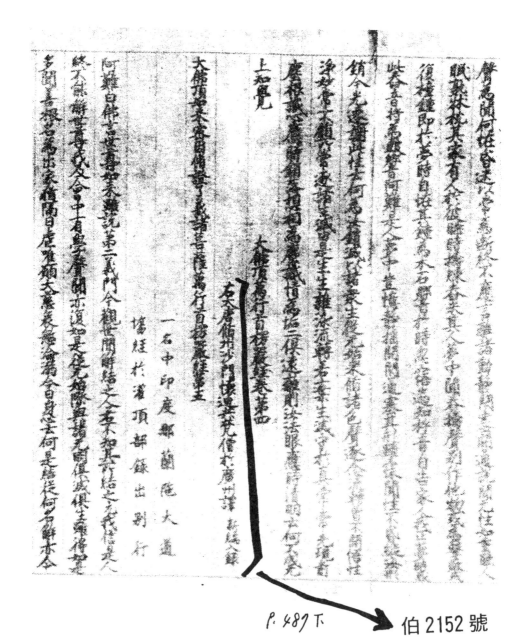

資料來源：《敦煌寶藏》第115冊。台北新文豐影印。

（附圖E－2）

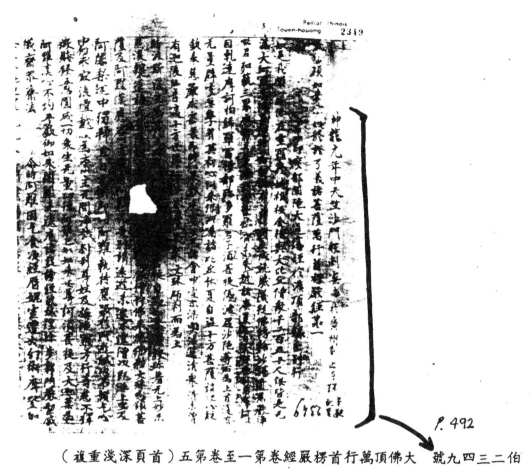

（複重淺深頁首）五第卷至一第卷經嚴楞首行萬頂佛大　號九四三二伯

此張為局部放大。

　資料來源：《敦煌寶藏》第119冊。台北新文豐影印。

（附圖E--3）

來勅羅睺羅擊鐘一聲問阿難言汝今聞不
阿難大衆俱言我聞鐘歇無聲佛又問言汝
今聞不阿難大衆俱言不聞時羅睺羅又擊
一聲佛又問言汝今聞不阿難大衆又言俱
聞佛問阿難汝云何聞云何不聞阿難大衆
俱白佛言鐘聲若擊則我得聞擊久聲銷音
響雙絶則名無聞如來又勅羅睺擊鐘問阿
難言爾今聲不阿難大衆俱言有聲少選聲銷佛又
言爾今聲不阿難大衆俱言無聲有頃羅睺
更來撞鐘佛又問言爾今聲不阿難大衆俱
言有聲佛問阿難汝云何聲云何無聲阿難
大衆俱白佛言鐘聲若擊則名有聲擊久聲
銷音響雙絶則名無聲佛語阿難及諸大衆
汝今云何自語矯亂大衆阿難俱時問佛我
今云何名為矯亂佛言我問汝聞汝則言聞
又問汝聲汝則言聲唯聞與聲報答無定如
是云何不名矯亂阿難聲銷無響汝說無聞
若實無聞聞性已滅同于枯木鐘聲更擊汝
云何知知有知無自是聲塵或無或有豈彼
聞性為汝有無聞實云無誰知無者是故阿
難聲於聞中自有生滅非為汝聞聲生聲滅
令汝聞性為有為無汝尚顛倒惑聲為聞何

21

*

令汝聞性為有為無汝尚顛倒惑聲為聞何
怪昏迷以常為斷終不應言離諸動靜閉塞
開通說聞無性如重睡人眠熟牀枕其家有
人於彼睡時擣練舂米其人夢中聞舂擣聲
別作他物或為擊鼓或為撞鐘即於夢時自
怪其鐘為木石響於時忽寤遄知杵音自告
家人我正夢時惑此舂音將為鼓響阿難是
人夢中豈憶靜搖開閉通塞其形雖寐聞性
不昏縱汝形銷命光遷謝此性云何為汝銷
滅以諸衆生從無始來循諸色聲逐念流轉
曾不開悟性淨妙常不循所常逐諸生滅由
是生生雜染流轉若棄生滅守於真常常光
現前塵根識心應時銷落想相為塵識情為
垢二俱遠離則汝法眼應時清明云何不成
無上知覺

大佛頂萬行首楞嚴經卷第四

在大唐循州沙門懷迪共梵僧於廣州譯 新編入錄

22

出自斯二七六二號。《楞嚴經》之第四卷。

210

資料來源：《敦煌寶藏》第23冊。台北新文豐影印。

（附圖E－4）

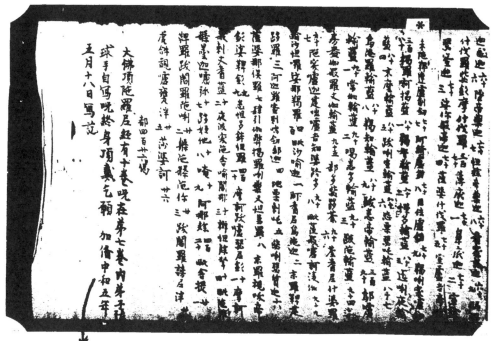

此處日期書為「中和五年」，此為唐僖宗年號，為 885 年。
此段楞嚴咒出自『北 7433 號（潛 100）』，《敦煌寶藏》106 冊頁 250 上。

大佛頂如來密因修證了義諸菩薩萬行首楞嚴咒　　（四）　　▼北七四三四號（昃）

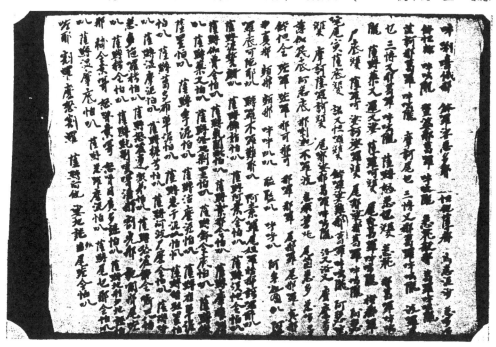

（附圖 E－5）

第二節　本經音義校釋資料

經嚴楞首行萬薩菩諸義了　　・因密來如頂佛大　　（號一五六三幷）　　號九二四三伯

義音

資料來源：《敦煌寶藏》第128 冊。台北新文豐影印。

（附圖D--1）

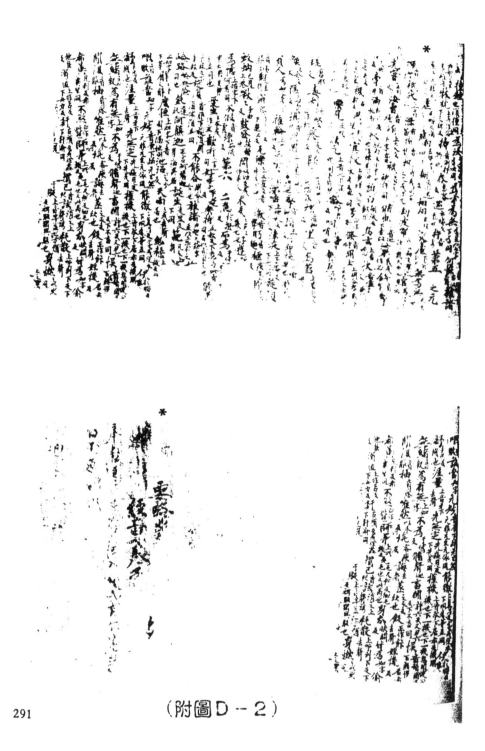

291　　　　（附圖D－2）

（附圖D–3）

293 　　　　　（附圖 D -- 4 ）

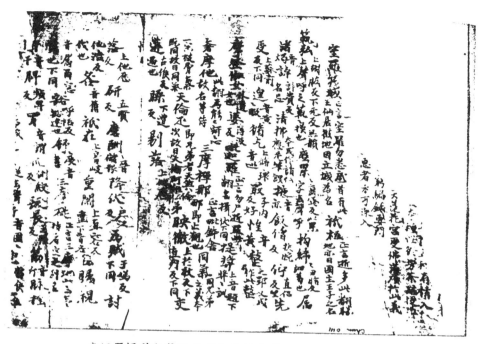

大佛頂如來密因修證了義諸菩薩萬行首楞嚴經音　斯六六一九號背面

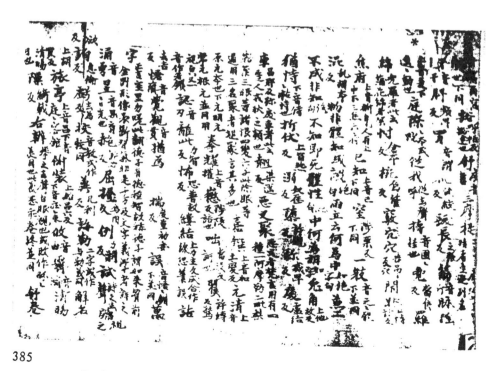

385

資料來源：《敦煌寶藏》第50冊。台北新文豐影印。

（附圖D－5）

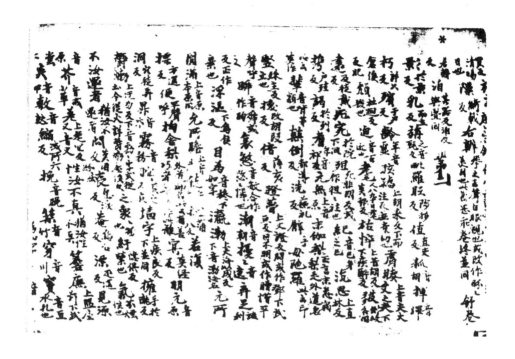

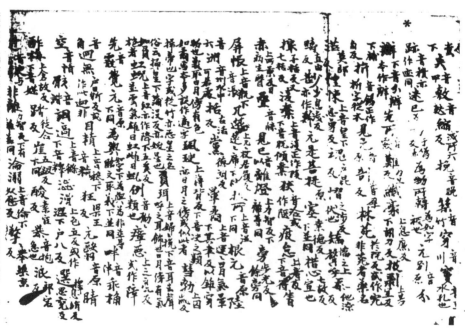

（附圖 D － 6 ）

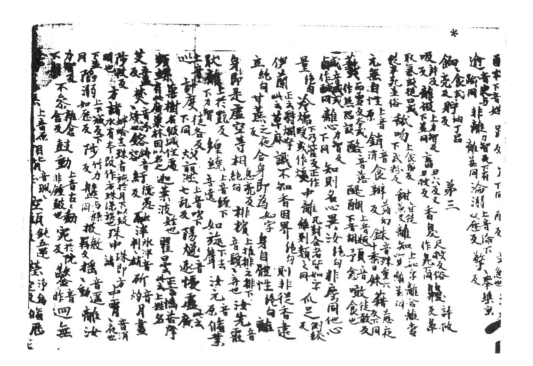

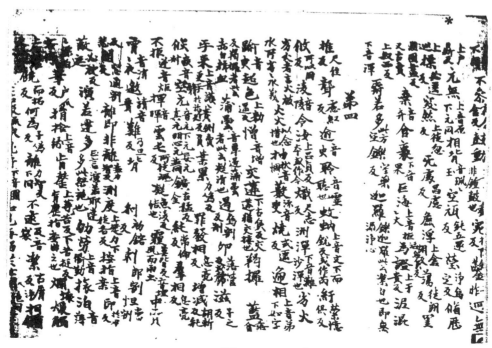

（附圖 Ｄ－－７）

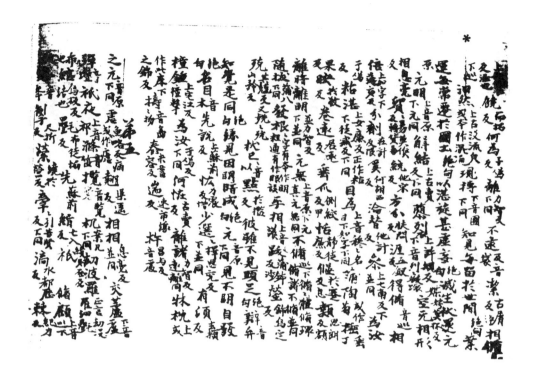

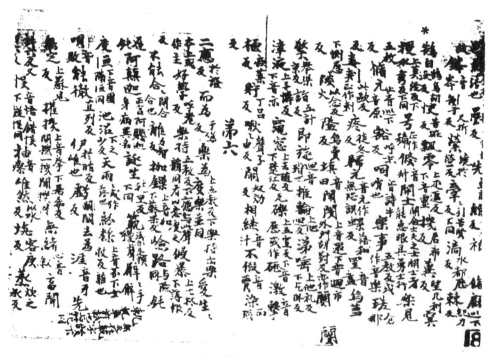

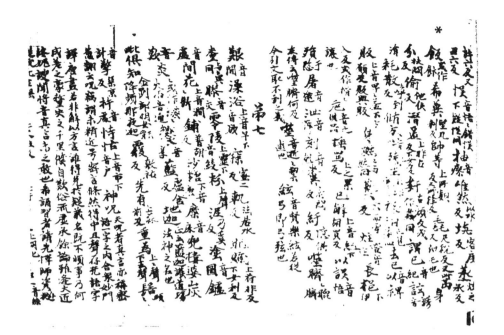

389

(附圖 D－9)

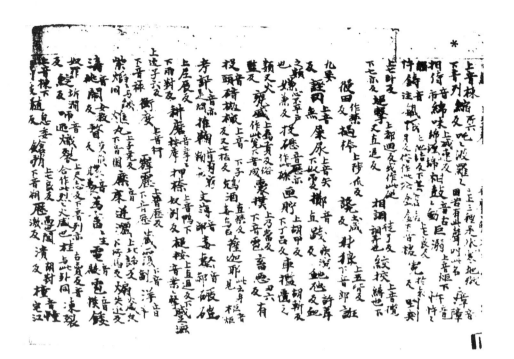

(附圖D--10)

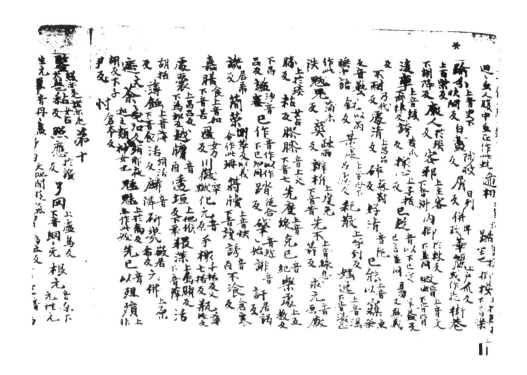

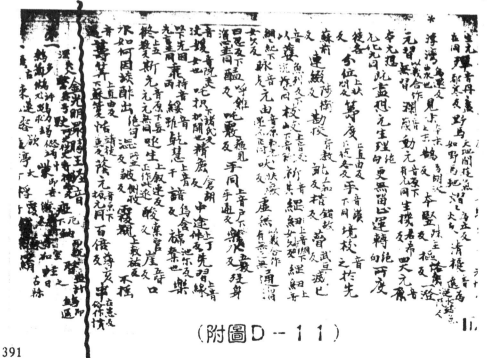

（附圖Ｄ--11）

三二二八　一切經音義卷第四十二

五八五

大正藏54冊

慧琳撰

（附圖D--12）

炯然　上勤東反興蒼云炯炯熱勢也古今正字義同從火同聲

雨澍　第二十三卷中屨音義

閼伽　上安葛反本作遏覺從火覓羃亦作嗄嘅嚘義並同

烱煙光　上奴等反考聲云烱溫者此案此燄火覓羃亦作嘅嘅嚘羲並同

金剛頂瑜伽蓮花部心念誦法

戶樞　下昌朱反邦瑱𠕀也尊頭云幞樓刾也之主也廣雅本也戶扂嘅嘅處也說文從木區聲並列

左笰　且夜反𥪡直云捕捦也案此結立印屈向右膝兩身右膝上邪眉向左曲身而立印古今正字

上腭　上輪反𥪡前一字佛頂㗲朝王經中已釋

擘開　上耕麥反𥪡雅廣云擘分也廣韻也從𠂔釋聲

揭櫫　上謁指蹺也𥪡類云擧不絕也從手

鏁鎮　上蘇體反廣韻云鏁亡𣎴鎮從耳𣎴耳聲遠不絕也下蘇車反

撼手　上感反下感反從手感聲也說文擊也從手感聲

金剛頂瑜伽金剛薩埵五祕密修行念誦儀軌

金剛頂瑜伽金剛薩埵等一十七大曼茶羅義述　無字音

剛薩埵菩薩祕密念誦儀軌經

般若波羅蜜多理趣經大樂不空三昧真實金

貧窶　遠位反毛詩傳云窶貧也鄭注證云貧而無禮也從穴婁聲也

相跓　上賒姃反從骨俗字

於降　降化反𥪡篤云雨脛間也考聲云彈上證肖也正從阝從夅聲有從肉作䧏俗字

經

金剛愛瑜伽法一卷　無字可音

金剛頂經多羅菩薩念誦法

相拄　上知矩反下作拄非也

呼字　下喉反𥪡𣎴如虎怒或如牛吼羃

怚囉　二合

三製　下閩折反考聲云頓㦸淺也

延縮　遠𣎴所六反韻詩云縮殺也退也注𥪡國語云縮盡也

唵砧　此二梵字布於於二頭上

呪弄　二合多羅者

大盧空藏菩薩念誦法

瞿摩夷　梵語𣎴半夜爼所以存梵語者選緣此𣎴𣎴𣎴用障地魔法数

觀自在菩薩如意輪瑜枳法經

棵黑　亦作課普顏跨反正音𣎴果反顩野王云𣎴黑从衣露袒也說文作探義同從衣果羃

稱轍　英蒞反轉𣎴聲

弱　借借音也

莖如　上磬類反𥪡從金作也𥪡經從玉俗字也

大佛頂經第一卷

楞嚴　上勒登反𥪡字書正作字俗用久也委音陵也下㨾刀反說文家翥典也𣎴二反

戶牖　上古反𥪡文𥪡牆以木爲交窗也闢戶也從片從戶甫窻也

交攜　從木勢堅反𥪡系嘅蛺蟀也惡非也𣎴𣎴𣎴

欲研　由久反說文𥪡硍亦也𣎴石硏磨𣎴字也

捻取　上念反𥪡𥪡云拈祖取也古今正字從手念聲

嶺絹　上西寅反下乎文反𥪡雅云嶺𥪡衆也𣎴𣎴𥪡

開豁　也說文𥪡廣雅云豁𣎴也從谷害𣎴羃亦與豁同

遠矚　上蜀𥪡之欲反𥪡作蜀通俗云窼

篆穴　孔也穴刑反鄭注禮記云篆𣎴也說文穴空也從穴𣎴歛羃

桎一　上㨾栗反𣎴移反說文𥪡𥪡四𥪡以應四時也從肉只羃

陸珍　上血庚反𣎴注卝書内亂也𥪡從米𥪡羃也𥪡𥪡𥪡

揙　上卑連反考羃𥪡𥪡𥪡顩野王云𥪡手从扁羃

昴昴　下昴反六反𥪡下𥪡昴

絕如　𥪡角力反毛詩傳云絕赤色羃

假裝　上古𣎴反妝也𥪡𥪡𥪡

左辮　文𥪡从考羃𥪡羃𥪡反也說

第二卷

毘羅柢子　上丁𥪡反𣎴外道名也

腐膜　上府虔反𣎴虗音莫𥪡注儀羃云𥪡𥪡

面頰　上莊莢反𣎴古頰反𥪡說文頰面旁也

狙賂　上昨胡反𥪡雅𥪡狙𥪡者說文往來也死也從夕羃下𥪡羃也

目精　本從月作𥪡是𥪡𥪡字羃𥪡𥪡也之精也𥪡𥪡音精

瀇瀇　𥪡蒞反沒反𥪡名也

轡埒　上𥪡律反𥪡𥪡羃𥪡說文火作𥪡非也𥪡

瘋霜　從月莊反考𥪡也𥪡古今正字

眵瞇　從而反下𥪡𥪡𥪡字也𥪡眼

箑麋　堂下音𥪡𥪡也從火𥪡𥪡𥪡

舒縮　下式余反

鐵壺　上息廉反　下戶勞反

硬實　上堅角反

變慴　字占葉反介雅云慴懼也从心習聲

輕矟　上經延反考聲云矟識也所角反从矛朔聲

甄明　上蒼堅反从瓦考聲

撮摩　上蒼括反手撮取也从手最聲

赤眚　生眚反目病也从目生聲

捏所　上乃結反古今正字捏捻也从手

量適　上晉

珮玦　上陪背反下古穴反注左傳云玦如環而缺不連也玦夬聲

涇霓　上晉紅反下晉鷄反蒼頡篇曰霓雌虹也說文霓螮蝀狀似虫陰氣也

華角　上晉花反下晉角反文作觡非字

澀滑　上所立反二倒俗作澁非也下環八反

思蜀　去聲蜀蠋

第三卷

名氎休宕

舐吻　下上時介反說文以舌取食也正作舓从易聲亦作䑛下文粉反考韻篇云吻脣兩邊也說文口邊也从口勿

藝此　上藝悅反杜注左傳云藝種也此說文同左傳從勤火聲亦作焫

排擯　上敗壞反下傳從已具辤於賓經字聲

析彼　上星赤反經文作析非也

炊爨　虛危反說文云炊爨也从日象持甑會意字

支出　上歧危反從又从止少聲從手作撥連俗也少晉丑列反疾

不鎔　容晉

瑩然　從仝作瑩赤

爍迦囉　上許灼反此名精進也

第四卷

聆於　上歷經云聆也從耳令聲

洲渾　沙出之由反下但單反今正字從水單聲

悵有　反上時有反

金鑛　赤今猛反上所作鑛

霹靂　上齊細云郭璞云南陽人呼雨晴也說文霹靂震而土

成羼　上雙反說文從羼聲經本從頁作顥非義也

鼓橐　字云橐鼓也从臺橐聲經本從頁作韇古今正

肯綮　下褻禮

鉢刺　陶怛反

擽鍾　江反

第五卷

雜糅　桑朗反與蒼同也字雜亂也從米丑聲

洗滌　上西禮反儀禮云洗爵也下亭歷反中已具訓釋

絆績　下精翊反鄉注儀禮云絆道也說文

寶机　紀聲

閥閱　上音怛下遇外反廣雅云閱道也說文二字並從門矍覽音聲也

旋渡　馮福反亦雙反經文作旋水同流也

瓦礫　郎歷反

顧眄　莫過反故下

蹸來　潛葉反行疾也行不止也从足从又行也少聲從手作攆俗也少晉丑列反疾

蚊蚋　上音文下銳反酒由

㩌蛹　上音勇反從毛聲亦說文

毳氎　文昌禹反注周禮云氎毛衣也說文散聲亂毛也從三毛

第六卷

諗惡　上消

神敗　接也从衣卑聲

長挹　伊入反從手制反下晉齊杜注左傳云挹取長絕者相敬也挹

噬齧　上時制反下音齧說言如人自噬其

寃人　注左傳云寃屈也言屈曲以求者投若噬

剠心　上苦孤反文作剠考聲云剠剠割字

憯心　上測錦反說文云憯毒也

燈憎　上音登反下最則反俗字也登音聲憎精神不爽也晉振弄不

含蚕　上咸勤反下昨聲亦蟲也蟲春

發揮　上發反下許韋反

第七卷

剠心　上苦孤反文作剠考聲云剠剠割字

轉蛻　式銳反蛻蟬皮

以蝦　魚加反水母如人肺出海中無目借蝦為其目

枯槁　上枯老反說文云枯木也

土梟　跳於上晉行非梟惡反土梟梟怨惡說文

第八卷

舐其 上時尒反顧野王以舌取
食也說文作䑛考聲亦作䑛

唇吻 上順倫反下文粉勿反
吻逡逸反文䫜吻從口勿聲

覺胤 引逡反孔注尙書云䫜音也謂之䫜也介雅繼也國語愚風云
象車栗也文作胤从八八象其長幺亦子孫
文作胤也說文子孫相續從肉從八八象其長幺亦

差誤 上吳故反下正字從言吳聲

餤慧 上闞反

蠕動 上啁反從水大反經本作遑誤也
動也從大火反經本作遑誤也

愛涎 上羨延反下眠現反說文大邪視
涎也從水大反說文大邪視

顧眄 上姑慕反下眠現反說文大邪視
眄宜作䀎左傳云果宦發靫或靫不可犯也說

雄毅 上眞月反下宜月文代也
毅經作㪍檢俗字也從木

鐵槊 上尼結反下所角反文云木
槊經作㪍檢俗字也從木

蛇虺 上失邪郍反下虺許鬼反詩云毛說
蛇今作蚏虺說文石䖵以汪鳴者從凡虫聲

揚貯 上寅雨反下竹呂反
貯文下廚貯反

匣撲 上或甲反

橐撲 上屋魂反下魂滑反
橐文上魂會反說文作䫜非也

抛撮 下鏁括反

鴆酒 上沈赤反從文字典籥窕理
鴆出禁現女九山羽有螽以漳酒飲之則奴說文蓋鳥也

推鞠 居尤慶也
推六反呼各反說文魯之如鴨穀色長頭赤喙

崇蟶 呼各反必有革也
崇蟶作䖝正作㸌崇也魯穀初作砈從石覺聲

礛磇 上尼賭反亦作磇
礛磇也鲁瓠也鲁穀初作砈從石覺聲

鴃報 上休
鴃文寬反字典䀎云鳥也

為餒 上徒反下補
為餒文寬反字典綥云從糸定聲

為綻 文寬反補
為綻卿也補

二二八 一切經音義卷第四十二

啊食 上鈴合反
啊食也說文作啜

鈴稍 正七旬反下雙角反
鈴稍戸勾反詩韻䫜云旁伏

盂湆 說文盂湆云半旬也
盂湆戸勾詩韻䫜云旁伏

魃鬼 上末末反毛詩䫜云鬼旱神也說文亦旱鬼
魃說文亦旱鬼也亦有赤髮屋之物彰也從鬼友聲

其剩 上乘反下食證反
其剩上歡給反下隨陰也

吸粹 上歆給反下隨陰也
吸粹上歆給反下文雜也從米卒聲

海龜 有洲可居曰龜說文云山龜聲
海龜有洲可居曰龜說文云山龜聲

第九卷

凭倚 上皮冰反周豐云從玉几古今正字
凭倚上皮冰反依几也說文作任經作憑俗字

通湆 湆浹反又音集反又淺去聲云湆
通湆灰反又淺去聲云湆湆去色巨湆反

震坼 上眞刃反周易云震動也公羊傳云
震坼上眞刃反周易云震動也公羊傳云

驚愕 上土庚反下鄂各反
驚愕悟占涉反也從土庚聲

曉蚘 二上虎下合雷反說文蟛蜥並腹中蟲也
曉蚘二上虎下合雷反說文蟛蜥並腹中蟲也

竊言 上七結反說文嘿言也
竊言上七結反說文嘿言也從頤省亦從嘿省也聲

辯析 作䆒下折䈼反誤也
辯析作䆒下折䈼反誤也

第十卷

畢殄 上所孔注尙書云殄盡也
畢殄說文極盡也從夕單聲也

燜燜 反

薄蝕 上烏郍反下直食反
薄蝕上烏郍反下直食反

猥媟 上烏賄反下先結反
猥媟上烏賄反下先結反

許露 上虛魚反包恬論語云許玷人之隂私
許露上虛魚反包恬論語云許玷人之隂私也

竊言 上眞刃反說文嘿言也
竊言上眞刃反說文嘿言也

發予 下余與反介雅予我也
發予案此亦余字同也

大方等陀羅尼經第一卷

容襳 作䫜寛反
容襳作䫜寛反

襰魄 上持里反說文襰也
襰魄上持里反說文襰也

婆吒霰尼 吒音陟加反
婆吒霰尼吒音陟加反

黑裂 上裂見反正韻前
黑裂上裂見反正韻前

枝岐 今支下晉誗郍翻誤也
枝岐今支下晉誗郍翻誤也

深蔓 上書揚反下莫桔反
深蔓上書揚反下莫桔反

昏瞀 盡虛反杜注左傳云
昏瞀盡虛反杜注左傳云

循環 上音旬下胡環反
循環上音旬下胡環反

溽環 上縮闞反下音還
溽環上縮闞反下音還

玄應

第四卷

鸙鷯 䫜綱郤云䫜爽並非也案東郤苦果反
鸙鷯䫜綱郤云䫜爽並非也案東郤苦果反

睽睞 先不相
睽睞先不相

蝥斗 上扶封反說文以針綖衣
蝥斗上扶封反說文以針綖衣

單縫 苦和反一名活東亦餘音苦果反
單縫苦和反一名活東亦餘音苦果反

若儒 寄桑俗詩說文儒柔也
若儒寄桑俗詩說文儒柔也

第三卷

叱呵 古文喗同徒直反介擅榋動
叱呵古文喗同徒直反介擅榋動

勁他 作也經文作䫜非也
勁他作也經文作䫜非也

第二卷

噌提 相承音
噌提相承音

五八七

(附圖D--14)

第三節　　敦煌遺書殘卷資料

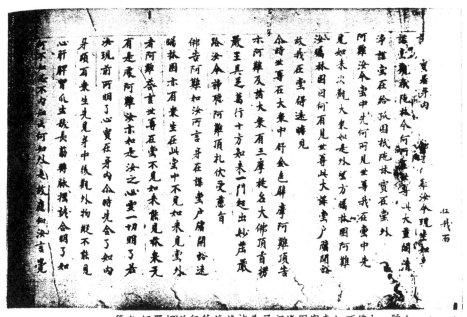

一第卷　經嚴楞首行萬薩菩諸義了證修因密來如頂佛大　號九一九一斯

資料來源：《敦煌寶藏》第 14 冊。台北新文豐影印。

（附圖 F -- 1）

大佛頂如來密因修證了義諸菩薩萬行首楞嚴經卷二

爾時阿難及諸大眾聞佛示誨身心泰然念
無始來失却本心妄認緣塵分別影事今日
開悟如失乳兒忽遇慈母合掌禮佛願聞如
來顯出身心真妄虛實現前生滅與不生滅
二發明性
波斯匿王起立白佛我昔未承諸佛誨勑見
迦旃延毗羅胝子咸言此身死後斷滅名為
涅槃我雖值佛今猶狐疑云何發揮證知此
心不生滅地今此大眾諸有漏者咸皆願聞
佛言大王汝身現存今復問汝汝此肉身為
同金剛常住不朽為復變壞世尊我今此身
終從變滅
佛言大王汝未曾滅云何知滅世尊我此無
常變壞之身雖未曾滅我觀現前念念遷謝
新新不住如火成灰漸漸銷殞殞亡不息決知此身
當從滅盡

當從滅盡
佛言如是大王汝今生齡已從衰老顏貌何
如童子之時世尊我昔孩孺膚腠潤澤年至
長成血氣充滿而今頹齡迫於衰耄形色枯
悴精神昏昧髮白面皺逮將不久如何見比
充盛之時
佛言大王汝之形容應不頓朽王言世尊變
化密移我誠不覺寒暑遷流漸至於此何故
我年二十雖號年少顏貌已老初十年時而
之年又衰於十年時云何見老於六十又過于二觀五十時
宛然強壯世尊我見密移雖此殂落其間流
易且限十年若復令我微細思惟其變寧唯
一紀二紀實為年變豈唯年變亦兼月化何
直月化兼又日遷沈思諦觀剎那剎那念念
之間不得停住故知我身終從變滅
佛言大王汝見變化遷改不停悟知汝滅亦
於滅時知汝身中有不滅耶波斯匿王合掌
白佛我實不知佛言我今示汝不生滅性大
王汝年幾時見恒河水王言我生三歲慈母

陀關那度印中名一）三第經嚴楞首行萬薩菩諸義了證修因密來如頂佛大　號六六二二斯
（行別出錄部頂灌於經場道大

610

資料來源：《敦煌寶藏》第 17 冊。台北新文豐影印。

（附圖 F -- 3）

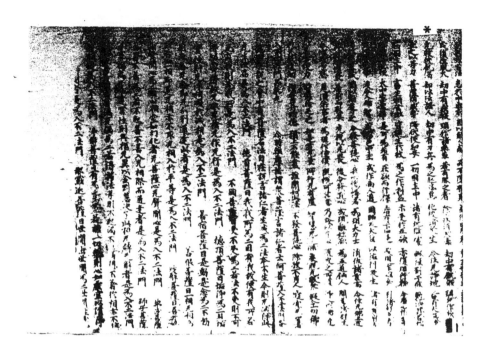

大佛頂首行楞嚴經卷第四　斯四七九七號 ▼

資料來源:《敦煌寶藏》第38冊。台北新文豐影印。

(附圖F--4)

大佛頂如來密因修證了義諸菩薩萬行首楞嚴經第五　斯五一七七號

487

資料來源：《敦煌寶藏》第40冊。台北新文豐影印。

（附圖F－5）

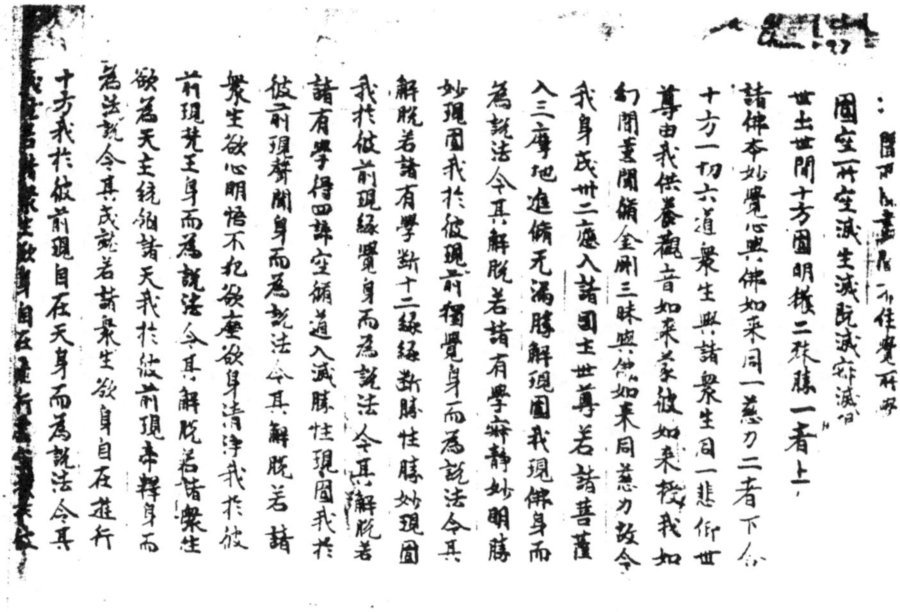

六第卷經頂佛大　號六九六六斯

428

資料來源：《敦煌寶藏》第50冊。台北新文豐影印。

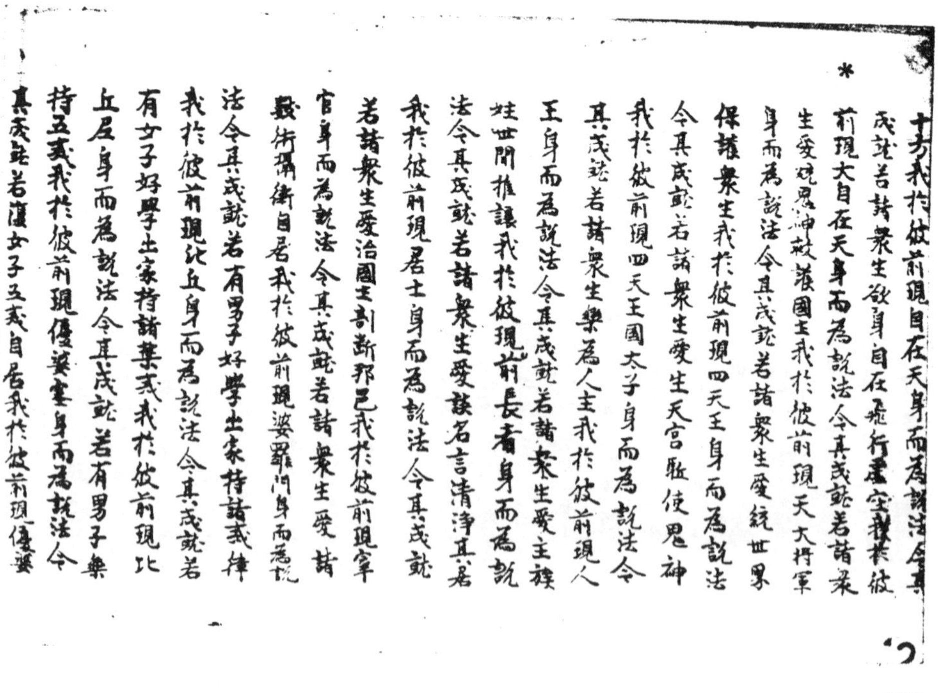

（附圖F--6）

七第卷經嚴楞首行萬頂佛大　號二八七三斯 ▼

362

資料來源：《敦煌寶藏》第31冊。台北新文豐影印。

（附圖F--7）

眾有願不著耳鼻舌身意識界無類不著耳
鼻舌身意識界有願舍利子諸菩薩摩訶薩
備行般若波羅蜜多與如是法相應故當言
與般若波羅蜜多相應

＊

大般若波羅蜜多經卷第五

虚集

▼ 斯三七八五號　大佛頂如來密因修證了義諸菩薩萬行首楞嚴經卷第八

復次阿難從是畜生酬償先債若彼酬者分
越所酬此等眾生還復為人反徵其剩如彼
有力兼有福德則於人中不捨人身酬還彼
力若無福者還為畜生償彼餘直阿難當知
若用錢物或役其力償足自停如於中間殺
彼身命或食其肉如是乃至經微塵劫相食
相誅猶如轉輪互為高下無有休息除奢摩
他及佛出世不可停寢汝今應知彼梟倫者
酬足復形生人道中參合愚類彼獝倫者酬
足復形生人道中參合很類彼毒倫者酬足
復形生人道中參合庸類彼蛔倫者酬足復
形生人道中參合很類彼蛕倫者酬足復形
生人道中參合微類彼食倫者酬足復形生
人道中參合柔類彼服倫者酬足復形生人
道中參合勞類彼應倫者酬足復形生人道
中參合文類彼休徵者酬足復形生人道中
參合明類彼諸循倫酬足復形生人道
於達類阿難是等皆以宿債畢酬復形人道
皆無始來業計顛倒相生相殺不遇如來不
聞正法於塵勞中法爾輪轉此輩名為可憐

資料來源:《敦煌寶藏》第31冊。台北新文豐影印。

(附圖F--8)

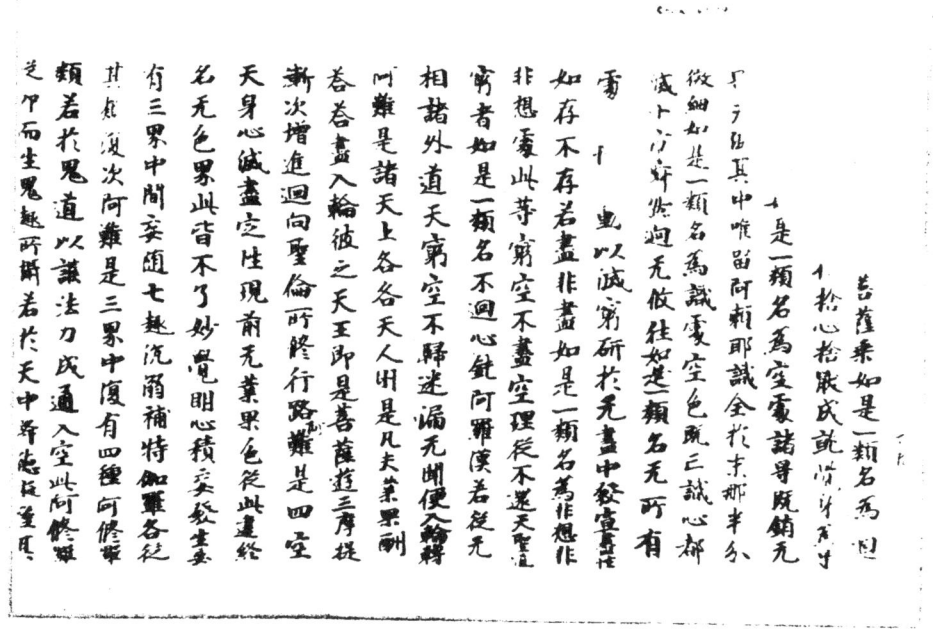

斯六四四七號　大佛頂萬行首楞嚴經卷第九

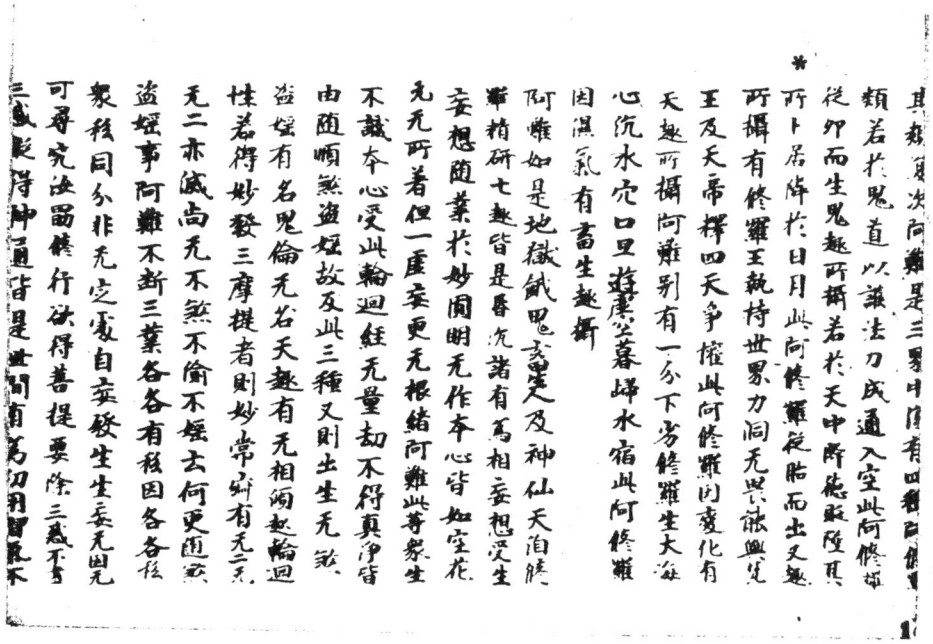

資料來源：《敦煌寶藏》第46冊。台北新文豐影印。

（附圖F－9）

▼ 斯二八○三號　大佛頂萬行首楞嚴經卷第十

資料來源：《敦煌寶藏》第23冊。台北新文豐影印。
（附圖Ｆ－１０）

攝受我及此眾生入菩薩乘求无上
道何方便門得易成就文殊師利法王子
奉佛慈旨即從座起頂禮佛足承佛威神
說偈對佛
覺海性澄圓　圓澄覺元妙　元明照生所　所立照性亡
迷妄有虛空　依空立世界　想澄成國土　知覺乃眾生
空生大覺中　如海一漚發　有漏微塵國　皆依空所生
漚滅空本无　況復諸三有　歸元性无二　方便有多門
聖性无不通　順逆皆方便　初心入三昧　遲速不同倫
色想結成塵　精了不能徹　如何不明徹　於是獲圓通
音聲雜語言　但伊名句味　一非含一切　云何獲圓通
香以合中知　離則元无有　不恆其所覺　云何獲圓通
味性非本然　要以味時有　其覺不恆一　云何獲圓通
觸以所觸明　无所不明觸　合離性非定　云何獲圓通
法稱為內塵　憑塵必有所　能所非遍涉　云何獲圓通
見性雖洞然　明前不明後　四維虧一半　云何獲圓通
鼻息出入通　現前无交氣　支離匪涉入　云何獲圓通
舌非入无端　因味生覺了　味亡了无有　云何獲圓通
身與所觸同　各非圓覺觀　涯量不冥會　云何獲圓通
知根雜亂思　湛了終无見　想念不可脫　云何獲圓通

斯一七〇七號　大佛頂萬行首楞嚴經卷第十

身與所觸同　各非圓覺觀　涯量不冥會　云何獲圓通
知根雜亂思　湛了終无見　想念不可脫　云何獲圓通
* 識見雜三和　詰本稱非相　自體先无定　云何獲圓通
心聞洞十方　生于大因力　初心不能入　云何獲圓通
鼻想本權機　祇令攝心住　住成心所住　云何獲圓通

12

18

資料來源：《敦煌寶藏》第13冊。台北新文豐影印。

（附圖F－11）

參考書目

A、歷代有關《楞嚴經》注解及研究書目

一、中台部份

1. 唐·惟愨（又名興福）大師之《楞嚴經疏》三卷、《楞嚴經玄贊》二十卷、《楞嚴經玄贊》六卷。以上皆見高麗·義天（1055—1101）大師撰《新編諸宗教藏總錄·卷一》。《大正藏》五十五冊頁 1169 中—下。（佚失或未見）

2. 唐·魏北 館陶沙門慧振（又作慧震）大師之《楞嚴經科判》。（佚失或未見）

3. 唐·蜀 資中 弘沈大師之《楞嚴經疏》。（佚失或未見）

4. 唐·長慶 道巘大師之《楞嚴經說文》。（佚失或未見）

5. 唐·弘抗大師之《大佛頂經疏》。（詳於日本常曉大師撰《常曉和尚請來目錄》）。（佚失或未見）

6. 宋·長水 子璿大師述《楞嚴經義疏注經科》一卷。《卍續藏》第十六冊。

7. 宋·長水 子璿大師集《首楞嚴經長水疏》。台北市佛陀教育基金會。1992。（木刻書）

8. 宋·長水 子璿大師集《楞嚴義疏注經》二十卷。《大正藏》第三十九冊。

9. 宋·咸輝大師集《首楞嚴經義海》三十卷。《中華藏》第二輯，線裝第十四冊。另據《嘉興藏》第四冊則名宋·子璿大師集《首楞嚴經義海》三十卷。又據《佛教藏》第六十三冊則名為唐·懷迪等註釋《首楞嚴經義海》三十卷。

10. 宋·長水 懷遠大師錄《楞嚴經義疏釋要鈔》六卷。《卍續藏》第十六冊。

11. 宋·桐州 思(懷)坦大師集註《楞嚴經集註》十卷。《卍續藏》第十七冊。

12. 宋·吳興 仁岳大師述《楞嚴經熏聞記》五卷。《卍續藏》第十七冊。大師另撰有《楞嚴會解》十卷、《楞嚴熏聞記》五卷(釋自造會解)、《楞嚴文句》三卷、《楞嚴說題》及《楞嚴懺儀》。上述資料詳《佛祖統紀·卷二十一》（《大正藏》第四十九冊頁 241 下）。

13. 宋·祖照大師集《楞嚴解冤釋結道場儀》。方廣錩編《藏外佛教文獻》第六輯。大陸宗教文化出版社。1998、9。

14. 宋·溫陵 戒環大師解《楞嚴經要解》二十卷。《卍續藏》第十七冊。

15. 宋·宗印大師述《楞嚴經釋題》一卷。《卍續藏》第十七冊。

16. 宋·筠溪 德洪大師造論·東吳 雷庵 正受大師會合《楞嚴經合論》十卷。《卍續藏》第十八冊。

17. 宋·惟愨大師科、可度大師箋《楞嚴經箋》二十卷。《卍續藏》第八十八冊至八十九冊。

18. 宋·淨源大師編述《首楞嚴壇場修證儀》一卷。《卍續藏》第九十五冊。

19. 宋·真際 崇福大師之《楞嚴經刪補疏》。（佚失或未見）

20. 宋·攜李 靈光 洪敏大師之《楞嚴經證真鈔》六卷。（佚失或未見）

21. 宋·蘇台 元約大師之《楞嚴經疏鈔》（或名《楞嚴經搜玄鈔》、《搜微鈔》）十二卷。（佚失或未見）

22. 宋·道歡（又名道觀）大師之《楞嚴經手鑑》五卷、《楞嚴經釋要》。（佚失或未見）

23. 宋·泐潭 曉月大師之《楞嚴經標指要義》。（佚失或未見）

24. 宋·孤山 智圓大師《楞嚴經疏》十卷、《楞嚴經谷響鈔》五卷、《楞嚴經科》六卷、《楞嚴經顯贊鈔記》十四卷、《楞嚴經鈔》十卷、《楞嚴經集要鈔》三卷。以上或見高麗·義天大師撰《新編諸宗教藏總錄·卷一》。《大正藏》五十五冊頁 1169 中—下。（佚失或未見）

25. 宋·吳興（又名苕溪）仁岳 淨覺大師之《楞嚴經仁岳集解》十卷、《楞嚴經文句》二卷、《楞嚴經說題》一卷、《楞嚴經科》一卷、《楞嚴經禮頌儀》一卷。（佚失或未見）

26. 宋·法界庵主神智諱可觀大師之《楞嚴經補註》。或載為宋·竹菴 可觀《楞嚴集解》。出自《扶桑藏外現存目錄》頁 562 中。昭和法寶第二冊。（佚失或未見）

27. 宋·雲間 竹庵大師之《楞嚴經補遺》。或載為宋·竹菴《楞嚴補注》。出自《扶桑藏外現存目錄》頁 562 中。昭和法寶第二冊。（佚失或未見）

28. 宋·惟？大師之《首楞嚴經疏》六卷。見《新校本宋史·志·卷二百五》頁 5181。（佚失或未見）

29. 宋·僧應乾《楞嚴經標指要義》二卷。見《新校本宋史·志·卷二百五》頁 5188。（佚失或未見）

30. 宋·石門 圓明禪師之（亦名寂音尊者字覺範又號德洪）《楞嚴經尊頂法論》十卷。（佚失或未見）

31. 宋·王文公（即王安石字介甫）《楞嚴經定林疏解》。（佚失或未見）

32. 宋·張商英（字觀文號無盡居士）《楞嚴經補註》。（佚失或未見）

33. 宋·道璘大師之《楞嚴經進退合明章》一卷。（佚失或未見）

34. 宋・非濁大師之《楞嚴經惟慤玄贊科》三卷。（佚失或未見）

35. 宋・曇永大師之《楞嚴經單科》一卷。（佚失或未見）

36. 宋・法朗大師之《楞嚴經注》十卷。（佚失或未見）

37. 宋・慈梵大師之《楞嚴經說題通要》二卷。（佚失或未見）

38. 宋・王氏述《楞嚴經新解》十卷。以上道璘到王氏六位皆見高麗・義天大師
撰《新編諸宗教藏總錄・卷一》。《大正藏》五十五冊頁 1169 中—下。或皆疑
為宋朝人？（佚失或未見）

39. 宋・莫伯虛之《楞嚴經註》。《中國佛學人名辭典》頁 413 左。（佚失或未見）

40. 金・李純甫居士之《楞嚴經絕解》。見於《新校本金史・列傳・卷一百二十六・
列傳第六十四・李純甫》頁 2735。（佚失或未見）

41. 元・師子林 惟則大師解《楞嚴經會解》二十卷。《佛教藏》第六十四冊。

42. 元・我庵 本無大師之《楞嚴經重治集錄》。（佚失或未見）

43. 元・柏庭 善月大師之《楞嚴經玄覽》二卷。出自《扶桑藏外現存目錄》頁 562
中。昭和法寶第二冊。（佚失或未見）

44. 元・普瑞大師之《楞嚴經纂要》十卷。《中國佛學人名辭典》頁 443 右。（佚失
或未見）

45. 元・弘濟大師之《楞嚴經疏解》。《中國佛學人名辭典》頁 184 右。（佚失或未見）

46. 高麗・忠烈王（相當於元朝）之普幻大師《首楞嚴經環解刪補記》二卷、《楞嚴
經新科》二卷。見《中華佛教百科全書》第七冊頁 4215。（佚失或未見）

47. 明・交光 真鑑大師作《楞嚴經正脈疏科》一卷。《卍續藏》第十八冊。

48. 明・交光 真鑑大師述《楞嚴經正脈疏懸示》一卷。《卍續藏》第十八冊。

49. 明・交光 真鑑大師述《楞嚴經正脈疏》十卷。《卍續藏》第十八冊。

50. 明・交光 真鑑大師述《大佛頂首楞嚴經正脈疏》。台北板橋佛教連社。1990、
5。（木刻書）

51. 明・蓮池 株宏大師述《楞嚴經摸象記》一卷。《卍續藏》第十九冊。

52. 明・蓮池 株宏大師述《楞嚴摸象記》。台北大乘精舍。72、11。（木刻書）

53. 明・憨山 德清大師述《楞嚴經懸境》一卷。《卍續藏》第十九冊。

54. 明・憨山 德清大師排定《楞嚴經通議提綱略科》一卷。《卍續藏》第十九冊。

55. 明・憨山 德清大師述《楞嚴經通議》十卷附補遺一卷。《卍續藏》第十九冊。

56. 明・憨山 德清大師《首楞嚴經懸鏡序》。見《憨山大師夢遊全集》卷四十一。
（木刻書）

57. 明・圓澄大師註《楞嚴經臆說》一卷。《卍續藏》第十九冊。

58. 元‧惟則大師會解、明‧幽溪 傳燈大師疏《楞嚴經圓通疏》十卷。《卍續藏》第十九冊。

59. 明‧幽溪 傳燈大師述《楞嚴經玄義》四卷。《卍續藏》第二十冊。

60. 明‧天台 一松大師說、門人天台 靈述大師記《楞嚴經祕錄》十卷。《卍續藏》第二十冊。

61. 明‧蕅益 智旭大師撰述、道昉大師參訂《楞嚴經玄義》二卷。《卍續藏》第二十冊。

62. 明‧蕅益 智旭大師撰述、道昉大師參訂《楞嚴經文句》十卷。《卍續藏》第二十冊。

63. 明‧蕅益 智旭大師述《蕅益三頌》──華嚴、楞嚴、法華一卷。《佛教藏》第一三五冊。或見《嘉興藏》第二十冊。

64. 明‧蕅益 智旭大師《楞嚴經玄義文句》。台北佛陀教育基金會。85、6。（木刻書）。另電腦重打排版本已於 87、11 由台北佛陀教育基金會印贈。

65. 明‧蕅益 智旭大師《大佛頂經玄義》。台北佛陀教育基金會印。82、3。

66. 明‧紫柏大師撰《釋楞嚴經》。錄於《紫柏尊者全集‧卷十一》，《卍續藏》第一二六冊。

67. 明‧鍾惺（竟陵 鍾伯敬居士和永新 賀中男居士）撰《楞嚴經如說》十卷。《卍續藏》第二十冊至二十一冊。

68. 明‧凌弘憲點釋《楞嚴經證疏廣解》十卷。《卍續藏》第二十二冊。

69. 明‧二楞 一雨 通潤大師述《楞嚴經合轍》十卷。《卍續藏》第二十二冊。

70. 明‧丹霞 天然大師疏《楞嚴經直指》十卷。《卍續藏》第二十二冊。

71. 明‧大韶大師撰《楞嚴經擊節》一卷。《卍續藏》第二十二冊。

72. 明‧觀衡大師撰《楞嚴經懸談》一卷。《卍續藏》第二十二冊。

73. 明‧鼓山 元賢大師述《楞嚴經略疏》十卷。《卍續藏》第二十三冊。

74. 明‧正相大師解《楞嚴經勢至圓通章科解》一卷。《卍續藏》第二十四冊。

75. 明‧南岳 曾鳳儀撰《楞嚴經宗通》十卷。《卍續藏》第二十五冊。

76. 明‧南岳 曾鳳儀撰《楞嚴經宗通》。台北新文豐出版。78、10。（木刻書）。另台北老古文化出版（新電腦排版）。83、4。

77. 明‧陸西星述《楞嚴經說約》一卷。《卍續藏》第八十九冊。

78. 明‧陸西星述《楞嚴經述旨》十卷。《卍續藏》第八十九冊。

79. 明‧天台 傳如大師（即戒山大師）述《楞嚴經截流》二卷。《卍續藏》第八十九冊。

80. 明・幽溪 傳燈大師述《楞嚴經圓通疏前茅》二卷。《卍續藏》第八十九冊。

81. 明・廣莫大師解《楞嚴經直解》十卷。《卍續藏》第八十九冊。

82. 明・柴紫 乘旹大師（又名正誨大師）述《楞嚴經講錄》十卷。《卍續藏》第八十九冊至九十冊。

83. 明・檇李 真界（即幻居大師）大師纂註《楞嚴經纂註》十卷。《卍續藏》第九十冊。

84. 明・檇李 真界大師纂《楞嚴經纂註》。台北市新文豐出版社。1979。（木刻書）

85. 明・焦竑太史纂《楞嚴經精解評林》三卷。《卍續藏》第九十冊。

86. 明・禪修大師述《依楞嚴究竟事懺》二卷。《卍續藏》第一二九冊。

87. 明・金陵 寶華山 戒潤大師撰《楞嚴貫珠》。台北新文豐。69、8。（寶華山木刻書）。或見於台北大乘精舍印。87、3。此書《大正藏》、《卍續藏》、《佛教藏》皆無。

88. 明・吳江 融室 淨行大師之《楞嚴經廣註》十卷。（佚失或未見）

89. 明・般若庵 崇聖大師之《楞嚴經句解》。（佚失或未見）

90. 明・會稽 惠印大師之《楞嚴經解》。（佚失或未見）

91. 明・海昌 陳元 瑞瓛大師之《楞嚴經正脈疏鈔》。（佚失或未見）

92. 明・乳源 德水大師之《楞嚴經摘脈》。（佚失或未見）

93. 明・湛然大師之《楞嚴經臆見》。（佚失或未見）

94. 明・張風 觀大師之《楞嚴經綱要》。（佚失或未見）

95. 明・湖南 潁愚禪師觀衡大師之《楞嚴經四依解》十卷。（佚失或未見）

96. 明・汪靜峰之《楞嚴經依釋》。（佚失或未見）

97. 明・王墨池之《楞嚴經指月》。（佚失或未見）

98. 明・太倉 東溟先生管公（管志道）之《楞嚴經質言》和《楞嚴經覺迷錄》。（佚失或未見）

99. 明・金陵 秋溟先生殷邁之《楞嚴經榮木軒贅言》和《楞嚴經溫陵要解輯補》。（佚失或未見）

100. 明・五台 空印 鎮澄大師之《楞嚴經正觀疏》和《楞嚴經月川別眼》。（佚失或未見）

101. 明・內江 中川 界澄大師之《楞嚴經新疏》十卷。（佚失或未見）

102. 明・雪浪 懷恩、洪恩、三懷之《楞嚴經解科判》。（佚失或未見）

103. 明・盧山 鶴林 大寂大師之《楞嚴經文義》十卷。（佚失或未見）

104. 明・燕中講師如相大師之《楞嚴經合解》。（佚失或未見）

105． 明・槃陰沙門洪闢大師之《楞嚴經冥樞會解》十卷。《楞嚴經總科文》一卷。見《北京圖書館古籍善本書目》頁 1596。（佚失或未見）

106． 明・大興隆寺魯山講主普泰大師之《楞嚴經管見》。（佚失或未見）

107． 明・吳江 融室大師淨行之《楞嚴經廣註》。（佚失或未見）

108． 明・汪道昆《楞嚴經纂注》十卷。見《二十五史・新校本明史・志・卷九十八・釋家類》頁 2453。（佚失或未見）

109． 明・王應乾《楞嚴經圓通品》四卷。見《二十五史・新校本明史・志・卷九十八・釋家類》頁 2454。（佚失或未見）

110． 明・方允文《楞嚴經解》十二卷。見《二十五史・新校本明史・志・卷九十八・釋家類》頁 2454。（佚失或未見）

111． 明・陸長庚《楞嚴經述旨》十卷。見《二十五史・新校本明史・志・卷九十八・釋家類》頁 2455。（佚失或未見）

112． 明・俞王言《楞嚴標指》十二卷。見《二十五史・新校本明史・志・卷九十八・釋家類》頁 2455。（佚失或未見）

113． 明・鎮澄（即月川大師）之《楞嚴正觀疏》十卷。見《二十五史・新校本明史・志・卷九十八》頁 2455。或見《釋氏稽古略續集・卷三》，《大正藏》第四十九冊頁 952 中。（佚失或未見）

114． 明・沈宗霈《楞嚴約指》十二卷、《徵心百問》一卷。見《二十五史・新校本明史・志・卷九十八》頁 2455。（佚失或未見）

115． 明・馮夢禎之《楞嚴經釋鈔》。《中國佛學人名辭典》頁 479 右。（佚失或未見）

116． 明・大惠大師之《楞嚴經日記》。《中國佛學人名辭典》頁 112 左。（佚失或未見）

117． 明・弘演大師之《楞嚴經妙指》十卷。明刊本。見《國立中央圖書館善本序跋集錄》頁 370 之「子部」釋家類。（佚失或未見）

118． 明・祁駿佳之《楞嚴經旁訓》十卷。見《北京圖書館古籍善本書目》頁 1597。（佚失或未見）

119． 金・李之純之《楞嚴經註》。《中國佛學人名辭典》頁 235 右。（佚失或未見）

120． 清・諦閑大師述《楞嚴經序指味疏》一卷。《卍續藏》第九十冊。

121． 清・雲南 法界寺 溥畹大師撰《楞嚴經寶鏡疏科文》一卷。《卍續藏》第九十冊。

122． 清・雲南 法界寺 溥畹大師撰《楞嚴經寶鏡疏懸談》一卷。《卍續藏》第九十冊。

123． 清・雲南 法界寺 溥畹大師撰《楞嚴經寶鏡疏》十卷。《卍續藏》第九十冊。

124. 清・雲南 溥畹大師《楞嚴經寶鏡疏》上下冊。台北大乘精舍印。83、9。(木刻書)

125. 清・濟時大師述《楞嚴經正見》十卷。《卍續藏》第九十一冊。

126. 清・巴郡 劉道開纂述《楞嚴經貫攝》(亦名《楞嚴經說通》)十卷。《卍續藏》第二十三冊。

127. 清・海印弟子錢謙益鈔《楞嚴經疏解蒙鈔》二十八卷。《卍續藏》第二十一冊。

128. 清・海印弟子錢謙益鈔《楞嚴經疏解蒙鈔五錄》八卷。《卍續藏》第二十一冊。

129. 清・海印弟子蒙叟 錢謙益《楞嚴蒙抄》卷首之『古今疏解品目』。清光緒十五年(公元 1889)。蘇城瑪瑙經房藏版。(木刻書)

130. 清・巴郡 劉道開撰《楞嚴貫攝》。台北新文豐。79、1。(木刻書)

131. 清・萬壽 俍亭 淨挺大師著《楞嚴經答問》一卷。《卍續藏》第五十九冊。

132. 清・天台 靈耀大師述《楞嚴經觀心定解科》一卷。《卍續藏》第二十三冊。

133. 清・天台 靈耀大師述《楞嚴經觀心定解大綱》一卷。《卍續藏》第二十三冊。

134. 清・天台 靈耀大師述《楞嚴經觀心定解》十卷。《卍續藏》第二十三冊至二十四冊。

135. 清・達天 通理大師述《楞嚴經指掌疏懸示》一卷。《卍續藏》第二十四冊。

136. 清・達天 通理大師述《楞嚴經指掌疏》十卷。《卍續藏》第二十四冊。

137. 清・達天 通理大師《楞嚴經指掌疏》。台北市大乘印經會。1983、7。(木刻書)

138. 清・達天 通理大師述《楞嚴經指掌疏事義》一卷。《卍續藏》第二十四冊。

139. 清・慈雲 續法大師集《楞嚴經勢至圓通章疏鈔》二卷。《卍續藏》第二十四冊。

140. 清・慈雲 續法大師《楞嚴經灌頂疏》。二十六卷。全二十五冊。(木刻書)

141. 清・慈雲 續法大師《楞嚴咒疏》。台北大乘講堂印。81、9。(木刻書)

142. 清・虞山 行策大師撰《楞嚴經勢至圓通章解》一卷。《卍續藏》第二十四冊。

143. 清・南岳 祝聖寺 默庵 治定大師《楞嚴經易知錄》。台中蓮社。78、12。或屏東普門講堂,會性法師倡印。(書法版)

144. 清・本輯注、廉兆綸評注《楞嚴經會歸》。1925 年上海中華鉛印,計四冊。

145. 清・陳法培撰《首楞嚴經淺說》。1933 年北平中央刻經院鉛印。計一冊。

146. 清・行法寺廣修大師通元之《楞嚴經大成》。(佚失或未見)

147. 清・無動居士蔡斑之《楞嚴經會歸》。(佚失或未見)

148. 清・無量大師慧海之《楞嚴經修釋》。(佚失或未見)

149. 清・通智大師之《楞嚴經開蒙》十卷。見《淨土聖賢錄四編・卷上》頁 14。

（佚失或未見）

150. 清·通智大師之《勢至圓通疏鈔》。見《印光法師文鈔·下冊》頁 479 之「通知法師公堂序」。（佚失或未見）

151. 清·張風之《楞嚴經綱領》。《中國佛學人名辭典》頁 386 右。（佚失或未見）

152. 清·海岸大師之《楞嚴經疏》。《淨土聖賢錄·下冊》頁 12。（佚失或未見）

153. 《白傘蓋大佛頂王最勝無比大威德金剛無礙大道場陀羅尼念誦法要》。《卍續藏》第三冊頁 103—107。

154. 根慧大師之《楞嚴經權實疏》十卷。詳於本空法師著《煙水集》頁 135。

155. 民國·虛雲老和尚之《楞嚴經玄要》。見《虛雲老和尚年譜法彙增訂本》頁 473。（佚失或未見）

156. 《憨山大師楞嚴懸鏡通議·蓮池大師楞嚴摸象記·紫柏大師釋楞嚴經合刊序》。會性法師倡印。屏東普門講堂。80。（木刻書）

157. 民國·李圓淨講《楞嚴經指要》二篇。《佛教藏》第一二一冊。

158. 民國·守培大師述《楞嚴經妙心疏》十卷。《佛教藏》第一二一冊。另電腦重打排版本已於 87、8 由台北佛陀教育基金會印贈。

159. （以下皆民國著作）。愍生大師《辨破楞嚴百偽》。香港佛教青年協會。1994、12。

160. 宣化上人講述《大佛頂首楞嚴經淺釋》。台北法界印經會。79。

161. 宣化上人講述《楞嚴經四種清淨明誨》。1992、1。

162. 宣化上人《楞嚴經五十陰魔淺釋》。台北法界佛教印經會。1996、5。

163. 宣化上人《楞嚴咒句偈疏解》五冊。中美佛教總會法界大學出版。1980。

164. 王智揚編著《新編楞嚴咒注疏譯釋》。高雄人生出版社。1985。

165. 《大乘起信論與楞嚴經考辨》。現代佛教學術叢刊第 35 冊。台北市大乘文化。1980、10。

166. 圓香語釋《大佛頂首楞嚴經》。板橋無漏室印經組。71、2。

167. 南懷瑾撰《楞嚴大義今釋》。台北老古文化。1996、3。（台灣六刷）

168. 莫正熹譯述《楞嚴經淺譯》。台北正一善書出版。85、5。（新刷）

169. 海仁大師《大佛頂首楞嚴經白話講記》。台南市和裕出版社。1989。（新刷）

170. 太虛大師著《楞嚴經研究》。台北文殊出版社。1987、11。（絕版）

171. 《文殊大藏經》『密教部五』頁 265—518 之『大佛頂首楞嚴經』。台北文殊文化出版。78、4。（絕版）。

172. 寶靜大師《大佛頂首楞嚴經玄題集錄》一卷。台北佛教出版社。64、4。

173. 民國·青山 顯慈大師述《楞嚴經易解疏》。香港陳湘記書局。1975、1。

174. 李志夫《楞嚴校釋》。台北大乘精舍。73、12。

175. 悟慈大師述《楞嚴經講話》五冊。台南開元寺佛經流通處印。82。

176. 謝有為著《大佛頂首楞嚴經正語》。台北市正中書局。81、9。修訂二版。

177. 白聖大師編‧慧律法師校訂《楞嚴經表解》。高雄文殊講堂印。81、3。（重校）

178. 斌宗大師撰《楞嚴義燈》。台北菩提印經會。75。或見《斌宗法師遺集》。台北普文企業有限公司印。中華佛教文獻編撰社。1992、2。

179. 無缺道人撰《楞嚴略要論》。台北大乘精舍印。或桃園佛經善書贈送處。1977。

180. 《楞嚴經義燈、楞嚴略要論、楞嚴經序指味疏》合刊。桃園佛經善書贈送處。1977。

181. 紹三大師講述《楞嚴經觀世音菩薩圓通章講章》。《佛教藏》第一二四冊。

182. 圓淨 李榮祥述《楞嚴經指要科會表解合刊》。臺中佛教蓮社。79、3。

183. 妙因(張圓成)編《大佛頂首楞嚴經正脈科會》。台北佛教教育基金會。79、6。（新刷）

184. 唐一玄編述《大佛頂首楞嚴經自課》。高雄菜根香文教基金會 1993。

185. 唐一玄編述《大佛頂首楞嚴經概介》。高雄菜根香文教基金會 1993。

186. 守培大師《大佛頂首楞嚴經妙心疏》。台北佛陀教育出版社。1993。（新刷）

187. 守培大師述《楞嚴評義》上下卷。《守培全集》之上編。南洋佛學書局印行。1984、12。

188. 知定大師著《大佛頂首楞嚴經略述》。香港虛雲寺印經會。1988、5、23。

189. 圓瑛大師著《楞嚴經綱要》。台北市大乘精舍印經會。1993。

190. 圓瑛大師著《大佛頂首楞嚴經講義》。高雄文殊講堂印。81、3。（新刷）

191. 圓瑛大師著《大佛頂首楞嚴經講義》。台北大乘精舍印。85、9。（電腦重打排版新刷）

192. 劉顯亮註《楞嚴經觀世音菩薩自陳圓通章俗註》。台北大乘精舍。86、4。

193. 黃念祖著《首楞嚴經觀世音菩薩耳根圓通章舉要》。高雄淨宗學會。82、1。

194. 李子寬纂述《聖揆錄‧楞嚴（一）、（二）》。書法版。

195. 唐‧般刺帝譯、元‧惟則輯注、崔世勛校點《首楞嚴經》。哈爾濱市黑龍江人民出版社。1994、5。（新刷）

196. 伊凡著《自性的解脫－楞嚴經的故事》。台北希代出版社。1992。

197. 郭榮麟著《中華金剛無相禪學－大佛頂首楞嚴經》。桃園市傳承出版社。1994。

198. 北京社會科學研究院宗教研究所編譯《白話佛教經典 (二)－大佛頂首楞嚴經》。台北市博遠出版社。1993。2。

199. 王治平居士著《楞嚴經白話注解》。上海佛學書局印。1991。

200. 惟全法師著《楞嚴新語》。台北士林。85、12、17。

201. 李富華釋譯《楞嚴經》。台北佛光出版。1996、8。

202. 李富華釋譯《楞嚴經選講》。台北佛光出版。1997、11。

203. 洪緣因著《如何修持楞嚴經》。台北全佛文化。1995、9。

204. 澄觀居士著《心的闡微》。桃園澄觀精舍。85、10。

205. 白雲禪師著《楞嚴經決疑》。台南佛印出版社。77。

206. 智諭大師撰《大佛頂如來密因修證了義諸菩薩萬行首楞嚴經拾遺》上、下冊。台北西蓮淨苑出版。76、5。

207. 孫仲霞述《楞嚴直解》。高雄裕隆印務局（精裝）。76、9。或台北廣文書局印（平裝上、下冊）。71、8。另電腦重打排版本已於 87、9 由台北佛陀教育基金會印贈。

208. 心文居士重編《唐譯密咒注疏》。台北正見學會。81、2。

209. 《消災吉祥法集》。台北正見學會。83、5。

210. 《大白傘蓋佛法彙》。台北正見學會。85、5。

211. 《珍藏梵文咒本》。台北慈心佛經流通處。82、6。

212. 《經典梵唄》（內附彩色楞嚴咒圖像）。台北普音文化。1995、4。

213. 黃墩岩著《楞嚴經入門》──開悟篇（漫畫）。台北法輪會佛教文化事業印。86、1。

214. 黃墩岩著《楞嚴經入門》──圓通篇（漫畫）。台北法輪會佛教文化事業印。86、10。

215. 靜華著圓瑛大師之《首楞嚴經講義》料簡（上）（下）南洋佛教雜誌社第 288、290 期。新加坡。1993、4、6。

216. 周叔迦《楞嚴經》中國佛教第 3 輯。出自王雷泉編《中國大陸宗教文章索引》。

217. 鄭頌英著《大佛頂首楞嚴經白話注解》印行緣起（代序）。廣東佛教。出自王雷泉編《中國大陸宗教文章索引》。1991、6。

218. 東方橋著《讀楞嚴經的方法學》。台北正一善書。1998、9。

219. 倓虛大師著《楞嚴經講義》（上、下冊）。加拿大湛山精舍印。1999、1。

220. 釋聖量著解《楞嚴經講義》。台北中央圖書館。

221. 葉若舟述著《大佛頂經妙玄要旨》。九龍中華佛教圖書館。1998、7、22。

222. 大陸元音老人《楞嚴經要解》。北京：宗教文化出版社，2004。

223. 弘學編釋《楞嚴簡注》。第一版。中國成都：巴蜀書社，2002。

224. 伊凡作《楞嚴經驚豔之旅》。初版。台北縣新店市：唵阿吽，民89。

225. 呂不韋著《楞嚴經》。長春：吉林人民出版社，1999。

226. 東方橋著《楞嚴經現代讀》。中國上海：上海書店出版社，2002。

227. 東方橋著《釋迦佛之楞嚴經＝釋迦牟尼之楞嚴經》。台北市：玄同文化事業有限公司，1999。

228. 東方橋著《讀楞嚴經的方法學》。台北：正一善書，1998。

229. 林中治講述《楞嚴經七處徵心》。初版。台北市：大圓，民93。

230. 法成出版社編輯《楞嚴經白話註解》。二版。花蓮縣吉安鄉：法成，民92。

231. 張玄祥編著《楞嚴經五蘊魔相解說》。台北市：法爾禪修中心，民93。

232. 葉若舟述著《大佛頂經妙玄要旨》。九龍：中華佛教圖書館，1998。

233. 董國柱著《楞嚴經》。哈爾濱：黑龍江人民出版社，1998。

234. 蕭振士編譯《楞嚴經全譯易讀・破妄顯真》。初版。台北縣汐止市：大千，民93。

235. 賴永海，楊維中注譯《新譯楞嚴經》。初版。台北市：三民，2003。

236. 釋太虛著述《大佛頂首楞嚴經攝論大意研究》。臺中市：青蓮出版社，民90。

237. 釋果懷注譯《楞嚴經今譯》。2版。北京：中國社會科學出版社，2003。

238. 釋隆泉述；房濟舟恭錄《大佛頂首楞嚴經講義. 一～五冊》。初版。弘明寺美洲菩薩學會倡印，民87。

239. 釋憨山著《楞嚴經通義》。台北市：釋迦佛印經會，民89。

240. 李炳南著述《首楞嚴經講述表解》。《講經表解・上》。初版。台中市：青蓮，民82。

241. 李炳南著述《楞嚴經指掌疏序》。《雪廬寓臺文存》。台中市：青蓮，民84。

242. 章利國著《宋・王安石〈楞嚴經旨要〉》。《中國佛教百科叢書・8 書畫卷》。初版。台北縣三重市：佛光文化，1999。

243. 楊惠南著《從楞嚴經到金剛經》。《禪思與禪詩・吟詠在禪詩的密林裡》。初版。台北市：東大圖書，民88。

244. 釋明暘敬述《佛法概要・楞嚴經的以戒助定》。中國上海：上海市佛教協會，1990。

245. 釋明暘敬述《佛法概要・楞嚴經的業果相續》。中國上海：上海市佛教協會，1990。

246. 釋僧懺輯《首楞嚴經通議序》。《高僧選集憨山大師集》。初版。台北市：佛教，民67。

247. 釋諦閑著；釋倓虛編訂《大佛頂首楞嚴經玄義輯略》。《諦閑大師遺集‧五編‧遺著‧語錄》。台灣影印三版。台中市：僧伽，民 87。

248. 釋諦閑著；釋倓虛編訂《大佛頂首楞嚴經序指味疏》。《諦閑大師遺集‧第一編‧經釋》。台灣影印三版。台中市：僧伽，民 87。

249. 釋靈源著《聽楞嚴經回憶往師講首楞嚴》。《靈源夢話集》。初版。基隆市：十方大覺禪寺，民 70。

250. 果濱編著《楞嚴經聖賢錄》。台北萬卷樓。2007、8。

二、日本部份

1. 南忠撰《注大佛頂真言》一卷。《大正藏》第六十一冊。

2. 明覺撰《大佛頂如來放光悉怛他鉢怛囉陀羅尼勘註》一卷。《大正藏》第六十一冊。

3. 空海撰《楞嚴經開題》。《大正藏》第六十一冊。

4. 鳳潭撰《楞嚴經千百年眼髓》五卷。

5. 普寂撰《楞嚴經略述》四卷。

6. 道忠撰《楞嚴經義疏決通》十卷。

7. ？撰《楞嚴經義疏考異》十卷。

8. 光謙撰《楞嚴經文句講錄》六卷。

9. ？撰《楞嚴經別考》十卷。

10. 天龍撰《楞嚴經義疏集註》二十一卷。

11. 興隆撰《楞嚴經問訣略選》一卷。《楞嚴經義疏顯密幽玄記》十卷。

12. 朝鮮白龍城大師之《首楞嚴經鮮漢演義》。出自《中華佛教百科全書》第四冊頁 1825 右。

13. 連山交易撰《首楞嚴經蠡測》十卷。《日本大藏經目錄》頁 655 中。《昭和法寶》第三冊。

14. 德巖養存撰《首楞嚴經略疏折衷》十卷。補方等部章疏五。《日本大藏經目錄》頁 655 中。《昭和法寶》第三冊。

15. 山上曹源撰《首楞嚴經要義》。日本宗教大講座第七卷。東方書院。年月不詳。節錄自《文殊大藏經‧密教部五》頁 A33。

16. 日‧坦山大師之《首楞嚴經講義》。《佛光大辭典》頁 3128。

17. 吉津宜英著「華嚴教學の與えた宋代禪宗への影響：首楞嚴經信仰形成への要

因」。《宋代禪宗の社會的影響》。山喜房佛書林，2002：頁 289-328。

18. <u>岩城英規著</u>「蕅益智旭の『首楞嚴經』解釋」。《木村清孝博士還曆記念論集：東アジア佛教—その成立と展開》。春秋社，2002：頁 205-218。

19. <u>岩城英規著</u>「蕅益智旭の『首楞嚴經』解釋」。《東アジア佛教：その成立と展開：木村清孝博士還曆記念論集》。東京：春秋社，2002。

B、《楞嚴經》研究論文目錄

一、中文論文

1. 李治華撰《楞嚴經哲學之研究》。台北輔仁大學哲學研究所碩士論文。1994、6。

2. 胡健財撰《大佛頂首楞嚴經耳根圓修之研究》。台北政治大學中文研究所博士論文。85、6。

3. 張成鈞撰《楞嚴經中身心關係之探究》。台北政治大學哲學研究所碩士論文。86、6。

4. 宮澤正順博士古稀尾崎正治記念論文集刊行會編。「古刊『首楞嚴義疏注經』私考」。《東洋・比較文化論集・宮澤正順博士古稀記念》。東京:青史出版,2004。

5. 胡健財撰「《楞嚴經》『二十五圓通』述義」。第一屆生命實踐學術研討會,華梵大學中文系主辦,2002 年 3 月 9 日至 10 日。

6. 釋覺燦撰「《楞嚴經》『摩登事變』之考察」。第二屆宗教學與佛學論文研討會,1998 年 5 月 1 日。

7. 王毅文撰「楞嚴真心思想研究」。碩士論文。台北縣新莊市:輔仁大學哲學研究所,民 87。

8. 崔昌植著「敦煌本『楞嚴經』の研究」。博士論文。日本:大正大學,2003。

9. 陳由斌(果濱)撰「《楞嚴經》疑偽之研究」。碩士論文。台北縣:華梵大學東方人文思想研究所,民 87。

二、期刊論文

(底下資料引用香光尼眾佛學院之「《楞嚴經》研究書目」)

1. 釋覺燦撰「《楞嚴經》『摩登事變』之考察」。第二屆宗教學與佛學論文研討會,1998 年 5 月 1 日。

2. 一玄講「『大佛頂首楞嚴經』概介」。《菩提樹》310 期(民 67 年 9 月):頁 19-22。

3. 一鶴撰「也論明心見性--楞嚴精要」。《禪》6 期(1995 年 12):頁 15-42。

4. 下條正撰「『瑩山清規』に引用される『首楞嚴經』の研究(其之壹)德巖養存『首楞嚴經略疏折衷』を中心として」。《宗學研究》46 號(2004 年 3 月):頁 97-102。

5. 下條正撰「瑩山清規にみる『首楞嚴經』の考察--楞嚴咒を中心として」。《宗學

研究》45 號（2003 年 3 月）：頁 139-144。

6. 大松博典撰「『首楞嚴經』の研究」。《印度學佛教學研究》78 號=39 卷 2 號（1991 年 3 月 20 日）：頁 130-133。

7. 大松博典撰「『楞嚴經要解』について」。《宗學研究》31 號（1989 年 3 月）：頁 157-161。

8. 大松博典撰「『楞嚴經義疏注經』について」。《宗學研究》32 號（1990 年 3 月）：頁 245-250。

9. 大松博典撰「宋代における『首楞嚴經』受容の問題點」。《駒澤大學禪研究所年報》8 號（1997 年 3 月）：頁 135-149。

10. 大松博典撰「宋代における首楞嚴經の受容」。《宗學研究》29 號（1987 年 3 月）：頁 192-196。

11. 大松博典撰「宋代天台學と首楞嚴經」。《印度學佛教學研究》73 號=37 卷 1 號（1988 年 12 月）：頁 122-125。

12. 大松博典撰「首楞嚴經の研究(一)」。《曹洞宗研究員研究紀要》19 號（1987 年 7 月 1 日）：頁 34-38。

13. 大松博典撰「首楞嚴經註釋書考」。《宗學研究》30 號（1988 年 3 月 31 日）：頁 185-188。

14. 大榮撰「觀音法門--楞嚴經卷六探研之一」。《菩提樹》30 卷 9 期=357 期（1982 年 8 月）：頁 32-33。

15. 大榮撰「觀音法門--楞嚴經卷六探研之二」。《菩提樹》30 卷 10 期=358 期（1982 年 9 月）：頁 29。

16. 大榮撰「觀音法門--楞嚴經卷六探研之三」。《菩提樹》30 卷 12 期=360 期（1982 年 11 月）：頁 31-32。

17. 文珠法師撰「楞嚴經七處破妄十番顯見（一）」。《美佛慧訊》70 期（2000 年 1 月）：頁 4-13。

18. 文珠法師撰「楞嚴經七處破妄十番顯見（二）」。《美佛慧訊》71 期（2001 年 3 月）：頁 18-28。

19. 文珠法師撰「楞嚴經七處破妄十番顯見（完）」。《美佛慧訊》72 期（2001 年 5 月）：頁 12-21。

20. 方興撰「略論《楞嚴經》的修和證」。《閩南佛學院學報》1990 年 2 期。

21. 方興撰「略論《楞嚴經》的修與證」。《内明》226 期（1991 年 1 月）：頁 3-7。

22. 木田知生撰「王安石『楞嚴經』抄本をめぐって」。《東洋史苑》42.43 號（1994

年)：頁 33-61。

23. 木村周誠撰「『次第禪門』における首楞嚴心について--内方便をめぐって」。《天台學報》34 期（1992 年 930）：頁 131-135。

24. 水天撰「楞嚴問題之研討」。《海潮音》56 卷 10 期（民 64 年 10 月）：頁 16-18。

25. 火頭僧撰「問題楞嚴」。《香港佛教》181 期（民 64 年 7 月）：頁 3-5。

26. 火頭僧撰「楞嚴質疑」。《香港佛教》183 期（民 64 年 8 月）：頁 3-5。

27. 「王安石書楞嚴經」。《明報月刊》2 卷 1 期=總 13 期（1967 年 1 月）：頁 34。

28. 「以因明論式解釋楞嚴經」。《因明》31 期（1979 年 7 月）：頁 1-2。

29. 仙石景章撰「天台三大部の引用書目について：『摩訶止観』と『首楞嚴三昧經』」。《印度學佛教學研究》59 號=30 卷 1 號（1981 年 12 月 31 日）：頁 344-346。

30. 仙石景章撰「天台智顗の『首楞嚴三昧經』の受用について」。《駒澤大學大學院佛教學研究會年報》15 號（1981 年 12 月）：頁 53-60。

31. 釋白聖撰「大佛頂如來密因證了義諸菩薩萬行首楞嚴經表解」。《中國佛教》18 卷 10 期（民 63 年 6 月）：頁 1-9。

32. 寺本婉雅撰「西藏文大佛頂首楞嚴經に就て」。《佛教研究》10 號=3 卷 3 號（1922 年 7 月 30 日）：頁 73-77。

33. 池田晃隆撰「天台智顗における首楞嚴定」。《印度學佛教學研究》49 卷 2 期=98 期（2001 年 3 月）：頁 725-727。

34. 西妙撰「《楞嚴》真偽之辨與現代佛學研究的問題（上）」。《香港佛教》386 期（1992 年 7 月）：頁 6-12。

35. 西妙撰「《楞嚴》真偽之辨與現代佛學研究的問題（下)」。《香港佛教》387 期（1992 年 8 月）：頁 6-12。

36. 佐佐木章格撰「江戸期曹洞宗における楞嚴・楞伽の註釋について」。《印度學佛教學研究》71 號=36 卷 1 號（1987 年 12 月 25 日）：頁 235-240。

37. 吳言生撰「楞嚴三昧印禪心──續論《楞嚴經》對禪思禪詩的影響」。《唐都學刊》15 卷 2 期（1999 年 4 月）：頁 38-43。

38. 呂澂撰「楞嚴百偽」。《中國哲學》4 期（1980 年 2 月）。

39. 宏量撰「對楞嚴經咒真偽靈驗的點滴意見」。《香港佛教》183 期（民 64 年 8 月）：頁 2-3。

40. 志部昭平撰「鑄字本『楞嚴經諺解跋』殘(資料)」。《朝鮮學報》107 號（1983 年 4 月）：頁 212-220,圖 4 枚。

41. 志部昭平解題。「乙亥字本楞嚴嚴諺解について (景印 鑄字本『楞嚴經諺解』(零

本,卷五・卷六))」。《朝鮮學報》106 號（1983 年 1 月）：頁 1-24。

42. 志部憲一撰「天桂傳尊と楞嚴・圓覺經について」。《宗學研究》30 號（1988 年 3 月 31 日）：頁 216-221。

43. 李志夫著「楞嚴校釋（一）」。《中國佛教》25 卷 2 期（1980 年 11 月）：頁 8-17。

44. 李志夫著「楞嚴校釋（二）」。《中國佛教》25 卷 3 期（1980 年 12 月）：頁 16-30。

45. 李志夫著「楞嚴校釋（三）」。《中國佛教》25 卷 4 期（1981 年 1 月）：頁 20-36。

46. 李志夫著「楞嚴校釋（四）」。《中國佛教》25 卷 5 期（1981 年 2 月）：頁 28-40。

47. 李志夫著「楞嚴校釋（五）」。《中國佛教》25 卷 6 期（1981 年 3 月）：頁 16-28。

48. 李志夫著「楞嚴校釋（六）」。《中國佛教》25 卷 7 期（1981 年 4 月）：頁 31-38。

49. 李志夫著「楞嚴校釋（七）」。《中國佛教》25 卷 8 期（1981 年 5 月）：頁 37-42, 46。

50. 李志夫著「楞嚴校釋（八）」。《中國佛教》25 卷 9 期（1981 年 6 月）：頁 22-28。

51. 李志夫著「楞嚴校釋（九）」。《中國佛教》25 卷 10 期（1981 年 7 月）：頁 22-24。

52. 李志夫著「楞嚴校釋（十一）」。《中國佛教》26 卷 4 期（1982 年 1 月）：頁 42-45。

53. 李志夫著「楞嚴校釋（十二）」。《中國佛教》26 卷 5 期（1982 年 2 月）：頁 35-40。

54. 李志夫著「楞嚴校釋（十三）」。《中國佛教》26 卷 9 期（1982 年 6 月）：頁 44-46。

55. 李治華撰「《楞嚴經》與中國宗派」。《中華佛學研究》2 期（1998 年 3 月）：頁 207-229。

56. 李治華撰「『楞嚴經』『七番破處』的論辯過程與判教旨趣」。《正觀》14 期（民 89 年 9 月）：頁 3+5-27。

57. 李治華撰「從『楞嚴經』論禪悟方法及其原理」。《新世紀宗教研究》3 卷 1 期（民 93 年 9 月）：頁 134-172。

58. 李富華撰「關於《楞嚴經》的幾個問題」。《世界宗教研究》1996 年 3 期（1996 年 9 月）：頁 74-82。

59. 村中祐生撰「楞嚴經の解釋にみる天台教義」。《天台學報》26 號（1984 年 11 月 5 日）：頁 62-70。

60. 杜雲，龍延撰「《楞嚴經》對黃庭堅的影響」。《雁北師範學院學報》18 卷 4 期（2002 年 8 月）：頁 12-14。

61. 周叔迦著「楞嚴經」。《中國佛教》3 期。

62. 周綉鶯撰「大佛頂首楞嚴經における如來藏思想」。《東洋學研究》7 號（1973 年 3 月 20 日）：頁 49-64。

63. 尚永琪撰「《楞嚴》真偽與《大唐舍利塔之碑》考辨」。《文獻》4 期=82 期（1999

年 10 月 13 日）：頁 51-57。

64. 岩城英規撰「『首楞嚴經』の解釋--『圓覺經』注釋との比較に焦點を當てて」。《印度學佛教學研究》53 卷 1 號＝總 105 號（2004 年 12 月）：頁 105-109。

65. 岩城英規撰「『首楞嚴經』注釋書考」。《印度學佛教學研究》52 卷 2 號＝總 104 號（2004 年 3 月）：頁 638-642。

66. 岩城英規撰「『首楞嚴經玄義』から『首楞嚴經文句』をみる」。《天台學報》43 號（2001 年 11 月 1 日）：頁 71-80。

67. 岩城英規撰「智旭と山外派--『首楞嚴經』解釋に見る連續性と非連續性」。《印度學佛教學研究》50 卷 2 號＝總 100 號（2002 年 3 月 20 日）：頁 636-641。

68. 岩城英規撰「蕅益智旭の『首楞嚴經』解釋」。《天台學報》41 號（1999 年 11 月）：頁 113-120。

69. 岩城英規撰「蕅益智旭の『首楞嚴經』解釋」。《宗教研究》72 卷 4 輯（1999 年）：頁 257-258。

70. 果利撰「試析《楞嚴經》的三種相續」。《閩南佛學院學報》1992 年 2 期。

71. 果利撰「論《楞嚴經》的二種根本」。《閩南佛學院學報》1991 年 2 期。

72. 林義焜撰「大佛頂諸菩薩萬行首楞嚴經研討發表(三)」。《中佛青會訊》45 期。

73. 松田和信撰「中央アジア出土『首楞嚴三昧經』梵文寫本殘葉：インド省圖書館の知られざるヘルンレ・コレクション」。《佛教學セミナー》46 號（1987 年 10 月 30 日）：頁 34-48(L)。

74. 河村孝照撰「大乘涅槃經と首楞嚴經」。《印度學佛教學研究》34 號＝17 卷 2 號（1969 年 3 月 31 日）：頁 223-230。

75. 采睪晃撰「竺法護譯『首楞嚴經』と『勇伏定經』」。《印度學佛教學研究》53 卷 1 號＝總 105 號（2004 年 12 月）：頁 198-204。

76. 采睪晃撰「僧叡『關中出禪經序』中の『首楞嚴經』について」。《印度學佛教學研究》52 卷 2 號＝總 104 號（2004 年 3 月）：頁 634-367。

77. 金井崚純撰「孤山智圓における首楞嚴經の講讚」。《天台學報》29 號（1987 年 10 月 23 日）：頁 150-153。

78. 南亭撰「影印＜大佛頂首楞嚴經＞跋」。《海潮音》61 卷 10 期（民 69 年 10 月）：頁 17。

79. 南懷瑾撰「南懷瑾先生話《楞嚴經》」。《佛教文化》4 期（1996 年 7 月）：頁 30-31。

80. 南懷瑾撰「駁《楞嚴》偽造說」。《閩南佛學院學報》1990 年 1 期。

81. 「南懷瑾先生話《楞嚴經》」。《佛教文化》1996 年 4 期：頁 30-31。

82. 度公上人講「護持正法的首楞嚴經」。《菩提樹》24 卷 1 期（民 64 年 12 月）：頁 26。

83. 柳絮撰「楞嚴經的真偽問題」。《菩提樹》310 期（民 67 年 9 月）：頁 18。

84. 郁永龍撰「明代佛經碑刻——《首楞嚴經》」。《中國民族報》2004 年 1 月 20 日：3 版。

85. 涌淵撰「破妄顯真--《楞嚴經》大意」。《上海佛教》1990 年 1-3 期。

86. 病夫撰「楞嚴佛說」。《香港佛教》230 期（1979 年 7 月 1 日）：頁 35。

87. 荒木見悟：高正哲整理「明代《楞嚴經》的流行（上)」。《人生》123 期（1993 年 11 月 15 日）：頁 32-37。

88. 荒木見悟：高正哲整理「明代《楞嚴經》的流行（中)」。《人生》124 期（1993 年 12 月 15 日）：頁 36-42。

89. 荒木見悟：高正哲整理：釋慧嚴口譯「明代《楞嚴經》的流行（下)」。《人生》125 期（1994 年 1 月 15 日）：頁 31-38。

90. 荒木見悟著：楊白衣譯「易經與楞嚴經」。《佛光學報》3 期（民 67 年 8 月）：頁 133-140。

91. 荒木見悟著：楊白衣譯「易經與楞嚴經」。《普門》197 期（民 85 年 2 月）：頁 52-56。

92. 荊三隆撰「《楞嚴經》色陰十禪境探究」。《西安電子科技大學學報(社會科學版)》14 卷 1 期（2004 年）。

93. 高峰了州撰「首楞嚴經の思想史的研究序說」。《龍谷大學論集》348 期（1954 年 12 月 20 日）：頁 62-78。

94. 高橋秀榮撰「鎌倉時代の僧侶と『首楞嚴經』」。《駒澤大學禪研究所年報》7 號（1996 年 3 月）：頁 95-117。

95. 高峯了州撰「首楞嚴經の思想史的研究序說」。《龍谷大學論集》348 號（1954 年 12 月）：頁 62-78。

96. 崔昌植(法慧) 撰「敦煌本『楞嚴經』の校正について」。《印度學佛教學研究》101 號=51 卷 1 號（2002 年 12 月 20 日）：頁 184-191(L)。

97. 崔昌植撰「『楞嚴經』の韓國流傳について」。《印度學佛教學研究》81 號=41 卷 1 號（1992 年 12 月）：頁 127-132。

98. 常盤大定撰「楞嚴中の法華」。《大崎學報》30 號（1913 年 9 月 30 日）：頁 16-21。

99. 望月信亨撰「大佛頂首楞嚴經真偽問題」。《佛教學雜誌》3 卷 1 號（1922 年 2

月）：頁。

100. 望月信亨著、如實譯「關於大佛頂首楞嚴經傳譯之研究」。《佛光學報》5 期（民 69 年 10 月）：頁 295-304。

101. 梁寒衣撰「以面識君，悲欣交集--楞嚴經，一部須以一生為註腳的經卷」。《人生》174 期（1998 年 2 月 1 日）：頁 54-65。

102. 莫正熹撰「《楞嚴淺譯》序」。《菩提樹》30 卷 2 期=總 350 期（1982 年 1 月）：頁 32-35。

103. 郭勤正撰「楞嚴經二種根本論：對形上又源初的原理之探討」。《中國佛教》30 卷 1 期（民 75 年 1 月）：頁 18-26。

104. 陳由斌(果濱)撰「談佛陀的耳根修行觀——舉《楞嚴經》為例（上）」。《慧炬雜誌》436 期（民 89 年 10 月 30 日）：頁 51-56。

105. 陳由斌(果濱)撰「談佛陀的耳根修行觀——舉《楞嚴經》為例（下）」。《慧炬雜誌》438 期（民 89 年 12 月 31 日）：頁 36-47。

106. 陳由斌(果濱)撰「談佛陀的耳根修行觀——舉《楞嚴經》為例（中）」。《慧炬雜誌》437 期（民 89 年 11 月 30 日）：頁 44-51。

107. 陳重暉撰「《楞嚴》十仙與氣功修練」。《禪》（1990 年 1 月）。

108. 陳健民撰「如來密因修證了義首楞嚴三摩地觀法」。《十方》1 卷 5 期（1983 年 2 月）：頁 1-4。

109. 陳韻如撰「吳彬『畫楞嚴二十五圓通冊』研究」。《國立臺灣大學美術史研究集刊》13 期（民 91 年 9 月）：頁 167-199+278。

110. 「景印 鑄字本『楞嚴經諺解』(零本,卷五・卷六)」。《朝鮮學報》106 號（1983 年 1 月）：頁 65-287，1-24。

111. 曾印泉撰「從《楞嚴經旨要》看王安石的書法成就」。《南方文物》1986 年 2 期。

112. 曾琦雲撰「楞嚴經真偽之辯」。《十方》16 卷 6 期（1998 年 3 月）：頁 32-34。

113. 湯淺陽子撰「蘇軾の詩における佛典受容について--『維摩經』『楞嚴經』を中心に」。《中國文學報》59 號（1999 年 10 月）：頁 63-98。

114. 程滄波撰「跋楞嚴大義今釋」。《中央日報》民 49 年 8 月 2 日：3 版。

115. 菅野裕臣撰「鑄字本楞嚴經諺解の校正部分に關する表 (景印 鑄字本『楞嚴經諺解』(零本,卷五・卷六))」。《朝鮮學報》106 號（1983 年 1 月）：頁 251-287。

116. 虛雲和尚撰「開慧楞嚴」。《明倫雜誌》329 期：頁 35。

117. 馮永明撰「約楞嚴經義簡述『真能破』」。《內明》10 期（民 62 年 1 月）：頁 26。

118. 黃國清撰「以圓解起圓行--『楞嚴經』 - 上 -」。《人生雜誌》230 期（民 91 年 10 月）：頁 112-117。

119. 黃國清撰「以圓解起圓行--『楞嚴經』 - 下 -」。《人生雜誌》231 期（民 91 年 11 月）：頁 112-117。

120. 斌宗大師撰「楞嚴義燈」。《中國佛教》19 卷 8/9 期（民 64 年 6 月）：頁 6-8。

121. 圓香譯「大佛頂首楞嚴經」。《獅子吼》19 卷 6 期（民 69 年 6 月）：頁 6-10。

122. 圓香譯「大佛頂首楞嚴經(8-18)」。《獅子吼》20 卷 1-12 期（民 70 年 1-12 月）：頁 11-15。

123. 圓香譯「語譯楞嚴經的因緣」。《獅子吼》20 卷 12 期（民 70 年 12 月）：頁 10-12。

124. 圓香譯「語釋：大佛頂首楞嚴經的因緣」。《海潮音》63 卷 1 期（民 71 年 1 月）：頁 16-19。

125. 愍生撰「楞嚴百偽辨」。《香港佛教》378 期（1991 年 11 月 1 日）：頁 8-11。

126. 愍生撰「楞嚴百偽辨（一)」。《香港佛教》379 期（1991 年 12 月）：頁 3-4。

127. 愍生撰「楞嚴百偽辨（二)」。《香港佛教》380 期（1992 年 1 月）：頁 8-9。

128. 愍生撰「楞嚴百偽辨（三)」。《香港佛教》381 期（1992 年 2 月）：頁 6-9。

129. 愍生撰「楞嚴百偽辨（四))」。《香港佛教》382 期（1992 年 3 月）：頁 6-8。

130. 愍生撰「楞嚴百偽辨（五)」。《香港佛教》383 期（1992 年 4 月）：頁 8-10。

131. 愍生撰「楞嚴百偽辨（六)」。《香港佛教》384 期（1992 年 5 月）：頁 5-7。

132. 愍生撰「楞嚴百偽辨（完)」。《香港佛教》385 期（1992 年 6 月）：頁 7-8。

133. 會性法師撰「書鄉書香---明末四大師楞嚴經注疏」。《明倫雜誌》276 期：頁 46。

134. 楊白衣撰「首楞嚴大義（一）」。《普門雜誌》16 期（1981 年 1 月）：頁 14-17。

135. 楊白衣撰「首楞嚴大義（二）」。《普門雜誌》17 期（1981 年 2 月）：頁 12-16。

136. 楊白衣撰「首楞嚴大義（三）」。《普門雜誌》18 期（1981 年 3 月）：頁 25-29。

137. 楊白衣撰「首楞嚴大義（四）」。《普門雜誌》19 期（1981 年 4 月）：頁 15-19。

138. 楊白衣撰「首楞嚴大義（五）」。《普門雜誌》20 期（1981 年 5 月）：頁 13-16。

139. 楊白衣撰「首楞嚴大義（六）」。《普門雜誌》21 期（1981 年 6 月）：頁 14-16。

140. 楊白衣撰「首楞嚴大義（七）」。《普門雜誌》22 期（1981 年 7 月）：頁 19-22。

141. 楊白衣撰「首楞嚴大義（八）」。《普門雜誌》23 期（1981 年 8 月）：頁 14-17。

142. 楊白衣撰「首楞嚴大義（九）」。《普門雜誌》24 期（1981 年 9 月）：頁 14。

143. 楊白衣撰「首楞嚴大義（十）」。《普門雜誌》25 期（1981 年 10 月）：頁 14-15。

144. 楊白衣撰「首楞嚴大義（十一）」。《普門雜誌》26 期（1981 年 11 月）：頁 14-15。

145. 楊白衣撰「首楞嚴大義（十二）」。《普門雜誌》27 期（1981 年 12 月）：頁 29-30。

146. 楊溟諧撰「我學習楞嚴經深義後的體會」。《正法眼》3-4 期（1995 年）：頁 78-82。

147. 楊維中撰「論《楞嚴經》佛學思想的特色及其影響」。《蘇州鐵道師範學院學報 (社會科學版)》18 卷 3 期（2001 年 9 月）：頁 70-76。

148. 楊維中撰「論《楞嚴經》的真偽之爭及其佛學思想」。《宗教學研究》2001 年 1 期=總 50 期（2001 年 1 月）：頁 59-66

149. 源慧撰「重印桐城吳芝瑛寫楞嚴經後記」。《香港佛教》268 期（1982 年 9 月 1 日）：頁 32。

150. 聖嚴撰「語體文楞嚴經序」。《獅子吼》21 卷 4 期（民 71 年 4 月）：頁 14-15。

151. 鈴木祐孝撰「天桂傳尊の研究--『楞嚴經』の受容をめぐって」。《宗學研究》40 號（1998 年 3 月）：頁 181-186。

152. 鈴木祐孝撰「天桂傳尊の研究--『楞嚴經』の受用をめぐって(2)」。《宗學研究》 41 號（1999 年 3 月）：頁 205-210。

153. 夢殊撰「楞嚴經決疑. 一〇六」。《千佛山》178 期（2004 年 2 月）：頁 6-9。

154. 熊琬撰「《楞嚴經》思想之特色──富有文學與哲學價值」。《法光》162 期（民 92 年 3 月）。

155. 熊曉平撰「因獅子吼 成阿羅漢 《楞嚴經》──說獅」。《黑龍江教育學院學報》 21 卷 5 期（2002 年 9 月）：頁 99-102。

156. 趙明濟撰「高麗後期戒環解楞嚴經盛行과思想史的意義：麗末性理學과여」。《釜 大史學》12 輯（1988 年）：頁 125-168。

157. 德藏上師撰「大佛頂首楞嚴三昧修持法」。《生命品質研究》3 卷 4 期（民 89 年 12 月）：頁 36。

158. 德藏上師講演；陳宏易撰稿。「楞嚴經之七大皈元－2－」。《生命品質研究》1 卷 4 期（民 87 年 12 月）：頁 35-40。

159. 慶谷壽信撰「敦煌出土の音韻資料-中-『首楞嚴經音』の文獻學的考察」。《人文 學報》91 號（1973 年 2 月）：頁 1-47。

160. 慶谷壽信撰「敦煌出土の音韻資料-下-『首楞嚴經音』反切聲韻考」。《人文學報》 98 號（1974 年 3 月）：頁 119-160。

161. 蔡宗志撰「楞嚴經中七破妄心義解」。《中國文化月刊》110 期（民 77 年 12 月）： 頁 65-83。

162. 蔡惠明撰「圓瑛大順與《楞嚴經》研究」。《南洋佛教》359 期（1999 年 3）： 頁 1- 5。

163. 鄭頌英撰「《大佛頂首楞嚴經白話注解》印行緣起（代序）」。《廣東佛教》1991

年 6 期。

164. 黎文松撰「《楞嚴經》在越南佛教中的傳承與影響」。《宗教學研究》2004 年 2
期：頁 186-189。

165. 樹玄靜輝撰「『碧巖錄』講義室(48)楞嚴經不見處・保福喫茶去」。《大法輪》68
卷 12 號（2001 年 12 月）：頁 214-217。

166. 靜華撰「圓瑛大師《首楞嚴經講義》料簡（上)」。《南洋佛教》288 期（1993
年 4 月）：頁 6-11。

167. 靜華撰「圓瑛大師《首楞嚴經講義》料簡（下)」。《南洋佛教》290 期（1993
年 6 月）：頁 8-11, 7。

168. 龍延撰「《楞嚴經》真偽考辨」。《古籍整理研究學刊》3 期=總 103 期（2003 年
5 月 25 日）：頁 43-46。

169. 龍延撰「《楞嚴經》真偽考辨」。《宗教學研究》2002 年 2 期（2002 年）：頁 126-130。

170. 龍延撰「《楞嚴經》真偽考辨」。《益陽師專學報》23 卷 2 期（2002 年 3 月）：
頁 45-48。

171. 龍延撰「《楞嚴經》與黃庭堅——以典故為中心」。《中國典籍與文化》2002 年
4 期（2002 年）：頁 15-22。

172. 篠田昌宜撰「『慈悲地藏懺法』に於ける『楞嚴經』の引用について」。《駒澤大
學大學院佛教學研究會年報》35 號（2002 年 4 月）：頁 133-145。

173. 韓鍾萬撰「《楞嚴經》在韓、中、日三國的流傳及歧見」。《佛學研究》3 期（1994
年）：頁 17-20。

174. 藏頭撰「楞嚴經圓瑛法師講義經文勘誤表及說明(上)」。《明倫雜誌》326 期：
頁 36。

175. 藏頭撰「大佛頂首楞嚴經圓瑛法師講義經文勘誤表及說明(中)」。《明倫雜誌》
327 期：頁 34。

176. 藏頭撰「大佛頂首楞嚴經圓瑛法師講義經文勘誤表及說明(下)」。《明倫雜誌》
328 期：頁 38。

177. 藏頭撰「大佛頂首楞嚴經圓瑛法師講義經文勘誤表及說明補遺」。《明倫雜誌》
329 期：頁 34。

178. 龐祝如撰「《首楞嚴經》中的佛家性功耳根圓通——氣功的高級層次簡介」。《氣
功與科學》3 期（1987 年）：頁 30-31。

179. 羅志正撰「楞嚴經讀後」。《中國佛教》30 卷 10 期（民 75 年 10 月）：頁 9-13。

180. 羅香林撰「唐相國房融在粵筆受首楞嚴經翻譯考」。《學術季刊》3 卷 1 期（民

43 年 9 月）：頁 18-24。

181. 釋了因撰「管窺楞嚴之一斑」。《廣東佛教》5 期=51 期（1996 年 10）：頁 23-27。

182. 釋首愚撰「楞嚴經二十四圓通成道品觀世音菩薩成道品品章緣起序文」。《十方》15 卷 1 期（1996 年 10）：頁 2。

183. 櫻部建撰「É. Lamotte: La concentration de la Marche héroïque (Śūraṃgamasamādhisūtra)」。《佛教學セミナー》13 號（1971 年 5 月 30 日）：頁 74-80。

184. 靈根撰「語體文楞嚴經序」。《獅子吼》21 卷 3 期（民 71 年 3 月）：頁 29。

185. 坂內龍雄撰「首楞嚴經研究〔含譯註〕」。《宗學研究》15 號（1973 年 3 月）：頁 32-37。

三、日文論文

1. 寺本婉雅＝Teramoto Enga 著《西藏文大佛頂首楞嚴經に就て》（seizoubun daibuccho-shuryogonkyo nitsuite）。卷期：3:3。頁次：頁 73—77。日本京都大谷大學佛教研究會。1922、07、30。

2. 高峰了州＝Takamine Rysh 著《首楞嚴經の思想史的研究序說》（shuryogonkyo no shisoushi teki kenkyu josetsu）。日本京都龍谷大學論集（Ryukoku Daigaku Ronshu）。卷期：348。頁次：頁 62—78。1954、12、20。

3. 河村孝照著《大乘涅槃經と首楞嚴經》。印度學佛教學研究佛教大學における第十九回學術大會紀要（二）（Indogaku Bukkyogaku Kenkyu]）Journal of Indian and Buddhist Studies。第 17 卷，第 2 號。頁 223—230。日本東京印度學佛教學會。1969、03、31。

4. 周琇鶯＝Shu Shuou 著《大佛頂首楞嚴經における如來藏思想》（daibuccho-shuryogonkyo niokeru nyoraizoushisou）。東洋學研究。卷期：7。頁 49—64。東京日本東洋學研究所。1973、03、20。

5. 仙石景章著《天台三大部の引用書目について『摩訶止觀』と『首楞嚴三昧經』》。印度學佛教學研究同朋學園における第三十二回學術大會紀要（一）（Indogaku Bukkyogaku Kenkyu] Journal of Indian and Buddhist Studies）。卷期：第 30 卷，第 1 號。頁 344—346。東京日本印度學佛教學會。1981、12、31。

6. 松本信道《大佛頂經の真偽爭と南部六宗的の動向》。駒澤史學。1985。

7. 松田和信=Matsuda Kazunobu 著《中央ァジァ出土《首楞嚴三昧經》梵文寫本殘葉》。佛教學セミナ（Bukkyogaku Semina）。卷期：46。頁次：頁34─48(L)。日本京都大谷大學佛教學會。1987、10、30。

8. 志部憲一=Shibe Ken'ichi 著《天桂傳尊と楞嚴・圓覺經について（tenkei-denson to ryogon・engakukyo nitsuite）》。宗學研究（Shugaku Kenkyu）。卷期：30。頁216─221。東京日本曹洞宗宗學研究所。1988、03、31。

9. 大松博典=□matsu Hakuten 著《首楞嚴經註釋書考》（shuryogonkyo chushakusho kou）。宗學研究（Shugaku Kenkyu）。卷期：30。頁次：185─188。東京日本曹洞宗宗學研究所。1988、03、31。

10. 大松博典《宋代天台學と首楞嚴》。北海道大學。1988。

11. 金井峻純=Kanai Ryojun《孤山智圓における首楞嚴經の講讚》（A study on Leng-yen-chin by Ku-shan chih-yuan's Praising Discourses and Hymns）。天台學報。卷期：29。頁次：150─153。日本東京 Tendai Association of Buddhist Studies。1988、10。

12. 大松博典《楞嚴經要解について》。宗學研究。1989。

13. 大松博典《楞嚴經義疏注經について》。宗學研究。1990。

14. 大松博典《首楞嚴經の研究》。東北大學。1991。

15. 木村周誠=Kimura Shujo 著《『次第禪門』における首楞嚴心について ──内方便をめぐって On the Mind of Surangama（首嚴楞心）in the T'iu ti ch'an man（次第禪門）》。天台學報。卷期：34。頁次：131─135。日本東京。1992、10。

20. 常盤大定《楞嚴經管見》。智山學報。新四特輯。昭 8.11。節錄自《文殊大藏經・密教部五》頁 A27。

C、相關資料參考書目

一、書中兼論《楞嚴經》目錄

1. 《虛雲老和尚年譜法彙增訂本》。高雄淨宗學會印。83、7。

2. 大村西崖著《密教發達志》（上、下冊）。台北武陵出版。1993、11。

3. 聖嚴法師《明末中國佛教之研究》頁407－442。台灣學生。77。

4. 惠空法師倡印《大佛頂首楞嚴經》頁358。含南亭法師之《楞嚴經講記》序之節錄四頁。台中慈善寺。80、9。

5. 南懷瑾《如何修證佛法》第二、三、四講頁19－68。台北老古文化。78、8。

6. 南懷瑾《觀音菩薩與觀音法門》頁7、19－52。台北老古文化。74、6。

7. 安騰俊雄・演培法師譯《天台性具思想論》之「首楞嚴經與仁岳」頁282－286。台北天華出版。

8. 《斌宗法師遺集》之《楞嚴義燈》頁387－430。中華佛教文獻編撰社。1992、2。

9. 小野玄妙著《佛教經典總論》頁135。台北新文豐。

10. 會性法師《大藏會閱》頁709—746。台北天華出版。

11. 羅香林《唐代廣州光孝寺與中印交通之關係》。香港中國學社。49、6。

12. 《天目中峰和尚廣錄・卷十三》頁975—980之「楞嚴徵心辯見或問」。《佛教大藏經》第七十三冊。

13. 《蕅益大師全集》頁10719—10741之「楞嚴二十二問」。台北佛教書局印。78、2。

14. 《蕅益大師全集》頁11510—11518之「楞嚴經二十五圓通頌三十一首」。台北佛教書局印。78、2。

15. 《夢東禪師遺集》之「頌楞嚴經十首」、「楞嚴二決定義」、「楞嚴頓歇漸修說」、「楞嚴知見無見說」、「跋禪人勇建血書楞嚴經莊嚴淨土」。《卍續藏》第一〇九冊頁776上—777下、頁780上—下。

16. 《諦閑大師語錄》頁61—72之「勢至菩薩聖誕開示樂清虹橋居士林」、頁468—473之「七處徵心之發隱」、頁871—872之「開講佛頂經上堂法語」、頁875—876之「慈谿金仙寺講楞嚴經上堂法語」

17. 清・古崑大師編《淨土隨學・卷下》之「然臂香供楞嚴觀音圓通偈發願」。《卍續藏》第一〇九冊頁967下—968下。

18. 藍吉富主編《佛教碑帖集成》。現代佛學大系第 11 冊。台北縣彌勒出版社。1983。

19. 連瑞枝撰《錢謙益與明末清初的佛教》之第四章「錢謙益的佛教理念與關懷」第二節之「錢謙益對禪宗流弊的批判」之 3.「撰述《楞嚴經疏解蒙鈔》。新竹市國立清華大學歷史研究所碩士論文。1993、05。

20. 陳運星撰《儒道佛三教調合論之研究——以憨山德清的會通思想為例》第三章之「憨山大師儒、道、佛三教調和論的會通思想之研究」之 1.「憨山德清《老子道德經解》之主要思想」之（1）「以佛教《楞嚴經》比擬老子《道德經》，以言『氣化論』」。中壢市國立中央大學哲學研究所碩士論文。1991、04。

21. 方興「試論圓瑛大師的禪學思想」。廈門市閩南佛學院學報。卷期：1993、1。頁 1—9。1993、06。

22. 「《楞嚴經》中的『質礙』與物理中的『慣性質量』」及「《楞嚴經》中的『鄰虛塵』與物理中的『基本粒子』」。此二篇文章收於《第一屆佛學與科學研討會論文集》中。另外此論文集中亦有多篇探討《楞嚴經》與科學相對應的文章。台北財團法人圓覺文教基金會印。80、2。

23. 釋默如等撰《會泉大師二十周年紀念刊》第二章「紀念文」之「35.謹譯首楞嚴經宗要紀念會泉上人—釋聖覺」。新加坡南洋佛學書局。1966。

24. 黃公偉撰《民初法相學風札記——楊仁山、章太炎、歐陽漸的唯識論》。台北市華岡佛學學報第 2 期。頁 113—123。1972、8。

25. 楊惠南撰《南禪「頓悟」說的理論基礎——以「眾生本來是佛」》。台北哲學論評第 6 期。頁 103—124。1983、1。

26. 呂建福撰「虛雲和尚與《楞嚴》」。《中國賓川雞足山佛教文化論壇論文集》頁 333-335。中國北京：中國社會科學院世界宗教研究所。中國賓川雞足山佛教文化論壇，中國社會科學院世界宗教研究所、賓川縣人民政府主辦，2003 年 4 月 12 日至 17 日。

27. 妙峰撰「虛雲和尚與《楞嚴經》」。《中國賓川雞足山佛教文化論壇論文集》頁 330-332。中國北京：中國社會科學院世界宗教研究所。中國賓川雞足山佛教文化論壇，中國社會科學院世界宗教研究所、賓川縣人民政府主辦，2003 年 4 月 12 日至 17 日。

28. 洪啓嵩著《宇宙的實相・《楞嚴經》世界的形成》。初版。台北市：時報文化，1996。

29. 釋聖嚴撰「《圓覺經》與《楞嚴經》中的開悟說」。《法鼓全集・第四輯第十冊・

禪鑰》。二版。台北市：法鼓文化，1999-2000。

30. 釋聖嚴撰「序愍生法師《辨破楞嚴真偽》」。《法鼓全集·第三輯第五冊·書序》。初版。台北市：法鼓文化，1999-2000。

31. 釋聖嚴撰「序劉國香居士《語體文譯大佛頂首楞嚴經》」。《法鼓全集·第三輯第五冊·書序》。初版。台北市：法鼓文化，1999-2000。

32. 姜義華主編「《楞嚴經》的來歷有七種不同的說法」。《胡適學術文集·中國佛學史》頁 560-564。第一版。中國北京：中華，1997。

33. 胡健財撰「從《楞嚴經》『七處徵心』試談佛法之修行」。《第五次儒佛會通學術研討會論文集》頁 179-239。2001。

34. 胡健財撰「從《楞嚴經》『十番辨見』討論『真心』之體認」。《華梵大學第六次儒佛會通學術研討會論文集--上冊》頁 219-242（2002）。第六次儒佛會通學術研討會，華梵大學哲學系主辦，2002 年 5 月 4 日至 5 日。

35. 胡健財撰「從《楞嚴經》論禪修對身心管理的啟示」。《第二屆禪與管理學術研討會論文集》頁 189-201。1997。

36. 馬遜撰「論楞嚴經聞性法門證圓通與心性教育」。《第九屆國際佛教教育研討會》頁 55-56。台北縣：華梵佛學研究所。第九屆國際佛教教育研討會，1994 年 7 月 16 日至 20 日。

37. 張馳撰「試比較天然函式與憨山德清對《楞嚴經》的詮釋」。《第十一屆佛學論文聯合發表會論文集(27 日)》（2000）。第十一屆佛學論文聯合發表會，法鼓山中華佛學研究所主辦，2000 年 8 月 26 日至 27 日。

38. 通了撰「虛雲大師的禪學思想與《楞嚴經》」。《中國賓川雞足山佛教文化論壇論文集》頁 336-338。中國北京：中國社會科學院世界宗教研究所。中國賓川雞足山佛教文化論壇，中國社會科學院世界宗教研究所、賓川縣人民政府主辦，2003 年 4 月 12 日至 17 日。

39. 聖凱撰「雞足山釋禪《依楞嚴究竟事懺》初探」。《中國賓川雞足山佛教文化論壇論文集》頁 28-40。中國北京：中國社會科學院世界宗教研究所。中國賓川雞足山佛教文化論壇，中國社會科學院世界宗教研究所、賓川縣人民政府主辦，2003 年 4 月 12 日至 17 日。

40. 平井巽=Hirai Tatsumi 著《加持祈禱の科學的根據（kajikitou no kagakuteki konkyo）。密教文化（Mikkyo Bunka）。第 14 期。頁 37—53。日本高野山出版社。1951、06、25。

41. 櫻部建=Sakurabe Hajime 著《E.Lamotte：La concentration de la Marche

heroiquesu》。佛教學セミナ　（Bukkyogaku Semina）。第 13 期。頁 74—80。日本大谷大學佛教學會。1971、05、30。

42. 小□宏允著《チベットの禪宗と藏譯偽經》。印度學佛教學研究東洋大學における第二十五回學術大會紀要（二）（Indogaku Bukkyogaku Kenkyu）Journal of Indian and Buddhist Studies）。第 23 卷第 2 號。頁 170—171。日本東京印度學佛教學會。1975、3、31。

43. 伊藤宏見=Ito Kken 著《願行上人憲靜の研究（上）》[gangyojonin kenjo no kenkyu（jo）]。密教文化 117 期。頁 1—28。日本高野山出版社。1977、1、31。

44. 志部憲一=Shibe Ken'ichi 著《天桂傳尊の疑團と本來成佛論》[tenkei-denson no gidan to honraijobutsuron]。日本東京曹洞宗宗學研究所紀要[Sotoshu Shugaku Kenkyujo Kiyo]。頁 46—57。1988、3、31。

45. 岡田宜法=Okada Giho 著《如淨道元兩祖の思想關連》[nyojo dougen ryoso no shisoukanren]。日本日華佛教研究會年報。山嶽と支那佛教特輯號[Nikka Bukkyo Kenkyukai Nenpo]。頁 140—166。1942、2、20。

46. 赤松孝章=Akamatsu Kosho 著《敦煌チベット文獻の淨土教關係テキスト》。日本北海道印度哲學佛教學會[Indo Tetsugaku Bukkyogaku]第 2 期。頁 195—220。1987、10、30。

47. 瀨成世眼著《顯密二教の比較研究（續）》[kenmitsu nikyo no hikaku kenkyu]。日本高野山密教研究會[Mikkyo Kenkyu]第 8 期。頁 1—31。1922、5。

二、一般佛書

1. 水野弘元著・藍吉富主編《佛教要語的基礎知識》。台北市華宇出版社。1988。

2. 《弘一大師講演錄》。高雄淨宗學會印。86、4。

3. 水野弘元撰・李世傑譯《初期佛教的緣起思想》。台北市幼獅文化事業公司。1985、6。

4. 霍韜晦著《佛教的現代智慧》。香港法住出版社。1982。

5. 王文顏著《佛典漢譯之研究》。台北天華出版。73、12。

6. 王文顏著《佛典疑偽經研究與考錄》。台北文津出版。1997、4。

7. 曹仕邦《釋智昇對偽造佛經的考據方法》。《南洋佛教》第 222 期。頁 9。新加坡南洋佛教雜誌社 1987、10。

8．印順法師著《大乘初期佛教之起源與開展》。台北正聞。83、7。

9．印順法師著《印度佛教思想史》。台北正聞。77、4。

10．印順法師著《論提婆達多之「破僧」》。現代佛教學術叢刊第 89 冊。1980.10。頁 121-146。台北大乘文化。或轉載於《華雨集》第三冊。

11．杜潔祥編《中國佛寺史志彙刊》第三輯第三冊。台北丹青。1985、11。

12．《虛雲老和尚年譜法彙增訂本》。高雄淨宗學會印。83、7。

13．知定大師《虛雲老和尚略史》。高雄裕隆佛經流通處印。82、5。

14．《蓮池大師全集》（精裝八冊）。台北法輪雜誌社印。1997。

15．《蕅益大師全集》（精裝二十一冊）。台北佛教書局。

16．《印光法師文鈔全集》（精裝九冊）。台北佛陀佛教基金會印贈。1997、11。

17．藍吉富《佛教史料學》。台北東大。86、7。

18．《佛乘世界》月刊第八期。馮馮《學佛推理隨筆》之十三。台北佛乘界。1997、12。

19．從信著《我從迷信出走》。台北圓明。82、2。

20．從信著《戒律學疑難》。台北圓明。84、12。

21．《楊仁山居士遺著》。台南和裕出版社，85 年版。（木刻書）

22．黃念祖《心聲錄》。台北佛陀教育基金會印。81、11。

23．道源法師《金剛經講錄》。

24．陳燕珠撰《房山石經中遼末與金代刻經之研究》之肆拾貳「『丁』帙慈賢譯與『感』帙不空譯《一切如來白傘蓋大佛頂陀羅尼經之探討》」頁 458—473。台北覺苑文教基金會印。1995、6。

25．陳燕珠撰《新編補正房山石經題記彙編》、《房山石經中通理大師刻經之研究》。台北覺苑文教基金會印。1995、6。

26．《房山石經・遼金刻經・濟~丁》。中國佛教協會編。中國佛教圖書文物館出版。1991、5。

27．《房山石經・遼金刻經・絲~景》頁 205—210「詩」帙之《楞嚴經》。中國佛教協會編。中國佛教圖書文物館出版。1987。

28．清德法師撰《印順法師戒律與教制觀之研究》。中華佛學研究所。碩士論文。1992、03。

29．加藤周一著・緯遠譯「從另一個角度談提婆達多」。載於《諦觀》雜誌第五十五期。

30．季羨林著《佛教開創時期的一場被遺忘了的「路線鬥爭」——提婆達多問題》。

北京大學學報。出自王雷泉編《中國大陸宗教文章索引》。或載於《季羡林學術論著自選集》。1987、04。

31. 談錫永《大中觀論集》(上、下)。香港密乘佛學會出版。1998、11。

32. 敦珠甯波車著《西藏古代佛教史》(藏文)，今有劉銳之中文譯本。香港金剛乘學會出版。83、7。

33. 《北山錄》。台北文史哲出版。63、11。

三、日文佛書

1. 谷川泰教=Tanigawa Taiky 著梵文《『佛頂大白傘蓋陀羅尼經』について--ネパ　ル寫本報告(1)》(《bonbun『buccho daibyakusangai daranikyo』nitsuite》。密教文化第 138 期頁 87—106(L)。日本高野山出版社。1982、3、21。

2. 清田寂雲著《大佛頂陀羅尼について特に成菩提院の古寫本に注意して》。日本大學における第二十八回學術大會紀要(二)。第 26 卷第 2 號。頁 48—53。日本印度學佛教學會。1978、3、20。

3. 顯蔭著《真言密教與中華佛法之關係》。現代佛教學術叢刊第 71 冊。頁 199—210。台北大乘文化出版。1980、10。

4. 般若室利著《真言密咒的解說》。現代佛教學術叢刊第 74 冊。頁 211—306。台北大乘文化出版。1980、10。

5. 壁瀨灌雄=Kabese Kany 著《原始咒經考》。密教文化第 21 期。頁 37—42。日本高野山出版社。1953、2、20。

6. 草間法照著《原始佛教聖典における咒願について》。印度學佛教學研究第 25 卷第 2 號。頁 178—181。愛知學院大學における第二十七回學術大會紀要(二)。日本印度學佛教學會。1977、3、31。

7. 京戶，慈光著《傳入日本的中國佛教疑偽經典》。敦煌學輯刊。1996：1。頁 65-86。日本蘭州大學。1996、2。

8. 栂尾祥雲著、聖嚴譯之《密教史》頁 14。台北東初出版社。81、1。

9. 水野弘元著・劉欣如譯之《佛典成立史》。台北東大。85、11。

10. 小□宏允著《チベットの禪宗と藏譯偽經》。印度學佛教學研究。東洋大學における第二十五回學術大會紀要(二)。第 23 卷第 2 號。頁 170—171。日本印度學佛教學會東京。(討論到《金剛三昧經》、《最妙勝定經》、《藏譯偽經》、

《大通方廣經》、《大佛頂首楞嚴經》、《法王經》、《梵網經》藏譯偽經等幾部之偽）。1975、3、31。

11. 水尾現誠著《捨身について慧皎の立場》。印度學佛教學研究。龍谷大學における第十三回學術大會紀要(二)。第 11 卷第 2 號。頁 174—175。日本印度學佛教學會。1963、3、31。

12. 水尾現誠著《戒律の上から見た捨身》。印度學佛教學研究。駒澤大學における第十六回學術大會紀要(二)。第 14 卷，第 2 號。頁 226—230。日本印度學佛教學會。1966、3、31。

13. 岡本天晴著《六朝における捨身の一側面》。印度學佛教學研究。九州大學における第二十四回學術大會紀要(二)。第 22 卷，第 2 號。頁 330—336。日本印度學佛教學會。1974、3、31。

14. 名□應順=NabataOjun 著《支那中世に於ける捨身に就いて》。大谷學報。12：2。頁 1—43。大谷大學大谷學會。1931、3、20。

15. 黑川洋一《杜甫「鳳凰台」詩における佛教的捨身の影》。頁 811—822。平樂寺書店。1976、10。

16. 根井淨著《平安時代の燒身往生について》。印度學佛教學研究。佛教大學における第二十九回學術大會紀要(二)。第 27 卷，第 2 號。頁 132—133。日本印度學佛教學會。1979、3、31。

17. 明神洋=MyojinHiroshi 著《中國佛教徒の燒身と道教》。早稻田大學大學院文學研究科紀要別冊哲學‧史學編。11 期。頁 41—50。早稻田大學大學院文學研究科。1985、1、31。

18. 丸山孝雄著《四衆經 Catupariatstra 及び根本說一切有部毘奈耶出家事‧破僧事の佛傳とその特質》。印度學佛教學研究。東京大學における第十二回學術大會紀要(二)。第 10 卷，第 2 號。頁 204—207。日本印度學佛教學會。1962、3、31。

19. 木川敏雄著《破僧した後の提婆について》。印度學佛教學研究。同朋學園における第三十二回學術大會紀要(一)。第 30 卷，第 1 號。頁 114—117。日本印度學佛教學會。1981、12、31。

20. 五島清隆著《大乘經典にみる破僧伽》。印度學佛教學研究。同朋學園における第三十二回學術大會紀要(一)。第 30 卷，第 1 號。頁 118—119。日本印度學佛教學會。1981、12、31。

四、文學叢書

1. 《全唐文及捨遺》。台北大化書局。76、3。
2. 楊家駱主編《歷代詩史長編》。台北鼎文書局。民國 60、9。
3. 宋・黎靖德編、王星賢點校《朱子語類》。台北世華。
4. 劉兆祐《中國方志中的文學資料及其運用》。收在《漢學研究》3 卷 2 期。1985、12。
5. 閻若璩《古文尚書疏證》(上、下冊)。上海古籍出版社。1987、12。
6. 張心澄著《偽書通考》。台北民倫出版。59。
7. 鄭良樹著《續偽書通考》。台北台灣學生書局。1984、6。
8. 林慶彰著《當代偽書問題》。
9. 《廣州市文物志》。大陸深圳 奧海 旭日印刷公司。1990、2。
10. 《陳援菴先生全集》。台北新文豐印。
11. 《南海百詠》。江蘇古籍出版社。或見台北新文豐影印。
12. 梁啓超《古書真偽及其年代》。台灣中華書局。71、11。
13. 章學誠《文史通議》。台北史學出版社。63、4。四版。
14. 宋・陳振孫撰《直齋書錄解題》一書。王雲五主編。台灣商務。67、5。
15. 清・歙縣 鮑廷博輯《知不足齋叢書》全十二冊。台北興中書局印。53、12。其中北宋朱翌所撰之《猗覺寮雜記》收於第一冊內。
16. 清袁才子著《隨園全集》上、下冊。台北啓明。49 年。
17. 王英志編《袁枚全集》全八冊。江蘇古籍出版社。1993、9。
18. 蕭麗華著《唐代詩歌與禪學》。台北東大圖書。86、9。

五、工具書

1. 《大正藏》100 冊。台北新文豐印。
2. 《大藏經補編》36 冊。台北華宇出版版。1986 年。
3. 《大正藏索引》48 冊。台北新文豐印。
4. 《卍續藏》150 冊。台北新文豐印。
5. 《佛教藏》162 冊。台北佛教書局。
6. 《敦煌寶藏》140 冊。台北新文豐印。
7. 《敦煌大藏經》63 冊。台北前景出版社。

8.　《敦煌佛教資料》。日本法藏館出版。1958 年。

9.　王重民《敦煌遺書總目索引》。臺北源流。71。

10.　李翊灼《敦煌石室經卷中未入藏經論著述目錄》。

11.　陳垣《敦煌劫餘錄》。新文豐。82。

12.　鄺士元《敦煌學研究論著目錄：1899—1984 年》。新文豐版。

13.　釋禪叡《敦煌寶藏遺書索引》。新文豐版。1996 年。

14.　《佛書書名索引》。中華佛教百科全書第十冊。

15.　《佛教叢書七種總索引》。日本名著普及會版。收在世界佛學名著譯叢 35—37 冊。

16.　《二十五種藏經目錄對照考釋》。台北新文豐印。

17.　《望月佛教大辭典》。世界聖典刊行會。台北新文豐印。

18.　《佛光大辭典》。高雄佛光山出版。

19.　《中華佛教百科全書》。台南中華佛教百科文獻基金會。

20.　《梵和大辭典》。台北新文豐印。

21.　《漢梵英泰佛學辭典》。鑾真摩利迦，1976。

22.　明復法師編《中國佛學人名辭典》（舊版）。台北方舟出版。63、12。

23.　明復法師編《中國佛學人名辭典》（增訂版）。高雄太谷文化出版。87、8。二版一刷。

24.　《說文解字注》。台北黎明。65。

25.　陳彭年《新校正切宋本廣韻》。台北黎明。81。

26.　《史記—明史》（計二十五史）。台北鼎文。72。

27.　李春光《古籍叢書述論》。大陸瀋陽遼瀋書社。1991、10。

28.　嚴一萍《百部叢書集成》。台北藝文印書館。

29.　杜潔祥主編《中國佛寺志》110 冊。台北丹青。1985、11。

30.　《中國叢書綜錄》。上海中華書局。1959。

31.　《中國近代現代叢書目錄》。上海圖書館。1979、9。

32.　《北京圖書館古籍珍本叢刊》。北京圖書館古籍出版編輯組。北京書目文獻出版社。

33.　《佛教大系》65 冊。日本。1917—1938 年。台北新文豐公司。

34.　張漫濤編《現代佛教學術叢刊》100 冊。

35.　藍吉富編《世界佛學名著譯叢》100 冊。台北華宇出版。

36.　《廣東通志》。台北華文。57、10。

37. 《高州府志》。台北成文。56、12。

38. 《廣州府志》。台北成文。56、12。

D、現存國內外《楞嚴經》善本書目

一、台灣公藏善本書錄

1. 《大佛頂如來密因脩證了義諸菩薩萬行首楞嚴經》十卷。唐·釋般剌密帝譯。房融筆受。明萬曆刊本。嘉興藏經大乘經五大部外重譯經之一（中圖 734）。明刊本（故宮 411）。舊鈔本（師大 12）。

2. 《大佛頂如來密因脩證了義諸菩薩萬行首楞嚴經合論》十卷。宋·釋德洪撰。明萬曆刊本。嘉興藏經續藏經之一（中圖 804）。

3. 《大佛頂首楞嚴經》十卷。唐·釋般剌密帝譯。宋紹興九年刊本（故宮 411）。

4. 《大佛頂首楞嚴經文句》十卷。明·釋智旭譯。嘉興藏經續藏經之一（中圖 804）。

5. 《大佛頂首楞嚴經玄義》四卷。明·釋傳燈撰。明萬曆刊本。嘉興藏經續藏經之一（中圖 804）。

6. 《大佛頂首楞嚴經玄義》二卷。明·釋智旭譯。明崇禎刊本。嘉興藏經續藏經之一（中圖 804）。

7. 《大佛頂首楞嚴經正脈疏》十卷。附《科文》一卷。《懸示》一卷。明·釋真鑒撰。明萬曆刊本。嘉興藏經續藏經之一（中圖 804）。

二、台灣公藏普通書目

1. 《大佛頂首楞嚴經》十卷。唐·釋般剌密帝譯。見二十八經同函（故宮 250）。清·吳芝瑛寫。清光緒三十四年至宣統元年文寶書局石印陰文本（石語所 144）。

2. 《大佛頂首楞嚴經疏解蒙鈔》六十卷。清·錢謙益撰。清光緒六年蕅園翻刊汲古閣本（故宮 248）。

三、國立故宮博物院善本舊籍總目

1. 《大佛頂如來密因脩證了義諸菩薩萬行首楞嚴經》十卷。唐·釋般剌密帝譯。宋紹興九年刊本。十冊。

2. 《大佛頂首楞嚴經》存一卷。唐·釋般剌密帝譯。宋·張即之寫本。一冊。

存第九卷下。趙明誠、李維楨題識。

3. 《首楞嚴經義疏注經》存五卷。宋‧釋子璿集。宋刊本。五冊。存卷五之一、八之三、九之二、十之一、十之二。

4. 《大佛頂首楞嚴經會解》十卷。唐‧釋般刺密帝譯。元‧釋惟則會解。元至正甲申（四年）平江路城西幻住菴刊本。十冊。

5. 《大佛頂如來密因脩證了義諸菩薩萬行首楞嚴經》十卷。唐‧釋般刺密帝譯。明刊本。一冊。

6. 《大佛頂首楞嚴經疏解蒙鈔》六十卷。清‧錢謙益撰。清光緒庚辰（六年）蘬園重刊汲古閣本。二十冊。

7. 《大佛頂萬行首楞嚴神咒》不分卷。不著譯人。明寫本。一冊。

四、北京圖書館古籍善本書目

1. 《大佛頂如來密因脩證了義諸菩薩萬行首楞嚴經》十卷。題：唐‧釋般刺密帝譯彌伽釋迦語譯。明‧湯賓尹、詹應鳳等刻本。五冊。八行十七字。白口四周雙邊。（8304）。

2. 《大佛頂如來密因脩證了義諸菩薩萬行首楞嚴經》十卷。題：唐‧釋般刺密帝譯。明萬曆三十年泖心澄照寺刻本。四冊。八行十七字。白口四周雙邊。（12481）。

3. 《大佛頂如來密因脩證了義諸菩薩萬行首楞嚴經》十卷。題：唐‧釋般刺密帝 彌伽釋迦譯。明‧凌毓柟刻套印本。十冊。八行十八字。白口四周單邊。（8984）。

4. 《大佛頂如來密因脩證了義諸菩薩萬行首楞嚴經》十卷。題：唐‧釋般刺密帝 彌伽釋迦譯。元‧釋惟則會解。清順治內府刻本。九冊。九行二十字。白口四周雙邊。（04093）。

5. 《首楞嚴義疏註疏》二十卷。宋‧釋子璿撰。宋刻本。一冊。四行十五字。小字雙行二十字。存一卷。七。（3167）。

6. 《首楞嚴義疏註經》二十卷。宋‧釋子璿撰。明萬曆二十八年至二十九年。徑山寂照庵刻徑山藏本。四冊。十行二十字。白口四周雙邊。（18381）。

7. 《大佛頂如來密因脩證了義諸菩薩萬行首楞嚴經》十卷。題：唐‧釋般刺密帝 彌伽釋迦譯。元‧釋惟則會解。明嘉靖四十年李元陽刻本。五冊。十一行二十一字。黑口左右雙邊。（0962）。

8. 《大佛頂如來密因脩證了義諸菩薩萬行首楞嚴經會解》十卷。元・釋惟則撰。明刻本。十冊。十一行二十一字。黑口左右雙邊。（8305）。

9. 《大佛頂如來密因脩證了義諸菩薩萬行首楞嚴經會解》十卷。元・釋惟則撰。明刻本。五冊。十一行二十一字。黑口四周雙邊。（9843）。

10. 《大佛頂如來密因脩證了義諸菩薩萬行首楞嚴經會解》十卷。元・釋惟則撰。明戚繼光刻本。十冊。九行十八字。白口四周單邊。（0973）。

11. 《大佛頂如來密因脩證了義諸菩薩萬行首楞嚴經冥樞會解》十卷。《總科文》一卷。明・釋洪闊撰。明初刻本。一冊。十一行二十一字。黑口四周雙邊。存六卷。六至十。總科文。（17801）。

12. 《大佛頂如來密因脩證了義諸菩薩萬行首楞嚴經如說》十卷。明・鍾惺撰。明天啓弘覺山房刻本。二冊。九行十八字。白口四周單邊。（0976）。

13. 《大佛頂如來密因脩證了義諸菩薩萬行首楞嚴經》十卷。明・釋界澄證疏。釋弘沇、崇節等會譯。明天啓元年凌弘憲刻套印本。十冊。八行十八字。小字雙行同白口四周單邊。（17603）。

14. 《大佛頂首楞嚴經玄義》四卷。明・釋傳燈撰。明萬曆刻本。四冊。十行十九字。白口左右雙邊。（12509）。

15. 《大佛頂如來密因脩證了義諸菩薩萬行首楞嚴經旁訓》十卷。明・祁駿佳撰。稿本。三冊。（10460）。

16. 《大佛頂首楞嚴經疏解蒙鈔目錄後記不分卷》。清・錢謙益撰。稿本。鄭文焯題詩並跋。一冊。九行二十一字藍格。（14111）。

五、北京師範大學圖書館古籍善本書目

1. 《大佛頂如來密因脩證了義諸菩薩萬行首楞嚴經》十卷。唐・釋般剌密帝譯。咸豐十一年（1861）。慧空經房刻本。三冊。

2. 《大佛頂如來密因脩證了義諸菩薩萬行首楞嚴經》十卷。唐・釋般剌密帝譯。光緒二十四年（1898）。蘇州瑪瑙經房刻本。三冊。

3. 《大佛頂如來密因脩證了義諸菩薩萬行首楞嚴經》十卷。唐・釋般剌密帝譯。民國鉛印。五冊。

4. 《大佛頂首楞嚴經》。清・吳芝瑛書。光緒三十四年（1908）。杭州小萬柳堂影印。二冊。

5. 《首楞嚴經義海》三十卷。宋・釋子璿義疏。釋仁岳集解。光緒二十八年

（1902）。浙宁江東崇壽經房刻本。六冊。

6. 《首楞嚴經要解》。宋・釋戒環解。宣統三年（1911）。金陵佛經流通所刻本。五冊。

7. 《大佛頂如來密因脩證了義諸菩薩萬行首楞嚴經文句》十卷。《玄義》二卷。明・釋智旭譯。同治十三年（1874）金陵刻經處刻本。十冊。

8. 《大佛頂首楞嚴經玄義》四卷。明・釋傳燈撰。光緒十四年（1888）。杭州慧空經房刻本。二冊。

9. 《大佛頂首楞嚴經正脈疏》四十卷。明・釋真鑒撰。光緒二十二年（1896）。金陵刻經處刻本。十四冊。

10. 《大佛頂如來密因脩證了義諸菩薩萬行首楞嚴經纂注》十卷。卷首一卷。卷末一卷。明・釋真界撰。光緒三十四年（1908）金陵刻經處刻本。五冊。

11. 《大佛頂如來密因脩證了義諸菩薩萬行首楞嚴經纂注》十卷。卷首一卷。卷末一卷。明・釋真界撰。民國鉛印。五冊。

12. 《大佛頂如來密因脩證了義諸菩薩萬行首楞嚴經合轍》十卷。明・釋通潤撰。清刻本。十冊。

13. 《大佛頂如來密因脩證了義諸菩薩萬行首楞嚴經如說》十卷。明・鍾惺、賀中男輯。天啓四年（1624）。弘覺山房刻本。十冊。

14. 《大佛頂經序指味疏》。清・釋諦閑撰。光緒二十八年（1902）。鉛印一冊。

15. 《大佛頂首楞嚴經疏解蒙鈔》十卷。卷首一卷。卷末一卷。清・錢謙益編。光緒十五年（1889）。蘇州瑪瑙經房刻本。二十冊。

16. 《大佛頂如來密因脩證了義諸菩薩萬行首楞嚴經會歸》十卷。釋清本輯注。廉兆綸評注。1925 年上海中華鉛印。四冊。

17. 《大佛頂首楞嚴經攝論》二卷。釋太虛撰。1918 年上海覺社鉛印。一冊。

18. 《首楞嚴經淺說》。陳法培撰。1933 年北平中央刻經院鉛印。一冊。

六、北京中國科學院圖書館古籍善本書目

1. 《大佛頂如來密因脩證了義諸菩薩萬行首楞嚴經》十卷。題：唐・釋般剌密帝譯。元・釋惟則會解。明刻本。十冊二函。

2. 《大佛頂如來密因脩證了義諸菩薩萬行首楞嚴經》十卷。題：唐・釋般剌密帝譯。元・釋惟則會解。明刻補修本。二冊一函。存四卷。卷三、四、九、十。

3．《大佛頂首楞嚴經正脈疏》十卷。《懸示》一卷。《科文》一卷。明·釋真鑑撰。明萬曆二十八年釋福登刻本。六冊一函。存六卷。疏五卷。懸示一卷。

4．《大佛頂首楞嚴經玄義》四卷。明·釋傳燈撰。明萬曆刻本。四冊一函。

5．《大佛頂首楞嚴經疏解蒙鈔》卷末五錄五卷。清·錢謙益輯。清初刻本。四冊一函。

七、普林斯頓大學葛思德東方圖書館中文舊籍書目

1．《大佛頂如來密因脩證了義諸菩薩萬行首楞嚴經》十卷十冊。唐·釋般刺密帝譯。房融筆受。清高宗敕譯清文。清抄滿漢合璧本。

八、美國國會圖書館藏中國善本書錄

1．《大佛頂如來密因脩證了義諸菩薩萬行首楞嚴經要解》二十卷。四冊一函。明支那藏零本。十行二十字。原題：「唐·天竺沙門般刺密帝譯，烏萇國沙門彌伽釋迦譯語。菩薩戒弟子前正議大夫同中書門下平章事清河 房融筆受，溫陵 開元蓮寺比丘戒環解」。行儀《跋》云：「溫陵 寶勝 戒環禪師，少達妙理，深悟大乘，而《首楞嚴》尤謂得意，乃為《要解》，鉤深索隱，續斷截繁，惜乎未及流通，而禪師委蛻，泗州長老行瓘為募緣樓板以廣其傳」。然則原板刻於建炎間，此本各卷有施貲校刻人題銜，其卷第二十題銜云：「金壇信女虞氏施貲刻此《首楞嚴經要解》第二十卷。嘉禾沙彌道梅對。甌寧 唐士登書。吳縣 仇鵬刻。萬曆甲午仲春徑山 興聖萬壽禪寺識。釋及南序。建炎元年（1127）。釋行儀跋。建炎三年（1129）。

2．《大佛頂如來密因脩證了義諸菩薩萬行首楞嚴經》十卷。五冊。明朱墨印本。八行十八字。原題：「唐·天竺沙門般刺密帝譯，烏萇國沙門彌伽釋迦譯語。清河 房融筆受。明·東粵比丘楊起元泐」。卷十末題：「覺于居士凌毓柟謹校」。前有毓柟《序》，題名左方鈐「凌毓柟印」、「殿卿父」兩印記。凌毓柟序。

3．《大佛頂如來密因脩證了義諸菩薩萬行首楞嚴經》十卷。五冊一函。明朱墨印本。八行十八字。原題：「唐·天竺沙門般刺密帝譯，烏萇國沙門彌伽釋迦譯語。清河 房融筆受。明·東粵比丘楊起元泐」。卷十末題：「覺于居士凌毓柟謹校。前有毓柟《序》，題名下方鈐「行第五」一印。凌毓柟印。

4．《大佛頂如來密因脩證了義諸菩薩萬行首楞嚴經》十卷。五冊一函。明朱墨

印本。八行十八字。原題：「唐・天竺沙門般剌密帝譯，烏萇國沙門彌伽釋迦譯語。清河 房融筆受。明・東粵比丘楊起元泐」。卷十末題：「覺于居士凌毓柟謹校」。

九、京都大學圖書館古籍善本書目

1．《大佛頂如來密因脩證了義諸菩薩萬行首楞嚴經如說》十卷。唐・釋般剌密帝譯。民國二十四年。上海宋版藏經刊行會用。趙城廣勝寺藏金刊藏經本景印。
2．《大佛頂如來密因脩證了義諸菩薩萬行首楞嚴經如說》十卷。唐・釋般剌密帝譯。萬曆四十六年刊本。
3．《大佛頂首楞嚴經疏解蒙鈔》十卷。首二卷末五錄八卷。清・錢謙益撰。昭和四十七年本所用。京都大學文學部藏。貞享二年。京都西村九郎右衛門刊本景照。

十、東京大學圖書館古籍善本書目

1．《大佛頂如來密因脩證了義諸菩薩萬行首楞嚴經》十卷。唐・釋般剌密帝譯。康德二年。奉天王氏石印本。
2．《大佛頂如來密因脩證了義諸菩薩萬行首楞嚴經》十卷。附音釋。宋・釋戒環解。弘治二年刊本。慈悲嶺寺藏板。
3．《楞嚴經摸象記》一卷。附《諸經摸象記》一卷。明・釋袾宏撰。雲棲法彙所收。
4．《大佛頂如來密因脩證了義諸菩薩萬行首楞嚴經合轍》十卷。明・釋通潤述。寬文六年。中野是誰。據天啓元年金陵天界寺刊本重刊。
5．《大佛頂如來密因脩證了義諸菩薩萬行首楞嚴經如說》十卷。附譯釋。明・鍾惺輯。天啓五年自序弘覺山房刊本。
6．《大佛頂首楞嚴經疏解蒙鈔》六十卷。首一卷。清・錢謙益撰。清經房重刊本。
7．《楞嚴經灌頂疏》十卷。附《科文》一卷。《序釋》一卷。《圓譚》二卷。清・釋續法撰。民國九年。京兆魯心齋重校刊本。

E、《楞嚴經》錄音帶流通資訊

1. 倓虛老和尚。八套 78 卷。台北文殊院佛學圖書館珍藏。（國語）。

2. 宣化上人。六套 120 卷。台北法界佛教印經會出版。（國語）

3. 宣化上人《正法的代表》2 卷（專門介紹楞嚴經）。台北法界佛教印經會出版。1995、5。（國語）

4. 顯明大師。三套 22 卷。美國莊嚴寺。高雄亞洲唱片出版。（國語）

5. 釋淨心講《楞嚴經講解》。VCD184 卷。高雄阿蓮光德寺。（國語）

6. 淨空法師。133 卷。台北佛陀教育基金會。台北文殊院佛學圖書館及台北華藏講堂珍藏。（國語）

7. 淨空法師《楞嚴經四種清淨明誨章》。7 卷。台北梵音出版。（國語）

8. 慧律法師。六套 175 卷。高雄文殊講堂。台北梵音出版。（台語）

9. 會性法師。八套 177 卷。台北一心圓出版。（客家語言）

10. 惠空法師講《楞嚴經大義》。6 卷。台中慈善寺。（國語）

11. 依昱法師《楞嚴經大義》。6 卷。高雄佛光山。(國語)

12. 葉曼居士。二十四套 233 卷。台北梵音出版。（國語）

13. 聖嚴法師講《楞嚴經》。台北法鼓山出版。（國語）。86 年講。

14. 釋如本《楞嚴經(第一～十卷)》。60 分 459 卷卡式帶。台語。

15. 釋聖一宣講《楞嚴經綱要》。香港：香港佛教聯合會。2 捲卡式帶。粵語。

16. 釋聖嚴講《楞嚴經》。台北：法鼓山。86 年講。（國語）

17. 南懷瑾講《楞嚴經(一～二)》。14 捲卡帶。國語講演。

18. 游藤居士。40 卷。台北弘願蓮社。（台語）

果濱其餘著作一覽表

一、《大佛頂首楞嚴王神咒·分類整理》(國語)。1996 年 8 月。大乘精舍印經會發行。書籍編號 C-202。

二、《生死關全集》。1998 年。和裕出版社發行。➔ISBN：957-8921-51-9。

三、《楞嚴經聖賢錄》(上冊)。2007 年 8 月。萬卷樓圖書股份有限公司發行。➔ISBN：978-957-739-601-3。《楞嚴經聖賢錄》(下冊)。2012 年 8 月。萬卷樓圖書股份有限公司發行。➔ISBN：978-957-739-765-2。

四、《《楞嚴經》傳譯及其真偽辯證之研究》。2009 年 8 月。萬卷樓圖書股份有限公司發行。➔ISBN：978-957-739-659-4。

五、《果濱學術論文集(一)》。2010 年 9 月。萬卷樓圖書股份有限公司發行。➔ISBN：978-957-739-688-4。

六、《淨土聖賢錄·五編(合訂本)》。2011 年 7 月。萬卷樓圖書股份有限公司發行。➔ISBN：978-957-739-714-0。

七、《穢跡金剛法全集(增訂本)》。2012 年 8 月。萬卷樓圖書股份有限公司發行。➔ISBN：978-957-739-766-9。

八、《漢譯《法華經》三種譯本比對暨研究(全彩本)》。2013 年 9 月初版。萬卷樓圖書股份有限公司發行。➔ISBN：978-957-739-816-1。

九、《漢傳佛典「中陰身」之研究》。2014 年 2 月初版。萬卷樓圖書股份有限公司發行。➔ISBN：978-957-739-851-2。

十、《《華嚴經》與哲學科學會通之研究》。2014 年 2 月初版。萬卷樓圖書股份有限公司發行。➔ISBN：978-957-739-852-9。

十一、《《楞嚴經》大勢至菩薩「念佛圓通章」釋疑之研究》。2014 年 2 月初版。萬卷樓圖書股份有限公司發行。➔ISBN：978-957-739-857-4。

十二、《唐密三大咒·梵語發音羅馬拼音課誦版》(附贈電腦教學 DVD)。2015 年 3 月。萬卷樓圖書股份有限公司發行。➔ISBN：978-957-739-925-0。【260 x 135 mm】規格(活頁裝)

十三、《袖珍型《房山石經》版梵音「楞嚴咒」暨《金剛經》課誦》。2015 年 4 月。萬卷樓圖書股份有限公司發行。➔ISBN：978-957-739-934-2。【140 x 100 mm】規格(活頁裝)

十四、《袖珍型《房山石經》版梵音「千句大悲咒」暨「大隨求咒」課誦》。2015 年 4 月。萬卷樓圖書股份有限公司發行。➔ISBN：978-957-739-938-0。【140 x 100 mm】規格(活頁裝)

十五、《《楞嚴經》原文暨白話語譯之研究(全彩版)》(不分售)。2016 年 6 月。萬卷樓圖書股份有限公司發行。➔ISBN：978-986-478-008-2。

十六、《《楞嚴經》圖表暨註解之研究(全彩版)》(不分售)。2016 年 6 月。萬卷樓圖書股份有限公司發行。➔ISBN：978-986-478-009-9。

十七、《《楞嚴經》白話語譯詳解(無經文版)-附:從《楞嚴經》中探討世界相續的科學觀》。2016 年 6 月。萬卷樓圖書股份有限公司發行。
➔ISBN：978-986-478-007-5。

十八、《《楞嚴經》五十陰魔原文暨白話語譯之研究-附:《楞嚴經》想陰十魔之研究》。2016 年 6 月。萬卷樓圖書股份有限公司發行。
➔ISBN：978-986-478-010-5。

十九、《《持世經》二種譯本比對暨研究(全彩版)》。2016 年 6 月。萬卷樓圖書股份有限公司發行。➔ISBN：978-986-478-006-8。

二十、《袖珍型《佛說無常經》課誦本暨「臨終開示」(全彩版)》。2017 年 8 月。萬卷樓圖書股份有限公司發行。➔ISBN：978-986-478-111-9。

二十一、《漢譯《維摩詰經》四種譯本比對暨研究(全彩版)》。2018 年 1 月。萬卷樓圖書股份有限公司發行。➔ISBN：978-986-478-129-4。

二十二、《敦博本與宗寶本《六祖壇經》比對暨研究(全彩版)》。2018 年 1 月。萬卷樓圖書股份有限公司發行。➔ISBN：978-986-478-130-0。

二十三、《果濱學術論文集(二)》。2018 年 1 月。萬卷樓圖書股份有限公司發行。
➔ISBN：978-986-478-131-7。

二十四、《從佛典中探討超薦亡靈與魂魄之研究》。2018 年 1 月。萬卷樓圖書股份有限公司發行。➔ISBN：978-986-478-132-4。

✠大乘精舍印經會。地址：臺北市漢口街一段 132 號 6 樓。電話：(02)23145010、23118580

✠和裕出版社。地址：臺南市海佃路二段 636 巷 5 號。電話：(06)2454023

✠萬卷樓圖書股份有限公司。地址：臺北市羅斯福路二段 41 號 6 樓之 3。電話：(02)23216565・23952992

果濱佛學專長

一、漢傳佛典生死學。二、梵咒修持學(含《蘇婆呼童子請問經》)。三、楞伽學。四、維摩學。五、般若學(《金剛經》+《大般若經》+《文殊師利所說般若波羅蜜經》)。六、十方淨土學。七、佛典兩性哲學。八、佛典宇宙天文學。九、中觀學(《中論》二十七品+《持世經》)。十、唯識學(唯識三十頌+《成唯識論》)。十一、楞嚴學。十二、唯識腦科學。十三、敦博本六祖壇經學。十四、佛典與科學。十五、法華學。十六、佛典人文思想。十七、《唯識双密學》(《解深密經+密嚴經》)。十八、佛典數位教材電腦。十九、華嚴經科學。二十、般舟三昧學。二十一、佛典因果學。二十二、如來藏學(《如來藏經+勝鬘經》)

國家圖書館出版品預行編目資料

《楞嚴經》傳譯及其真偽辯證之研究／果濱撰. --
初版. -- 臺北市：萬卷樓, 2009.08
面；　　公分
參考書目：面
ISBN 978－957－739－659－4 (精裝)

1. 密教部　2. 辨偽學

221.94　　　　　　　　　　　　98013491

《楞嚴經》傳譯及其真偽辯證之研究

撰　　　者：陳士濱 (法名：果濱)
　　　　　　　現為宏國德霖科技大學通識中心專任教師

發　行　人：陳滿銘

封 面 設 計：張守志

出　版　者：萬卷樓圖書股份有限公司

編輯部地址：106 臺北市羅斯福路二段 41 號 9 樓之 4

電話：02-23216565

傳真：02-23218698

發行所地址：106 臺北市羅斯福路二段 41 號 6 樓之 3

電話：02-23216565

傳真：02-23944113

E-mail：wanjuan@seed.net.tw

萬卷樓網路書店：http://www.wanjuan.com.tw

劃撥帳號：15624015

出版登記證：新聞局局版臺業字第 5655 號

承 印 廠 商：中茂分色製版印刷事業股份有限公司

定　　　價：700 元

出 版 日 期：2009 年 8 月初版
　　　　　　　2015 年 3 月再版
　　　　　　　2019 年 5 月再版

ISBN 978－957－739－659－4